SER Y TIEMPO DE MARTIN HEIDEGGER. UN COMENTARIO FENOMENOLÓGICO

RAMÓN RODRÍGUEZ
(*Coordinador*)

SER Y TIEMPO DE MARTIN HEIDEGGER. UN COMENTARIO FENOMENOLÓGICO

AUTORES

Francisco de Lara
Juan José García Norro
Jean Grondin
François Jaran

Ramón Rodríguez
Roberto Gustavo Rubio
Carlos Di Silvestre
Alejandro G. Vigo
Roberto J. Walton

Diseño de cubierta:
La Salita Gráfica

Este libro ha contado con la ayuda
del Ministerio de Economía y Competitividad
a través del proyecto de investigación FFI-2012-32575

Reservados todos los derechos. El contenido de esta obra está protegido por la Ley, que establece penas de prisión y/o multas, además de las correspondientes indemnizaciones por daños y perjuicios, para quienes reprodujeren, plagiaren, distribuyeren o comunicaren públicamente, en todo o en parte, una obra literaria, artística o científica, o su transformación, interpretación o ejecución artística fijada en cualquier tipo de soporte o comunicada a través de cualquier medio, sin la preceptiva autorización.

© Francisco de Lara, Juan José García Norro, Jean Grondin,
François Jaran, Ramón Rodríguez, Roberto Gustavo Rubio,
Carlos Di Silvestre, Alejandro G. Vigo y Roberto J. Walton, 2015
© EDITORIAL TECNOS (GRUPO ANAYA, S. A.), 2015
Juan Ignacio Luca de Tena, 15 - 28027 Madrid
ISBN: 978-84-309-6583-0
Depósito Legal: M-15238-2015

Printed in Spain

ÍNDICE

PRESENTACIÓN, por *Ramón Rodríguez* .... Pág. 9

1. LA DESTRUCCIÓN HERMENÉUTICO-FENOMENOLÓGICA DE LA PREGUNTA POR EL SER (§§ 1-6), por *Jean Grondin* 15

2. EL MÉTODO CIENTÍFICO DE LA ONTOLOGÍA Y LA IDEA DE LA FENOMENOLOGÍA (§ 7), por *François Jaran* 37

3. LA EXPOSICIÓN DE LA TAREA DE UN ANÁLISIS PREPARATORIO DEL *DASEIN* (§§ 8-11), por *Ramón Rodríguez* 51

4. EL ESTAR-EN-EL-MUNDO EN GENERAL COMO CONSTITUCIÓN FUNDAMENTAL DEL *DASEIN* (§§ 12-13), por *Roberto Gustavo Rubio* 71

5. LA MUNDANEIDAD DEL MUNDO (§§ 14-24), por *Roberto Gustavo Rubio* 89

6. EL SER-EN-EL-MUNDO COMO CO-ESTAR Y SER SÍ MISMO. EL UNO (§§ 25-27), por *Ramón Rodríguez* 119

7. EL SER-EN COMO TAL (§§ 28-38), por *Francisco de Lara* 145

8. EL CUIDADO COMO EL SER DEL *DASEIN* (§§ 39-44), por *Juan José García Norro* 167

9. EL MARCO METÓDICO Y SISTEMÁTICO. SEGUNDA SECCIÓN (§§ 45-83), por *Alejandro G. Vigo* 197

10. EL POSIBLE «SER TOTAL» DEL *DASEIN* Y EL «SER PARA (VUELTO HACIA) LA MUERTE» (§§ 45-53), por *Alejandro G. Vigo* 219

11. LA ATESTIGUACIÓN, EN EL MODO DE SER DEL *DASEIN*, DE UN «PODER-SER» PROPIO Y EL «ESTADO DE RESUELTO» (§§ 54-60), por *Alejandro G. Vigo* 269

12. EL PODER SER ENTERO DEL *DASEIN* Y LA TEMPORALIDAD
    COMO SENTIDO ONTOLÓGICO DEL CUIDADO (§§ 61-66), por
    Ramón Rodríguez 303

13. TEMPOREIDAD Y COTIDIANIDAD. LA REPETICIÓN TEMPÓ-
    REA DEL ANÁLISIS EXISTENCIAL (§§ 67-71), por *Carlos Di Silves-
    tre* 339

14. TEMPOREIDAD E HISTORICIDAD (§§ 72-77), por *Roberto J. Wal-
    ton* 371

15. TEMPOREIDAD E INTRATEMPOREIDAD COMO ORIGEN DEL
    CONCEPTO VULGAR DE TIEMPO (§§ 78-83), por *Roberto J. Wal-
    ton* 397

BIBLIOGRAFÍA: HEIDEGGER EN ESPAÑOL 423

LOS AUTORES 439

PRESENTACIÓN

Vista a partir de sus efectos, la unanimidad de la crítica es completa: *Ser y tiempo* es una de las tres o cuatro obras más importantes del siglo XX, cuyas huellas se reconocen por doquier en el pensamiento contemporáneo. La historia es bien conocida. Martin Heidegger, profesor no numerario en la universidad de Marburgo, adonde había sido llamado por recomendación de Husserl, tras cinco intensos años de enseñanza en ella, opta a una cátedra oficial. El decano de la Facultad le incita a que entregue algún manuscrito, dada la escasez de sus publicaciones. El resultado de la exigencia es *Ser y tiempo*, que aparece en 1927. La que habría de ser una de las obras más decisivas e influyentes del siglo tiene, así, un típico origen académico, que rápidamente trascendería. A partir de ella, Heidegger, conocido hasta entonces sólo en círculos de estudiantes como un docente excepcional —Hanna Arendt lo llamó el «rey oculto de la filosofía alemana» (*der heimliche König der deutschen Philosophie*)[1]—, salta de golpe al primer plano de la escena filosófica mundial. El pensamiento que irrumpe con *Ser y tiempo* se convierte en una fuente permanente de la filosofía del siglo XX, que lo releerá una y otra vez con la conciencia de ser una de sus claves indiscutibles. Precisamente esto, haberse convertido en clave de la comprensión de su época, ha sido determinante de la capacidad de *Ser y tiempo* de rebasar ampliamente el campo de la filosofía; el arte, la literatura, la psicología, la antropología, la sociología y la teología han registrado evidentes influjos de ella. Y aun hoy, tras casi noventa años de vida pública, sigue siendo objeto de estudio constante.

Y esos más de ochenta años no han transcurrido en vano. Sabemos hoy sobre la génesis y la composición de la obra muchísimo más de lo que sabían sus primeras generaciones de lectores, entre los que se encuentran algunos de los pensadores más relevantes del siglo, como Ortega, Sartre, Merleau-Ponty, Gadamer, Marcuse, Derrida o Lévinas. Y es que, en efecto, la publicación completa de todos los escritos y cursos que precedieron a la escritura de *Ser y tiempo* y la ingente bibliografía por ellos suscitada

---

[1] Cf. H. Arendt, «Martin Heidegger zum achtzigsten Geburtstag», *Merkur* X (1969), pp. 893-902.

han iluminado extraordinariamente los ingredientes, las influencias y los motivos que condujeron a la redacción de la obra. Con ello *Ser y tiempo* ha perdido la apariencia primitiva de una obra salida casi de la nada, resultado de un pensamiento acabado, seguro de sí mismo frente a la tradición filosófica y plenamente consciente de sus posibilidades. Ahora *Ser y tiempo*, pese al tono firme y a veces cortante con que se expone el pensamiento y se critica la tradición, aparece como el resultado, no del todo bien ensamblado, de un cruce de influencias y problemas que, pensado por su autor de manera poderosamente original, no puede ocultar, sin embargo, la huella de las tensiones que lo originan. El pensamiento que culmina en *Ser y tiempo* tiene como claro inicio el proyecto de una «hermenéutica fenomenológica de la facticidad», que Heidegger desarrolló, entre 1919 y 1923, asentado en una posición fenomenológica propia y en discusión con el neokantismo y las filosofías de la vida, contexto del que conserva los trazos inequívocos de un planteamiento trascendental, que se traslada a *Ser y tiempo*. Tal proyecto puede leerse sin esfuerzo como un proyecto autónomo, con los caracteres propios de una filosofía primera, pero desligado de la problemática exclusivamente ontológica que domina *Ser y tiempo*. Sólo en los años de Marburgo (1923-1928), con el estudio reiterado de la ética y la metafísica de Aristóteles, la «vida fáctica» se integra trabajosamente en la «cuestión del ser», tema de *Ser y tiempo*, para constituir lo específico de esta obra: la analítica existencial como Ontología Fundamental, la labor preliminar que abre la posibilidad de una auténtica ontología. Esta compleja génesis, hoy bien conocida, acentúa, pero a la vez ilumina, las tensiones ya vistas por la crítica entre trascendentalismo e historicidad, entre ontología y facticidad, entre fenomenología y hermenéutica. El estudio de la obra anterior a *Ser y tiempo* es hoy sin duda un recurso imprescindible para un cabal entendimiento de esta obra decisiva, de ahí, quizá, el enorme interés que esa obra temprana ha suscitado en el marco académico de la literatura llamada «secundaria».

Y, sin embargo, la lectura de *Ser y tiempo* sigue resultando fascinante por sí misma. Es una experiencia constantemente repetida que el primer acercamiento a ella rara vez deja indiferente al lector, incluso si carece de información previa. No es necesario un conocimiento de su génesis para que su lectura, directamente, «enganche». De hecho, durante mucho tiempo, justamente cuando más efectos ha producido, ha sido leída sin la exhaustiva información actual. Y es que, en medio del lenguaje abstractamente ontológico y de la proliferación de términos inusuales, de difícil comprensión, hay algo que siempre llega al lector y que le hace, insensiblemente, meterse en la trama de la obra y encontrarse, de pronto, inmerso en la tarea de descifrar sus análisis. Probablemente la capacidad de Heidegger, reconocida desde sus primeros tiempos de docencia, de hacer revivir viejos problemas de la filosofía como si fueran perentoriamente actuales y de que el oyente (o el lector) se sintiera de inmediato concernido por ellos, está ya actuando desde la primera página de *Ser y tiempo*. Esta experiencia de lectura inmediata, «ingenua», es insustituible y es la que mueve a buscar, de manera progresiva, una comprensión más fundada. El comentario que ahora presentamos pretende situarse justamente aquí, en ese momento en el que el lector, movido por su propio interés, busca una ayuda en su lectura para comprender a fondo el sentido del texto en el que está enfrascado.

Hemos caracterizado el comentario como «fenomenológico». Con ello se pretende nombrar explícitamente el ángulo de visión desde el que se afronta la lectura de *Ser y tiempo* y el hilo conductor con el que se teje el tratamiento de los diversos capítulos. Dada la complejidad y la multitud de facetas que envuelve esta obra, un comentario satisfactorio de ella tiene que realizarse hoy en la forma de una cooperación, en la que un equipo de eminentes conocedores de la obra y su contexto puedan concentrar su mirada en el contenido de los diversos momentos de su estructura para poder extraer de ellos todo lo esencial. Naturalmente, el peligro de un tal comentario es caer en la dispersión o en el mero agregado de temas, producto inevitable de la diversidad de autores y de enfoques. Evitar justamente ese escollo, ganando la profundidad que aporta la diversidad de miradas sin perder la unidad del punto de vista, es lo que intenta el comentario fenomenológico.

Adoptar el calificativo de «fenomenológico» para caracterizar un comentario a *Ser y tiempo* implica, sin duda, una opción de base: considerar que dicha obra es lisa y llanamente una obra de fenomenología, por mucho que puedan registrarse diferencias notorias con el pensamiento de Husserl y otros fenomenólogos, diferencias y similitudes a las que el comentario hará referencia en numerosas ocasiones. *Ser y tiempo* no sólo declara explícitamente que la ontología, a cuya fundamentación se apresta, sólo es posible como fenomenología, es que toda la obra es un ejercicio constante de análisis fenomenológico. Por ello es una de las obras señeras de la fenomenología del siglo XX. Un comentario fenomenológico se atiene, pues, a su pretensión esencial.

Pero no es este encuadramiento en la corriente fenomenológica lo que justifica el calificativo. «Fenomenológico», aplicado en concreto a un comentario de un texto filosófico, significa al menos tres cosas. En primer lugar, que el interés fundamental va dirigido a hacer ver la «cosa misma», esto es, el fenómeno del que hablan los textos, por tanto, a intentar que el lector vea de qué se trata en él, de qué está hablando Heidegger en cada caso. Lo que prima es que el comentario muestre la experiencia concreta que está siendo analizada y que es la instancia primaria que justifica las afirmaciones y las tesis que el autor propone. Antes que explicar el desarrollo que ha conducido a formularlas así o el contexto filosófico que late en ellas, cosas sin duda importantes en un comentario, importa ver de qué experiencia humana se está hablando, para que el lector pueda reproducirla y poder así calibrar las afirmaciones del filósofo y lo ajustado de sus análisis.

En segundo lugar, que la cuestión del método es una dimensión decisiva de *Ser y tiempo*, rara vez tenida suficientemente en cuenta, ante lo llamativo de las tesis de la analítica existencial. El comentario fenomenológico quiere resaltar la decisiva importancia que el método fenomenológico/hermenéutico de la obra tiene en la determinación de la función y la disposición de los distintos conceptos existenciales, por lo que el lugar metódico es una clave imprescindible para medir su significado y su alcance. Pero también incide en el hecho de que los análisis heideggerianos son una forma propia de praxis fenomenológica, proveniente de la inevitable interconexión entre el tema básico —la forma de ser de la existencia humana— y la manera de acceder a ella y sacarla a la luz. Mostrar la solidaridad entre método y tema es una exigencia obligada del comentario fenomenológico, que responde al espíritu mismo de *Ser y tiempo*.

Por último, en tercer lugar, por su estrecha relación con la cuestión del método, la atención a la disposición sistemática de las distintas partes de la obra es un aspecto esencial del carácter fenomenológico del comentario. Mucho se ha hablado sobre las diferencias entre la primera y la segunda sección de la obra y sobre la posible arbitrariedad de su construcción: se ha llegado a hablar de que *Ser y tiempo* es un *patchwork*. Ahora bien, un elemento imprescindible para enjuiciar esta cuestión es ver en qué medida son exigencias metódicas lo que está en la base de la estructura de la obra y hasta qué punto su articulación responde a la necesidad de acreditación de la que una investigación fenomenológica no puede prescindir. Por ello el comentario tiene que prestar una específica atención a la conexión tema-método-articulación sistemática, pues buena parte de las interpretaciones inconsistentes de la analítica existencial proviene justamente de que se toman sus conceptos abstractamente, sin considerarlos en esa conexión determinante. A esta convicción responde el relieve que nuestro comentario da a la Introducción de la obra y a los inicios de las dos secciones, hasta el punto de anteponer a toda la segunda sección, quizá la parte más difícil de la obra, un capítulo dedicado a recapitular el marco metódico y sistemático en que se inscribe, con el fin de situar correctamente su cometido.

***

El comentario sigue fielmente la organización en secciones y capítulos de *Ser y tiempo* (citado siempre como *ST*) y se atiene, en términos generales, a su disposición en parágrafos. Ello responde al hecho de que las distintas contribuciones no han sido pensadas como artículos independientes sobre temas de *Ser y tiempo* sino como un estricto comentario al capítulo correspondiente, cuya estructura y contenido busca ser aclarado y explicado. No obstante, se ha procurado que tengan una cierta autonomía, de manera que, a través de las suficientes referencias a los capítulos precedentes y a su lugar sistemático en la obra, puedan ser leídos directamente, en función de los intereses del lector.

En general se ha tomado la traducción de Jorge Eduardo Rivera como el texto de referencia en castellano[2]. Se ha tenido también en cuenta la traducción de José Gaos, y en múltiples ocasiones se confrontan los términos de ambas traducciones. En este sentido hemos preferido, dada la complejidad de la terminología técnica que Heidegger utiliza, no forzar una completa homogeneización y respetar las preferencias de los autores, pero evitando el riesgo de confusión mediante la indicación del correspondiente término alemán. Las citas se hacen de acuerdo con la paginación del texto original alemán, la clásica edición de Max Niemeyer. Atenerse a esta paginación tiene la ventaja de que, al ser reproducida tanto por la edición de las Obras Completas de la editorial Vittorio Klostermann como por la citada traducción de Rivera, se pueden fácilmente localizar las citas en alemán y en español. Las citas de las obras de Heidegger que no son de *Ser y tiempo* se hacen siempre por el tomo correspondiente de las «Obras Completas» (*Gesamtausgabe*, citada siempre como *GA*) y se indica su traducción española, si la hay. Una lista de los tomos de dichas obras completas, con las traducciones existentes, se encuentra al principio de la Bibliografía incluida al final y a ella remiten todas las citas. La mencionada Bibliografía contiene también una amplia lista de las monografías sobre Heidegger disponibles en español. Por otra parte, cada capítulo indica al final las referencias a la bibliografía especializada empleada por cada autor, que volverá a aparecer en la bibliografía final en el caso de libros en español.

Por último, querría agradecer a todo el equipo de coautores, y también amigos, de este comentario su entusiasta aceptación de la propuesta de llevarlo a cabo y la solidez y eficacia de su trabajo; de entre ellos, una mención especial merece la generosa colaboración de Alejandro Vigo, sin la que el arduo trabajo de revisión y homogeneización del texto no habría sido posible.

Ramón Rodríguez

---

[2] M. Heidegger, *Ser y tiempo*, tr. esp. J. E. Rivera, Trotta, Madrid, 2003.

1

LA DESTRUCCIÓN HERMENÉUTICO-FENOMENOLÓGICA DE LA PREGUNTA POR EL SER (§§ 1-6)*

JEAN GRONDIN

1. PLANTEAMIENTO

Tomamos «*Ser y tiempo*» como el nombre para una meditación cuya necesidad va mucho más allá de lo que hace un individuo que no puede «inventar» pero tampoco puede controlar dicha necesidad. Distinguimos por eso la necesidad designada con el nombre de «*Ser y tiempo*» y el «libro» así titulado («*Ser y tiempo*» como el nombre para un acontecimiento en el ser mismo. «*Ser y tiempo*» como fórmula para una meditación dentro de la historia del pensamiento. «*Ser y tiempo*» como título de un tratado que intenta la realización de este pensamiento)[1].

La introducción a *ST* es la introducción a una obra que no conocemos. Se entiende de hecho como una introducción al libro proyectado, del cual «solo» existen dos sextos. Los contemporáneos, si no el mismo Heidegger, esperaron durante algún tiempo las partes prometidas, pero la obra ha conservado obstinadamente, como documento por así decirlo de un fracaso aleccionador, su carácter «fragmentario». Ciertamente se pueden intentar reconstruir, cosa que se ha hecho con no poca frecuencia, las partes que faltan[2]. Pero, a pesar de sus fascinantes 437 páginas que lo han

---

* Traducción del alemán: Miguel Oliva Rioboó.
[1] Cf. *GA* 49, p. 27.
[2] El tercer sexto, la sección «Tiempo y ser», cuya primera redacción fue escrita para después quedar retenida por Heidegger, fue retomada de nuevo en la lección del semestre de verano de 1927 y la segunda parte que debía estar dedicada a Kant, Descartes y Aristóteles puede vislumbrarse en sus rasgos fundamentales igualmente a partir de las lecciones que giran en torno a *ST*. Véase la información sobre el texto en el insuperable comentario introductorio de Von Herrmann (1987), pp. 402 s. Véase también el cuadro con el plan del tratado en la página 52.

convertido en una de las obras principales de la literatura filosófica del siglo XX, el libro sigue siendo de hecho un torso. Sólo la introducción ofrece una cierta idea de la fase de surgimiento de la obra y, como tal, es ya el primer *comentario* que tenemos a la obra que de hecho existe.

En ella aparecen también los puntos más importantes que quedan más bien en penumbra en la obra impresa. Esto vale muy especialmente para la pregunta por el ser. La obra publicada, esto es, el análisis fundamental del *Dasein*, quiso en verdad *preparar esa pregunta* pero la dejó *sin desarrollar*. Esto ya asombró a muchos contemporáneos: el libro parecía que trataba mucho más del *Dasein* humano que del ser mismo, que era, por tanto, más filosofía de la existencia que ontología. Heidegger no tardó en ver en esto un malentendido y una simplificación, pero fue lo suficientemente honesto como para reconocer que la culpa de ello la tenía él, o mejor dicho, el carácter «fragmentario» de la obra tal y como la había dejado. De esta forma es posible que lamentara el no haber publicado la tercera parte una vez escrita a pesar de sus deficiencias para, por lo menos, señalar la dirección en la que estaba trabajando[3]. Este lamentarse se puede no obstante relativizar, y es que, si las cuarenta páginas de la introducción no han sido del todo capaces de advertir la dirección deseada, difícilmente podría aparecer en cualquiera de las partes que faltan una perspectiva completamente distinta. Parece algo así como si Heidegger únicamente hubiera sido consciente durante el proceso de redacción de su obra de todo el peso de la pregunta por el ser, pregunta que habría de convertirse en la cuestión de su vida. A pesar de que se consideran como contribuciones a una «historia de la ontología y de la lógica», lo cierto es que las programáticas interpretaciones fenomenológicas de Aristóteles presentadas en el llamado *Informe Natorp* de 1922 sostienen que «el objeto de la investigación filosófica es el *Dasein* humano en tanto interrogado en su carácter ontológico»[4]. El carácter del *Dasein*, y por tanto no necesariamente el ser como tal, era lo que estaba en el punto de mira en 1922. La introducción de 1927 trasmite en ocasiones la misma impresión, pero el acento recae con más fuerza en la pregunta por el ser y en su olvido. Este énfasis se agudizará más en los trabajos posteriores y en las reinterpretaciones de *ST*. *ST*, cuyo mismo título surgió incluso cuando la obra ya estaba acabada, marca así una bifurcación. Esto es perfectamente válido ya para la introducción. Ella es emblemática del camino intelectual de Heidegger en la medida en que se sabe de camino a la pregunta por el ser sin haber llegado nunca a su fin, como si aquí el estar de camino fuera lo decisivo.

---

[3] Cf. *GA* 66, p. 414.
[4] Cf. *GA* 62, p. 348.

Por el contrario la introducción está dispuesta de forma muy sistemática. Heidegger no ha sido en ningún otro sitio tan sistemático como en ella. Un primer capítulo defiende de forma contundente pero a la vez provocativa la «necesidad, estructura y primacía de la pregunta por el ser» (§§ 1-4). A partir de la evidencia de esta pregunta recuperada, un segundo capítulo desarrolla el doble propósito de la obra, el de una «analítica ontológica del *Dasein*» (§ 5) y el de una «destrucción de la ontología» (§ 6), lo cual traerá consigo la división bimembre de la misma. A partir de este doble propósito se infiere también el método fenomenológico —y hermenéutico— de la obra (§ 7) así como su plan (§ 8). No hay duda: la introducción ofrece una síntesis condensada de toda la concepción de *ST*. Es el único indicio de una obra que, como tal, no existe. La introducción es *ST in nuce*, pero en muchos aspectos es más orientadora que la obra misma. Seguiremos la división bimembre de la introducción desarrollando primero el sentido de la pregunta por el ser y después las diversas cuestiones de la obra.

2. EL SENTIDO DE LA PREGUNTA POR EL SER

La pregunta por el ser ha caído hoy en el olvido, es lo que proclama la primera línea de *ST*. En 1927 no está quizá claro si este olvido representa una comprensión o, como remarcará el Heidegger tardío, una necesidad [en esta dirección ya apuntan, sin embargo, algunas alusiones de la introducción (§ 2, p. 6; § 7, p. 36) a las que habremos de volver más tarde]. Pues el Heidegger tardío tenderá cada vez más a caracterizar la pregunta por el ser como una pregunta que el pensamiento occidental no ha planteado o no ha podido plantear o, al menos, no lo ha hecho suficientemente, de forma que este descuido de la pregunta por el ser se ha acabado convirtiendo en la rúbrica de la ontología occidental. Al arremeter contra ese olvido, *ST* plasma una imagen un poco menos desalentadora. La pregunta, afirma, ya ha «fatigado las investigaciones de *Platón y Aristóteles*» para quedar silenciada a partir de entonces (§ 1, p. 2). El hecho de que *esta* pregunta haya, por decirlo de alguna manera, «suscitado desasosiego» a la filosofía antigua es una cosa, por lo demás, discutible desde el punto de vista histórico. De ahí se desprende en cualquier caso que para Heidegger de lo que se trata en la introducción es de *recuperar* una pregunta silenciada. A pesar de que el libro y la introducción comiencen históricamente, con Platón y Aristóteles, tanto el uno como la otra serán en general bastante parcos en testimonios históricos, los cuales, sin duda, hubieran sido más ampliamente planteados en la segunda parte dedicada a destruir la historia. La introducción pretende demostrar desde un punto de vista sistemático la *necesidad* de la pregunta por el ser. ¿Cómo argumenta Heidegger?

El primer parágrafo que pretende tomar en consideración esta necesidad tiene que ser visto como una primera intentona de cuyas limitaciones Heidegger era igualmente consciente, puesto que las hace notar también pocas páginas después. En verdad esta «necesidad» ha de desprenderse únicamente de la *primacía* de la pregunta por el ser discutida después y hasta de la totalidad de *ST*, cuando no del *opus* completo de Heidegger. Es muy difícil mostrar semejante necesidad en esas pocas páginas introductorias. Por eso estas primeras páginas gozan sólo de una función «exhortativa», esto es, una función que introduce a la pregunta. Y es que Heidegger se conforma allí sobradamente con citar prejuicios comunes que, yendo todos en la misma dirección, afirman la *«innecesidad»* de la pregunta por el ser remitiéndose al hacerlo a la lógica de la definición convencional —no siempre se puede decir si lo hace de forma irónica o completamente en serio— y también a la tradición ontológica desde Aristóteles hasta Santo Tomás, que tan cercana le resultaba: 1) El ser es el concepto más universal (y consiguientemente está exento de discusión); 2) es además, si bien como consecuencia del primer prejuicio, indefinible; 3) es, por último, el concepto más evidente, cualquiera lo entiende sin más. Estos tres prejuicios son los que impiden una tematización explícita de la pregunta por el ser. Pero la cosa no es tan sencilla, sugiere Heidegger entonces, sin poner en entredicho definitivamente, téngase en cuenta, la validez de los prejuicios. La universalidad, asegura primeramente, no conlleva que el concepto de ser sea «el más claro y quede eximido de toda discusión ulterior» (§ 1, p. 3). Esto es cierto pero, por sí solo, no demuestra la *necesidad* de semejante discusión. En segundo lugar, la indefinibilidad no dispensa de la pregunta por el sentido del ser, sino que precisamente la exige. Esto muy bien podría ser así pero Heidegger elude con ello la cuestión de en qué medida una respuesta a la pregunta por el sentido del ser que se plantea en la introducción *no* sería ya *en cualquier caso* algo así como una «definición» en sentido amplio. La tercera réplica retomará la discusión un poco más tarde: un concepto evidente en sí mismo puede ser indicio de un estado de cosas que *meramente ha llegado a ser evidente en sí mismo* y que es necesario poner críticamente en tela de juicio. Inevitablemente se pensará en este punto en las célebres palabras de Hegel en la *Fenomenología del espíritu*: «Lo conocido, por el "mero" hecho de ser conocido, no es "todavía" *reconocido*» («*Das Bekannte überhaupt ist darum, weil es bekannt ist, nicht erkannt*»)[5].

Pero, ¿se ha demostrado con esto realmente, en un sentido fuerte, la «necesidad» de la pregunta por el ser? La conclusión que Heidegger extrae de su sucinta discusión va demasiado lejos:

---

[5] Cf. Hegel (1807), p. 26.

el hecho de que vivamos ya siempre en una comprensión del ser y que el sentido del ser esté a la vez velado en la oscuridad, prueba la necesidad fundamental de reiterar la pregunta por el sentido del «ser» (*ST* § 1, p. 4).

Esto es ir demasiado lejos, porque lo mismo se podría decir de muchísimos, si no de todos los conceptos. Claro que vivimos en una cierta comprensión del arte, de lo bueno, de lo justo, del amor, de la paternidad, etcétera, cuyo sentido también es algo oscuro sin que por ello haya quedado demostrada la absoluta urgencia de una pregunta filosófica al respecto. ¿Por qué precisamente el ser? Hasta ahora aboga por esta necesidad únicamente, como Heidegger también reconocerá después (§ 3, pp. 8 s.), la «venerabilidad de su procedencia» y la «falta de una respuesta determinada». La necesidad de la pregunta por el ser no queda con esto más que sugerida sobre todo a causa de que, como se descubrirá después, ¡se puede someter a destrucción la venerable tradición de la ontología! Las siguientes discusiones acerca de la estructura y, sobre todo, acerca de la primacía de la pregunta por el ser también ayudarán a hacer más comprensible esta necesidad.

Las reflexiones sobre su estructura (§ 2) tampoco tocan directamente en principio la pregunta por el ser porque se pueden trasladar con legitimidad a la estructura *de cualquier pregunta*. Heidegger recurre aquí a consideraciones sobre la estructura del preguntar que ya había expuesto en sus lecciones de forma ocasional[6]. Esta estructura tiene la ventaja de organizar la pregunta por el ser, que hasta ahora parecía algo inespecífica y, de paso, organizar también el proceder de la investigación heideggeriana. Las consideraciones de Heidegger darán mucha importancia especialmente a la transparencia que se ha de obtener aquí.

En el planteamiento de una pregunta se deja distinguir según Heidegger lo puesto en cuestión (qué se pregunta, en general), el preguntado (a quién se pregunta) y lo preguntado (aquello que se pretende). Se pregunta en general por el ser. El ser es sin embargo, matiza Heidegger, el ser del ente y tiene por tanto que ser distinguido de los entes. De esta manera Heidegger «practica» la «diferencia ontológica» entre ser y ente que *como tal* sólo se convertirá en tema central en los escritos inmediatamente posteriores a *ST*. Pero está presente ya en las primeras páginas de *ST*, y todavía antes de que el *Dasein* sea introducido. Esta distinción implica para Heidegger ante todo que el ser no se deja concebir por medio de la conceptualidad que se ajusta a los entes. Como el ser exige «una forma propia de mostración que se diferencia esencialmente del desvelamiento de los

---

[6] Compásese con la jerarquización mucho más compleja (¡de 12 momentos estructurales!) de la lógica de la pregunta en la lección del semestre de invierno de 1923/1924: *GA* 17, p. 73. Allí se presenta todavía sin una específica aplicación a la pregunta por el ser, aplicación que ya se encuentra en la lección del semestre de verano de 1925 (*GA* 20, pp. 194 ss.).

entes», «demanda» por tanto «una conceptualidad propia» (§ 2, p. 6). Mientras que la conceptualidad de los entes y el modo común de hablar de ellos se puede designar terminológicamente como «ónticos», el discurso sobre el ser tendrá que ser puramente «ontológico». La división programática entre el plano ontológico y el óntico no se debe concebir como la de dos regiones estrictamente separadas la una de la otra porque esto sería a su vez pensar de forma demasiado «óntica». A pesar de su inmediata fuerza de convicción, la diferencia ontológica practicada por Heidegger alberga en su interior enormes enigmas. Heidegger en este sentido se preguntará hasta el final de su camino intelectual si acaso existe de verdad algo así como un modo de hablar «ontológico» y examinará continuamente nuevas posibilidades, entre otras la de la poesía y la del silencio, para dejar al ser que se insinúe. Pero estos enigmas se encuentran ya en la introducción a la obra principal. Y es que la pregunta por el ser, allí constituida, queda adscrita al «ente» de una forma doble: por un lado, el ser se dice siempre del ser de los entes —más tarde Heidegger pretenderá ocasionalmente poder distinguir el ser más radicalmente del ente[7]—; por otro lado, la pregunta por el ser se dirige a un ente específico. Este ente que encarna literalmente «el preguntado» en la estructura de la pregunta es en concreto el ente que somos nosotros mismos y que Heidegger fija terminológicamente como el *Dasein*. De esta forma se acuña el término más importante y famoso de Heidegger en el modo de referirse al ser humano. Por *Dasein* habría de entenderse de entrada, por consiguiente, tanto como «el ser "es" ahí». Dado que el ser es «ahí» y está solo ahí, este *Dasein* tendrá que ser interrogado en relación con su ser. Esta pregunta por el ser tomará por tanto el «rodeo» o, mejor dicho, el camino real de una exposición ontológica del ser ahí.

Pero, ¿cómo está el ser «ahí», en el *Dasein*? Es un estar en una cierta «comprensión ontológica», responde Heidegger coherentemente. «Nos movemos ya siempre en una comprensión del ser» (p. 5). Esta orientación

---

[7] Recuérdese el famoso pasaje del epílogo (1943) a la cuarta edición de *¿Qué es metafísica?* (*GA* 9, p. 304), donde Heidegger aventura la fórmula de «que el ser existe sin el ente». En la quinta edición Heidegger modificó el texto y escribió, regresando a la posición de *ST*, «que el ser nunca existe sin el ente». El tratado *En torno a la pregunta por el ser* de 1955 caracterizará concisamente el ser como «lo enteramente otro respecto del ente» (cf. *GA* 9, pp. 385 ss.). Esta *experiencia* del ser, incluso este asombro ante el ser que no provocamos sino en el que estamos, aunque sólo sea por un efímero momento que nos deja sin respiración, fue siempre lo decisivo para Heidegger. Heidegger sabía que simplificaba algo esta experiencia al forzarla a entrar en *ST* dentro de un marco de conceptos trascendentales. Con tanta mayor energía enfatizó en el epílogo a su lección inaugural de 1929, *¿Qué es metafísica?*, «la maravilla de todas las maravillas» *de que* el ente exista, de que exista algo —y nosotros— y no más bien nada (cf. *GA* 9, pp. 303 ss.). Esta experiencia es para Heidegger —simple y llanamente— la del ser. Ella puede ser sólo temporal y una experiencia de lo que se sustrae y permanece inconcebible.

general al ser, si bien vaga, esta familiaridad con el ser se convertirá en el hilo conductor de Heidegger y en «lo que se pone en cuestión» propiamente en su planteamiento de la pregunta. El objetivo de su investigación («lo preguntado», por tanto) será entonces averiguar el sentido de este ser, así comprendido y conocido, para llevar esta comprensión, como si dijéramos, a una mejor comprensión de sí misma. No se trata en la pregunta por el sentido del ser de algo así como el «sentido de la vida», por mucho que pudiera sonar a eso, sino de la exposición conceptual del sentido de lo que, vagamente y por regla general, se entiende por «ser». Lo que se entiende por ser tiene que hacerse transparente, conceptualmente inteligible y claro. «A partir de la lucidez del concepto», proclama Heidegger, se han de esclarecer los modos de la comprensión común del ser y de su oscurecimiento, con lo que se alude a que la omisión de la pregunta por el ser es todo menos un error susceptible de rectificación. Con ello parece quedar delimitado explícitamente el objetivo del planteamiento de Heidegger: la elucidación del sentido del «ser». Puede surgir la impresión de que lo que le importa a Heidegger en todo esto es la definición nominal y analítica de lo que, en general, aunque de forma vaga, se entiende por «ser». Heidegger se mostraría aquí poco más o menos como un filósofo analítico. Si no lo es en absoluto, esto se debe a la peculiar estructura de la pregunta misma por el ser, que cada vez se revelará de forma más inequívoca. Porque esta pregunta no es una cualquiera que demande claridad léxica, sino una en la que está en juego el ser de lo referido por ella: «El esencial quedar afectado al preguntar por lo preguntado pertenece al sentido más propio de la pregunta por el ser» (p. 8; cf. también *GA* 20, p. 200). Con ello se insinúa que la pregunta por el ser es la más urgente para todo *Dasein*, al que constantemente le concierne su propio ser. Con ello queda, por lo demás, también mejor fundamentada la «necesidad» de la pregunta por el ser. Esta se basa en la irrechazabilidad para el *Dasein* del cuidado por el ser. Lo que empieza a «querer expresarse» aquí (*ST* § 1, p. 8) es la primacía del *Dasein* para la pregunta por el ser que Heidegger en el § 4 caracterizará como «la primacía óntica de la pregunta por el ser». Postergando en cierta medida esta temática que ha salido al paso, Heidegger expondrá sin embargo antes la primacía «ontológica» de la pregunta por el ser para, de alguna manera, anteponer el derrotero ontológico de su planteamiento al puramente óntico del *Dasein*.

A su vez la problemática de la comprensión del ser determinará la de la primacía ontológica que se ha de poder fijar ante todo en relación con las ciencias. El análisis de Heidegger toma así un giro trascendental casi epistemológico que disfrutaba de una cierta evidencia en el contexto neokantiano de su época, giro que Heidegger sin embargo hábilmente sabe encauzar hacia lo ontológico. El neokantismo, al menos así como Heidegger lo entendía, parte del hecho de la ciencia y se esfuerza por reconstruir las condiciones lógicas de su posibilidad. Una argumentación muy similar conduce en Heidegger a la primacía de la pregunta ontológica: todas las ciencias están relacionadas con un determinado ámbito del ser. Cada una lo trata con la ayuda de conceptos fundamentales que se nutren en la mayoría de los casos de la experiencia precientífica. Estos conceptos fundamentales o aspectos del ser no son, con todo, ellos mismos nada entitativo, nada óntico, puesto que se refieren al ser del ámbito tratado en cada caso. Los conceptos fundamentales de las matemáticas, de la física o de las ciencias humanas se basan en una «exploración precedente de su ámbito objetivo» (§ 3, p. 10) que sólo puede ser de naturaleza ontológica:

> Ahora bien, puesto que cada una de estas regiones se obtiene a partir de un determinado sector del ente mismo, esa investigación preliminar que elabora los conceptos fundamentales no significa otra cosa que la interpretación de este ente en función de la constitución fundamental de su ser (p. 10).

Pero no es labor de las propias ciencias (exclusivamente ónticas) emprender este esclarecimiento ontológico, sino labor de la filosofía. Ella tiene como «lógica productiva» que «anteceder a las ciencias positivas», asegura Heidegger (p. 10). Como prueba de que esto es posible señala de nuevo a Platón y Aristóteles. Con esto se afirma algo así como una primacía ontológica, además de muy ambiciosa, de la *filosofía*. Esto es así porque es la filosofía la que ha de elaborar las ontologías específicas en las que las ciencias se encuentran en cada caso. Pero más allá de esto a Heidegger le interesa la primacía ontológica de la pregunta misma por el ser, previa aún a estas ontologías. Husserl habla aquí de ontologías «regionales». Esta primacía de la pregunta por el ser procede del hecho de que toda explicación ontológica que la filosofía ha de rendir al servicio de la ciencia tiene que haber elucidado antes la pregunta fundamental por el sentido del ser. Ahí es donde tiene que reconocer su pregunta *par excellence* una filosofía que se entiende como fundamental y, por tanto, como ontológica:

> El preguntar ontológico es ciertamente más originario que el preguntar óntico de las ciencias positivas. Pero él mismo sería ingenuo y opaco si sus investigaciones del ser del ente dejaran sin examinar el sentido del ser en general [...] La pregunta por el ser apunta, por consiguiente, a determinar las condiciones *a priori* de la posibilidad no sólo de las ciencias que investigan el ente en cuanto tal o cual, y que por ende se mueven ya siempre en una comprensión del ser, sino que ella apunta también a determinar la condición de posibilidad de las ontologías mismas que anteceden a las ciencias ónticas y las fundan (p. 11).

Con todo este rechazo de una genealogía deductiva Heidegger parece establecer la primacía ontológica por vía de una reducción a estadios más elementales de la pregunta: antes de las ciencias ónticas están las ontologías que las fundan, las cuales han de ser elaboradas por la filosofía como lógica productiva, y antes de estas está la pregunta todavía más fundamental por el sentido del ser en donde se precisa nuevamente que se trata de una precomprensión conceptual:

> Y precisamente la tarea ontológica de una genealogía no deductivamente constructiva de las diferentes maneras posibles de ser necesita de un acuerdo previo sobre lo «que propiamente queremos decir con esta expresión "ser"» (p. 11).

Mientras que Heidegger aparece como un filósofo analítico cuando en el § 2 pregunta en tales términos por el sentido del ser, se revela en el § 3 poco más o menos como un filósofo trascendental cuando detecta la primacía ontológica de la pregunta por el ser en el hecho de que la pregunta por el ser apunta a las condiciones de posibilidad de todas y cada una de las concreciones científicas y objetivas. Los desarrollos que se habrán de llevar a cabo entonces sobre la primacía óntica de la pregunta por el ser (§ 4) mostrarán, no obstante, que el hecho fundamental para Heidegger no es el de la ciencia sino el del *Dasein* que cuida de su ser.

Las ciencias mismas son ejercidas por el hombre. Los hombres no se caracterizan sólo por su capacidad para las ciencias, sino por su íntima relación con el ser. En uno de los pasajes retóricamente más logrados de la obra presenta Heidegger algo parecido a una definición del *Dasein*: «está [...] caracterizado ónticamente por el hecho de que a este ente lo que le importa de su ser es este ser mismo» (p. 12). Heidegger emplea esta fórmula muy frecuentemente para sugerir la imposibilidad de rehusar la pregunta por el ser[8]. Se refiere evidentemente al cuidado que no sólo caracteriza al *Dasein*, sino que también lo atormenta y tanto que, no en vano, como enseña Heidegger, el *Dasein* tiene inclinación a eludir la carga de esta lacerante pregunta. Esta elusión se manifiesta como una huida ante sí mismo, toda vez que el *Dasein* se define precisamente por el hecho de estar siempre ante esta pregunta. «*Dasein*» quiere decir por tanto tam-

---

[8] Compárese ya en las tempranas «Anotaciones en torno a Karl Jaspers» de 1919/1921 la apelación a la «experiencia fundamental del "yo soy" en la que se trata pura y radicalmente de mí mismo» de forma que la experiencia fundamental es la «de un *preocuparse* de sí mismo que se cumple activamente *antes* de una posible y subsiguiente toma de conocimiento objetivadora conforme al "es", pero no denota importancia para el cumplimiento activo» (cf. *GA* 9, p. 30). Compárese además *El concepto de tiempo* (1924), Heidegger *GA* 64, p. 114: «el ente así caracterizado es de tal modo que *lo decisivo* para él en su correspondiente ser en el mundo día a día es *su ser*». De las lecciones compárese *GA* 20, p. 405: «El ser es el ente al que, en su ser, en su ser en el mundo, *le interesa su propio ser*» (cf. *GA* 21, p. 220); *GA* 28, p. 171: «De esta forma está caracterizado el ente al que su propio modo de ser no le puede ser indiferente, en un sentido determinado».

bién para Heidegger: estar colocado ante esta pregunta, a pesar de que se la esquive. Pues a pesar de que se la eluda, uno permanece en ella, a saber, en el modo de una huida ante sí mismo, es decir, ante el *Dasein*. En los textos posteriores caracterizará Heidegger genialmente al *Dasein* que se quiere distraer así de sí mismo como el «ser fuera de sí». El ser fuera de sí puede valer como concepto contrapuesto al *Dasein* en donde el «fuera de sí» indica un modo, quizá el primario, aunque en cualquier caso el modo más habitual del «ahí».

Con todo lo plástica y dramáticamente que se presenta la pregunta por el «ser propio» cabe preguntarse qué es lo que la une con la pregunta por el ser tratada hasta ahora. Hasta el momento se trataba aparentemente sólo de la explicación nominal de lo que entendemos por «ser», exclusivamente de la condición ontológica previa del planteamiento científico del tema. Reduciéndolas a un denominador común, ¿se puede mezclar la pregunta por el ser propio con la pregunta más general por el sentido del ser? ¿Se trata de la misma pregunta? Esta pregunta se plantea tanto más cuanto que el Heidegger tardío va a tender a atenuar el peso de la pregunta por el propio ser en favor de la pura pregunta por el ser. El *Dasein*, como mostrará por ejemplo en la *Carta sobre el humanismo* de 1946 (cf. *GA* 9, pp. 313-364), se distingue eminentemente por el «cuidado por el ser». Partiendo del Heidegger tardío el cuidado por el ser propio se antoja antes bien como un antropomorfismo del que el pensamiento ontohistórico quisiera distanciarse cada vez más. Pero *ST* habla aquí bien claro: al *Dasein* lo que le interesa es su propio ser y con esto se está refiriendo a su «poder ser» respecto del cual ha de tomar decisiones. ¿En qué consiste pues en *ST* el enlace[9] entre la pregunta general por el ser y aquella acerca del ser propio? En ningún sitio se encuentra expresado esto con meridiana claridad pero no cabe duda de la orientación general de las intenciones de Heidegger: el primer hecho es el del cuidado fundamental por el propio ser, el propio yo. Este ser está caracterizado por la muerte: no *cogito ergo sum*, sino *sum moribundus* es la certeza fundamental del *Dasein*, dijo Heidegger al final de la lección del semestre de verano de 1925 (cf. *GA* 20, p. 437). Estamos «ahí», pero sólo por un tiempo. Esta intuición está resumida también en el título de *ST*. El *Dasein* queda ensombrecido

---

[9] Thomä (1990), p. 254, ve aquí —con cierta razón— una confusión de dos preguntas que no se pueden reducir a un planteamiento unitario. En lo que sigue intentaré probar a partir de las intenciones de Heidegger cómo se implican mutuamente, aun cuando tenga que reconocerle en cualquier caso a Thomä que el propio Heidegger no ha expuesto esta circunstancia con toda la claridad que cabría desear. Esta queda sugerida, no obstante, en pasajes como el siguiente de la ponencia *El concepto del tiempo* (1924), cf. *GA* 64, p. 114: «*El cuidarse del* Dasein *ha puesto ya en cada caso el ser en el cuidado*, como es público y notorio en la interpretación dominante del *Dasein*». En este mismo sentido véase ahora el tratamiento más amplio en *GA* 64, esp. pp. 17-83.

por su ser-para-la-muerte, que le inspira como es natural verdadero miedo porque no existe escapatoria. Si por esta razón bien se puede comprender el cuidado por su propio ser, ¿qué relación tiene este cuidado con la pregunta por el ser en general? Pues esta: que la *entera comprensión* del ser se dejará determinar a partir de este cuidado, y de la huida ante él. El indicio más elocuente de ello es la tendencia del *Dasein* a interpretar el ser como «atemporal», esto es, como presencia permanente. Ser es lo que subsiste y tiene y seguirá teniendo consistencia. Estudios históricos de Heidegger desarrollarán de forma brillante hasta qué punto la interpretación del ser como presencia constante se ha mantenido a lo largo de toda la historia de la ontología. Pero, ¿de dónde viene esta insistencia en la permanencia y la consistencia si no es de la represión de la propia temporalidad? La comprensión temporal del ser ha de retrotraerse hasta su fuente en el *Dasein*. La «posición» del *Dasein* respecto a su propio ser dicta la comprensión general del ser y con ello el sentido del ser por antonomasia. Heidegger diferenciará aquí especialmente la temporalidad propia de la impropia y, con ello, la correspondiente postura respecto del ser. La propia se entiende a partir del *Dasein* que asume radicalmente su insoslayable temporalidad, la impropia, como huida ante esta temporalidad, en la tranquilidad del seguir-siempre-así. El programa de la destrucción de la historia de la ontología se regirá por la pauta de esta asunción de la existencia temporal propia. Bien se puede tender un puente por tanto desde la pregunta por el ser propio a la pregunta por el ser en general, a pesar de que la introducción a *ST* las más de las veces se queda en consideraciones formales. Pero es a la vez una propiedad fundamental de toda concepción filosófica la de ser una consideración formal que todo *Dasein* está llamado a llenar de contenido (cfr. *GA* 29/30, pp. 421-431).

Regresemos pues a las observaciones del § 4 de *ST* sobre el cuidado por el propio ser. El ser que atañe al *Dasein* Heidegger lo concibe con el término «existencia». El *Dasein* no se deja por tanto determinar por medio de una definición de su esencia, sino por el hecho de que «tiene que ser en cada caso su ser como suyo» (p. 12). El *Dasein* está, no obstante, siempre abocado a la vez a posibilidades de existencia que requieren de una elucidación sobre sí mismo. Estas posibilidades, en la medida en que significan concretas realizaciones de su existencia, se pueden caracterizar como *existentivas*. Estas se han de diferenciar del análisis de Heidegger, el cual pretende comprenderse como puramente «existencial». Lo que le interesa no son las específicas realizaciones «ónticas» de la existencia, sino, de forma más general, las estructuras que constituyen la existencia como tal. El análisis del *Dasein* adoptará por tanto —usando el lenguaje técnico que caracteriza a la introducción, y que Heidegger abandonará, sin embargo, poco después de *ST*— la forma de un análisis de la existencialidad de la existencia.

A estas estructuras pertenece la principal distinción entre existencia «propia» e «impropia»: «La existencia es decidida en cada caso sólo por el *Dasein* mismo, sea tomándola entre manos, sea dejándola perderse» (p. 12). La realización elegida en concreto queda encomendada («existentivamente») al *Dasein* correspondiente, pero el hecho de estar ante una decisión es siempre a la vez un existencial que hay que poner en cuestión en relación con su significado para toda la problemática del ser. Seguramente se puede uno preguntar con K. Jaspers y K. Löwith si se puede mantener tan estrictamente esta división entre lo «existencial» y lo «existentivo». Ciertamente no, pero esta tiene un sentido metodológico considerable, según el cual se pueden valorar críticamente los análisis de Heidegger. Heidegger reconoce que su propia analítica existencial está arraigada ónticamente (p. 13), pero con esto ante todo se quiere subrayar simplemente que la asunción de la pregunta filosófica por el ser constituye la «radicalización de una esencial tendencia de ser que pertenece al propio *Dasein*». Con ello, según el análisis de Heidegger, la comprensión del ser que el *Dasein* practica por su propia naturaleza remite de hecho a sí misma, esto es, se pone en claro sobre sí misma. El esclarecimiento de la comprensión ontológica del *Dasein* sale al paso aquí como la labor fundamental de *ST*. Arriba (§ 3) se mencionó el esclarecimiento del «sentido del ser» como la cuestión fundamental. Ambas parecen haberse fundido en la introducción a *ST*.

En efecto, Heidegger resaltará después con razón el carácter *preparatorio* del análisis del *Dasein* en referencia a la pregunta por el ser. Pero la relación de la ontología fundamental con la analítica del *Dasein* muestra en la introducción un sorprendente margen de fluctuación. Esta diversidad queda documentada en importantes pasajes del § 4 que se encuentran casi en la misma página:

1) se subraya, como consecuencia de la primacía ontológica de la pregunta por el ser (§ 3), que «también la posibilidad de una consecución de la analítica del *Dasein* "está supeditada" a la *previa elaboración* de la pregunta por el sentido del ser en general» (§ 4, p. 13, cursivas de J. G.). La pregunta por el sentido del ser tendría, según esto, que *preceder* al análisis del *Dasein*, tal y como se la antepone a toda ontología;

2) pocas líneas después se entera uno sin embargo de que «la ontología fundamental de la que todas las otras no pueden sino derivarse, "tiene que" ser buscada *en* la analítica existencial de *Dasein*» (p. 13, cursivas de J. G.);

3) al final del parágrafo se mostrará que la analítica ontológica del *Dasein* constituye por antonomasia la ontología fundamental» (p. 14, cursivas de J. G.).

La diversidad es, de hecho, inaudita[10]. Por una parte, ha de producirse la elaboración previa de la pregunta por el sentido del ser —y, por consiguiente, la ontología fundamental— *antes del* análisis del *Dasein*; por otra parte, aquella tiene que hallarse ya en este e incluso lo *constituye*. ¿Cómo se le puede dar a esta disparidad un sentido cabal? Friedrich-Wilhelm von Herrmann, que también ha hablado de que existe una transición de una determinación a otra que no se puede comprender sin más[11], ha propuesto una elegante solución: la elaboración previa de la pregunta por el ser anterior a la analítica del *Dasein* a la que se alude en 1) habría sido reconocida como imposible por Heidegger porque el sentido del ser sólo se deja entender a partir de una ontología del *Dasein*[12]. Objetivamente esto es tal vez correcto, pero Heidegger mismo no ha remarcado en *ST* esta imposibilidad de la directa elaboración de la pregunta por el ser. De hecho cuando se hablaba de la primacía ontológica de la pregunta por el ser (§ 3), parecía imponerse por sí misma esta elaboración directa que será también la que, sin el marco de la analítica del *Dasein*, siga coherentemente el Heidegger posterior. A ella «estaría supeditada», pues, la analítica del *Dasein* (§ 4, p. 13).

Tiene que quedar claro por tanto que las conclusiones del texto no son evidentes respecto a la definición de la ontología fundamental en sí. Pero no es raro que esto ocurra cuando los filósofos presentan su proyecto *fundamental*. Recuérdese acaso las escasas pero no por ello menos confusas definiciones de la idea del bien en Platón, de la *prima philosophia* en Aristóteles, de la crítica trascendental en Kant, de la doctrina de la ciencia en Fichte, de la fenomenología del espíritu en Hegel o de la reducción fenomenológica en Husserl. Es difícil de explicar, pero así es: rara vez parecen los propios filósofos disponer de conceptos claros para arrojar luz sobre aquello a lo que subordinan sus esquemas. Quizá esto tiene su fundamento en la cosa: ¿Cómo puede una filosofía arrojar ella misma la luz de la que su proyecto intelectual recibe su fuerza luminosa? Frente a lo esencial

---

[10] La idea de la ontología fundamental todavía pasará en los años siguientes por varias transformaciones hasta ser poco a poco sustituida y a la par consumada por el bosquejo del pensamiento ontohistórico. Compárese especialmente la lección del verano de 1928 donde Heidegger delinea «una caracterización completamente nueva de la idea y la función de la ontología fundamental», donde la ontología fundamental aparece como la primera parte de la «metafísica», cuya segunda parte habría de ser una enigmática «metaontología» (cf. *GA* 26, pp. 174 ss.); además de la cuarta sección del libro de 1929 *Kant y el problema de la metafísica* (cf. *GA* 3), donde se pronuncia públicamente por última vez a este respecto, especialmente la parte final sobre «La metafísica del *Dasein* como ontología fundamental» donde la finitud es elevada a tema fundamental de la ontología, tema este que sostiene al *Dasein*. Por desgracia los límites del presente comentario no dejan adentrarse en estas apasionantes e intensas trasformaciones y en sus consecuencias.

[11] Cf. Von Herrmann (1987), p. 127.

[12] Cf. Von Herrmann (1987), p. 135.

quizá uno debe titubear siempre. Y es que más importante que la definición del proyecto es su orientación primordial. La de la ontología fundamental es, en este respecto, lo suficientemente evidente y fue presentada por F.-W. von Herrmann con competente objetividad: si se ha de plantear de nuevo la pregunta fundamental por el sentido del ser, se ha de desarrollar, y despertar, en el ente que está expuesto continuamente al problema del ser: el *Dasein*. En la ontología del *Dasein* parece estar encerrada la tarea fundamental de la filosofía.

Heidegger advierte de la posibilidad de malinterpretar esto de forma subjetivista, por supuesto sin éxito, por lo que después acabó efectuando la elaboración directa de la pregunta por el ser que la introducción sólo considera. Pero él mismo dio pábulo al malentendido cuando sin solución de continuidad se apoyó en la sentencia de Aristóteles en el *De anima* según la cual el alma, es decir (¡!), el ser del hombre, es todas las cosas (p. 14)[13]. En el *Dasein* o en su comprensión del ser parecería encontrar cada uno de los entes su razón y fundamento. La ontología del *Dasein* se revela como una suerte de *philosophia perennis*. En cualquier caso a una pretensión tan ambiciosa la filosofía no había vuelto a ser conminada desde Hegel.

Si resumimos la disparidad de la pregunta por el ser tal y como nos sale al encuentro en el primer capítulo de la introducción, podemos de forma esquemática sacar la siguiente impresión: en el § 1 aparece el filósofo y se posiciona sin remilgos en continuidad con la tradición aristotélico-tomista para demandar provocativa y exhortativamente el nuevo despertar de la pregunta por el ser; en el § 2 nos sale al encuentro un filósofo casi analítico que pone su objetivo en el esclarecimiento de lo que en general entendemos por «ser»; en el § 3 aparece de repente un filósofo trascendental que quiere remachar con la comprensión del ser la condición *a priori* de toda deducción científica del ente, mientras que el § 4 hace aparecer a un «filósofo existencial» que efectúa en su programa una radicalización de la tendencia ontológica que corresponde al *Dasein* ateniéndose al carácter puramente existencial y ontológico de su investigación. Lo que da cohesión a esta disparidad es únicamente la «unidad» de la pregunta por el ser. Esta se encuentra anclada en la comprensión ontológica del *Dasein* que cuida de sí mismo, a partir de la cual ha de definirse, en sus formas originarias y primigenias de ponerse en juego, la comprensión del ser en general.

---

[13] Heidegger señaló también en sus lecciones la asombrosa procedencia del *Dasein* desde la *psyché* (y no desde el concepto de sujeto como ocurre la mayoría de las veces) (cf. *GA* 19, pp. 23, 579, 608; *GA* 22, p. 107). Esta bien merecería una exégesis más detallada.

3. LA NECESIDAD DE UNA DESTRUCCIÓN DE LA ONTOLOGÍA OCCIDENTAL

El primer capítulo ya ha dejado ver tan variados aspectos de la pregunta por el ser que, en un segundo capítulo, Heidegger se propone configurar de forma más rigurosa el planteamiento de los problemas y el método. Muchos de estos problemas, sin embargo, habían sido ya anticipados: que la ontología del *Dasein* (cuestión 1 según el § 5) constituye el camino real de la pregunta por el ser, había sido sugerido, por ejemplo, en el primer capítulo, pero también lo había sido el hecho de que ella debía traer aparejada una destrucción de la ontología existente hasta el momento (cuestión 2 según el § 6). La doble cuestión de la obra, que en el fondo es unitaria, pasará a ser por tanto la de una analítica ontológica del *Dasein* y la de una destrucción de la historia de la ontología y esto exigirá consecuentemente la prevista división bimembre de la obra que, sin embargo, no existe como tal. A ellas se añadirán, casi *ex post*, discusiones acerca del método fenomenológico de investigación (§ 7).

Todo el conjunto de temas del segundo capítulo comparte una preocupación: la del modo de acceso correcto al fenómeno del *Dasein*. Los desarrollos precedentes han podido dar la impresión de que el *Dasein* también «tiene que ser lo dado primariamente desde el punto de vista óntico-ontológico» (p. 15). No es así, constata ahora Heidegger. El *Dasein* es respecto de sí mismo tal vez lo más lejano. Esto no se debe a otra cosa más que a lo que, con ayuda de una noción posterior pero muy afortunada, hemos denominado el «ser fuera de sí» del *Dasein*: en lugar de estar a la altura de su *Dasein*, el *Dasein* de la mayoría retrocede como si dijésemos amilanado ante sí, es por lo tanto «ahí» en el modo de un estar «tan-fuera-de-sí-como-sea-posible». Este ser fuera de sí adopta en los primeros parágrafos de *ST* una forma característica: el *Dasein* que «cae» de sí, «cae» en el mundo y se entiende a partir de este último. Este caer (desde sí y en el mundo), por muy natural que sea, es por supuesto, a los ojos de Heidegger, una «caída». Pero esta no sólo posee un aspecto «negativo». Y es que de esta caída en el mundo del *Dasein* se desprende —y esto va a ser relevante para el posterior proceder de la investigación heideggeriana— que el *Dasein* comparezca como ser-en-el-mundo y se haya de entender a partir de este. Esta caída no se ha de interpretar por tanto como una caída «gnóstica». En la caída resuena, con todo, este significado, en la medida en la que el *Dasein* está tentado a comprenderse sólo a partir del mundo, esto es, como puramente «cosificado». Así es como pasa el *Dasein* a pensarse como ente que existe, como sustancia y como sujeto con propiedades y relaciones con otros objetos independientes de él. Estas «categorías», como bien se las puede denominar al modo aristotélico y kantiano, están hechas a la medida del mundo óntico pero son para el *Dasein*, como *Dasein*, de lo más inadecuadas. ¿Por qué? Porque defraudan el carácter existencial del *Dasein*, es decir, la labor, el cuidado, la realización que el propio *Dasein* es para sí mismo siempre en cada caso particular. Dicho de forma escueta: en el *Dasein* subyace una tendencia a entenderse reflejándose en el mundo en lugar de comprender el mundo a partir del *Dasein*:

> El *Dasein* tiene [...] la tendencia a comprender su ser desde aquel ente con el que esencial, constante e inmediatamente se relaciona en su comportamiento, vale decir, desde el «mundo». En el *Dasein* mismo y, por consiguiente, en su propia comprensión de ser, hay algo que más adelante se mostrará como el reflejarse ontológico de la comprensión del mundo sobre la interpretación del *Dasein* (§ 5, pp. 15 s.).

La «mundaneidad» del *Dasein* aparece por tanto en Heidegger connotada de una forma dual: por un lado, pertenece irremisiblemente al *Dasein* fáctico, por otro lado, le lleva a concebirse como cosificado y, consiguientemente, de forma inadecuada. De esta manera, si es que se ha de confirmar la tesis según la cual toda comprensión del ser está basada en el *Dasein*, uno de los más perentorios esfuerzos de la ontología del *Dasein* será desarrollar una conceptualidad hecha puramente a medida del *Dasein* que evite, en tanto en cuanto sea posible, las categorías del ente cosificado y que incluso las derive de la realización del *Dasein*.

Esta ontología del *Dasein* será encauzada, no por casualidad, hacia la temporalidad que constituye al *Dasein*. «La interpretación del *Dasein* por la temporalidad» conforma con ello la primera labor de la ontología. Ella abarca igualmente los dos tercios publicados del libro proyectado. Según el programa no era esta, sin embargo, un fin en sí mismo ya que pretendía proporcionar en una tercera parte —planeada con el título de «Tiempo y ser», que no se tiene que confundir con el tratado del año 1962 que lleva el mismo título— «una explicación del tiempo como el horizonte trascendental de la pregunta por el ser». No pudo ser. Durante la lección del semestre de verano de 1927 acerca de *Los conceptos fundamentales de la fenomenología* se llevó a cabo una nueva tentativa respecto a esta tercera parte que entonces llegó a ser escrita pero que, según parece, fue quemada enseguida. Esta lección proporciona una mirada en el taller heideggeriano de aquel entonces, pero el § 5 ya no deja duda sobre cuál es el punto candente del programa heideggeriano. Este se refiere a lo discutido anteriormente y adelanta la labor histórica de destrucción. La analítica del *Dasein* concebida en referencia a la pregunta por el ser se propone como objetivo provisional exponer todas las estructuras del *Dasein* como modos de su temporalidad, de acuerdo con los modos de ponerse en juego constituidos por la temporalidad propia y la impropia. A partir de esta temporalidad se entenderá el ser. En palabras de Heidegger, que resumen de paso concisamente el objetivo a probar de *ST*, lo que se ha de mostrar es «que es *el tiempo* aquello a partir de lo cual en general el *Dasein* entiende e interpreta implícitamente algo así como el ser» (p. 17). ¿Cómo se ha de entender aquí «el tiempo»? Una pregunta complicada puesto que este tiempo depende de una cierta realización de la existencia. La comprensión «positiva» del tiempo de la que parte Heidegger se desmarca de la comprensión «vulgar» del tiempo. «Vulgar» no quiere decir aquí algo inapropiado, sino sencillamente la comprensión corriente, habitual, aunque cosificada, del tiempo como secuencia de ahoras que se repiten y prolongan eternamente. La base filosófica para esta comprensión «vulgar» del tiempo la ha establecido Aristóteles en su *Física*, que desde entonces ha dominado por entero toda la historia de la ontología. La comprensión del tiempo que Heidegger opone a la vulgar queda algo oscura pero se puede suponer sin dificultad que sería un tiempo que tomase en serio la *finitud*, la cual, por lo demás, no aparece mencionada en la introducción. El tiempo ya no se dejaría entender como una serie infinita de ahoras puntuales sino a partir de la mortalidad comprendida en toda su radicalidad. Se puede adivinar también sin dificultad por qué en esta concepción el tiempo vulgar se da como «derivado»: para reprimir su temporalidad íntima y radical el *Dasein* objetiva un tiempo que se sucede eternamente. Pero un tiempo semejante ya no es tiempo alguno sino casi su contrario. No obstante, esta derivación parece interesar menos a Heidegger en este contexto que la consecuencia ontológica que se ha de extraer de ello.

Concretamente Heidegger distingue de forma más o menos artificial dos pasos en la elaboración de la temporalidad del *Dasein* como el horizonte desde el que se ha de concebir el ser. La problemática de la temporalidad, ahora se sabe, queda «restringida» al *Dasein*. Pero lo que se ha de poner de relieve, más allá de todo esto, es la temporalidad del ser. Para marcar la separación respecto a la temporalidad del *Dasein*, Heidegger designa esta problemática puramente ontológica con un término latino como es el de la *temporariedad (Temporalität)* del ser. Pero, ¿no se trata objetivamente de *otro* asunto, toda vez que el ser comparece sólo en la comprensión ontológica del *Dasein*? ¿Es que no se permanece en la temporalidad del *Dasein* como horizonte de toda comprensión del ser? Es difícil decir en qué medida el desarrollo de la problemática de la temporariedad hubiera diferido realmente del análisis de la temporalidad ya que la tercera sección dedicada a la temporariedad («Tiempo y ser») quedó inédita. Bien es cierto que se encuentran reflexiones acerca de la temporariedad del ser en la lección del semestre de verano de 1927 (cf. *GA 24*) que es tenida por la continuación de *ST*, pero es evidente que están, en lo que respecta al horizonte temporal, completamente impregnadas de un esquematismo kantiano del que Heidegger se distanció muy pronto. Este horizonte temporal confirma por lo demás de forma palmaria la dependencia entre la problemática de la temporariedad y la de la temporalidad. ¿Hubiera ofrecido la tercera parte un desarrollo ilustrativo de la problemática de la temporariedad? El vacío de su no publicación testimonia, antes bien, un fracaso en este sentido[14]. La no publicación es tanto más lamentable cuanto que Heidegger había prometido explícitamente dar por primera vez, justo en la exposición de la problemática de esta temporariedad, la respuesta concreta a la pregunta sobre el sentido del ser (*ST* § 5, p. 19). En tanto en cuanto *ST* se valora en referencia a su pregunta específica y a la respuesta que se le da, tal y como ambas nuevamente quedan sugeridas en las postreras líneas del libro, se puede hablar en este punto de un cierto «fracaso» de su propósito. Pero se trata más bien de un fiasco literario ante lo que Heidegger quiso llevar a cabo y sólo pudo insinuar. Con toda justicia se tiene que reconocer de hecho que, cuando escribía la introducción, Heidegger no podía saber que la tercera sección que le rondaba entonces por la cabeza no llegaría nunca a ver la luz. Por eso es una labor histórica de la investigación heideggeriana reconstruir su propósito de entonces, dado que los rasgos fundamentales del mismo están bien de manifiesto. Filosóficamente la renuncia al concepto esquemático de horizonte de la tercera sección no significa necesariamente un fracaso ya que esa misma renuncia tal vez fue la que mejor pudo encaminar a Heidegger a la pregunta que le es más propia. De este modo fue el fracaso lo que hizo posible el giro[15].

El «fracaso» de la «respuesta concreta» de «*ST*» en el año 1927 también pudo estar en conexión con que el punto fuerte de Heidegger estuviera menos en la construcción que en la destrucción histórico-fenomenológica practicada por él con instinto certero antes y después de *ST*. La tarea de destrucción, presentada en el § 6, señala también además la labor de investigación *más originaria* antes de que la labor de una ontología del

---

[14] Según información de F.-W. Herrmann, Heidegger habría quemado la primera redacción de la tercera parte «poco después de escribirla» (cf. el epílogo a *GA* 2, p. 582). Esto es evidentemente una declaración verbal posterior de Heidegger. En escritos anteriores, concretamente en la famosa *Carta sobre el humanismo* (cf. *GA* 9, p. 325), pero también en las *Contribuciones a la filosofía* (cf. *GA* 9, p. 414) así como en la *Meditación* (*Besinnung*) (cf. *GA* 66, p. 414) se refiere Heidegger al destino de esta sección con unas palabras enteramente distintas. Según *todos* estos textos la sección tercera en cuestión habría sido «retenida». ¿Se puede al mismo tiempo «retener» un texto y «quemarlo poco después de haberlo escrito»? Obviamente no, porque el «retener» implica que lo retenido —al menos, durante algún tiempo— todavía siguió existiendo. Un retener parece excluir, por tanto, desde un punto de vista puramente lingüístico, una aniquilación inmediata. Por eso el que esto escribe se cuenta contra todo pronóstico entre aquellos que no quieren excluir que esta tercera parte pueda aparecer algún día.

[15] Para la interpretación del giro en este sentido, cf. Rosales (1984), pp. 241-262; Von Herrmann (1994), pp. 64-84 así como Grondin (1991). Intérpretes como Hans-Georg Gadamer y Th. Kisiel ven por supuesto en este giro un «regreso» de Heidegger a sus intuiciones originarias. Pero únicamente el fracaso sistemático hizo posible este regreso con lo que sólo *cum grano salis* se puede hablar de un «giro antes del giro».

Dasein se hiciera efectiva por delante de ella. Los esbozos para una historia de la ontología, tal y como pretenden ser consideras ya las tempranas interpretaciones fenomenológicas de Aristóteles, presentadas en el *Informe Natorp* de 1922 (cf. *GA* 62; véase también *GA* 61), se describen a sí mismos ya de entrada como una hermenéutica destructiva, esto es, una lectura de la tradición ontológica en relación con sus motivos ocultos. Allí se dice de forma grandilocuente:

> La hermenéutica fenomenológica de la facticidad se ve inducida según esto, en la medida en que a través de la interpretación intenta proporcionar para la situación presente la posibilidad de una apropiación radical —e intenta hacerlo llamando la atención sobre la necesidad de que se ofrezcan categorías concretas— a distender el modo de interpretar recibido y dominante de acuerdo con sus motivos ocultos, las tendencias y las vías de interpretación implícitas y a avanzar hasta las fuentes originarias de la explicación en un retroceder *deconstructivo*. La hermenéutica lleva a efecto su labor únicamente por la vía de la destrucción (*GA* 62, p. 368).

Esta labor de la destrucción que manifiestamente se apoderó entonces de Heidegger queda en 1927 relegada detrás de la analítica. La concepción de *ST* es más madura en la medida en que fija en una ontología del *Dasein* en referencia a su temporalidad, desarrollada expresamente, el hilo conductor al que se ha de atener en primera instancia semejante destrucción hermenéutica.

La destrucción no se puede describir como una labor puramente histórica que le hubiera sido implantada en la analítica del *Dasein* desde fuera como si simplemente sirviera de ilustración histórica. Pues el *Dasein* a la vez está siempre caracterizado por su temporalidad. A ella le es inherente una esencial historicidad. Con este tema de la historicidad Heidegger enlaza de forma natural con el concepto fundamental de Dilthey —que en este contexto, no obstante, no es mencionado— que ha gozado de mucho eco en la hermenéutica de Gadamer. La problemática de la historicidad en Heidegger ha quedado concebida, a diferencia de Dilthey y Gadamer, estrictamente en referencia a la problemática del ser: la propia pregunta por el ser está caracterizada por una historicidad (*ST* § 6, p. 20), con lo que Heidegger anticipa la intuición fundamental de su posterior historia del ser. Si Heidegger antes se había concentrado en «el estado de caída en el mundo» del *Dasein*, ahora le interesará ante todo en este contexto «el estado de caída en la tradición» del *Dasein*:

> el *Dasein* no sólo tiene la propensión a caer en su mundo, es decir, en el mundo en el que es, y a interpretarse por el modo como se refleja en él, sino que el Dasein queda también, y a una con ello, a merced de su propia tradición, más o menos explícitamente asumida (p. 21).

Quizá este estado de caída en la tradición es tal vez fenomenológicamente incluso más obvio que el estado de caída en el mundo en la medida en que el *Dasein* recae siempre en una «interpretación del *Dasein* recibida» (p. 20) o en una deducción del mundo recibida que se sedimenta en los prejuicios (Gadamer) o en las ideologías.

El acento de Heidegger se pone aquí principalmente en la tradición ontológica. En ella se ha ido imponiendo efectivamente una interpretación del ser cuya procedencia ha quedado olvidada y oculta. La destrucción apunta a este ocultamiento:

> Si se quiere que la pregunta misma por el ser se haga transparente en su propia historia, será necesario alcanzar una fluidez de la tradición endurecida, y deshacerse de los encubrimientos producidos por ella. Esta tarea es lo que comprendemos como la *destrucción*, hecha *al hilo de la pregunta por el ser*, del contenido tradicional de la ontología antigua, en busca de las experiencias originarias en las que se alcanzaron las primeras determinaciones del ser, que serían en adelante las decisivas (p. 22).

Y esta destrucción no afecta primordialmente al pasado como tal, con lo cual sería únicamente histórica, sino que afecta también al «día de hoy» (p. 22), al letargo ontológico del presente. Sí, es hora de liberar de nuevo para el día de hoy las fuerzas del pasado y la tradición, para despertar nuevamente la sensibilidad para la pregunta por el ser. En esta medida la intención de la destrucción es «positiva». Es entendida como deconstrucción del ocultamiento en aras de una nueva liberación. No cabe duda de que Heidegger ha querido prestar mucha atención a las decisiones fundamentales en la ontología occidental que han ocultado la temática del ser de manera desafortunada, con lo cual se anticipa también el pensamiento de una historia decadente del ser. En la introducción sólo se hacen alusiones acerca de cuáles son estas decisiones. Heidegger se ha ocupado tanto de ellas en sus primeras lecciones que es plenamente consciente de no presentar aquí más que un bosquejo, que entre tanto la *Gesamtausgabe* ayuda a completar con abundante material. Dirige la atención, sin embargo, al punto más importante para él: la comprensión del ser a partir del tiempo. Pues también la ontología occidental comprendía el ser desde el tiempo. Pero lo hacía implícitamente, es decir, sin tener conciencia de su hilo conductor. De esta forma una de las más perentorias y persuasivas labores de la destrucción pasará a ser la de poner en claro para la ontología occidental su propio y latente hilo conductor que está basado en la interpretación griega del ser como presencia:

> Sin embargo, esta interpretación griega del ser se realiza sin un saber explícito acerca del hilo conductor que la guía, sin conocer ni comprender la función ontológica fundamental del tiempo, sin penetrar en el fundamento que hace posible esta función (p. 26).

Únicamente Kant se habría acercado a esta relación entre el ser y el tiempo, sin establecerla adecuadamente, porque recayó en la ontología cartesiana del sujeto, tan corriente en su tiempo, en lugar de elaborar una ontología del *Dasein* y, a partir de ella, desarrollar de nuevo la pregunta por el ser. Este debate con Kant continuará en el siguiente libro de Heidegger, *Kant y el problema de la metafísica*, publicado en 1929 (cf. *GA* 3).

La pretensión de la destrucción heideggeriana no es, por lo tanto, precisamente modesta: por primera vez en su historia ha de poner en claro para la ontología su propio hilo conductor. Esta pretensión será superada por otra que va más allá aún: por primera vez se hace el intento en el libro de Heidegger de establecer sobre bases adecuadas esta relación fundamental entre ser y tiempo. Por mucho que Heidegger insista en el «regreso» a las experiencias primigenias de la ontología griega, también da a entender muy a las claras que la propia experiencia griega está basada en una interpretación del ser, si no inadecuada, al menos muy parcial, concretamente la de su fijación en el presente y la presencia constante (*ousía*), que constituye la disposición fundamental de la sustancia. Esta obsesión con el presente es la que pretende atacar Heidegger al prometer abordar el tiempo ya no desde el presente, sino desde el futuro (finito), por tanto desde la temporalidad radical. Resumiendo: la destrucción a la que está abocado el letargo ontológico del presente no sólo le pone en claro a la historia de la ontología su oculto hilo conductor, ella quiere hacer por fin posible el planteamiento de la pregunta fundamental por la comprensión del ser a partir del tiempo. *ST* es, de alguna manera, el tema oculto de toda la historia de la ontología, y hasta de la humanidad, al que ha venido encaminando la filosofía occidental, pero que por primera vez se hace visible y queda planteado en el libro de Heidegger. No ha de extrañar que la destrucción, que Heidegger no hace sino radicalizar en su posterior tratamiento de la metafísica, sea la labor originaria y primordial de sus investigaciones.

REFERENCIAS

GRONDIN, J. (1991): «Prolegomena to an Understanding of Heidegger's Turn», *Graduate Faculty Philosophy Journal*, 14-15, pp. 85-108.
HEGEL, G. W. F. (1807): *Phänomenologie des Geistes* (1807), *Gesammelte Werke* vol. 9, ed. W. Bonsiepen - R. Heede, Hamburg, 1980.
HERRMANN, F.-W. v. (1987): *Hermeneutische Phänomenologie des Daseins*, Bd. I., Frankfurt a. M.
— (1994): «Das Ende der Metaphysik und der andere Anfang des Denkens. Zu Heideggers Begriff der Kehre», en: F.-W. von Herrmann, *Wege ins Ereignis. Zu Heideggers «Beiträgen zur Philosophie»*, Frankfurt a. M., pp. 64-84.
ROSALES, A. (1984): «Zum Problem der Kehre im Denken Heideggers», *Zeitschrift für philosophische Forschung*, 38, pp. 241-262.
THOMÄ, D. (1990): *Die Zeit des Selbst und die Zeit danach. Zur Kritik der Textgeschichte Martin Heideggers*, Frankfurt a. M.

2
EL MÉTODO CIENTÍFICO DE LA ONTOLOGÍA Y LA IDEA DE LA FENOMENOLOGÍA
(§ 7)

François Jaran

1. INRODUCCIÓN

ST es una obra que tiene como principal ambición replantear la pregunta por el ser, una pregunta que, según su autor, habría caído en el olvido después de la muerte de Aristóteles. Pero esta recuperación de la pregunta más antigua de la metafísica, Heidegger pretende llevarla a cabo sobre unos fundamentos metodológicos nuevos que no encuentra en la gran tradición filosófica sino en una novedosa forma de plantear preguntas filosóficas cuyo fundador, Edmund Husserl, llama la *fenomenología*.

No obstante, el uso de dicho método filosófico para abordar problemas ontológicos no es de ninguna forma obvio. En efecto, la finalidad de la fenomenología husserliana no fue nunca la de dar una respuesta a la pregunta central de la *Metafísica* de Aristóteles. Sin embargo, Heidegger presenta aquel método como el único capaz de orientar el cuestionamiento sobre el ser del ente y, sobre todo, como un método que, por su propia naturaleza, tiene obligación de plantear preguntas ontológicas. En el § 7 de *ST*, titulado «El método fenomenológico de la investigación», Heidegger presenta su propio concepto de fenomenología, un concepto que en más de un sentido choca contra el del «amigo paternal» Husserl. Exponiendo lo que se debe entender por *phainómenon*, *lógos* y, por ende, por «fenomenología», Heidegger expone un concepto novedoso de fenomenología que debe dar pautas a las investigaciones sobre el ser del ente.

Esto manifiesta de entrada que Heidegger no fue un discípulo «ortodoxo» de Husserl. Según su propio testimonio, habría entrado en contacto —«sin las buenas directrices»— con las *Investigaciones lógicas* en 1909, es decir, con veinte años[1]. Heidegger lee entonces aquel libro como un texto que podría ayudarle a entender problemas no tanto epistemológicos como *metafísicos*. Husserl era en efecto alumno de Franz Brentano, al que Heidegger conocía por haber leído en 1907 su libro de 1862 sobre Aristóteles y las múltiples acepciones del ente[2]. Heidegger formará parte a finales de los año 1910 de la así llamada «escuela fenomenológica», pero muy pronto se mostrará muy crítico con ella en las lecciones que imparte en Friburgo o en Marburgo. El reproche más importante que hace Heidegger a Husserl es el de omitir en sus investigaciones lo que considera ser la pregunta fundamental de toda la filosofía: la *pregunta por el ser del ente*. Por no hacerse cargo de los problemas ontológicos «que mantuvieron en vilo la investigación de Platón y Aristóteles»[3], la fenomenología se habría negado a reconocer la tarea principal de toda filosofía científica. Después de algunos años de tensión, Heidegger decide abandonar la fenomenología alrededor de 1930[4]. Sin embargo y como lo sostendrá en un texto famoso de 1963, toda su vida siguió fiel al espíritu de la fenomenología[5], espíritu que el mismo Husserl habría traicionado con las *Ideas* de 1913 al convertir la fenomenología en una ciencia de la conciencia pura.

En este corto estudio, intentaremos aclarar el sentido que tiene para Heidegger el método fenomenológico de tal forma que veamos claramente en qué medida debe convertirse en el método de la ontología. Para hacerlo, nos basaremos en la sección dedicada a la fenomenología en *ST* (§ 7) así como en las lecciones *Los prolegómenos a la historia del concepto de tiempo* (verano 1925) (*GA* 20) y, sobre todo, *Los problemas fundamentales de la fenomenología* (verano 1927) (*GA* 24), donde, después de fina-

---

[1] Véase el prólogo de *Frühe Schriften*, escrito en 1972, *GA* 1, p. 56.
[2] Véase «Mi camino en la fenomenología», *GA* 14, p. 93; trad. esp. p. 115.
[3] En el caso de *ST* citamos la traducción española de J. E. Rivera. Pero nos hemos reservado el derecho de modificarla, sin mencionarlo, utilizando ora la traducción de J. Gaos, ora la traducción inédita de M. Jiménez Redondo.
[4] Heidegger escribe en un curso sobre la *Fenomenología del espíritu* de Hegel de 1930/1931: «Más aún, tras la más reciente publicación de Husserl (*sc.* el *Nachwort* de 1930 a las *Ideas*) que expone una enérgica recusación de los que hasta ese momento habían sido sus colaboradores, haríamos bien si en lo que sigue entendemos por la fenomenología sólo la que Husserl mismo ha creado y nos ofrece» (*GA* 32, p. 40; trad. esp. p. 83).
[5] La «fidelidad» de Heidegger se nota en las últimas líneas del texto «Mi camino en la fenomenología» de 1963: «¿Y hoy? El tiempo de la filosofía fenomenológica parece haberse acabado. Esta tiene ya valor de algo pasado, de algo designado de una manera tan sólo histórica, junto con otras direcciones de la filosofía. Sólo que, en lo que tiene de más íntimo, la fenomenología no es dirección alguna, sino que es la posibilidad del pensar que, llegados los tiempos, reaparece de nuevo, variada, y que sólo por ello es la permanente posibilidad del pensar, para corresponder al requerimiento de aquello que hay que pensar. Cuando la fenomenología viene así experimentada y conservada, puede entonces desaparecer como rótulo en favor de la cosa del pensar, cuya revelabilidad sigue siendo un misterio» (*GA* 14, p. 101, trad. esp. pp. 123 s.).

lizada la redacción de *ST*, Heidegger se extiende sobre dicho método y su relación con la ontología.

2. LA MISIÓN ONTOLÓGICA DE LA FENOMENOLOGÍA

En el curso de verano de 1925 intitulado *Prolegómenos a la historia del concepto de tiempo*, Heidegger alaba el método fenomenológico de Husserl resaltando dos de sus descubrimientos fundamentales: la intencionalidad y la intuición categorial. Sin embargo, insiste también en dos omisiones fundamentales de la fenomenología que podemos resumir en su incapacidad para plantear dos preguntas fundamentales: la pregunta acerca del ser del hombre y la pregunta acerca del ser mismo, dos preguntas a las cuales *ST* pretende justamente contestar. Además, Heidegger formula esta crítica no como si a Husserl se le hubiera escapado alguna aplicación posible de su método. Heidegger sostiene más bien que dada su naturaleza propia, la fenomenología exige *ella misma* este giro ontológico, como si formara parte de su propio funcionamiento el seguir cuestionando hasta dar con una respuesta a la pregunta por el ser.

En ausencia de un planteamiento de dichas preguntas ontológicas, la pretensión de la fenomenología de orientarse sobre *las cosas mismas* se queda en una promesa imposible de cumplir. En efecto, según Heidegger, la fenomenología caracterizaría su campo más propio —la intencionalidad— «no a partir de las cosas mismas, sino de un prejuicio tradicional que se ha convertido en algo dado por supuesto», en una evidencia[6]. Estas omisiones no son, pues, «negligencias casuales de los filósofos», sino una tendencia propia de la existencia humana, del *Dasein*, a interpretarse a sí mismo como un objeto intramundano y a olvidar la pregunta acerca del sentido de su propia existencia, de su propio ser. Husserl distingue claramente la conciencia del mundo, pero deja sin aclarar cómo se diferencian el ser de la conciencia del ser del mundo, una pregunta que tiene que plantearse en un marco más amplio, el de la pregunta por el ser mismo. Así, para *ir a las cosas mismas*, la fenomenología debería adentrarse en temas ontológicos que, en principio, no preocupaban en absoluto a Husserl, que considera la metafísica como las demás ciencias, es decir, como una forma de preguntar que encuentra su fundamento en el método fenomenológico una vez esté asegurado[7].

---

[6] *GA* 20, p. 178; trad. esp. p. 163. Véase también: «La elaboración de la conciencia pura en cuanto campo temático de la fenomenología *no* se ha realizado *fenomenológicamente, volviendo a las cosas mismas,* sino siguiendo una idea tradicional de la filosofía» (*GA* 20, p. 147; trad. esp. p. 140).

[7] Husserl sostiene, en efecto, que la fenomenología entendida como «crítica de la razón» precede a todo lo que llamamos «filosofía», de tal forma que cualquier tipo de metafísica debe referirse a dicha crítica. Véase Husserl (1907), pp. 58 s.; trad. esp. p. 117.

A Heidegger no le convence este estatuto de «propedéutica»[8] de la fenomenología, es decir, su sentido *meramente* crítico. La fenomenología tiene importancia filosófica en cuanto método de la ontología, como camino que se debe seguir hacia la respuesta a la pregunta acerca del ser. Al descubrir la intencionalidad como tema fundamental de la fenomenología, Husserl habría debido ser guiado por la «cosa misma» y seguir preguntando acerca del modo de ser de lo intencional y, por ende, acerca del ser mismo. En este sentido, Heidegger interpreta la fenomenología no como una nueva forma de fundamentar el conocimiento, sino como el intento de reanimar el cuestionamiento de Platón y Aristóteles acerca del comienzo de la filosofía, que se entendió entonces como el esfuerzo de preguntar por el sentido de la palabra «ente»[9].

3. LA FENOMENOLOGÍA ENTENDIDA COMO *LÓGOS* ACERCA DEL *PHAINÓMENON*

Esto nos permite entender que la definición que Heidegger da de la fenomenología en *ST* se aleja de la definición canónica encontrada en Husserl. La obra que Heidegger publica en 1927 es un ensayo que utiliza el método fenomenológico pero con fines que se alejan del análisis de la percepción propios de Husserl y se acercan al interés de la metafísica griega por contestar a la pregunta acerca del ente. En *ST* y en los *Prolegómenos* de 1925[10], Heidegger busca una forma de explicar lo que debemos entender por «fenomenología», si es que tiene que convertirse en el método, no de una ontología concreta, sino de la ontología fundamental que proyecta *ST*.

Como Heidegger subraya, al adoptar un modo *fenomenológico* de tratar la pregunta no se está en absoluto decantando por algunas tesis concretas sobre el ser del ente ni se está adscribiendo a una corriente filosófica concreta ya que la fenomenología no concierne nunca al contenido de la investigación filosófica —su *qué*—, sino únicamente al modo en el que la investigación se lleva a cabo —su *cómo* (p. 27). Heidegger expone en un primer momento el método fenomenológico como la voluntad de ser fiel a un lema —«¡A las cosas mismas!»— que, en principio, sería común a toda investigación seria. En efecto, cualquier discurso que tenga una mínima pretensión de veracidad busca precisamente esto: decir algo acerca de las *cosas mismas* y no acerca de una mera representación de las cosas. De esta forma, Heidegger reduce el método fenomenológico a una

---

[8] Véase *GA* 24, p. 3; trad. esp. p. 27.
[9] Veáse *GA* 20, pp. 179 y 184; trad. esp. pp. 164 y 170.
[10] Véase *GA* 20, § 9.

evidencia, a una voluntad de hablar de las cosas tal y como son. Pero leyendo entre líneas, vemos también dibujarse una crítica a la fenomenología husserliana. Heidegger afirma en efecto que la fenomenología sólo puede ser un método de este tipo «mientras se comprenda a sí misma» (p. 27), una exigencia a la que, a ojos de Heidegger, la fenomenología husserliana ha dejado de responder.

Las aclaraciones metodológicas que desarrolla Heidegger en el § 7 de *ST* plantean poner de relieve el sentido que tiene cada uno de los términos que componen la expresión «fenomenología»: *phainómenon* y *lógos*. En la fenomenología de Husserl, el fenómeno se entendía como el resultado de la reducción fenomenológica, es decir, como lo que queda de las cosas cuando uno abandona la actitud natural y adopta la actitud fenomenológica. Para Husserl, el fenómeno consiste en la fuente de todo conocimiento ya que constituye lo que la conciencia puede conocer de las cosas cuando se mantiene en su propio ámbito «inmanente» —el «esto que está ahí»— y que Husserl distingue de lo mentado «transcendentemente»[11], es decir, el objeto que supuestamente existe más allá de mi conciencia.

Este rasgo definitorio del fenómeno que es la inmanencia no aparece en la aclaración heideggeriana. Las referencia a la conciencia o a las *cogitationes*, tan presentes en Husserl, desaparecen aquí. El fenómeno se entiende en *ST* a partir del griego *pháinesthai* («mostrarse»), como «lo que se muestra, lo mostrándose, lo patente» (p. 14). Según escribe Heidegger, los fenómenos son, por tanto, «la totalidad de lo que yace a la luz del día o que puede ser sacado a la luz», lo que los griegos llamaron *tà ónta*, es decir, las cosas que son, «los entes». El fenómeno se define aquí a partir de su mostración, de su aparecer, pero, a diferencia de la fenomenología husserliana, la heideggeriana concibe el fenómeno como sinónimo del «ente» griego que Aristóteles trató de poner en cuestión en su *Metafísica*, preguntando por lo que hace que un ente sea un ente. La pregunta aristotélica acerca de «lo que es en cuanto algo que es» (*tò òn hêi ón*) o de «las cosas en cuanto cosas que son» (*tà ónta hêi ónta*)[12] quedaba relegada en la fenomenología husserliana al campo de lo puesto «entre paréntesis». La existencia de las cosas, el «ser del ente» era precisamente lo que la *epoché* fenomenológica ponía «fuera de juego» al adoptar la actitud fenomenológica. Las «cosas en sentido óntico»[13], lo que llamamos en sentido corriente la «realidad», quedaba fuera de las investigaciones de la fenomenología por suponer algo que no está dado de forma absoluta en la percepción: la existencia efectiva y transcendente de las cosas. Al conside-

---

[11] Véase Husserl (1907), p. 45; trad. esp. p. 104.
[12] Aristóteles, *Metafísica*, respectivamente IV 1, 1003a21 y VI 1, 1025b2; trad. esp. T. Calvo Martínez, Madrid, 1994.
[13] Husserl (1913), p. 65; trad. esp. p. 73.

rar el fenómeno como «ente» sin más, Heidegger adultera la fenomenología husserliana transformándola en lo que precisamente buscaba evitar, en una *metafísica*, una «ciencia del ser en sentido absoluto»[14].

Pero Heidegger establece enseguida una distinción que hace explícito en qué sentido el esfuerzo fenomenológico sigue siendo necesario. En la medida en que los fenómenos «pretenden» mostrarse, no siempre se muestran tal y como son. El fenómeno puede ser la cosa misma pero a menudo solamente es la apariencia de la cosa. Aunque el fenómeno de la fenomenología se entienda como «lo que se muestra», el método fenomenológico tendrá especial cuidado con no confundirlo con su contrario, es decir, con «lo que tan sólo parece» o con lo que aparece en lugar de otra cosa. Así, habrá que distinguir «lo que se muestra» de lo que llamamos los «síntomas», es decir, lo que puede ser *indicio* de la presencia de algo —el humo, por ejemplo, como indicio de la presencia del fuego— sin ser un «mostrarse a sí mismo». Aquí, como escribe Heidegger, la «manifestación» no es más que el anunciar que algo *no* se muestra, pero en un sentido que ya no es el mismo que la «apariencia» que muestra la cosa tal y como *no* es (p. 29). En fin, habrá que distinguir el fenómeno (*Phänomen*) del «fenómeno» (*Erscheinung*) que nos viene dado por la filosofía trascendental kantiana y donde se entiende como la manifestación de lo que precisamente no puede manifestarse, la «cosa en sí» que no es accesible mediante la intuición. Este concepto, que Heidegger califica de «concepto *vulgar* de fenómeno», no es tampoco el concepto *fenomenológico* de fenómeno[15].

¿Cómo, pues, hay que entender el fenómeno si no es como *apariencia, síntoma* o *fenómeno de la experiencia*? La fenomenología no será ciencia de ninguno de estos varios sentidos en la medida en que pretende ser ciencias de las *cosas mismas*, de lo que se muestra en sí mismo y nunca en lugar de otra cosa. Todos estos sentidos derivados del fenómeno tienen un origen común: para que haya apariencia, síntoma o «mero fenómeno», algo debe en primer lugar mostrarse en sí mismo. Este concepto original de fenómeno es precisamente el que Heidegger pone delante: «lo-que-se-muestra-en-sí-mismo» (p. 31). Pero, ¿qué *cosa* se muestra precisamente de esta manera, es decir, sin ser fenómeno *de otra cosa*? La explicación que da Heidegger se basa en el contraste con el concepto kantiano de fenómeno. El fenómeno kantiano siempre supone un orden anterior o *a priori* a la manifestación que explica que las cosas de la experiencia sensible se den de tal u otra forma. Así, el espacio y el tiempo son «formas de la intuición» que aparecen de manera *implícita* y *no temática* en la experiencia. Pero

---

[14] Véase Husserl (1907), p. 23; trad. esp. p. 82.
[15] Acerca de los múltiples sentidos del concepto de «fenómeno», véanse también *GA* 17, § 1 y *GA* 20, § 9.

gracias al esfuerzo filosófico, estas formas pueden ser llevadas «a una mostración temática» (p. 32). Lo que se muestra entonces de forma explícita es precisamente el fenómeno de la fenomenología. Si los enunciados que Kant hace sobre el espacio y el tiempo pueden ser correctos, sigue Heidegger, los objetos sobre los cuales versan tienen que mostrarse de una manera u otra, es decir, deben volverse fenómeno. En caso contrario, los enunciados kantianos serían frases sin fundamento alguno, ya que no tendrían nada que enseñar para legitimarse.

El ejemplo que emplea Heidegger para explicar lo que significa «lo-que-se-muestra-en-sí-mismo» pone de relieve dos cosas. Primero, que mantiene la idea fundadora de la fenomenología husserliana según la cual los objetos tienen que estar presentes «en carne y hueso» para que se pueda afirmar algo acerca de ellos. Si el espacio y el tiempo no se manifestasen de ninguna forma, no habría afirmación legítima acerca de ellos. Segundo, que el concepto de fenómeno invierte la comprensión kantiana del mismo. Pues, para Kant, el tiempo y el espacio no son fenómenos ya que son condiciones *a priori*, es decir, el marco o la forma de la experiencia sensible. Así, el mostrarse de la fenomenología heideggeriana no coincide con la «experiencia posible» kantiana en la medida en que ensancha el mostrarse a cualquier objeto al que podamos tener acceso, sea empíricamente o de otra forma.

Pero la fenomenología no se define solamente a partir de su concepto de fenómeno, de *phainómenon*, sino también a partir del modo de hablar de los fenómenos, del *lógos*. Este término clave del pensamiento griego y occidental en general se traduce por una gran cantidad de palabras, tales como «razón, juicio, concepto, definición, fundamento, relación» (p. 32), pero esta multiplicidad de sentidos no es más que apariencia, escribe Heidegger, ya que el término significa sencillamente «decir» (*Rede*)[16]. Pero el decir del cual Heidegger habla aquí no debe interpretarse a partir de una comprensión lógica del decir, sino a partir de la función esencial del lenguaje, el hacer ver o poner de manifiesto «aquello de lo que se habla en el decir» (p. 32). Apoyándose en Aristóteles, Heidegger sostiene que el «decir», el *lógos*, no es solamente un instrumento que permita describir lo que se le manifiesta a alguien, sino que tiene como función propia el «hacer ver algo», el mostrar (*pháinesthai*) del que ya hemos hablado más arriba. Así, el decir puede en efecto ser, como se ha sostenido tradicionalmente, verdadero o falso, pero estos dos rasgos deben entenderse como «mostrar», en el caso del decir verdadero, o «impedir que algo se muestre», en el caso del decir falso. El *lógos* verdadero es precisamente aquel que hace ver, que descubre, mientras

---

[16] La palabra alemana *Rede*, que proviene del verbo *reden* (hablar, decir), contiene en realidad dos significados en castellano: el decir y lo dicho.

que el *lógos* falso es aquel que esconde, que cubre. Y en la medida en que el *lógos* dice cosas acerca del ente, el *lógos* verdadero será el que descubre al ente y lo hace ver como desoculto, mientras que el *lógos* falso procurará encubrir, es decir, hacer pasar una cosa por algo que ella no es.

Esta tesis acerca del «ser-verdadero» del ente pone en juego un concepto de verdad que Heidegger presenta de forma magistral en el § 44, analizado más adelante. Pero, en el contexto de una determinación de la fenomenología, vemos dibujarse el parentesco entre los dos conceptos que nos interesan: el *phainómenon* que se entiende como *lo que se muestra* y el *lógos* entendido como *hacer ver*. A partir de ahí, Heidegger presentará lo que considera ser el «pre-concepto» o «concepto preliminar» de la fenomenología y que se define como el *lógos* acerca del *phainómenon*, es decir, el «hacer ver desde sí mismo aquello que se muestra [...] tal y como se muestra desde sí mismo» (p. 34). Al contrario que otras expresiones que terminan en *-logía*, la fenomenología no tendría, pues, ningún objeto concreto, no indicaría en su título ningún contenido, ningún *qué*, sino que solamente daría información acerca del *cómo*, es decir, la manera de mostrar lo que quiere tratar esta ciencia.

El método fenomenológico se entiende entonces a partir de una prohibición que se puede resumir de la forma siguiente: la fenomenología se abstiene de toda determinación que no sea evidente, es decir, se niega a cualquier tipo de discusión que no se fundamente en una directa mostración y justificación (p. 35). Todo intento de mostrar al ente tal y como es será caracterizado de fenomenológico. Pero, con esto, la fenomenología no parece decir mucho más que su tautológica máxima «¡A las cosas mismas!». Heidegger retuerce entonces la definición que acaba de dar de la fenomenología al sostener que el objeto primero de la fenomenología es precisamente algo que *no* se muestra.

A partir de aquí, en efecto, la fenomenología de Heidegger se aleja más explícitamente de la de Husserl. Si este último fundamentaba el método fenomenológico en la evidencia que proporciona la presencia «en carne y hueso» del fenómeno, Heidegger considera que el problema fundamental de la fenomenología es más bien el de conseguir «hacer ver» lo que «de un modo inmediato y regular [...] *no* se muestra» (p. 35). El tema de la fenomenología heideggeriana, su *fenómeno*, es precisamente «aquello que queda *oculto*» en lo que se muestra, pero que a la vez «pertenece esencialmente a lo que inmediata y regularmente se muestra», en la medida en que constituye «su sentido y fundamento« (p. 35). Así, el fenómeno más propio no es tanto aquello que se muestra —y no necesita por tanto ser mostrado de forma explícita—, como aquello que se mantiene tapado en el ente que se muestra y que Heidegger llama en su ontología fundamental *el ser del ente*. Modificando de forma radical el sentido original de la fenomenología, Heidegger la convierte en un método para poner al descubierto el ser del ente, esto es, un método hecho a medida para la investigación *ontológica*[17].

Pero ¿la fenomenología puede entenderse entonces como un «hacer ver lo que se muestra» si su fenómeno principal es precisamente aquello que queda oculto y olvidado? Lo que la fenomenología llama «lo que se muestra» (*das Sichzeigende*) es precisamente el ser del ente, más concretamente «el sentido, las modificaciones y los derivados» del ser del ente (p. 35). Heidegger quiere decir con esto que, aunque el ser del ente quede *oculto* o *encubierto*, es sin embargo él quien se está mostrando en los fenómenos. Su ocultamiento es caracterizado como «extraordinario» (*ausnehmend*) en la medida en que constituye un mostrarse que no tiene nada que ver con el mostrarse inmediato y regular del ente. Sin embargo, Heidegger subraya que no hay que pensar que el ser viene a la manifestación *en cuanto* ente, es decir, como si el ente fuese lo que apareciese «en lugar del ser», como síntoma o manifestación del ser. El ser no se mantiene «detrás» del ente —como la mano del marionetista se manifiesta quedando oculta «detrás» de los movimientos del títere—, ya que los fenómenos de la fenomenología siguen siendo los datos últimos a los cuales recurrimos en la filosofía.

En la medida en que el ser del ente no se muestra, se convierte en una tarea de la fenomenología convertir el ser en su objeto propio, es decir, en *fenómeno*. La fenomenología se entiende entonces como un modo de acceder a lo que la ontología toma como tema propio. Y, de hecho, si la ontología pretende ser una verdadera «ciencia del ser» y no un discurso conceptual vacío, se le deberá exigir que nos muestre —en sentido fenomenológico— su objeto. Por esta razón, Heidegger afirma que «*la ontología sólo es posible como fenomenología*» (p. 35)[18].

El ser del ente no comparece de forma directa, *no es aún fenómeno*, sino que tiene que ser obtenido abriéndose camino entre los «encubrimientos dominantes». De ahí la necesidad de una reflexión metodológica previa que permita un acceso intuitivo al fenómeno que es el ser del ente. Este esfuerzo filosófico tiene que luchar no solamente contra recubrimientos propios del ser, sino también contra algunos «fortuitos», debidos a que lo que ha podido ser descubierto históricamente se ha desvirtuado «por el hecho mismo de comunicarse en forma de enunciado» (p. 36). En este sentido, la tarea de la ontología no solamente será *fenomenológica* sino también *hermenéutica* (pp. 37 s.)[19].

---

[17] Para un análisis muy preciso de este «fenómeno de ser» en Heidegger, véase Marion (1989).

[18] Encontramos una afirmación parecida en los *Prolegómenos* de 1925: «No es que *además de* fenomenología haya ontología, sino que *la ontología científica no es otra cosa que fenomenología*» (*GA* 20, p. 98; trad. esp. p. 99).

[19] Para este aspecto hermenéutico de la ontología heideggeriana, además de la segunda parte del comentario de Grondin a los §§ 1-6 de *ST* contenido en este volumen, remitimos también a Grondin (2003).

4. EL CARÁCTER METÓDICO DE LA ONTOLOGÍA

El concepto de fenomenología que expone Heidegger en *ST* no es más que un concepto «preliminar». Como es el caso con muchos otros temas expuestos en la parte publicada de la obra, el tratamiento «definitivo» del método fenomenológico solamente podrá ser expuesto una vez desarrollada por completo —es decir, «respondida»— la pregunta por el ser. Por lo tanto, al apartado metodológico que hemos comentado en la sección anterior debían responder seguramente unas secciones de la parte no publicada de *ST* en las cuales el concepto, ya no preliminar sino definitivo, de la fenomenología tendría que ser expuesto. Esto no se ve con claridad en el «plan del tratado» (§ 8) que no menciona ningún nuevo apartado metodológico para las secciones no publicadas. Sin embargo, la «nueva elaboración» de la ontología fundamental presentada en el curso del verano de 1927, *Los problemas fundamentales de la fenomenología*[20], sí dedica una parte importante a problemas metodológicos. Ahora presentada en tres momentos distintos, la pregunta por el ser del ente consta de 1. una discusión fenomenológica de tesis históricas (= *ST*, segunda parte), 2. un tratamiento concreto de la pregunta por el ser (= *ST*, primera parte), que se presenta entonces como la elaboración de los «cuatro problemas fundamentales de la ciencia del ser» y, finalmente, 3. una presentación del «método científico de la ontología y [de] la idea de la fenomenología»[21]. Esta tercera parte no llega a presentarse en el curso de 1927, pero Heidegger quería concluirla con reflexiones acerca del «método fenomenológico» y de la «ontología fenomenológica»[22]. De esta forma, vemos claramente que lo expuesto en el § 7 de *ST* no es la última palabra de Heidegger sobre la fenomenología. Esta parte de las lecciones no se publicó —probablemente ni se redactó—, pero Heidegger explica en detalle en el § 5 del curso el contenido de este apartado metodológico ausente de *ST*.

En esta presentación de los problemas metodológicos ligados a la ontología fenomenológica, Heidegger empieza retomando un problema que atañe a la misma estructura de *ST*, el de la elaboración de una ontología fundada ónticamente en el *Dasein*, en la existencia humana. En un segundo momento y en sentido inverso, evoca la prioridad del ser sobre

---

[20] Heidegger califica en efecto estas lecciones de «nueva elaboración de la tercera sección de la parte primera de *Ser y tiempo*» (*GA* 24, p. 1; trad. esp. p. 25).
[21] *GA* 24, p. 32; trad. esp. p. 49.
[22] Así se presenta el plan de la tercera parte: «1. El *fundamentum* óntico de la ontología y la analítica del *Dasein* como ontología fundamental; 2. La aprioridad del ser y la posibilidad y la estructura del conocimiento apriorístico; 3. Los componentes fundamentales del método fenomenológico: reducción, construcción, destrucción; 4. La ontología fenomenológica y el concepto de filosofía» (*GA* 24, p. 33; trad. esp. p. 50).

el ente y el problema del conocimiento *apriorístico*. Según explica Heidegger, el ser se ha entendido desde los griegos como algo que antecede al ente, pero el sentido (temporal) de esta *anterioridad* del ser nunca ha sido aclarado[23]. Es precisamente este tipo de conocimiento *apriorístico* acerca del ente, es decir, el conocimiento ontológico que precede el conocimiento óntico, lo que Heidegger llama «fenomenología». Interrogar acerca de lo que se da con anterioridad al ente es la tarea de la «ciencia del ser», la ontología, cuyo método se llama «fenomenología».

La fenomenología es, pues, el método que distingue la ciencia del ser de todas las demás ciencias que no abordan más que el ente. Las ciencias ónticas tienen cada una su método propio, pero ninguna puede servir de modelo para la ciencia ontológica que es de otra naturaleza. Heidegger llega a afirmar que «la distinción metodológica entre matemática y filología clásica no es tan grande como la distinción entre matemáticas y filosofía o filología y filosofía»[24]. La ciencia que aprehende y concibe el ser, la ontología, habrá de tener un método único, distinto del de las ciencias que aprehenden y conciben el ente. Este método, es el método fenomenológico, o lo que Heidegger llama la «mirada fenomenológica», que permite dirigirse hacia el ente de tal manera que «el ser de ese ente pueda ponerse al descubierto y quepa llegar a una posible tematización»[25]. Esta forma de aprehender el ser dirigiéndose hacia el ente, Heidegger la llamará *reducción fenomenológica*, desnaturalizando conscientemente el concepto husserliano: «El componente fundamental del método fenomenológico, en el sentido de reconducción (*Rückführung*) de la mirada inquisitiva desde el ente comprendido ingenuamente hasta el ser, lo designamos como *reducción fenomenológica*»[26]. Aunque Heidegger pueda alegar algún origen etimológico común entre la *Rückführung* —es decir, la re-conducción— y la *reducción*, no cabe la menor duda de que el sentido original de la *epoché* husserliana se pierde en su redefinición ontológica. La reducción fenomenológica permitía entre otras cosas poner entre paréntesis no solamente la realidad efectiva y trascendente del mundo sino sobre todo las preguntas que surgen necesariamente con ella y que Husserl considera como pertenecientes a una «metafísica». El mismo Heidegger reconoce dicha desnaturalización[27] y Husserl no tardará mucho en darse cuenta de ella[28].

---

[23] *GA* 24, p. 27; trad. esp. p. 45.
[24] *GA* 24, p. 28; trad. esp. p. 46.
[25] *GA* 24, p. 28; trad. esp. p. 46.
[26] *GA* 24, p. 29; trad. esp. pp. 46 s.
[27] «Adoptamos así un término central de la fenomenología de Husserl, valiéndonos de la expresión pero no de su contenido» (*GA* 24, p. 29; trad. esp. p. 47).
[28] Sobre este tema, el documento más instructivo es la carta que Husserl envía a Alexander Pfänder el 1 de enero de 1931, véase Schumann (1994), pp. 180-184. Para más detalles sobre la relación filosófica de Heidegger con Husserl, véase Jaran (2013), § 10.

Pero el método fenomenológico no es solamente lo que permite alejarse del ente gracias a la reducción, sino que es también el método que logra dirigirse hacia el ser mismo, otorgando dirección al preguntar. El modo de aprehender el ser, es decir, de acceder a algo que no se da como el ente y que necesita, como escribía Heidegger en *ST*, «un modo particular de ser mostrado» (p. 6), es llamado aquí «construcción fenomenológica».

Pero Heidegger evoca también un tercer aspecto fundamental del método fenomenológico que procura dar cuenta de la situación histórica en la cual se encuentra cada vez el *Dasein*. En la medida en que la situación histórica interfiere en las interpretaciones que da el *Dasein* del ente, la ontología exige un trabajo histórico que elabore una crítica del «concepto promedio del ser» que circula desde la antigüedad y que se emplea para interpretar al ente[29]. Así, la «construcción reductiva» —dos primeros momentos del método fenomenológico— tiene también que adoptar la forma de una destrucción (*Destruktion*), es decir, de un desmontaje (*Abbau*). Solamente cuando la fenomenología conste de estos tres ingredientes (reducción, construcción, destrucción) «puede la ontología asegurarse fenomenológicamente la autenticidad de sus conceptos»[30].

Por lo tanto, el mismo concepto heideggeriano de «ontología» queda completamente determinado por el método que le es propio, es decir, por la fenomenología: 1. la posibilidad de dejar de preguntar únicamente por el ente y mirar hacia el ser del ente se abre gracias a la *reducción fenomenológica*, 2. la de plantear la pregunta por el sentido del ser y responderla será la tarea de una *construcción fenomenológica* y 3. la garantía de que nuestros conceptos, horizontes y perspectivas surjan «auténtica y originariamente del ámbito del ser y de la comprensión del ser»[31] la recibimos del trabajo de la *destrucción fenomenológica*.

5. CONCLUSIÓN

Por tanto, Heidegger concluye el § 7 de *ST* afirmando que no debemos pensar la fenomenología y la ontología como meras «disciplinas» de la filosofía, sino más bien como el sentido propio de la filosofía. Su objeto es el ser del ente —la filosofía es ontología— al cual accedemos mediante su conversión en fenómeno —la filosofía es fenomenología. En este sentido, la filosofía no es otra cosa que una «ontología fenomenológica universal» (p. 38). Obviamente, el sentido originario de la fenomenología

---

[29] *GA* 24, p. 30; trad. esp. p. 48.
[30] *GA* 24, p. 31; trad. esp. p. 48.
[31] *GA* 24, p. 31; trad. esp. p. 48.

como método filosófico que permitía fundamentar una nueva teoría del conocimiento sobre bases absolutamente seguras se pierde en esta redefinición. Sin embargo, Heidegger seguirá afirmando que aquel trabajo que realiza en su obra maestra se ha hecho posible gracias al método husserliano y el § 7 termina con un homenaje sentido a la labor filosófica que Husserl abrió con sus *Investigaciones lógicas*. Pero como ahí lo señala, son las posibilidades abiertas por la fenomenología más que sus logros efectivos lo que quiere alabar: «La comprensión de la fenomenología consiste únicamente en aprehenderla como posibilidad» (p. 38).

Por lo tanto, vemos que, para Heidegger, la grandeza de la fenomenología consiste más en lo que ha hecho posible que en lo que realmente logró hacer ella misma. Como hemos visto en este breve análisis del método fenomenológico heideggeriano, la fenomenología es para Heidegger el método idóneo para elaborar una ontología que va más allá del marco metafísico tradicional, sea griego, medieval o moderno. Pero la pregunta por el ser, la «metafísica», es exactamente lo que Husserl pretendía poner «fuera de juego» para por fin dar a la filosofía una fundamentación digna de ella. Heidegger está de acuerdo con la idea según la cual la fenomenología puede llevar a cabo la ambición perenne de la filosofía, pero no coincide con Husserl en la definición de dicha ambición: el enemigo eterno de la filosofía no es el escéptico, sino el que ha olvidado que la pregunta por el ser es la pregunta fundamental de la filosofía.

En definitiva, el homenaje a Husserl que concluye el § 7 de *ST* pone más bien de manifiesto toda la distancia filosófica que separa Heidegger de Husserl en 1927, distancia que se tornará también personal con la publicación de la obra. Al celebrar el 70 aniversario de Husserl en abril de 1929, Heidegger insistirá una vez más sobre esta idea según la cual Husserl ha inaugurado una nueva forma de filosofar cuyos múltiples despliegues ya no le pertenecen: «Así son también los trabajos que le entregamos: un simple testimonio de que queremos seguir su orientación, no una prueba de que hemos llegado a ser sus discípulos»[32].

REFERENCIAS

GRONDIN, J. (2003): «L'herméneutique dans *Sein und Zeit*», en: *Le tournant herméneutique de la phénoménologie*, París, 2003, pp. 38-56.

HUSSERL, E. (1907): *Die Idee der Phänomenologie. Fünf Vorlesungen, Husserliana*, tomo II, ed. W. Biemel, Den Haag 1973 (= 1950); trad. esp. J. Adrián Escudero, *La idea de la fenomenología*, Barcelona, 2011, y también M. García Baró, *La idea de la fenomenología*, México, 1982.

---

[32] *GA* 16, p. 58.

— (1913): *Ideen zu einer reinen Phänomenologie und phänomenologischen Philosophie, Erstes Buch, Husserliana* III 1/2, ed. K. Schuhmann, Den Haag ²1977; trad. esp. J. Gaos, *Ideas relativas a una fenomenología pura y una filosofía fenomenológica*, México, 1949.

JARAN, F. (2013): *Phénoménologies de l'histoire. Husserl, Heidegger et l'histoire de la philosophie*, Lovaina-París.

MARION, J.-L. (1989): «L'étant et le phénomène», en: *Réduction et donation. Recherches sur Husserl, Heidegger et la phénoménologie*, cap. 2, París; trad. esp. P. Corona, *Reducción y donación. Investigaciones acerca de Husserl, Heidegger y la fenomenología*, Buenos Aires, 2011.

SCHUMANN, E. (ed.) (1994): *Die Münchener Phänomenologen, Husserliana, Dokumente*, Bd. III: *Briefwechsel*, Teil 2, Dordrecht.

3

LA EXPOSICIÓN DE LA TAREA DE UN ANÁLISIS PREPARATORIO DEL *DASEIN* (§§ 8-11)

Ramón Rodríguez

1. INTRODUCCIÓN

El plan del tratado, esbozado al final de la Introducción, divide la elaboración del tema de investigación, la cuestión del ser, en dos partes: una primera, de carácter sistemático, dedicada a «La interpretación del *Dasein* por la temporalidad (*Zeitlichkeit*) y la explicación del tiempo como horizonte trascendental de la pregunta por el ser»; y una segunda, de carácter histórico, «Rasgos fundamentales de una destrucción fenomenológica de la historia de la ontología al hilo de la problemática de la temporariedad (*Temporalität*)»[1]. La primera tendría tres secciones: 1) Etapa preparatoria del análisis fundamental del *Dasein*; 2) *Dasein* y temporalidad, 3) Tiempo y ser. Como es bien sabido, el texto publicado de *ST* sólo contiene las dos primeras secciones de la primera parte. La tercera, Tiempo y ser, nunca fue publicada y es este carácter truncado lo que ha llevado a la crítica heideggeriana a considerar *ST* como una empresa fracasada, pues esa sección expondría justamente lo que constituye la meta de la obra: un concepto de tiempo, obtenido a partir de la temporalidad del *Dasein*, que hiciera de «horizonte trascendental» desde el que comprender el ser en general y en sus diversas articulaciones. En la *Carta sobre el Humanismo* Heidegger atribuye esa ausencia a una falta del lenguaje necesario para realizar ese tránsito desde la temporalidad del *Dasein* a la temporariedad del ser mismo, una cuestión que ha sido enormemente debatida por la li-

---

[1] En la traducción de *Zeitlichkeit* y *Temporalität* utilizo los términos acuñados por J. Gaos: «temporalidad» y «temporariedad». Véase la nota 1 al comentario de los §§ 61-66.

teratura heideggeriana, pues contiene el núcleo básico de la llamada *Kehre*, el giro o cambio del pensamiento heideggeriano desde *ST* a su segunda obra, la escrita y expuesta en cursos a partir de los años treinta[2]. La ausencia de la segunda parte, no tiene, sin embargo el mismo relieve, pues los rasgos históricos fundamentales de la destrucción fenomenológica que habría de contener, han sido expuestos por Heidegger en otras publicaciones y en cursos hoy ya conocidos, por lo que su ausencia como parte integrante de *ST* no representa un grave inconveniente para su comprensión. En el cuadro siguiente se ofrece una visión panorámica del plan de la obra, su realización y las publicaciones posteriores que, en cierto modo, cubren los huecos de lo no publicado.

ST, Plan del tratado

Primera parte			Segunda parte
La interpretación del *Dasein* por la temporalidad (*Zeitlichkeit*) y la explicación del tiempo como horizonte trascendental de la pregunta por el ser			Rasgos fundamentales de una destrucción fenomenológica de la historia de la Ontología al hilo de la problemática de la temporariedad (*Temporalität*)
1.ª Sección Análisis fundamental preparatorio del *Dasein*	Cap. 1: Exposición de la tarea de un análisis preparatorio del *Dasein* Cap. 2: El estar-en-el-mundo en general como constitución fundamental del *Dasein* Cap. 3: La mundaneidad del mundo Cap. 4: El estar-en-el-mundo como coestar y ser sí mismo. El «uno» Cap. 5: El estar-en como tal Cap. 6: El cuidado como ser del *Dasein*		1.ª Sección La doctrina kantiana del esquematismo y del tiempo como estadio previo de una problemática de la temporariedad (*Temporalität*) (*Kant y el problema de la metafísica*, 1929. *Interpretación fenomenológica de la Crítica de la razón pura*, 1927-1928)

---

[2] Casi todos los libros clásicos sobre el pensamiento de Martin Heidegger realizan alguna interpretación del famoso «giro», cf. Pöggeler (1963), Richardson (1963), Vattimo (1971), Franzen (1975), Gadamer (1983). Véase también en español las introducciones generales al pensamiento de Heidegger de Leyte (2005) y Rodríguez (2006). Como estudios específicos véase Grondin (1987), así como los dos trabajos de Rosales (1984) y (1991).

2.ª Sección *Dasein* y temporalidad (*Zeitlichkeit*)	Cap. 1: La posibilidad del estar entero del *Dasein* y el estar vuelto hacia la muerte Cap. 2: La atestiguación por parte del *Dasein* de un poder-ser propio y la resolución Cap. 3: El poder estar entero propio y la temporalidad como sentido ontológico del cuidado Cap. 4: Temporalidad y cotidianidad Cap. 5: Temporalidad e historicidad Cap. 6: Temporalidad e intratemporalidad como origen del concepto vulgar de tiempo	2.ª Sección El fundamento ontológico del *cogito sum* de Descartes y la recepción de la ontología medieval en la problemática de la *res cogitans* (*Los problemas fundamentales de la fenomenología*, 1927, 3.ª tesis. *Introducción a la investigación fenomenológica*, 1923-1924)
3.ª Sección Tiempo y ser		3.ª Sección El tratado de Aristóteles acerca del tiempo como vía para discernir la base fenoménica y los límites de la ontología antigua (*Los problemas fundamentales de la fenomenología*, 1927)

Al diseñar el contenido de la primera sección, esa etapa preparatoria del análisis del *Dasein*, Heidegger subraya la necesidad de abrirla con «una exposición a grandes líneas y una delimitación frente a investigaciones aparentemente paralelas» (p. 62). Es la meta que compete realizar al capítulo primero, que, por tanto, debe ofrecer: *a*) un esbozo inicial, temático y metódico, de la propuesta tarea de un análisis del *Dasein*, en el que se avance alguna caracterización del tipo de ente que es, y se muestre cuáles son las dificultades que presenta su dilucidación fenomenológica, y *b*) una distinción de esa tarea respecto de otras investigaciones cuyo objeto es materialmente el mismo, a saber, el ser humano o alguna faceta de él, como antropología, psicología y otras ciencias que hoy llamaríamos «humanas».

2. EL ESBOZO TEMÁTICO DE LA ANALÍTICA DEL *DASEIN* (§ 9)

El § 9 comienza retomando la caracterización inicial del *Dasein* que había dado la introducción (§ 4): El *Dasein* es un ente al que en su ser le va este mismo ser. Y lo que ahora, para llevar a cabo el análisis de este ente se necesita, es una mínima explicación inicial de lo que esta peculiar relación con el propio ser comporta. Es lo que exponen las dos indicaciones formales[3] que abren el parágrafo, que no pretenden otra cosa que exponer, de manera provisional, la experiencia inmediata, prefilosófica (es decir, pre-ontológica) que la existencia humana tiene de sí misma:

a) «La "esencia" de este ente consiste en su tener-que-ser» (o haber-de-ser, *Zu-sein*). Como se recordará, la primacía óntico-ontológica del *Dasein* descansaba en que en él radica el hecho de la comprensión de ser, la apertura al ser en general, que no se encuentra como tal en todo ente. Lo que ahora la idea de tener-que-ser pone sobre el tapete es algo así como la fundamentación concreta de esa apertura, mostrar por qué y cómo se da en el *Dasein* una comprensión de ser: porque la manera como él existe es siempre teniendo que ser, porque tiene con su ser una relación absolutamente peculiar, la de tener que realizarlo, que ponerlo en juego. Ontológicamente hablando, el ser humano recibe su ser no como algo dado y terminado, sino como algo pro-puesto, por realizar o por hacer. El ser que somos implica, pues, una referencia al propio ser mucho más determinante y decisiva que el saber de sí clásicamente tematizado por la autoconciencia, pues se trata del hecho de que el hombre existe poniendo siempre en juego su ser, estando siempre envuelto en la faena de tener que ser: para él, el mero hecho de ser consiste en tratar con su ser; de lo que se trata, mientras es, es de su ser. Tal relación no es, pues, simplemente cognoscitiva, sino propiamente ontológica, no consiste en saberse o pensarse, sino en ser de una manera u otra, en determinar el propio ser. Como lo decisivo en esta faena no es el qué se va a ser sino el hecho mismo de tener que serlo, lo que el hombre es en cada caso está siempre revestido por «el haber de serlo» y es esta caracterización primaria —la subsunción del contenido bajo la forma de la relación—, lo que hace que Heidegger pueda decir 1) que la «esencia» del *Dasein* radica en la existencia (la forma de la relación con el propio ser) y 2) que los caracteres del *Dasein* no son «propiedades» de una cosa, sino «modos de ser posibles para él y sólo eso» (§ 9, p. 42). De esta forma, ser padre, ingeniero o aficionado al fútbol, caracteres ónticos concretos, no son propiedades de un individuo humano al modo como el color es propiedad de una cosa, sino posibilidades de ser ejercidas, los modos propios como él realiza su ser. Este *concepto práctico de ser como autorrealización* es lo que constituye el núcleo de la idea de existencia y lo que determina que haya en el *Dasein* una originaria apertura al propio ser, apertura que no es otra cosa que esa «comprensión de ser» de la que la

---

[3] Más adelante expondremos el significado metódico la idea de indicación formal».

empresa toda de *ST* parte⁴. Por eso mismo la idea de existencia, en este preciso sentido de «haber de ser», tiene que ser distinguida netamente del sentido de existencia habitual (y también filosófico), el que expresa el cuantificador existencial, el mero hecho de que «hay» algo, de que existe, de que «está ahí», sentido para el que Heidegger utiliza siempre el término técnico *Vorhandenheit* («estar ahí», subsistencia). «Existencia» y «estar ahí» son, pues, dos modos completamente distintos de existir.

 b) «El ser que le va a este ente en su ser es cada vez mío.» La segunda caracterización provisional del *Dasein* que abre el análisis existencial es expresada por un término notoriamente extravagante, tanto en alemán como en español, y difícilmente traducible: *Jemeinigkeit* («ser cada vez mío»). Con él no se pretende caracterizar un rasgo añadido a la existencia, algo distinto de ella que fuera algo así como una segunda «propiedad» ontológica, sino algo que reposa sobre ella, que la supone y que simplemente la modaliza expresando el modo concreto en que el existir humano acaece. Se trata de que la relación con el ser que se ha de ser, que se presenta siempre como una posibilidad que realizar, no aparece como una posibilidad indiferente, como una posibilidad lógica abstracta que simplemente se contempla, sino como algo que *me* afecta, que *me* mueve a realizarlo, que tengo o puedo hacer *mío*; en una palabra, como algo de lo que me *apropio*. «Ser cada vez mío» es una expresión puramente descriptiva que quiere poner de manifiesto esta inmediata manera de comparecer la relación con el propio ser que define la existencia: la de ser una posibilidad *mía*, una posibilidad con la que siempre me comprometo en múltiples y variadas formas. Que no podamos eludir el adjetivo posesivo o el pronombre personal para dar expresión a esa estructura pone de relieve que el «haber de ser» tiene la forma de una peculiar autoposesión, ininteligible si pretendiéramos exponerla como una relación objetiva y anónima: la referencia al ser que contiene la idea de existencia es al *propio* ser, a un ser que es una posibilidad que *he* de asumir (o rechazar). Ya en 1919, al inicio de su carrera académica, Heidegger sostenía que el específico sentido de ser con el que hay que comprender la realidad humana había que extraerlo de la «experiencia fundamental de tenerse ocupándose de sí mismo» (*Grunderfahrung des bekümmerten Habens seiner selbst*)⁵. Esa experiencia es la que refleja, formalizándola, la *Jemeinigkeit*: en general y en cada ocasión determinada, existir humanamente es estar referido a posibilidades de ser que han de ser asumidas por mí. El pronombre personal es la única forma de expresar esa relación de apropiación.

---

⁴ «Su propio ser es para ella (la existencia) propuesta y tarea, porque le pertenece justamente la comprensión de ser, la cual implica que su propio ser le es puesto delante como aquello que tiene que ser y cómo tiene que serlo (en su qué y en su cómo)» (*GA* 27, p. 325).

⁵ *GA* 9, p. 30.

Pero esta estructura de apropiación envuelve una complejidad que no se percibe a simple vista. Al ser esencialmente un poder-ser, un estar referido a posibilidades que se han de asumir, queda abierto un segundo ámbito de posibilidad que no está ya constituido por la concreta posibilidad que hay que hacer propia (ser, por ejemplo, jugador de ajedrez), sino por *la manera como esa posibilidad es asumida*:

> Cada vez el *Dasein* es mío en esta o aquella manera de ser. De alguna manera se ha decidido ya siempre de qué forma el *Dasein* es cada vez mío (*ST* § 9, p. 42).

Lo que Heidegger trata ahora de subrayar no es el resultado de una inferencia que el filósofo realizara a partir del dato primario del «ser cada vez mío» que acabamos de exponer, es algo que está incluido en ese mismo dato, en la experiencia inmediata de la referencia al propio ser que habitualmente ejercemos; se trata, por tanto de algo de lo que tenemos una conciencia indirecta, prerreflexiva: si alguien, por ejemplo, está estudiando la carrera de Derecho, está ejerciendo una determinada posibilidad, la de ser abogado, que es entonces una posibilidad que hace *suya*; pero ese hacerla suya implica, a su vez, posibilidades: puede hacer suyo ese contenido concreto (ser abogado) de manera inercial, por el peso, por ejemplo, que desde la infancia tiene en él la tradición jurídica de la familia o puede asumirla de manera reflexiva, eligiéndola vocacionalmente, como una posibilidad propia que elige desde sí mismo. Lo que se pone entonces de manifiesto es que la estructura básica de la existencia —el tener el ser propuesto (*zu-sein*) y tener que asumirlo personalmente (*Jemeinigkeit*) en una u otra forma— *es una estructura que encierra una posibilidad de doble rango*: una posibilidad de primer orden (el contenido concreto de lo que puedo ser) y una meta-posibilidad o posibilidad de segundo orden (el *poder asumir* la posibilidad primera de una u otra forma). Es a esta posibilidad de segundo orden a la que Heidegger se refiere cuando hace emerger la disyuntiva *propiedad/impropiedad (Eigentlichkeit/Uneigentlichkeit)*. Esta duplicidad es una consecuencia ontológica que se abre necesariamente desde el momento en que el propio ser se nos da en la forma de tener que asumirlo: si he de asumirlo, entonces esa asunción es también un poder-ser, no está decidida de antemano, y puedo llevarla a cabo de manera inercial y casi automática (lo que en el § 27 se llamará el «uno») o con plena conciencia de que es una posibilidad (no algo necesario) que asumo por mí mismo. Sólo para este segundo caso Heidegger reserva la expresión «la posibilidad más propia»: «el *Dasein* se relaciona con su ser como su posibilidad más propia» (§ 9, p. 42). Sólo cuando la posibilidad la asumo así, es cuando puede ser calificada como verdaderamente propia, como genuinamente mía. Como se verá más adelante (capítulo 3 de la Segunda Sección), la manera de conducirse respecto de las posibilidades de ser que Heidegger llama propiedad es la clave que decide en qué consiste ontológicamente ser «yo mismo». Pero ahora se limita a anticipar ciertos rasgos ontológicos provisionales que, carentes de una descripción suficiente de los fenómenos de que surgen, no adquieren todavía su verdadera figura ni revelan su verdadero alcance. La propiedad, ese poder comportarse con las posibilidades asumiéndolas verdaderamente, y su opuesto, la impropiedad, son la forma de ser de la existencia humana que hace comprensible la experiencia, que ésta tiene a veces, de que «se elige a sí misma», «se gana» o «se pierde». La mención que Heidegger hace en el texto a estas expresiones (p. 42) resulta extremadamente oscura y formal si no se anticipan algunos rasgos del análisis fenomenológico del «uno». En efecto, Heidegger muestra en el § 27 que el sí mismo implícito de la existencia en su trato habitual con el mundo —que es siempre un mundo compartido con otros— tiene la *forma indiferenciada del «uno mismo»* (*man selbst*). La cotidianidad es siempre un estar uno con otros (*Miteinandersein*) y es en el tráfico y en la mediación de esa existencia compartida como la existencia se refiere al propio ser. El uno mismo es la forma primaria como el «sujeto» existente se aparece —indirectamente— a sí mismo: no tanto distinguiéndose de los otros en su genuina individualidad, sino confundiéndose con ellos, asimilado a ellos: «*Inmediatamente* yo no "soy" "yo", en el sentido del propio sí mismo, sino que soy los otros a la manera del uno. Desde éste y como éste me estoy inmediatamente "dado" a mí mismo» (p. 129). El uno mismo es la forma que toma la referencia al propio ser en la existencia habitual. Pero que sea la forma inmediata, primaria en que el *Dasein* aparece a sí mismo no quita, sin embargo, que, en cuanto *posibilidad* realizada, anuncie justamente *otro* modo posible de autorreferencia en la medida en que el uno mismo se da como *no* siendo «yo mismo», como llevando implícita una cierta pérdida de sí. Esa conciencia implícita de pérdida no apunta al contenido material de la posibilidad, al qué puedo ser, sino a la manera como ese poder ser es asumido: el «uno mismo» es el concepto que da expresión a una especie de actuar por delegación, aceptando, sin asumir propiamente, lo que proviene de «los otros»[6], el «uno» indiferenciado: yo soy «uno mismo» quiere decir que es el uno quien actúa en *mí*, no «yo mismo». Esta «pérdida» de sí mismo tiene, pues, un claro fundamento fenoménico y es a esta experiencia a lo que se refiere Heidegger como aquella que sólo puede tener «en la medida en que, por su esencia, puede ser *propio*, es decir, en la medida en que es apropiado a sí mismo (*sich zu eigen ist*)» (§ 9, p. 42).

---

[6] «Los otros» no expresa fenomenológicamente aquí la genuina alteridad de «el otro» —la persona de una posible relación dialógica, por ejemplo—, sino el «uno» como estructura indiferenciada que actúa tanto en mí como en los otros.

3. EL PROBLEMA METÓDICO DE LA ANALÍTICA DEL *DASEIN* (§ 9)

Esbozada la característica ontológica primaria y provisional del *Dasein*, se abre entonces el problema metódico de cómo llevar a cabo correctamente el análisis del ente así caracterizado. Y es que estos dos rasgos delineados muestran por sí mismos la dificultad intrínseca de tal análisis, pues un ser que, de entrada, parece consistir en poder-ser y en una peculiar apropiación de sus posibilidades, no se deja tratar como un objeto, no puede ser simplemente descrito como algo que está ahí sin más. La contraposición a la ontología de lo *vorhanden*, de lo cósico, de lo que es simplemente objeto, es exigida desde el inicio por esa pre-donación del existir humano que han pretendido recoger los dos mencionados rasgos. Por eso señala Heidegger que «su correcta presentación inicial (*Vorgabe*) es tan poco obvia que su misma determinación constituye una parte de la analítica ontológica de este ente» (§ 9, p. 43). Es la tarea metódica que puede denominarse exactamente como «el asegurarse del correcto punto de partida (*Ansatz*)» de la investigación. Y a esta tarea obedece todo el sentido y la disposición misma del parágrafo. Y es que ella constituye el problema metódico fundamental, del que Heidegger era ya perfectamente consciente cuando comenzó a elaborar la hermenéutica de la facticidad. Ya las *Anotaciones a la Psicología de las concepciones del mundo de Karl Jaspers* (1919) hacían ver la necesidad de disponer de un pre-concepto (*Vorgriff*)[7] que recogiera la idea, y la actitud respectiva, en que el objeto de la investigación es tomado de antemano. La inevitabilidad de este *pre-concepto* responde al principio fenomenológico elemental de que el método, el acceso a algo, no puede ser resultado de una metodología universal, válida *a priori* para cualquier objeto, sino que es prescrito por la cosa misma: es esta quien marca la forma de acceso adecuada a ella y pertinente. Lo que implica que la investigación tiene que partir de una pre-donación de la cosa, de un trato previo a la explicación fenomenológica de su estructura. De esa pre-donación (*Vorgabe*) es de lo que ahora se hace eco explícitamente *ST* y es a lo que obedecen la dos indicaciones formales aludidas.

Este es el momento de sacar a relucir el concepto de *indicación formal* (*formale Anzeige*) que Heidegger utilizó profusamente en la obra anterior y que aparece varias veces en *ST*, casi siempre para referirse a los rasgos provisionales explicitados en este parágrafo[8]. Se trata de un concepto ex-

---

[7] *Vorgriff* no tiene aún el sentido técnico del «concebir previo» que encontraremos en el § 32, sino que se refiere al problema general de disponer de un concepto provisional que recoja la experiencia previa (*Vorgabe*) que el *Dasein* tiene de sí mismo.

[8] Aparece, en concreto, para referirse a ellos en p. 114, cosa que se repite luego en §12 (p. 117), y se vuelve a señalar de la idea general de existencia (p. 313), que las resume. Una sola vez se utiliza indicación formal para definir el estatuto inicial de un carácter del *Dasein*, el yo (p. 116).

plícitamente pensado para tratar fenomenológicamente el problema metódico del *Vorgriff*, es decir, del punto de partida de la investigación de la vida fáctica, ahora entendida como *Dasein*[9]. Indicación formal expresa el intento de poner en marcha un modo de comprensión de la referencia al tema u objeto de que se trata en abierta oposición a la referencia de las expresiones que apuntan a objetos. Esta es la exigencia que mueve a la indicación formal, el tratar de eludir la inmediata y automática visión del ser de algo como un algo que «está ahí», lo que haría imposible entender la comprensión pre-ontológica que el *Dasein* tiene de sí mismo. Indicación formal es, entonces, un concepto metódico, un metaconcepto que nos dice cómo deben ser entendidos los conceptos que despliegan el análisis del *Dasein*, singularmente la idea de existencia (*zu-sein*) que dirige toda la analítica. Los dos términos que la componen son un buen exponente de esta pretensión. «Formal» es usado en el sentido preciso que Husserl le dio al oponerlo a «general», es decir, a los conceptos genéricos dotados de un contenido determinado, como mueble, animal, vegetal, etc. Frente a ellos, conceptos como «algo», «relación», «objeto», etc., carecen de todo compromiso previo sobre el contenido determinado que puedan tener[10]. Pues bien, Heidegger utiliza la extrema vaciedad de lo formal como medio de liberarse de lo que, desde sus primeros años, llama la *actitud teorética*, esa toma de posición que subyace implícitamente en la comprensión de un concepto, según la cual entender su significado implica siempre ponerse en presencia de situaciones objetivas, de entidades o u objetos determinados. El correlato de la actitud teórica es el ser como *Vorhandenheit*, como algo que está simplemente ahí presente. El significado de una indicación *formal*, permite, por el contrario, referirnos a lo nombrado por ella evitando justamente prejuzgar que tenga carácter cósico, dejando abierto y sin compromiso el tipo de ser de lo que nombra, lo cual es imprescindible si no queremos adulterar de entrada la comprensión que de su ser tiene el *Dasein*. Pero, a su vez, su vaciedad no es total, pues dice, no obstante, algo, posee un contenido semántico, que es justamente lo que debe ser interpretado de manera indicativa y no objetiva. Si la desvinculación respecto de la actitud teorética libera de la tendencia a la cosificación, el contenido semántico puramente formal permite *indicar* de la manera más precisa posible el comportamiento concreto apropiado a lo nombrado, con lo que un concepto indicativo-formal vincula y apremia el comprender

---

[9] Para una exposición más completa de la idea y la función de la indicación formal, véase Rodríguez (2012). De aquí tomo algunos párrafos en la presente explicación. Véase también Rodríguez (1997), cap. VI.

[10] Para un tratamiento más preciso, imposible de llevar a cabo aquí, de la diferencia establecida por Husserl entre formalización y generalización y su uso por Heidegger, me remito a Rodríguez (1997), pp. 162 s.

en una determinada dirección. Esto es lo que más claramente se esfuerza Heidegger en poner de relieve como la virtud metódica esencial de la indicación formal, que lo mentado en ella no es, por su carácter abstracto y vacío, algo que flote libremente y pueda ser apresado por no importa qué forma de captación, sino que prescribe una forma precisa de apropiación: «cuanto más radical es el comprender de lo vacío-formal, tanto más rico llega a ser, porque entonces es cuando conduce a lo concreto» (*GA* 61, p. 33). Esta vinculación del comprender a una determinada dirección inicial por la que proseguir es lo que Heidegger llama el *Ansatzcharakter*, su carácter de inicio, y es el rendimiento fundamental de una indicación formal. Por ello puede denominar los términos indicativo-formales como *Übergangsausdrücke*, expresiones transitorias que llevan hacia, que obligan a tomar una determinada posición y en esa determinada posición reside su significado.

Apliquemos esto a la caracterización inicial del *Dasein* que hemos visto. Existencia y «ser cada vez mío» son dos conceptos que expresan la comprensión preontológica de su ser que el *Dasein* tiene, la experiencia inmediata en la que se le da, de manera oscura e imprecisa, la relación con su propio ser. Ambos no son, pues, postulados ni hipótesis metódicas, sino el único dato del que puede extraerse la comprensión explícita del tipo de ser que es la existencia humana. La comprensión preontológica es la única base posible para la comprensión ontológica. Tomar esas ideas como indicaciones formales significa entonces:

1) tomar conciencia del problema metódico del inicio, a saber, que asumir de entrada una determinada idea supone pre-decidir como qué tomamos la existencia humana, qué rasgos primarios van a ser aceptados y en los que se va a apoyar el análisis subsiguiente. En vez de partir acríticamente de presuntas obviedades, la indicación formal pone de relieve la necesidad de pensar el problema y el estatuto de la *idea directriz* que toda investigación comporta;

2) considerar los conceptos como no objetivantes, como significados que no obligan a pensar su referencia en forma de objetos o entidades, describibles mediante predicados que las determinan, al modo como el color determina un cuerpo;

3) pero pensarlos, a la vez, como conceptos que obligan a ponerse en marcha hacia comportamientos que muestren, en concreto, el cumplimiento efectivo de lo que indican. Son por tanto conceptos *provisionales*, que sólo el análisis de los comportamientos a los que remiten puede llenar de sentido y verificar.

El problema *fenomenológico* del recto acceso al ente que ha de ser investigado, el *Dasein*, se torna, pues, en *hermenéutico* porque carecemos de una evidencia nítida inicial del ser del *Dasein*. No hay un dato inmediato indiscutible, sino una comprensión preontológica oscura, ofuscada parcialmente por la tendencia a comprender todo, incluido el propio ser, de manera cósico-objetivante. Se hace necesario interpretar el vago dato inicial de la comprensión preontológica y para esa interpretación sirve de guía lo que el texto llama el «sentido formal de la constitución existencial del *Dasein*» (*ST* § 9, p. 43), que abarca las dos indicaciones formales tantas veces mencionadas[11].

Pero el problema metódico no acaba con la atribución, consciente y explícita, a la idea de existencia de una función de guía de la interpretación de los comportamientos concretos del existir humano. Esta función, entendida como indicación formal, sólo nos dice que tenemos que acudir a los fenómenos para dotar de contenido a la idea de existencia y, a la vez, para comprenderlos a partir de ella. No se puede, por tanto, permanecer en ella como si fuera un concepto ya adquirido y firme, sino que se hace preciso seguir su indicación y ver cómo se cumple esa estructura de irnos el propio ser como posibilidad en los momentos fundamentales del estar en el mundo. Para ello se requiere algo más, decidir cuál ha de ser el terreno fenomenológico —el ámbito de experiencia— al que acudir para realizar el análisis de esos comportamientos. En una importante nota a pie de página al § 10 Heidegger hace explícita esta necesidad metódica: «la investigación del *a priori* exige la correcta preparación del terreno fenoménico. El horizonte inmediato que debe prepararse para la analítica del *Dasein* es el de su *cotidianidad de término medio (durchscnittliche Alltäglichkeit)*» (p. 50).

Es necesario interpretar bien este concepto pues, en general, no suele ser bien comprendido en su puro carácter metódico. Como tal, no designa un *qué* determinado, es decir, un sector concreto de la experiencia, sino un *cómo*, un modo de presentarse la experiencia. Heidegger no lo explica suficientemente en el texto y se limita a señalar que la idea de cotidianidad apunta a un modo *indiferenciado* de existencia, con lo que no se sabe si lo que se pretende evitar es que el análisis se centre en determinados *tipos* humanos o en formas privilegiadas de existencia (el héroe, el santo, etc.). Pero si nos centramos en las expresiones que precisan *metódicamente* lo que significa cotidianidad nos damos cuenta de que su sentido fenomenológico es inequívoco: tomar la existencia en «su indiferente inmediatez y regularidad (*zunächst und zumeist*)» (§ 9, p. 43) o «en su modo de ser fe-

---

[11] «Existencia», en sentido estricto se refiere al rasgo ontológico mencionado por Heidegger en primer lugar, al hecho de que el *Dasein* es un ente al que le va su ser como una posibilidad que realizar —lo que hemos llamado *autorreferencia práctica*—, pero, dado que esa referencia al propio ser tiene siempre la forma de una apropiación, de un hacer mía la posibilidad, la idea directriz de la existencia comprende tanto *Existenz* como *Jemeinigkeit*.

noménicamente más cercano» (p. 44) indica claramente que de lo que se trata es de analizar el estar en el mundo del *Dasein* a partir de la noticia más inmediata y cercana que tiene de su propio existir, y esa cercanía e inmediatez la vive precisamente cuando no ejerce una explícita reflexión o deliberación sobre su vida, cuando no se toma a sí misma como objeto de su consideración. Este plano prerreflexivo en el que se desarrolla la mayor parte de la existencia no es, como señala Heidegger, una nada, algo carente de interés y significación, sino un fenómeno positivo, pues la inmediata autocomprensión que el vivir humano tiene de sí mismo se genera ahí: el que la existencia no se tome a sí misma como tema en el vivir cotidiano no quiere decir que no esté tratando consigo misma, que no *se* esté viendo indirectamente de una determinada manera, que puede ser descrita y analizada.

Sin embargo, el análisis filosófico, que es esencialmente reflexivo, tiende a pasar por alto la autocomprensión de la cotidianidad, y la imagen del hombre que proponen la antropología, psicología y biología, como enseguida veremos, no está por lo general extraída de este terreno fenomenológico primario:

> lo ónticamente más cercano y conocido es lo ontológicamente más lejano y desconocido y constantemente soslayado en su significación ontológica (p. 43).

Por eso la investigación ontológica, que debe sacar a la luz las estructuras constitutivas («el *a priori*») del ser del *Dasein*, tiene que esforzarse por mantener la mirada fija en la inmediatez de la cotidianidad porque es en ella donde podemos encontrar los rasgos ontológicos esenciales de toda forma de existencia: cotidianidad significa justamente que no hay distinción alguna —todavía— entre tipos humanos o formas peculiares de existencia. Ni siquiera la distinción propiedad/impropiedad resulta en ella relevante, pues la propiedad es una posibilidad que fenomenológicamente surge a partir de la cotidianidad y no al revés, por lo que las estructuras ontológicas que puedan ser destacadas por el análisis ontológico de la cotidianidad valdrán igualmente para la *posibilidad* de la propiedad[12]. Esas

---

[12] En este sentido, es importante distinguir metodológicamente entre «cotidianidad» y «uno» (*man*), aunque materialmente en muchos contextos puedan identificarse. Cotidianidad, como hemos dicho, es el campo fenomenológico del análisis en la medida en que éste ha de atenerse a la forma como primaria e inmediatamente el *Dasein* comparece ante sí mismo. Es en esa modalidad indiferenciada respecto a formas concretas de existencia como se registrarán las diversas estructuras ontológicas que recogen los existenciales. Entre ellas y, de acuerdo con la idea directriz del «ser cada vez mío», el *Dasein* es siempre un «yo», un «sí mismo». Ahora bien, como dijimos más arriba, la forma como el yo se da inmediatamente en la cotidianidad es lo que Heidegger llama el «uno mismo» (*man selbst*). Este es una estructura ontológica, un «existencial», que caracteriza

estructuras, que son extraídas siguiendo el hilo conductor del concepto formal de existencia son denominadas técnicamente por Heidegger «existenciales»: desempeñan, respecto del *Dasein*, el mismo papel que las tradicionales categorías respecto de los entes que no tienen la forma de ser del *Dasein*. Así, «existenciales y categorías son las dos posibilidades fundamentales de los caracteres de ser» (p. 45).

El § 11 contiene una importante indicación acerca de lo que significa partir *fenomenológicamente* de la cotidianidad. En la tarea de la analítica existencial —sacar a relucir las estructuras ontológicas del *Dasein* a través de un análisis fenomenológico del existir cotidiano—, afirma Heidegger, «está contenido un *desideratum* que inquieta desde hace mucho tiempo a la filosofía, en cuyo cumplimiento, sin embargo, ésta fracasa una y otra vez: *la elaboración de la idea de un «concepto natural de mundo»* (p. 52). Para interpretar correctamente a qué apunta esta afirmación y en qué sentido resulta orientadora, hay que reparar en que Heidegger se ha cuidado antes de distinguir netamente cotidianidad de primitividad: la cotidianidad se refiere a una forma de vida que podemos encontrar tanto en sociedades muy desarrolladas, como es evidentemente el caso en los análisis de *ST*, como en sociedades primitivas, por lo que la investigación de los modos de vida de los pueblos primitivos, por más que pueda proporcionar valiosas referencias para el análisis existencial, dado que los fenómenos están menos recubiertos de capas culturalmente sofisticadas, nada tiene que ver con la cotidianidad como campo fenoménico. El carácter primitivo de la forma de existencia no es, pues, lo que explica el sentido del concepto *natural* de mundo, no es la mayor cercanía con la naturaleza lo que da marchamo de «natural» a la analítica del *Dasein*. Se trata, por el contrario, de un problema estrictamente fenomenológico, el de la correcta descripción del sentido con que el mundo y la existencia aparecen en la *actitud natural*. Desde los inicios de la hermenéutica de la facticidad, Heidegger se había esforzado por lograr una comprensión estrictamente fiel y acorde con el sentido inmediatamente vivido en la «vivencia del mundo circundante» (*Umwelterlebnis*). El resultado esencial de esos análisis descansaba en la idea de que no se encuentra en esa experiencia inmediata de la vida fáctica nada parecido a una objetivación, es decir, a un aparecer de las cosas como meros objetos que estuvieran ahí sin más ni el yo como un sujeto que se contrapone a ellos; por el contrario lo que se da es una mutua imbrica-

---

un modo de ser específico del *Dasein*. Pero, a su vez, como ha subrayado perfectamente A. Vigo, el uno de la cotidianidad es metódicamente el punto de partida para que el análisis filosófico pueda llegar a comprender en qué consiste la posibilidad de ser propiamente un yo, un sí mismo *propio*, mientras que al revés «no hay un camino metódico que lleve de estas formas de existencia propia a la indiferencia niveladora y anónima del uno» [cf. Vigo (2014), p. 316].

ción, mucho más intensa que la descrita por la relación sujeto-objeto. Leído ahora desde la terminología de *ST*, eso significa que en la vida fáctica, en el plano óntico de la comprensión preontológica, la comprensión del ser de las cosas como *Vorhandenheit* no es la suya originaria ni tampoco el modo correlativo de estar el «sujeto» puesto *ante* ellas. Pero justamente esta es la manera como Husserl solía describir la actitud natural, siempre mediante el uso constante de la palabra *vorhanden*[13], lo que sin duda para Heidegger significaba que la actitud teórica se introducía subrepticiamente en la actitud natural, lo que hacía imprescindible una nueva descripción de ella[14]. Por ello, lo que la analítica existencial busca es ofrecer una figura completa del ser-en-el-mundo tal como se muestra en la actitud natural, sin la deformación teoreticista, y por eso ella puede concebirse como la realización del viejo *desideratum* fenomenológico de poner de manifiesto «el concepto natural de mundo», ese en el que siempre estamos y en el que vivimos antes de toda reflexión teórica sobre él[15].

4. LA DELIMITACIÓN DE LA ANALÍTICA DEL *DASEIN* FRENTE A LA ANTROPOLOGÍA

Ya en el § 5 de la Introducción, cuando delineaba la tarea general del acceso al *Dasein*, Heidegger señalaba que, como este no consiste sólo en comprender el ser, sino que esta comprensión se desarrolla o decae de acuerdo con su situación respectiva, «puede éste disponer de una rica variedad de formas de interpretación (*Ausgelegtheit*)», entre las que nombra-

---

[13] Cf. *Ideen I*, § 27 p. 56; § 33, p. 67; § 28, p. 59.
[14] Para todo este tema véase Rodríguez (1997), pp. 78-80.
[15] Es una cuestión clásica de debate en el movimiento fenomenológico la relación entre el *Lebenswelt*, el «mundo de la vida», tematizado en la obra tardía de Husserl, y el ser-en-el-mundo, objeto de la analítica existencial. Para algunos intérpretes, el concepto husserliano de mundo de la vida, aunque enraizado en meditaciones anteriores, emerge y cristaliza en la confrontación con *ST*, de manera que, en cierto sentido, asume y responde a la crítica heideggeriana. Por ejemplo, L. Landgrebe, gran conocedor del trabajo de Husserl en sus últimos años, escribe que «casi con seguridad puede afirmarse que la confrontación con *ST* de Heidegger ha influido en este giro "existencial" de Husserl», pero declara a continuación que ello no fue sólo producto de una reflexión intelectual, sino también de la experiencia histórica del derrumbamiento de la humanidad europea en los años treinta [cf. Landgrebe (1968), p. 293]. M. Merleau-Ponty, en el prólogo a la *Fenomenología de la percepción*, insinúa más bien que todo *ST* nace de una indicación de Husserl, justamente la de desarrollar el concepto natural de mundo, que identifica con el mundo de la vida [cf. Merleau-Ponty (1945), p. I]. Con independencia de cuestiones genéticas acerca de quién influye a quién, es evidente que se trata de un problema objetivo de la fenomenología, que nace de necesidades filosóficas reales. Así lo reconoce H.-G. Gadamer, que, por su parte, comparte en lo esencial el diagnóstico de Landgrebe [cfr. Gadamer (1963), p. 123].

ba la psicología, la antropología, la ética, la política, la biografía, la poesía. Ahora dedica un parágrafo específico a la antropología y, secundariamente, a la biología y la psicología. ¿Por qué esta necesidad de distinguir especialmente la analítica existencial de la antropología y no, por ejemplo, de la ética? Sin duda porque ambas coinciden en el hombre como objeto material de su estudio; son, en efecto, comportamientos humanos, sectores de la experiencia humana del mundo, aquello sobre lo que va a recaer el análisis existencial. Por tanto, es preciso distinguir claramente el punto de vista desde el cual este, a diferencia de la antropología, realiza su tarea.

Tal delimitación ha de llevarse a cabo por referencia exclusivamente al punto de vista ontológico de la cuestión del ser, al que se ordena, como tarea preparatoria, la analítica del *Dasein*. Es la mirada ontológica de esta lo que la distingue y separa de esas ciencias. No se trata, por tanto, de una cuestión de teoría de la ciencia, ni en el sentido de examinar la mayor o menor cientificidad de la analítica existencial y de las mencionadas ciencias, ni de establecer los límites entre saberes que compartieran, por así decir, el mismo estatuto científico. No, la cuestión fundamental es que la mira puramente ontológica de la analítica del *Dasein* la obliga a ver los fenómenos humanos sólo en cuanto son «comprensión de ser», es decir, en cuanto manifiestan el ser de las cosas y de sí mismo. Esta es la razón, como sabemos, por la que Heidegger ha elegido la palabra *Dasein* para designar el «objeto» de la analítica, porque su composición (no su significado) permite ver que se toma al hombre en cuanto puro lugar (aquí, *Da*) del ser (*Sein*). Pero como naturalmente el hombre no es sólo *Dasein*, sino que tiene muchos otros rasgos ónticos que lo definen, más acá de la «comprensión de ser», es cometido de las «ciencias humanas» ocuparse de ellos, pero no de la analítica existencial.

Para ilustrar el punto de vista ontológico Heidegger acude al célebre *cogito ergo sum* de Descartes para señalar que este ha investigado profundamente el *cogitare*, el pensar del yo, pero ha dejado en la sombra, como dándolo por sentado, el significado del *sum*. Frente a este «olvido», «la analítica plantea la pregunta ontológica por el ser del *sum*» (§ 10, p. 46). Esta referencia a Descartes es un oportuno recordatorio de que el *Dasein*, como hemos visto, es un quién, un ente que dice «yo soy» y de lo que se trata entonces es de saber si el ser de este ente, que exige ser declinado en forma personal, tiene una forma de ser peculiar y si puede subsumirse (y de qué manera) bajo la idea general de ente. Preguntarse por el sentido de mi «yo soy» es una cuestión que acosa al pensamiento heideggeriano desde su mismo inicio en 1919[16], pero sólo ahora es comprendida en todo su alcance y planteada como el problema mismo que origina la analítica

---

[16] Cf. *Anotaciones a la Psicología de las concepciones del mundo de Karl Jaspers*, GA 9, p. 30.

existencial, cuyo cometido entonces no es otro que desplegar las estructuras de ese ente mediante las cuales comprende la peculiaridad de su ser.

Pero la referencia a Descartes resulta eficaz no sólo para resaltar el ángulo de visión propio de la analítica del *Dasein*. Su verdadero sentido, su verdadera fuerza estriba en mostrar *en concreto* la importancia de la *cuestión metódica del arranque o inicio* de la investigación, que antes ha tratado de manera más bien teórica. El sentido de todo el parágrafo es justamente declarar la necesidad de, en el inicio, hacerse cargo de como qué estamos implícitamente tomando el ser del hombre, qué tipo o forma de ser le estamos implícitamente atribuyendo. Este es el único punto de vista en el que se asienta el debate de Heidegger con Descartes, pero sobre todo con sus contemporáneos, Dilthey, Husserl, Scheler.

La ausencia de un examen del presupuesto ontológico que se asume grava siempre pesadamente el análisis ulterior, cosa que se hace patente en cómo Descartes y la filosofía moderna en general comprenden inmedatamente la conciencia o el yo como *sujeto*:

> Toda idea de «sujeto» —si no está depurada por una previa determinación ontológica fundamental— comporta *ontológicamente* la posición del *subiectum* (*hypokeimenon*), por más que uno se defienda ónticamente en la forma más enfática contra la «sustancialización del alma» o la «cosificación de la conciencia» (p. 46).

La asunción sin más de la idea de sujeto hace inevitable que las peculiaridades de la «subjetividad» humana descansen sobre una forma de ser que resulta tal vez inadecuada para lo que justamente ellas intentan poner de relieve. De ahí que la oposición tradicional cosa/persona, conciencia/mundo necesite de un previo análisis positivo de *ese ente que no es cosa*, de forma que pueda destacar su tipo ontológico propio. Esta es la tesis fundamental de Heidegger en este parágrafo: sólo un previo análisis de los fenómenos del *Dasein* en su cotidianidad puede dar una base suficiente para enjuiciar los presupuestos ontológicos de la antropología, así como los resultados de la filosofía fenomenológica contemporánea en su esfuerzo por distinguir el ser del sujeto del ser del mundo. Lo cual comporta, obviamente, que ese análisis es otra cosa y se mueve en un plano distinto al de toda antropología.

En el rápido examen de las aportaciones que las filosofías de la vida y la fenomenología han realizado al esclarecimiento de esta cuestión, Heidegger subraya, como lo venía haciendo desde años antes, la labor de Dilthey, de quien piensa que la tendencia profunda de su pensamiento, más allá de la problemática epistemológica de las ciencias del espíritu y de la impronta psicológica de su hermenéutica, buscaba comprender el ser de la vida histórica misma, esa vida cuya estructura es la base necesaria de toda ciencia del espíritu. Y con esa pretensión apuntaba ya oscuramente hacia la tarea de un análisis ontológico de la «vida».

Respecto de la interpretación fenomenológica de la personalidad, «en lo fundamental más radical y transparente», Heidegger sostiene la misma idea: que no alcanza la dimensión de la pregunta por el ser del sujeto. Tanto Husserl como Scheler, a pesar de todos sus esfuerzos por determinar el ser de la persona, no pasan de caracterizaciones esencialmente negativas: la persona no es una cosa, no es una sustancia, no es un objeto. Heidegger examina con cierta detención la posición de Scheler, dado que Husserl no había publicado aún sus investigaciones sobre persona y espíritu, contenidas en el segundo tomo de sus *Ideas*. Heidegger las conocía sin embargo, por habérselas confiado su autor, pero tal vez por discreción no entra en su consideración explícita. Heidegger estima que el intento de Scheler de plantear la peculiaridad del ser persona en la especificidad de la *realización* de actos y en la *unidad* inmediatamente vivida de ellos, unidad que no exige una sustancia que la sostenga, es un claro avance en la dirección correcta en la medida en que pone de relieve la imposibilidad de comprender el ser persona mediante cualquier forma de objetivación; todo intento de entender la personalidad al modo de un objeto, aunque tenga caracteres psíquicos contrapuestos a los físicos, falla en lo esencial, pues la persona sólo existe en la realización de actos, que son, por esencia, no-objetivos: sólo se dan en el acto mismo de vivirlos. Pero es justamente aquí donde Heidegger encuentra la insuficiencia del personalismo scheleriano. Si la persona sólo existe en la realización de sus actos, por lo que nunca puede ser objeto, «¿cuál es el sentido ontológico de ese 'realizar' (*vollziehen*), cómo hay que determinar de manera ontológicamente positiva el tipo de ser de la persona?» (p. 48). Si se recuerda el énfasis que Heidegger ha puesto desde 1919 en el *sentido de realización* (*Vollzugssinn*) como el momento más decisivo de la estructura intencional de la vida fáctica[17], se puede entender que ahora vea en la insistencia de Scheler en la *realización* de los actos el punto determinante al que el análisis ontológico tiene que atender para comprender la forma de ser del «sujeto». Y es que el realizar es el modo genuino en que el *Dasein* es. En la conferencia sobre *El concepto de tiempo* (1924) Heidegger afirmaba claramente que «el *Dasein* en cuanto ente no hay que demostrarlo ni mostrarlo. La relación primaria con él no es la contemplación, sino *serlo*»[18]. Pues bien, ese serlo se cumple realizándolo, llevando a cabo las posibilidades de ser, de ahí que en alguno pasajes de la obra temprana la identificación entre ser y realizar o ejercer (*vollziehen*) es innegable. El cómo, las modalidades de ejecución de los comportamientos, es, pues, lo que ha de ser explícitamente tematizado, cosa que no hace

---

[17] Véase a este respecto Rodríguez (1997), pp. 56-58, así como Gethmann (1986/1987).
[18] *GA* 64, p. 114.

Scheler, si queremos llegar a una caracterización ontológicamente desprejudicada del ser de la persona.

Que la fenomenología supone una cierta idea de ser bajo la cual comprende el ser de la persona, con lo que ejerce un pre-concepto latente y no asumido como tal, Heidegger lo funda en que se mueve sin sentirlo en los carriles marcados por la ontología antigua: «lo que bloquea o lanza por un falso camino la pregunta fundamental por el ser del *Dasein* es la habitual orientación hacia la antropología antiguo-cristiana, cuyos insuficientes fundamentos ontológicos pasan inadvertidos incluso al personalismo y a la filosofía de la vida» (p. 48). Los dos hilos conductores de esa concepción heredada del hombre, que este es un animal racional y que ha sido creado a imagen y semejanza de Dios, reposan sobre un modelo de ser tomado de la experiencia de las cosas, es decir, de aquello que tiene un ser que consiste en el puro estar ahí dado, lo que Heidegger llama *Vorhandensein*. Es la ontología de la cosa lo que subyace en toda la tradición y eso a pesar de que la antropología cristiana ha visto que en el hombre hay un movimiento de trascendencia o salida de sí mismo, si bien lo ha entendido primordialmente en relación a Dios.

Podemos resumir el resultado de esta somera consideración de la relación entre la analítica del *Dasein* y la tradición antropológica, que culmina en el intento de Scheler de constituir una antropología filosófica, señalando que:

1) de un lado se hace necesario realizar una especie de suspensión metódica de su planteamiento y sus resultados, no porque no puedan contener hallazgos valiosos y visiones luminosas, sino porque carecen de la mira ontológica previa, no se hacen cuestión desde el inicio del tipo de ser del ente que van a investigar y se dejan conducir por una latente concepción cósica del hecho de ser;

2) la cuestión metódica de qué idea directriz asumir consciente y críticamente en el inicio de la investigación resulta ahora todavía más acuciante, visto el poder que esa concepción ha ejercido sobre las formas de concebir el ser del hombre. Atenerse de manera indicativo-formal a la idea de existencia esbozada se revela entonces como la alternativa que la ontología fundamental ofrece a la tradición antropológica.

Mantener de manera constante el hilo conductor de la existencia para interpretar a partir de él lo que el análisis fenomenológico del estar humano en el mundo ofrece es el camino que el análisis existencial se propone seguir. Por sus frutos se conocerá.

REFERENCIAS

FRANZEN, W. (1975): *Von der Existenzialontologie zur Seinsgeschichte. Eine Untersuchung über die Entwicklung der Philosophie Martin Heideggers*, Meisenheim am Glan.

GADAMER, H.-G. (1963): «Die phänomenologische Bewegung», en: *Hegel - Husserl - Heidegger, Neuere Philosophie I, Gesammelte Werke*, Bd. 3, Tübingen, 1987, pp. 105-146.

— (1983): *Heideggers Wege*, en: *Hegel - Husserl - Heidegger, Neuere Philosophie I, Gesammelte Werke*, Bd. 3, Tübingen, 1987, pp. 175-332; trad. esp. A. Ackermann, *Los caminos de Heidegger*, Barcelona, 2002.

GETHMANN, C. F. (1986/1987): «Philosophie als Volzug und als Begriff. Heideggers Identitätsphilososophie des Lebens in der Vorlesung vom WS 1921/1922 und ihr Verhältnis zu *Sein und Zeit*», *Dilthey-Jahrbuch*, 4 (1986/1987), pp. 27-53; reproducido en: *Dasein: Erkennen und Handeln. Heidegger im phänomenologischen Kontext*, Berlín - Nueva York, 1993, pp. 247-280.

LANDGREBE, L. (1963): *Der Weg der Phänomenologie. Das Problem einer ursprünglichen Erfahrung*, Gütersloh; citado por la traducción española de Mario A. Presas: *El camino de la fenomenología. El problema de la experiencia originaria*, Buenos Aires, 1968.

MERLEAU-PONTY, M. (1945): *Phénoménologie de la Perception*, París, 1945; trad. esp., *La fenomenología de la percepción*, trad, esp. J. Cabanes, Barcelona, 2000.

RICHARDSON, W. J. (1963): *Heidegger, Through Phenomenology to Thought*, The Hague, ³1974 (= 1963).

RODRÍGUEZ, R. (1997): *La transformación hermenéutica de la fenomenología*, Madrid.

— (2006): *Heidegger y la crisis de la época moderna*, Madrid.

— (2012): «La indicación formal y su uso en *Ser y tiempo*», en: R. Rodríguez - S. Cazzanelli (eds.), *Lenguaje y categorías en la hermenéutica filosófica*, Madrid, pp. 157-177.

ROSALES, A. (1984): «Zum Problem der Kehre im Denken Heideggers», *Zeitschrift für philosophische Forschung*, 38, pp. 241-262.

— (1991): «Heideggers Kehre im Lichte ihrer Interpretationen», en: D. Papenfuss - O. Pöggeler (eds.), *Zur philosophischen Aktualität Heideggers. Symposium der Alexander von Humboldt-Stiftung vom 24.–28. April 1989 in Bonn – Bad Godesberg*, Bd. I: *Philosophie und Politik*, Frankfurt a. M., pp. 118-140.

VATTIMO, G. (1971): *Introduzione a Heidegger*, Bari, 1985 (= 1971); trad. esp. de A. Báez: *Introducción a Heidegger*, Barcelona, 1993.

VIGO, A. G. (2014): *Arqueología y aleteiología. Estudios heideggerianos*, Berlín, ²2014.

4

EL ESTAR-EN-EL-MUNDO EN GENERAL COMO CONSTITUCIÓN FUNDAMENTAL DEL *DASEIN* (§§ 12-13)*

Roberto Gustavo Rubio

1. INTRODUCCIÓN

El capítulo segundo de la Primera Parte de la Primera Sección introduce, al inicio de los análisis sobre *Dasein*, la estructura unitaria estar-en-el-mundo en cuanto determinación estructural fundamental. Dicha estructura ha de guiar los análisis dirigidos a la experiencia cotidiana (Capítulos Segundo al Quinto de la Primera Sección).

El capítulo está articulado en dos parágrafos. El primero (§ 12) ofrece un bosquejo o delineamiento previo de la estructura estar-en-el-mundo a partir de la relación estar-en. El segundo (§ 13) propone una caracterización fenomenológica del conocimiento. Su planteo central consiste en que el comportamiento teórico es un modo del estar-en-el-mundo generado a partir de la experiencia operativo-práctica cotidiana. La caracterización del conocimiento como un modo fundado del estar-en-el-mundo se desarrolla, por su parte, sobre el trasfondo de la discusión metateórica en la

---

* Se sigue aquí la traducción de Rivera, quien vierte el vocablo alemán «*Grundverfassung*» en la expresión «constitución fundamental». Conviene aclarar que allí «constitución» (*Verfassung*) significa determinación estructural y que por tanto no refiere a un proceso de fundación o posibilitación. En otras palabras, la afirmación de que el estar-en-el-mundo es la constitución fundamental de *Dasein* no quiere decir que el estar-en-el-mundo sea el proceso que funda o posibilita a *Dasein*. Se trata más bien de que *Dasein* puede ser caracterizado en su articulación estructural como estar-en-el-mundo. En algunos casos, Heidegger utiliza también el término *Konstitution* como sinónimo de *Verfassung* en el sentido de determinación estructural recién indicado (p. 53). En general, cuando se cite la traducción española de una obra de Heidegger no se indicará expresamente las modificaciones introducidas, sino que se incluirá únicamente la advertencia «modif.».

cual se contrapone el enfoque ontológico dirigido hacia la estructura *Dasein* con el enfoque de teoría del conocimiento, orientado a la relación sujeto-objeto.

2. LA ESTRUCTURA DEL ESTAR-EN-EL-MUNDO (§ 12)

En § 12 la estructura estar-en-el-mundo queda establecida programáticamente como punto de partida para los estudios sobre *Dasein* (p. 53). Mediante el recurso a la fórmula «estar-en-el-mundo», entendida como expresión de una estructura unitaria articulada en tres momentos, Heidegger diseña el itinerario de la investigación del siguiente modo: en primer lugar, el estudio concerniente al momento «en el mundo», dirigido a determinar la mundaneidad del mundo; en segundo lugar, el estudio orientado al momento estructural «quién» y por último los desarrollos acerca del «estar en» o «in-idad» (*Inheit*), esto es, el vínculo entre el «quién» y el mundo.

La selección de determinaciones estructurales del *Dasein* con sentido programático, es decir, como caracterizaciones que guían cierto trayecto de la investigación, corresponde al procedimiento general por el cual se procura llevar adelante la analítica del *Dasein* recorriendo niveles de claridad y rango explicativo creciente[1]. En este sentido, la determinación «estar-en-el-mundo» constituye el punto de partida del análisis pues ofrece un punto de vista englobador para las caracterizaciones estructurales de la existencia, la mundanidad, el coestar, etc. Por su parte, tal determinación «no es suficiente, ni con mucho, para determinar plenamente» el ser del *Dasein* (p. 53). En el nivel subsiguiente del análisis, la investigación se concentrará en el cuidado (capítulo sexto de la Primera Sección y Capítulos Primero al Tercero de la Segunda Sección).

Tanto el nivel de análisis orientado al estar-en-el-mundo como aquel orientado al cuidado se asientan sobre bases fenoménicas, esto es, describen determinados tipos de experiencia posible. En el primer nivel, se trata fundamentalmente de la experiencia práctico-operativa cotidiana, situada en contextos instrumentales. En el nivel subsiguiente se trata de la trans-

---

[1] El criterio utilizado para seleccionar las determinaciones de *Dasein* que han de guiar la investigación en cada nivel de análisis es el carácter unitario, originario y totalizador de las mismas. En este sentido, se afirma: «La determinación del *Dasein* como estar-en-el-mundo es una determinación unitaria y originaria» (*GA* 20, p. 211, trad. esp. p. 196, modif.); «El estar-en-el-mundo es una estructura originaria y constantemente *total*» (p. 181); «La totalidad de este todo estructural (*sc.* estar-en-el-mundo) se reveló como cuidado» (p. 231); «Ahora bien, el fundamento ontológico originario de la existencialidad del *Dasein* es la *temporeidad*. Sólo desde ella resulta existencialmente comprensible la totalidad estructural articulada del ser del *Dasein* en tanto que cuidado» (p. 234). Un estudio detenido sobre esta característica del proceder metódico en *ST* aparece en Gethmann (1974), pp. 253-274.

formación y ruptura de la autointerpretación instrumental a través de los fenómenos de la angustia, la llamada de la conciencia, la confrontación anticipatoria con la propia mortalidad, etc.

Mediante la estructura del estar-en-el-mundo se enfatiza la relación constitutiva entre existencia y mundo en términos del habitar o residir como relación no objetivante con un horizonte de pertenencia previamente dado. La estructura del cuidado, por su parte, guía la investigación respecto a la modalización interna de la existencia como auto-interpretación propia o impropia. Así como mediante la estructura del estar-en-el-mundo, obtenida a partir de los estudios sobre la experiencia cotidiana en contextos instrumentales, Heidegger considera haber alcanzado un punto de vista englobador respecto al carácter proyectante y a la vez situado de la existencia, así también, mediante la estructura del cuidado y con vistas a los fenómenos de la angustia, la llamada de la conciencia y la muerte, Heidegger cree alcanzar un punto de vista que asegure captar la unidad y totalidad del *Dasein* como auto-interpretación internamente modalizable.

En § 12 se presenta un bosquejo de la estructura estar-en-el-mundo a partir del estar-en. Si bien se enfatiza allí que los tres momentos de la estructura son constitutivos, el estar-en goza de un cierto privilegio metodológico como punto de vista preferente para la explicitación de la estructura en su conjunto. Esto puede entenderse a la luz de la tesis implícita acerca de la co-originariedad de los tres momentos. Puesto que la relación estar-en es un momento estructural igualmente originario, entonces la relación no es posterior o derivada, sino co-originaria a los *relata*. Y en tanto relación no derivada esta ofrece el punto de vista unificante y englobador para considerar la estructura completa que abarca la relación y sus *relata*.

La caracterización del estar-en que se presenta en § 12 ofrece una descripción general de dicha estructura y avanza brevemente sobre algunas temáticas relacionadas. La estrategia allí desplegada consiste en precisar lo propio del enfoque de *ST* por contraste con los enfoques vigentes, tanto en el nivel filosófico como en el del sentido común.

La descripción general plantea, en términos negativos, que la relación estar-en no indica una relación entre cosas presentes al modo del estar-ahí-delante, en el sentido en que se suele decir que una cosa está en o dentro de otra. Heidegger distingue entre el «estar-en» (*In-sein*) existencial, por una parte, y el «estar en...» («*Sein in...*») categorial, por otra parte[2]. A ello

---

[2] Cf. pp. 53 s., trad. esp. modif.; *GA* 20, pp. 211 s.; trad. esp. p. 197. Hay que tener en cuenta, por otra parte, que en los análisis sobre la mundaneidad del Capítulo Tercero se analiza un modo del «estar dentro de...» que no corresponde a la relación entre dos cosas presentes ahí delante, sino a la relación constitutiva de los entes que no son *Dasein* con su trasfondo de manifestación. Así entendida, la distinción entre «estar en» y «estar dentro de» consiste en la distinción entre las relaciones de mundaneidad e intramundaneidad.

corresponde la distinción entre «in-idad» (*Innigkeit*) o estar-en e «introi-dad» (*Inwendigkeit*), respectivamente[3].

La caracterización positiva del estar-en, ofrecida en § 12, se efectúa mediante el recurso etimológico a los términos germanos «*in*» (en), «*an*» (en, junto a) y «*bei*» (junto a, cerca de, en lo de, en medio de, entre) y se concentra en las nociones del habitar o residir, del cultivar y del estar familiarizado. La estructura destacada es la de la pertenencia a un ámbito con el cual ya se está familiarizado. Se trata de la habitación o residencia que se efectúa mediante ocupaciones habituales en un ámbito próximo, familiar.

Es de destacar que Heidegger plantea la distinción entre el estar en o dentro de algo, por una parte, y el habitar un medio familiar a través del ejercicio de ocupaciones habituales, por otra parte, a la luz de la oposición entre dos modos de ser: estar-ahí-delante (*Vorhandenheit*) y *Dasein*, respectivamente. Esta oposición marca no solamente el contraste entre dos modos de la relación «en» —uno categorial, el otro existencial— sino que, además, determina una contraposición metateórica entre el planteo existencial de la ontología del *Dasein* y el enfoque orientado hacia la presencia de lo que está-ahí-delante, el cual es compartido, según Heidegger, tanto por la opinión prefilosófica como por la filosofía vigente. Esta contraposición en el plano metateórico orientará los desarrollos del § 13, como se verá más adelante.

Una vez esbozada la estructura del estar-en, la investigación procede a caracterizar el modo peculiar que adopta dicha relación en la experiencia cotidiana: «el "estar en medio" del mundo» («*Sein bei*» *der Welt*), en el sentido del absorberse en el mundo, [...] es un existencial fundado en el estar-en» (p. 54). Se trata de la tesis según la cual la relación de habitación o residencia respecto al mundo (estar-en) se articula en la experiencia diaria como un absorberse en el mundo. Para caracterizar el diario absorberse en el mundo, Heidegger recurre a la preposición «*bei*», la cual había sido empleada inicialmente en términos generales para indicar la residencia en el mundo familiar. La selección terminológica se basa en que la preposición no sólo refiere a un ámbito o dominio de pertenencia —así, por ejemplo, «*bei Hans sein*» significa «estar en lo de Hans», es decir, en su domicilio—, sino que, además, posee el matiz de indicar el quedar integrado en tal dominio, absorbido por él. Así, por ejemplo, «*bei der Sache sein*» significa estar absorto en el asunto, «en medio» de él, podríamos decir. Conforme a ello, la fórmula heideggeriana «*Sein bei der Welt*» (estar en medio del mundo) indica el modo de habitar el mundo consistente en absorberse en él[4].

---

[3] Cf. p. 53, 56; trad. esp. modif.

[4] Tomo aquí distancia de la interpretación del pasaje (p. 54) realizada por J. E. Rivera. El profesor Rivera indica que «aunque aquí la palabra *Welt* (mundo) está sin comillas, Heidegger se refiere obviamente al conjunto de los entes del mundo, y no al mundo en cuanto existencial. Eso queda

Ahora bien, Heidegger también utiliza la preposición «*bei*» para indicar la relación cotidiana con los entes que aparecen dentro del mundo. En este caso se habla del «estar-entre el ente que hace frente intramundanamente» (*Sein-bei innerweltlich begegnendem Seienden*) (pp. 192, 249; trad. esp. modif.). Heidegger suele presentar el estar-entre (*Sein-bei*) los entes intramundanos en estrecha relación con el absorberse en el mundo, de modo que ambos usos de la preposición «*bei*» quedan conectados. Dicha conexión consiste en que para Heidegger la relación cotidiana con los entes que no son *Dasein* se estructura primariamente a partir del vínculo con un trasfondo de nexos instrumentales. El trato instrumental con las cosas lleva en sí la tendencia a la instrumentalización de la comprensión de sí y de los otros y con ello a la subordinación del *Dasein* al dominio de las relaciones de medios y fines, descrita como un absorberse en el mundo. En este sentido, en § 50 se caracteriza al estar-entre los entes como «caída» (p. 250)[5].

Para caracterizar la experiencia cotidiana con los entes que aparecen dentro del mundo, en § 12 se utiliza el término «ocupación» (*Besorgen*). La justificación ofrecida allí respecto a tal uso terminológico es bastante escueta: Heidegger afirma que el término se utiliza debido a su relación con la estructura del cuidado o preocupación (*Sorge*), pero no da mayores precisiones al respecto. Sin embargo, la referencia a los usos no filosóficos del término aporta algunas claves de comprensión adicionales. Las significaciones corrientes de *Besorgen*, tales como llevar a cabo, procurarse algo o incluso temer por algo, convergen en un aspecto: son maneras de relacionarse con las cosas en un sentido eminentemente instrumental. A la base del uso filosófico del término podemos advertir entonces el siguiente planteo: mediante el trato instrumental con las cosas (ocupación) se consolida el vínculo con un mundo previamente dado en el sentido de la residencia en un mundo que nos resulta familiar.

---

claro por el contexto» (cf. la nota incluida en p. 465 de la traducción de Rivera). Me parece que, por el contrario, el contexto muestra una doble acepción interrelacionada de la preposición «*bei*», según la cual esta significa: 1. estar en medio del mundo (habitar el mundo familiar), con un énfasis puesto en el estar absorbido por el mundo cotidiano; 2. estar entre los entes intramundanos, en el sentido de la relación, en el contexto del mundo cotidiano, con los entes que no son *Dasein*. Si con «*Sein bei der Welt*» (estar en medio del mundo) Heidegger hubiese querido indicar simplemente la relación con entes y no con el dominio de pertenencia, entonces no tendrían sentido las referencias iniciales a la preposición *bei* como relación de residencia o habitación respecto a un mundo familiar.

[5] Los dos usos de «*Sein-bei*» (estar en medio del mundo y estar entre los entes intramundanos) pueden interpretarse como la indicación terminológica de una doble estructura. En este sentido, afirma F.-W. von Herrmann: «El ocupado estar-entre-los entes es en sí un doble fenómeno, fundante y fundado. [...] El *arraigo* de la "intencionalidad" del comportamiento de la ocupación en la existencia extática es la *fundación* del comportamiento óntico-ocupado en el *extático*-ocupado estar-en-medio-de» [Von Herrmann (1981), p. 39].

Durante la caracterización del estar-en en § 12, Heidegger hace mención a ciertas temáticas relacionadas con dicha estructura y al ámbito de experiencia donde esta principalmente se muestra. Debido a la importancia intrínseca de las temáticas en cuestión, tal mención —de carácter breve y no exhaustivo— merece, sin embargo, ser comentada. Los temas mencionados son la peculiar presencia del ente *Dasein*, la espacialidad, la corporalidad y la vida orgánica.

Heidegger rechaza expresamente que la estructura estar-en consista en una relación de contacto entre dos cosas presentes al modo del estar-ahí-delante. Este rechazo va de la mano con la asunción de dos tesis relacionadas entre sí: primero, que la relación con el mundo propia del modo de ser llamado *Dasein* no es la del contacto con un ente; segundo, que la relación de contacto con un ente sólo es posible a partir de la estructura del estar-en-el-mundo. Si bien tal planteo previene contra interpretaciones reificantes acerca de *Dasein* y mundo, deja pendiente, sin embargo, la cuestión de cómo entender la presencia intramundana del ente *Dasein* y su interacción con las cosas. Como se puede advertir, esto atañe también a la cuestión acerca del carácter corporal del *Dasein*.

Respecto al carácter presente del ente *Dasein*, en § 12 se anticipa la línea general de tratamiento del asunto. Esta se asienta sobre la distinción y contraste entre el modo de ser llamado *Dasein* y el modo de ser del estar-ahí-delante (*Vorhandenheit*) y se articula en dos tesis. La primera tesis afirma que el ente cuyo modo de ser es *Dasein* posee una presencia peculiar, diversa al estar-ahí-delante de lo que aparece dentro del mundo. Se trata de la facticidad, esto es, la estructura por la cual el hecho del propio existir en un mundo con otros resulta accesible para el agente de experiencia como una carga y un encargo indisponibles y a la vez ineludibles. La facticidad así entendida no es una característica atribuible a entes estrictamente intramundanos, sino solamente al ente *Dasein*. En relación con ello se articula la segunda tesis, a saber: que el aparecer cotidiano del *Dasein* ante sí y los otros como un ente intramundano, sea como útil o como algo que está ahí delante, es un fenómeno derivado respecto a la facticidad.

El planteo sobre la derivación del estar-ahí-delante del ente *Dasein* a partir de su facticidad apunta a elaborar el doble estatus del ente *Dasein* por el cual este, siendo habitante de mundo, aparece también como ente intramundano. Ahora bien, dicho planteo suscita nuevas preguntas. No queda claro —al menos, en el momento del análisis existencial aquí considerado— de qué manera la experiencia apropiada de la facticidad pueda incluir la autopresencia corporal del *Dasein*. Esto trae aparejada la siguiente cuestión: ¿es posible desde el análisis existencial entender de manera no derivada el aparecer senso-perceptible del ente *Dasein*?

Respecto al carácter corporal del *Dasein*, Heidegger presenta y critica en § 12 el planteo según el cual el cuerpo físico es fundamento de la corporalidad vivida y esta a su vez de la espacialidad. Junto con ello rechaza el planteo acerca de una propiedad espiritual del hombre, entendida como cosa espiritual unida al cuerpo y confinada en un espacio. En contraste, afirma la prioridad del enfoque existencial acerca de la espacialidad. Implícitamente se sugiere que la ontología del *Dasein* ofrecería una mirada exenta de los problemas del dualismo de cuerpo y espíritu. Sin embargo, esta sugerencia resulta difícil de evaluar en la medida en que *ST* no ofrece un estudio detallado acerca de la corporalidad del *Dasein*.

Por otra parte, en § 12 se menciona brevemente que la característica consistente en tener ambiente o mundo circundante, destacada por la biología como rasgo característico de los seres vivos, debe ser entendida primariamente a partir de la experiencia de la ocupación cotidiana y en relación con la estructura del estar-en-el-mundo. Según esto, la determinación ontológica de la vida orgánica procedería por vía privativa a partir de la determinación del estar-en-el-mundo (p. 58). Estas afirmaciones, de marcado contenido programático, se pueden relacionar con otras del mismo tenor (p. 50). Sin embargo, estos desarrollos no obtienen una elaboración detallada en *ST*. Recién en la Lección del semestre de invierno de 1929/1930 *Conceptos fundamentales de la metafísica. Mundo —Finitud— Soledad* (cf. *GA* 29/30) estos planteos recibirán un tratamiento sistemático.

Lo comentado en párrafos anteriores evidencia que § 12 ofrece una presentación poco articulada con el conjunto sistemático de la investigación en *ST*. Algunas de las temáticas mencionadas, como la espacialidad o la ocupación, serán retomadas y elaboradas en el transcurso subsiguiente de la investigación, mientras que otras, como la corporalidad vivida o la vida en general, no serán desarrolladas. Por otra parte, en § 12 se podría haber anticipado el tratamiento del estar-en como aperturidad triplemente articulada (capítulo quinto), pero ello no ocurre.

Al final de § 12, y como tránsito hacia § 13, se profundiza la estrategia desplegada a lo largo del parágrafo, consistente en precisar lo propio del planteo de *ST* por contraste con enfoques vigentes, tanto de carácter filosófico como a nivel del sentido común. La tesis directriz de Heidegger en este punto sostiene que la estructura estar-en-el-mundo se manifiesta de manera ambigua en la experiencia cotidiana y motiva un «ver, en cierta manera, pero la mayor parte de las veces, comprender erróneamente» (p. 58), el cual queda plasmado en fallidas aproximaciones filosóficas a la relación entre el agente de experiencia y el mundo.

Antes de considerar la crítica heideggeriana al enfoque filosófico dominante, resulta pertinente comentar la manera en que Heidegger elabora la tesis arriba mencionada.

En primer lugar, se trata de un planteo en términos fenomenológicos. Se puede resumir dicho planteamiento del siguiente modo: la estructura estar-en-el-mundo aparece ya en cierto sentido para el agente de experiencia en la experiencia vivida cotidianamente. Tal aparecer, sin embargo, es a la vez estructuralmente distorsivo y genera interpretaciones erróneas en el plano de la vida vivida así como en las aproximaciones filosóficas. La tarea fenomenológica debe consistir entonces en mostrar la estructura o constitución fundamental mediante un trabajo crítico de «rechazo de distorsiones y encubrimientos de este fenómeno» (p. 58).

En segundo lugar, conforme a su propuesta de elaboración ontológica de la fenomenología, Heidegger caracteriza el aparecer distorsivo de la estructura estar-en-el-mundo en términos ontológicos. Se puede reconstruir el planteo del siguiente modo: el *Dasein* interpreta su propio ser, no a partir de sí mismo, sino de los entes y del ser de los entes que no son *Dasein*, esto es, los entes que aparecen «dentro» del mundo. La autointerpretación encubridora a nivel «óntico», es decir, en el plano de la vida vivida, es base para una comprensión «ontológica» —esto es, filosófica— orientada a la presencia o «estar ahí delante» de los entes intramundanos[6].

Obsérvense los pares de contrastes con los que Heidegger intenta explicitar la distorsión estructural de la autointerpretación habitual así como las distorsiones de las aproximaciones filosóficas motivadas por aquella. Se trata de que 1) el ser es comprendido a partir del ente; 2) el modo de ser llamado *Dasein* es comprendido a partir de los entes intramundanos y de su sentido de ser, especialmente a partir del estar ahí delante (*Vorhandenheit*); 3) el modo de ser llamado *Dasein* es comprendido «de rebote» a partir del mundo. Estos pares de contrastes, si bien permiten entender a primera vista y en términos aparentemente claros la distorsión o desfiguración, sin embargo encierran imprecisiones y ambigüedades que oscurecen, en una lectura más detenida, la comprensión de la propuesta heideggeriana. Sobre tales dificultades volveremos más adelante, al comentar el capítulo tercero. Ahora interesa señalar solamente que el marco conceptual para el análisis de las interpretaciones fallidas del estar-en-el-mundo, a nivel prefilosófico y filosófico, se articula especialmente en torno a la distinción entre ser y ente y al contraste entre los modos de ser llamados *Dasein* y estar-ahí-delante.

---

[6] En una anotación marginal añadida con posterioridad se caracteriza a la autointerpretación encubridora como una «interpretación de rebote» (*Rückdeutung*) (p. 59). Ello remite a su vez a la tesis sobre la «refracción» (*Rückstrahlung*) del mundo, o dicho más precisamente, del modo de ser de los entes intramundanos en la autointerpretación del *Dasein* (pp. 15 s.). La lección del semestre de invierno de 1921/1922 refería ya a este asunto bajo el término «relucencia» (*Reluzenz*) (*GA* 61, pp. 119, 124) y la lección del semestre de verano de 1927 lo hará en términos de «reflexión» (*Reflexion*) y «reflejo» (*Widerschein, Widerspiegelung*) (*GA* 24, pp. 226, 247; trad. esp. pp. 201, 218).

El enfoque filosófico en el cual Heidegger concentra su crítica es la teoría del conocimiento (*Erkenntnistheorie*). En su caracterización de la *Erkenntnistheorie*, Heidegger destaca los siguientes rasgos: la orientación hacia el conocimiento teórico, la explicación del conocimiento en términos de la relación entre sujeto y objeto de conocimiento y la elaboración del «problema del conocimiento», referido a la legitimidad del conocimiento de objetos y del mundo «trascendente» al sujeto.

Heidegger entiende que la teoría del conocimiento ha impuesto el modelo explicativo dominante acerca de la relación entre el agente de experiencia y el mundo. Según dicho modelo, cuya figura emblemática es Descartes, el conocimiento teórico aparece como modo primario y ejemplar de la relación con el mundo. Otros comportamientos, como el práctico-operativo, por ejemplo, son entendidos a partir del caso ejemplar del conocimiento del mundo (*Welterkennen*). Para Heidegger, esta jerarquización no es acreditable fenomenológicamente y se apoya en última instancia en una interpretación ontológica inadecuada que encubre y distorsiona a la estructura fundamental del estar-en.

En los dos últimos párrafos de § 12 se expone de manera condensada en qué consiste la distorsión promovida por la teoría del conocimiento y por qué ha ocurrido. Según Heidegger, tal encubrimiento de la estructura del estar-en-el-mundo tiene lugar porque el enfoque teórico es auto-referente. En otras palabras, el enfoque teórico es incapaz de hacer justicia a la estructura del estar-en-el-mundo porque se toma a sí mismo como modo ejemplar de experiencia y de vínculo con el mundo. Con ello tergiversa la estructura del estar-en, entendiéndola como relación objetivante entre sujeto y mundo. La distorsión consiste básicamente en que el modelo de sujeto y objeto se basa en el modo de ser del estar-ahí-delante y no en el estar-en-el-mundo o *Dasein*.

Sin duda, cada una de las afirmaciones que componen el argumento que acabamos de reconstruir requiere una exposición detallada y una apropiada argumentación por parte de Heidegger. Los planteos correspondientes en § 12 no ahondan en ello, pues tienen un carácter meramente programático e introductorio con vistas al parágrafo siguiente. Con todo, un análisis de la manera en que § 12 plantea estratégicamente la crítica al enfoque de teoría del conocimiento nos permitirá aproximarnos con preguntas pertinentes a los desarrollos de § 13.

La crítica a la *Erkenntnistheorie* en § 12 se articula en términos de un «hacer visible» aquello que previamente fue hecho invisible. La propuesta consiste en volver visible la relación entre la estructura del estar-en y el comportamiento teórico-objetivante, a fin de deshacer el encubrimiento vigente: «El estar-en-el-mundo —aunque prefenomenológicamente experimentado y conocido— se hace *invisible* como consecuencia de una interpretación ontológicamente inadecuada» (p. 59); «el estar-en-el-mundo deberá ser examinado más rigurosamente en la perspectiva del conocimiento del mundo, y este mismo deberá ser hecho visible como »modalidad» existencial del estar-en» (p. 59)[7].

La terminología del «hacer visible» remite a la concepción acerca de la fenomenología expuesta en § 7. La crítica a la *Erkenntnistheorie* se presenta como fenomenológica en cuanto se propone «hacer ver», es decir, «llevar a fenómeno» el fenómeno contra y a través de sus encubrimientos estructurales. En última instancia, esto implica que el enfoque «cartesiano» o de teoría del conocimiento es un antagonista central respecto al cual hay que ejercer una tarea crítica a fin de lograr un acceso apropiado a los asuntos de la fenomenología.

A partir de lo expuesto, la tarea de mostrar que el conocimiento del mundo es un modo del estar-en-el-mundo y que además es un modo derivado aparece como un desarrollo dentro del programa mayor de crítica fenomenológica al modelo de teoría del conocimiento. Como es sabido, dicho programa comenzó con la crítica a «lo teórico» en las lecciones tempranas de Friburgo y tuvo importantes desarrollos en las lecciones de Marburgo *Introducción a la investigación fenomenológica* (1923-1924) (cf. *GA* 17) y *Prolegómenos para una historia del concepto de tiempo* (1925) (cf. *GA* 20). En estas últimas, la crítica a lo teórico en pro de la fenomenología apareció especificada como una refutación del cartesianismo *en* la fenomenología.

3. CARACTERIZACIÓN FENOMENOLÓGICA DEL CONOCIMIENTO (§ 13)

El planteo conductor del § 13 se puede resumir mediante la expresión que da título al § 20 de la lección del semestre de verano de 1925: «El conocer como modo derivado del estar-en del *Dasein*» (GA 20, p. 215; trad. esp. p. 201, modif.). Este planteo aparece en § 13 en dos niveles interrelacionados: por una parte, es la tesis directriz para un estudio del conocimiento en el marco de la fenomenología y ontología del *Dasein*; por otra parte, es una sentencia programática para efectuar, a nivel metateórico, la crítica a la teoría del conocimiento.

Heidegger procede del siguiente modo: en primer lugar, parte de la tesis propuesta en § 12, según la cual el estar-en-el-mundo es una estruc-

---

[7] En el mismo sentido, se afirma en § 28: «algo ónticamente obvio ha sido de muchas maneras distorsionado ontológicamente en el modo tradicional de tratar el "problema del conocimiento", hasta el punto de llegar a ser invisible» (p. 132).

tura fundamental del *Dasein*, accesible para este ya en cierto modo en la experiencia cotidiana. A partir de ello sostiene que «un total encubrimiento» de la estructura del estar-en-el-mundo «sería incomprensible» (p. 59 s.), pues precisamente el *Dasein* se comprende a sí mismo cotidianamente ya en cierto modo.

En segundo lugar, ofrece una reconstrucción crítica del enfoque de teoría del conocimiento. Con ello intenta destacar dos aspectos: por una parte, el carácter constructivo, no acreditable fenomenalmente, de dicho enfoque; por otra parte, la falta de claridad de este acerca de sus propios presupuestos ontológicos. El objetivo último de la crítica es la disolución del enfoque mismo, lo cual implica la disolución del problema acerca del conocimiento válido del mundo externo. El argumento correspondiente está formulado como pregunta: «¿qué podría preguntarse aún si *suponemos de antemano* que el conocimiento ya está en medio de su mundo, al cual tendría que alcanzar precisamente trascendiendo al sujeto?» (p. 61; trad. esp. modif.).

Es importante destacar que Heidegger vincula estrechamente la posibilidad de una aproximación fenomenológicamente apropiada al conocimiento teórico con la tarea de investigar el modo de ser del sujeto de conocimiento. A la luz de ello hay que entender su propuesta acerca de los criterios para evaluar la pertinencia de la teoría del conocimiento: «¿cuál es la instancia para decidir *si* debe *y en qué sentido* debe haber un problema del conocimiento, como no sea el propio fenómeno del conocimiento y el modo de ser del que conoce?» (p. 61). Si tenemos en cuenta el contexto programático general de la crítica heideggeriana a la teoría del conocimiento, la cita puede entenderse como parte de un planteo mayor, a saber: no debe ser la *Erkenntnistheorie* la que imponga, desde sí, el modelo general a la fenomenología, sino que la investigación fenomenológica acerca del comportamiento teórico, desarrollada a través del estudio ontológico de la subjetividad, debe evaluar a la teoría del conocimiento.

Esta estrategia, en la cual el enfoque ontológico es dispuesto en función crítico-depuradora al interior de la fenomenología, aparece ya en la lección de Friburgo de 1921/1922 *Interpretaciones fenomenológicas de Aristóteles. Introducción a la investigación fenomenológica* (cf. *GA* 61) y se consolida en las lecciones *Introducción a la investigación fenomenológica* (1923/1924) (cf. *GA* 17) y *Prolegómenos para una historia del concepto de tiempo* (1925) (cf. *GA* 20). Allí, Heidegger critica a Descartes y Husserl por omitir un estudio explícito acerca del modo de ser de la subjetividad cognoscente.

Ahora bien, el programa heideggeriano suscita la siguiente pregunta de fondo: la crítica al cartesianismo, desarrollada en clave ontológica, ¿posee validez fenomenológica? Esta pregunta se compone de dos cuestiones. En primer lugar, la cuestión de si el proyecto de desmontaje del cartesianismo es pertinente para un filosofía fenomenológica. En otras palabras: si la crítica al cartesianismo es fenomenológicamente pertinente. Y en segundo lugar, la cuestión de si el enfoque ontológico es relevante para una explicitación de las estructuras de la experiencia, es decir, si la vía ontológica de la crítica al cartesianismo es fenomenológicamente pertinente[8].

Volviendo a § 13, se observa que, en tercer lugar, Heidegger propone un análisis del conocimiento teórico bajo los criterios antes mencionados, es decir: acreditabilidad fenomenal y claridad ontológica. La tesis conductora del análisis es la siguiente: «el conocimiento es un modo de ser del *Dasein* en cuanto estar-en-el-mundo, esto es, que tiene su fundamento óntico en esta constitución de ser» (p. 61; trad. esp. modif.).

Es preciso aquí aclarar dos cuestiones. Primero: ¿en qué sentido el conocimiento es un «modo de ser» del estar-en-el-mundo? Segundo: ¿en qué sentido el conocimiento es un modo fundado?

Para comprender la tesis acerca del conocimiento como un modo del estar-en-el-mundo es preciso conectarla con la consideración del conocimiento como un existencial. A diferencia de las determinaciones quidditativas que indican propiedades fijas de algo, los existenciales consisten en determinaciones de una auto-relación dinámica, más precisamente, de la existencia entendida como auto-proyección. No son propiedades fijas, sino determinaciones sujetas al ejercicio —situado y cambiante— de la auto-relación. El punto de vista apropiado para caracterizar tales determinaciones es el «cómo». En este sentido, los existenciales no son propiedades ni atributos, sino «modos de ser» del *Dasein*[9]. El conocimiento, en tanto posibilidad de nuestro existir en la cual la autoproyección vital obtiene concreción y determinación, es un existencial y con ello un modo de ser del *Dasein* en sentido amplio.

A fin de captar el sentido estrecho en el cual el conocimiento es un modo de ser, se debe tener en cuenta que para Heidegger el conocimiento es un comportamiento (*Verhalten*)[10]. «Comportamiento» es un término técnico en Heidegger, acuñado durante las lecciones tempranas de Friburgo[11]. Se trata de una relación intencional (comportarse en relación a...), analizable desde el punto de vista de la relación, el contenido, la ejecución y la maduración o desarrollo (*Zeitigung*) (*GA* 61, p. 53). Así como la ocupación práctica (*ST* p. 69) o la producción (*GA* 24, pp. 149, 158; trad. esp. pp. 140, 147), también el conocimiento teórico es un comportamiento.

---

[8] En las dos últimas décadas surgieron diversas interpretaciones que han enriquecido notablemente la discusión sobre este asunto. Cabe mencionar aquí Held (1989), pp. 182-198 y (2012); Hopkins (1993); Dahlstrom (1994); Rodríguez (1997) y (2004); Crowell (2001); Alweiss (2003); Overgaard (2004).

[9] Cf. pp. 12, 44.

[10] Cf. pp. 59, 69.

[11] Ver especialmente *GA* 61, pp. 48-51, 52-61.

Conforme a su elaboración ontológica de la fenomenología, Heidegger entiende al comportamiento como un estar dirigido a entes y lo distingue de la comprensión de ser. Su planteo apunta a mostrar que la relación intencional hacia el ente tiene como condición de posibilidad la proyección de un horizonte de sentido *a priori* en el cual esté contenida la significación bajo la cual el ente aparece a la comprensión. Así, en la lección del semestre de verano de 1927 *Los problemas fundamentales de la Fenomenología* se afirma que la comprensión de ser «está a la base de todo comportamiento respecto del ente y sirve de guía a éste» (*GA* 24, p. 106; trad. esp. p. 105). Por su parte, Heidegger entiende el vínculo intencional, constitutivo para la manifestación de lo que aparece, como la interpretación descubridora del ente, la cual deja aparecer al ente desde un trasfondo de sentido de ser previamente disponible[12].

La distinción entre estos dos tipos de existenciales, uno al nivel de la interpretación o descubrimiento de los entes y el otro al nivel de la comprensión o relación proyectante hacia el horizonte de sentido de ser, es presentada en la lección de 1927 como la distinción entre comportamiento o intencionalidad, por una parte, y comprensión de ser, trascendencia o estar-en-el-mundo, por otra parte[13]. La relación entre ambos tipos de existenciales consiste en que «todo comportarse respecto del ente intramundano, o sea, lo que hemos llamado hasta ahora el comportamiento intencional respecto del ente, se funda en la constitución fundamental del estar-en-el-mundo» (*GA* 24 p. 249; trad. esp. p. 219, modif.).

En este punto estamos ya en condiciones de abordar la segunda cuestión planteada. Heidegger sostiene que el conocimiento se funda en el estar-en-el-mundo. Tal afirmación indica que el conocimiento, esto es, el comportamiento teórico, sólo es posible a partir de la previa comprensión de ser de los entes correspondientes, es decir, a partir de la estructuración de un horizonte de sentido articulado en significaciones que prefigure la aparición de los objetos teóricos. «Fundarse en...» significa aquí «tener como condición de posibilidad a...»[14].

Heidegger da una mayor precisión al señalar que el conocimiento tiene «su fundamento óntico» en el estar-en-el-mundo (*ST*, p. 61)[15]. Con ello quiere indicar que el conocimiento está condicionado estructuralmen-

---

[12] Cf. *GA* 20, § 28; *ST* §§ 31-33; *GA* 24, § 9.

[13] Cf. *GA* 24, pp. 91, 106, 249; trad. esp. pp. 95, 105, 219.

[14] Respecto al sentido preciso del término «condición de posibilidad» en Heidegger hay marcadas discrepancias entre los intérpretes. El trasfondo es la discusión acerca del carácter trascendental —o quasi-trascendental o bien decididamente no trascendental— de la fenomenología de Heidegger en la época de *ST*. Véase Gethmann (1974); Von Herrmann (1981); Apel (1989); Dahlstrom (1994); Crowell (2001); Crowell - Malpas (2007).

[15] Cf. *GA* 20, p. 217; trad. esp. p. 203.

te, en cuanto comportamiento, por la constitución de ser de un ente particular, el ente que somos nosotros mismos[16].

Ahora bien, la tesis sobre el carácter fundado del conocimiento indica además que el conocimiento, considerado en relación a otros comportamientos del *Dasein*, es un modo derivado, secundario. En particular, Heidegger pretende mostrar que el comportamiento teórico se genera a partir del comportamiento práctico-operativo de la ocupación cotidiana. Su descripción se puede resumir del siguiente modo: El conocimiento es la determinación contemplativa de lo que está-ahí-delante. Se trata de un comportamiento o relación intencional cuyo correlato es el ente presente ahí-delante. Tal comportamiento tiene como condición de posibilidad al comportamiento práctico-operativo cotidiano, es decir, a la ocupación: mediante una deficiencia de la ocupación surge la relación intencional del conocimiento. Esta génesis presenta los siguientes momentos: Primero: con la abstención del trato instrumental, la ocupación cotidiana se convierte en el mero-permanecer-junto-a. Este comportamiento descubre al ente en su aspecto. Segundo: sobre la base de tal relación con los entes surge el mirar-hacia. Este consiste en una captación directa (*Vernehmen*)[17], cuyo correlato es el ente presente al modo del estar-ahí-delante. Tercero: el mirar-hacia puede volverse autónomo respecto al comportamiento práctico habitual. Ahora bien, entre las posibilidades de desarrollo del mirar-hacia se encuentran el hablar-hacia (*Ansprechen*) y el hablar-de (*Besprechen*). Al volverse autónomo, el mirar-hacia queda estructurado, conforme a aquellas posibilidades, como un enunciar determinante. Cuarto: lo enunciado puede ser retenido y conservado. El enunciar determinante y el conservar lo enunciado son ya comportamientos teóricos que hacen posible el desarrollo autónomo de la ciencia respecto al ámbito de la vida fáctica.

En § 13 se ofrece, como vemos, una presentación breve e introductoria de la doctrina sobre la génesis existencial del comportamiento teórico o conocimiento. Desarrollos más detallados de la misma aparecen especialmente en §§ 15, 33 y 69. Dicha doctrina fue planteada tempranamente por Heidegger. Apareció con contornos precisos en la lección del semestre de

---

[16] La cuestión del fundamento o suelo óntico es central para las reflexiones metodológicas de Heidegger acerca de la filosofía (pp. 312, 436; *GA* 24, p. 26; trad. esp. p. 45).

[17] Heidegger utiliza el término *Vernehmen* masivamente a partir de sus lecturas tempranas de Aristóteles. Lo emplea para traducir el griego *noein* (*GA* 62, pp. 376 s., 380 s., 385; véase también *GA* 63, p. 91; *GA* 19, pp. 59, 145; *GA* 20, p. 61; trad. esp. p. 68; *GA* 21, p. 181; trad. esp. p. 148; *GA* 22, p. 66; *ST*, p. 25). También lo utiliza para traducir *aisthesis* (*GA* 18, pp. 52, 99, 187, 198; *GA* 19, pp. 159 s.; *GA* 21, p. 181, trad. esp. p. 148). El término, que en el uso habitual puede significar percibir, oír, o bien captar intelectualmente, hace referencia en Heidegger en términos amplios a una captación directa, inmediata. Puede ser entendido como sinónimo de intuición y percepción, toda vez que se entiendan estas como no limitadas exclusivamente al ámbito sensible (cf. *ST*, p. 346).

emergencia bélica de 1919 *La idea de la filosofía y el problema de la concepción del mundo* (cf. *GA* 56/57) y recibió sucesivas reelaboraciones durante los años veinte[18].

Si bien se trata de una presentación introductoria, el planteo de § 13 expone algunos elementos que merecen comentarse aquí. En primer lugar, se trata de una descripción del conocimiento como un comportamiento o relación intencional que se despliega en una serie de niveles, unos fundados sobre otros, los cuales conforman un «nexo de fundamentación» (*Fundierungszusammenhang*) (*ST*, p. 63; trad. esp. modif.). En un extremo y como punto de partida se encuentra la ocupación en el mundo instrumental cotidiano, mientras que en el otro extremo se encuentra el conocimiento en tanto relación con entes ahí-delante, como un mirar-hacia dirigido a objetos y articulado en enunciados tematizantes, desligado de todo vínculo pragmático-contextual y por ello convertido en punto de vista autónomo.

Ahora bien, la descripción del encadenamiento de los diversos momentos o niveles de ese nexo de fundamentación deja diversas cuestiones abiertas. Por una parte: ¿cómo hay que entender la relación intencional con el ente en su aspecto? Heidegger caracteriza el aspecto a partir del término griego *eidos* y con ello parece sugerir que el mirar-hacia, al dirigirse explícitamente hacia los aspectos perceptibles del ente, a la vez se aproxima a este bajo la perspectiva del «qué es». Ahora bien, la vinculación sugerida entre el carácter perspectivístico o aspectual de la percepción sensible y la determinación quidditativa del ente resulta al menos problemática y digna de una mayor explicación. Por otra parte, la conexión entre el mirar-hacia y el enunciar determinante remite a la difícil cuestión del vínculo entre el carácter de captación inmediata o «intuitivo» y el carácter «discursivo» de la experiencia. Como es sabido, Heidegger le dedicó constantes esfuerzos a este problema durante los años veinte. Su estrategia general consistió en intentar explicar dicho vínculo en términos de una relación co-originaria de *nous* y *logos*, entendidos como momentos constitutivos de un proceso de comprensión e interpretación[19].

En segundo lugar, la descripción heideggeriana evoca a la fenomenología de Husserl, especialmente respecto a la distinción de niveles de constitución y a la conexión entre actos fundantes y fundados[20]. Resulta no-

---

[18] Cf. *GA* 56/57, pp. 84-94; *GA* 58, pp. 65-77; *GA* 61, pp. 121, 130; *GA* 20, pp. 215-225, 257-271, 300 s., trad. esp. pp. 201 s., 237-250, 274 s.; *GA* 21, pp. 153-161, trad. esp. pp. 127-134.

[19] Cf. *GA* 62, pp. 380 s., 403, 409-413; *GA* 18, pp. 278-282; *GA* 19, pp. 59, 163 s., 179, 181-183; *GA* 21, pp. 110-118, 147, trad. esp. pp. 94-101, 122.

[20] Cf. especialmente Husserl (1900-1901), vol. II, V-VI; véase también Husserl (1913), §§ 149-153. Respecto a la relación entre actos fundantes y fundados o «modelo de encabalgamiento de actos», véase Vigo (2002).

toria, sin embargo, la diferencia de enfoque entre la propuesta de *ST* y los análisis de *Investigaciones Lógicas* respecto al ordenamiento jerárquico en los niveles de fundación[21]. Mientras Husserl establece como nivel básico a la percepción sensible, Heidegger toma como base a la ocupación práctico-instrumental y entiende que el comportamiento teórico se genera a partir de esta.

Ahora bien, en diversas oportunidades Heidegger advierte en *ST* contra el posible malentendido de interpretar su planteo como una mera inversión de la jerarquía de teoría y praxis[22]. El error de tal interpretación consistiría en suponer que se trata de una modificación del orden de fundamentación propio de la teoría del conocimiento, pero sin alterar los criterios de ordenamiento[23]. Tal suposición pasa por alto, según Heidegger, precisamente el punto central de su planteo, a saber: que el comportamiento intencional hacia entes tiene como condición de posibilidad el vínculo con el mundo como horizonte de sentido. La jerarquía de niveles de experiencia en el orden de la constitución de sentido no debe plantearse, según Heidegger, en términos del predominio del conocimiento práctico sobre el teórico ni de la acción sobre el conocimiento, pues tales planteos refieren solamente al nivel del comportamiento hacia entes. Si se considera, en cambio, la experiencia en sus dos niveles (comportamiento hacia entes y comprensión de ser) y se toma como criterio la originariedad del vínculo de comprensión con el horizonte mundo, entonces resulta comprensible el planteo de *ST*, según el cual la experiencia práctico-operativa, de carácter holístico y contextual, es fundante respecto a la experiencia teórico-constatativa.

REFERENCIAS

ALWEISS, L. (2003): *The World Unclaimed*, Ohio.
APEL, K.-O. (1989): «Sinnkonstitution und Geltungsrechtfertigung: Heidegger und das Problem der Transzendentalphilosophie», en: Forum für Philosophie Bad Homburg (ed.), *Martin Heidegger: Innen und Außensichten*, Frankfurt a. M., pp. 131-175.
CROWELL, S. (2001): *Husserl, Heidegger, and the Space of Meaning*, Evanston.
CROWELL, S. y MALPAS, J. (eds.) (2007): *Transcendental Heidegger*, Stanford.
DAHLSTROM, D. (1994): *Das logische Vorurteil*, Viena.

---

[21] La discusión acerca de la relación entre Heidegger y Husserl en este punto se vuelve más compleja —y más fructífera— si se incorporan también los desarrollos de la fenomenología genética. Ello excede, sin embargo, el comentario del presente capítulo. Véase al respecto Welton (2000), pp. 369 s., 401-404 y Overgaard (2004), pp. 128 s.
[22] Cf. *ST* 193, pp. 300, 357 s.
[23] Cf. Overgaard (2004), pp. 177 s.

GETHMANN, C. F. (1974): *Verstehen und Auslegung. Das Methodenproblem in der Philosophie Martin Heideggers*, Bonn.
HELD, K. (1989): «Heidegger und das Prinzip der Phänomenologie», en: A. Gethmann-Siefert y O. Pöggeler (eds.), *Heidegger und die praktische Philosophie*, Frankfurt a. M., pp. 182-198.
HELD, K. (2012): *Ética y política en perspectiva fenomenológica*, Bogotá.
HERRMANN, F.-W. von: *Der Begriff der Phänomenologie bei Heidegger und Husserl*, Frankfurt a. M.
HOPKINS, B. (1993): *Intentionality in Husserl and Heidegger*, Dordrecht.
HUSSERL, E. (1900-1901): *Logische Untersuchungen*, Bd. I-II/1-2, *Husserliana* XVIII-XIX/1-2, ed. E. Holenstein (XVIII) y U. Panzer (XIX), Den Haag, 1975-1984; trad. esp. M. García Morente y J. Gaos, *Investigaciones Lógicas*, 2 vols., Madrid, 2005 (= 1929).
— (1913): *Ideen zu einer reinen Phänomenologie und phänomenologischen Philosophie, Erstes Buch, Husserliana* III 1/2, ed. K. Schuhmann, Den Haag, ²1977; trad. esp. J. Gaos: *Ideas relativas a una fenomenología pura y una filosofía fenomenológica*, Libro I, México – Madrid, 1993 (= 1949).
OVERGAARD, S. (2004): *Husserl and Heidegger on Being in the World*, Dordrecht.
RODRÍGUEZ, R. (2004): *Del sujeto y la verdad*, Madrid.
— (1997): *La transformación hermenéutica de la fenomenología*, Madrid.
VIGO, A. G. (2002): «Intuición Categorial», *Thémata*, 28, pp. 187-212.
WELTON, D. (2000): *The Other Husserl*, Bloomington.

5

LA MUNDANEIDAD DEL MUNDO
(§§ 14-24)

Roberto Gustavo Rubio

1. INTRODUCCIÓN

El capítulo tercero de la Primera Sección de la Primera Parte propone un estudio sobre el mundo en cuanto momento constitutivo de la estructura unitaria estar-en-el-mundo. La consideración inicial sobre la relación estar-en, expuesta en el capítulo segundo, ofrece el hilo conductor para la descripción y análisis fenomenológicos del mundo. Tal hilo conductor es el habitar mundo o residir en el mundo, esto es, la experiencia consistente en consolidar la pertenencia a un medio o contexto[1] significativo a través del ejercicio de ocupaciones habituales. Se trata de una relación no objetivante con un contexto de pertenencia previamente dado. En reacción crítica contra el enfoque centrado en la experiencia teórico-cognoscitiva de objetos, Heidegger enfatiza el fenómeno del mundo en cuanto medio inobjetivo previamente dado que opera como trasfondo o contexto de la experiencia habitual.

Ahora bien, la fenomenología heideggeriana del mundo, orientada hacia la experiencia práctico-instrumental cotidiana, posee rasgos peculiares. Algunos de estos se pueden apreciar a partir de los lineamientos de trabajo establecidos preparatoriamente ya en el capítulo segundo y que guían los estudios sobre el mundo del capítulo tercero. Conforme a estos lineamientos, la investigación se organiza como una descripción fenomenológica

---

[1] Para las citas de *ST* se sigue la traducción de J. E. Rivera. El término «contexto» se utiliza aquí en sentido amplio para indicar una estructura internamente articulada que opera como trasfondo condicionante de una determinada manifestación o aparición. En este sentido, resulta compatible con la traducción de *Zusammenhang* efectuada por Rivera. En general, cuando se cite la traducción española de una obra de Heidegger no se indicará expresamente las modificaciones introducidas, sino que se incluirá únicamente la advertencia «modif.».

elaborada con vistas a la diferencia entre ser y ente y enmarcada en la puesta en contraste de los modos de ser denominados «*Dasein*» y «estar-ahí-delante». En otras palabras: se estudia al mundo como momento estructural de toda experiencia, más precisamente como una condición para que algo se manifieste con sentido, lo cual para Heidegger equivale a decir: para que algo *sea*. No se trata pues de un ente y menos aún de una cosa, propiedad de cosa o relación entre cosas[2]. Se trata, por el contrario, del ámbito de comprensibilidad sin el cual no sería posible la aparición de entes. Desde tal enfoque, el mundo pertenece a la dimensión de ser. La cuestión reside entonces en determinar, con base en la experiencia, el modo concreto de darse el mundo así como su estructura a priori. La elaboración heideggeriana de esta cuestión tiene como trasfondo la disputa metateórica entre la ontología del *Dasein* y las ontologías orientadas al estar-ahí-delante.

La estrategia desplegada en § 14 para introducir la noción conductora de mundo responde a los lineamientos mencionados. Heidegger distingue cuatro aproximaciones al fenómeno del mundo. La clasificación de las cuatro nociones se obtiene a partir de la puesta en juego de dos ejes: la distinción entre ser y ente y el contraste entre *Dasein* y estar-ahí-delante. De ello resulta: 1) una concepción óntica del mundo como totalidad de entes que están-ahí-delante; 2) una concepción ontológica del mundo como el modo de ser denominado «estar-ahí-delante», el cual puede operar a su vez como determinación regional de objetos; 3) una concepción óntica del mundo como el «en dónde» del *Dasein* fáctico, es decir, como el contexto de la experiencia práctico-operativa cotidiana; 4) una concepción ontológica dirigida hacia la «mundaneidad» o estructura general a priori del contexto de la experiencia cotidiana.

La investigación se centra en la noción 3). Esta ofrece, según Heidegger, la base de experiencia apropiada con vistas a la cual ha de obtenerse la estructura o sentido de ser del mundo, esto es, la mundaneidad (noción 4). Por su parte, las nociones 1) y 2) entran en juego como planteos distorsivos propios de las concepciones vigentes —filosóficas y de sentido común—, frente a los cuales tiene que imponer su legitimidad el enfoque de la analítica del *Dasein*.

Un aspecto central de la noción de mundo planteada por Heidegger consiste en que el mundo es el polo de una doble relación: por una parte, la relación con los entes que son *Dasein*; por otra parte, con los entes que no son *Dasein*. La primera, caracterizada como mundana, consiste en el estar-en, esto es, el configurar o habitar mundo. El mundo en cuanto

---

[2] El término «cosas» debe entenderse aquí en un sentido amplio, de modo que refiera tanto a las «cosas de uso» como a los objetos de conocimiento y a los entes bajo la determinación de sustancias. La característica fundamental que se intenta destacar es que se trata de entes que no son *Dasein* y cuyo aparecer es exclusivamente intramundano.

contexto es correlato del estar-en. En ese sentido, Heidegger caracteriza al mundo como un existencial (p. 64). La segunda relación se da entre el mundo y los entes que no configuran mundo, sino que solamente aparecen bajo las determinaciones del mundo ya configurado. A este modo de aparecer le llama Heidegger «intramundano» (p. 64).

Ahora bien, a pesar de su aparente claridad, la presentación que hace Heidegger sobre la noción conductora de mundo ofrece algunas dificultades. La primera concierne a la indicación de un sentido óntico de mundo en el marco del enfoque existencial (noción 3). En cuanto «en dónde» o contexto fundante de experiencia, el mundo no es un ente, pues el ente aparece ya «dentro» del mundo. Hay que entender entonces que la expresión «sentido óntico del mundo» no refiere al sentido del mundo en cuanto ente. Alude, en cambio, al modo concreto en el cual el contexto de la experiencia cotidiana se configura y condiciona la aparición de entes. En este sentido, Heidegger menciona al mundo hogareño inmediato y al mundo público (p. 65).

La segunda dificultad concierne a la relación entre ente y mundo. Teniendo como trasfondo el contraste metateórico entre la ontología del *Dasein* y la ontología del estar-ahí-delante, Heidegger tiende a equiparar sin más la noción de ente con la de ente intramundano —especialmente, el ente que está-ahí-delante— y a contraponerla con la noción de *Dasein*. Así, por ejemplo, en la Lección de 1925 *Prolegómenos para una historia del concepto de tiempo* se afirma: «por "mundanidad" no se entiende el carácter de ser de lo ente, sino ¡el carácter de ser del *Dasein* y sólo a través de él también el de lo ente!» (*GA* 20, p. 228; trad. esp. p. 213). Esta tendencia terminológica y conceptual, presente en los análisis sobre el mundo y a lo largo de *ST*, produce no pocas confusiones y equívocos. Sobre ello volveremos más adelante.

También la estructuración interna del capítulo tercero debe entenderse a la luz de los lineamientos de la investigación antes descritos: orientación hacia la vida práctico-instrumental cotidiana como experiencia de base para el análisis fenomenológico, incorporación de la distinción entre ser y ente al análisis y desarrollo del mismo sobre el trasfondo del contraste metateórico entre la ontología del *Dasein* y las ontologías del estar-ahí-delante. En efecto, el capítulo contiene un estudio de la mundaneidad a partir de la experiencia cotidiana, seguido de la confrontación con la ontología cartesiana del mundo y de un estudio sobre el mundo circundante cotidiano y la espacialidad del *Dasein*.

2. ANÁLISIS DE LA CIRCUNMUNDANEIDAD Y DE LA MUNDANEIDAD EN GENERAL (§§ 14-18)

Como ya se ha indicado, el estudio fenomenológico del mundo propuesto por Heidegger se orienta hacia la experiencia cotidiana en la medida en que esta consiste en un habitar mundo, es decir, en la consolidación, a través de ocupaciones habituales, de la pertenencia a un medio o contexto significativo previamente dado. En consonancia con ello, Heidegger escoge como punto de partida para su análisis del mundo al contexto de la experiencia práctico-instrumental, el «mundo circundante», y a la experiencia inmediata y regular con cosas de uso y productos u obras[3].

El hecho de que la descripción de la mundaneidad se efectúe a partir de los estudios del mundo circundante, los cuales por su parte se concentran en la experiencia con cosas de uso, podría sugerir que la noción heideggeriana de mundaneidad está acotada a la experiencia con entes que no son *Dasein* y que no da cuenta del mundo en la experiencia que el *Dasein* tiene de sí y de los otros. Esto ha motivado interpretaciones que señalan la presencia de diversas nociones de mundo en *ST*, incompatibles entre sí[4].

A continuación examinaremos los estudios sobre la circunmundaneidad y la mundaneidad, para luego, en las conclusiones, tomar posición en el debate respecto a su alcance al interior de *ST*.

En primer lugar, cabe preguntarse acerca de la elección del término «mundo circundante». La expresión alemana *Umwelt* se utiliza comúnmente para indicar el ambiente o medio vital, ya sea en el sentido del medio ambiente de los seres vivos o bien en el sentido del ambiente sociocultural o círculo de pertenencia personal. Heidegger privilegia la acepción de *Umwelt* en el sentido de las circunstancias del vivir humano que conforman su medio y ámbito de pertenencia. El carácter envolvente o circundante, expresado en la partícula «*um*» (*circum*), indica, bajo esta acepción, la manera en que opera el contexto de las actividades cotidianas. Se trata de la siguiente estructura: el agente de experiencia está absorto en sus ocupaciones, en medio de las cosas, inmerso en su circunstancia. El contexto o nexo práctico-instrumental configura la experiencia bajo el carácter envolvente de las circunstancias. El conocimiento práctico-instrumental correspondiente es un esclarecimiento de las circunstancias, una circunspección (*Umsicht*) en sentido estricto[5].

---

[3] «La marcha de la investigación irá desde este carácter existencial del estar-en-el-mundo cotidiano "*sc*. el mundo circundante" hacia la idea de la mundaneidad en general. La mundaneidad del mundo circundante (la circunmundaneidad) la buscamos a través de una interpretación ontológica del ente que comparece más inmediatamente dentro del mundo circundante» (*ST*, p. 66).

[4] Según Tugendhat, Heidegger introduce en los estudios sobre la angustia un concepto de mundo que contrasta con el de § 18, sin elaborar la diferencia entre ambos [cf. Tugendhat (1970), pp. 313, 273 s.]. Contra la interpretación de Tugendhat se pronuncian Figal (2000), p. 196 y Kalariparambil (1998), pp. 260, 263. Otra lectura que enfatiza la incompatibilidad de las nociones de mundo en § 18 y § 40 es la que presenta Pocai (1996), p. 75 y (2001), esp. pp. 63-65. Frente a la interpretación de Pocai reacciona Kalariparambil (1998), p. 260.

[5] Durante su recepción temprana de Aristóteles, Heidegger utiliza el vocablo *Umsicht* para traducir el término *phronesis*, esto es, el saber práctico que esclarece las circunstancias del obrar y

En segundo lugar, corresponde precisar el motivo por el cual la proximidad o inmediatez de la vida cotidiana es criterio para la selección de esta como punto de partida en el análisis de la mundaneidad. Hay que distinguir aquí dos aspectos: por una parte, la inmediatez de la vida cotidiana consiste en su carácter habitual y familiar: la vida diaria es la dimensión más próxima o inmediata para el agente de experiencia, en la medida en que este «ya *está* siempre» en ella (p. 67) y se mueve en ella incluso en la existencia propia (cf. p. 352). Por otra parte, para Heidegger la experiencia instrumental de productos y útiles es originaria y fundante, en cuanto a la constitución de sentido, respecto a la experiencia teórico-constatativa de objetos. Considerando los dos aspectos mencionados, resulta que la inmediatez cotidiana es el nivel *primario* de la experiencia en general y es el nivel *originario* de la experiencia dirigida hacia los entes que no son *Dasein*. Conforme a ello, los análisis sobre el mundo parten del estudio de la experiencia cotidiana de las «cosas»[6], de sí y de los otros, a fin de mostrar el carácter primariamente contextual y situado de la experiencia en general, y también destacan la originariedad de la vida práctico-instrumental en el nivel de la experiencia dirigida a entes que no son *Dasein*. Esto, por su parte, comportará dificultades peculiares para el análisis al momento de exhibir la estructura de mundo en la experiencia originaria e inhabitual de sí y los otros.

El análisis del mundo circundante parte considerando la manifestación de las cosas de uso, para indagar luego sobre el carácter contextual y holístico de la experiencia de uso y finalmente exhibir al mundo circundante como estructura condicionante de tal experiencia. La investigación se dirige inicialmente hacia el siguiente fenómeno: se experimenta una cosa de uso cuando se la utiliza apropiadamente. Y la utilización presupone ya una cierta familiaridad con el «para qué» o finalidad del útil. Heidegger interpreta esto del siguiente modo: El útil resulta accesible recién a partir de su utilidad, esta es su determinación de ser constitutiva. El mostrarse del útil durante el uso, de modo atemático y sin hacerse notar, presupone una relación del usuario con el ser del útil.

El análisis pone énfasis en los siguientes aspectos. Primero: el útil aparece primariamente como obra y remite al usuario en otras direcciones: hacia los instrumentos, hacia otras obras, hacia productores, portadores y co-usuarios. Segundo: las remisiones se entrelazan en un todo. Sólo teniendo en cuenta el complejo holístico de remisiones se puede explicar el fenómeno de que los útiles aparezcan, no como cosas aisladas e indivi-

---

contribuye a la realización de fines prácticos. Véase *GA* 62, pp. 115, 376, 384 s.; *GA* 18, pp. 165 s., 183, 193; *GA* 19, pp. 22, 47, 51.

[6] Véase nota 2.

duales, ni siquiera como la suma de éstas, sino más bien en totalidades de útiles. Tercero: la experiencia del útil a partir de las remisiones instrumentales correspondientes presupone que los nexos remisionales ya estén abiertos, es decir, que el conjunto de remisiones se encuentre ya articulado de alguna manera.

Para designar el carácter instrumental constitutivo de útiles, productos y obras, Heidegger elabora los términos *Zuhandenheit* y *Zuhandensein* (estar a la mano), los cuales enfatizan el rasgo de la disponibilidad o accesibilidad «a la mano» (*zuhanden*). Que las cosas del diario vivir estén «a la mano» significa que se nos manifiestan en una peculiar proximidad en virtud de nuestros fines e intereses. Por su parte, antes que destacarse y llamar la atención hacia sí, lo que está a la mano nos remite hacia otras instancias del entramado práctico-instrumental. Asimismo, el término *Zuhandenheit* resulta escogido para marcar el contraste con el modo de manifestación de aquello que aparece estando simplemente presente, desconectado de todo contexto inmediato, remitiendo solamente a sí mismo. Dicho modo de aparición es caracterizado mediante los términos *Vorhandenheit* y *Vorhandensein* (estar-ahí-delante)[7]. Para Heidegger, el caso más destacado de este modo de ser son los objetos del conocimiento. En § 15 se presenta escuetamente la tesis acerca de la derivación del estar-ahí-delante a partir del estar a la mano. Dicha tesis ya había sido expuesta en el capítulo segundo y recibirá mayores desarrollos en §§ 33 y 69.

El análisis holístico y contextualista de la experiencia de uso conduce en última instancia hacia la estructura del mundo circundante, entendida como la articulación global de las remisiones, la cual hace posible, en cuanto contexto, a la experiencia práctico-operativa cotidiana. En un sentido amplio, el término «mundo circundante» refiere al mundo de la vida diaria en todos sus niveles: experiencia de las cosas, de sí y de los otros. En un sentido más restringido, indica el trato con las cosas útiles y se distingue del mundo público y de la naturaleza cotidianamente vivida (cf. p. 71).

Ahora bien, el análisis propone la distinción entre la experiencia vivida con sus correlatos (v. gr., instrumentos, obras, productores y usuarios, manifiestos en situaciones determinadas) y las condiciones *a priori* que la posibilitan. Así, distingue entre los entes que aparecen significativamente y las significaciones condicionantes de tal aparecer, las cuales se articulan en contextos o nexos remisionales. Estos no aparecen directamente en el plano de la vida fáctica, no son entes, sino que fundan la aparición de entes. Dicho en términos de Heidegger: ellos pertenecen a la dimensión de ser de los entes.

---

[7] El término *Vorhandensein* es utilizado comúnmente en el habla alemana para indicar presencia o existencia en sentido amplio, al igual que el término *Dasein*. La oposición que Heidegger propone entre *Dasein* y *Vorhandensein* conlleva una ruptura con el uso corriente de ambos vocablos.

Por su parte, Heidegger intenta mostrar que hay ya una vivencia prefilosófica de ello (§ 16). Se trata, en otras palabras, de que la estructura del mundo circundante como conexión global de remisiones instrumentales se transparenta, en cierto sentido, en la perspectiva y en el ejercicio mismo del vivir cotidiano. A esto le llama el «resplandecer» (*Aufleuchten*) del mundo. El fenómeno al cual se refiere es el siguiente: la relación constitutiva del útil con su contexto de referencias instrumentales, la cual pasa desapercibida y es vivida atemáticamente durante el uso normal, se vuelve notoria durante una perturbación o impedimento del uso.

> Ahora bien, al *impedirse la remisión*, en la inempleabilidad para..., la remisión se hace explícita, aunque no todavía como estructura ontológica, sino que se hace explícita ónticamente para la circunspección que tropieza con el desperfecto del utensilio. Con este despertar circunspectivo de la remisión al para-esto, se deja ver éste mismo, y con él, el contexto de la obra, el «taller» entero, como aquello en lo que la ocupación ya estaba. El contexto pragmático (*Zeugzusammenhang*) no resplandece como algo jamás visto, sino como un todo ya constantemente y de antemano divisado en la circunspección. Ahora bien, con este todo se anuncia el mundo (pp. 74 s.; trad. esp. modif.).

El pasaje muestra diversos niveles en la estructuración de las remisiones, los cuales se vuelven explícitos en los casos de perturbaciones e impedimentos: la remisión al para-esto, el para-esto, el contexto concreto de la obra o el «taller» —cabría mencionar aquí también el nexo de remisiones instrumentales— y, en última instancia, el mundo. A pesar de su aparente claridad, la cita deja pendiente una cuestión de central importancia: ¿En qué consiste la diferencia entre el conjunto de las remisiones instrumentales y el mundo circundante? ¿Son lo mismo? Pero si fueran lo mismo, ¿no habría entonces una confusión entre tales remisiones como modo de ser de lo a la mano y el mundo como existencial?

Antes de abordar directamente estas cuestiones corresponde considerar los desarrollos más precisos sobre la estructura de las remisiones instrumentales y la experiencia de uso. Ello tiene lugar con los estudios sobre la «condición respectiva» (*Bewandtnis*)[8].

> Que el ser de lo a la mano tenga la estructura de la remisión significa: tiene en sí mismo el carácter del *estar-remitido* (*Verwiesenheit*). El ente queda puesto al descubierto con vistas a que, como ese ente que él es, está remitido a algo. Pasa *con* él que tiene su condición *en relación a* algo. El carácter

---

[8] Heidegger utiliza el término *Bewandtnis* en sentido técnico ya en su tesis de habilitación. «Todo lo que está en estado de vivencia "frente" al yo, es captado de alguna manera. El "enfrente" es un determinado respecto (un *respectus*), una *Bewandtnis* que hay con el objeto» (*GA* 1, p. 223). Este uso remite, por su parte, a los escritos lógicos de Emil Lask [véase Crowell (2001), pp. 101 s.].

de ser de lo a la mano es la *condición respectiva* (*Bewandtnis*). En la expresión condición respectiva (*Bewandtnis*) resuena el sentido de dejar que pase con algo que tenga su condición en relación a algo. El vínculo «con... en relación a...» será indicado por el término remisión (p. 84; trad. esp. modif.)[9].

La característica de la experiencia del útil, según la cual el útil es experimentado como tal en cuanto pasa desapercibido y remite a otras instancias, obtiene ahora una nueva formulación. En alemán se utiliza la expresión «*Es hat mit etwas seine Bewandtnis*» para indicar que algo es de determinado modo. La peculiaridad de la expresión consiste, en primer lugar, en que aquello de lo que se habla está introducido por la preposición «con» (*mit*). En segundo lugar, para indicar el modo cómo aquello sea, se acompaña al sustantivo *Bewandtnis* con un adjetivo. Para decir, por ejemplo, «esto es del siguiente modo» o «el caso es el siguiente», se utiliza la fórmula *Damit hat es folgende Bewandtnis*. Heidegger, por su parte, presenta una expresión más compleja: además de la preposición *mit* (con), utiliza también la preposición *bei*, que aquí he traducido como «en relación a». Asimismo reemplaza el término *Bewandtnis* por el sustantivo verbal *Bewenden*. La frase completa: «*Es hat mit etwas bei etwas sein Bewenden*» significa entonces: «pasa con algo que tiene su condición en relación a algo».

Lo central en esta expresión es el doble vínculo del «con» (*mit*) y el «en relación a» (*bei*). De acuerdo con ello, se puede caracterizar la estructura de remisiones en el uso de una herramienta diciendo: pasa con la herramienta que tiene su condición en relación a su finalidad (v. gr., el «en relación a qué» de la lámpara es iluminar). A su vez, para indicar que la correspondiente finalidad puede subordinarse a otra, Heidegger sostiene que el «en relación a qué» de una condición respectiva puede ser también el «con qué» de otra.

El análisis reconoce un punto final en la serie de remisiones instrumentales, en el cual ya no es posible una ulterior remisión a obras, útiles o finalidades instrumentales. En la terminología de la condición respectiva, se trata de un «con qué», el cual ya no es ningún «en relación a qué».

---

[9] En la traducción de J. E. Rivera, tomada aquí como referencia, la frase de Heidegger «*Es hat mit ihm bei etwas sein Bewenden*» está traducida del siguiente modo: «Pasa con él que tiene su cumplimiento en algo». Por mi parte, en lugar de traducir *Bewenden* por «cumplimiento», he preferido mantener el término «condición», a fin de destacar el vínculo con *Bewandtnis* o «condición respectiva». Asimismo, no he seguido la traducción de *bewenden lassen* como «dejar que algo quede vuelto hacia». En lugar de ello, he intentado mantener cercanía con la expresión «pasa con algo que ...» (expresión que mantiene la preposición «con» del original). Así, he traducido *bewenden lassen mit etwas bei etwas* como «dejar que pase con algo que tenga su condición en relación a algo». Esta frase en castellano queda muy recargada, pero tiene la ventaja de indicar claramente el vínculo «con... en relación a...» (*mit... bei...*). Para una consideración más detallada sobre la terminología de la *Bewandtnis* y las dificultades para traducirla, véase la correspondiente nota de Rivera en la pp. 468 s. de su traducción y también Rivera (2001), pp. 63-93.

Con ello se quiere indicar que el complejo de fines de uso remite en última instancia a fines que se encuentran al nivel de la experiencia de sí mismo y no de la experiencia de cosas. Se trata de la tesis acerca de la fundación de las remisiones instrumentales «para» (*Um-zu*) en las remisiones «por mor de» (*Umwillen*), correspondientes a la experiencia de los propios fines y posibilidades[10]. Dicha tesis intenta explicitar la siguiente estructura: la experiencia del útil a partir de los nexos instrumentales se basa en la anticipación de las propias posibilidades del agente, las cuales corresponden a determinados fines de acción. El martillar es la función del martillo y a la vez una actividad humana posible, la cual está inserta, a su vez, en contextos de fines prácticos.

> En la comprensión del contexto referencial ya mencionado, desde un poder-ser asumido en forma expresa o inexpresa, en forma propia o impropia, por mor del cual él mismo es, el *Dasein* ya se ha remitido a sí mismo hacia un para-algo (p. 86).

Con respecto a la noción de mundo, esto conduce a la siguiente reflexión: el mundo constituye el espacio de juego de las posibilidades de ser de las cosas de uso sólo en tanto estas están ligadas a las posibilidades de ser del agente práctico[11].

Otro motivo para la introducción del concepto de «condición respectiva» (*Bewandtnis*) se encuentra en la expresión alemana «*bewenden lassen*». Heidegger se vale de ella para caracterizar la relación ontológica del *Dasein* con lo a la mano. En su acepción corriente, la expresión «*bewenden lassen*» significa dejar ser o dejar estar, dejar que algo quede como está. Heidegger, por su parte, la utiliza para indicar que el modo como se presenta lo a la mano está en correlación con un «dejar ser» de parte del *Dasein*[12]. De acuerdo con ello, «dejar ser al útil» quiere decir: dejar que este sea, es decir, que aparezca desde el entramado de remisiones de la condición respectiva correspondiente. Se trata de la experiencia

---

[10] Véase *ST*, p. 84.
[11] Corresponde aclarar en qué sentido Heidegger entiende la empleabilidad del útil como determinación de ser de este y las posibilidades y fines prácticos como posibilidades de ser del agente práctico. El carácter contextual de la experiencia operativa y práctica, según el cual el útil aparece primariamente en un entramado instrumental y la autorreferencia práctica se efectúa siempre en una situación, es interpretado por Heidegger del siguiente modo: el contexto es condición de posibilidad de la manifestación del ente correspondiente. En este sentido, el contexto corresponde al ámbito del ser del ente. Las relaciones que forman el contexto operativo, esto es, las remisiones instrumentales, se pueden considerar entonces como determinaciones de ser de los útiles. Y las posibilidades del obrar, en la medida en que son posibilidades en que se configura el propio ser del agente práctico, son determinaciones de su ser.
[12] Véase Von Herrmann (2005), p. 170: «Hay una *correlación* entre este "dejar que pase con ... en relación a ..." y el "pasa con ... que tiene tal condición", es decir, la "condición respectiva"».

descubridora del útil a partir de una «totalidad respeccional» (*Bewandtnisganzheit*).

Para precisar la estructura remisional de la experiencia de uso, Heidegger tiene en cuenta además la experiencia de los signos que se utilizan en la vida diaria (§ 17). Se trata ante todo de marcas (*Merkzeichen*), signos que anticipan algo (*Vorzeichen*), indicadores (*Anzeichen*) y signos que nos recuerdan algo (*Rückzeichen*). Lo propio de tales signos es que nos remiten explícitamente a posibles modos de comportamiento y nos vinculan a su vez con otros útiles, co-usuarios, etc. El semáforo, por ejemplo, indica si hay que detener el vehículo o mantenerlo en movimiento. Quien experimenta tal signo, se deja guiar por él hacia un comportamiento o conjunto de comportamientos determinado y entra en una relación específica con ciertos entes. En otras palabras: los signos dan orientación. En virtud de ello, Heidegger considera el uso de tales signos como el tipo de experiencia concreta en la cual se explicita la estructura ontológica del trato con útiles. Es decir, así como el uso apropiado de una herramienta consiste en orientarse implícitamente en una totalidad de remisiones, así el uso de señales, marcas o signos recordatorios es un modo de obtener orientación en tales contextos práctico-instrumentales, pero de manera explícita.

En § 18, Heidegger sostiene que la totalidad respeccional, esto es, la articulación holística de remisiones instrumentales, «lleva consigo una relación ontológica con el mundo» (p. 85; trad. esp. modif.). Recién en este momento del análisis, una vez considerada la correlación entre la aparición de los útiles y la experiencia del agente y una vez establecida la conexión entre las posibilidades instrumentales como modos de ser de los entes y las posibilidades prácticas como determinaciones de ser del agente práctico, la investigación aborda la distinción y relación entre la totalidad de remisiones y el mundo.

El planteo de Heidegger es el siguiente: la experiencia descubridora de lo a la mano a partir de los nexos de remisiones instrumentales implica que éstos sean accesibles previamente. Ellos resultan accesibles en la «comprensión del mundo» (p. 86).

Para entender la noción de «comprensión de mundo» aquí planteada hay que tener en cuenta el modelo explicativo general de *ST*. Según dicho modelo, la experiencia en su nivel primario (cotidianidad), consiste en descubrir entes a partir de contextos significativos. El trato con los útiles es una operación de interpretación que deja aparecer significativamente los entes. Se trata de lo que anteriormente se caracterizó como el «dejar ser» al útil a partir de la totalidad respeccional. Por su parte, tal operación tiene como condición de posibilidad la configuración y apertura previa de los contextos significativos, es decir, la proyección de sentido o «comprensión de mundo». A ello refiere la caracterización del mundo en § 18:

> El en-qué del comprender que se autorremite, entendido como aquello-con-vistas-a-lo-cual se deja comparecer a los entes que tienen el modo de ser de la condición respectiva, es el fenómeno del mundo (p. 86).

Esta formulación es central para los diversos desarrollos sobre de la cuestión del mundo en *ST*. Al caracterizar al mundo a la vez como horizonte para la experiencia descubridora de lo a la mano y para la autointerpretación o autorremisión del *Dasein* se resalta la índole peculiar del mundo como *un existencial que guarda relación a la vez con el Dasein y los entes intramundanos*.

Ahora bien, al afirmar que la comprensión de mundo consiste en la configuración y apertura previa de los contextos significativos, es decir, de las totalidades remisionales, ¿no se sostiene acaso que los contextos significativos son ellos mismos lo que llamamos mundo? Pero si esto fuera así, perdería su sentido la diferencia propuesta por Heidegger entre la condición respectiva como una determinación categorial y el mundo como un existencial.

Para poder elaborar esta cuestión es necesario considerar un nuevo momento en el análisis de mundo, a saber: el tratamiento de la significatividad. Los estudios sobre la condición respectiva consideran especialmente el vínculo entre el mundo y lo a la mano y no pueden aclarar de modo suficiente la estructura del mundo en tanto articulación de remisiones instrumentales y remisiones prácticas o autorremisiones del *Dasein*. Asimismo, los estudios sobre la condición respectiva, si bien consideran la estructuración holística y la función contextual de los conjuntos de remisiones instrumentales, no abordan los fundamentos o condiciones de posibilidad de tal fenómeno. Heidegger aborda a la vez ambas cuestiones —la articulación de ambos tipos de remisiones y los fundamentos de la condición respectiva—, al introducir la noción de significatividad (*Bedeutsamkeit*):

> El carácter respeccional de estos respectos del remitir nosotros lo comprendemos como *signi-ficar* (*be-deuten*). En la familiaridad con estos respectos, el *Dasein* «significa» para sí mismo, se da a entender, originariamente, su ser y poder-ser en relación con su estar-en-el-mundo. El por-mor-de significa un para-algo, éste un para-esto, éste un «en relación a» del dejar ser, y éste un con-qué de la condición respectiva. Estos respectos están enlazados entre sí como una totalidad originaria; son lo que son en cuanto son este signi-ficar en el que el *Dasein* se da previamente a entender a sí mismo su estar-en-el-mundo. Al todo respeccional (*Bezugsganzes*) de este significar lo llamamos *significatividad* (*Bedeutsamkeit*). Ella es la estructura del mundo [...] (p. 87; trad. esp. modif.)[13].

---

[13] Se debe distinguir terminológicamente entre el «todo respeccional» (*Bezugsganzes*) y la «totalidad respeccional» (*Bewandtnisganzheit*). El primero, caracterizado también como signifi-

El pasaje citado afirma que el carácter de remisión que articula internamente la cadena o trama de los «para qué» consiste en un significar. «Significar» (*bedeuten*) no se entiende aquí como el remitir lingüísticamente a un referente extralingüístico, sino como un «dar a entender». Heidegger escribe el término «*bedeuten*» separando con un guión el prefijo «*be*» y el verbo «*deuten*», que significa interpretar. Con ello sugiere que las remisiones se articulan entre sí en tanto son correlativas a la comprensión e interpretación. Por ello, si por un lado el pasaje citado afirma que el por-mor-de «significa» un para-algo, por otro lado sostiene que el *Dasein* «significa» o da a entender para sí mismo su ser. Se trata de dos caras de un mismo proceso: una finalidad práctica remite a una finalidad instrumental en la interpretación correspondiente, en la cual el agente se da a entender sus fines y medios.

Al caracterizar el remitir instrumental como significar, Heidegger incorpora en la estructura misma de la remisión a la operación interpretativa y con ello a la figura del agente de experiencia en cuanto comprensor e interpretante. Si consideramos además que para Heidegger los procesos de comprensión e interpretación son originariamente auto-anticipaciones prácticas, esto tiene una consecuencia importante, a saber: la vinculación de las remisiones instrumentales con las remisiones prácticas resulta determinante para el carácter remisional mismo. Se trata, ante todo, de que las remisiones instrumentales pueden remitir en la medida en que el agente de experiencia «se da a entender» tales relaciones, siendo la forma originaria de tal «darse a entender» la autoproyección práctica[14].

Ahora bien, Heidegger caracteriza en términos de «significar» no solamente las remisiones de las determinaciones instrumentales («para») entre sí y las remisiones entre estas y las determinaciones prácticas («por mor de»), sino también las remisiones de tales determinaciones hacia las apariciones de los entes correspondientes (el «con qué» de la condición respectiva, por ejemplo). En otras palabras, las determinaciones de ser significan unas a otras y además significan a los entes correspondientes. Para una comprensión más clara de la propuesta heideggeriana hubiese sido deseable una elaboración más detallada de la función del significar a la luz de esta distinción. Sin embargo, ni en el capítulo sobre la mundaneidad ni en general en *ST* se presenta tal elaboración.

La argumentación de Heidegger apunta finalmente a mostrar que la función del significar y en última instancia las remisiones —a las que hay

---

catividad, contiene el todo de condiciones respectivas o «totalidad respeccional» y también las autorremisiones del *Dasein*.

[14] En este sentido, afirma Heidegger: «Estos respectos [...] son lo que son en cuanto son este signi-ficar en el que el *Dasein* se da previamente a entender a sí mismo su estar-en-el-mundo» (*ST*, p. 87).

que entender ahora como significaciones[15]— tienen como condición de posibilidad la significatividad, es decir, al mundo:

> La significatividad misma, con la que el *Dasein* ya está siempre familiarizado, lleva empero consigo la condición ontológica de la posibilidad de que el *Dasein* comprensor pueda abrir, en cuanto interpretante, algo así como «significaciones», las que por su parte fundan la posibilidad de la palabra y del lenguaje (p. 87).

En cuanto significatividad, el mundo es una estructura que determina formalmente las remisiones instrumentales y prácticas y que resulta responsable de la articulación de estas en totalidades que operan como contextos significativos. En otras palabras, por mundo se entiende el horizonte de sentido que mantiene articuladas las remisiones instrumentales entre sí y con las remisiones del «por mor de», de manera que puedan orientar tanto la autointerpretación del *Dasein* cuanto la interpretación de lo intramundano[16].

Con ello resulta clara la diferencia entre la totalidad respeccional o contexto de remisiones instrumentales y el mundo circundante. El mundo circundante y, en general, el mundo es un modo de ser del agente práctico, un existencial. En cuanto significatividad, es la forma general que determina el carácter de significación de las determinaciones de los útiles y también de las determinaciones de los agentes prácticos. En este sentido, las determinaciones instrumentales dependen del mundo en cuanto a su carácter significativo, gracias al cual pueden remitirse unas a otras, integrar contextos englobadores y prefigurar la aparición de los entes respectivos[17].

---

[15] Cf. *GA* 20, p. 286; trad. esp. p. 263: «Las remisiones y nexos de remisiones son primordiamente significación. Las significaciones son —según veíamos antes— la estructura de ser del mundo».

[16] Respecto al carácter horizontal del mundo, afirma Heidegger: «Las relaciones de respectividad sólo son comprensibles dentro del horizonte de un mundo previamente abierto» (*ST*, p. 368). Recordemos brevemente la concepción heideggeriana de horizonte. En ella se destacan tres características: primero, el horizonte es el correlato de un dirigirse, el hacia-dónde de una movilidad con dirección (*ST*, p. 365; *GA* 24, p. 378; trad. esp. p. 322; *GA* 26, p. 266); segundo, el horizonte delimita y abarca —a esto alude la voz griega *horizein*— (*GA* 26, p. 269); en tercer lugar, es una totalidad (*GA* 27, p. 309). De acuerdo con estas acepciones, se trata de una totalidad delimitante, correlativa a un dirigirse primario. Conforme a ello, el horizonte mundo es una totalidad de nexos de remisiones, correlativa a una intencionalidad primordial y cuya función delimitante consiste, en primer lugar, en estructurar las remisiones que lo integran.

[17] La distinción de fondo entre la totalidad respeccional (*Bewandtnisganzheit*) y el mundo en cuanto significatividad no consiste solamente en que este último sea el todo de respectos (*Bezugsganzes*) que engloba, además de las remisiones instrumentales, también las remisiones prácticas. El mundo como significatividad es la totalidad de remisiones más abarcadora porque otorga el formato mismo de las remisiones, esto es, su carácter significativo. En otras palabras, la característica del mundo como todo de remisiones o de significaciones descansa, en última instancia, en su rendimiento determinante del carácter de significación.

Las significaciones que el análisis considera en primer lugar no son significaciones lógico-lingüísticas, propias del lenguaje al nivel de la articulación predicativa y tematizante. Teniendo en cuenta también desarrollos subsiguientes (§§ 31-34, 69, 70) resulta claro que se trata más bien de finalidades instrumentales y prácticas y más originariamente aún de esquemas de acción e instrumentales que guían la deliberación circunspectiva (pp. 359 s.). Sin establecer un análisis exhaustivo, Heidegger destaca el esquema «como» y luego el esquema instrumental «si... entonces...» (p. 359)[18]. Por su parte, las determinaciones formales «para» y «por mor de», que ya en los análisis del mundo cotidiano aparecen como las articuladoras de las posibilidades de ser de los útiles y del *Dasein*, son presentadas luego como esquemas temporales que condicionan la experiencia (p. 365). Asimismo, Heidegger distingue tales significaciones prácticas e instrumentales de las significaciones léxicas o significaciones de palabras (*Wortbedeutungen*) y hace depender estas últimas de las primeras[19].

En suma, el mundo no resulta considerado aquí como un campo de significaciones lógico-lingüísticas, en el sentido de las ideas platónicas o los sentidos fregeanos, sino como la estructura general de comprensibilidad (sentido), articulable conforme a esquemas.

3. CONFRONTACIÓN DEL ANÁLISIS DE LA MUNDANEIDAD CON LA INTERPRETACIÓN DEL MUNDO EN DESCARTES (§§ 19-21)

Como hemos visto, en los capítulos segundo y tercero Heidegger confronta su concepción de mundo con los enfoques orientados hacia el estar-ahí-delante. Esta estrategia de polarización en el campo metateórico lo lleva a dedicar una sección del capítulo tercero a la discusión con Descartes.

Descartes representa la «realización quizá más extrema» (p. 89) de la orientación hacia el estar-ahí-delante. Al discutir con él, Heidegger espera desmontar los fundamentos «en que se mueven las interpretaciones del mundo posteriores a Descartes, y más aún las anteriores a él» (p. 89).

Los breves pasajes citados indican una doble motivación en la selección de Descartes como antagonista. La primera motivación concierne a la especificidad del planteo cartesiano: Con su distinción entre yo cognos-

---

[18] Una tarea no desarrollada a fondo en los análisis de *ST* es la caracterización detallada de los esquemas de comprensibilidad y de su estructuración jerárquica. En particular, queda pendiente una descripción más precisa de las relaciones entre los esquemas «como», «si... entonces» y las determinaciones «para», «por mor de» y «ante qué» de la condición de arrojado.

[19] Cf. *ST*, pp. 87, 161; *GA* 20, p. 360; trad. esp. p. 326; *GA* 20, p. 370; trad. esp. p. 335; *GA* 21, p. 151; trad. esp. pp. 125 s.

cente y mundo, Descartes ha impuesto la pregunta por la legitimidad del mundo exterior a la conciencia. Asimismo, su orientación hacia el conocimiento matemático ha radicalizado las orientaciones teoreticistas de la tradición. Estos dos aspectos —el modelo del conocimiento del mundo (*Welterkennen*) y la problemática conexa acerca de la realidad del mundo externo— hacen de Descartes la «realización quizá más extrema» de la ontología presencialista del mundo y por ello son el centro de reiteradas críticas en *ST* (§§ 13, 43, 69 c)[20].

La segunda motivación concierne al rol de Descartes en la historia de la filosofía. Debido a su rol de iniciador de la filosofía moderna, pero arraigado a la vez en la metafísica precedente, Descartes es una figura peculiar. Al entablar una confrontación crítica con él, Heidegger apunta a abrir un espacio de discusión tanto con la metafísica clásica como con la moderna teoría del conocimiento.

En §§ 19-21 se desarrolla ante todo la discusión histórico-crítica. El planteo central de Heidegger respecto al rol histórico-filosófico de Descartes se puede leer en el siguiente pasaje:

> Lo que determina su ontología del mundo «*sc.* la de Descartes» no es primariamente el recurso a una ciencia eventualmente apreciada de forma especial, las matemáticas, sino la fundamental orientación ontológica hacia el ser como permanente estar-ahí-delante, cuya aprehensión se lleva a cabo en forma eminentemente satisfactoria por el conocimiento matemático. Descartes realiza de esta manera explícitamente la transposición filosófica que permite que la ontología tradicional influya sobre la física matemática moderna y sobre sus fundamentos trascendentales (p. 96; trad. esp. modif.).

A los ojos de Heidegger, la matematización del mundo material llevada a cabo por Descartes no constituiría un desarrollo de la cuestión del mundo fuera del plano metafísico, sino que, por el contrario, se trataría de un proyecto metafísico en continuidad con la tradición. Ahora bien, para sostener su plausibilidad, tal interpretación sobre Descartes debe mostrar que la orientación de este hacia la *extensio* deriva de su noción de sustancia. Heidegger argumenta del siguiente modo: para Descartes, la extensión es aquella propiedad de los cuerpos, del espacio y del mundo que permanece a pesar de los cambios en las restantes cualidades prima-

---

[20] Así, al inicio de la analítica del *Dasein* se expone críticamente la cuestión del «conocimiento del mundo» (§ 13). Posteriormente, casi al final de la Primera Sección de la Primera Parte, una vez que se ha obtenido la estructura del cuidado, Heidegger trata el problema de la realidad del mundo externo (§ 43). Y ya en los análisis de la temporeidad, retoma la crítica a ambas cuestiones al desarrollar «el problema tempóreo de la trascendencia del mundo» (§ 69 c). Entre las posiciones interpretativas más influyentes en la *Heidegger-Forschung* respecto a esta temática, cabe mencionar las siguientes: Von Herrmann (1970), pp. 235-254; Marion (1992), pp. 178-207; Dreyfus (2001), pp. 69-88.

rias y en el conjunto de las cualidades secundarias[21]. Gracias a su carácter de permanencia constante la extensión es un atributo sustancial. La *extensio* responde entonces a la idea básica de sustancialidad como permanente estar-ahí-delante.

Pero, ¿cómo muestra Heidegger que la sustancialidad o ser de la sustancia es para Descartes la presencia permanente? Heidegger explicita la característica definitoria de la sustancia según Descartes, el no necesitar de otra cosa para existir, en referencia a la concepción escolástica y también cartesiana de Dios como ente perfecto, creador de todo lo que hay:

> lo que en el concepto de Dios está «obviamente» implícito, hace posible una interpretación ontológica del momento constitutivo de la sustancialidad, a saber, de la no-necesidad (p. 92).

Según Heidegger, la no-necesidad (*Unbedürftigkeit*) alude a la producción y conservación:

> Es cierto que, si se lo considera en relación a Dios, el ente creado está necesitado de producción y conservación, pero, dentro de la región del ente creado [...] hay entes que, en relación a la producción y conservación creadas [...] «no están necesitados de otros entes». Tales sustancias son dos: la *res cogitans* y la *res extensa* (p. 92).

En este sentido, tanto la definición cartesiana de sustancia cuanto la distinción entre sustancia infinita y sustancia finita se basan en la concepción de ser orientada a la producción:

> La producción respecto de lo que está-ahí-delante, o bien la no-necesidad de producción, constituyen el horizonte dentro del cual el «ser» es comprendido (p. 92; trad. esp. modif.).

Al situar la doctrina cartesiana de la sustancia dentro del modelo ontológico de la producción, Heidegger reconduce la noción de sustancia

---

[21] Para mostrar la determinación cartesiana del mundo como *res extensa*, Heidegger recurre a los pasajes de *Principia Philosophiae* en los que Descartes caracteriza la extensión en largo, ancho y profundo como la propiedad fundamental de la *res corporea*. Ahora bien, en este punto corresponde hacer la siguiente observación. Mediante un enfoque general sobre el pensamiento de Descartes se obtiene ciertamente una noción de mundo como mundo material, él mismo sustancia extensa. Sin embargo, esta noción no aparece expresamente en los pasajes que cita Heidegger. Él presupone más bien la equivalencia entre *res corporea* y mundo, y aplica a la noción de mundo las caracterizaciones sobre la *res corporea* que dan los textos analizados. Al comentar el pasaje de *Principia* I, 53 sobre *extensio*, dice Heidegger: «¿Cuál es esta propiedad para la *res corporea*? *Nempe extensio in longum, latum et profundum, substantiae corporeae naturam constituit*. En efecto, la extensión a lo largo, ancho y profundo constituye el ser propiamente dicho de la sustancia corpórea que llamamos «mundo»» (*ST*, p. 90). Aquí Heidegger agrega a la traducción estricta del pasaje la identificación entre mundo y *res corporea*.

hacia la concepción del ser como estar-ahí-delante. A la base de esta operación interpretativa se encuentra la tesis histórico-filosófica expuesta inicialmente en el *Informe Natorp* y profundizada en escritos posteriores, según la cual los filósofos griegos habrían radicalizado la experiencia humana de la producción y el modo de ser del ente producido, dando lugar así a la noción de *theoria* y a la concepción del ser como permanente estar-ahí-delante[22]. De acuerdo con esta tesis, las nociones medievales de *substancia* y *creatio*, así como la comprensión cartesiana de las mismas, estarían en el horizonte abierto inicialmente por la filosofía griega[23].

Para Heidegger, en definitiva, la orientación cartesiana al conocimiento matemático y su concepción del mundo como *res extensa* son la continuación de la radicalización griega respecto al modo de ser de lo producido como algo acabado, constante en sus determinaciones y que yace en sí mismo, apartado del proceso y contexto de su génesis.

Esta localización histórico-filosófica de Descartes da el marco para la confrontación entre el enfoque existencial y el planteo cartesiano sobre el mundo. La formulación más aguda de esta confrontación sostiene que

> la orientación ontológica fundamental que Descartes toma de la tradición sin ninguna crítica positiva de ella, le hizo imposible el descubrimiento de una problemática originaria del *Dasein*, y tenía que bloquearle la mirada para el fenómeno del mundo (p. 98).

El desarrollo de esta tesis en § 21 se centra en dos puntos. En primer lugar, Heidegger afirma que la orientación al conocimiento matemático es incapaz de hacer justicia a la peculiaridad de la experiencia de uso y por ello no puede ver el fenómeno del mundo. Lo que aquí está en juego es la tesis heideggeriana según la cual la experiencia de objetos de conocimiento resulta de una desconexión de los vínculos de la experiencia práctico-operativa inicial con su contexto o mundo. Esta tesis, desarrollada en los distintos niveles de análisis de los estudios sobre el *Dasein*[24], es planteada contra la orientación griega hacia la *theoria* y muy especialmente contra el enfoque moderno, cartesiano, dirigido primariamente hacia el conocimiento de objetos.

---

[22] *GA* 62, pp. 385 s.; *GA* 18, pp. 214, 219; *ST*, p. 92; *GA* 24, pp. 143, 149 s., 164-169, 209 s., 213 s.; trad. esp. pp. 135 s., 140, 151-155, 187 s., 191.

[23] Según esto, el planteo filosófico sobre la creación sería también una radicalización de la experiencia humana de la producción. En este sentido, en la lección del semestre de invierno de 1923/1924, Heidegger afirma: «Dios es la *causa prima* y absoluta del *esse creatum*. Pero si, en cambio, se considera esta determinación ontológica fundamental en su origen, entonces se alcanzará a ver que el *on* significa en última instancia *on poioumenon*, no estar creado en el sentido del *creatum esse* por Dios, sino estar creado como fenómeno del *Dasein* concreto» (*GA* 17, pp. 252 s.).

[24] Cf. §§ 13, 15-18, 33, 69 b.

En segundo lugar, Heidegger enfatiza que la distinción entre el yo pensante y las cosas del mundo no es capaz de dar cuenta de la diferencia entre *Dasein* y ente intramundano, porque fue pensada sobre la base de la noción de sustancia. En definitiva, la distinción habría quedado subsumida bajo la determinación universal del ser como permanente estar-ahí-delante[25].

Más allá de lo expuesto anteriormente, Heidegger reconoce en Descartes algunas tendencias en la dirección de su propio planteo, las que, sin embargo, no habrían alcanzado mayor desarrollo. Así, la tesis cartesiana que reconduce la cognoscibilidad de las sustancias a sus atributos esenciales y no al hecho de que ellas sean, es interpretada por Heidegger en el sentido de que Descartes distingue, con vistas a la accesibilidad de la sustancia, entre el ser de la sustancia y la manifestación óntica de la misma. Sin embargo, al destacar la propiedad constitutiva (v. gr., extensión o pensamiento) como señalado modo de acceso, Descartes habría consolidado la confusión entre la dimensión de ser y el plano de las determinaciones ónticas[26].

Hasta aquí hemos visto que la confrontación con Descartes en §§ 19-21 tiene en cuenta ante todo la inserción de éste en la tradición metafísica precedente. Ahora bien, tal confrontación considera también la influencia cartesiana en la filosofía posterior, particularmente en la teoría del conocimiento moderna. Así, en § 21 la concepción cartesiana sobre la primacía de la *extensio* respecto a otras determinaciones del ente corpóreo es puesta en relación con el planteo según el cual la naturaleza material es el estrato fundamental «sobre el cual se apoyan las características de lo bello y lo feo, lo adecuado e inadecuado, lo utilizable e inutilizable» (p. 99).

El modelo de fundamentación que explica los entes del mundo a partir de las cosas corpóreas (sean éstas entendidas como objetos perceptibles,

---

[25] Cf. *ST*, pp. 95, 98.

[26] La interpretación heideggeriana de Descartes en este punto es bastante compleja y no está exenta de confusiones. Heidegger entiende la distinción cartesiana entre la sustancia y sus atributos esenciales como la distinción entre el ser de la sustancia y sus caracteres ónticos. Para ilustrar tal distinción, cita *Principia Philosophiae* I 52. Descartes sostiene allí que el hecho de que la sustancia sea una cosa existente no nos afecta y por tanto no podemos conocer la sustancia a partir de ello, sino a partir de sus atributos. Heidegger relaciona esta cita directamente con la tesis kantiana «el ser no es un predicado real» (*ST*, p. 94). Ahora bien, la vinculación con Kant leva a confusión. En primer lugar, Heidegger entiende la cuestión del ser de la sustancia como la cuestión de la sustancialidad de la misma (*ST*, p. 92), pero la cita de Descartes alude más bien al existir de la sustancia. En segundo lugar, si bien la frase de Kant refiere a la distinción entre el ser y las características quidditativas, para Kant el ser, en cuanto estar ahí presente (*Dasein*), es accesible a la percepción sensible. Para Descartes, en cambio, la mera existencia no nos afecta [cf. Von Herrmann (2005), pp. 199 s.]. Si bien Heidegger ve la distinción entre sustancia y atributos como un cierto antecedente de la diferencia ontológica, su diagnóstico final es negativo. Al sostener que la diferencia entre sustancia y atributos es solamente racional, Descartes habría pasado por alto la diferencia ontológica.

o bien en virtud de su extensión) entra en contradicción directa con la tesis del análisis existencial acerca de la génesis de la experiencia objetivante desde la experiencia práctico-operativa. De allí el interés de Heidegger por discutir tal modelo.

La discusión considera una versión específica de dicho modelo, a saber: la tesis que caracteriza a la experiencia de las cosas de uso como una adición de predicados de valor sobre el ente natural. Como lo indica una nota marginal, la confrontación apunta particularmente hacia la fenomenología de Husserl[27]. En efecto, en *Ideas I*, durante su descripción del mundo de la actitud natural, Husserl afirma que las cosas aparecen inmediatamente equipadas con «caracteres de valor» (*Wertcharatkere*) o «caracteres prácticos» y que el mundo natural aparece inmediatamente como un «mundo de valores, mundo de bienes, mundo práctico»[28].

Los desarrollos de § 21 al respecto tienen como base la extensa crítica de Heidegger, elaborada durante los años veinte, a la doctrina de la validez de Lotze y a su recepción en la teoría neokantiana de los valores y en la fenomenología husserliana[29]. La argumentación de Heidegger sostiene que la caracterización de la cosas de uso como una cosa material «completada» con caracteres de valor pretende dar cuenta, sin éxito, de la experiencia prefenomenológica acerca de la diferencia entre cosas materiales meramente observables y cosas de uso. Para Heidegger, la teoría del valor y la validez no es capaz de explicar tal diferencia, porque en el fondo la noción de valor indica el mismo modo de ser que el de los objetos meramente constatables, a saber: el estar-ahí delante.

> La adición de predicados de valor no puede darnos ni la más mínima nueva información acerca del ser de los bienes, *sino que no hace más que presuponer también para éstos el modo de ser del puro estar-ahí-delante* (p. 99; trad. esp. modif.).

En definitiva, la crítica de Heidegger apunta a mostrar que el esclarecimiento de la cosa de uso a partir de la cosa material carece de una explicación del modo de ser propio del útil. En este sentido, se trataría de una reconstrucción a la cual le falta un plan o mirada previa que la guíe. Por su parte, al no hacer justicia a la peculiaridad ontológica de las cosas

---

[27] «¡Crítica a la estructuración de las "ontologías" en Husserl; y, en general, toda la crítica a Descartes está hecha aquí con esta intención!» (*ST*, p. 442).

[28] Cf. Husserl (1913), p. 58; trad. esp. p. 66. Es pertinente subrayar aquí que la crítica de Heidegger a Husserl no contempla momentos centrales de su fenomenología, en especial la fenomenología genética. Para una interpretación de los planteos sobre el mundo en *ST* en conexión con la fenomenología husserliana, considerada más ampliamente, véase Welton (2000), pp. 347-370, 401-404; Overgaard (2004), pp. 110-117, 128 s.; Walton (2004).

[29] Cf. *GA* 56/57, pp. 29-62, 84-120; trad. esp. pp. 35-74, 102-142; *GA* 21, § 9; *GA* 24, § 16 d.

de uso, tal reconstrucción sería incapaz de advertir la diferencia entre el mundo y los entes intramundanos.

Como se puede apreciar, la confrontación con Descartes planteada en §§ 19-21 está al servicio de la tesis histórico-filosófica acerca del predominio del enfoque hacia el estar-ahí-delante desde los griegos hasta Husserl mismo. Esto responde a la estrategia de polarización ya mencionada. Sin embargo, en el capítulo sobre el mundo, la investigación de *ST* todavía no ha legitimado suficientemente el modelo del estar-en-el-mundo y menos aún su enfoque acerca de la historia de la ontología. Heidegger anuncia tal tarea de fundamentación para la tercera sección de la primera parte, correspondiente a los estudios sobre tiempo y ser. Un indicio significativo sobre las dificultades de esa tarea es sin duda el hecho de que *ST*, como es sabido, finaliza abruptamente justo antes de dicha sección.

4. LO CIRCUNDANTE DEL MUNDO CIRCUNDANTE Y LA ESPACIALIDAD DEL *DASEIN* (§§ 22-24)

La última sección del capítulo sobre la mundaneidad está dedicada a la espacialidad. Teniendo en cuenta la relación entre intramundaneidad y mundaneidad, Heidegger desarrolla la cuestión del espacio en términos de la intraespacialidad de lo intramundano y de la espacialidad del *Dasein*. De acuerdo con ello, la espacialidad tiene carácter horizontal, o mejor dicho, es co-constitutiva del horizonte mundo. Asimismo, esto significa que el *Dasein*, al tratar con el ente intramundano, lo descubre en su manifestación intraespacial, lo cual presupone la apertura previa de la dimensión espacial del horizonte mundo.

En el marco de la contraposición entre la ontología del *Dasein* y las ontologías centradas en el estar-ahí-delante, Heidegger intenta mostrar el carácter derivado tanto de la noción matemática de espacio como sistema de coordenadas cuanto de la caracterización del espacio como una suerte de continente del mundo y de las cosas. En congruencia con los análisis que muestran la derivación de la experiencia del ente que está-ahí-delante respecto a la experiencia primaria dirigida a los útiles, los estudios existenciales sobre el espacio sostienen que el espacio tridimensional es una modificación del espacio vivido primariamente en la ocupación cotidiana.

Para captar con mayor claridad el enfoque de Heidegger, es oportuno detenerse en uno de los ejemplos destacados por él en el análisis, a saber: los puntos cardinales. En lugar de considerarlos como un abstracto sistema de coordenadas, Heidegger acentúa su origen en la experiencia pre-científica del movimiento diario del sol. De acuerdo a ello, los cuatro lugares del sol —levante, mediodía, poniente, medianoche— marcan las «zonas del cielo» (*Himmelsgegende*) o puntos cardinales, los cuales orientan la disposición de lugares en nuestra praxis cotidiana.

> La casa tiene su lado del sol y su lado de la sombra; por ellos se orienta la distribución de los «espacios» [...] Las iglesias y tumbas, por ejemplo, están situadas con la salida y puesta del sol, zonas de la vida y de la muerte [...] (pp. 103 s.).

En conformidad con este ejemplo, Heidegger utiliza el término «zona» (*Gegend*) para señalar el entramado de lugares posibles donde «van», es decir, donde pertenecen los entes que integran un determinado conjunto de útiles.

> El lugar propio constituido por la dirección y la lejanía —la cercanía es sólo un modo de esta— ya está orientado hacia una zona y está dentro de ella. Sólo si la zona ha sido previamente descubierta, es posible asignar y encontrar los lugares propios de una totalidad de útiles circunspectivamente disponible (p. 103).

Como se puede ver, el análisis heideggeriano entiende el vínculo entre zona y lugares propios en directa relación con el vínculo entre la totalidad respeccional y las funciones instrumentales de los entes. A la base de ello se encuentra el siguiente planteo: experimentamos que los útiles, conforme a su función propia, tienen su lugar en el contexto de útiles correspondiente: las ollas pertenecen a la batería de cocina, por ejemplo. Por su parte, así como el útil aparece a partir del entramado de relaciones práctico-operativas, así también su pertenencia al lugar propio presupone la articulación totalizante de lugares y direcciones, es decir, la zona. Siguiendo el ejemplo anterior, podría decirse que las ollas, los alimentos, etc., tienen su lugar propio dentro de la cocina, la cual funge como su zona.

Así como la totalidad respeccional y el para-qué conforman la intramundaneidad del ente, así la zona y el lugar propio conforman su intraespacialidad. Ahora bien, al considerar las estructuras espaciales en relación al modelo de mundaneidad e intramundaneidad desplegado en §§ 14-18, el análisis existencial se enfrenta a la siguiente cuestión: ¿En qué consiste la relación entre la intraespacialidad del ente a la mano y la espacialidad del mundo?

Heidegger elabora esta cuestión recurriendo al fenómeno de lo circundante (*Umhaftes*): Se trata de la experiencia cotidiana del mundo como lo que nos rodea, lo envolvente. Lo circundante es para Heidegger el carácter espacial primario del mundo y, correlativamente, del ente a la mano. Como característica del ente, lo circundante es su manifestación «zonal», es decir, la manifestación del ente como perteneciente a un contexto de lugares y direcciones posibles. En este sentido, Heidegger afirma: «Esta orientación zonal de la multiplicidad de lugares propios de lo a la mano constituye lo circundante [...]» (p. 103).

Por otra parte, considerado como carácter espacial del mundo, lo circundante es la estructura de la significatividad que articula la zona y los lugares propios en cada caso. En §§ 14-18 se había explicitado al existencial mundo como la estructura formal básica en la cual quedan integradas, como significaciones, las determinaciones de ser de los útiles. En §§ 22-24 Heidegger da a entender que lo circundante, al nivel de la significatividad, es la figura que articula las determinaciones intraespaciales de los entes:

> El «mundo circundante» no se inserta en un espacio previamente dado, sino que su mundaneidad específica articula en su significatividad el contexto respeccional de una determinada totalidad de lugares propios circunspectivamente ordenados (p. 104).

Llegado a este punto, el análisis de Heidegger tiene aún pendiente una tarea central: describir la experiencia descubridora del ente intraespacial y la apertura de la espacialidad del mundo. A lo largo de los análisis de la espacialidad de lo a la mano (§ 22), Heidegger destaca que lo a la mano aparece en una cierta cercanía y con una cierta direccionalidad, en un lugar propio dentro de una zona, conforme a su finalidad instrumental. Así, por ejemplo, la sartén está a mano sobre la superficie de granito cerca de las hornallas en la cocina. En § 23 analiza la experiencia descubridora que deja aparecer así a los entes. Como primer rasgo se destaca que el trato con los útiles consiste en un des-alejar (*Ent-fernen*). Con ello, Heidegger desea enfatizar, en primer lugar, que el trato operativo tiene el sentido dinámico del dejar venir a presencia (cercanía)[30]. En segundo lugar, quiere dar a entender que la proximidad espacial del útil no consiste en una distancia fija, cuantificable, respecto a mí, sino más bien en la disponibilidad del ente para su uso, la cual es variable y depende del curso de acción de cada caso. En este sentido, no se trata de que me encuentre a una determinada distancia de las cosas que están-ahí-delante, sino de que estoy rodeado de útiles, unos más «a mano» que otros. En tercer lugar, al hablar de «desalejar», Heidegger quiere dar cuenta de una «lejanía» básica, a saber: la separación irreductible entre el ente que es *Dasein* y los entes intramundanos: «Esta des-alejación, es decir, la lejanía de lo a la mano respecto del *Dasein* mismo, el *Dasein* jamás puede cruzarla» (p. 133)[31].

---

[30] Esto deja abierta la cuestión respecto al sentido último de la «lejanía», cuya contraparte es el venir a presencia. En este sentido, escribe Heidegger en una anotación marginal: «¿De dónde viene la lejanía que es des-alejada?» (*ST*, p. 442). *ST* no da respuestas a esto.

[31] La tesis sobre la lejanía irreductible como instancia previa para las operaciones espacializantes en el trato instrumental con entes apunta a la diferencia radical entre la relación con instrumentos y la auto-relación práctica. La espacialidad significativa del útil, e incluso de los otros

Como segunda característica espacial del descubrimiento de útiles se destaca la direccionalidad. El planteo de Heidegger es el siguiente: los útiles aparecen como perteneciendo a un lugar propio en un contexto, es decir, con una dirección correspondiente dentro de su zona (detrás de tal cosa, junto a tal otra, etc.). Las direcciones espaciales son respectos que integran, junto con aquellos del para-qué, la totalidad respeccional en cada caso. Con vistas a la estructura del trato descubridor de los útiles, esto significa dos cosas: por un lado, que el agente, al tratar con los útiles, se orienta en el contexto de útiles, subordinándose a las remisiones instrumentales y también espaciales de los útiles entre sí. Por otro lado, esto indica que el trato es un dejar-ser *a priori* que trae a vigencia el todo de relaciones instrumentales y espaciales, hacia el cual él se orienta. En este sentido, Heidegger habla del «abrir espacio» o «hacer espacio» (*Raumgeben*) y de la «ordenación espaciante» (*Einräumen*). En suma: la experiencia descubridora de los útiles permite las remisiones direccionadas de unos a otros y a la vez se subordina a ellas, es decir, es direccionante (*ausrichtend*) (p. 108; trad. esp. modif.) y a la vez toma dirección.

Ahora bien, de acuerdo a la doctrina sobre mundo e intramundanidad, el abrir espacio para los entes presupone una relación previa con el mundo en la que quede configurada la estructura de este como mundo circundante. Se trata del surgimiento a priori de la espacialidad del mundo (ligado íntimamente a la proyección situada del horizonte mundo). Con vistas a tal estructura, Heidegger afirma:

> *El espacio no está en el sujeto, ni el mundo está en el espacio*. El espacio está, más bien, «en» el mundo, en la medida en que el estar-en-el-mundo, constitutivo del *Dasein*, ha abierto el espacio (p. 111).

A pesar de la importancia de esta estructura, Heidegger no da mayores precisiones sobre ella. Ahora bien, en conformidad con el curso del análisis, la configuración de la espacialidad del mundo circundante debería explicitarse en términos de esquematización de horizonte. Así, cabría explicar lo circundante (*Umhaftes*) como el esquema que prefigura la espacialidad de los entes intramundanos, cooriginario al esquema horizontal «para...»[32].

---

y de uno mismo tomados como instrumentos, consiste en un estar «más o menos» disponible y «a mano». La espacialidad del agente práctico, en cambio, cuando este se experimenta como tal, no consiste en la pertenencia a un lugar funcional dentro de una zona. Su espacialidad es vivida como un ordenar espaciante o «hacer espacio». Con todo, ni en *ST* ni en textos del período aparece un estudio detallado de la espacialidad en la experiencia propia de sí y de otros.

[32] Una indicación en esta línea es la caracterización de un horizonte espacial ligado al horizonte mundo: «Las relaciones de respectividad sólo son comprensibles dentro del horizonte de un mundo previamente abierto. Su carácter de horizonte posibilita también el horizonte específico del adónde de la pertenencia zonal» (*ST*, p. 368).

La ausencia de un estudio detallado en este punto por parte de Heidegger podría estar motivada por las dificultades subsecuentes que traería el planteo de esquemas espaciales en relación con la elaboración del esquematismo temporal, y en particular con la tesis de la fundación del espacio en la temporeidad (§ 70).

Esta no es, sin embargo, la única dificultad del análisis del espacio en *ST*. Quedan también otras cuestiones abiertas. Entre estas cabe mencionar, por una parte, la relación entre espacialidad y corporalidad, que Heidegger se abstiene explícitamente de desarrollar, y, por otra parte, la compatibilidad de los análisis de la espacialidad de la experiencia práctico-operativa con los análisis pendientes respecto a la espacialidad de la experiencia propia de sí y de los otros[33].

5. CONCLUSIONES

A modo de conclusión podemos señalar algunos rasgos centrales de la fenomenología del mundo desarrollada en el capítulo tercero y junto con ello exhibir algunas de sus principales dificultades internas.

Heidegger entiende al mundo como una estructura condicionante de la experiencia, accesible en cierto modo para el propio agente de experiencia y por ello susceptible de una descripción fenomenológica. Ahora bien, la descripción se orienta siguiendo dos distinciones fundamentales: por una parte, la distinción entre ser y ente; por otra parte, la distinción y contraste entre los modos de ser llamados *Dasein* y estar-ahí-delante.

De acuerdo con la primera distinción, el mundo es descripto como condición de posibilidad para la manifestación de entes. Lo que es, aparece significativamente, y el mundo es el contexto o trasfondo que posibilita tal aparecer significativo. No pertenece al orden de lo que aparece primariamente a la experiencia (entes), sino al orden de las condiciones o fundamentos de tal aparecer (dimensión de ser)[34]. La segunda distinción trae una precisión: el mundo es una instancia constitutiva del modo de ser llamado *Dasein*, el cual aparece entonces explicitado bajo la fórmula «estar-en-el-mundo». El fenómeno concreto al que se dirige el análisis es la pertenencia a un medio o contexto vital significativo a través del ejercicio habitual de ocupaciones instrumentales y prácticas.

---

[33] Sobre estos puntos han hecho especial hincapié Ricoeur (2008), p. 364 y, muy especialmente, Franck (1986), pp. 55 s., 71, 76 s.

[34] En el marco del presente trabajo no resulta posible un análisis exhaustivo de las particularidades manifestativas del mundo como horizonte y contexto. Para un estudio detenido sobre el planteo heideggeriano de la doble direccionalidad de la experiencia (hacia entes y su contexto de aparición) y su correspondiente bidimensionalidad, véase Vigo (1999).

De acuerdo con ello, el mundo es el polo de una doble relación: por un lado, es el contexto de las operaciones comprensivas de la existencia humana y pertenece estructuralmente a esta. Por otro lado, es el marco para la aparición significativa de los entes que no son *Dasein*. Así, opera a la vez como polo de relaciones mundanas e intramundanas. En otras palabras, es el «entre» que vincula al *Dasein* consigo mismo y con otros y también con los entes que no son *Dasein*.

Por su parte, el contraste entre los modos de ser llamados *Dasein* y estar-ahí-delante guía la discusión metateórica con las doctrinas sobre el mundo orientadas hacia el conocimiento objetivante. La tesis directriz de Heidegger en este punto consiste en que una interpretación del mundo orientada hacia la experiencia teórico-cognoscitiva partiría de un nivel derivado de la experiencia y no podría dar cuenta del fenómeno del mundo en su nivel primario.

El nivel primario de la experiencia y con ello de la relación con mundo es para Heidegger la vida cotidiana. En la dimensión de las ocupaciones habituales, determinadas por relaciones instrumentales y prácticas, se efectúa el estar-en o habitar mundo. El mundo cotidiano es el «mundo circundante». Él prefigura la aparición de entes bajo el carácter envolvente de las circunstancias y en función de los intereses y fines prácticos de los agentes.

La estructura del mundo obtenida a la luz de los análisis del mundo circundante es la significatividad. Se trata de la forma estructurante y de la totalidad estructurada que asegura el carácter significativo (es decir, la accesibilidad a la comprensión e interpretación) de las determinaciones instrumentales y prácticas y con ello la función prefiguradora de estas respecto a la aparición de los entes correspondientes.

Ahora bien, si bien el mundo circundante y la experiencia instrumental habitual son primarios —inmediatos y regulares—, no son sin embargo originarios en todos los niveles de experiencia, sino solamente en cuanto a la experiencia con entes intramundanos. Respecto a la experiencia de sí y de los otros, la vida cotidiana no es el nivel originario, sino un encubrimiento de este. De hecho, en los análisis sobre la angustia como disposición afectiva fundamental (§ 40) se establece la experiencia de la insignificatividad e inhospitalidad como experiencia originaria. Esto ha motivado en algunos intérpretes el planteo según el cual la noción de significatividad sería una determinación parcial de la estructura de mundo, afincada en la experiencia cotidiana y restringida a las remisiones instrumentales, y que por tanto no podría dar cuenta a cabalidad del fenómeno del mundo[35].

Frente a tales interpretaciones cabe afirmar lo siguiente: la contradicción entre los desarrollos de § 18 y § 40 es aparente y se disuelve si tenemos

---

[35] Véase a este respecto lo dicho en la nota 4.

en cuenta que los análisis sobre la angustia tratan acerca de la experiencia transparente del estar-en-el-mundo, considerado íntegramente. No se trata de que la caracterización del mundo como significatividad restrinja este al conjunto de remisiones instrumentales, por contraste con las remisiones prácticas y que luego, en los análisis sobre la angustia, se objete y rechace aquella caracterización inicial. La estructura de la significatividad incluye las remisiones instrumentales así como las remisiones del «por mor de». La cuestión destacada en los análisis de la angustia es más bien que la experiencia del predominio de la dimensión práctica por encima de la instrumentalización cotidiana —esto es, la experiencia de la diferencia entre el agente práctico y las cosas con las que trata— sólo es experimentable precisamente mediante la ruptura de la perspectiva cotidiana[36]. En tal experiencia, el mundo circundante cesa en su vigencia como orientador de la comprensión de sí y de los otros, sin que por ello la estructura del mundo como significatividad se anule. En suma: la tesis sobre la posibilidad de una experiencia prefilosófica que transparente el estar-en-el-mundo no anula, sino más bien presupone la noción de significatividad como estructura articuladora de las relaciones prácticas e instrumentales.

A partir de lo dicho resulta claro que la noción de significatividad guía los análisis de *ST* sobre el mundo en su conjunto. En términos generales, podríamos decir que la significatividad es la estructura del horizonte de sentido esquematizado que prefigura la experiencia en sus diversas direcciones: hacia sí, hacia los otros y hacia los entes que no son *Dasein*. En este sentido, la estructura estar-en-el-mundo indica la correlación entre la movilidad proyectante de sentido y el mundo o contexto general de tal proyección. En la lección *Prolegómenos para una historia del concepto de tiempo* se afirma al respecto: «*cuidado y significatividad*. Tal correlación es la estructura básica de la vida que yo denomino también *facticidad*» (*GA* 20, p. 304; trad. esp. p. 277).

Ahora bien, los planteos del capítulo tercero acerca del mundo traen consigo diversos problemas y dificultades internas. Consideremos las principales.

Si bien Heidegger asigna a la significatividad la función general de contexto para la aparición de entes y distingue entre los modos de aparición mundano (*Dasein*) e intramundano (útiles y cosas presentes ahí-delante), sin embargo tiende a equiparar en sus análisis la aparición intramundana con la aparición de entes en general. Esta tendencia se complementa con otra, a saber: la contraposición entre *Dasein* y ente intramundano, motiva-

---

[36] Véase *ST*, p. 343: «La insignificancia del mundo abierta en la angustia desvela la nihilidad de todo lo que puede ser objeto de ocupación, es decir, la imposibilidad de proyectarse en un poder-ser de la existencia primariamente fundado en las cosas que nos ocupan». Véase también Figal (2000), pp. 192-200.

da en parte por el contraste metateórico entre la filosofía orientada a *Dasein* y las filosofías orientadas a lo presente ahí-delante. Esto carga de peculiares dificultades la aclaración fenomenológica del carácter del *Dasein* en cuanto ente. En efecto, si bien el ente *Dasein* aparece también «dentro» del mundo (por ejemplo, en la instrumentalización de las relaciones intersubjetivas), no es, sin embargo, un ente intramundano. ¿Cuál es entonces el modo propio en el que el ente *Dasein* aparece como ente mundano, es decir, «en» el mundo y no meramente «dentro» del mundo?

Esta dificultad se extiende a su vez hacia las consideraciones heideggerianas sobre espacialidad y corporalidad del *Dasein*. Así como no queda claro cuál es el carácter específicamente mundano del *Dasein* en su manifestación como ente, tampoco queda claro su carácter específicamente espacial y corporal. Ciertamente, lo propio del modo de ser llamado *Dasein* consiste en proyectar mundo y abrir espacio y es por ello condición de posibilidad para la aparición significativa de los entes, pero esta es una caracterización de su rendimiento ontológico y no de su manifestación como ente. Se impone entonces la pregunta: ¿cómo se manifiesta originariamente en la experiencia vivida el carácter mundano —proyectante y espaciante— del ente que somos nosotros mismos?

Podría esperarse que la descripción de la manifestación propiamente espacial y corporal del ente *Dasein* tuviese lugar en los análisis sobre la autenticidad o propiedad del existir. Sin embargo, los análisis sobre la anticipación de la propia mortalidad en fenómenos como la angustia y la deuda no parecen dar cuenta cabal del carácter del *Dasein* como ente mundano[37]. Contribuye a ello una tendencia que atraviesa los análisis de *ST* y que genera profundas oscuridades y malentendidos. Se trata de la tendencia a considerar la significatividad o mundo exclusivamente como el horizonte para la autointerpretación impropia y a contrastarla con la orientación auténtica hacia sí mismo. El pasaje más ilustrativo al respecto es el siguiente:

El comprender *puede* establecerse primariamente en la aperturidad del mundo, es decir, el *Dasein* puede llegar a comprenderse inmediata y regularmente a partir de su mundo. O bien, por el contrario, el comprender se lanza primariamente en el por-mor-de, es decir, el *Dasein* existe como sí mismo (p. 146)[38].

En este pasaje, no solamente el término mundo está utilizado inadecuadamente, sino que también el término «sí mismo» está utilizado de un

---

[37] En este sentido, algunos intérpretes han señalado críticamente el acento interiorizante de los análisis sobre el existir propio, acento que ha sido incluso caracterizado como gnóstico [véase especialmente Jonas (2000), pp. 337, 342, 386]. Otros intérpretes han criticado los estudios sobre el «ser hacia la muerte» como un desarrollo inapropiado que contrasta con los análisis sobre el carácter mundano del *Dasein* [cf. Gadamer (1963), p. 109; Figal (2000), p. 249].

[38] Véase también *ST*, pp. 221, 338.

modo que lleva a confusión. La cita plantea una falsa alternativa. En realidad no se trata de la opción entre interpretarse a partir del sí mismo o bien del mundo. La alternativa debería ser presentada del siguiente modo: el *Dasein* se comprende, o bien en orientación hacia el ser de lo intramundano, o bien a partir de sí, en tanto que estar-en-el-mundo. No se trata, entonces, del contraste entre sí mismo y mundo, sino de la diferencia entre los modos de ser del *Dasein* y de lo intramundano, respectivamente.

Las imprecisiones y dificultades en la exposición de Heidegger se pueden interpretar como signos de que él no siempre estuvo a la altura de su propio programa, dirigido a explicitar la diferencia entre *Dasein* y los modos de ser de lo intramundano en conexión con la diferencia, interna al *Dasein*, entre sí mismo y mundo. A veces, Heidegger pierde el equilibrio para analizar el mundo en su doble relación —hacia el *Dasein* y hacia lo intramundano— y cae en la tendencia a considerar el mundo exclusivamente como el horizonte para la experiencia de lo intramundano. A partir de esa tendencia, la fórmula general, según la cual el *Dasein* se comprende a partir de su mundo, es utilizada en un sentido muy particular, a saber: con vistas al caso en que el horizonte de la autointerpretación queda estructurado en orientación al modo de ser de lo a la mano o bien de lo que está-ahí-delante. Y tan pronto se sugiere que el mundo, escrito sin comillas, vale como título general para los modos de ser de lo intramundano, entonces se le opone, también equivocadamente, la estructura del sí mismo, entendida como índice exclusivo del modo de ser llamado *Dasein*.

REFERENCIAS

CROWELL, S. (2001): *Husserl, Heidegger, and the Space of Meaning*, Illinois.
DREYFUS, H. (2001): «In-der-Welt-sein und Weltlichkeit. Heideggers Kritik des Cartesianismus», en Rentsch, Th. (ed.), *Sein und Zeit*, Berlín, pp. 69-88.
FIGAL, G. (2000): *Martin Heidegger. Phänomenologie der Freiheit*, Weinheim.
FRANCK, D. (1986): *Heidegger et le problème de l'espace*, París.
GADAMER, H.-G. (1963): «Die phänomenologische Bewegung», en: *Hegel - Husserl - Heidegger, Neuere Philosophie I, Gesammelte Werke*, Bd. 3, Tübingen, 1987, pp. 105-146.
HERRMANN, F.-W. von (1970): «Sein und Cogitationes. Zu Heideggers Descartes-Kritik», en: V. Klostermann, (ed.), *Durchblicke. Martin Heidegger zum 80. Geburtstag*, Frankfurt a. M., pp. 235-254.
— (2005): *Hermeneutische Phänomenologie des Daseins*, Bd. II: *Erster Abschnitt: Die vorbereitende Fundamentalanalyse des Daseins (§ 9 – § 27)*, Frankfurt a. M.
HUSSERL, E. (1913): *Ideen zu einer reinen Phänomenologie und phänomenologischen Philosophie, Erstes Buch, Husserliana* III 1/2, ed. K. Schuhmann, Den Haag, ²1977; trad. esp. de J. Gaos, *Ideas relativas a una fenomenología pura y una filosofía fenomenológica*, Libro I, México - Madrid, 1993.

JONAS, H. (2000): *La religión gnóstica. El mensaje del Dios extraño y los comienzos del cristianismo*, Madrid.
KALARIPARAMBIL, T. (1998): *Das befindliche Verstehen und die Seinsfrage*, Berlín.
MARION, J.-L. (1992): «Heidegger et Descartes», en: Ch. Macann (ed.), *Martin Heidegger. Critical Assesstments*, vol. 2, Londres, pp. 178-207.
OVERGAARD, S. (2004): *Husserl and Heidegger on Being in the World*, Dordrecht.
POCAI, R. (1996): *Heideggers Theorie der Befindlichkeit*, Freiburg - München.
— (2001), «Die Weltlichkeit der Welt und ihre abgedrängte Faktizität», en: Th. Rentsch (ed.), *Sein und Zeit*, Berlín, pp. 51-68.
RICOEUR, P. (2006): *Sí mismo como Otro*, México.
RIVERA, J. E. (2001): *Heidegger y Zubiri*, Santiago de Chile.
TUGENDHAT, E. (1970): *Der Wahrheitsbegriff bei Husserl und Heidegger*, Berlín.
VIGO, A. G. (1999): «Welt als Phänomen: Methodische Aspekte in Heideggers Welt-Analyse in Sein und Zeit», *Heidegger Studies* 15, pp. 37-65; versión española en: *Arqueología y Aleteología. Estudios Heideggerianos,* Berlín, ²2014, pp. 61-93.
WALTON, R. (2004): «Remisividad y mundo. En torno a la relación entre Husserl y Heidegger», *Revista Latinoamericana de Filosofía*, XXX/2, pp. 313-334.
WELTON, D. (2000): *The Other Husserl*, Bloomington, 2000.

6
EL SER-EN-EL-MUNDO COMO CO-ESTAR Y SER SÍ MISMO. EL UNO
(§§ 25-27)

Ramón Rodríguez

1. INTRODUCCIÓN

Las dos indicaciones formales del § 9, que la esencia del *Dasein* estriba en su *haber de ser* (*Zu-sein*) y que este ser que el *Dasein* ha de ser es, siempre y en cada caso, algo de lo que ha de apropiarse (hacer mío, *Jemeinigkeit*), exponen un primer esbozo de lo que Heidegger llama el «concepto formal de existencia» (p. 53), que ofrece la caracterización primera del *Dasein* como aquel ente «al que en su ser le va este mismo ser» (§ 4, p. 12). El § 12, por su parte, en el que comienza el análisis de la existencia en su cotidianidad, añadía que esos caracteres de la existencia «tienen que ser vistos y entendidos *a priori* sobre la base de la constitución de ser que llamamos *ser-en-el-mundo*» (§ 9, p. 53). Siguiendo entonces el triple punto de vista con que se puede analizar esta estructura compleja y realizado ya el análisis de acuerdo con el primero, el que mira al *mundo*, se trata ahora de afrontar el segundo enfoque, aquel que pregunta por quién es este ente, tarea que quedaba precisada así: «Debemos mostrar, en un determinar fenomenológico, quién es el que es en el modo de la cotidianidad media del *Dasein*» (p. 53)»[1], lo que el propio Heidegger denomina después, usando la palabra tradicional que permite situar más fácilmente el ámbito al que apunta el problema, el «sujeto» de la cotidianidad (§ 24, p. 114). El permanente anclaje en el terreno fenoménico de la cotidianidad y los resultados del análisis del mundo son los dos supuestos esenciales para abordar el nuevo sector de análisis que ahora se abre. En efecto, el análisis del mundo debía preceder a la indaga-

---

[1] Las citas textuales de *ST* están tomadas de la traducción de J. E. Rivera, ocasionalmente modificada.

ción directa en la «subjetividad» de la existencia porque en la cotidianidad, que es el ámbito fenoménico en el que la existencia se muestra inmediata y regularmente, el mundo no es algo en lo que meramente se está, sino aquello en lo que estamos absorbidos, embargados (*benommen*); es lo que ha dejado patente el análisis del trato con lo a la mano y la mundanidad en él implicada. Y tal absorción, que constituye la forma predominante de ser de la existencia cotidiana, afecta directa y profundamente a la cuestión de quién es el que *primariamente* existe en la cotidianidad.

Para el tratamiento de la cuestión del quién de la existencia Heidegger opera en tres fases, correspondientes, en lo esencial, a los tres parágrafos del capítulo: una primera de carácter metódico, centrada en la cuestión del fenómeno del yo, es decir, del modo como la existencia está dada a sí misma (véase abajo apartado 2); una segunda dedicada a la «aparición» de los otros y a la consiguiente determinación de la existencia como un co-estar en un mundo compartido (véase abajo apartado 3); y una tercera que ofrece la respuesta positiva a la pregunta por el quién de la cotidianidad, el «uno mismo» (véase abajo apartado 4).

2. EL YO COMO INDICACIÓN FORMAL (§ 25)

La tarea de determinar quién es el «sujeto» de la existencia cotidiana toma como punto de partida fenoménico el hecho habitual y banal de que siempre el existente humano entiende su vida como suya, como algo que le acontece a su yo: soy yo quien hace esto o lo otro. A esta experiencia inmediata de nuestra propia existencia responde la segunda indicación inicial con la que Heidegger acotaba el tema de la analítica del *Dasein*, el «ser en cada caso mío» (*Jemeinigkeit*). Esta caracterización contiene un dato fenoménico indudable, el que el *Dasein* es siempre «yo» y que lo que él es le pertenece, «lo tiene», «es suyo», lo cual dice ciertamente algo sobre la peculiaridad de su ser. De acuerdo con la estrategia general de la interpretación ontológica que Heidegger ha emprendido, el dato óntico inmediato no proporciona sin más su sentido ontológico, la visión correcta de su tipo de ser, por eso puede decir que «esa determinación *apunta a* una estructura ontológica, pero sólo eso». Se impone entonces la cautela metódica que preside toda la hermenéutica de la existencia de *ST* y que Heidegger anunciaba con la rotunda frase «lo ónticamente más cercano y conocido es lo ontológicamente más lejano, desconocido y permanentemente soslayado en su significación ontológica» (§ 9, p. 43). El inmediato darse del yo es un caso ejemplar de esta «obviedad óntica» que transmite inadvertidamente una comprensión ontológica determinada y aparentemente «natural»: la del yo como «sujeto» (*subiectum*), es decir, como algo que está permanentemente ahí, presente (*vorhanden*), de ahí que Heidegger afirme que «la sustancialidad es el hilo conductor ontológico para la determinación del ente desde el que se responde a la pregunta por el quién. Tácitamente el *Dasein* queda concebido como algo que está ahí» (§ 25, p. 114). Esta contraposición a la ontología de lo cósico, de lo que está ahí dado (*Vorhandenheit*), que atraviesa todas las páginas de *ST*, es la precaución metódica fundamental del análisis de la existencia.

El primer problema con el que se topa el análisis es, lógicamente, fijar de manera adecuada el fenómeno que se va a considerar y del que hay que partir: es lo que el texto del § 25 llama repetidas veces el «estar dado o el dato del yo» (*Gegebenheit des Ich*). Con este dato Heidegger alude a lo proporcionado por dos tipos de experiencia: una el aludido saber de sí, inmediato y habitual, recogido por el concepto de «ser en cada caso mío», y otra el tratamiento filosófico de la autoconciencia, que tematiza y conceptúa ese saber. A ambas formas de autoconocimiento Heidegger plantea la duda de si el dato que ofrecen tiene un sentido nítido capaz de exponer de manera inequívoca el modo como el yo aparece en la experiencia del vivir cotidiano. Esta *contraposición entre el «dato del yo» y el aparecer del «sujeto» de la existencia cotidiana* es la primera cuestión decisiva del capítulo y requiere aclararla mínimamente, si se quiere comprender el giro que toma el análisis en los parágrafos siguientes. Para ello hay que empezar estableciendo que la forma como esta duda general es presentada y el aspecto concreto al que se dirige es diferente en cada una de las dos experiencias mencionadas. De la primera, el texto plantea la sospecha de que su «contenido óntico» —que el *Dasein* siempre es un yo— «reproduzca de manera adecuada lo fenoménicamente dado en el existir cotidiano» (p. 115). De lo que se trata es de que el dato fenoménico (*phänomenale Bestand*) de la experiencia del yo no es en su integridad recogido por ese contenido óntico. Dicha sospecha no es gratuita ni se funda en una apriorística voluntad de dudar de lo que aparece, sino que se basa justamente en los fenómenos: el dato formal, vacío, de que siempre soy yo quien actúa y se comporta en el mundo, si es tomado de manera rígida, no permite visibilizar y hacer comprensible la peculiar experiencia de la pérdida de sí mismo, el hecho de que, aunque formalmente soy yo quien actúa y así lo expreso, justamente me parece que a veces no soy yo mismo quien realizo los comportamientos: «podría ser que el quién de la existencia cotidiana justamente no soy yo mismo» (p. 115). Hacerse cargo de esta peculiar experiencia no implica entonces invalidar el dato del yo, como si el existente humano dejara de ser el yo que siempre es, sino al revés, justamente porque es un yo, se da la posibilidad de una determinada modificación o alteración de esa estructura formal (yoidad, *Jemeinigkeit*), a saber, la que recoge la experiencia de la pérdida de sí mismo. Integrar esta experiencia en el contenido fenoménico del que parte el análisis obliga a la interpretación ontológica a ir más allá de la mera traducción del dato del yo, presente en todo comportamiento, en un algo subyacente a los actos. Es lo que pondrá de manifiesto el hilo conductor existencial.

De la segunda el texto se ocupa con algo más de detenimiento, aunque el conjunto de las preguntas que le dirige apunta a la misma cuestión, plantear la duda de «si la mencionada forma de darse el yo abre el *Dasein* en su cotidianidad» (p. 115). En la idea tradicional de la autoconciencia, tematizada por el idealismo clásico, pero también por la fenomenología desde Brentano, Heidegger ve la forma técnica, filosófica, de tratar la *evidencia* del yo, el hecho palmario de la presencia del saber de sí en cada acto de conciencia. La «fenomenología formal de la conciencia», que expone las estructuras generales del ser consciente, extrae todo su campo de trabajo del dato que ofrece «la percepción simple, formal y reflexiva de yo». Esta es la forma técnica, rigurosa, de expresar la fuente esencial de donde procede la experiencia del yo, también la habitual e imprecisa del «ser en cada caso mío»: todo lo que sabemos de nosotros mismos lo extraemos de la percepción que tenemos de nuestros propios actos. Es interesante observar que Heidegger no discute aquí de entrada el carácter evidente o no de lo dado por esa peculiar forma de dar que es la «percepción reflexiva», sino sólo que ella sea la *forma adecuada de acceso* al «*Dasein* en su cotidianidad»:

> ¿Es acaso *a priori* obvio que el acceso al *Dasein* tenga que ser una simple reflexión perceptiva sobre el yo de los actos? (p. 115).

Heidegger recoge aquí, condensado, lo que ha sido un *Leitmotiv* de la «hermenéutica de la facticidad», su posición filosófica inicial: la crítica de la reflexión como vía de acceso a la vida fáctica, motivo que no abandona desde que aceptó lo esencial de la crítica que Natorp hizo a la reflexión fenomenológica[2] de Husserl. Heidegger no desarrolla aquí ninguna de las razones fundamentales que le llevan a discutir los datos que ofrece la reflexión[3], se limita más bien a insinuar, mediante preguntas específicas dirigidas a ello, la disimetría entre el yo de los actos, al que se accede mediante la reflexión, y el quién del existir fáctico de la cotidianidad: éste queda decididamente fuera de la *inspectio sui* de la reflexión, que sólo muestra la estructura formal de un «yo que acompaña a todas mis representaciones», diciéndolo con la fórmula de Kant. El «sujeto» real de la existencia cotidiana necesita otro tipo de acceso, otra forma de mostración. De ahí que el conjunto de esas preguntas que cuestionan la reflexión —que tienen un carácter claramente orientativo de los análisis posteriores— apunten, en general, a poner de manifiesto estas dos cosas: la posibilidad de que el dato inmediato del yo suponga, tomado como dato ab-

---

[2] Cf. *GA* 55/56.
[3] Para una exposición y discusión de estas razones, véase Rodríguez (1997), cap. III.

soluto, un extravío, que se funda, sin embargo, en rasgos estructurales del ser del *Dasein*, y el que ese mismo dato, aun admitiéndolo fielmente, deja indeterminado el horizonte ontológico desde el que comprender el tipo de ser del yo. Dos posibilidades que afectan de lleno, como es obvio, a la terea de la interpretación ontológica.

En una palabra, lo que el texto discute en «el dato del yo» no es su carácter de dato —si efectivamente el yo se da o no—, sino qué significa ese yo, cómo debe ser tomado por un intento de interpretación ontológica del *ser-yo*. Es en este punto donde la posición de Heidegger es clara:

> El yo debe entenderse sólo como una *indicación formal* sin compromiso de algo que, en su respectivo contexto fenoménico de ser, quizá se revele como su «contrario» (p. 116).

Topamos de nuevo con el término «indicación formal» (*formale Anzeige*), el concepto metódico fundamental de la hermenéutica fenomenológica de la facticidad, con el que Heidegger pretendió afrontar el problema decisivo del acceso a la vida fáctica[4]. En *ST* no aparece explícitamente con la frecuencia de los primeros cursos, pero sigue siendo la herramienta clave con la que opera el análisis existencial[5]. ¿Cuál es el sentido básico de este concepto? Las dos palabras que lo componen son la pista esencial. «Formal», en su habitual oposición a contenido (materia), resalta la idea de que el concepto de que se trate (en este caso, el yo) carece de un contenido de rasgos definidos, como los géneros y las especies, y representa más bien una forma vacía que puede ser llenada por múltiples conceptos genéricos o específicos. Así, el concepto de animal, que posee un conjunto de rasgos preciso (un contenido material) es aplicable a múltiples especies animales, pero el concepto de «esencia», por ejemplo, o de relación, tienen otro rango, muy superior, de universalidad, pues se dejan aplicar a infinidad de conceptos con independencia de que sean o no subgéneros o especies de un género: cualquier cosa tiene esencia en el sentido de que posee unas características propias, un contenido inteligible. Un concepto formal se aplica directamente a cualquier cosa sin la intermediación de los géneros y las especies. Una resonancia importante de esta distinción la hemos encontrado en el § 9 cuando Heidegger señalaba que la existencia (*Dasein*) no es un «qué», algo que pueda ser expresado mediante un concepto dotado de «contenido material», sino mediante la forma de ser de la existencia como «haber de ser» (*Zu-sein*). Pues bien, Heidegger aprovecha esta distinción, tematizada por Husserl como formalización frente a generalización, para sacarla del ámbito lógi-

---

[4] Véase *supra* p. 43.
[5] Cf. Rodríguez (2011).

co y, aplicándola a la existencia humana, *transformarla en un concepto metódico*, es decir, en la indicación, el anuncio (*Anzeige*) de adoptar la cautela de no tomar los conceptos descriptivos de la existencia como si designaran una entidad o situación objetiva —un rasgo o predicado real, en el sentido kantiano—, sino como formas abiertas que necesitan, para comprender su significado, de su efectiva concreción (cumplimiento, *Erfüllung*) en comportamientos determinados. Es este el sentido metódico fundamental de la indicación formal: aprovechar la amplitud y vaciedad de lo formal, que no prejuzga el tipo de objeto al que se aplica, para desvincularlo de la actitud teórica que tiende a objetivar el significado en propiedades ónticas de un ente que «está ahí» (*vorhanden*). Pero, como sabemos, lo propio de la existencia no es el qué de sus caracteres objetivos (quididad o esencia), sino el cómo, la forma de ser por la que, a partir de esos caracteres, tiene que realizar su propio ser (existencia). Que el yo sea una indicación formal significa entonces que el yo ofrecido por la autoconciencia no es una representación de nosotros mismos que nos comprometa a entenderlo como una entidad dada, que, aunque no podemos calificarla de objetiva porque es precisamente un «sujeto», es sin embargo un «algo» presente en la conciencia —un substrato, un «polo» o un «foco»— al que atribuimos insensiblemente la misma forma de ser que a las cosas: el «estar ahí», la subsistencia (*Vorhandenheit*). Por el contrario, tomarlo como indicación formal inhibe el presupuesto de la objetivación y deja abierto el sentido del yo hasta que el análisis de diversos comportamientos, cotidianos pero relevantes, concreten su sentido. Es lo que quiere apuntar el texto cuando insinúa que el yo es algo que, «en su respectivo contexto fenoménico de ser, quizá se revele como su contrario»: es el ejercicio fáctico del «yo» en comportamientos concretos lo que determina —desformaliza— su sentido puramente formal, determinación que puede incluso revelar una forma opuesta, impropia, de *ser yo*.

Pero a las razones de tipo metodológico, que acabamos de exponer, para no adoptar, sin más, como punto de partida «el dato formal del yo», Heidegger añade otra de carácter positivo, basado en el análisis del fenómeno del mundo, ya realizado: que el mundo, como horizonte de significación por referencia al cual el *Dasein* realiza toda su conducta, forma parte ineludible del aparecer del *Dasein* a sí mismo —lo que podemos llamar la conciencia cotidiana de sí— y que de ese *mundo* en el que inmediatamente el *Dasein se* encuentra «los otros» son igualmente un momento integrante de carácter esencial, de modo que la trama de significado del mundo es ininteligible sin ellos[6]. Esta aparición espontánea de «los

---

[6] «La aclaración del estar-en-el-mundo ha mostrado que no "hay" inmediatamente, ni jamás está dado un mero sujeto sin mundo. Y de igual modo, en definitiva, tampoco se da en forma in-

otros» en la autocomprensión inmediata —el hecho de que «los otros están ya presentes (*mit da sind*) en el ser-en el mundo» (p. 116)— obliga al análisis fenomenológico a precisar *en qué consiste propiamente este dato, cuál es la forma primaria como los otros comparecen en la cotidianidad, y a interpretar luego qué significado ontológico tiene esta presencia, esto es, en qué medida es constitutiva de la existencia*. Esta doble tarea es justamente lo que abordan los dos parágrafos siguientes. Y es una tarea porque, como ya sabemos, la inmediatez de esa autocomprensión no implica que el tipo ontológico del yo, que de manera igualmente inmediata propone, pueda ser tomado sin más como el genuino.

Para la segunda tarea, la interpretación ontológica, Heidegger no deja, una vez más, con una reiteración que encontraremos múltiples veces a lo largo de toda la obra, la menor duda acerca de cuál ha de ser su hilo conductor: la idea de existencia como haber-de-ser (*Zu-sein*), esbozada en la introducción y establecida explícitamente como indicación formal en el § 9: «Si el yo es una determinación esencial del *Dasein*, deberá ser interpretada existencialmente», subraya Heidegger decididamente (§ 25, p. 117) y no vacila en otorgarle la primacía hermenéutica sobre la otra indicación previa, «el ser en cada caso mío». Y es que, en efecto, la ambigüedad *ontológica* del dato del yo que ésta contiene tiene que ser deshecha recurriendo al concepto formal de existencia. La virtud primera del hilo conductor existencial es que pone en guardia frente a la posible cosificación del yo que la concepción substancial del ser, transmitida por la idea de sujeto, insensiblemente impone. La permanencia, la estabilidad del «sujeto» (*Ständigkeit des Selbst*) tendrá un sentido propio diferente si se la encuadra en el marco de la existencia o si se la mira desde la substancialidad. El abandono de esta última y la adopción del marco existencial implican entender el yo (*Selbst*) como una *manera* de ser del *Dasein*, lo que parece comportar el peligro de la disolución del «núcleo» (*Kern*) básico de este. Pero Heidegger insiste en que ver el hilo conductor existencial como un peligro proviene de la opinión equivocada de que

> el ente en cuestión (el *Dasein*) tendría, en el fondo, la forma de ser de un ente que está ahí (*vorhanden*) aunque se mantenga alejado de él el carácter masivo de una cosa corpórea (p. 117).

---

mediata un yo aislado sin los otros» (p. 116). Es este, desde luego, un resultado obvio del capítulo anterior, pero ¿qué quiere decir exactamente Heidegger sacándolo ahora a relucir? Parece claro que se trata de esgrimirlo contra la posición filosófica que interpreta el dato del yo como un solipsismo radical en el que el yo *se aparece a sí mismo* aislado no sólo de los otros, sino también del mundo. Lo que resulta entonces cuestionable es suponer que esta posición —aproximadamente la de Descartes al comienzo de la tercera meditación— sea el dato que ofrece la reflexión propia de la «fenomenología formal de la conciencia», la única posición a la que el texto alude.

Frente a este pre-juicio sólo cabe mantener la existencia como idea directriz del análisis y de comprobar, poniéndola en ejercicio, su capacidad de hacer ver los fenómenos de la cotidianidad, pues «la sustancia del hombre no es el espíritu, como síntesis de alma y cuerpo, sino la existencia» (p. 117).

3. EL SER CON LOS OTROS COTIDIANO (§ 26)

3.1. La «aparición» del otro

El § 26 empieza realizando la primera de las dos tareas mencionadas, lo que podemos llamar una «fenomenología del otro»: cómo comparecen «los otros» y cuál es la estructura de ese comparecer. Heidegger parte para ello de lo ganado en los análisis anteriores sobre el mundo, lo cual obedece a la lógica interna de la analítica existencial, presidida por la idea de que el estar en el mundo es una *estructura*, es decir, una complejidad sintética en la que cada elemento distinguible mediante el análisis está implicado en los demás, de manera que al poner el foco en un determinado momento (un «existencial»), se resalta una parte integrante de la estructura y se precisa su carácter esencial, dejando sin tematizar en esa fase analítica la relación propia que tiene con las demás. Pero eso no quiere decir que un nuevo análisis no pueda sacar a la luz las huellas que en ella se registran de su implicación con otros momentos de la estructura. Es precisamente este segundo tipo de análisis el que realiza Heidegger ahora: una *repetición* del análisis del mundo con la mirada puesta en una vertiente no atendida hasta ahora, a saber, la presencia del «otro» en él.

¿Cómo se produce esta presencia? El atenimiento al fenómeno del mundo, ya esbozado a partir de la cotidianidad, hace que el análisis haya de comenzar por la circunstancia inmediata, por el *Umwelt* del que está habitualmente ocupado, el de las cosas o útiles «a la mano» (*zuhanden*). En ellas, en su propia entidad —tal es la tesis básica del texto—, está inscrita una referencia constitutiva a otros *Dasein* en cuanto sus usuarios, portadores, proveedores, propietarios, etc. La aparición de los otros está ya «preparada» en la experiencia de las cosas:

> En el modo de ser de este ente a la mano, es decir, en su condición respectiva, hay una esencial remisión a posibles portadores, en relación a los cuales el ente a la mano debe estar «hecho a la medida». Parejamente, en el material empleado comparece, como alguien que «atiende» bien o mal, el productor o «proveedor». Por ejemplo, el campo a lo largo del cual salimos a caminar se muestra como pertenencia de tal o cual, y como bien tenido por su dueño; el libro que usamos ha sido comprado donde..., regalado por..., etc. (p. 117).

Esta descripción de la comparecencia de los otros a partir de los «entes intramundanos» no implica menospreciar, de entrada, la originalidad de la relación interpersonal, el diálogo yo-tú y otras experiencias que subrayan el carácter exclusivo de la alteridad, como a veces se ha interpretado[7]. Que la descripción fenomenológica del «otro» parta de la trama de referencias de lo «a la mano» se debe, en primera instancia, a la necesidad metódica de conectar con los análisis anteriores —sustentados, no lo olvidemos, en el punto de vista de la cotidianidad, no en experiencias existenciales señaladas—, pero, sobre todo, porque la aparición del otro *en la trama misma de referencias mundanales* permite al análisis ontológico poner de relieve una clara *diferencia categorial*: «los otros» no aparecen como cosas «a la mano» o simplemente ahí (*vorhanden*) que estuvieran al lado de estas en el ámbito del mundo, sino que la trama de referencias apunta a «los otros» justamente destacándolos de ella, mostrando su posición privilegiada, de referencia última, insustituible. Tal posición los caracteriza entonces como *Dasein*, como entes cuya forma de ser no es la mera intramundanidad de las cosas, sino el «por mor de» de quien da sentido al entramado mismo. Los otros son en el mundo en el sentido del habitar, cultivar u ocuparse-de, y no en el de simplemente estar contenidos en él. Partiendo de la neutra y aséptica «vida normal», sin necesidad de acudir a vivencias de especial relevancia interpersonal —éticas o amorosas—, cabe mostrar, en una primera instancia, la peculiaridad fenomenológica de «los otros».

Este modo «inmediato y elemental» de comparecencia de «los otros» *a partir del mundo circundante* es el hecho fenoménico fundamental (p. 119) al que hay que atenerse y la base sobre la que han de asentarse las consideraciones ontológicas. De él surgen importantes tesis fenomenológicas y ontológicas que constituyen el sentido básico de esta primera parte del texto.

a) Al aparecer «los otros» como una clave interna de las referencias del mundo, este no se da nunca como horizonte o trasfondo privado del «ser en cada caso mío» que soy, sino como un mundo *ab origine* compartido (*Mitwelt*), que remite a otros no menos que a mí. *Mi* mundo es por su propia estructura un mundo también de otros. No hay ningún momento en que el mundo se dé como exclusivo y privado para mí. En esa misma medida mi estar en él es un co-estar, un ser con otros (*Mitsein*) que también son en el mundo. Como señala Heidegger, «el "con" tiene el modo de ser del *Dasein*, el "también" mienta la igualdad del ser, como un estar en el mundo ocupándose circunspectivamente de él. "Con" y "también" deben ser entendidos *existencial* y no categorialmente» (p. 118), indican,

---

[7] Véase *infra* nota 12.

por tanto, rasgos estructurales del modo de ser en el mundo del *Dasein*, no propiedades de las cosas que existen en él. Que el mundo se muestre como originariamente compartido tiene como lógico contrapunto que el *Dasein*, que sólo existe ocupándose de él, lleva en sí una referencia estructural a los otros, es un *ser-con*, un co-existir, en el sentido fuerte de convivir. La mutua implicación entre *Mitwelt* y *Mitsein* se revela como una correlación decisiva: el dato fenomenológico de que el mundo aparece siempre compartido supone que aquel ente que sólo es ocupándose de él, el *Dasein*, está constitutivamente abierto a otros de su misma forma de ser. Si mantenemos el hilo conductor existencial y recordamos que existencia significa tener el propio ser pro-puesto, como tarea que realizar, entonces ese ser que ha de ser apropiado es siempre un co-ser, un ser del que los otros forman parte ineludible. El ser-con-otros pertenece, pues, a la estructura del habitar, al modo específico de ser-en (el mundo) que caracteriza al *Dasein*; «los otros» están por ello presentes tanto en el hecho originario de encontrarnos ya en el mundo —lo que luego el § 20 llamará *Geworfenheit*, condición de arrojado— como en la proyección de nuestras posibilidades de ser (el comprender del § 31), que son siempre posibilidades de ser con otros.

b) La aparición primaria de los otros a partir del mundo obliga a una revisión del sentido que la expresión «los otros» habitualmente tiene. Ella surge claramente por contraposición a mí: «los otros» son «los otros que yo», «los que no soy yo»; la idea que sustenta la expresión «los otros» es justamente esta oposición entre lo propio y lo ajeno, entre yo y no-yo. Subyace en ella la representación de que yo estoy, de entrada, dado a mí mismo y sólo saliendo de mí encuentro a «los otros», que son «otros» precisamente porque se me contraponen. Ahora bien, el sentido fenomenológico primario del aparecer de los otros *Dasein* no es el de esta contraposición, sino más bien el de una no diferenciación. Ateniéndose a él hay más bien que declarar que

> «los otros» no quiere decir todos los demás fuera de mí, y en contraste con el yo; los otros son, más bien, aquellos de quienes uno mismo generalmente *no* se distingue, entre los cuales también se está (§ 26, p. 118).

Esta no-distinción constituye el sentido elemental de ese *ser compartido* con que el mundo aparece: la referencia a otros *Dasein*, que es estructural, pone de relieve la igualdad de rango ontológico de «los otros» —en tanto que son *también* en el mundo— antes de toda contraposición y, por supuesto, de toda diferencia psicológica o personal. No hay ninguna negación de diferencias ni de la alteridad en esta tesis fenomenológica, al contrario, las diferencias entre yo y los otros tienen sentido justamente sobre la base de que se comparte un mundo común respecto del cual se está en la misma posición ontológica. A partir de ella se hacen inteligibles las diferencias de todo orden entre personas, que son ontológicamente muy distintas de la diferencia entre persona y cosas o de cosas entre sí. Acorde con su modo de aparecer en el mundo, la expresión con que Heidegger designa el «ser en sí intramundano» de los otros, *Mitdasein* (coexistencia), no hace otra cosa que subrayar la peculiar relación ontológica que existe entre *Dasein* y *Dasein* y de cada *Dasein* respecto del mundo en el que habita: «están conmigo aquí, en el mundo único» (*GA* 20, p. 330).

c) La forma en que «los otros» salen al encuentro, siempre a partir del mundo, confirma el carácter de horizonte trascendental de este, que el § 18 había puesto de relieve respecto de mi propio *Dasein*. Los *Prolegómenos a la historia del concepto de tiempo*, el curso de 1925, lo declara enfáticamente:

> Hay que establecer firmemente esto: la mundanidad del mundo hace presentes (*appräsentiert*) no sólo cosas (*Weltdinge*) —la circunstancia en sentido estricto—, sino también, aunque no como entidades de ser mundano, *la co-existencia (Mitdasein) de los otros y el sí mismo propio* (*GA* 20, p. 333).

Este carácter trascendental del mundo respecto de todo aparecer de algo, incluida su posible diversidad categorial, diversidad que surge precisamente de su diferente modo de aparecer, es la razón de que Heidegger abandone la terminología con la que había conceptualizado la estructura de la vida fáctica en su primitiva «Hermenéutica fenomenológica de la facticidad». En esta el vivir histórico concreto era analizado conforme a tres direcciones básicas: mundo circundante (*Umwelt*), mundo de los otros (*Mitwelt*) y mundo propio (*Selbstwelt*). Ahora esa división del mundo en tres dimensiones parece claramente equívoca; así lo confirma expresamente Heidegger, no en el texto de *ST*, sino en los citados *Prolegómenos*[8]. Forjada para resaltar el contraste entre las cosas (útiles y naturales) y el ser del sí mismo y de los otros, tal división da sin embargo a entender que los otros constituyen un mundo específico, con el agravante además, de que insinúa que tienen la forma de ser del mundo. Pero «los otros» no conforman un mundo particular distinto del mundo único y tampoco son, ontológicamente, algo que tenga carácter de mundo: no son algo intramundano sin más, como las cosas, ni tienen el rango del mundo, pues este «nunca co-existe (*ist mit da*), sino que es aquello en lo que el *Dasein*, en cuanto se ocupa de él, es» (*GA* 20, p. 334).

d) La comparecencia a partir del mundo de los otros rige también, como anunciaba el citado texto de los *Prolegómenos*, para el modo como el *Dasein* se encuentra consigo mismo. Heidegger es en este punto más

---

[8] «En mis primeros cursos había visto así las cosas y acuñado los términos en este sentido. El asunto es, sin embargo, fundamentalmente falso» (*GA* 20, p. 333).

radical si cabe que en el aparecer de los otros. Del mismo modo que, asentados en la cotidianidad, no hay un ámbito mundanal propio para el encuentro con el otro, sino que este aparece primariamente desde el mundo como siendo en él, no hay un terreno acotado para el aparecer del yo, un mundo del yo limitado para sí, en el que este pueda verse sin el horizonte del mundo.

> Este inmediato y elemental modo mundano de comparecer del *Dasein* llega tan lejos que incluso el *Dasein propio* sólo puede «encontrarse» *primariamente* a sí mismo si *deja de mirar* —o simplemente aún no ve— sus propias «vivencias» y el «centro de sus actos». El *Dasein* se encuentra inmediatamente a «sí mismo» en *lo* que realiza, necesita, espera y evita —en lo a la mano de su inmediato *quehacer* en el mundo circundante (*ST* § 26, p. 119).

Como se ve, Heidegger recoge las objeciones que, en forma de preguntas, dirigía al comienzo del capítulo a la «percepción reflexiva» y su capacidad de ofrecer el dato inmediato del yo de la cotidianidad, pero ahora avanza, de forma positiva, afirmando que el encuentro *inmediato y primario* del *Dasein* consigo mismo se produce en forma indirecta, a través del reflejo de su quehacer en el mundo: nos aparecemos a nosotros mismos como el que está haciendo esto o lo otro, el que está concentrado en algo, etc. Lo que caracteriza al sí mismo de la vida cotidiana es que no es el tema de ella, que sólo aparece *in modo obliquo* en el mismo acto de ocuparse del mundo circundante. Esta peculiaridad fenoménica determina una recusación del «mundo del sí mismo» (*Selbstwelt*) pareja a la del «mundo del otro» (*Mitwelt*), pero con mayor radicalidad. En efecto, más adelante, en el § 41, cuando Heidegger «define» el ser del *Dasein* como «cuidado» (*Sorge*), vuelve sobre el tema del darse del *Dasein* a sí mismo y rechazará de manera terminante que haya algo así como «un cuidado de sí mismo» (*Selbstsorge*), en analogía con el cuidarse de los asuntos del mundo (*Besorgen*) y con el cuidarse de los otros (*Fürsorge*)[9]. No hay un cuidado de sí porque el sí mismo, en cuanto *Dasein*, sólo es ocupándose del mundo y de los otros y ejerciendo justamente ese cuidado es como se cuida de sí. Las expresiones de la lengua española que acabamos de utilizar son muy adecuadas para transmitir este hecho: cuidar*se* del mundo y cuidar*se* de los otros. El momento reflexivo de la autocaptación es rigurosamente simultáneo y no independiente del cuidado transitivo del mundo y de los otros.

---

[9] «Cuidado tampoco quiere decir primaria y exclusivamente el comportamiento del yo respecto de sí mismo, tomado en forma aislada. La expresión "cuidado de sí" ("*Selbstsorge*"), por analogía con *Besorgen* (ocupación, e.d. cuidado de las cosas) y *Fürsorge* (solicitud, e.d. cuidado por los otros), sería una tautología» (p. 193).

3.2. La comprensión ontológico-existencial del otro

A partir de, aproximadamente, el octavo párrafo, el análisis fenomenológico de la comparecencia de los otros pasa de forma más neta a extraer su significación ontológica. Heidegger recuerda para ello, una vez más, el hilo conductor existencial (que ya ha servido, como hemos visto en el apartado anterior, para interpretar la descripción fenomenológica): «el enunciado fenomenológico: el *Dasein* es esencialmente co-estar (*Mitsein*) tiene un sentido ontológico-existencial» (§ 26, p. 121). La situación fenomenológica de «los otros» en la trama de referencias del mundo —que obligaba a entender éste como originariamente compartido— había mostrado que la referencia a los otros tiene un carácter totalmente peculiar, hasta el punto de que el concepto inicial de ser-en-el-mundo se tornaba en un co-ser (*Mitsein*) y la presencia de los otros, en contraste con las cosas, recibía el carácter fenoménico de un co-existir (*Mitdasein*), es decir, de una presencia al mismo nivel que el propio *Dasein*. Esas «posiciones» descriptivas exigen una interpretación ontológica acorde y eso es lo que Heidegger lleva a cabo en un conjunto de nuevas afirmaciones y nuevos análisis que trataremos de condensar a continuación.

a) En primer lugar, los términos «co-ser» y co-existir» son precisados técnicamente en el sentido de que «co-ser es una determinación del *Dasein* en cada caso propio; co-existir (*Mitdasein*) caracteriza al *Dasein* de los otros en la medida en que es dejado en libertad para un un co-ser mediante el mundo de este» (p. 121). Esta afirmación, junto con esta anterior: «la co-existencia de los otros queda intramundanamente abierta para un *Dasein* y así también para los que co-existen con él porque el *Dasein* en sí mismo es esencialmente co-ser» (p. 120), establece un claro orden de prioridad ontológico: el coexistir, que designa la forma general de la relación con los otros, se funda en el co-ser de la referencia al mundo que constituye el ser del *Dasein*. Porque el ser en el mundo es, a partir del entramado fenoménico de este, un co-ser, cobra la peculiar presencia de los otros una forma propia de ser, un carácter estructural específico, que es fijado mediante el término coexistencia (*Mitdasein*), que indica la igualdad de rango con el *Dasein* propio. Y en ese mismo hecho básico, «la estructura esencial de co-ser», se funda el que el *Dasein* propio pueda comparecer ante los otros como co-existente con ellos. Finalmente, en el co-ser y co-existir se basa el fáctico ser-unos-con-otros, la convivencia (*Miteinandersein*) en la que habitualmente y en diversas modalidades se desarrolla la vida cotidiana[10].

---

[10] Las expresiones con que Heidegger se refiere, en estos parágrafos de *ST*, al ser-uno-con-otros (*Miteinandersein*) sugieren que tiene un rango secundario respecto al co-ser y el co-existir,

Que los conceptos de co-ser y co-existencia, ahora ya claramente ontológicos, hayan de ser interpretados existencialmente significa, como sabemos, que no pueden entenderse al modo de las propiedades o rasgos de una cosa, esto es, en los términos de la ontología de «lo que está ahí». El «con» que caracteriza a ambos no puede entonces dar a entender que lo designado es el acontecer conjunto de dos o más individuos de la especie hombre, de varios «sujetos»; ese estar uno junto a otro, como el del río junto a la montaña, permanece totalmente exterior a los sujetos, una representación por completo ajena a la significada por el «con» existencial. Para resaltar el sentido de este Heidegger acude, como en muchas ocasiones a lo largo de la obra, a los «modos deficientes» de la estructura ontológica que se quiere hacer ver. Mientras el co-ser sigue cualificando ontológicamente a la existencia humana aun cuando no esté de hecho acompañada por alguien, para una cosa que está junto a otra la ausencia de esta levanta la relación de «estar junto a» que la caracterizaba: que un individuo humano esté solo no significa en modo alguno que esté, como Robinson, en una isla sin nadie, sino que carece del ejercicio real de una posibilidad —estar en compañía— para la que está estructuralmente dotado. Se puede estar solo rodeado de mucha gente que está físicamente al lado y ese hecho muestra nítidamente que la soledad no hace referencia a la presencia física, sino al co-existir, y más concretamente al modo específico como ese coexistir se concreta, «la indiferencia y la extrañeza». En consecuencia: «faltar y estar ausente son modos de la coexistencia y sólo son posibles porque el *Dasein*, en cuanto co-ser, deja comparecer el *Dasein* de otros en su mundo» (p. 121).

b)   Si el co-ser del *Dasein* implica un co-existir de los otros con él, entonces se abre el campo de una particular relación ontológica, también de carácter existencial, la del trato del *Dasein* con los otros *Dasein*. Heidegger denomina *Fürsorge* («solicitud» en la traducción de Rivera, «procura» en la de Gaos) a esta relación peculiar con los otros, cualitativamente diferente del trato con las cosas; manteniendo la proximidad semántica con

---

pues en general aluden a él como un momento fáctico y ligado a la cotidianidad. Pero conceptualmente el análisis ontológico no puede proponer eso, hay que decir más bien que el ser-uno-con-otros forma *una estructura única* con co-ser-y co-existir: en la misma medida en que el *Dasein* está abierto a un mundo que aparece en sí compartido y en el que destacan otros *Dasein*, hay también de antemano prefiguradas unas relaciones mutuas que son el fundamento de la comunidad o socialidad. Este rango trascendental del ser uno-con-otros respecto de la facticidad cotidiana aparece mucho más claro en el curso de *Introducción a la filosofía* de 1928, en el que el ser-uno-con-otros «pertenece ya a la esencia del *Dasein* en cuanto tal» (*GA* 28, p. 141), lo que significa que forma ya parte del «entorno de manifestabilidad» (*Umkreis der Offenbarkeit*) que el *Dasein* lleva siempre consigo; pero no porque el otro aparece en él, sino porque el entorno mismo es compartido, esa esfera de manifestabilidad es la misma para los otros *Dasein* que para mí (*GA* 28, p. 138).

el *besorgen* (ocuparse o cuidarse de algo)[11] propio de los entes intramundanos, el término resalta justamente la diferencia que el trato con las personas implica: *Fürsorge*, que en el alemán corriente sólo se aplica a ellas, denota ahora la matriz ontológica de toda relación con los otros; cualquier forma de trato con ellos es un modo de la «solicitud». El carácter ontológico-existencial de esta relación salta a la vista si acudimos al ejemplo de los modos deficientes antes aludidos (la indiferencia y la extrañeza de los otros respecto de mí) y los comparamos con la situación aparentemente análoga entre cosas (la «indiferencia» de la montaña respecto del río): como señala Heidegger con razón, «aunque parezcan variedades insignificantes del mismo modo de ser, hay, sin embargo, una diferencia ontológica esencial entre el «indiferente» encontrarse-ahí-juntas de cosas cualesquiera y el recíproco no interesarse de los que están unos con otros» (p. 121). Claramente percibimos que «el no hacerse caso mutuamente» sólo tiene sentido real y no metafórico en seres que *pueden*, por su propio ser, acogerse los unos a los otros y es ese poder fundamental lo significado por la solicitud, del cual carecen obviamente las montañas y los ríos.

En cuanto matriz de posibilidades de trato con los otros, la solicitud reviste diversos modos de ejecución. Unos, los modos deficientes, ya han salido a relucir: en ellos el trato se caracteriza precisamente por su ausencia, porque no parece haber una relación determinada con el otro, que «pasa sin verme», o que yo no reparo en él: «prescindir los unos de los otros», «pasar el uno al lado del otro», no «interesarse los unos por los otros» o, como se dice vulgarmente, «pasar de alguien» son formas negativas del ser-respecto-de-los-otros que es la solicitud. Fenomenológicamente, sin embargo, tienen una cierta primacía. Y es que en la cotidianidad de término medio, «el *Dasein* se mueve inmediata y regularmente en modos deficientes de la solicitud» (p. 121). Ello está ligado al modo como se ha descrito el aparecer primario de los otros, a través de la trama de significatividad de lo a la mano, que establece, a pesar del contraste ontológico, un cierto no resaltar, un cierto no reparar en los otros como tales, de la misma manera que no reparamos propiamente en los útiles como tales útiles cuando los estamos usando. La obviedad y la no llamatividad son caracteres fenoménicos de la cotidianidad (p. 121) e, inmersos en ella, los otros son ciertamente otros *Dasein*, pero son más bien un alguien indeterminado con el que no hay una solicitud «cualificada», positiva, concreta. Heidegger llega incluso a pensar

---

[11] «Entendemos esta expresión (*Fürsorge*), paralelamente al uso que hemos hecho del vocablo "ocupación" (*besorgen*), como un término que designa un existencial» (p. 121). Es la raíz semántica común de be*sorgen* y Für*sorge* lo que le permitirá después, en el § 41, establecer el «cuidado» (*Sorge*) como ser del *Dasein*. La traducción de Gaos, a pesar del desuso actual de la palabra «cura» en el sentido de cuidado, tiene la ventaja de que mantiene la base común —cura (*Sorge*)— en la procura (*Fürsorge*) del procurar por los otros.

que esta ausencia de trato que no repara en los otros, esta solicitud deficiente, tan propia de la vida cotidiana, insinúa una indiferencia ontológica y una nivelación de la diferencia radical que antes veíamos, indiferencia que claramente es deshecha por el análisis existencial.

Hay, desde luego, modos positivos de solicitud, que naturalmente son múltiples e inagotables y se resisten a una tarea de tipificación. Un inventario de ellos no es tarea propia del análisis ontológico-existencial, es algo que corresponde más bien a la psicología o a la sociología fenomenológicas. Heidegger, sin embargo, analiza explícitamente «dos posibilidades extremas», las que denomina «solicitud sustitutivo-dominante» (*einspringend-beherrschende*) y «anticipativo-liberadora» (*vorspringend-befreiende*). ¿Cuál es la razón de destacarlas? ¿Por qué elegirlas entre una variedad fáctica indeterminada e imprevisible? Sin duda porque ponen de manifiesto nítidamente la condición ontológica del otro *como Dasein*. Veamos su descripción: la primera

> puede, por así decirlo, quitarle al otro el «cuidado» y en el ocuparse tomar su lugar reemplazándolo. Esta solicitud asume por el otro aquello de que hay que ocuparse. El otro es arrojado de su sitio; retrocede, para hacerse luego cargo, como de cosa terminada y disponible, de lo que constituía el objeto de su ocupación, o bien para desentenderse por completo de ello (p. 122).

Es la actitud, que podemos llamar proteccionista, para la que preocuparse del otro consiste —con independencia de la intención psicológica que se ponga en ello— en hacerse cargo de su propio quehacer, reemplazándole de hecho, para poner a su disposición ya realizada la tarea que le era propia, aliviándole así de su responsabilidad. Que esta solicitud tenga, como dice Heidegger, un efecto dominador sobre el otro y engendre una dependencia de éste es algo relativamente habitual, pero no necesario. Lo esencial es que el otro es tomado en la forma impropia en que aparece normalmente en la cotidianidad, no como un posible sí mismo[12], sino como el que se define *por lo que hace*, por el aspecto del mundo al que se vuelca. Aquí lo fundamental en el otro es el qué, la tarea objetiva que realiza, no el hecho y la manera suya de asumirla. De ahí que Heidegger describa la otra forma de solicitud como

> la posibilidad de una solicitud que en vez de ocupar el lugar del otro, se anticipa a su poder ser existentivo, no para quitarle el «cuidado», sino precisamente para devolvérselo como tal (p. 122).

---

[12] Este es el tema, fundamental en la analítica existencial, del paso de la impropiedad, forma habitual de la existencia cotidiana, a la propiedad, y de la consiguiente constitución del sí mismo (*Selbstheit*). Para ello hay que ver los capítulos 2 y 3 de la segunda sección, especialmente los §§ 54 y 64.

Sólo entonces el *Dasein* es tomado como lo que en su raíz última es, una *existencia* que se ocupa del mundo apropiándose de sus posibilidades, y no como reflejo de la cosa de que se ocupa. De esta forma, «ayuda al otro a hacerse transparente *en* su cuidado y *libre* para él» (p. 122).

c) La interpretación ontológica del co-ser y del co-existir significa que en la apertura al mundo que constituye el haber-de-ser (*Zu-sein*) del *Dasein* hay inscrita una referencia intrínseca a «los otros». Pero si, a su vez, como sabemos, el *Dasein* ejerce su haber de ser en el mundo por mor de sí mismo, no para otra cosa (p. 84), es entonces claro que el *Dasein*, al existir por mor de sí, al poner en juego su propio ser, «es a la par esencialmente por mor de los otros». Naturalmente esta afirmación de Heidegger no tiene, en este contexto, un sentido óntico, como si dijera que el ser humano actúa de manera altruista, sino ontológico; significa que en la referencia a sí mismo, que es constitutiva, está inscrita el horizonte del otro, la presencia potencial pero ineludible del otro. Como dice expresivamente el curso de 1928 *Introducción a la filosofía,* «el *Dasein* lleva ya consigo la esfera de una posible vecindad; es ya de por sí vecino-de» (*GA* 28, p. 138). Sólo desde este horizonte dado tiene sentido hablar de un comportamiento egoísta o altruista. En la comprensión del ser que somos hay, por tanto, una suerte de apertura previa al otro, una comprensión previa de su ser como co-existir conmigo. Esa comprensión no es, como pondrá de relieve el § 31 de *ST* respecto de todo comprender, una forma determinada de conocimiento, sino una forma de ser, la específica manera en que el *Dasein* está referido al mundo y a sí mismo. El conocimiento del otro, como forma específica de relación con él, guarda con la existencia la misma relación que el § 13 establecía para el conocimiento del mundo en general, que es un modo fundado en el ser-en-el-mundo: «el conocimiento mutuo (*Sichkennen*) se funda en el originario co-ser comprensor» (§ 26, p. 124), en la previa referencia al otro dada con el propio ser en el mundo. Surge en este punto una problemática definida, la del conocimiento mutuo, que Heidegger aborda como una concreción del co-ser, no como una problemática independiente, y que es aprovechada para realizar una crítica de la teoría fenomenológica de la empatía (*Einfühlung*).

El planteamiento del problema es en el texto claro: conocer a otro —o conocerse mutuamente— es un comportamiento específico que supone la previa apertura al otro. En este sentido es un acto fundado: el conocimiento mutuo no inicia el contacto con el otro, este está ya dado con la estructura misma de ser-en-el-mundo. Ahora bien, el modo habitual en que, en la cotidianidad, tratamos con los otros es el modo deficiente de la indiferencia, en la que el otro es algo así como un cualquiera, alguien cuyo propio ser no se destaca. De ahí que «el inmediato y esencial conocimiento mutuo demande un llegar a conocerse (*Sicherkennenlernen*)» (p. 124), un «ir a más» en la relación con el otro, un ahondar en su carácter de *Dasein*, algo que no es ofrecido sin más por la cotidianidad. La «pobreza», por así decir, de la experiencia del otro en el tráfico cotidiano de los asuntos del mundo es lo que motiva que surjan «caminos especiales para acercarse al otro» que son una «apertura explícita, temática» del otro en la que este es destacado y tomado en su singularidad. Es en este preciso momento donde, a ojos de Heidegger, se inserta la teoría de la *empatía*, que viene a cubrir esa necesidad de «ir a más» en la experiencia del otro, de permitir una comunicación directa entre *Dasein* y *Dasein*. Ella representa, en el campo de la fenomenología[13], el intento más señalado de plantear el problema de la intersubjetividad, de la comprensión de la «vida psíquica ajena», concebida como el puente tendido entre los «mundos interiores» de dos «sujetos» ya constituidos. El citado curso de 1928 expresa más nítidamente que *ST* cuál es la función, a los ojos de Heidegger, de la empatía:

> El problema del ser-unos-con-otros se convierte desde el principio en el problema de la llamada relación yo-tú y la forma de constitución de ella es lo que se designa como empatía (*GA* 28, p. 141).

Como se ve claramente, Heidegger no retiene de la empatía la descripción específica de un tipo de actos, aquellos en los que se capta la vida anímica ajena, con toda sus peculiaridades respecto de otros, sino el supuesto fundamental en que se basa y desde el que se plantea el problema: la idea de un sujeto que, desde su propia esfera anímico-consciente, busca acceder a otras vidas igualmente conscientes, que sólo entonces le aparecen como tales.

---

[13] En términos generales la teoría de la empatía surge en la corriente fenomenológica en discusión con Th. Lipps, el cual había introducido el término para caracterizar la peculiaridad de la captación de las vivencias del otro. Edith Stein, en su tesis doctoral, dirigida por Husserl [cf. Stein (1917)], somete a una completa revisión las posiciones de Lipps, Scheler, etc. y realiza una específica descripción de la *Einfühlung* como aquel tipo de actos en los que «la vivencia ajena es captada» o en los que «el hombre capta la vida anímica (*Seelenleben*) de su prójimo (*Mitmenschen*)». Edith Stein había tenido acceso a los textos inéditos de Husserl de *Ideas II*, según ella misma declara, y en lo esencial desarrolla el pensamiento de su maestro. Heidegger no conocía, obviamente, a la altura de 1927, la quinta de las *Meditaciones cartesianas* de Husserl, publicadas en 1931 en francés, ni los manuscritos sobre intersubjetividad, que vieron la luz mucho después y que recogen la elaboración más completa del problema de la experiencia del otro [cf. Husserl (1905-1920), (1921-1928) y (1929-1935)]. Tan sólo conocía, como E. Stein, el texto inédito de *Ideas II* que Husserl le había prestado, en el que la empatía ocupa un lugar más bien escaso, pese a lo cual aparece con bastante claridad el papel constitutivo que Husserl le otorga. Es posible que conociera también la citada tesis de E. Stein. Sin embargo sólo nombra en este contexto a Max Scheler, por el que sentía una gran estima filosófica, el cual no era particularmente partidario de la teoría de la empatía [véase Scheler (1923), especialmente el apartado 3 de la sección C]. En las referencias al problema de la *Einfühlung* que se encuentran en el curso de *Introducción a la filosofía* de 1928 es Husserl el único nombrado (cf. *GA* 28, p. 141).

La crítica de Heidegger, con independencia de si reproduce fielmente la citada teoría en las escuetas líneas que le dedica, tiene importancia porque ayuda a comprender el alcance ontológico-trascendental que tiene el co-ser (*Mitsein*). Puede condensarse en estos dos puntos: i) la empatía, en la medida en que se ofrece como la relación primera con el otro, la que le abre en su alteridad, invierte el orden fenoménico y no se ve como una experiencia fundada en un estar ya abierto al otro. En palabras de Heidegger:

> lo que fenoménicamente no es, «por lo pronto», otra cosa que un modo del convivir (*Miteinandersein*) comprensor, es comprendido como lo que «inicial» y originariamente posibilita y constituye la relación con los otros (*ST* § 26, p. 124).

El dato fundamental, tanto fenomenológico como ontológico, al que Heidegger se agarra y del que parte su crítica, ha sido ya suficientemente establecido: la apertura al otro es algo en lo que ya siempre estamos por el simple hecho de ser en el mundo con la particular forma de ser que es la existencia. Ese otro insertado en la trama del mundo no tiene, desde luego, los mismos caracteres fenoménicos que el otro que descubriría la empatía o la relación personal yo-tú, pero supone el campo de alteridad que resulta explorado y concretado por la empatía. Esta no es, pues, *la primera noticia* del otro, que corresponde a esa comprensión atemática de la alteridad, que no es una relación cognoscitiva ni afectiva, pero que abre originariamente el horizonte del otro. Tal apertura es lo que Heidegger denomina *Mitsein*, co-ser, la cual establece que la referencia al otro posee la misma radicalidad absoluta que la referencia a sí mismo[14]. En una pa-

---

[14] En su extraordinario libro *Der Andere* Michael Theunissen sostiene que Heidegger repite, a su manera, la posición de Husserl según la cual el otro aparece desde el horizonte trascendental del mundo, lo cual es, al menos dicho de Heidegger, sin duda correcto [cf. Theunissen (1965)]. Pero justamente ve en esa posición un menoscabo de la originalidad de la experiencia del otro: «En la medida en que el otro, lo mismo que el resto de los entes intramundanos, está atrapado en mi proyecto de mundo, Heidegger, como Husserl, le arrebata su alteridad y resistencia (*Widersätzlichkeit*)» (p. 168) y, a pesar de que el otro es co-existir, «el sentido específico del encuentro *interhumano*, está, en esta concepción, de antemano eliminado» (170). Esta crítica, prefigurada por K. Löwith, M. Buber y, en distinta forma, por E. Lévinas, ha tenido éxito y hoy es una idea extendida la de que Heidegger no hace justicia en su presentación del *Mitsein* a la genuina experiencia del otro. Esto puede, desde luego, ser sostenido desde varios puntos de vista, pero confieso que no alcanzo a comprender el núcleo central de la crítica, que tan bien expone Theunissen. No veo por qué la primacía fenomenológico-ontológica del mundo circundante como horizonte de aparición del otro (y del sí mismo) implique robarle al otro su alteridad ni que reste cualidad y originalidad propias a la relación interpersonal. Por el contrario, todo lo que pueda fenomenológicamente ser destacado en el encuentro con el otro tras una descripción adecuada, todos los caracteres propios del tú (o de *autrui*, como diría Lévinas), tienen ya su lugar, son ya vistos como rasgos del «otro», un otro *que ya estaba ahí conmigo*. Esto último es todo lo que supone el horizonte del mundo, un mundo que, como sabemos, no es *mi* mundo, no es el mundo modelado exclusivamente por la *Jemeinigkeit*, sino que es un mundo *a priori* común porque el *Miteinadersein* es tan originario como

labra, lo que Heidegger critica es que la empatía sea aquel comportamiento específico mediante el cual se *constituiría* la alteridad del otro. ii) La empatía se basa en una equivalencia, en absoluto evidente, entre la relación consigo mismo y la relación con el otro. La proyección analógica de la relación consigo mismo sobre el otro es lo que abre el carácter genuino de su alteridad: el otro resulta así ser como un doblete del yo (p. 124). Es importante precisar dónde reside la equivalencia o analogía: no en que el otro tenga una relación consigo mismo análoga a la que yo tengo conmigo —algo perfectamente admisible dado que el otro es también *Dasein*—, sino en que la relación de alteridad, la referencia al otro, se entiende por analogía con la referencia que el *Dasein* tiene consigo mismo. Dado que la relación con el otro es una relación de *Dasein* a *Dasein*,

> podría decirse que esta relación ya es constitutiva de cada *Dasein*, puesto que este tiene de sí mismo una comprensión de ser y, de este modo se relaciona con el *Dasein*. La relación de ser para con otros se torna entonces proyección «en otro» del propio ser consigo mismo (p. 124).

Dicho en el lenguaje clásico de la fenomenología: como el otro es también un yo —una vida psíquica que se percibe a sí misma— el acceso al otro desde mi propio yo ha de ser similar al modo como yo sé de mis propias vivencias; ese es el papel de la empatía: una introyección afectiva, un introducirse en el sentirse del otro a partir del propio sentirse. Sólo entonces el otro aparece como «otro yo». La objeción de Heidegger a esta equivalencia es fácil de entender: aparte de que resulta sumamente extraño que el modo de encontrarme conmigo mismo sea justamente del mismo género que el encuentro con el *otro* (¿dónde quedaría entonces su alteridad?), es que la argumentación analógica no instituye sino que supone la previa presencia del otro. El hecho básico de que el mundo en el que el *Dasein* está es *ab initio* compartido y que el otro aparece ya inscrito en él, indica fehacientemente que la relación consigo mismo no es más originaria que la relación con los otros y no puede, por tanto, servir de guía para la apertura de la alteridad. En cuanto ser en el mundo, la referencia del *Dasein* propio a los otros es tan originaria como la referencia a sí mismo. Esta co-originariedad implica precisamente la heterogeneidad de ambas relaciones, su imposible asimilación: «El ser para con otro (*Sein zu Anderen*) es una relación de ser peculiar e irreductible» (p. 125). Puesto que está ya dada con el ser del *Dasein*, podría más bien pensarse en una situación inversa a la que propone la proyección analógica: la relación consigo

---

ella. Lo que veo incompatible con la fenomenología heideggeriana no es sostener que el fenómeno del otro desborda el horizonte de expectativas mundanal (justo desde él el otro aparece como tal), sino que irrumpa estableciendo el horizonte primario de manifestación de todo ente, es decir, que ocupe el lugar del mundo.

mismo, en cuanto puesta en juego y no pura contemplación del propio ser, está esencialmente mediada por los otros, que forman parte intrínseca del mundo del que *me* cuido. Yo me veo a mí mismo a partir del mundo compartido. Es esta previa presencia de los otros en la realización de sí mismo la que guía la pregunta por el quién de la cotidianidad que encontramos en el parágrafo siguiente.

4. EL «SUJETO» DE LA COTIDIANIDAD (§ 27)

La segunda fase analítica en la que nos encontramos, a la que se dedica el capítulo, tenía por objeto, como se recordará, destacar el «quién» en la estructura de ser-en-el-mundo: quién es en el mundo, cuál es el «sujeto» de ese estar. La respuesta a esta pregunta, que Heidegger ofrece mediante la célebre idea del «uno» o el «se» impersonal: «el quién de la cotidianidad es el "uno" (*Man*)», se desprende del conjunto de los análisis del parágrafo anterior, según los cuales el carácter compartido *ab initio* del mundo y el correlativo co-ser del *Dasein* determinan que el estar en el mundo cotidiano estribe en un «absorberse común en el mundo ocupándose de él» (*besorgende Miteinanderaufgehen in der Welt*) (*GA* 20, p. 336). Ese constitutivo uno-con-otros (*Miteinandersein*) que atraviesa de parte a parte el ocuparse de los asuntos del mundo deja una impronta decisiva en la autocomprensión de la existencia cotidiana y fue ya en cierto modo resaltado por algunos de los caracteres fenoménicos que condujeron a la idea del *Mitsein*: la no-diferenciación inmediata del otro como consecuencia del mundo *a priori* compartido, el encuentro del yo consigo mismo a partir primariamente de *lo* que hace —de su rol social— y la primacía cotidiana de los modos deficientes de solicitud. Todos ellos apuntaban ya el camino de la interpretación hacia una forma fundamentalmente anónima, impersonal, de estar en el mundo, cuyos rasgos fenoménicos son destacados por el texto antes de la exposición de la tesis ontológica. En esta descripción fenomenológica los *Prolegómenos* son más explícitos y cercanos a los fenómenos descritos que el texto de *ST*, que es como una condensación de él.

En primer lugar, encontramos lo que Heidegger denomina *distanciación* (*Abständigkeit*). Justamente porque el ocuparse del mundo es un ejercer quehaceres compartidos con otros y en los que uno es perfectamente sustituible (*se es* zapatero, carpintero, ejecutivo, etc.), el trato con los otros está transido de una preocupación por la distancia, por un diferenciarse de ellos. Este cuidado por la diferencia, que supone la indiferenciación primaria, toma fácticamente múltiples formas: todo intento de destacar, toda forma de competición, toda forma de minus- o supervaloración del otro tienen su base en esa preocupación por la distancia que inquieta el convivir aun cuando no se percate de ello (*ST*, § 27, p. 126).

Esta continua e ininterrumpida referencia a los otros implica que, en definitiva, la existencia cotidiana esté bajo su dominio o señorío (*Botmässigkeit*); los otros son los que de antemano, insensiblemente, determinan la «propia» conducta, «el arbitrio de los otros dispone de las posibilidades cotidianas de ser del *Dasein*». El cuidado de la distancia no es otra cosa que el reconocimiento y la aceptación del fundamental dominio de los otros en la vida cotidiana y es a ese otro indiferenciado al que Heidegger da el estatuto de «sujeto» de la cotidianidad:

> Los otros» —así llamados para ocultar la propia esencial pertenencia a ellos— son los que inmediata y regularmente existen en la convivencia cotidiana. El quién no es éste ni aquél, no es uno mismo ni algunos ni la suma de todos. El «quien» es el neutro, *el uno* (p. 126).

El uno es el índice de la presencia «normal» de los otros en mí.

Junto a la distanciación, el texto expone otros caracteres descriptivos, que no proponen rasgos cualitativamente diferentes y yuxtapuestos, sino aspectos del mismo fenómeno, a saber, ese rasgo primario del uno que es el dominio básico de los otros. Así, la *Durchschnittlichkeit* («medianía» en la trad. de Rivera, «término medio» en la de Gaos) no hace más que poner de relieve la forma básicamente igual, el término medio que reina en las iniciativas, preferencias, enjuiciamientos y valoraciones, incluso en las que aparecen como más propias y peculiares: «nos apartamos del montón como *se* debe apartarse de él, encontramos indignante lo que *se* encuentra indignante» (p. 127). El modo de ser del uno se alimenta de esta medianía, vive de ella, lo que se traduce en una tendencia general a la igualación, al *aplanamiento* de las diferencias (*Einebnung*), limando todo lo que destaque, restando valor y fuerza a toda posibilidad de existencia que salga de los cánones comunes. Todos estos rasgos descriptivos del modo como acontece la existencia cotidiana conforman el concepto de *publicidad* (*Öffentlichkeit*), que los resume todos, y que no dice otra cosa que el carácter fundamentalmente público que la existencia tiene, en virtud del cual está sometida de antemano a las reglas y a las valoraciones en que habitualmente *se* está. Vista desde el hilo conductor existencial, la publicidad traza por adelantado los carriles por donde puede circular el haber de ser del *Dasein*, a la vez que dispone cómo tiene que llevarse a cabo. Heidegger conceptúa esta función anticipadora de la publicidad en términos de *descarga*, de aligeramiento de la faena vital de tener que ser. La publicidad predispone a un cierto automatismo en la asunción de las posibilidades y eso facilita la puesta en juego del propio ser que la existencia, en cualquiera de sus conductas, está obligada a ejercer:

> Como el uno ya ha anticipado siempre todo juicio y decisión, despoja, al mismo tiempo, a cada *Dasein* de su responsabilidad (p. 127).

Aliviar de la responsabilidad no tiene el sentido moral de descargar de una culpa, sino el puramente descriptivo de tapar, de no hacer visible la posibilidad de asumir explícitamente la conducta que se emprende.

Mucho se ha escrito sobre los tintes negativos y sombríos con que Heidegger pinta la vida social, el ser-uno-con-otros, así como sobre el significado que tiene esta atribución al «uno» del papel de sujeto inmediato de la cotidianidad. No cabe duda de que los caracteres citados de la medianía, la distanciación y el aplanamiento son descritos en términos que inducen al lector a una *valoración negativa*. Y esto contiene, desde luego, un fondo de verdad: poseen un intrínseco carácter negativo en la medida en que presentan al *Dasein* como *no* siendo él mismo, al uno como *no* siendo nadie determinado, con lo que se anuncia *otra* posible manera de ser. Esta negatividad fenoménica es la que desempeña un papel primordial en la estrategia de la analítica y la que tiene metódicamente importancia, no tanto el componente *valorativo*, inducido por las dramáticas expresiones de las que se sirve Heidegger para hacer ver esa negatividad, que producen la impresión de que dichos fenómenos son algo así como «males» que tiene que arrostrar la existencia.

El uno no es, entonces, un concepto sociológico destinado a caracterizar la vida cotidiana en la sociedad de masas —tal cosa es ajena al análisis ontológico—, sino fenomenológico: la forma primaria como el «sujeto» existente se aparece —indirectamente— a sí mismo: no tanto distinguiéndose de los otros en su genuina individualidad, sino confundiéndose con ellos, asimilado a ellos:

> Inmediatamente yo no «soy» «yo», en el sentido del propio sí mismo, sino que soy los otros a la manera del uno. Desde éste y como éste me estoy inmediatamente «dado» a mí mismo (p. 129).

El uno mismo es el modo de ser que toma en la existencia habitual la referencia a sí mismo.

La descripción fenomenológica del uno significa un cambio decisivo en la manera de plantear la relación del yo consigo mismo y con los otros: el uno, que supone el dominio inmediato de los otros, es el terreno fenomenológico primario del encuentro del *Dasein* consigo mismo y no una vida interior separada y propia. La crítica de esta composición de lugar —la de un sujeto que tiene que pasar de su mundo de vivencias propio a la corriente de vivencias ajena—, que fue ya fue mencionada al discutir la empatía como modo de acceso al otro, recibe ahora su consagración:

> El *Dasein* no vive inmediatamente en lo propio. Inmediata y cotidianamente el mundo propio y el *Dasein* propio son precisamente lo más lejano, lo primero es el mundo en el que se es unos-con-otros (*GA* 20, p. 339).

Esta inversión del planteamiento tradicional del problema de la intersubjetividad tiene consecuencias importantes para la interpretación ontológica del tipo de ser del *Dasein*.

En primer lugar, respecto del ser mismo del uno. ¿Qué es el uno? La descripción anterior, aunque reconoce su coeficiente de negatividad, ha revelado sus caracteres positivos, rasgos que muestran su eficacia y su fuerza real en los comportamientos de la existencia, no es, por consiguiente, algo que pueda ser entendido como puro defecto o falta de algo. Constituye, por tanto, algo muy real en la existencia. En cuanto tal, tiene que tener su traducción ontológica, pues los genuinos conceptos de ser tienen que seguir a los fenómenos irrecusables y no al revés (*ST*, § 27, p. 128). La dificultad esencial proviene de que la ontología de que habitualmente disponemos, de corte esencialmente cósico, cortada por el patrón de «lo que está ahí», no provee de conceptos adecuados: el uno no es una propiedad de un sujeto ni es él mismo un sujeto, en el sentido de un núcleo estable y fijo que subyazga en la diversidad de comportamientos, ni tampoco un «sujeto universal» que flote por encima de los sujetos individuales, que serían un caso de ese sujeto genérico. El «uno» sólo puede ser entendido si se abandona esta forma de conceptuar y se lo ve como una manera específica de ser, la forma peculiar de ser del *Dasein*, leída a partir de la existencia: «el uno es un existencial y pertenece, como fenómeno originario, a la estructura positiva del *Dasein*» (p. 129). Que el uno sea un existencial significa que es un cómo, un modo en el que se lleva a cabo ese irle el propio ser en que consiste el modo humano de existir. La existencia ejecuta sus posibilidades de ser esto o lo otro en el modo del uno (o en el modo que se le contrapone, el sí mismo propio). Esa modalidad determina el sentido existencial de la expresión sí mismo: se es *uno mismo* o bien se es *propiamente yo mismo*, lo que implica un llevar a cabo lo que el uno omite: asumir las posibilidades como propias. Esta diferencia marca también el modo de entender la «consistencia» del *Dasein*: en lugar de que sea la categoría ontológica de sustancia —la permanencia de un algo idéntico por debajo de los rasgos cambiantes— el único recurso para comprender la mismidad de la existencia humana, la doble posibilidad del uno mismo o del sí mismo como modos estructurales de ser determina una diferencia en la *estabilidad* (*Ständigkeit*) de la existencia: esos caracteres de la distanciación, la medianía, el aplanamiento y la publicidad marcan una cierta continuidad, dan un cierto tono común, un cierto conducirse de la misma manera, que son el modo propio de estabilidad que la existencia pública logra. Una estabilidad que es perfectamente compatible con la *dispersión* (*Zerstreung*) que Heidegger ve en ella (p. 129): la diversidad de ocupaciones en el trato con los asuntos del mundo, el pasar sin cesar de una cosa a otra, supone una dispersión de sí mismo, dado que el *Dasein* en esta existencia pública se define sólo por lo que hace, pero a la vez ese dispersarse obedece al mismo sello, a la misma impronta, la de la horma común de lo que «se lleva», que conforma una estabilidad peculiar. A ella habrá de contraponerse, en su momento (§ 64), la autonomía (*Selbst-Ständigkeit*), la verdadera estabilidad del sí mismo.

En segundo lugar, la primacía fenomenológica del uno tiene como consecuencia que la comprensión inmediata que el *Dasein* tiene de su propio ser es la que el uno propone (en la forma que le es propia, es decir, inadvertidamente) de manera inevitable: el ocuparse absorbiéndose en el mundo que caracteriza la cotidianidad promueve un entendimiento de sí mismo a partir de los entes intramundanos, objeto inmediato de su ocupación: el *Dasein* es un ente como los que encuentra en el mundo. Los otros caen igualmente bajo el mismo esquema: «la ontología "inmediata" del *Dasein* se hace dar desde el "mundo" el sentido de ser en función del cual estos "sujetos" entitativos son comprendidos [...] El ser del ente que *co-existe* es concebido como un estar-ahí» (§ 27, p. 130). Ahora bien, la cuidadosa descripción fenomenológica del uno, que nos hace consciente de sus características propias, tematizándolas y sacándolas de su obviedad, sienta las bases para una discusión de la interpretación ontológica que propone. De ahí la importancia de la descripción del uno en la economía de la analítica del *Dasein*, pues determina que su tarea de descubrir el significado originario existencial del mundo y de abrir el *Dasein* para sí mismo se lleve siempre a cabo «como un apartar encubrimientos y oscurecimientos y como un quebrantamiento de las disimulaciones con las que el *Dasein* se cierra frente a sí mismo» (p. 129).

Por último, como ya ha se ha dejado entrever, la negatividad del uno anuncia y prefigura una posibilidad alternativa, la de ser propiamente sí mismo, de la que en este momento no se sabe nada, salvo su mera posibilidad por pura contraposición. No obstante, si el uno es una modalidad de la existencia, *a fortiori* el ser sí mismo propio no podrá concebirse a partir de la ontología cosificante, sino como otra modalidad de existencia. Es lo que el texto expresa diciendo que

> el modo propio de ser sí mismo no consiste en un estado excepcional de un sujeto, desprendido del uno, sino que es una modificación existentiva del uno entendido como un existencial esencial (p. 130).

En efecto, como contraposición estricta al uno, la propiedad de la existencia ha de tener el mismo rango que ella; no puede ser, por tanto, un momento aislado, episódico, sino que tiene que arraigar, como él, en la estructura del *Dasein* y poseer pareja estabilidad y continuidad. El punto decisivo es, sin embargo, la relación que la propiedad guarda con el uno. El texto da dos indicaciones fundamentales: que no es un estado excepcional desgajado del uno y que consiste en una modificación *existentiva*. Lo primero obliga a pensar que la modificación que introduce el sí mismo propio no implica el establecimiento de un curso de existencia paralelo y separado del uno, sino que ha de mantener una precisa relación con él. Lo segundo, que dicha modificación es un acto, un comportamiento concreto, óntico, una posibilidad ejecutable, lo que plantea, por tanto, que hay un comportamiento óntico que es en sí mismo ontológico, es decir, que rompe los encubrimientos y muestra la estructura del ser del *Dasein*. En qué consiste esta modificación y cómo se concreta en lo que Heidegger denomina *resolución* (*Entschlossenheit*) es tratado en el capítulo segundo de la segunda sección, especialmente los §§ 54 y 60.

REFERENCIAS

HUSSERL, E. (1905-1920): *Zur Phänomenologie der Intersubjektivität, Erster Teil: 1905-1920*, Husserliana XV, ed. H. L. van Breda, The Hague, 1973.
— (1921-1928): *Zur Phänomenologie der Intersubjektivität, Zweiter Teil: 1921-1928*, Husserliana XV, ed. H. L. van Breda, The Hague, 1973.
— (1929-1935): *Zur Phänomenologie der Intersubjektivität, Dritter Teil: 1929-1935*, Husserliana XV, ed. H. L. van Breda, The Hague, 1973.
RODRÍGUEZ, R. (1997): *La transformación hermenéutica de la fenomenología*, Tecnos, Madrid.
— (2011): «La indicación formal y su uso en *Ser y tiempo*», en: F. de Lara (ed.) *Entre fenomenología y hermenéutica. Franco Volpi in memoriam*, Madrid, pp. 71-94.
SCHELER, M. (1923): *Wesen und Formen der Sympathie*, en: *Gesammelte Werke*, Bd. VII, ed. M. Frings, Bern, 1973, pp. 7-257; trad. esp. J. Gaos, *Esencia y formas de la Simpatía*, Madrid, 2005.
STEIN, E. (1917): *Zum Problem der Einfühlung*, tesis doctoral, Freiburg.
THEUNISSEN, M. (1965): *Der Andere. Studien zur Sozialontologie der Gegenwart*, Berlín, 1981 (= 1965).

7

EL SER-EN COMO TAL
(§§ 28-38)

Francisco de Lara

1. INTRODUCCIÓN

Una vez mostrados los dos primeros aspectos estructurales del *ser en el mundo* mencionados en el § 12, a saber, el *mundo* y el *quién* de este ser en el mundo, Heidegger emprende el análisis del aspecto faltante: el *ser-en*. El título de este capítulo quinto indica que se tratará este elemento por sí mismo, sin atender en primera instancia a quién es de este modo ni al mundo en el que se es. Así pues, no se analizará ni el carácter de lo que comparece ni tampoco para quién comparece, sino los modos de comparecer, lo que Heidegger denomina la *aperturidad* en cuanto tal. Lo que importa ahora, en definitiva, son los elementos que articulan la comparecencia de algo para el *Dasein*, sus formas de abrir mundo.

La primera tarea en esta dirección consiste en describir dicha «aperturidad» que el mismo *Dasein* es, de lo que se ocupa la parte A del capítulo (§§ 29-34). Esta parte intentará mostrar, en palabras de Heidegger, «la constitución existencial del ahí», es decir, los caracteres estructurales de la apertura, los elementos que delinean toda comparecencia. Una vez cumplida esta primera tarea, se deberá mostrar ese «ser su ahí» (p. 133) en el que el *Dasein* «consiste» justamente en el modo visualizado hasta el momento: en la cotidianidad. De ello se ocupará la parte B del capítulo (§§ 35-38). Se tratará, en una palabra, de dilucidar de qué manera y desde dónde se abren para el *uno* —el impersonal *Dasein* cotidiano analizado en el capítulo anterior— los asuntos de los que en cada caso se ocupa.

2. LA CONSTITUCIÓN EXISTENCIAL DEL AHÍ

La parte A del capítulo está estructurada alrededor de los tres elementos que Heidegger considera constitutivos de la aperturidad, a saber: la disposición afectiva (§§ 29-30), el comprender (y la interpretación, §§ 31-33) y el discurso (§§ 34)[1]. La relación entre estos aspectos es señalado por Heidegger como sigue: las dos primeras serían co-originarias y la tercera, el discurso, las determinaría a ambas también co-originariamente. En lo que sigue se irá desentrañando el sentido de estas relaciones de co-originariedad.

2.1. EL *DA-SEIN* COMO DISPOSICIÓN AFECTIVA (*BEFINDLICHKEIT*) (§ 29)

La parte A del capítulo se inicia con la exposición del primero de los aspectos centrales que constituyen la aperturidad. Según Heidegger, nuestro ser ahí, ese estar siendo en el que se hace patente el mundo, está caracterizado por un cierto temple anímico. De este modo, lo que comúnmente conocemos como «estados de ánimo» adquiere en este análisis un carácter ontológico en el sentido ya mencionado en el presente comentario. No se trata, por ende, de un elemento psicológico, como Heidegger se encarga de señalar desde un principio (p. 134), sino de un constituyente de nuestro ser. Según esto, somos de tal manera que siempre comparece algo para nosotros *desde y en una cierta disposición afectiva*. Lo que aparece está marcado en cada caso por un temple anímico, nos va y afecta de alguna manera, nos incumbe y aparece justamente desde esa incumbencia.

Sin embargo, lo que ante todo se haría patente mediante tales «estados de ánimo», lo que se le abriría al *Dasein* de este modo, sería su mismo ser justamente en cuanto ese estar ya siendo en situaciones concretas. Dicho de otra manera, los estados de ánimo manifestarían siempre en el fondo esa «carga» por la que el *Dasein* debe responder, que está en sus manos como su más propia responsabilidad por cuanto el *Dasein* tiene que ser y, siendo, se hace cargo de un modo u otro de ese mismo estar siendo. El estado de ánimo pone al *Dasein* en su ahí, es decir, muestra «cómo le va» en su concreto vivir, por más que el *Dasein* en general no atienda a lo así abierto, esto es, no se haga cargo de sí mismo en su propio estar siendo.

A lo así abierto, al hecho de ser, al estar viviendo ya en cada caso ahí, en un mundo, Heidegger lo denomina en este contexto la «condición de arrojado» (*Geworfenheit*) del *Dasein* «en su ahí» (p. 135). Se trata de un término técnico que pretende indicar este nuestro estar siendo en cada ocasión. Como decimos, para Heidegger la dimensión de la afectividad

---

[1] Para una exposición clara y concisa de esta parte A del capítulo quinto, recomendamos consultar Rodríguez (2006), pp. 93 ss. Citamos los textos de *ST* siguiendo la traducción de J. E. Rivera.

haría aparecer justamente esa condición. La afectividad nos abre, hace patente para nosotros, el puro y desnudo hecho de ser y tener que ser, un «hecho» que está tan lejos de poder interpretarse en términos positivistas como de conocerse mediante procedimientos de la ciencias objetivas. Lejos de ello, el *Dasein* es llevado y puesto ante sí mismo, ante su *facticidad*, por el modo como se encuentra en cada caso. Heidegger hace uso aquí de la palabra que refiere a los estados de ánimo, *encontrarse*, para señalar que dicho encontrarse es también un irreflejo saberse en la propia facticidad, saberse algo que está bajo nuestra responsabilidad.

De esta forma, y como resumen de lo indicado hasta el momento, Heidegger explicita un *primer* «carácter ontológico esencial del encontrarse»[2]. A este le siguen dos más. El *segundo* de ellos afirma que el temple anímico no abre tan sólo al *Dasein* para sí mismo, sino que abre todo lo que comparece. Como se ha dicho ya, todo lo que se manifiesta lo hace ya siempre en y desde un temple anímico. Esto, sin embargo, no hay que pensarlo al modo de dos momentos o esferas que se relacionasen ulteriormente: un mundo exterior afectivamente neutro y una interioridad con pasiones que colorea subjetivamente los diferentes hechos objetivos. Incluso esta comprensión de la afectividad como coloración supone una división que entiende los polos como separados de hecho y como hechos separados. Fenomenológicamente, sin embargo, esta concepción sería injustificada, abstracta y teórica, pues introduce esquemas de pensamiento que no se ven avalados por el fenómeno concreto del que se trata. Lo que podría afirmarse fenomenológicamente es que «nos encontramos» siempre de alguna manera en la situación y el contexto en el que andamos, o sea, que aquello que comparece y con lo que tratamos nos va siempre de alguna manera. Todo lo que es algo para nosotros está ya siempre afectivamente templado, y lo está de forma inmediata, no como resultado de proceso alguno. De este modo, la disposición afectiva (*Befindlichkeit*) no sólo abre mi sí-mismo en su carácter de carga de la que debo encargarme —es decir, no sólo abre la *existencia*—, sino también aquello que Heidegger ha caracterizado en los dos capítulos anteriores bajo los conceptos de «mundo» y «ser-con» (*Mitsein*, traducido por Rivera como «co-estar»). En una palabra, y como ya se ha dicho, la disposición afectiva abre todo lo que comparece.

Por último, y como *tercer* carácter, se señala que esto que comparece lo hace siempre de tal modo que está configurado por la *Befindlichkeit* en el sentido de que se trata de algo que «me va» y me afecta. Sólo porque el mundo está ya siempre abierto por la disposición afectiva, aparece algo

---

[2] Cf. p. 136: «Alcanzamos así el *primer* carácter ontológico esencial de la disposición afectiva: la disposición afectiva abre al *Dasein* en su condición de arrojado.»

en cuanto marcado por ella y en cuanto afectándonos de uno u otro modo, que puede ir desde el terror al amor pasando por la indiferencia. A fin de subrayar este punto, Heidegger indica que es desde los estados de ánimo desde donde más primariamente descubrimos y se muestra para nosotros algo, incidiendo en que la forma teórico-científica de considerar las cosas, la forma que da lugar a una compresión objetiva y «desafectada» del ente, no es ni mucho menos primaria. De hecho ella misma, en cuanto forma de apertura, está también marcada por un temple anímico de carácter indiferente y distanciado.

Tras alguna breve mención al modo como los afectos han sido tratados en la historia de la filosofía y recuperados en la fenomenología, Heidegger termina este apartado resumiendo los tres mencionados caracteres en una sola frase. Por la disposición afectiva se le manifiesta al *Dasein su propio ser en cuanto estando en sus manos*, se le manifiesta *el mundo como aquello donde se juega en cada caso ese ser* y además *como aquello que le va y le afecta*. A pesar de ello, según Heidegger, el *Dasein* se dejaría llevar habitualmente por ese mundo, por las ocupaciones en que anda, y no se haría cargo de sí mismo.

2.2. EL MIEDO COMO MODO DE LA DISPOSICIÓN AFECTIVA (§ 30)

El final del § 29 explica por qué se realiza a continuación, en el § 30, el análisis de la disposición afectiva particular del miedo (*Furcht*). Dicho análisis es de importancia para preparar a modo de contraste el de una disposición afectiva considerada fundamental para los fines que persigue la obra *ST*: la angustia (*Angst*). En efecto, si las disposiciones afectivas abren al *Dasein* a su propio estar siendo en cuanto un estar siendo en el mundo, está claro que juegan un papel metódico central en cuanto condición de posibilidad de la analítica del *Dasein* en general. Las disposiciones afectivas no son solamente uno de los aspectos que dicha analítica debe mostrar como constitutivos del ser de ese ente, sino la vía por la que ese ente se abre a sí mismo y a su estar siendo, esto es, la condición fundamental para que la propia analítica pueda llevarse a cabo. Sin embargo, no toda disposición estará en condiciones de lograr esto, sino que será precisa una que no permita al *Dasein* diluirse de nuevo en sus quehaceres, una que lo ponga directamente ante su facticidad. La *angustia* es fundamental precisamente por este motivo, y a fin de posibilitar un posterior contraste con ella (en el § 40) se introduce ahora la disposición afectiva del *miedo*.

Este temple anímico es tratado en tres aspectos, que se corresponden con los tres caracteres ontológicos del encontrarse o la disposición afectiva en general. Los tres aspectos que se distinguen en el miedo son: de qué (o ante qué) se tiene miedo, en qué consiste el tener miedo mismo y qué es lo que se considera amenazado en el miedo, es decir, qué es aquello por lo cual se teme.

Lo temible, aquello de lo cual se tiene miedo, es siempre algo que comparece en el mundo, se tiene miedo de algo o de alguien, por lo que esta disposición afectiva no estaría dirigida al propio *Dasein* que siente el miedo, no se siente miedo de uno mismo, sino de algo o alguien. Ese algo es percibido como una amenaza, esto es, como algo perjudicial que proviene de alguna parte, se dirige a algo nuestro y se acerca en cuanto pudiendo o no afectarnos finalmente, siendo esta incertidumbre un motivo más del miedo (cf. pp. 140 s.). Este primer aspecto del miedo se corresponde con el carácter antes señalado por el cual la disposición afectiva abre siempre algo del mundo, algo «intramundano». Como se dijo en ese momento, lo así abierto nos afectaba, la disposición afectiva era un dejarse afectar y tocar por lo intramundano. Esto es justamente en lo que consiste el segundo aspecto, el miedo mismo: relacionarse con algo en cuanto temiéndolo, abrirlo ya dejándonos afectar por ello de este modo particular que es sentirlo como amenazante (p. 141). Por último, el otro carácter estructural que se distinguió en la disposición afectiva era el de ser uno mismo, la facticidad del estar siendo, aquello que se manifiesta en los temples anímicos. Esto, es decir, uno mismo en su estar siendo, es justamente aquello por lo que se teme en última instancia (p. 141). Según Heidegger, el tener miedo teme por el propio estar ahí incluso cuando teme explícitamente por otra cosa o por otros. Lo peculiar de este temple anímico, sin embargo, es que dicho temor ciega en alguna medida y lo saca a uno de sí, por lo que no permite apreciar eso a lo que todo afecto apunta con mayor o menor intensidad: la facticidad autorresponsable del estar siendo ahí.

2.3. EL *DASEIN* EN CUANTO COMPRENDER (§ 31)

Una vez mostrado este primer elemento de nuestro trato con el mundo, la disposición afectiva, Heidegger pone de manifiesto un segundo aspecto que, según se encarga de dejar claro aquí de nuevo, es «co-originario» con el «encontrarse» (p. 142). Se trata del *comprender*, y su co-originariedad con la disposición afectiva indica que ninguno de estos aspectos relativos al modo como se abre mundo está fundado en el otro. No es el caso que primero haya algo así como sentimientos y después, mediante algún tipo de modificación o agregado, lleguemos a una comprensión en el sentido que vamos a tratar de dilucidar en lo que sigue; pero tampoco viceversa. Esta co-originariedad se malentendería igualmente si se asumiera que se trata de dos aspectos o partes ligadas a «facultades» distintas del alma, como pudieran ser la sensibilidad y el entendimiento.

Lo que Heidegger está afirmando, por decirlo directamente, es que nuestro cotidiano estar en el mundo tiene el carácter de un ocuparnos de asuntos en los que «nos va» algo y en los que nos encontramos de alguna manera. En ese irnos, como se indicó en el § 29, se anuncia más o menos explícitamente que lo que «nos va» finalmente es nuestro propio estar siendo, al cual apunta toda disposición afectiva. Estar siendo, hacernos cargo de nuestro propio existir, tiene la forma cotidiana ya indicada de ocuparnos en diversos propósitos, estar embebidos en los quehaceres o en la falta de ellos, pasando de una cosa a otra de forma ininterrumpida y a menudo rutinaria. Si no consideramos ahora esos asuntos en lo que respecta al modo de comparecer ahí algo —dicho de otro modo, si no analizamos el momento de mundanidad de nuestro estar en el mundo—, sino que nos centramos simplemente en el mismo *estar en* esos asuntos —y no es otra la tónica de este capítulo sobre el estar-en *como tal*—, entonces es obligado decir que éstos tienen el carácter general de *posibilidades*. El *estar en* se revela entonces como *comprensión de posibilidades*. Los asuntos en los que y con los que nos ocupamos son finalmente las posibilidades en las que llevamos a cabo nuestro estar siendo. El carácter de existencia del *Dasein* que Heidegger introduce ya en los primeros parágrafos de la obra indica que este ente es ontológicamente de tal manera que debe hacerse cargo de sí mismo, debe hacer y está siempre haciendo algo consigo mismo, debe realizarse eligiendo posibilidades por acción u omisión. Este es justo el aspecto que recoge el existenciario del *comprender*. La co-originariedad entre disposición afectiva y comprender indica entonces que nos encontramos (nos va) siempre de alguna forma en las posibilidades que ejecutamos y que ejecutamos posibilidades siempre desde y en una disposición afectiva.

Como de costumbre, Heidegger empieza fijando el uso técnico que hará del concepto de comprensión, distinguiéndolo en este caso de un uso devenido habitual y que refiere a un procedimiento intelectual ligado a las ciencias del espíritu (p. 143). Lejos de ello, el concepto pretende referir aquí al carácter de posibilidad del *Dasein*, según el cual lo que comparece para él lo hace siempre en cuanto posibilidad. La aperturidad del *Dasein* está, por ende, marcada también por este carácter. El *Dasein* vive, *es*, en posibilidades que, en un primer momento y casi siempre, son posibilidades de la ocupación. Podemos hacer esto o aquello, ya siempre estamos en algo posible, dejamos posibilidades de lado y nos damos a otras, siendo en esto en lo que consiste nuestro cotidiano vivir. Estas posibilidades nos vienen por lo general dadas y nosotros entramos en una determinada relación con ellas; relación que la mayoría de las veces consiste en seguirlas sin más, pero que también puede consistir en problematizarlas a fondo y apropiárselas o, dicho en las palabras del capítulo sobre la historicidad, en asumirlas y *repetirlas* propiamente (p. 385). Esto último, no obstante, pasa por notar que las posibilidades no son única ni primariamente opciones para la ocupación. En efecto, todas esas posibilidades de las que podemos ocuparnos están para Heidegger a su vez modalizadas por una posibilidad de fondo, formal y de primer orden. Podemos asumir y tomar en las propias manos el carácter de posibilidad de nuestro existir —el *factum* de estar siendo en la forma de ejecutar posibilidades concretas— o bien quedarnos sin más en el plano de la multiplicidad de ocupaciones: evitando unas, luchando por otras o incluso pasando sin más de unas a otras. Las múltiples diferencias que quepa hacer en este segundo caso serán no obstante indiferentes frente a aquella otra diferencia fundamental y formal que consiste en saber en qué se está propiamente cuando se ejecutan posibilidades, esto es, que lo que se ejecuta es en última instancia el propio estar siendo. Estemos ocupados en las tareas (o falta de tareas) que queramos, finalmente es nuestro propio estar siendo lo que se juega en cada caso. Esto es lo que el *Dasein* «comprende», lo que se deja ver de un modo u otro —por lo general, en la forma de un darle la espalda— en toda posibilidad a la que nos entregamos.

De este modo, el mundo tal como ha sido caracterizado en el capítulo tercero de esta sección es mostrado ahora más explícitamente como contexto de remisiones y de significatividad que remite ante todo a posibilidades de la ocupación (con los útiles y la naturaleza). Lo mismo sucede con el trato con los otros, mencionado en el capítulo cuarto; también éste es un trato desde y en posibilidades, compartidas o no. Y todo ello, una vez más, en la posibilidad de que el *Dasein* se comprenda a sí mismo como ese ser-posible y gane con ello una cierta transparencia para sí mismo en cuanto un estar siendo en el mundo con otros. Si al trato circunmundano le correspondía una cierta «visión» (*Sicht*), denominada en ese caso circunspección (Um*sicht*) y al trato con los otros una que fue llamada «respeto» e «indulgencia» (Rück*sicht* y Nach*sicht*), ahora queda claro que estas formas de manifestarse algo eran ni más ni menos que modos de la comprensión. La comprensión de los útiles que habitualmente nos rodean consiste en entender lo que se puede hacer con ellos, las posibilidades del trato. A los otros los comprendemos en cuanto están en posibilidades y en cuanto se nos abren posibilidades con, contra o indiferentemente de ellos. De este modo, la ya mencionada familiaridad que caracteriza nuestro habitual trato con el mundo es mostrada ahora como comprensión de posibilidades en las que desde siempre estamos y desde las que se nos abre, se esboza, dicho mundo. Por respecto a nosotros mismos, sin embargo, esta «visión» o comprensión no guarda relación con posibilidades de trato con útiles o de proyectos con otros, sino con algo más fundamental: si se ha hecho *transparente* (*durchsichtig*, p. 146) que somos nosotros mismos lo esbozado y posible o bien nos comprendemos (huidizamente) sólo a partir de lo que vamos haciendo.

2.4. Comprender e interpretación (§ 32)

Ya ha quedado claro a estas alturas que, para Heidegger, nuestro trato con el mundo se caracteriza por la familiaridad, esto es, por una comprensión que, según acabamos de ver, es ante todo y en primer lugar comprensión de las posibilidades de la ocupación. Esta comprensión puede, por así decir, volverse explícita y concretarse, en un sentido que intentaremos dilucidar a continuación. Heidegger denomina *interpretación* (*Auslegung*) a este hacer explícito lo que se comprende. La interpretación, por ende, haría visibles y concretaría las posibilidades en las que el *Dasein* se proyecta.

Para lo que es el caso en esta primera sección, es decir, para el *Dasein* en su cotidiana ocupación con el mundo, la interpretación consistiría en una concreción de las posibilidades de trato ya comprendidas. Tal concreción se da simplemente cuando realizo alguna de las posibilidades ya descubiertas por el comprender. En ese caso, uso de una cierta manera alguno(s) de los útiles relevantes para la posibilidad que hago entonces propia y en la que me pongo. Heidegger muestra, acto seguido, que al hacer tal cosa tomamos aquello con lo que nos ocupamos como algo que sirve para algo; esto es, en términos generales, que lo interpretado aparece bajo la estructura de «algo para algo». Como se ve por lo que se acaba de decir, en la interpretación lo comprendido aparece ya como concretamente articulado: algo-para-algo. Las posibilidades que de un modo más o menos flotante se comprenden cuando algo comparece se vuelven ahora concretas bajo la forma de un tomar eso que aparece en un posible uso al que nos proyectamos, desde una posibilidad en la que nos ponemos y desde la cual hacemos uso de eso a la mano. Lo a la mano —el útil— aparece entonces en su posible utilidad concreta, se hace explícito un posible «para qué». Esto es lo que pretende señalar Heidegger al decir que lo así interpretado aparece *como algo*: a saber, como el útil que sirve para tal o cual posibilidad nuestra. La articulación en la que consiste la concreción de posibilidades que es la interpretación, por ende, tiene la forma de un ver al útil como algo, es decir, verlo en su posible uso actual.

Ver algo en cuanto algo (en cuanto tal o cual útil, esto es, en cuanto se puede emprender con él tal o cual cosa, puede servir para tal o cual cosa, etc.) es explicitar las posibilidades de trato, esto es, explicitar la comprensión. La mencionada estructura del *como* o *en cuanto* (*als*) se encuentra, pues, implícitamente en la comprensión de posibilidades y explícitamente en la asunción de tales posibilidades que es la interpretación (p. 149).

Explícito, sin embargo, no quiere decir expresado. No se trata de que se diga que algo sirve para algo, sino de interpretarlo como sirviendo para eso, lo cual se hace la mayoría de las veces en el mero uso efectivo o incluso en la omisión de tal uso. Que se diga o no resulta aquí indiferente, y si se puede decir es justamente porque ya se ha interpretado así, porque ya se han visto explícitamente las posibilidades de trato. La articulación que «ve» algo como algo no surge primeramente con la enunciación; antes al contrario, si la enunciación tiene justamente esta misma estructura es porque se basa ya en lo que la interpretación ha hecho patente.

La interpretación así entendida, como asunción concreta de alguna posibilidad de trato con el útil, depende por ende de que dicho útil esté ya descubierto por el comprender, esto es, de que el útil se muestre en sus posibilidades dentro de un contexto ya él mismo abierto: el mundo. Sobre la base de un estar en un mundo familiar y habitual podemos entonces hacer uso de algo para algo, o lo que es lo mismo, interpretarlo como algo. Así pues, la interpretación parte ya siempre y se mueve en el ámbito de dicho mundo como totalidad significativa. A esta, digamos, dependencia de una totalidad previamente abierta y comprendida la llama Heidegger el «tener previo» (*Vorhabe*) de la interpretación. Lo que dicha interpretación lleva a cabo entonces es, como decimos, esbozar al útil hacia alguna posibilidad concreta; la interpretación lo toma como un cierto algo dependiendo de lo que se desea emprender con ello, de la posibilidad en la que se está. A este predelineamiento lo denomina Heidegger la «mirada previa» (*Vorsicht*) constitutiva de la interpretación. Y este esbozar hacia una posible utilidad implica a un tiempo, como hemos dicho ya también, asumirlo como algo, tomarlo como algo, hacerlo asible como tal o cual cosa. En este previo asir (*vor-greifen, Vorgriff*), en este tomarlo como tal o cual cosa, se basarían las formas de referir a ello y, un paso más lejos, las posibilidades de llevarlo a concepto (*Begriff*).

Al exponer esta triple estructura de «previedad» (p. 150) que sería característica de la interpretación —«haber previo», «manera previa de ver» y «manera de entender previa» (*Vorhabe, Vorsicht, Vorgriff*)— Heidegger pretende explicitar y analizar el movimiento de la interpretación en general. Aplicado al caso del trato cotidiano con el mundo, esta estructura muestra lo que tiene lugar en todo simple y llano hacer uso de algo. El más cotidiano uso del más habitual de nuestros enseres presupone que nos movemos en un contexto que nos resulta abierto y familiar, que sabemos a qué podemos atenernos con ese útil en ese contexto, que lo hemos tomado ya en alguna posibilidad concreta y que, por ende, lo estamos entendiendo como algo, como lo que sirve para esa posibilidad concreta.

Es desde esta triple estructura desde donde algo se esboza y se comprende, esto es, desde donde algo pasa a manifestarse con *sentido*. Este concepto de larga tradición no significa para Heidegger, como tal vez podría esperarse, lo que se comprende mediante la interpretación —es decir, en nuestro caso, el útil X en su uso concreto—, sino justamente esa triple estructura de previedad que esboza y hace posible la comprensibilidad en cada caso, el «desde dónde» que da su fisionomía particular a lo que se muestra (p. 151)[3]. Es por este motivo que Heidegger introduce el concepto de sentido precisamente en este contexto, pues se trata de algo que pertenece a la aperturidad como tal, al *ser en* como tal, y no al ámbito de lo abierto (el mundo). Y como el ente que ontológicamente es tal apertura no es otro que el *Dasein*, sólo corresponde hablar de sentido en relación con este peculiar ente. Sentido significará entonces la estructura de previedad desde donde el *Dasein* abre en cada caso aquello de lo que se ocupa, pero también, en la posibilidad más propia, desde la que abre su propio ser o bien el ser en general (pp. 151 s.).

Esta última afirmación nos permite aclarar un importante aspecto metodológico, a saber: que también las preguntas de esta investigación —la pregunta por el sentido de ser en general y, como preparación de ésta, la pregunta por el sentido de ser del *Dasein*— consistirán finalmente en investigar desde qué *Vorhabe*, *Vorsicht* y *Vorgriff* se está esbozando y perfilando lo que comprendemos por ser y por *Dasein*. Esto implica que toda comprensión interpretativa —o dicho más en general, todo acceso a algo— está mediado por esta estructura de previedad: lo que comparece lo hace, por así decir, como un esbozo que está esbozado desde ella. La interpretación que concreta y manifiesta algo como algo presupone ya «decisiones» relativas a estos momentos previos. Volviendo al caso de la ocupación cotidiana, es preciso comprender ya la totalidad de remisiones y las posibilidades del útil para tomarlo como tal o cual cosa y usarlo así. La interpretación presupone la comprensión, y la comprensión se articula y se concreta en la interpretación. Esto, que desde otros puntos de vista parecería un círculo vicioso, pone a Heidegger en guardia en un sentido metódico, pues se vuelve necesario el examen y la revisión de los elementos previos que articulan y desde los que se manifiesta algo en cuanto comprendido-interpretado. El haber previo, la manera previa de ver y la manera de entender previa no pueden dejarse tal como vienen dados sin más si deseamos realizar una verdadera investigación que comporte la posibilidad de una comprensión-interpretación propia, esto es, que evite dejarse llevar por asunciones dominantes e intente dar con el modo de ser de lo interpretado a partir de ello mismo (p. 153).

2.5. El enunciado como modo derivado de la interpretación (§ 33)

Como acaba de indicarse, la interpretación que articula y muestra algo como algo supone una explicitación y concreción de posibilidades abiertas

---

[3] Véase sobre esto el estudio de Rodríguez Suárez (2004).

en la comprensión. Al exponer este punto hemos dicho algo que se vuelve ahora de importancia, a saber, que tal explicitación no suponía ya expresión y que, antes al contrario, la expresión era posible justamente por ella. Ya se ha indicado que en la interpretación se lleva a cabo una explícita articulación que tiene la estructura del *algo en cuanto algo*, de modo que lo que comparece lo hace desde un cierto horizonte, en y con un cierto sentido. El sentido, por ende, no es un atributo de los enunciados, sino que se da ya en la interpretación, y justamente por eso puede ser recogido de forma expresa en el enunciado. A la mostración de estas relaciones dedica Heidegger el § 33 de la obra, que posee además importancia por introducir elementos indispensables para comprender la concepción de la verdad expuesta en el § 44.

Para Heidegger, el enunciado pertenece al último momento de la comprensión, esto es, al momento en el que se hace expreso y se comunica lo interpretado. En el enunciado se hace expresa, entonces, la articulación que tiene lugar en la interpretación. Aplicado de nuevo al modo cotidiano de ser, en el enunciado se haría manifiesto mediante palabras *como qué* está tomado algo en el trato con ello, esto es, cómo aparece en el despliegue de ciertas posibilidades del *Dasein*. La enunciación posee, por ende, una dimensión triple (pp. 154 s.). Por una parte, y ante todo, es una forma de mostración: hace notar aquello de lo que nos ocupamos en el modo como aparece en ese contexto. Por este medio, aquello de lo que se habla se ve a un tiempo determinado, se lo muestra *como* algo, y por ende se lo circunscribe y concreta. Además, por último, enunciar implica comunicar, hacer público por así decir, manifestar algo —lo mostrado— en el mundo común. Estas tres dimensiones del enunciado —mostrar, delimitar y comunicar— son solidarias y van de la mano: enunciar sería mostrar algo en un cierto respecto en el contexto de un mundo común y de un común estar en el mundo.

En cuanto modo derivado de la interpretación, es decir, en cuanto modo no primario de ésta sino posibilitado ya por una interpretación preenunciativa, el enunciado conserva la estructura de la interpretación. En él son apreciables, pues, un haber previo, una manera previa de ver y una manera previa de entender, dimensiones estas que se corresponden justamente con las tres del enunciado que se acaban de mencionar. Para empezar, el enunciado se mueve en una cierta apertura previa, a saber, tiene ya de antemano el mundo en cuanto abierto, y sólo por eso puede ser mostrativo, esto es, puede hacer expreso algún aspecto de dicho mundo. Además, el enunciado toma aquello de lo que habla en un cierto respecto, lo «recorta» en alguna dirección, por así decir, lo determina a partir de una previa dirección de la mirada. Y, por último, comunica tal determinación a partir de una cierta forma de entenderlo, esto es, con una cierta conceptualidad desde la que determina y muestra lo enunciado (p. 157).

A fin de mostrar por qué se considera que este modo de interpretación es «derivado», y en qué sentido esa derivación supondría una transformación, Heidegger enfatiza una diferencia que hasta el momento no estaba tan perfilada. Así, pasa a denominar «interpretación circunspectiva expresada» (p. 157) a la posibilidad de manifestar de forma verbal la interpretación cotidiana que se encuentra ya implicada en todo trato con los entes, y la distingue tajantemente del enunciado, considerando ahora un caso extremo del mismo. En efecto, y a fin de remarcar las diferencias, Heidegger toma como ejemplo el caso especial —aunque a menudo considerado como básico y modélico— de las proposiciones categóricas con la forma «S es P». Este tipo de enunciado corresponde a un ejercicio de tematización expresa, se trata de una determinación teórica o temática, que pretende decir en qué consiste algo, qué es algo. Lo así determinado es el sujeto de la proposición y la determinación su predicado. El decir algo de algo tiene ahora, por tanto, la forma de constatar y fijar una propiedad en cuanto propiedad de un objeto. Con ello se modifica tanto el carácter de lo determinado como de la determinación. Lo determinado deja de tener el carácter de útil (deja de pre-comprenderse en su ser como algo «a la mano» y pasa a pre-comprenderse como algo que «está ahí») y la determinación no expresa ya ningún habérnoslas con ese útil. El ámbito en el que y desde el que tiene lugar la interpretación, el mundo en cuanto contexto familiar, desaparece dejando lugar a una abstracta relación teórica con un objeto que busca determinar sus cualidades y hacerlas visibles sin incumbencia personal-práctica alguna.

La proposición conserva ciertamente la estructura de la interpretación en general, es decir, muestra algo como algo, pero ese primer «algo» aparece ahora únicamente *como* siendo esto o aquello, es decir, como sujeto de una posible predicación de cualidades definitorias. Heidegger se refiere a esta forma de articular e interpretar, a esta peculiar forma de hacer visible algo *como* algo, en términos de *como apofántico* (p. 158). Se trata de una articulación que ciertamente muestra, pero que lo hace bajo esta forma teórica. Este tipo de articulación es distinguida de la articulación que es propia de la interpretación en la que se desarrolla el cotidiano ser en el mundo. En esta última estructura de la interpretación —que Heidegger denomina por ello el *como hermenéutico-existencial* (p. 158)[4]— se basaría, según hemos indicado, toda forma de discurso y toda comunicación verbal.

---

[4] Rivera utiliza la expresión «en cuanto» para traducir *als* y habla, por ende, de «en cuanto apofántico» y «en cuanto hermenéutico-existencial». Seguimos aquí en general la traducción de *als* por «como», dado su más habitual uso entre los intérpretes. El punto ha sido ampliamente trabajado en la literatura especializada, entre otros por Rodríguez Suárez (2004), pp. 60 ss.; Chiurazzi (2008), pp. 135 ss. o Martel (2008), pp. 183 ss.

2.6. *Dasein* y discurso. El lenguaje (§ 34)

Al abordar este último punto se introduce un tema dejado de lado hasta el momento: el lenguaje. Sin embargo, el lenguaje en cuanto conjunto de palabras no es para Heidegger un fenómeno primario, sino él mismo dependiente de un aspecto ontológico-existencial, de un tercer elemento que, junto con la disposición afectiva y el comprender, configura todo aparecer: el habla o discurso (*Rede*). Este concepto de «habla» o «discurso» refiere, como veremos de inmediato, a la estructuración de la experiencia en general (el mundo se abre como *contexto coherente y consistente*). Dicha estructuración da pie «co-originariamente» a la comprensión (por cuanto el mundo no sólo se abre como contexto coherente, sino ante todo como contexto de *posibilidades*) y a la disposición afectiva (por cuanto el mundo se abre más precisamente como contexto de posibilidades *que nos incumben y en las que nos va de un cierto modo*)[5].

Hemos dicho que el comprender, en su forma cotidiana, tenía por objeto posibilidades de trato con el mundo, y que la interpretación concretaba esas posibilidades, se apropiaba de ellas, las realizaba. Todo esto era sin embargo posible desde el fondo, por así decir, de un mundo ya articulado, de un mundo que hemos calificado a menudo de familiar justo en este sentido, en cuanto contexto comprensible. El mundo como totalidad por lo general coherente de remisiones ya está, pues, articulado; y es sobre esa articulación de base que pueden comprenderse las distintas posibilidades de uso en un determinado contexto (*comprensión*), que puede concretarse alguna de esas posibilidades en alguna forma concreta de trato con los útiles (*interpretación*) y que puede, finalmente, expresarse de algún modo esa forma de trato (*comunicación* lingüística y, en su caso extremo, *enunciado* en cuanto proposición categórica). Este último momento, la expresión en un determinado lenguaje, en un conjunto también coherente de palabras, depende por tanto del primero, de la articulación pre-lingüística (y también pre-interpretativa) de la experiencia. El mundo está ya siempre discursivamente articulado —comprens*ibilidad* y articulación mundana van absolutamente de la mano— y es tal articulación la que puede después ser hecha propia en la interpretación (al poner*nos* en una determinada posibilidad) y también ser expresada en un lenguaje dado. Heidegger distingue aquí, por ende, entre lo que podemos llamar la lingüisticidad en general de nuestra experiencia y el lenguaje entendido como una lengua concreta, como un particular sistema de palabras. Asig-

---

[5] Con esto se aclaran las relaciones de «co-originariedad» entre disposición afectiva y comprensión, así como también el sentido en que ambas se verían co-originariamente determinadas por el discurso (cf. pp. 133 y 161).

nar una lingüisticidad general a nuestra experiencia —a la apertura de mundo que acontece en el *Dasein* o, mejor, que el *Dasein* mismo es— significa afirmar que lo que aparece lo hace siempre como y desde un contexto consistente de significatividad. Es el mundo mismo lo que está ya «lingüísticamente» articulado —ya vimos que se trata finalmente de un nexo de remisiones—, y es sobre esta base que puede entonces haber lenguajes concretos, no viceversa.

El caso es que esa articulabilidad general no aparece nunca como tal, sino que nos movemos siempre en contextos concretos y, además, expresados o expresables siempre en un lenguaje: el habla toma forma mundana en cuanto lenguaje. No obstante, Heidegger no considera que la distinción entre lenguaje (*Sprache*) y habla (*Rede*) sea simplemente metodológica, sino que la entiende en términos de fundamentación: el lenguaje (*Sprache*) se funda, tiene su condición de posibilidad, en el habla (*Rede*)[6]. A fin de remarcar esto, se comentan dos modos del discurso que no consisten en hablar, sino justamente en escuchar y callar (pp. 163-165). La escucha y el silencio son posibles porque nos movemos en un mundo compartido y ya comprensible. Y lejos de ser fenómenos ajenos al discurso, son modos de él, manifiestan formas de estar en el mundo, comprender y posicionarse. Es de señalar que Heidegger, lejos de considerarlos marginales, les otorga una singular importancia por cuanto representan modos de estar en el mundo que pueden apuntar hacia la propiedad de la existencia. *Callar* permite tomar distancia con las interpretaciones y modos de trato ya dados y asumidos, devenidos obvios y mecanizados, lo que a su vez puede llevar a *escuchar* la voz de la conciencia que interpela al *Dasein* a ser él mismo.

Ya vimos en el anterior apartado la triple estructura del enunciado en cuanto un mostrar, determinar y comunicar. Por lo dicho ahora se entiende que el enunciado mismo es un fenómeno basado finalmente en el habla y que extrae de ésta sus momentos. En efecto, también a la estructura del habla, en cuanto articulación con sentido, pertenece un momento de mostración de algo mundano (aquello sobre lo cual se habla), un determinado respecto en el que se lo trata (lo que se dice), así como también el momento de la comunicación (decir algo sobre algo en, desde y para un mundo común). No obstante, en el enunciado como forma teórica de mostración quedaba fuera un momento que es fundamental en el habla. En efecto, dado que el habla es una forma de apertura co-originaria no sólo con el comprender, sino también con la disposición afectiva, en el habla no sólo se tomará algo en el determinado respecto que sea relevante para las posibilidades esbozables en esa situación, sino que además todo ello nos

---

[6] Para una discusión de este punto, véase Lafont (1997), p. 94.

incumbirá de alguna manera. Al hablar no sólo comunicaremos a otros un cierto modo de tenérnoslas con algo, sino también cómo nos va en ello: lo que Heidegger denomina el «expresarse» (*Sichausprechen*)[7]. Esto puede apreciarse ante todo en las partes no semánticas del lenguaje, como el tono de voz[8], la cadencia, el tempo, etc. (p. 162)[9].

3. EL SER COTIDIANO DEL AHÍ Y LA CAÍDA DEL *DASEIN*

Una vez mostrados estos tres elementos configuradores, por así decir, de la experiencia —el discurso, el comprender y la disposición afectiva— podemos concluir que lo que comparece para el *Dasein*, el mundo, lo hace como un contexto articulado que se le presenta en forma de posibilidades que le incumben. Ahora se tratará de ver más en concreto estos mismos elementos pero en la particular manera como se articulan en la cotidianidad del *Dasein*, pues dicho modo de ser cotidiano guía las consideraciones de esta Primera Sección. Se tratará, en otras palabras, de mostrar cuáles son las formas de apertureidad del *Dasein* cotidiano: cuáles son las formas de discurso, comprensión (e interpretación) y disposición afectiva que adopta el «uno».

3.1. La habladuría (§ 35)

Las consideraciones de esta parte se inician analizando la forma cotidiana de comprender e interpretar que está contenida en el discurso (*Rede*) expreso, forma a la que se denomina *das Gerede*, la habladuría. El término alemán tiene una connotación de participio que permite entenderlo como lo hablado, esto es, lo ya expresado en el habla o discurso. Heidegger utiliza esta connotación para referir a las maneras de interpretar que se encuentran implícitas en el lenguaje común bajo la forma de concepciones más o menos dominantes y habituales. A estas interpretaciones asumidas y devenidas poco menos que obvias las denomina «el estado interpretativo» (*Ausgelegtheit*) (p. 167). Según Heidegger, el *Dasein* crece ya y por lo general se mantiene en estas interpretaciones, en un elenco de «verdades»

---

[7] Véase también *GA* 64, p. 27; trad. esp. p. 33.
[8] Para un estudio de estos aspectos, su relación con la retórica y la interpretación que Heidegger hace de la misma en estos años, véase Gross y Kemman (2005).
[9] Si bien no es nuestra intención desarrollar aquí este punto, cabe mencionar las consideraciones de Heidegger a final del parágrafo acerca de la posibilidad de una auténtica ontología del lenguaje liberada del modelo «lógico» del enunciado. Para una discusión general de la relación de Heidegger con la lógica puede verse Fay (1977) y Shirley (2010).

que hacen ver de un modo concreto todo aquello que es el caso para él: el mundo, los otros *Dasein* y él mismo. Sobre todo ello se habla ya siempre, se ha hablado ya, se repiten y asumen las interpretaciones dadas y compartidas.

La palabra *Gerede*, además, significa en efecto «habladuría» o «chisme», cosa que hace pensar en la existencia de una serie de elementos comunes entre lo que referimos habitualmente con esos vocablos y la estructura ontológica que Heidegger pretende describir. En efecto, ambas formas de discurso consisten en un hablar de oídas y sin fundamento, sin relación directa con aquello de lo que se habla. Se trata en los dos casos de un decir del que nadie se responsabiliza, que se repite y en el que a menudo queda fijada la atención, sin dar lugar a que las cosas me muestren de otro modo; un decir que guarda una relación indiferente con aquello sobre lo que versa, que se satisface con la tranquilidad de tener ya claro y liquidado el asunto, y que al repetirse lo va desfigurando cada vez más. Otro rasgo común consistiría en que ese decir lleva ya consigo predelineado el tipo de disposición afectiva que le corresponde, el modo como lo dicho y aquello sobre lo que se dice nos debe incumbir y afectar.

En una forma característica de proceder según su manera de entender la fenomenología, Heidegger da razón de la génesis de sentido de este fenómeno, es decir, muestra los elementos que lo posibilitan y el modo como se configura. Como sucede con muchos otros aspectos tratados en la obra —en particular, los relativos a la impropiedad del existir— la habladuría, si bien es aquello en lo que ya siempre nos movemos y estamos, constituye no obstante un modo derivado de discurso según su génesis de sentido. Esto es así puesto que se trata de una de las formas que puede adoptar una estructura ontológica —en este caso, el discurso en cuanto expresado en el lenguaje—, pero sin ser la forma más originaria, que en este caso sería el discurso mismo en cuanto mostrador de una situación concreta en la que está implicado el *Dasein* en primera persona, por estar en trato con una posibilidad de su directa incumbencia. La habladuría es posible, por ende, sobre la base de una estructuración de la experiencia que, además, toma la forma expresa de un hablar con otros sobre algo que nos atañe y mostrándolo como algo, en un cierto respecto (*en cuanto* algo). Sin embargo, al entrar todo ello en el lenguaje surge la posibilidad de la mera repetición, de la transmisión por así decir ciega (p. 168). El lenguaje ofrece una ilusión de comprensibilidad; entender las palabras y su estructuración favorece la impresión de que se comprende en la medida necesaria, cosa que permite repetir y compartir lo dicho. Por esa vía el decir va perdiendo lo que tenía de experiencia directa y de incumbencia personal, mientras que el aspecto en el que algo fue mostrado en la consecuente interpretación —el *en cuanto* qué— es extraído de todo contexto concreto y acaba siendo tomado por la cosa misma. Al ser un modo de la interpretación, la comprensión y el discurso expreso, la habladuría es también sin duda una forma de mostración y apertura, pero justamente una tal que oculta aquello de lo que habla (p. 169). Se trata de una mostración desarraigada, en el sentido de ajena a un trato directo y personal con aquello sobre lo cual se dice algo, y que por ende contribuye, junto con los otros aspectos que mostraremos a continuación, al desarraigo general del *Dasein* en el *uno*.

3.2. La curiosidad (§ 36)

A este mismo desarraigo contribuye también el segundo aspecto descrito por Heidegger, la curiosidad o *Neugier*, palabra que literalmente significa «avidez de novedades»[10]. Si la habladuría refiere a un modo fundado del discurso, la curiosidad por su parte mienta una particular posibilidad de configurarse la «visión» que es propia de la aperturidad del *Dasein*. En efecto, ese ya estarle abierto el mundo que es característico del modo de ser del *Dasein* fue referido por Heidegger al inicio de este capítulo quinto (p. 132) en términos de «claridad» (*Lichtung*) y de «luz natural» (*lumen naturale*), a las que correspondería por ende una cierta «visión» (*Sicht*). En lo relativo al mundo circundante, esta apertura era denominada «circunspección» (*Umsicht*) y consistía, como ya fue dicho, en la comprensión de los útiles, es decir, en el saber a qué atenerse con lo «a la mano». La curiosidad, en cuanto derivación y modo de esta última forma de visión, es explicada por Heidegger de nuevo en términos genéticos a partir de ella, tal y como se mostrará en lo que sigue.

El vivir cotidiano tiene la forma de un ocuparse en tales o cuales asuntos. En dicho ocuparse, aquello de lo que hacemos uso comparece como algo a la mano, algo de lo que podemos (o no) servirnos para aquello en lo que andemos. No obstante, al vivir cotidiano le es también propio el dejar de estar en tareas concretas, bajo las formas del descanso y el ocio. En estas formas de estar se da o puede darse una cierta transformación del sentido ontológico de lo que aparece para nosotros. El útil en el que antes no se reparaba y con el que no se tenía distancia alguna pasa de ser usado a ser simplemente visto, mirado. Ya en el § 16 se indicaron formas —denominadas «llamatividad», «apremiosidad» y «rebeldía» (pp. 73 s.)— en las que lo a la mano perdía de alguna manera ese carácter al verse interrumpida su remisión a un para qué. Lo mismo sucede en este caso, donde el útil no es considerado en cuanto tal sino que es visto y abierto de otra manera. Ya sabemos que la comprensión que el *Dasein* posee de

---

[10] Gaos optó por traducirlo de esta manera, mientras Rivera mantiene la acepción más corriente, «curiosidad», y aclara su significado en nota.

los útiles, su comprensión del posible uso en la situación concreta, era lo que constituía la «visión» que era propia de la circunspección. Esta «visión» se transforma por ende cuando el ente en cuestión deja de ser considerado en su para qué, pues no se pretende en general emprender nada con él. Evidentemente, el útil no desaparece por ello, pero sí deja de estar visto como tal útil y en general desde la consideración de ese contexto como contexto de posible uso y «actividad». Así pues, el ocio o el descanso permiten que la circunspección quede libre para otras formas de consideración. Heidegger explica la curiosidad como una de esas formas y utiliza para ello las consideraciones que introdujo en el apartado sobre la espacialidad del *Dasein* (§§ 22-24). Si la circunspección era una forma de «des-alejar» (*ent-fernen*), esto es, de acercarse y apropiarse algo, aprestárselo y volverlo «a la mano» (p. 105), ahora, al volverse libre, encuentra otras formas de abrir y de «acercarse» algo. Estas consisten justamente en distanciarse de ello, en considerarlo como algo ajeno, desinteresadamente. Lo que importa entonces es la cosa en cuanto meramente vista, en su ser de tal o cual modo, en su «aspecto» (p. 172).

El uso intencionado de esta última palabra le permite a Heidegger conectar con el término griego *eidos*[11] y, de esa forma, exponer una tesis característica de su pensamiento desde los primeros cursos de Friburgo: que la primacía de la actitud teórica en la concepción del conocimiento surge ya en los inicios griegos de la filosofía, y, además, que está emparentada con formas huidizas del *Dasein*. En efecto, *eidos* es uno de los términos fundamentales para entender cómo la filosofía occidental considera el objeto y el fin del conocimiento por antonomasia. El conocer mismo tendría entonces este carácter de un lejano ver algo en sus cualidades aprehensibles mediante un trato distanciado y neutral como el indicado. El acto de conocimiento capaz de captar a lo ente de esta manera, en su mero ser así, recibiría por su parte el nombre de *noesis*. Heidegger considera que esta primacía de lo teórico y objetivante como forma de conocimiento se encuentra ya en los orígenes del pensamiento occidental, en la identificación parmenídea entre *noesis* y ser: lo mismo es captar mediante *noein* que ser (p. 171). Lo así aprehendido, sin embargo, estaría caracterizado por la forma de ser de lo que está ahí delante, de lo *vorhanden*, de modo que desde el principio de la filosofía fue la naturaleza en cuanto ajena al *Dasein* y su mundo circundante lo que sirvió de modelo para comprender e interpretar el sentido de ser en general.

Dejando ahora de lado estas tesis históricas, interesa señalar las similitudes y diferencias entre la curiosidad y la actitud teórica. Ya hemos

---

[11] Heidegger repite estas consideraciones en varios cursos y textos de estos años, empezando por el tratado *El concepto de tiempo* de 1924. Cf. *GA* 64, p. 38; trad. esp. p. 46.

visto que ambas son formas de distanciamiento que suponen un cambio en la «visión» de lo ente y, correlativamente, en el modo como este se manifiesta. En ambos casos el ver se autonomiza, renuncia a cualquier comprensión de posibilidades existenciales y prácticas con lo ente. Por ende, tendría lugar en estas formas de relación una especie de descarga del carácter existencial del *Dasein*, de ese «tener que ser su ahí» en el que consiste la existencia. La actitud teórica supondría entonces una forma especialmente refinada y sutil de una tendencia a la huida que se encuentra ya ampliamente prefigurada en el vivir cotidiano.

No obstante estas similitudes y parentesco, hay diferencias claras en el modo como se realizan y en lo que buscan estos dos modos de visión desinteresada. Por de pronto, la curiosidad no pretende hacerse con el ente de una forma cognoscitiva, sino que su modo de huida es más bien el de abandonarse a la multiplicidad del mundo, pasando de una cosa a otra, accediendo a esto y aquello sin quedarse ni implicarse en nada. Más que saber busca ante todo un cierto enterarse, estar al día, poder exhibir algo superficialmente y pasar a otra cosa, hacer acopio de materiales para una relación frívola con los asuntos. Los caracteres fundamentales de la curiosidad son, por tanto, una *incapacidad de quedarse*, demorarse y permanecer en lo tratado, una constante *dispersión* o distracción y, como consecuencia de ello, una *falta de lugar* y un constante *desarraigo* (pp. 172 s.). La curiosidad le permite al *Dasein* estar en todas partes sin estar en ninguna, entrar en relación con infinidad de asuntos sin implicarse en nada.

3.3. La ambigüedad (§ 37)

Según lo visto hasta el momento, lo que comparece para el *uno*, lo que es el caso para este *Dasein* impersonal cotidiano, lo hace en la forma de un haber oído lo que se dice al respecto y de un contentarse con saber algo de esta manera superficial, pasando de un asunto a otro. Lo llevado a lenguaje, los distintos «decires», permiten este tipo de trato con aquello de lo que se habla; es posible pasar de un discurso a otro, irse interesando por una y otra cosa de manera dispersa y sin implicación personal alguna, sin poner en juego la propia existencia ni hacerse eco de las posibilidades de vida ahí cristalizadas. El lenguaje público y sus formas de interpretar y abrir permiten una accesibilidad general sin esfuerzo alguno. Desde luego, se encuentran también discursos más complejos o raros, que pueden costar un esfuerzo en ese sentido; pero no es preciso y de hecho está excluida la posibilidad de tomárselos en serio, esto es, de tomarlos justamente como formas de apertura, preguntarse por su originariedad y asumirlos en primera persona. Al no tener con ellos más relación que la marcada por la curiosidad, los discursos se ven nivelados a material para la dispersión y la distracción, por lo que es imposible distinguir y decidir en cuáles de ellos se expresa una verdadera comprensión y un trato directo con algo y en cuáles no. Para poder decidir tal cosa uno mismo tendría que entrar en un trato directo con aquello de lo que se habla y dilucidar de qué modo ha sido interpretado en ese decir concreto. La curiosidad, sin embargo, no hace estas diferencias y sólo se ocupa de habladurías, por lo que en ella todo aparece en una indefinición respecto a su legitimidad y originariedad. A este no poder ni querer decidir si lo dicho surge o no de una verdadera comprensión lo denomina Heidegger la *ambigüedad*[12].

Junto con la habladuría y la curiosidad, la ambigüedad mienta la forma como comparecen para el *Dasein* cotidiano los asuntos de los que se ocupa. Se trata, por ende, de una forma de acceso al ente, a lo que es el caso. Esta forma de acceso despersonalizada y «de término medio», que es propia de lo que Heidegger denomina la «publicidad», garantiza, por su falta de implicación directa, una accesibilidad que aspira a extenderse a todo. Por de pronto, se extiende a todos los ámbitos con los que entra en relación el *Dasein*: su mundo, los otros *Dasein* y él mismo. A esta falta de limitación en lo relativo a sus objetos se le suma, además, otra en lo relativo al tiempo. En efecto, la ambigüedad no se restringe a los asuntos que en cada caso nos ocupan o nos han ocupado, sino que también se decide desde ella, sin responsabilidad personal y directa, lo que tendrá que ser el caso, las posibilidades a las que se debe proyectar el *Dasein*, su trato futuro con el mundo, los otros y él mismo (pp. 173 s.).

En cuanto marcadas por esta ambigüedad, la habladuría y la curiosidad impiden que algo nos implique, que nos incumba en primera persona. Esta forma de trato bloquea el potencial y la fuerza apelativa incluso de aquello que podría importarnos propiamente, lo nivela y convierte en un asunto interesante entre otros, sin dejarse decir nada y pasando pronto a otra cosa.

3.4. LA CAÍDA Y LA CONDICIÓN DE ARROJADO (§ 38)

En la parte A de este capítulo vimos que el *Dasein es* una apertura de mundo tal que lo que comparece lo hace en forma de posibilidades que le incumben y en las que finalmente se juega su *propio* estar siendo. Ahora, en la parte B, estamos viendo que el *Dasein* cotidiano en su modo *impropio* de ser abre el mundo en forma de asuntos de los cuales a lo sumo se interesa y que justamente no reconoce como posibilidades que afecten a

---

[12] Sobre este punto, y algún otro tratado en el presente capítulo, puede consultarse la exposición de King (2001) en su guía de lectura de *ST*, especialmente pp. 83-90.

su propio tener que ser. A esta forma cotidiana de ser, a este modo de desplegar su ser en el mundo consistente en perderse en lo que el día va trayendo, no hacerse responsable de la propia vida y darse la espalda, lo denomina Heidegger la *caída* (p. 175).

Bajo este término se recoge lo visto en los tres parágrafos anteriores, donde en definitiva se estaba describiendo más en detalle en qué consiste la forma de ser del *uno*, la im-propiedad. Como su nombre indica, se trata de un fenómeno privativo o deficiente pero, no obstante, dominante e insoslayable. En efecto, aunque el *Dasein* sea para Heidegger ante todo la posibilidad de ser él mismo, de responsabilizarse de su propia existencia finita, se trata de una forma de ser que no sólo no está dada de antemano sino que debe ser ganada siempre de nuevo con algún tipo de modificación o transformación del modo habitual y dominante de ser. En este, el *Dasein* vive y se guía por la interpretación pública que comparte con los otros en la forma «ambigua» ya mencionada. Es a esto a lo que se denomina caída, sin pretender por ende que exista la posibilidad de superar esta condición ni tomarla como un estado posterior o previo a una supuesta pureza disipada o por venir (pp. 176, 179 s.).

Esta forma cotidiana de ser hunde sus raíces en el carácter existencial del *Dasein* según el cual éste crece en un mundo ya públicamente configurado, participando de un lenguaje que contiene comprensiones e interpretaciones comunes de todo lo que es el caso. Así pues, la posibilidad de perderse en el *uno*, de mantenerse en este «estado interpretativo» (*Ausgelegtheit*) y dejarse guiar desde él, está ya dada por la propia forma de ser del *Dasein*, no es un «mal» que le venga de afuera sino una posibilidad que pertenece a su propio ser. En este sentido dice Heidegger que el ser en el mundo como tal —en cuanto un ser con otros en un mundo común y público— es *tentador*, lleva en sí mismo la tendencia a la caída (p. 177). En ella, el *Dasein* no confronta su propio tener que ser, sino que se mueve en la convicción de que todo es accesible y todo está ya suficientemente comprendido, convicción que le proporciona una particular seguridad y tranquilidad. Esta forma caída de existencia es, por ende, *tranquilizadora* (p. 177). El seguro y tranquilo acceso a todo le permite al *Dasein* interesarse curiosamente por las más diversas formas de interpretarse y manifestarse, ya se trate de culturas lejanas, ya de las diversas interpretaciones sobre él mismo. El *Dasein* se deja de lado con todo ello en la particular forma de un no dejar de hablar de sí, enterarse y disponer de los más variados discursos sobre la vida y el hombre. En la caída, por ende, el *Dasein* se *enajena* y a la vez se *enreda* (p. 178), queda atrapado en todo lo que se dice sobre el hombre en vez de tomar en sus manos su propia vida y decidir ponerse en posibilidades concretas y elegidas.

Heidegger describe esta forma desde la que se abre mundo en términos de movimientos —caer, tender a la caída, encontrar reposo, salir de sí, enredarse en los discursos—, de ahí que las resuma todas ellas en un término de ese mismo carácter: el «*despeñamiento*» (*Absturz*) (p. 178). Todos estos conceptos por así decir dinámicos, relativos a movilidades, apuntan finalmente a mostrar que incluso la caída es una forma de llevar a cabo el propio tener que ser, es un modo de tenérselas con lo que Heidegger denominó al principio del capítulo la *condición de arrojado* (*Geworfenheit*), esto es, con nuestro estar siendo y tener que hacer algo con nosotros mismos. Eso que la «disposición afectiva» traslucía toma en el vivir cotidiano e impropio la ya descrita forma de la caída: el *Dasein* responde al problema que es para sí mismo evitando hacerse cargo de sí.

4. CONCLUSIÓN

Una vez mostrados los caracteres esenciales de la «aperturidad» —*disposición afectiva, comprensión* y *discurso*— y sus formas cotidianas —*habladuría, curiosidad* y *ambigüedad,* que al final se muestran como un movimiento de *caída*—, Heidegger emprende ya la tarea que resta en esta Primera Sección: interpretar todos los caracteres desplegados hasta este momento de forma unitaria, lo que hará en el capítulo sexto bajo el título del «cuidado» (*Sorge*).

REFERENCIAS

CHIURAZZI, G. (2008): *Teorías del juicio*, Madrid.
FAY, Th. (1977): *Heidegger: The Critique of Logic*, The Hague.
GROSS, D. y KEMMAN, A. (eds.) (2005): *Heidegger and Rethoric*, Albany (N. Y.).
KING, M. (2001): *A Guide to Heidegger's* Being and Time, Albany (N. Y.).
LAFONT, C. (1997): *Lenguaje y apertura del mundo. El giro lingüístico de la hermenéutica de Heidegger*, Madrid.
MARTEL, Ch. (2008): *Heideggers Wahrheiten*, Berlín.
RODRÍGUEZ, R. (2006): *Heidegger y la crisis de la época moderna*, Madrid.
RODRÍGUEZ SUÁREZ, L. (2004): *Sentido y ser en Heidegger. Una aproximación al problema del lenguaje*, Zaragoza.
SHIRLEY, G. (2010): *Heidegger and Logic. The Place of Logos in* Being and Time, Londres - Nueva York.

8
EL CUIDADO COMO EL SER DEL *DASEIN*
(§§ 39-44)

JUAN JOSÉ GARCÍA NORRO

1. INTRODUCCIÓN

Con el capítulo sexto concluye la primera sección de *ST*. Es un momento propicio para efectuar, en cierto modo, una recapitulación. Sólo en «cierto modo» porque Heidegger no se limita, ni mucho menos, a resumir los principales logros obtenidos hasta aquí. Al contrario, teniendo presente lo alcanzado, trata de avanzar bastante más allá en el análisis existencial del *Dasein* para cerrarlo, aunque sea provisionalmente, y así estar en disposición de adentrarse en la ontología fundamental, que ocupará la segunda y última sección publicada de este libro. Lo que pretende Heidegger es, pues, llevar a cabo una apropiación retrospectiva rigurosa de lo conseguido hasta este momento. En este capítulo se introducen tres importantes nociones de la filosofía heideggeriana: las de *angustia, cuidado,* y *verdad como ser descubridor y aperiente*, sin las cuales la descripción del ser del *Dasein* quedaría sumamente en precario.

2. LA PREGUNTA POR LA TOTALIDAD ORIGINARIA DEL TODO ESTRUCTURAL DEL *DASEIN* (§ 39)

En los capítulos anteriores, más en concreto, del segundo al quinto, Heidegger ha desgranado diferentes existenciales que reflejan el modo de ser del *Dasein* partiendo del más general de todos ellos: el estar-en-el-mundo. Tras esta descripción, a punto de concluir la analítica existencial, Heidegger cree conveniente mostrar que todos estos existenciales pueden reunirse en una única estructura que facilite la mirada fenomenológica a la totalidad que constituye al *Dasein* en cuanto tal, esto es, en tanto que *Dasein*, un ente cuyo modo de ser no es asimilable al modo de ser (estar-ahí o estar-a-la-mano) propios de los entes intramundanos. Urge, especialmente, mostrar la vinculación entre la existencialidad y la facticidad, dos momentos del todo estructural que es el *Dasein*, ya que este existe siempre fácticamente.

¿Por qué hay necesidad de conseguir esta unificación, de captar el fenómeno del *Dasein* en su integridad? Principalmente por dos razones: para dar cohesión a la analítica existencial y para permitir la transición a la ontología fundamental. De la misma forma que Kant achacaba a la teoría categorial de Aristóteles el ser una mera enumeración rapsódica, un conglomerado de notas reunidas sin orden ni concierto, y, en consecuencia, buscó sustituirla por una nueva tabla categorial donde estuviese claro el criterio de su composición, a Heidegger le interesa evitar el peligro de que el lector de su obra tome como una mera yuxtaposición accidental los distintos aspectos de la constitución del *Dasein* puestos de manifiesto previamente.

Puesto que todos estos elementos son cooriginarios, resulta imposible deducir unos de otros. Por tanto, Heidegger no va a proceder a una deducción trascendental ni tampoco empírica. Pero, como se acaba de decir, de ninguna manera puede conformarse con la pura enumeración que dificulte la captación del fenómeno en su totalidad. Los análisis anteriores ponían de manifiesto distintos modos de ser del *Dasein*: estar-en-el-mundo, ser-con-otros, etc. Naturalmente estos existenciales mostraban ya lo que es el *Dasein* (*Dasein* como ser-en, como caído, etc.) pero, al fijarse en distintos modos de su ser, no captaban el *Dasein* como *Dasein*. Hay que buscar, pues, un punto de vista que permita captar al *Dasein* en su integridad y a ser posible desde su interior. Antes de dar este paso, conducente a obtener una visión integral del *Dasein* como un todo, es de todo punto imposible encontrar un vínculo entre la mera descripción de la cotidianidad y su fundamento ontológico, con lo que no cabría ir más allá y la segunda sección de *ST* no podría haber sido escrita: tendríamos una analítica sólo descriptiva, no ontológica. Dicho de otra manera, sin esta visión integral del *Dasein*, la analítica no sería, como pretende Heidegger, una analítica *preparatoria* del fundamento ontológico y no se estaría en disposición de mostrar que la temporalidad es el *fundamento* ontológico del *Dasein*.

¿Cómo captar al *Dasein* en su totalidad estructural? Heidegger cree que hay un estado de ánimo, una disposición afectiva, esencialmente ligado a él, capaz de mostrar el *Dasein* y su condición de arrojado al *Dasein* mismo. Esta disposición afectiva es la *angustia* que nos muestra el denominador común de todos los existenciales, que es el *cuidado* (*cura*).

Antes de pasar a la descripción tanto de la angustia como del cuidado, Heidegger advierte que, al igual que los anteriores análisis, la interpretación ontológica del *Dasein* como cuidado ha de chocar, por fuerza, con la comprensión preontológica del ser y el conocimiento óntico de este ente. Al ser humano corriente, orientado, en su experiencia cotidiana, óntica y ontológicamente, al ente intramundano, le tiene que extrañar asimismo que, en la descripción del *Dasein*, se prescinda de la tradicional definición del ser humano como animal racional. Para mitigar un tanto el posible estupor, Heidegger realizará una comprobación pre-ontológica de la interpretación existencial del *Dasein* como cuidado mostrando que ya, desde antiguo, el *Dasein* se interpretó a sí mismo precisamente como cuidado.

3. LA DISPOSICIÓN AFECTIVA FUNDAMENTAL DE LA ANGUSTIA COMO MODO EMINENTE DE LA APERTURIDAD DEL *DASEIN* (§ 40)

Para Heidegger la angustia (*Angst*) es una disposición afectiva, un modo de encontrarse (*Befindlichkeit*), muy especial porque posee la virtualidad de traer al *Dasein* ante sí mismo de una manera singular, lo que le confiere una especial relevancia ontológica.

Lamentablemnte, en *ST* Heidegger no se detiene en una descripción muy pormenorizada de la angustia. Al final del § 40 indica que semejante fenómeno no podía dejar de pasar desapercibido en la historia de la filosofía, aunque naturalmente esta no ha sabido extraer todo el provecho ontológico existencial que Heidegger pretender obtener. Son pensadores cristianos los que más han reflexionado sobre la disposición afectiva de la angustia (San Agustín, Lutero y, sobre todo, Kierkegaard) especialmente cuando consideraban al hombre con respecto a Dios. A esta breve lista ofrecida por Heidegger en la última nota a pie de página del § 40 quizá cupiese añadir a Pascal como uno de los predecesores de la reflexión sobre la disposición afectiva de la angustia. En otras obras suyas, como *¿Qué es metafísica?*, Heidegger vuelve al análisis de la angustia y la describe con mayor detenimiento. Para conocer un poco a qué se está refiriendo Heidegger, procedamos a una rápida e incompleta descripción de esta disposición afectiva.

Lo primero que hay reconocer es que no es nada frecuente experimentar angustia en el sentido heideggeriano del término y mucho menos realizar un análisis ontológico existencial de este fenómeno, una vez vivido. Como aproximación a este afecto, podemos intentar recordar si alguna vez nos hemos sentido como extraños, ajenos a todo. Estoy en mi cuarto, pero las cosas que contiene —muebles, objetos familiares, recuerdos— me resultan de golpe carentes de toda importancia, sin valor alguno. También encuentro desprovistas de toda significación a las personas con las que trato y sé que puedo encontrar con sólo salir de la habitación o de la casa. Incluso yo mismo me siento indiferente respecto de mi cuerpo que me resulta mostrenco, como si fuese un objeto insignificante y totalmente desligado de mí mismo. Mi pasado como también las perspectivas que tantas veces me he planteado con relación a mi futuro se vuelven totalmente anodinas. Con nada me puedo solidarizar, nada me conmueve, me alegra ni me entristece. Pero esta apatía emocional no implica una ausencia absoluta de sentimientos en mí. Experimento una fuerte desazón, una suprema incomodidad, me siento francamente mal, como perdido, lejos de todo lo familiar, por completo fuera de casa.

No todas las personas han experimentado algo semejante. El desasosiego que lleva consigo esta disposición afectiva empuja al *Dasein* a evitarlo a toda costa. Teniendo presente esta descripción, entremos ahora, de la mano de Heidegger, siguiendo el texto de *ST*, en el análisis fenomenológico de la *angustia*. Conviene cuanto antes distinguir la *angustia* del *miedo* (*Furcht*), pues ambos fenómenos presentan semejanzas que llevan a confundirlos entre sí. En el § 30, Heidegger llevó a cabo un breve ensayo de ejercicio de análisis fenomenológico centrado en el *miedo,* que, como oportunamente anunció, le sirve de preparación para lo que ahora va a decir acerca de la angustia. Recordemos rápidamente lo principal de lo que allí se dijo. El análisis de este afecto supone reparar en tres puntos: *a*) el *ante-qué* (*Wovor*) del miedo, el objeto amenzador, aquello de lo que experimentamos miedo; *b*) el *tener miedo,* en cuanto tal; *c*) el *por-qué* (*Worum*) del miedo, el bien que el objeto amenazador pone en peligro.

El ante-qué del miedo, lo temible, es su objeto intencional; algo dañino, perjudicial. Un animal que anda suelto y puede morderme, un par de hombres que están en la esquina de la calle por donde he de pasar y que acaso albergan el propósito de asaltarme, etc. El objeto del miedo, el ante-qué, nunca está estático, sino en movimiento, aproximándose a mí, en realidad basta con que se acerque el momento en que me alcanzará. Su aproximación paulatina incrementa el miedo. El mal previsto, objeto del miedo, no es un mal seguro ni inevitable.

El tener miedo, como cualquier otro sentimiento, posee un doble valor heurístico. Por una parte, descubre rasgos en los objetos que pasarían desapercibidos para el sujeto si no experimentase ese sentimiento. No descubro que algo es temible y luego siento miedo; sino que, al sentir miedo, me percato de que es temible. Si es verdad que la extraña enfermedad denominada síndrome de Urbach-Wiethe implica, entre otros síntomas, la imposibilidad de experimentar miedo, quien padece esta rara dolencia desconoce no sólo el miedo, sino también lo temible o sólo lo sabe de oídas, como el ciego conoce los colores. Pero el miedo, como otros sentimientos, muestra también el sujeto al propio sujeto que lo vive. Al sentir miedo, experimento lo temible y me experimento a mí, me conozco, como atemorizado.

El *por-qué* del miedo no es su causa. No sólo temo algo, sino que lo temo por mor de mí, por mí en general o por algo mío. Temo al animal suelto que me puede morder porque su mordisco es doloroso, pone en peligro mi salud, temo *por* mi salud. Temo a esos hombres agazapados porque pueden asaltarme y ello me hace temer *por* mi dinero, *por* mi reputación y orgullo (dirán que fui cobarde si cedo a la amenaza), etc. En el fondo el por-qué del miedo es siempre el *Dasein*, «el ente mismo que tiene miedo» (p. 141). Por esta razón, el miedo abre, descubre, al *Dasein*, manifiesta su precariedad. Claro está que podemos temer por nuestros bienes, que corremos el riesgo de perder, o temer por otro, me da miedo que los ladrones dañen a la persona que me acompaña. Pero estos datos no cambian el principio de que el por-qué del miedo es el *Dasein* en la medida en que «el *Dasein*, en cuanto estar-en-el-mundo, es siempre un ocupado estar en medio de... Inmediata y regularmente el *Dasein es* en función de aquello de *que se* ocupa» (p. 141). Cuando se teme por otro, «se teme entonces por el coestar con el otro, ese otro que podría serle arrebatado a uno» (p. 142).

Teniendo presentes estos aspectos de la descripción fenomenológica del miedo, pasemos a exponer la disposición afectiva de la angustia.

Tanto en la angustia como en el miedo se da la espalda a algo y se corre alejándose de ello, aunque sea figurativamente. La órexis, el apetito de la filosofía práctica antigua presenta dos momentos: la *díoxis*, el dirigirse hacia algo buscándolo, y la *phygé*, el apartarse de algo retrocediendo ante ello. La disposición afectiva del miedo pertenece claramente a la *phygé* y se distingue de la angustia por tener como objeto atemorizante, el «ante-qué» (*Wovor*) de esta disposición afectiva, del cual se huye, del que uno pretende separarse cuanto más mejor, siempre un ente intramundano que se presenta como amenazador y perjudicial. Precisamente, como se vio, el objeto amenazante queda descubierto, desvelado, por el miedo. Y su espacialidad le permite acercarse al *Dasein* atemorizándole. Además, en el miedo el mal previsible que lo origina es evitable, aunque pueda resultar muy difícil de esquivar.

En cambio en la angustia el asunto es totalmente distinto. «El ante-qué de la angustia no es un ente intramundano» (§ 40, p. 186). Si se apura a quien ha experimentado angustia a que confiese qué le angustia, posiblemente no logrará identificar el objeto de su disposición afectiva. Balbuceará que nada le angustia. Y esta forma de expresarse es la más cercana al fenómeno. No hay un objeto de la angustia. Nada de este «mundo» por terrible que se presente desencadena la angustia. «El ante-qué de la angustia es enteramente indeterminado» (p. 186) no da la cara, «la angustia no sabe qué es aquello ante lo que se angustia» (p. 186). Su indeterminación hace que su objeto no esté en ningún lugar desde donde pueda aproximarse, tampoco hay lugar donde evadirse, ni la angustia desaparece levantando un valladar entre su objeto y el yo. El ante-qué de la angustia no está en ninguna parte. Y, sin embargo, está ya *ahí* tan próximo que corta el aliento. Nada temible se funde tan íntimamente con el *Dasein* como aquello que le angustia. El angustiado lleva consigo aquello de lo que huye. Y es que «*el ante-qué de la angustia es el estar-en-el-mundo en cuanto tal*» (p. 186). Conviene precisar que lo que angustia, al igual que no es un ente intramundano, lo que está a la mano o lo que está ahí dentro del mundo, tampoco es el mundo como conjunto de entes intramundanos. No llegamos a la angustia al aumentar el número de objeto temibles y multiplicarse, así, nuestros miedos. En cierto modo, nada es el ante-qué de la angustia. Pero esta nada no es un cero, un vacío: aunque, ciertamente, es un no ente. En la angustia, el mundo se hunde, cae en la insignificancia (*Unbedeutsamkeit*) (véase el § 18, donde se habla de la condición respectiva y de la significatividad, que es lo que se pierde en la angustia). Miro a mi alrededor, y nada se presenta como valioso, importante, nada me afecta, hasta el miedo ha perdido su razón de ser, sin embargo, todavía hay algo (no un ente) que me oprime (angustia). Ese algo opresivo es el mundo en su mundaneidad. Ónticamente es acertado decir que no era nada lo que angustiaba (el ante-qué de la angustia no es un ente, nada de lo de a la mano del mundo), pero esa nada «se funda en el más originario "algo": en el *mundo*» (§ 40, p. 187) que, como se sabe, pertenece esencialmente al *Dasein* en cuanto estar-en-el-mundo. En suma, el ante-qué de la angustia es, negativamente, la insignificancia de todo ente, la nada óntica; y, positivamente, el estar-en-el-mundo en cuanto tal. De la misma forma, que el miedo mostraba, desvelaba, lo temible, que sólo aparecía a partir del sentimiento de miedo, la angustia abre, descubre, el mundo en cuanto mundo. La angustia no es un experimento mental, como el ensayado por Kant en la deducción del espacio como intuición *a priori*. No se trata de que se piense en el mundo y a continuación se supriman mentalmente todos los entes intramundanos y el resultado de este proceso deletéreo sea el mundo que produciría, acto seguido, la disposición afectiva de la angustia. El proceso es justo el contrario, como ocurre en todos los afectos, la angustia, sentida inicialmente, abre el mundo en cuanto mundo. Pero el mundo por esencia pertenece al ser del *Dasein* en cuanto que su modo de ser es estar-en-el-mundo. La angustia, por tanto, abre el *Dasein* ante sí mismo. Esta es la relevancia ontológica de la disposición afectiva de la angustia.

Figura 1

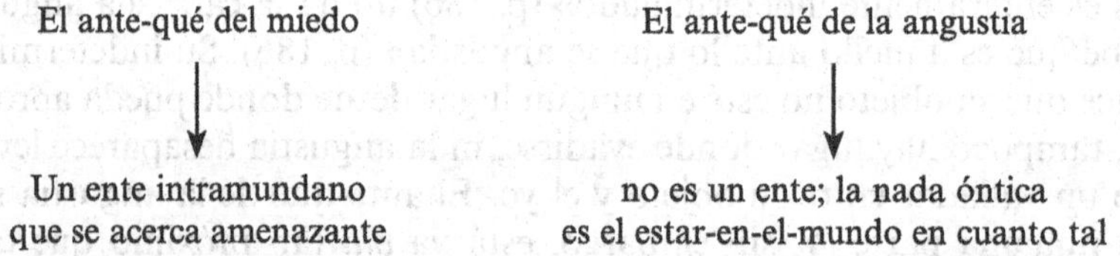

El ante-qué del miedo ↓ Un ente intramundano que se acerca amenazante

El ante-qué de la angustia ↓ no es un ente; la nada óntica es el estar-en-el-mundo en cuanto tal

Siguiendo el modelo de la descripción fenomenológica del miedo, en la angustia, junto al ante-qué, se distingue un por-qué. Toda angustia es angustia *por*... Mientras que el miedo era miedo por un determinado modo o posibilidad de ser amenazada por «un poder ser concreto fáctico» (p. 187), que disminuye o menoscaba sus posibilidades, la angustia se angustia por «el estar-en-el-mundo mismo» (p. 187). Dado que todas mis actividades y ocupaciones cotidianas han perdido interés carecen ahora de significatividad, el proceso de caída —en el «uno», en el «se» y en el cuidado del mundo— se detiene y me veo dirigido hacia mí mismo. Dicho con palabras de Heidegger: «la angustia le quita al *Dasein* la posibilidad de comprenderse a sí mismo en forma cadente a partir del "mundo" y a partir del estado interpretativo público» (p. 187). Dicho de otra manera, con la angustia desaparece la posibilidad de que el *Dasein* se comprenda a sí mismo desde la vida que ha caído en el «se», de «se dice», «se piensa», «se hace». Por esta razón dice Heidegger, rayando la paradoja, que, huyendo de sí, en la caída, enfrascándose en la vida rutinaria impersonal, el *Dasein* se vuelve hacia sí, hacia su propio poder-estar-en-el-mundo mediante la angustia. El angustiado ya no se puede comprender a partir del mundo, caído en él. Cuando ya no se siente en el mundo como en su casa, la angustia arroja al *Dasein* hacia aquello de lo que, en su angustia, huye; la angustia le devuelve a su propio o auténtico poder-estar-en-el-mundo. La angustia aísla al *Dasein*, lo individualiza (*vereinzelt*), y, de este modo, le revela su más auténtico poder-ser. Cualquier otra disposición anímica también revela el estar-en-el-mundo en su totalidad. Pero la angustia lo abre de un modo privilegiado porque aísla al *Dasein* sacándolo de su caída. En definitiva, la angustia descubre o revela al *Dasein* como ser posible, como aquello que puede ser desde sí mismo; separado del mundo familiar, aislado, sólo de sí mismo puede extraer la posibilidad de ser-en-el-mundo. Por esta razón, la angustia revela al *Dasein* como libre mostrándole «la propiedad e impropiedad como posibilidades de su ser» (p. 191).

Hay un paralelismo innegable en este punto con lo dicho sobre los útiles. El útil llama la atención sobre sí mismo, se revela, cuando falta, cuando falla, cuando no es el apropiado para la tarea, en una palabra, cuando no podemos hacer uso de él porque se ha roto su respectividad, su funcionalidad: el martillo es demasiado pesado para mi brazo. De la misma forma, el *Dasein* no se revela a sí mismo más que retirándose de allí donde había caído, rompiendo la familiaridad establecida con los entes intramundanos.

De alguna manera, en la angustia coinciden el ante-qué (el de qué se angustia uno) y el por-qué. En ambos casos se trata de el-estar-en-el-mundo. Con ellos va a coincidir también el tercer elemento distinguido en la descripción fenomenológica de la angustia: la angustia misma. A su análisis Heidegger dedica la parte final del § 40. Como se acaba de poner de manifiesto, la angustia aísla, individualiza al *Dasein* como *solus ipse*, como un yo aislado. Pero este solipsismo, denominado por Heidegger «existencial», no elimina el mundo. Por el contrario, el *Dasein*, vuelto hacia sí, queda expuesto al mundo.

Para describir la angustia misma, Heidegger recurre al lenguaje corriente, en un primer momento. En la angustia, nos sentimos «desazonados» (*unheimlich*), por así decir, «fuera de casa», «extrañados», «desterrados». En el extranjero, todo se nos hace raro, pasamos por alto los signos llenos de sentido para los naturales del lugar. Pero la angustia es algo más que un deambular perdidos, supera el estar fuera de juego, en otro mundo. La angustia pone al *Dasein* frente a su mero estar-en-el-mundo. La angustia hace posible todo miedo, que es un alejarse de un ente, amenazador, para acercarse a otro que nos reconforta. En la caída no nos alejamos de los entes, no huimos de ellos, los buscamos. En la caída el *Dasein* huye de sí mismo. La angustia quiebra este movimiento centrífugo y pone al *Dasein* frente a sí.

A pesar de la infrecuencia de la disposición afectiva de la angustia, hay que reconocer que la angustia es una manera de estar-en-el-mundo. Por esta razón, se dijo hace un momento que el ante-qué de la angustia, el por-qué de la angustia y la angustia coincidían. Los tres son aspectos del estar-en-el-mundo (respectivamente, estar-en-el-mundo en cuanto tal, poder-estar-en-el-mundo y un modo de estar-en-el-mundo) (p. 191). Y no hay que olvidar que estar fuera de casa, desazonado, en la angustia es un modo más originario, desde un punto de vista ontológico-existencial, que el estar en casa.

Heidegger no pretende que la única manera de existir de modo propio sea el estar traspasado, día y noche, por la angustia. Se limita a decir que este fenómeno, quizá también algunos otros mencionados en obras posteriores, consigue algo que otros no alcanzan. Su logro es aislar al *Dasein*, sacándolo de la caída, para que, de este modo, pueda ver la propiedad e impropiedad como posibilidades de su ser y le surja así la necesidad de hacerse cargo de su propia existencia de un modo lúcido, no desfigurado por el ente intramundano.

¿Cuáles son las causas de la angustia? ¿Cuánto tiempo suelen durar los estados de angustia? ¿Tiene cura? ¿Puede evitarse caer en ella? ¿Se puede provocar indirectamente a voluntad? Estas y otras preguntas similares se dirigen al ente que se angustia: plantean problemas ónticos, que a Heidegger, en este momento, no le interesa dilucidar. Conviene insistir en que todo su planteamiento es ontológico, o sea, referido al modo de ser del *Dasein*.

De esta forma quedan respondidas las preguntas retóricas con las que Heidegger comienza el § 40:

¿En qué medida es la angustia una disposición afectiva eminente? ¿De qué modo en la angustia el *Dasein* es llevado ante sí mismo por su propio ser de tal manera que el ente que la angustia abre en cuanto tal pueda ser determinado fenomenológicamente en su ser o que esta determinación pueda al menos recibir una preparación suficiente? (p. 184).

4. EL SER DEL *DASEIN* COMO CUIDADO (§ 41)

El planteamiento del capítulo sexto puede causar en principio bastante extrañeza, que aumenta al final de la lectura del § dedicado a la angustia. ¿Cómo puede afirmar Heidegger que con la disposición afectiva de la angustia se consigue por primera vez, en *ST,* responder a la cuestión del ser de la totalidad del todo estructural del *Dasein*? ¿No se venía hablando del *Dasein* a lo largo de todas las páginas? En cierto modo, sí; pero en otro, no. Los existenciales analizados hasta aquí, tales como «estar-en» o «estar-con», revelan o abren al *Dasein*, tal como es, pero sin considerarlo como una unidad, sin captarlo como un todo. Esta aprehensión unitaria tampoco la consiguen los existenciales puestos de relieve en los capítulos IV y V, cada uno de los cuales recogen todavía aspectos parciales del *Dasein*. ¿Por qué a partir de la angustia se consigue lo que no se ha logrado con el examen de los anteriores existenciales tomados separadamente? Porque la angustia apunta a la unidad estructural de estos caracteres en la medida en que «muestra al *Dasein* como un estar-en-el-mundo fácticamente existente» (p. 191). Por esta razón, en el comienzo de este §, Heidegger resume con tres notas los caracteres ontológicos fundamentales del ente que es el *Dasein*, es decir, los rasgos de su modo ser: la existencialidad, la facticidad y el estar caído. Como se había subrayado al comienzo de este capítulo, es importante darse cuenta de que las tres determinaciones forman un todo ya que cada una exige a las otras dos; no pueden darse por separado. Forman, pues, una unidad que Heidegger va a caracterizar valiéndose de la noción de cuidado.

La angustia, tal como fue analizada en el § 40, nos permite comprender mejor ahora la pertinencia de definir el ser del *Dasein* como «un anticiparse-a-sí-estando-ya-en-el-(mundo-) en medio-de (el ente que comparece dentro del mundo)» (§ 41, p. 192). A pesar de ser una fórmula larga repleta de guiones y paréntesis, expresa de una manera insuperable y condensada todo lo que Heidegger ha dicho hasta este momento acerca del ser del *Dasein*. «Anticiparse-a-sí» (*sich-vorweg-Sein*), pre-ser-se, indica, claro está, la característica ontológica de la existencia. A partir del previo proyectar las posibilidades, el *Dasein* nunca está aquí y ahora como una mera cosa; siempre está más allá de sí mismo, «en su ser el *Dasein* ya se ha *anticipado* siempre a sí mismo» (p. 191), es extático. Esto quiere decir que el *Dasein* siempre se encuentra en relación no sólo con las cosas a través de la intencionalidad de la conciencia, sino en relación consigo mismo, en relación con sus propias posibilidades, con su propia posibilidad de ser. El «anticiparse-a-sí» es el sentido más profundo de la intencionalidad (*GA* 20, § 31), lo que hace posible la intencionalidad (*GA* 24, p. 444). Mediante la comprensión, el *Dasein* es consciente no sólo de que tiene posibilidades, sino de que *es* sus posibilidades. En cada momento, el *Dasein* se confronta con una posibilidad de su existencia de un modo preciso, para lo que se requiere, al menos, una precomprensión del ser. Este es también parte del sentido de la fórmula heideggeriana que afirma que el *Dasein* es «un ente al que en su ser le va este mismo ser» (*ST*, § 41, p. 191), como la angustia pone de relieve. Recuérdese que la angustia es siempre angustia *de* (precisa un ante-qué) y angustia *por*. «Aquello por lo que la angustia se angustia es el poder-estar-en-el-mundo» (p. 191).

Pero el análisis de la angustia no servía exclusivamente para poner de relieve la determinación del anticiparse-a-sí. Su función principal era la de proporcionar un fenómeno que diese la base para contestar a la cuestión acerca del ser de la totalidad del todo estructural del *Dasein*. Y lo consigue porque la angustia muestra que el poder-ser es sólo posible en un ente ya arrojado en un mundo. Precisamente el ante-qué de la angustia es «el estar en el mundo en condición de arrojado» (p. 191) que queda recogido en la fórmula como «estando-ya-en-(el-mundo)». El «ya» viene a decir que el *Dasein* está desde el comienzo en el mundo, siempre está en él. Se recoge, así, la inevitable *facticidad*: me encuentro como siendo y arrojado en un mundo dado. Mis posibilidades no son totalmente libres; están vinculadas con lo que soy. Mi existencialidad queda marcada por mi facticidad (§ 39, p. 181).

Más aún, el *Dasein* en tanto que *Dasein* se caracteriza por el estar-caído en la medida en que siempre está entretenido en los acontecimientos cotidianos. Este aspecto queda subrayado en la fórmula que recoge el ser del *Dasein* mediante la expresión «en-medio-de (el ente que comparece dentro del mundo)».

En resumen, de esta forma la angustia proporciona la base fenomenológica para captar la vinculación de los tres caracteres ontológicos fundamentales: la existencialidad es descrita como un «anticiparse-a-sí; la facticidad, como un «estar-en-el (mundo); y el estar-caído queda recogido en la expresión «en-medio-de (*Sein bei*) (el ente que comparece dentro del mundo)».

¿Por qué Heidegger pone entre paréntesis la expresión «el mundo»? Es aventurado responder. Posiblemente, Heidegger quiere poner de relieve que «el mundo» no define al *Dasein*, como ocurría en la metafísica tradicional. Al contrario, el mundo, en sentido heideggeriano, es una determinación existencial del ser del *Dasein*, queda, pues, determinado por él, posee su modo de ser.

Los paréntesis se repiten dentro de la fórmula para encerrar la expresión «el ente que comparece dentro del mundo». Aquí los paréntesis tienen una función diferente: subrayan que el ente que comparece dentro del mundo no es el *Dasein*, ni un componente de su estructura y, por consiguiente, no forman parte de la noción estrictamente ontológica de *Dasein*.

Hay un término que reúne mediante una sola palabra todo lo dicho en la larga fórmula que ofrece la caracterización unitaria del ser del *Dasein*. Este término es cuidado (*Sorge*). El cuidado es un anticiparse-a-sí-estando-ya-en-(el-mundo) en-medio-de (el ente que comparece dentro del mundo). Por esta razón, Heidegger había dicho que «el cuidado es el término para designar el ser del *Dasein*» (*GA* 20, p. 406).

El siguiente esquema pretende resumir de una forma gráfica lo esencial de lo aquí expuesto.

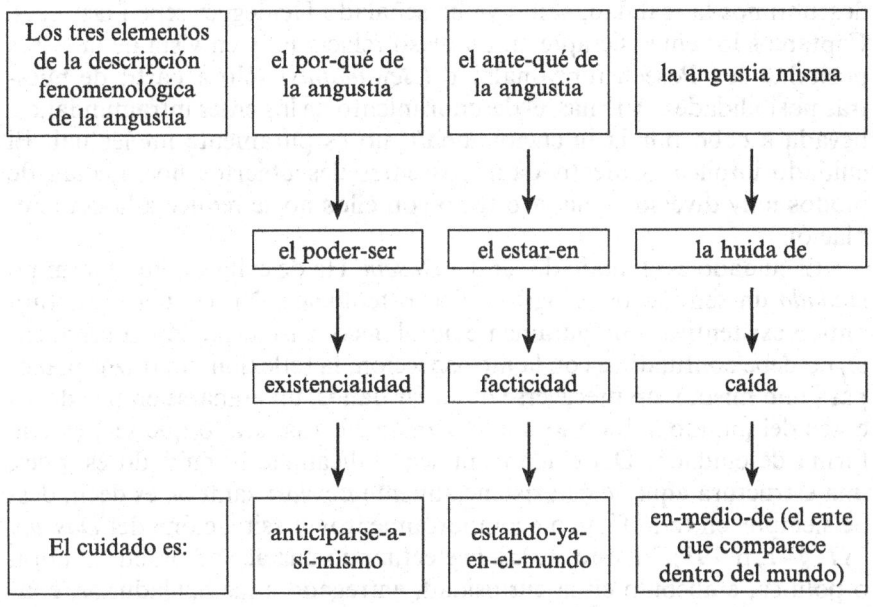

FIGURA 2

Hasta este punto en *ST* no se había hablado del cuidado como tal, pero, en el peculiar estilo heideggeriano de ir preparando paulatinamente la introducción de las nociones capitales de su pensamiento, se había considerado el cuidado bajo la forma de la *ocupación* (*Besorgen*), que se refiere al trato del *Dasein* con los entes intramundanos, y la *solicitud* (*Fürsorge*), relativa a la confrontación del *Dasein* con los otros entes como él en la coexistencia. Sin embargo tanto la ocupación como la solicitud son posibles porque subyacente a ellas se encuentra el cuidado. El estar en-medio-de... puede ser caracterizado como ocupación porque es una forma de estar-en, en lo que consiste el cuidado y otro tanto acontece con la solicitud. Podría pensarse que el cuidado es un ocuparse de sí mismo (*Selbstsorge*), un cuidado de sí, de modo análogo a como hay un ocuparse con el ente intramundado, un cuidado de las cosas, y un tratar el ente que es como el *Dasein*, un cuidarse del otro. Sin embargo, mientras nos mantengamos en este plano, se nos escapa lo esencial del cuidado. Este no consiste en un determinado comportamiento conmigo mismo. Naturalmente este es posible, como es posible ocuparse con las cosas y con los otros. Pero los tres comportamientos son posibles precisamente porque hay un previo anticipase-a-sí, un cuidarse el *Dasein* de su propio ser.

Que el *Dasein* es cuidado significa, entre otras cosas, que el acto que descubre los entes del mundo, a los que siempre se encuentra remitido el *Dasein*, no es puramente teórico, una contemplación de un espectáculo desvinculado de nuestra implicación en él. Esta no es la forma en la que descubrimos la realidad, como ya ha señalado Heidegger repetidas veces. Captamos los entes siempre en un plexo relacional y en vista de nuestras posibilidades. Poseen funcionalidad (*Bewandtnis*) sólo a partir de nuestras posibilidades. Además, el descubrimiento de los entes intramundanos, llevada a cabo por la intencionalidad, no es puramente intelectual. El cuidado implica la afectividad. Los entes descubiertos nos afectan de modos muy diversos y nuestro trato con ellos no se reduce a la contemplación.

El cuidado es el modo de ser del *Dasein*. Ha de evitarse dar al término *cuidado* un sentido psicológico, ético o teológico. No es una estructura óntico-existentiva, sino puramente ontológico-existencial. Por consiguiente, no debe confundirse con la introspección, la reflexión, un trazar planes para uno mismo, un precaverse de sufrir daños, un afanarse en pos de las cosas del mundo... Todo lo que el *Dasein* efectúa, sea lo que sea, es una forma de cuidado. Del cuidado nunca abdicamos. El cuidado es, pues, una estructura «que se da existencialmente *a priori* «antes», es decir, desde siempre, en todo fáctico «comportamiento» y «situación» del *Dasein*» (*ST*, § 41, p. 193). Ya esté el *Dasein* efectuando una acción práctica, moral o política, embebido en la curiosidad, entregado a las habladurías, contemplando teóricamente un ente, su ser es cuidado.

Tanto para reforzar esta idea como para esclarecer mejor la noción de cuidado, Heidegger termina el § 41 dedicando varios párrafos a distinguir el fenómeno del cuidado de ciertos actos y tendencias con los que resulta fácil confundirlos, tales como la volición, el deseo, el impulso y la inclinación. La sumaria fenomenología de la volición que emprende Heidegger pone de relieve que este tipo de actos implica una específica forma de intencionalidad, pues querer es siempre querer algo previamente representado. Representarse lo querido es comprenderlo dentro de un campo de posibilidades o, lo que es lo mismo, determinado por medio de un por-mor-de. La volición exige, además, ocuparse de traer al ser el objeto querido previamente representado. Este breve esbozo de los rasgos fenomenológicos del querer permite atender a los elementos constitutivos que lo hacen posible. En primer lugar, el que se abra el por-mor-de en general, que se tomen los objetos dentro de un plexo de relaciones funcionales, de conformidades. En segundo lugar, que se encuentre abierto el ámbito de lo que puede convertirse en objeto de la ocupación, su *aperturidad*. Este ámbito es, obviamente, el mundo donde ya se está. En tercer y último lugar, el proyectarse comprensor respecto de una posibilidad de lo querido. En estas tres notas se transparenta la estructura ontológica del cuidado. «El anticiparse-a-sí» equivale a la aperturidad del por-mor-de en general, mientras que el «estando-ya-en-el-(mundo)» se identifica con la aperturidad del ámbito de lo que puede ser objeto de volición y ocupación. Por esta razón insiste Heidegger en que en el fenómeno de la volición asoma el cuidado.

El deseo, el impulso y la inclinación son considerados como degradaciones, formas impropias, del querer. Veamos, primero, el deseo. Los entes intramundanos ofrecen posibilidades que suelen venir determinadas previamente. «En cuanto fáctico, el proyectarse comprensor del *Dasein* ya está siempre en medio de un mundo descubierto» (p. 194). Dicho de otro modo, en nuestros actos de querer, hemos de elegir dentro de un campo de posibilidades que no ponemos nosotros, sino con las que nos encontramos. Aun restringido, este campo es, habitualmente, mucho más amplio que las posibilidades que realmente, en cada caso concreto, son tenidas en cuenta como auténticas opciones. En la vida cotidiana solemos optar dentro de un abanico de posibilidades que no son todas las reales, sino solamente aquellas que ha establecido el *uno*, las que se consideran como «posibles» dentro de nuestro círculo. Las aceptables, las usuales. En suma, las que la cotidianidad ha creado. El querer queda, así, domesticado, sosegado. Con este estrechamiento del ámbito de las opciones no desaparece sin más el estar vuelto hacia el poder-ser; este sigue ahí, aunque profundamente modificado. Las posibilidades reales, pero no consideradas como tales por el uno, porque no se llevan, no se hacen, etc., que el querer aquietado desecha como inviables, como opciones no genuinas, son objeto del mero deseo. El *Dasein* ni piensa asumirlas en la ocupación, ni hace nada para que se hagan efectivas, ni siquiera confía en que se hagan reales. En el mero deseo, el anticiparse-a-sí no llega a comprender la amplitud del campo de las posibilidades fácticas, se cierra posibilidades, el estar-caído angosta el elenco de opciones. Lo que el «se» dictamina como posible se convierte en todo lo posible. De nuevo, se descubre la estructura ontológica del cuidado por debajo de la descripción del deseo, entendida en el texto como veleidad que se limita a añorar y jamás a actualizar posibilidades.

La inclinación (*Hang*) se puede ver como un caso extremo de deseo. Aquí el *Dasein* queda embebido por un objeto, que le arrastra. La inclinación de que habla Heidegger es algo más que un apetito o una tendencia. El *Dasein* se siente dependiente del objeto de su inclinación. Es, realmente, una adicción. Ciego para cualquier otra posibilidad, el *Dasein* sólo vive para ella. En la inclinación, la estructura entera del cuidado queda profundamente modificada. El anticiparse-a-sí es impropio.

También es impropio el anticiparse-a-sí del impulso (*Drang*). En este caso, la fuerza capaz de dinamizar el *Dasein* no proviene de un objeto, sino de sí mismo. En cierto modo, es opuesto a la inclinación. Dada la ausencia de un objeto delimitado, el *Dasein* aspira al mundo en general, le urge vivir, su anticiparse a sí mismo es indiferenciado, es un proyectarse que no se compromete con una determinada posibilidad. Tanto el impulso como la inclinación son posibles en la medida en que el *Dasein* está arrojado y reflejan la estructura del cuidado que los hace posibles y que los puede modificar. Inclinación e impulso son modos impropios del cuidado; en el primer caso es un «dejarse ser vivido por el mundo»; en el segundo, es un querer vivir.

El esclarecimiento de la noción de cuidado muestra que se trata de un fenómeno articulado e invita, por tanto, a seguir indagando hasta encontrar un fenómeno más originario todavía que sea el fundamento ontológico de la unidad estructural del cuidado. Esta investigación estará ligada a la pregunta inicial de *ST*, la pregunta por el sentido del ser en general. Como se sabe, este sentido está ligado al tiempo. En la noción de cuidado han aparecido prefijos adverbiales o adverbios con valor temporal (pre- o anti- y ya) que preanuncian la importancia del tiempo para la comprensión de este fenómeno.

5. CONFIRMACIÓN DE LA INTERPRETACIÓN EXISTENCIAL DEL *DASEIN* COMO CUIDADO POR MEDIO DE LA AUTOINTERPRETACIÓN PREONTOLÓGICA DEL *DASEIN* (§ 42)

Probablemente es pura casualidad, pero el § 42 ocupa el lugar central de los 83 que contiene *ST*. A pesar de situarse en este sitio singular, el § 42 no pasa de ser un mero colofón histórico al minucioso análisis fenomenológico del cuidado como ser del *Dasein*. En el § 5, Heidegger propuso la triple tesis de que, primero, el *Dasein* es lo más cercano a nosotros, ónticamente hablando, hasta el punto de que lo somos en cada caso nosotros mismos; sin embargo, segundo, el *Dasein* es ontológicamente lo más lejano; aunque, tercero, esto no implica que no exista en el *Dasein* un cierta comprensión preontológica de sí. «El *Dasein* es para sí mismo ónticamente cercanísimo, ontológicamente lejanísimo y, sin embargo, preontológicamente no extraño» (§ 5, p. 16).

Ahora se trata de probar en un caso concreto, el del análisis del cuidado, que lo que se ha manifestado como ser del *Dasein* era, en algún modo, ya conocido sin clara conciencia de ello, hasta el punto de que esta conclusión no resulta del todo ajena a la historia del autoconocimiento del *Dasein*. Como dice Heidegger, «la explicación del ser del *Dasein* como cuidado [...] conceptualiza existencialmente algo que ya está óntico-existentivamente abierto» (§ 41, p. 196). Y, por consiguiente, es algo que ha sido recogido en el lenguaje y en las tradiciones, si bien de una manera insuficiente. La filosofía trae a la luz lo que se presiente oscuramente. Si hubiese al menos un testimonio que, aunque sea de forma balbuciente, apoyase la interpretación heideggeriana del *Dasein* como cuidado, frente a la definición tradicional de ser humano como animal racional, la propuesta de la analítica existencial se fortalecería, al menos mediante una prueba histórica, evitando, así, el reproche de que Heidegger está haciendo «teoría», en el sentido de construcciones intelectuales carentes de fundamento ni respaldo fenomenológico.

Antes de citar el testimonio histórico al que se refiere, Heidegger, de pasada, propone la tesis, en este punto no demostrada, de que la historicidad caracteriza al *Dasein*, en el sentido de que el *Dasein* viene de su historia, a la que retorna. Si así fuese, en este momento no pasa de ser una mera propuesta, los vestigios preontológicos del *Dasein* como cuidado cobrarían aún un valor mayor.

Heidegger se refiere a una antigua fábula que conoce gracias a un estudio erudito del texto de *Fausto* de Goethe, que reelabora un tema de Herder procedente de un fabulista latino, Higinio, cuyo texto cita Heidegger en latín y en traducción tudesca. En la fábula, donde se narra el origen del ser humano, aparece Cura, el cuidado, como quien moldea el cuerpo humano a partir del barro, o humus, que proporciona Tierra. A Júpiter se le pide que le otorgue su espíritu. Disputando los tres, Cura, Júpiter y Tierra, a quién pertenece el ser creado, puesto que los tres han colaborado en su fabricación, es elegido Saturno como juez. El fallo saturnal viene a decir que, cuando el ser humano muera, es de justicia que los que le dieron el *de qué* de su ser, aquello de lo que está hecho, reciban sus restos. A Júpiter le corresponderá el espíritu del fallecido; a la Tierra, su cuerpo. Cura nada obtendrá de sus despojos, aunque en compensación a que ella le moldeó, le corresponderá el hombre mientras viva.

Del texto de la fábula, queda claro que, en una interpretación preontológica, su autor concibe al ser humano, mientras vive (mientras está en el mundo) como cuidado. El tiempo, representado por Saturno, decide el dominio de la Cura sobre el ser humano.

El recuerdo de la fábula de Higinio, como el texto de la última de las *Cartas a Lucilio* de Séneca, u otros textos que aquí se podrían aportar, no puede jamás sustituir el análisis que previamente ha llevado a cabo Heidegger. Esta ha efectuado un análisis ontológico-existencial, que se distingue de las interpretaciones ónticas, como la de Higinio o la de Séneca, por ser bastante más que una mera generalización óntica de determinados comportamientos. No se trata simplemente de probar que los seres humanos, en su cotidiano vivir, están traspasados por un cuidado que les empuja a ocuparse de su propia perfección a la vez que están entregados al mundo de que se ocupan. Esta es la doble estructura unitaria de la cura o cuidado: proyecto (el ser humano busca su propia perfección) arrojado (en un mundo con el que se encuentra ya desde siempre). El análisis ontológico es *a priori* (no descansa en una generalización) y transcendental, en la medida en que establece las condiciones existenciales de posibilidad de las preocupaciones y afanes de la vida diaria. El concepto ontológico del *Dasein* como cuidado proporciona, en suma, el marco de toda interpretación óntica del *Dasein*.

6. *DASEIN*, MUNDANEIDAD Y REALIDAD (§ 43)

En este punto, una vez mostrado que el ser del *Dasein* se revela como cuidado, se ha terminado ya la analítica existencial y debe iniciarse la ontología fundamental. Sin embargo, antes de pasar a la segunda sección, destinada a enfrentarse más directamente con la pregunta por el sentido del ser, Heidegger desea detenerse algo más en el camino recorrido para evitar ciertas objeciones posibles, deshacer tergiversaciones probables y, sobre todo, comenzar a poner de manifiesto la conexión entre la analítica del *Dasein* y la elaboración del problema ontológico fundamental. El mayor peligro para una buena comprensión de lo dicho estriba en tratar de elaborar una ontología que considere al mundo como un agregado de «cosas». Esta precomprensión del ser es la que más habitualmente realiza el *Dasein*. «Precomprensión», en la medida en que, de entrada, no obedece a unos análisis filosóficos, sino precisamente al modo de ser de la caída. En la caída el ente es concebido como un conjunto de cosas (*res*) que están ahí, que son subsistentes (*Vorhanden*). «El *ser* cobra el sentido de la realidad (*Realität*)» (§ 43, p. 201). Para entender esta afirmación de Heidegger, que resume perfectamente tanto la concepción tradicional de la metafísica como la precomprensión dada en la caída del ser, conviene repasar los §§ 19 y 20 de esta primera sección. En ellos Heidegger se vale de la filosofía de Descartes para ilustrar su crítica a la metafísica tradicional. En la segunda de sus *Meditationes de prima philosophia* se encuentra el célebre ejemplo de la cera. De ella distingue Descartes sus accidentes (color, forma, olor, etc.) de su sustancia, que fija en la extensión. Hay que notar que, a pesar de que la descripción de la cera que hace Descartes nos pueda parecer acertada y que los accidentes que cita constituyan la descripción casi completa de un pedazo de cera, estamos lejos de haber agotado lo que la cera es para nosotros y, aunque no se diese cuenta, era para el gran filósofo francés. Esta sustancia hoy prácticamente en desuso, para un ser humano del siglo XVII, significaba, sobre todo, el combustible con lo que podría alimentar una mecha para alumbrar escasamente la estancia que ocupaba o la sustancia a la que podría dar fácilmente determinada forma para sellar una carta y evitar su lectura por ojos inoportunos o su falsificación. Esto es lo que realmente es la cera en tanto que ente inmediatamente a la mano, esto es, cuando nos limitamos a relacionarnos con ella, a tratar con ella, y está en nosotros ausente el afán de describirla y, más aún, el de analizarla científica o filosóficamente. Ahora bien, nada de esto, que es lo fundamental, aparece, en la descripción cartesiana del pedazo de cera, aquí tomado como ejemplo paradigmático de lo que consideramos que es el mundo. Por esta razón dice Heidegger que, en estas descripciones, «el ser de lo inmediatamente a la mano se pasa por alto» (§ 43, p. 201). El proceso de estilización del pedazo de cera, su concreción a lo que *realmente* se pretende que es, con independencia de las apariencias, no se detiene eliminando de la cera mis proyectos sobre ella, lo que con ella hago o puedo hacer, sino que, en la filosofía moderna, avanza hasta borrar los accidentes que la describen, hasta quedar en la mera, desnuda, cera: una cierta extensión. ¿Por qué someter a la cera, cuando se la analiza, a este drástico proceso de adelgazamiento, a tan ruda abstracción? Naturalmente que Descartes conoce que se alumbra gracias a la cera y con ella ha sellado cartas y unido cabos de cordel. No ignora que a sus sentidos se presenta como cilíndrica, si es una vela, como amarilla, si no se la ha teñido, con un inconfundible aroma, que se puede variar mezclándola con ciertos perfumes. Pero insiste en que nada de esto es *realmente* la cera. Y no lo es porque Descartes cree que los citados son atributos que no le pertenecen por ella misma, sino por su relación con el ser humano. Sin hombres, la cera no sería aquello que alimenta la mecha o lo que puede moldearse fácilmente. Ni siquiera sin seres sintientes, la cera tendría sabor, color u olor.

Para Heidegger, en cambio, considerar que la cera se reduce a la extensión es una operación tan subjetiva como atribuirle un color o verla como lo que sirve para un determinado propósito. En ambos casos se produce una interpretación. Que la cera sea extensión no es un dato inmediato, dado con evidencia. El propio Descartes reconoce que llega a esa afirmación «pensando» o, lo que es lo mismo, interpretando. Ahora bien, no hay ninguna razón con fundamento para privilegiar una interpretación sobre otra. Por tanto, entender todos los modos de ser a partir de la noción de cosa, considerar otros modos de ser como defectuosos y comprenderlos negativamente como careciendo de realidad, no pasa de ser un prejuicio, cuya persistencia impide entender el análisis existencial del *Dasein*. De ninguna manera, cabe entender el ser en general como realidad, es decir, como el ser propio de las cosas (*res*, vocablo latino emparentado obviamente con *realidad*). Entre estas dos afirmaciones, a primera vista equiparables, «el martillo es pesado» y «el martillo me pesa», se extiende todo un *mundo* que las separa. En la primera el martillo se toma como una realidad y se pretende ofrecer de él una descripción *objetiva*, en la segunda, el martillo es un ente que está a la mano. Cuando no se repara en esta diferencia, cuando se toma la realidad como el verdadero modo de ser de los entes, queda obstruido el camino para una acertada analítica existencial del *Dasein* y, aún peor, la problemática del ser en general se orienta de una forma errónea, como lo expresa Heidegger:

> no sólo la analítica del *Dasein*, sino también la elaboración de la pregunta por el sentido del ser en general, deben ser arrancadas de su unilateral orientación por el ser en el sentido de realidad. Es necesario demostrar que la realidad no sólo es *un* modo de ser *entre* otros, sino que ontológicamente se halla en una determinada conexión de fundamentación con el *Dasein*, el mundo y el estar a la mano (p. 201).

No se puede entrar directamente en la demostración de que la realidad no es el único modo de ser, ni el principal, sin antes enfrentarse a la tarea que Heidegger denomina el «problema de la realidad». Bajo esta rúbrica se entiende el conocido, desde Descartes, como problema del mundo exterior, que se deja resumir en tres preguntas: ¿Hay un ente fuera de la conciencia? ¿Se puede demostrar que lo hay? En el caso de que lo haya, ¿hasta qué punto cabe conocerlo como cosa en sí? El tratamiento de estas tres cuestiones presupone, para Heidegger, aclarar previamente el sentido del ser del ente del mundo externo, lo que ha llamado, *realidad*: ¿qué significa ser aplicado a las cosas? La realidad, como ser de las cosas, tiene una determinada conexión con el *Dasein*, que es, ya lo sabemos, cuidado. Por esta razón, Heidegger divide el resto del § en tres apartados: *a*) realidad como problema del ser del «mundo exterior» y su demostrabilidad; *b*) realidad como problema ontológico; y *c*) realidad y cuidado.

En cuanto al primer punto, la realidad del mundo externo, Heidegger es tajante. La cuestión de la existencia y cognoscibilidad del mundo externo es un problema mal planteado, que necesariamente aboca a callejones sin salida. El escándalo no es, como pretende Kant al inicio de su demostración del mundo externo o refutación del idealismo, llevada a cabo en la *Crítica de la razón pura*, que todavía no exista una demostración aceptada como válida de esa existencia, sino, como sostiene Heidegger, el pretender la necesidad de dicha demostración. Esta exigencia de prueba del mundo externo o su sustitución por una creencia o fe en él, viene dada porque no se ha examinado suficientemente el *Dasein*. Mientras se lo considere como estando ahí, poseyendo el modo de ser de lo subsistente (*Vorhandenheit*), tiene pleno sentido preguntarse si, además del yo, de la conciencia, que tiene acceso inmediato a sí misma y cuyo ser le es indubitable (*cogito*), existe algo distinto de ella y cognoscible por ella. Pero tan pronto como el *Dasein* es entendido como poseyendo otro modo de ser diferente del estar-ahí, cuando se ve que su constitución de ser es estar-en-el-mundo, y, más originaria aún, el anticiparse a sí —estando ya en un mundo— en medio del ente intramundano (el cuidado), lo que se torna escandaloso es la petición de una demostración de la existencia del mundo externo. «No son las demostraciones las insuficientes, sino que lo insuficiente es la *determinación* del modo de ser del ente que realiza y exige la demostración» (p. 205), o sea, del ente respecto del cual se pretende que existe un mundo independiente. El cuidado como constitución originaria del *Dasein* implica que el mundo forma parte de su ser. Mundo en su doble acepción: mundo como el en-dónde del estar-en-el-mundo y «mundo» como el ente intramundano, en el que el *Dasein* se absorbe en la ocupación. Por consiguiente, «el mundo está esencialmente abierto *con el ser* del *Dasein*; y el «mundo» ya está siempre descubierto con la aperturidad del mundo». De esta forma, Heidegger considera superada la polémica entre realismo e idealismo, y con ella también la dicotomía sujeto-objeto. Ambas posturas contrapuestas comparten una tergiversación ontológica: como se ha dicho, reducir el ser en general a ser ahí. Sin embargo, para Heidegger, a pesar de ser ambas rechazables, no están las dos posiciones clásicas al mismo nivel. Desde una perspectiva que cabría calificar de ontológica, el idealismo es más acertado que el realismo. Su ventaja estriba en que el idealismo, al considerar que el ser y la realidad sólo están en la conciencia, reconoce implícitamente que la comprensión del ser no puede venir dada por medio de los entes, sino que es «transcendental» a todo ente. Esto es lo que quiere indicar Heidegger cuando afirma que «el idealismo representa la única posibilidad adecuada de una problemática filosófica» (p. 208). Sin embargo, el idealismo es también insuficiente dado que no alcanza una clara conciencia de que su tesis supone una interpretación implícita del ser ni se le muestra por lo general cómo lo interpreta, y, por tanto, deja oculto en la niebla cuál es el ser de la conciencia, a la que, todo lo más, suele calificarla, negativamente, como una no cosa.

Como se ve, la cuestión epistemológica de la existencia del mundo externo no lleva muy lejos porque le falta una adecuada comprensión ontológica del *Dasein* y del ser en general. Cree Heidegger que erramos por completo al plantear la cuestión de un modo puramente epistemológico, como ha hecho la filosofía desde Descartes: ¿Hay un mundo externo? ¿Cómo la conciencia puede salir de su inmanencia y alcanzarlo? Son preguntas mal planteadas porque el *mundo viene al encuentro del Dasein*. Este es un dato fenomenológico del que hay que partir, en vez de tratar de demostrar. Pero el mundo que viene al encuentro no consta de cosas en-sí. El carácter de en-sí, de independencia respecto del *Dasein*, no es un carácter originario. Al contrario, sólo cobra sentido mediante su referencia al *Dasein*. Por esto, la noción de realidad que se aplica al ente intramundano, toma su sentido de la intramundanidad, que se funda en el fenómeno del *mundo*, que pertenece a la estructura fundamental de *Dasein*, que ha de caracterizarse como *cuidado*.

Si el en-sí, la independencia de un sujeto cognoscente, no es el rasgo fundamental del ente intramundano, habrá que indagar qué caracteriza a este ente o, lo que es equivalente, cuál es el sentido de la realidad. Husserl pensó que era el darse a la conciencia en la forma de la presencia. La donación en carne y hueso. En consecuencia, creyó Husserl que la percepción era el modo privilegiado, originario, de acceso a las cosas mismas. Heidegger no sigue en este punto, como en tantos otros, a su maestro. Para él, la percepción muestra al mundo de una forma deficiente. La percepción capta estados de cosas, expresables en proposiciones, que, a su vez, dan lugar a las categorías de sustancia, accidente, causalidad, etc. que constituyen el elenco aristotélico fundamental de las categorías. Sin embargo, estas categorías no describen adecuadamente lo intramundano.

Hace falta, pues, llevar a cabo una caracterización de la realidad de lo real distinta. Esta tarea pasa por romper la conexión entre percepción, proposición y categorías (de lo real, las explicitadas por Aristóteles, Kant, etc.). Antes de Heidegger ha habido intentos por avanzar en esta labor. Según Heidegger, son ensayos valiosos, aunque incompletos porque no se apoyan en una suficiente investigación ontológico-existencial. Las propuestas que a este respecto cita Heidegger son la de Dilthey y la de Scheler, dependiente de aquella. Para Dilthey y Scheler, «lo real es lo experimentado en el impulso y en la voluntad. Realidad es *resistencia* o, más exactamente, "resistentidad" (*Widerständigkeit*) (p. 209)». Esto significa que, en palabras de Scheler, que cita Heidegger, que el «ser de los objetos es dado de forma inmediata en relación al impulso y la voluntad» (p. 210). Expresado de otra forma, real es lo que opone resistencia a nuestro querer. Con todo, ni el darse en persona, ni la resistencia, dos modalidades genuinamente fenomenológicas de nuestra conciencia de la realidad, agotan el concepto ontológico de esta última. En el caso, ahora estudiado, de la resistencia se ve con facilidad. Si real es lo que se opone a una voluntad que tiende hacia una meta, entonces no debe pasarse ontológicamente por alto que, con independencia de cuál sea la meta en cuestión, esta sólo cobra significación en un todo respeccional, o sea, «*la experiencia de la resistencia, es decir, el descubrimiento de lo resistente por medio del impulso sólo es ontológicamente posible sobre la base de la aperturidad del mundo*» (p. 210). Lo que quiere decir que no descubro un ente intramundano porque se oponga a mis apetitos y deseos, la resistencia no es lo que me abre el mundo, sino que, *previamente*, dispongo de un mundo abierto. Expresado de otro modo, para que algo me ofrezca resistencia, debo antes experiementar deseos que exigen primero un mundo significativo que hace posible los deseos y apetitos. Los deseos no se presentan aislados. Son, para Heidegger, modificaciones del cuidado.

No nos deben confundir estas declaraciones heideggerianas y encasillar a su autor como un *idealista larvado*. Sus afirmaciones de que «tan sólo mientras el *Dasein*, es decir, mientras la posibilidad óntica de comprensión del ser, *es*, "hay" ser» (p. 212) sólo pretenden subrayar la diferencia entre una independencia óntica y una independencia ontológica. Ónticamente todo ente real, salvo el *ens a se*, depende en su ser de otro y todo ente real puede afectar causalmente a otros. El término *real* empleado por Heidegger es *wirklich*, donde trasparece la raíz léxica que forma el verbo, *wirken*, causar. Lo real, en este sentido, es lo efectivo, lo dotado de poder transformador de otras realidades. Por esto Heidegger no es un idealista. Ahora bien, esto no impide que, si no hay *Dasein*, no haya comprensión del ser, y entonces el ente intramundano no puede ser descubierto ni quedar oculto. Se da, pues, una «dependencia del ser —no de los entes— respecto de la comprensión del ser, es decir, la dependencia de la realidad —no de lo real— respecto del cuidado» (p. 212).

7. *DASEIN*, APERTURIDAD Y VERDAD (§ 44)

Heidegger dedica el último § del capítulo sexto a la noción de verdad. Su pretensión es pareja a la del § anterior dedicado al concepto de realidad. No por azar, sino debido al estado de caído del *Dasein*, las nociones de realidad y de verdad han sido interpretadas de modo erróneo en la historia de la filosofía desde muy temprano. Enseguida se privilegió la percepción como modo primordial de acceso a la realidad; se entendió, además, que el enunciado refleja de la mejor manera posible el conocimiento y, en consecuencia, se entendió que las categorías derivadas de la estructura enunciativa captaban el ente intramundano. En el § anterior Heidegger discutió el concepto de realidad, como modo de ser de las cosas, y rebatió que la percepción fuese la vía de acceso más original al ente intramundano. Probó, en definitiva, que alcanzar una noción de la realidad suficientemente adecuada exigía el análisis existencial del *Dasein*. Ahora continúa su argumento, discutiendo la concepción tradicional de la verdad. Mostrará sus insuficiencias y pondrá de relieve que, lejos de ser esta concepción originaria, presupone la aperturidad del mundo y que haya *Dasein*, en correspondencia con lo que ocurría con la noción de realidad.

Tradicionalmente, y más aún desde los comienzos de la filosofía moderna, el problema de la verdad se ha afrontado desde un punto de vista epistemológico, como, por otra parte, ocurría con la noción de realidad, planteado a partir de la demostración de la existencia del mundo externo. Heidegger también aquí rechaza este punto de vista. Al hablar de la verdad, no se preocupa de establecer los criterios que nos permiten distinguir entre lo verdadero y lo falso. Su objetivo no es gnoseológico, sino ontológico. No se trata tanto de cómo podemos alcanzar la verdad o con qué criterios asegurarnos de poseerla, como de saber en qué consiste la verdad, qué decimos de algo cuando le atribuimos el ser verdadero.

Ya Parménides había advertido la equivalencia entre conocer y ser. Se lee en su poema, según la traducción de Heidegger, que es lo mismo ser que comprensión del ser. Y, por su parte, Aristóteles había establecido que la filosofía primera tenía como objeto el ente en cuanto ente. Pero, en otras ocasiones, determina la filosofía primera como un filosofar acerca de la verdad, con lo que equipara, en cierta manera, ser, cosas, *pragmata* con la verdad. Mediante estas referencias a la historia de la filosofía se pone de relieve, en opinión de Heidegger, el vínculo que la filosofía antigua había establecido entre la verdad o la comprensión del ser y el ser mismo, que ya se ha apuntado al hablar de la realidad como modo de ser de las cosas.

Heidegger divide su breve investigación acerca de la verdad en tres subapartados: *a*) los fundamentos ontológicos de la noción tradicional de verdad, *b*) el carácter derivado del concepto de verdad y *c*) el modo de ser de la verdad y la presunción de que hay verdad.

Respecto del concepto tradicional de verdad, Heidegger propone dos tesis, más una tercera puramente histórica. La primera tesis dice que el «lugar» de la verdad es el enunciado, el juicio. La segunda, que la esencia de la verdad consiste en la concordancia del juicio con su objeto. La tercera se limita a atribuir las dos primeras afirmaciones a Aristóteles.

Al menos desde Aristóteles se tiene conciencia de que el concepto de verdad es análogo o, como diría el mismo Aristóteles, homónimo o equívoco por naturaleza. Esto quiere decir que se trata de una noción que se atribuye a distintos tipos de entes (juicios, conceptos, representaciones, cosas —monedas verdaderas o falsas—, personas —un verdadero amigo—. En cada caso, el concepto de verdad o verdadero no significa exactamente lo mismo, pero su equivocidad no es total, no alcanza a ser una ambigüedad absoluta hasta el punto de que sea una pura casualidad que se emplee una misma palabra para designar cosas que nada tienen en común entre sí, como lo probaría el hecho de que, al traducirse a otra lengua, se requeriría utilizar dos términos distintos. Este último tipo de equivocidad, Aristóteles la denomina homonimia por azar. El caso de la verdad, como en la atribución del concepto sano, la equivocidad no desaparece por la traducción a otra lengua, y, por tanto, no es pura casualidad que la misma palabra, el mismo concepto, se emplee con significados parcialmente diferentes en su atribución a diferentes entes. Algo en la cosa misma exige esta ambigüedad. Se trata de una equivocidad por naturaleza por relación a algo uno. Ese uno, por ejemplo, la salud del animal, confiere su sentido a los demás usos del término sano, como cuando con él se califica a un alimento que mantiene o recupera la salud o al semblante que la refleja y es su síntoma. ¿Cuál es este algo uno, el analogado principal, en el caso de la verdad? Esta pregunta es la cuestión por el «lugar» de la verdad. Parece que Aristóteles y la tradición no dudan de que ese lugar es el enunciado (*Aussage*), el juicio. A esta tesis se opondrá Heidegger. Pero las razones de su oposición se ven mejor cuando se examinan las razones heideggerianas contrarias a la segunda tesis.

Supuesto que lo que es, en sentido más propio, verdad y confiere sentido a los demás usos del término, es el enunciado, cabe preguntarse en qué consiste la verdad. Hay que distinguir esta cuestión de la epistemología, la investigación acerca de cómo distinguir la verdad de la falsedad. De lo que se trata es de saber qué es lo que convierte a un juicio en verdadero, y no de cómo lograr conocer que un juicio lo es. La tradición aristotélica afirma que la esencia de la verdad consiste en la *adaequatio intellectus et rei*. Heidegger pone de relieve que la adecuación (concordancia o conveniencia) entre el entendimiento, como facultad de juzgar, y la cosa no proviene exclusivamente de la tradición aristotélica, donde se encuentran los antecedentes de la definición clásica de verdad citada, especialmente al inicio del tratado lógico *De Interpretaione*, en el que se lee que las afecciones del alma se asemejan a las cosas correspondientes. Frente a lo que a veces han dicho algunos neokantianos, el propio Kant también comparte esta noción de verdad como correspondencia, como prueba Brentano en un opúsculo suyo titulado, *Sobre el concepto de verdad*, y se desprende de varios textos del autor de la *Crítica de la razón pura*. Con todo, Heidegger expresa sus reticencias respecto de esta concepción de la verdad tan venerable. Sus dificultades surgen de la oscuridad del término *adecuación*. ¿Cómo ha de interpretarse esta relación? La palabra adecuación (*adaequatio*) parece implicar de un modo natural la noción de igualdad (*aequatio*) o, al menos, la de semejanza. Los términos utilizados (concordancia, conveniencia) avalan esta interpretación. Pero, claro está, que esta relación en la que, de acuerdo con esta doctrina tradicional, consiste la verdad no puede tomarse literalmente. No es posible que el juicio sea idéntico a la cosa juzgada, pues son dos entes y no uno y el mismo ente. Tampoco suena verosímil que sean iguales ni siquiera semejantes. Tanto la igualdad como la semejanza reclaman un aspecto (dos cosas son semejantes en...) que ha de ser el mismo en ambas. ¿Cuál puede ser ese aspecto? ¿Qué pueden tener en común un juicio y la realidad juzgada? El término juicio es en sí mismo ambiguo, puesto que puede designar la vivencia psíquica de asentir, el acto mental de juzgar. Algo efímero y concreto. Ahora bien, es difícil concebir que algo psíquico se parezca, por ejemplo, a un estado de cosas astronómico, si este es el objeto del juicio verdadero. Es cierto, sin embargo, que por juicio a veces se entiende no tanto el acto mental de juzgar como el contenido juzgado, el elemento ideal en el que pueden coincidir varias creencias. En este caso, el contenido, la proposición, como a veces se dice, es algo ideal, atemporal. Esta distinción de dos sentidos, al menos, del término juicio, multiplica las dificultades, ya que plantea la cuestión de qué relación existe entre la parte real y la parte ideal de un juicio. No resulta aceptable la tesis, ensayada por Husserl en las *Investigaciones lógicas,* de que se trata de una relación de participación. Sea como fuere, tampoco parece plausible que haya una concordación, una igualdad aunque sea limitada, entre el juicio, entendido ahora como contenido ideal, y la cosa juzgada que puede ser algo temporal y fugaz.

Salta a la vista que se precisa una aclaración de lo que, en la teoría tradicional, se pretende dar a entender con adecuación y sobre todo, esclarecer el fenómeno —y no sólo su mero concepto—. El fenómeno de la verdad se hace explícito, en opinión de Heidegger, cuando el conocimiento (la verdad es su atributo más buscado) se acredita como verdadero. Esta autoacreditación, la *evidenciación*, proporciona la seguridad de estar en la verdad (§ 44, p. 217). Para aclarar la relación de concordación o adecuación, hemos de atender a este momento de corroboración de lo juzgado. El ejemplo de Heidegger es elocuente. Vuelto de espaldas a la pared pronuncio dentro de mí o en voz alta el juicio «el cuadro colgado en la pared a mi espalda está torcido». Corroborar o evidenciar el juicio es darse la vuelta y percibir el cuadro torcido. Aquí Heidegger tiene presente sin duda alguna los análisis correspondientes de Husserl en la sexta *Investigación Lógica*:

> Hablamos de evidencia en un sentido laxo siempre que una intención ponente (principalmente una aserción) encuentra su confirmación por medio de una percepción correspondiente [...]. Pero el *sentido riguroso* de la evidencia [...] se refiere [...] al *acto de esta síntesis de cumplimiento más perfecta,* que da a la intención —por ejemplo, a la intención judicativa— la absoluta plenitud de contenido, la del objeto mismo. El objeto no es meramente mentado, sino *dado* [...] tal como es mentado e identificado con la mención [cf. Husserl (1900-1901), II/2, § 38, p. 651; trad. esp. vol. 2, p. 444].

Se pregunta Heidegger si el acto de verificar el juicio «el cuadro está torcido», dándose uno la vuelta y mirando a la pared en la que cuelga, es realmente la corroboración de una concordancia entre el juicio y la realidad juzgada. Dicho de otro modo, conviene establecer si *verificar* un enunciado supone comprobar la congruencia entre esas dos cosas (*intellectus et res*). De ninguna forma cree Heidegger que sea así. Si analizamos fenomenológicamente el sencillo acto de comprobación del juicio acerca del cuadro torcido, enseguida nos percatamos de que no constatamos una concordancia «del "conocimiento" o de lo "conocido" con la cosa que está en la pared» (§ 44, p. 217), salvo que interpretemos lo «conocido» de una determinada manera. Ante todo, es claro que no corroboramos la adecuación del acto de juzgar (el «conocimiento»), fugaz vivencia mental, con la pared y el cuadro. Pero tampoco verificamos la adecuación de lo «conocido» con la realidad (la forma en que pende el cuadro) si por «conocido» entendemos la representación del cuadro en la pared, es decir, la imagen que nos hacemos al juzgar o el contenido ideal de ese enunciado. Ya Husserl había insistido suficientemente en este punto que ahora Heidegger recuerda. Una imagen, mental o física, es tal por su referencia a algo distinto de sí, por ser, en definitiva, signo de otra cosa. Tener conciencia de una imagen es tener conciencia de lo representado en la imagen, que precisamente se da al sujeto en forma de imagen. Cuando juzgo que el cuadro está torcido, lo que juzgo no es algo acerca de mi representación imaginativa de la pared, sino de la realidad misma, de igual manera que cuando afirmo que no hay sirenas, no estoy diciendo que no existan imágenes de estos peligrosos seres fantásticos responsables de tantos naufragios, incluidas acaso las de mi propia fantasía, sino que no hay tales imposibles seres híbridos en la realidad. Y otro tanto cabe decir del contenido ideal del acto de juzgar. Por esto, continúa Heidegger, que «el enunciar es un estar vuelto hacia la cosa misma que es [...]» (p. 217). Y en la percepción se evidencia «que lo percibido *es* el mismo ente al que se refería el enunciado» (p. 217). Por esta razón, Heidegger puede decir que el enunciado descubre el ente que se comprueba tal y como es en sí mismo. Verificar un enunciado, poder decir que es verdadero, es comprobar que el ente al que se refiere es en sí mismo tal y como el enunciado lo muestra. En consecuencia, en la verificación de un enunciado no se pone en evidencia la congruencia de distintas representaciones entre sí, ni tampoco la adecuación del conocer y del objeto. Lo que se evidencia es exclusivamente el estar-descubierto del ente mismo. Se puede decir, entonces, que la comprobación significa la mostración del ente en su mismidad (p. 218). Queda, así, comprobada la equivalencia: «el ser-verdadero del enunciado debe entenderse como un ser-descubridor» (p. 217).

A Heidegger le importa mucho recalcar que no propone realmente una nueva «definición» de verdad, que pudiera ser tildada de arbitraria.

Recurre a textos de Heráclito y de Aristóteles, para subrayar que su descripción del fenómeno de la verdad estaba implícita en la filosofía más antigua. Por tanto, no se trata tanto de repudiar la definición tradicional de la verdad como de *apropiarse de modo originario de ella* y mostrar que, en razón del fenómeno originario de la verdad, la historia de la filosofía se vio forzada a llegar a la idea de la verdad como adecuación.

La identificación del ser-verdadero con el ser-descubridor pone de relieve, de forma inmediata, que el fenómeno de la verdad se encuentra íntimamente vinculado al *Dasein*. La verdad no existe como una cosa que está ahí, no puede tener el carácter de una realidad. Sólo hay verdad mientras fácticamente haya *Dasein*, ya que el ser-descubridor es una forma de ser del *Dasein*. Por supuesto que esta dependencia de la verdad respecto del *Dasein* no supone su relativización. El *Dasein* no crea la verdad arbitrariamente. Lo que pretende decir Heidegger es que el sentido primario, el analogado principal, de la verdad no es el enunciado ni tampoco el ente intramundano descubierto, el ser-descubierto (*Entdecktsein* o *Entdecktheit*), sino su descubrimiento (*Entdeckung*) o, mejor, quien lo descubre (*Entdeckend-sein*). Mientras que los entes intramundanos «son "verdaderos" en un segundo sentido. Primariamente "verdadero", es decir, "descubridor" es el *Dasein*» (p. 220). Ahora bien, como Heidegger ha mostrado anteriormente, el ente intramundano puede ser descubierto gracias a la previa aperturidad del mundo (el ente sólo se muestra en un mundo). La aperturidad (*Erschlossenheit*) del mundo es el modo fundamental en que el *Dasein* es su *ahí*. En el capítulo cinco, Heidegger expone la aperturidad del *Dasein* en términos de la disposición afectiva, del comprender y del discurso. Esta aperturidad concierne tanto al mundo, al estar-en y al sí-mismo. Como ya se vio, el cuidado implica la aperturidad del *Dasein*. Y es la aperturidad del *Dasein* el fenómeno más originario de la verdad. El *Dasein* es aperturidad y por estar abierto es capaz de abrir y descubrir. Este es el sentido más originario de la verdad, el que hace posible los otros sentidos. Por esta razón, afirma Heidegger que «el *Dasein* es en la verdad» (p. 221).

A modo de resumen del importante § 44, se puede decir que, según Heidegger, hay que rechazar las tres tesis tradicionales acerca de la verdad. Primera, no es el enunciado el lugar por excelencia de la verdad; es el *Dasein* el que, en sentido primario, está en la verdad o en la no-verdad. Segunda, la verdad, en su sentido originario, no consiste en una concordancia entre el conocimiento y lo conocido, sino en la aperturidad del *Dasein*. La tercera, puramente histórica y también negada por Heidegger, dice que no debe atribuirse a Aristóteles las dos tesis anteriores. El siguiente esquema recoge y explica someramente los tres sentidos de *verdad*, tenidos en cuenta por Heidegger.

Figura 3

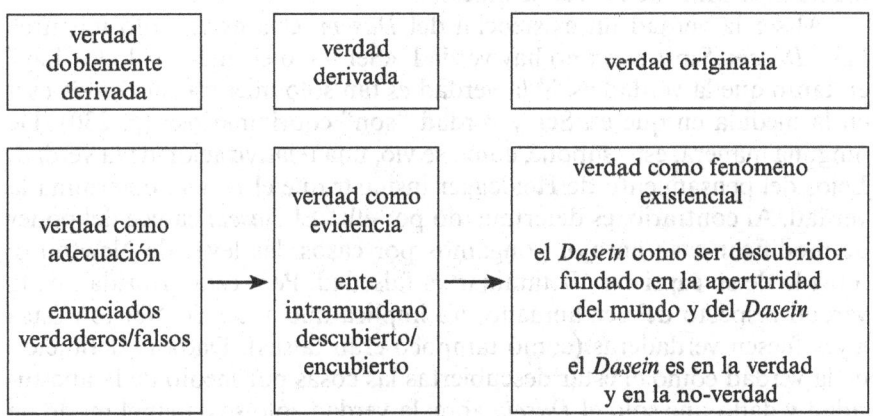

También la tradición escolástica distingue tres sentidos del término verdad. Un primer sentido lógico, en el cual la verdad se dice de los juicios y consiste en su adecuación con las cosas. En este caso, la realidad mide el conocimiento y es su regla; la verdad es la *adaequatio intellectus cum re*. Este tipo de verdad lógica corresponde, obviamente, con la verdad como adecuación que aparece en la figura 3. Hay un segundo tipo de verdad también lógica, que, como tal, es asimismo una adecuación entre un intelecto o logos y las cosas. Pero en este segundo caso, quien mide y constituye la regla no son las cosas, sino el intelecto divino. La verdad es ahora entendida como *adaequatio rei cum intellecto* (*divino*). Son verdaderas las cosas en la medida en que se adecuan al entendimiento de Dios, que las ha creado. Por último, la escolástica suele distinguir un tercer sentido del término verdad: la verdad que a veces se denomina *ontológica*. La verdad ontológica coincide con el ser y es simplemente su inteligibilidad, su aptitud para ser captado por un entendimiento, finito o infinito. Posiblemente, esta verdad corresponde aproximadamente a la verdad como evidencia. La verdad como fenómeno existencial debería corresponder, entonces, siempre que se acepte una homología entre la concepción heideggeriana y la visión escolástica, a la verdad originaria y, en cierto modo, se ve que puede ser así. En la perspectiva de la filosofía escolástica, es gracias a la adecuación de las cosas con el entendimiento infinito como estas pueden llegar a ser, entrar en la existencia. Por su parte, el *Dasein* abre el mundo y se abre a sí mismo, y, gracias a esta apertura, las cosas son. Las diferencias, sin embargo, son también notorias entre estas dos concepciones de verdad. La mayor disparidad consiste en que la escolástica se mueve en un terreno óntico. El entendimiento divino (realmente idéntico a la voluntad de Dios) crea los entes finitos. Heidegger, en cambio, no pretende que el *Dasein*, al abrir el mundo, cree ónticamente nada. Se limita ontológicamente a permitir que el ser se muestre.

Al ser la verdad un existencial del *Dasein*, esta existe sólo mientras haya *Dasein*. Sin *Dasein* no hay verdad. «Ser —no el ente— sólo lo "hay" en tanto que la verdad es. Y la verdad *es* tan sólo mientras el *Dasein* es y en la medida en que es. Ser y verdad "son" cooriginarios» (p. 230). De ninguna manera, esto supone, como se vio, una relativización de la verdad. Lejos del pensamiento de Heidegger insinuar que el *Dasein* determina la verdad. Al contrario, es determinado por ella. El *Dasein* carece del poder de modificar a su antojo, pongamos por casos, las leyes de Newton o, movido de su capricho, dictaminar su falsedad. Pero esta prioridad de la verdad respecto del ser humano, no implica que antes de Newton estas leyes fuesen verdaderas (como tampoco eran falsas). Dada la definición de la verdad como el estar descubiertas las cosas por medio de la aperturidad y dado que sólo el *Dasein* abre, la verdad sólo se da en el modo de ser del *Dasein*.

Es patente la similitud del tratamiento del problema de la realidad y de la cuestión de la verdad. Al hablar de la realidad, Heidegger mostró el error de la filosofía moderna de enfocar el tema desde una perspectiva exclusivamente epistemológica centrada en el intento de demostrar la existencia de un mundo externo a la conciencia del sujeto. En la consideración de la verdad, también la filosofía moderna se ha extraviado en un planteamiento básicamente epistemológico. Si antes se trataba de probar, al menos, la posibilidad de la existencia y del conocimiento de un mundo externo, ahora la investigación en torno a la verdad se circunscribe a la refutación del escepticismo. ¿Por qué tiene que haber verdad? ¿Cómo sabemos que la hay? ¿Cuándo estar ciertos de que la hemos alcanzado? La crítica al escepticismo como la demostración del mundo externo se dirige a un objetivo mal planteado. De la misma forma que, para alcanzar el mundo externo, el *Dasein* no tiene necesidad de salir de sí, como si su conciencia le encapsulara, le encerrara en una fortaleza separada de lo que no es ella por un foso infranqueable, sino que siempre está en-el-mundo, tampoco tiene el *Dasein* necesidad de demostrar que hay verdad, ni aceptar dogmáticamente, por un acto de fe, que la hay. El *Dasein*, en virtud de la estructura del ser del cuidado, se anticipa en cada momento a sí mismo. Es un ente al que en su ser le va su más propio poder-ser. «Al ser y poder-ser del *Dasein*, en cuanto estar-en-el-mundo, le pertenece esencialmente la aperturidad y el descubrir» (p. 228), en que consiste el sentido primario de la verdad. Debemos presuponer que *hay* verdad porque ella ya está presupuesta con el ser del *Dasein*. «*Hay* verdad», en alemán se dice esto último utilizando el verbo *geben* (*es gibt Wahrheit*) que, además de para expresar las oraciones de existencia, tiene el innegable sentido de *dar. Se da la verdad.* La verdad es un don. El *Dasein* no decide que haya verdad, se la encuentra dada, de la misma forma que no decide si viene o no a la existencia. El *Dasein* es arrojado al mundo. Se encuentra en el mundo y esto supone la aperturidad de sí y del mundo y el descubrimiento del ente intramundano. Preguntarse, pues, por qué tiene que haber verdad es tan insensato como preguntarse por qué hay *Dasein*. «La verdad no puede ser demostrada en su necesidad, porque el *Dasein* no puede someterse a sí mismo a demostración» (p. 229).

Con demasiada frecuencia en la filosofía moderna y postkantiana, para explicar la naturaleza del conocimiento y justificar la posibilidad de la verdad, se ha recurrido a un sujeto ideal —un yo puro o una conciencia en general— que garantizaba la legitimidad de un *a priori*. Sin embargo, Heidegger considera que la suposición de un yo supraempírico no satisface esta pretensión porque deja a un lado el carácter *a priori* del sujeto real, puramente fáctico, que es el *Dasein*. Rechazar una conciencia en general, al modo neokantiano, no supone la negación de todo *a priori*. Pensar lo contrario, es, más bien, cree Heidegger, un residuo de la teología cristiana en la filosofía.

Durante toda la primera sección de *ST* ha estado presente, en su trasfondo, la pregunta que orienta y anima el pensamiento heideggeriano, la cuestión por el sentido del ser. Ciertamente no se ha abordado directamente. Más bien, se han establecido las bases para poderla responder. Esta ha sido la finalidad del análisis fundamental del *Dasein*. Con la dilucidación del fenómeno del cuidado, se ha esclarecido la constitución de un ente muy particular, el *Dasein*, porque a él le corresponde la comprensión del ser. Es hora de iniciar la investigación tendente a responder a la pregunta por el sentido del ser. A ella queda dedicada la segunda sección de *ST*.

REFERENCIAS

HUSSERL, E. (1900-1901): *Logische Untersuchungen*, Bd. I-II/1-2, *Husserliana* XVIII-XIX/1-2, ed. E. Holenstein (XVIII) y U. Panzer (XIX), Den Haag, 1975-1984; trad. esp. M. García Morente y J. Gaos, *Investigaciones Lógicas*, 2 vols., Madrid, 1967.

9
EL MARCO METÓDICO Y SISTEMÁTICO. SEGUNDA SECCIÓN
(§§ 45-83)

ALEJANDRO G. VIGO

1. INTRODUCCIÓN

No es exagerado decir que buena parte de las principales dificultades que se plantean en la interpretación de los análisis fenomenológicos que Heidegger lleva a cabo en *ST* se conecta con la tendencia, todavía hoy ampliamente extendida, a no tomar suficientemente en cuenta el contexto temático y, especialmente, metódico, en el cual tales análisis quedan enmarcados desde un comienzo. Para hacer justicia a dicho enmarcamiento temático y metódico, no basta con reiterar la consabida advertencia de que la intención primaria de Heidegger en la obra es declaradamente ontológica, en el peculiar sentido que adquiere la noción en virtud de su vinculación con el método fenomenológico, y no antropológica ni ética. Se requiere, además, preservar y poner realmente en valor dicho punto de partida básico, a la hora de hacer justicia interpretativamente a las posiciones elaboradas por Heidegger respecto de los fenómenos tematizados en cada caso. Esta exigencia metódica, que puede valer también para el análisis de muchos otros fenómenos, tales como, por ejemplo, el de la «verdad», es especialmente relevante para los fenómenos del «ser para (vuelto hacia) la muerte» (*Sein zum Tode*) y la «conciencia», en su sentido práctico-moral (*Gewissen*, en adelante: «conciencia^G»), con cuyo análisis se abre la Segunda Sección de *ST*. Tampoco en estos casos Heidegger se sitúa en el plano que corresponde al enfoque propio de la antropología o la ética, ni intenta elaborar un modelo de fundamentación filosófica de la moralidad, en el sentido habitual del término. Heidegger tematiza, más bien, estructuras que, en el mejor de los casos, pertenecen al ámbito de lo que podría denominarse una «protoética», en la medida en que se trata de estructuras que desde un punto de vista puramente ejecutivo, que no hace referencia aún al contenido material de ninguna norma moral específica, permiten dar cuenta de la *posibilidad existenciaria* de algunos de los fenómenos fundamentales vinculados con la moralidad, como tal[1]. Dichas estructuras, que el análisis pretende revelar como pertenecientes a la propia constitución de ser del *Dasein*, marcarían, por tanto, algo así como el lugar ontológico de inserción del fenómeno de la moralidad en la existencia humana. Este peculiar enmarcamiento temático y metódico determina no sólo el alcance, sino también los límites del análisis heideggeriano de cada uno de los fenómenos tematizados.

A los fines que aquí interesan, la caracterización general del marco sistemático de tratamiento de los fenómenos del «ser vuelto hacia la muerte» y de la «conciencia[G]» se puede llevar a cabo en atención a cuatro aspectos fundamentales, a saber: 1) la concepción aleteiológica de la ontología y la temática vinculada con la verdad trascendental, 2) el papel que cumple en el proyecto ontológico de *ST* el *Dasein* como ente capaz de acceder comprensivamente al ser, en general, y también, en particular, a su propio ser; 3) el punto de partida en la comprensión pre-ontológica y el problema de la «impropiedad» (*Uneigentlichkeit*); y 4) el problema de la posibilidad de la «propiedad» (*Eigentlichkeit*) y la «transparencia» (*Durchsichtigkeit*), en conexión con lo que Heidegger denomina la «verdad de la existencia» (*Wahrheit der Existenz*).

2. ONTOLOGÍA, ALETEIOLOGÍA Y VERDAD TRASCENCENTAL

Como se dijo ya, Heidegger caracteriza la problemática de *ST* como *ontológica*, y no como antropológica, ética o existencial, en el sentido habitual del término. Sin embargo, lo que Heidegger entiende aquí por ontología tiene, en rigor, bastante poco que ver con la concepción tradicionalmente dominante de la «ciencia del ser». Esta posee una orientación básicamente *arqueológica* o, si se prefiere, *arqueológico-etiológica*, en la medida en que caracteriza a la «ciencia del ser» —llámese «filosofía primera», «metafísica» o bien «ontología», como ocurrió a partir de la Mo-

---

[1] Empleo la expresión «protoética» en un sentido análogo al que poseen expresiones como «protológica», «protogeometría», «protofísica» en los programas de fundamentación al estilo de constructivismo operacionalista de la «Escuela de Erlangen» y sus secuelas (P. Lorenzen, P. Janich, C.-Fr. Gethmann, etc.). La afinidad así establecida con el planteo metódico que Heidegger presenta e intenta llevar a cabo en *ST* no es meramente exterior, si se tiene en cuenta el hecho de que dichos programas de fundamentación toman, en último término, la forma de una reconducción de las diversas ciencias a sus bases pragmático-operacionales, en el ámbito correspondiente a la experiencia inmediata del mundo de la vida. Para una exploración de las relaciones entre los programas de fundamentación del constructivismo operacionalista, por un lado, y los programas fenomenológicos de fundamentación a partir del mundo de la vida, por el otro, véase Gethmann (1991).

dernidad—, en último término, como una ciencia que se ocupa de los primeros *principios* (*archái*) *y causas* (*aitíai, áitia*) de lo que es (*on, ens*). Por cierto, la problemática del *sentido* y la *verdad* no está completamente ausente de dicha concepción tradicional. Aristóteles, como es sabido, aborda expresamente la pregunta por los sentidos de «ser», y lo hace de un modo que, a través de Brentano, fue decisivo, según Heidegger, para sus propios inicios filosóficos. Pero ya en el propio Aristóteles se percibe una cierta tensión entre la orientación hacia el problema del sentido de «ser» y, en conexión con ella, hacia el problema de la verdad, por un lado, y la orientación hacia la cuestión de los principios y las causas del ente, por el otro. En todo caso, lo decisivo es que en Aristóteles la propia cuestión relativa a los principios y las causas del ente no aparece expresamente enmarcada en un planteo centrado en la cuestión relativa al sentido y la verdad. Así lo muestra el hecho de que, entre los diferentes sentidos de «ser», Aristóteles conceda prioridad al «ser según las categorías» y el «ser según el acto y la potencia», y relegue, en cambio, a un segundo plano el «ser según la verdad» (*on hos alethés, ens qua verum*) (cf. *Metafísica* V 7; VI 4). El posterior desarrollo histórico de la «ciencia del ser» no hizo sino agudizar esta tendencia, al sancionar, de modo cada vez más decidido, la relegación ontológica del «ser según la verdad», por tratarse supuestamente de un fenómeno vinculado con el ámbito del mero pensamiento y carente, como tal, de genuina valencia ontológica. Al cabo de un larguísimo rodeo, el fenómeno de la verdad, al igual que el fenómeno del sentido, queda finalmente absorbido sin residuo en la esfera de lo meramente lógico-subjetivo, como ocurre notoriamente, a juicio de Heidegger, en la filosofía de la lógica y la teoría del conocimiento de fines del siglo XIX y comienzos del XX, en particular, en la corriente principal del pensamiento neokantiano[2].

Frente a esto, Heidegger ve en la opción por el método fenomenológico la clave no sólo para una nueva fundamentación *metódica* de la ontología, que da cuenta por primera vez de su misma posibilidad, sino, al mismo tiempo, también para una transformación *temática* que trae consigo una radical *reontologización* de los fenómenos del sentido y la verdad: la verdad, entendida en términos de apertura originaria del sentido, es decir, de apertura a la comprensión (*alétheia*) del ente y el ser, se convierte así en el tema central de la ontología. Esta ya no tiene, pues, el carácter de una *arqueología*, al menos, en el sentido tradicional, sino que adquiere, más bien, el carácter de una *aleteiología*[3]. La ontología sólo es posible

---

[2] Para una presentación de conjunto de la actitud del joven Heidegger frente al neokantismo, véase ahora Steinmann (2004).

[3] Para una reconstrucción de la transformación metódica y temática de la ontología por parte de Heidegger, en términos del contraste entre la concepción *arqueológica* y la concepción *aleteiológica*, remito a la discusión más amplia en Vigo (2014), pp. 129-158.

como fenomenología y busca tematizar las condiciones que dan cuenta de todo posible acceso comprensivo al ente y el ser. Tales condiciones quedan, por lo pronto, relegadas a la latencia tanto en la actitud «natural» como en todo acceso científico al ente, a pesar de que constituyen el «sentido y fundamento» de lo que en tales modos de acceso ocupa el centro de la atención (cf. § 7 C, p. 35)[4]. En tal sentido, el «tema» de una ontología fenomenológica, que se corresponde con lo que Heidegger denomina el «concepto fenomenológico de fenómeno», es aquello que, en lo que se muestra de modo inmediato (v. gr., los fenómenos en el sentido vulgar), se muestra de modo «precedente y concomitante», pero, por lo pronto, sólo «atemático», de modo tal que la propia fenomenología apunta a lograr, precisamente, su mostración temática (cf. § 7 A, p. 31)[5]. El fenómeno fenomenológico por excelencia, que la propia fenomenología busca llevar a su mostración temática, no es otro, por tanto, que el ser del ente y el ser mismo, considerados en su sentido. Pero todo acceso de este tipo al ser, justamente en la medida en que apunta al ser como lo trascendente, sin más, respecto del ente, constituye un «conocimiento trasdendental». En consecuencia, la «verdad fenomenológica», entendida como la apertura *expresa* del ser mismo en su sentido (*Erschlossenheit von Sein*), debe verse, en definitiva, como una «verdad trascendental» (*veritas trascendentalis*), en el sentido más propio del término (cf. § 7 C, p. 38).

3. EL *DASEIN* COMO ENTE (PRE-)ONTOLÓGICO Y (AUTO)COMPRENSIVO

En el pasaje citado arriba Heidegger conecta la noción de «verdad trascendental» con la apertura *expresa* del ser a la que apunta, como tal, la ontología fenomenológica. Sería, sin embargo, un grave error suponer

---

[4] Para evitar todo posible malentendido que llevara a otorgar sentido arqueológico a la noción de fundamento aquí empleada, Heidegger aclara en la nota añadida en el *Hüttenexemplar*: «verdad del ser» (*Wahrheit des Seins*). Véase *ST*, p. 440, nota «a» a p. 35.

[5] Con esta caracterización del concepto fenomenológico de fenómeno Heidegger conecta inmediatamente el hecho de que la «descripción» que pretende proveer la fenomenología ha de tener siempre el sentido metódico de una «interpretación» (*Auslegung*) (cf. *ST*, § 7 C, p. 37). Dicho de otro modo: el alcance *hermenéutico* de la ontología fenomenológica aparece directamente correlacionado con el carácter esencialmente mediado que posee el fenómeno, en el sentido estrictamente fenomenológico del término. Para dar cuenta de la irreductible dimensión de mediación metódica que comporta el concepto heideggeriano de fenómeno, por oposición al concepto vulgar, C. Fr. Gethmann ha recurrido con acierto a la noción hegeliana de «inmediatez mediada» (*vermittelte Unmittelbarkeit*): aquello que, en la «actitud natural», se muestra, por lo pronto, de modo inmediato, es lo mismo que la fenomenología, que tematiza las condiciones que dan cuenta de su mostración, considera en su carácter esencialmente mediado. Véase la excelente discusión del concepto heideggeriano de fenómeno en Gethmann (1974), pp. 93-107.

que la apertura del ser, como lo trascendental respecto del ente, es patrimonio exclusivo del acceso que facilita la fenomenología. Por el contrario, esta se limita, en rigor, a llevar a mostración *expresa y temática* lo que, de modo inexpreso y atemático, está siempre ya abierto, vale decir, comprendido, en el acceso inmediato al ente, tal como este acontece en el plano correspondiente a la actitud «natural». Por lo mismo, «verdad trascendental», esto es, «apertura del ser», en el sentido amplio que no exige su carácter expreso y temático, impera ya mucho antes de toda ontología: ésta, la ontología, no establece de modo originario la relación con el ser, sino que, inversamente, sólo resulta posible, como tal, sobre la base de una previa comprensión, de carácter pre-conceptual, inexpreso y atemático, del ser mismo. El punto es de crucial importancia no sólo porque da cuenta del modo en el cual Heidegger piensa las relaciones entre actitud «natural» y actitud filosófica, entre «vida fáctica» y fenomenología, para decirlo en el lenguaje de las primeras lecciones de Friburgo (cf. esp. *GA* 56/57, §§ 15-26). A ello se añade un segundo aspecto, a menudo no adecuadamente enfatizado por los intérpretes, que se conecta de modo directo con la reformulación aleteilógica de la problemática ontológica llevada a cabo por Heidegger: no sólo la ontología fenomenológica procura un determinado tipo de acceso a aquello que tematiza, sino que, además, lo que ella tematiza son también, en lo fundamental, *fenómenos de acceso*, en la medida en que se trata, precisamente, de aquellas condiciones que hacen posible la venida a la presencia y la apertura a la comprensión del ente y su ser y del ser mismo. Se trata, pues, de dos niveles diferentes de la «verdad trascendental», de los cuales el segundo, es decir, el correspondiente al tipo de apertura expresa que procura alcanzar la ontología fenomenológica, debe considerarse como estructuralmente dependiente del primero, que corresponde al tipo de acceso al ente y el ser que tiene lugar ya en la propia actitud «natural». Desde el punto de vista metódico, es de vital importancia no pasar por alto este punto, que, como se verá, incide de modo decisivo, muy particularmente, en la interpretación del tipo de fenómeno que Heidegger tematiza en los §§ 54-60 de *ST*, pues se trata en este caso, justamente, de fenómenos de acceso que conciernen, de modo directo, nada menos que al propio ser del *Dasein*.

Sobre la base de lo dicho, adquiere una peculiar significación la tesis heideggeriana de la *prioridad óntico-ontológica* del *Dasein*, como ente señalado por el *factum* de la comprensión del ser (cf. *ST*, §§ 3-4). En efecto, el *Dasein* es aquel ente que, en virtud de su propia constitución de ser, instaura el «ahí» (*Da*) para la venida a la presencia del ente y el ser, vale decir: provee las condiciones que hacen posible su apertura a la comprensión. En y con la trascendencia del *Dasein* se instaura, de modo originario, aquel *locus manifestationis* sin el cual no sería posible ningún tipo de mostración del ente y el ser. Por lo mismo, la centralidad que adquiere dicho ente dentro del proyecto de una ontología fenomenológica, de carácter estrictamente aleteiológico, no necesita ser enfatizada, ya que se trata, precisamente, de aquel ente que, con su mera realidad óntica, provee ya, al mismo tiempo, el lugar ontológico de inserción para todo posible fenómeno de acceso, expreso o inexpreso, al ente y al ser. Pues bien, el *Dasein* se caracteriza ónticamente por el *factum* de la comprensión del ser, a saber: tanto del ser del ente que no es él mismo, como de su propio ser y del ser de los que son como él, y también del ser, en general. Pero dicha comprensión tiene, por lo pronto, un carácter vago y pre-conceptual, que, además, no alcanza el nivel de la captación expresa o temática. Esto vale también, y muy particularmente, para el acceso que el propio *Dasein* tiene a su propio ser, en el plano correspondiente a la actitud «natural». Por ello, Heidegger insiste en el hecho de que el *Dasein* puede ser caracterizado como el único «ente ontológico», pero ello no porque esté desde el comienzo en posesión de una ontología expresamente desarrollada como tal, sino, más bien, en el sentido, mucho más modesto, que remite al hecho de estar siempre ya en posesión de una cierta comprensión *pre-ontológica* del ser (cf. § 4, p. 12). Dos son las consecuencias fundamentales que Heidegger extrae de la referencia al carácter prioritario del *Dasein*, como único «ente (pre-)ontológico», a saber: por un lado, la comprensión pre-ontológica provee el punto de partida óntico para cualquier posible ontología; por otro lado, en el marco de una ontología fenomenológica, la ontología del «ente (pre-)ontológico», esto es, la ontología del *Dasein*, posee, necesariamente, un carácter fundamental, y ello por la simple razón, ya señalada, de que es en la constitución de ser del *Dasein* donde deben buscarse las condiciones que hacen posible la venida a la presencia, más precisamente, la apertura a la comprensión del ente y el ser. La ontología fenomenológica debe partir, por tanto, necesariamente, de la interpretación del ser del *Dasein*, concebida como una analítica de la «existencia» (cf. § 7 C, p. 38). Pero si esto es así, se advierte de inmediato la crucial importancia que adquiere dentro de tal programa filosófico la posibilidad de acceso a su propio ser por parte del *Dasein*, ya en el plano correspondiente a la comprensión pre-ontológica: la comprensión del propio ser por parte del *Dasein* provee, necesariamente, el punto de partida óntico-fáctico para toda posible ontología, pues toda ontología ha de fundarse, a su vez, en la analítica existenciaria.

Se tiene, pues, un complejo entramado de relaciones de fundamentación ya en el propio punto de partida del proyecto de una ontología fenomenológica. En primer lugar, *a*) toda comprensión ontológica, en general, se funda, en último término, en la comprensión pre-ontológica. Pero, además, *b*) la ontología general, vale decir, aquella que apunta a desvelar las estructuras y el sentido del ser mismo, se funda necesariamente en la ontología del «ente (pre-)ontológico», esto es, en la analítica existenciaria, al menos, en la medida en que esta última debe posibilitar la «apertura del horizonte para una interpretación del sentido del ser, en general» (cf. § 5). A su vez, *c*) la analítica existenciaria debe fundarse en la comprensión pre-ontológica que el *Dasein* posee de su propio ser, de modo tal que esta última provee, en definitiva, el último fundamento óntico-fáctico de toda posible ontología. Por último, *d*) el esquema de fundamentación así esbozado no impide, sino que, más bien, explica el hecho de que los aspectos de desfiguración y las tendencias al encubrimiento operantes en la propia comprensión pre-ontológica puedan ejercer una decisiva influencia, a la hora de determinar el camino que toman los intentos de mostración expresa de lo abierto en la propia comprensión pre-ontológica, tal como pretende llevarlos a cabo la ontología fenomenológica. De hecho, ya en las primeras lecciones de Friburgo Heidegger había llegado a elaborar un cuadro de conjunto según el cual, en virtud de su tendencia cadente hacia el «mundo» y las «cosas», desde las cuales se comprende regularmente también a sí mismo, el *Dasein* se ve llevado, ya en el plano de la propia actitud «natural», a una interpretación tendencialmente niveladora y cosificante de su propio ser. Ella repercute negativamente, a su vez, sobre la propia interpretación filosófica, con el resultado de prestar ulterior sustento y ratificación a la ecuación entre «ser» y «ser cosa (objeto)», que está en la base de lo que posteriormente el propio Heidegger denominó la ontología de la *Vorhandenheit*, vale decir, la «ontología de la presencia» (cf. p. ej., *GA* 60, §§ 3-4): con su peculiar autosuficiencia, olvidada de lo que hace posible su propio modo de experimentar, y con su tendencia a caer desde sí hacia aquello de que se ocupa, la vida fáctica constituye, explica Heidegger, no sólo el punto de partida del filosofar, sino también, y con igual originalidad, aquello que obstaculiza al filosofar mismo, en su propio origen (cf. *GA* 60, § 4, pp. 16 s.)[6]. Por otro lado, no menos cierto es, paradójicamente, que una explicación fenomenológicamente adecuada de la vida fáctica misma provee el mejor antídoto posible contra toda posible nivelación de la idea del ser, pues la peculiaridad ontológica del *Dasein* fáctico es tal, que su explicación, si es genuina y originaria, «hace saltar por los aires» (*sprengen*) la totalidad del sistema de categorías tradicional (cf. *GA* 60, § 10, p. 54). Inversamente, una adecuada interpretación ontológica del *Dasein* fáctico retroactúa, a su vez, sobre la vida fáctica misma por la vía del autoesclarecimiento, ya que a la filosofía, que surge ella misma de la vida fáctica misma, le pertenece esencialmente

---

[6] Para la tendencia cadente de la vida fáctica en las primeras lecciones, véase también la discusión de los caracteres de la «relucencia» (*Reluzenz*) y el «desmoronamiento» (*Ruinanz, Sturz*) en el marco del tratamiento de las «categorías de movimiento» (*Bewegungskategorien*) de la vida fáctica en *GA* 61, pp. 117-130 y 131-151, respectivamente; véase también *GA* 62, pp. 354 ss. y la buena discusión en Segura Peraita (2002), pp. 146 ss.

también el movimiento de reversión que la lleva a precipitarse nuevamente sobre su propio origen (cf. *GA* 60, § 4, p. 15).

Desde luego, vale también lo contrario: una inadecuada interpretación filosófica del ser del *Dasein* puede influir incluso decisivamente, a través de su vulgarización y sedimentación, sobre la comprensión vulgar, pre-ontológica. Piénsese, por ejemplo, en la concepción del hombre como «animal racional», a la que el propio Heidegger somete con frecuencia a demoledora crítica. Ya en las primeras lecciones de Friburgo Heidegger elabora la noción de «estado de interpretado» (*Ausgelegtheit*), que queda posteriormente incorporada al análisis de la «impropiedad» («no propiedad») de *ST*, y lo hace poniendo especial atención en los elementos teóricos que configuran lo que denomina «el actual estado de interpretado del hoy» (*die heutige Ausgelegtheit des Heute*), que abarca tanto la conciencia histórica como también la propia conciencia filosófica (cf. esp. *GA* 63, §§ 7-10; véase también *GA* 62, pp. 354 ss.). Entre los elementos constitutivos del «estado de interpretado» propio de la conciencia histórica Heidegger nombra, por ejemplo, la idea de la cultura como organismo, tal como fue articulada por O. Spengler (cf. *GA* 63, § 7, pp. 36 ss.). Del mismo modo, hoy podrían mencionarse ideas tales como la de la «lucha de clases», la de la «muerte de Dios», la del «fin de la metafísica», devenidas hace tiempo ya en meras consignas, como ejemplos del mismo tipo de situación, en la cual tesis de origen teórico-filosófico pasan, por vía de vulgarización y sedimentación, a formar parte del «estado de interpretado» propio de un momento característico de la así llamada «conciencia pública» (*Öffentlichkeit*). Desde luego, tampoco la propia filosofía heideggeriana es inmune a su propia degradación por vía de vulgarización y sedimentación[7].

4. COMPRENSIÓN PRE-ONTOLÓGICA E IMPROPIEDAD

El hecho de que, en virtud de su propia constitución de ser, el *Dasein* sea el único «ente (pre-)ontológico» y posea, como tal, un claro primado dentro del proyecto de una ontología fenomenológica, no impide, pues, que, desde el punto de vista óntico-fáctico, el propio *Dasein* se encuentre, por lo pronto, instalado en una comprensión nivelada y desperfilada de su propio ser. El punto de partida en la comprensión pre-ontológica im-

---

[7] Para una lúcida discusión del papel que desempeña la apropiación de la situación de la interpretación en la concepción de la fenomenología del primer Heidegger, véase Rodríguez (1997), cap. IV. Una clarificadora reconstrucción de conjunto del camino que lleva desde la hermenéutica de la vida fáctica, en las primeras lecciones de Friburgo, a la concepción de *ST* se encuentra en Xolocotzi Yáñez (2004). Una muy valiosa consideración de conjunto de la concepción desarrollada por Heidegger en los años 1919-1923 que pone especial énfasis en los aspectos metódicos se encuentra en de Lara (2008).

plica, de hecho, que la elucidación fenomenológica no puede intentar situarse en una suerte de punto cero, puramente ficcional, que estuviera libre de todo presupuesto. Pero el modo de apropiación de sentido que dicha comprensión previa facilita está estructuralmente signado no sólo por la facticidad y la historicidad, sino también, y por lo mismo, por determinadas tendencias al ocultamiento y la desfiguración. Estas, como Heidegger intenta mostrar ya desde sus primeras lecciones y mantiene también en *ST*, no son meramente adventicias, sino que están ancladas, en definitiva, en el propio ser del *Dasein*. Ahora bien, la presencia de tales tendencias al ocultamiento y la desfiguración constituye, sin duda, un hecho estructural, que concierne, en general, a toda comprensión pre-ontológica del ser del ente y del ser, en general. Pero, como es obvio, su importancia se agudiza, de modo especialmente dramático, allí donde se trata del acceso que el *Dasein* tiene pre-ontológicamente *a su propio ser* y, con ello, también *al ser de los otros que son como él*[8].

La posición que Heidegger elabora en torno al problema del acceso del *Dasein* a su propio ser y, correlativamente, también al ser de los otros, tanto en el plano de la actitud pre-filosófica como, posteriormente, en el de la actitud científica y, por último, en el de la indagación filosófica, contiene una serie de elementos que deben ser tenidos adecuadamente en cuenta[9]. En primer lugar, Heidegger asume que, en el acceso a su propio ser por parte del *Dasein*, hay una relación, por así decir, asimétrica entre lo que se abre de modo ejecutivo en el plano meramente óntico, por un lado, y lo que de ello queda conservado en el plano de la comprensión pre-ontológica, primero, y ontológica, después, por el otro. La conocida tesis heideggeriana establece aquí que el *Dasein* es, para sí mismo, lo más cercano ónticamente y, a la vez, lo más lejano ontológicamente, pero no por ello, sin más, extraño, en el plano correspondiente a la comprensión pre-ontológica (cf. *ST*, § 5, p. 16). De crucial importancia es aquí la posición intermedia que Heidegger otorga a la comprensión pre-ontológica. Ella implica tanto la existencia de cierta distancia del *Dasein* respecto de sí mismo, ya en el plano de la comprensión pre-ontológica de su propio ser, como también el hecho de que, en dicho plano, no ha tenido lugar todavía un completo extrañamiento del *Dasein* respecto de sí mismo. El punto de fondo reside en el hecho de que, en el plano de la comprensión pre-ontológica, el acceso del *Dasein* a su propio ser está signado por una suerte de tensión estructural entre familiaridad y distanciamiento, que implica tanto la apertura de su propio ser, en su sentido originario, como también, al mismo tiempo, el tendencial

---

[8] Para una buena discusión de conjunto de los aspectos vinculados con el problema del autoengaño y el olvido de sí, como momentos constitutivos de la autointerpretación del *Dasein*, véase Merker (1988), esp. pp. 61-152.

[9] Para el desarrollo de este punto me baso en lo ya expuesto en Vigo (2014), pp. 305 ss.

ocultamiento de lo así abierto, en el modo de la desfiguración. Que el *Dasein* tienda a comprender de modo desfigurado su propio ser, ya en el plano de la comprensión pre-ontológica, es un hecho que, a juicio de Heidegger, se funda, como se dijo ya, en la propia constitución de ser del *Dasein*, como el único ente cuyo ser consiste en la «existencia», y que está, como tal, determinado por el *factum* de la comprensión pre-ontológica. Más precisamente, en virtud de su propia trascendencia el *Dasein* está caracterizado no sólo por el «ser junto» (*Sein-bei*) al «mundo» y el ente intramundano, sino, al mismo tiempo, por la tendencia a la «caída» (*Verfallen*) *desde* sí *hacia* el ente del que cotidianamente se ocupa, lo que se expresa en una pertinaz inclinación a comprender su propio ser a partir del (ser del) ente intramundano, comprendido este, a su vez, de cierta manera (cf. p. 15). Aquí se incluye, como es sabido, también la tendencia constitutiva del *Dasein* a sumergirse en lo dicho y, con ello, a asumir, de modo más o menos pasivo y tácito, lo que en cada caso cuenta como la interpretación vigente. Esto vale también allí, y especialmente allí, donde se trata de la interpretación de su propio ser. Para referirse a la peculiar estructura de estos fenómenos de interpretación de sí a partir lo que no es él mismo por parte del *Dasein*, Heidegger habla, en general, de una suerte de «refracción ontológica» o «reflejamiento ontológico» (*ontologische Rückstrahlung*) de la comprensión del «mundo», en el sentido de la totalidad del ente intramundano (p. 15: «*Welt*», y no *Welt*), sobre la interpretación del propio ser del *Dasein*, la cual se verifica, como tal, ya en el plano correspondiente a la comprensión pre-ontológica, pero que luego es continuada, consolidada y radicalizada en la interpretación filosófica del ser del *Dasein* (cf. pp. 15 s.).

En segundo lugar, si este peculiar distanciamiento de sí, que tiene lugar ya en la comprensión pre-ontológica de su propio ser, trajera consigo una suerte de completo autoextrañamiento respecto de sí mismo por parte del *Dasein*, entonces la elucidación fenomenológica no tendría ya ninguna posibilidad de hacer comparecer de modo genuino el ser del *Dasein* por vía de tematización, puesto que carecería de todo posible punto de partida: la comprensión ontológica permanece siempre, para bien o para mal, deudora de lo abierto ya en la comprensión pre-ontológica. Pero, de hecho, no hay, a juicio de Heidegger, tal completo extrañamiento del *Dasein* respecto de sí, lo cual se explica probablemente ya por la simple razón de que si lo hubiera, ni siquiera podría ser constatado como tal. Dicho de otro modo: la propia detección de tendencias al encubrimiento y la desfiguración presupone ya que el ocultamiento de lo que en cada caso resulta así desfigurado no puede ser, como tal, completo[10]. No menos cierto es,

---

[10] Rodríguez (1997), p. 197 propone esta misma explicación. Pero añade, además, una importante precisión: en su concepción de la «impropiedad» («no propiedad») Heidegger debe esforzar-

sin embargo, que la desfiguración parcial del ser del *Dasein* que tiene lugar en la apertura de sentido facilitada por la comprensión pre-ontológica alberga, en su peculiar ambivalencia, tanto la posibilidad de una superación, siquiera parcial, del encubrimiento, como también la de su consolidación y radicalización, allí donde se trata explicitar, en el plano correspondiente a la elucidación filosófica, lo avistado pre-ontológicamente. Ahora bien, según Heidegger, lejos de detectar el encubrimiento aquí imperante, y de mitigar siquiera parcialmente sus efectos, la interpretación filosófica tradicional del ser del *Dasein*, signada por el predominio de la ontología de la *Vorhandenheit*, no habría hecho otra cosa, a través de una larga y compleja historia, que continuarlo, ratificarlo y profundizarlo crecientemente, hasta llevarlo finalmente al extremo del mayor extrañamiento ontológico posible. El paradójico resultado es que, justamente en virtud de su peculiar primado óntico-ontológico, al *Dasein* tiende a quedarle oculta, en definitiva, su propia constitución de ser, en su irreductible especificidad, y ello, sobre todo, en el plano correspondiente a la interpretación filosófica, que procura acceder de modo expreso y temático a dicha constitución de ser (cf. p. 16).

Este último aspecto se conecta, de modo inmediato, con una de las tesis metodológicamente más importantes de la analítica existenciaria elaborada en *ST*, a saber: la tesis según la cual la interpretación fenomenológica del ser del *Dasein* debe partir de la consideración de lo que Heidegger denomina la «medianía» (*Durchschnittlichkeit*) o también la «cotidianeidad de término medio» (*durchschnittliche Alltäglichkeit*), que corresponde al modo *indiferente* en el cual el *Dasein* es «inmediata y regularmente» (cf. § 9, p. 43). Este modo indiferente de ser correspondiente a la «cotidianeidad de término medio» debe verse como la primera y más elemental concreción óntica de la estructura ontológica constitutiva de la «existencia», el ser del *Dasein*, aunque en la interpretación ontológica es habitualmente pasada, sin más, por alto, precisamente en virtud de su inmediatez y familiaridad (cf. p. 43). Tal concreción óntica constituye el modo primario en el cual el

---

se por mostrar que la misma «impropiedad» («no propiedad») tiene ya cierta noticia de sí misma, como «impropiedad» («no propiedad»), en el plano correspondiente a la ejecución de la «vida fáctica», ya que una descripción fenomenológica de la «impropiedad» («no propiedad»), llevada a cabo meramente «desde fuera», no podría superar el reproche de dogmatismo. Por lo mismo, el tipo de «desfiguración» que impera en la «impropiedad» («no propiedad») se caracteriza por involucrar un componente adicional de «represión» de lo que de alguna manera es todavía «visto» (cf. Rodríguez, p. 198, bajo referencia al empleo de la noción de «represión» [*abdrängen/Abdrängung, verdrängen/Verdrängung*] en la caracterización de la «ruina» o la «caída» en las primeras lecciones de Friburgo, véase p. ej., *GA* 61, p. 132; véase también *GA* 20, § 29 *a*), p. 378, citado por Rodríguez). La observación muestra que, como no podría ser de otra manera, también en el caso del análisis de la «impropiedad» («no propiedad») mantiene su vigencia la tesis metódica general de la dependencia de la comprensión ontológica respecto de la comprensión pre-ontológica.

Dasein, en tanto caracterizado por el «existir», como «tener que ser» (*Zusein*) y como «en cada caso mío» (*Jemeinigkeit*), se hace cargo de sí, *es* su «sí mismo». Este consiste en un modo *indiferenciado, nivelado y autodelegatorio* de hacerse cargo de sí, que, como tal, se funda él mismo en el carácter de «sí mismo» del *Dasein* (cf. pp. 42 s.), del mismo modo en que lo hace también el modo de ser que corresponde a lo que Heidegger denomina la «impropiedad» (*Uneigentlichkeit*)[11]. La referencia de Heidegger al modo en el que el *Dasein* es «inmediata y regularmente» ha inducido a los intérpretes, con gran frecuencia, a una lectura que no hace justicia al alcance esencialmente metódico de la tesis heideggeriana del punto de partida en la «cotidianeidad de término medio», como si esta aludiera a algo así como un concepto sociológico o cuasi-estadístico de la habitualidad del «existir». Las razones que Heidegger da para apoyar la tesis son, sin embargo, muy diferentes. Menciono las que considero fundamentales, desde el punto de vista que aquí interesa.

En primer lugar, el punto de partida en la «existencia» implica la necesidad de evitar toda interpretación cosificante del «sí mismo» (*Selbst*), en términos derivados de la ontología de la *Vorhandenheit*: la identidad o «sí-mismidad» (*Selbstheit*) del «yo» no puede entenderse en términos cósicos, sino que debe ser pensada, desde el comienzo, de modo tal, que dé cabida a la posibilidad de que el *Dasein sea* su «sí mismo» en el modo de la «pérdida de sí» (*Selbstverlorenheit*), más precisamente, en el modo de la «pérdida de sí» en el impersonal del «uno» (cf. § 25, pp. 114 ss.).

En segundo lugar, y en directa conexión con lo anterior, el carácter indiferente, nivelado y autodelegatorio del modo «impropio» del «existir» que corresponde a la «cotidianeidad de término medio» no debe hacer perder de vista un hecho decisivo, desde el punto de vista ontológico, a saber: tal «impropiedad» («no propiedad») del existir constituye un fenómeno *positivo e irreductible*, que ocupa un papel central dentro de la constelación de los fenómenos fundamentales conectados con la estructura del «sí mismo», en el sentido estrictamente existenciario de la expresión. Por lo mismo, Heidegger rechaza expresamente la suposición habitual según la cual el tratamiento de los fenómenos vinculados con la «identidad del sujeto» así como los vinculados con el problema de la «intersubjetividad» debe orien-

---

[11] Aunque en no pocos pasajes Heidegger menciona conjuntamente, sin hacer mayores precisiones, el modo indiferente y el modo impropio del existir, se trata de dos modos diferentes, aunque próximos el uno al otro, que conviene distinguir. Véase, por ejemplo, la tripartición «propiedad» (*Eingentlichkeit*) / «impropiedad» («no propiedad») (*Uneigentlichkeit*) / «indiferencia modal» (*modale Indifferenz*) en *ST*, § 45, pp. 232 s. Naturalmente, desde la perspectiva que apunta específicamente al contraste con el caso la «propiedad» del existir, ambos modos pueden tratarse, en buena medida, de modo conjunto, como modos «no propios» del existir. En lo que sigue no haré especial énfasis en la diferencia entre la «impropiedad» («no propiedad»), en el sentido más estrecho, y la «no propiedad», en el sentido que alude al modo indiferenciado del existir.

tarse a partir de la noción de «yo» y, consecuentemente, también a partir del sistema oposicional de los pronombres personales, pues dicho punto de partida lleva tendencialmente a asumir como dada de antemano y comprensible de suyo la realidad de lo que se designa en cada caso por medio del «yo» («nosotros/as»), el «tú» («vosotros/as») y el «él»/«ella» («ellos/as»)[12]. Ello explica que el propio Heidegger prefiera la orientación a partir de la noción de «sí mismo», la cual no está tan excesivamente lastrada por las connotaciones enfáticas procedentes de las filosofías de la subjetividad y/o de la persona y, por lo mismo, no prejuzga todavía de modo tan decidido respecto del modo concreto de hacerse cargo de sí por parte del *Dasein*. De hecho, la noción de «sí mismo» permite hacer lugar a la consideración del modo delegatorio del hacerse cargo de sí, que corresponde a lo que Heidegger denomina el «uno mismo» (*Man-selbst*). El «uno mismo», como se verá, provee el *terminus a quo* en el análisis del modo en que tiene lugar la atestiguación del «poder ser propio» a través del «llamado de la conciencia[G]» (cf. § 56). Por tanto, el «sí mismo» del *Dasein* debe ser pensado, desde el comienzo, de modo tal, que quede explicada la posibilidad de que, en su concreción óntica cotidiana, el *Dasein* sea su «sí mismo» justamente *no* bajo la forma señalada del «ser en cada caso yo mismo». En tal sentido, explica Heidegger, la obviedad óntica del enunciado según el cual *yo* soy aquel que en cada caso es el *Dasein* no debe llevar, en el plano de la elucidación filosófica, a la suposición errónea de que con el uso enfático de la expresión «yo soy» queda ya predelineado el camino que debe seguir una adecuada interpretación ontológica de lo así «dado» (cf. § 25, pp. 114 s.): de la constatación, ónticamente correcta, según la cual el *Dasein* soy en cada caso *yo mismo* no se sigue todavía nada decisivo para la analítica ontológica del «sí mismo»[13]. El «yo» debe ser tomado aquí como una mera «indicación for-

---

[12] Para el peculiar modo en que Heidegger aborda lo que habitualmente se denomina el problema de la «intersubjetividad», me permito remitir a la discusión más amplia en Vigo (2014), pp. 297-334, esp. 297 ss.

[13] La crítica a la idea ingenua según la cual el empleo de la expresión «yo soy» provee el punto de partida adecuado para el acceso al ser del «sujeto» afecta, sin lugar a dudas, a toda la tradición de la filosofía egológica, desde Descartes en adelante. En particular, Heidegger critica también la posición de Husserl, en la medida en que este partiría acríticamente de la idea de un acceso reflexivo al «yo», concebido como polo unificador y originario de actos intencionales, como si el modo de «darse» el «yo» correspondiera, sin más, a una forma específica de la experiencia constatativa de objetos. En tal sentido, se pregunta Heidegger qué estructura tendría específicamente tal «autodonación» (*Selbstgebung*) del «yo», y si acaso no habría que ver en ella, en rigor, una tentación engañosa (*Verführung*), cuyo origen debe explicarse a partir del propio modo de ser del *Dasein* (cf. *ST*, § 25, p. 115; véase también la amplia crítica al punto de partida egológico, en contraste con el punto de partida en el *Dasein* como «ser-en-el-mundo», en *GA* 24, § 15, pp. 219-251). En la lección de 1934, la concepción del «sí mismo» en términos de algo a lo que puede accederse en una suerte de vuelta reflexiva sobre sí, es tratada, ella misma, como un fenómeno derivado de la «pérdida de sí» (*Selbstverlorenheit*), en la que habitualmente está instalado el *Dasein*, en su concreción coti-

mal», de carácter «no vinculante», hacia algo que, en el contexto fenoménico a partir del cual se busca en cada caso el acceso a su ser, puede revelarse justamente como lo contrario de lo que dicha indicación parecería, a primera vista, sugerir, vale decir: puede revelarse propiamente como un «no-yo». La expresión «no-yo» no remite aquí, por cierto, a lo que no posee la forma de ser del «yo» (*Ichheit*), sino, más bien, a un modo peculiar de ser del «yo», tal como este se da, por ejemplo, en el fenómeno de la «pérdida de sí» (*Selbstverlorenheit*) (cf. p. 116).

Por último, hay, dentro de la concepción que Heidegger elabora en *ST*, una necesidad metódica interna que da cuenta del punto de partida en la «impropiedad» («no propiedad»), representada por la «cotidianeidad de término medio», a saber: hay un camino que, a través de la correspondiente reconstrucción genética, conduce desde la «impropiedad» («no propiedad») hacia la «propiedad», pero no viceversa. Este punto no siempre es debidamente considerado, a la hora de caracterizar el diseño general de la posición elaborada por Heidegger, pero posee una importancia crucial, desde el punto de vista metódico. Y explica, además, en buena medida por qué el fenómeno positivo de la «impropiedad» («no propiedad») del «existir» no pudo ser debidamente reconocido, en su genuina significación ontológica, por la tradición filosófica orientada a partir de una representación excesivamente marcada de la indentidad del «yo». Más aún: el fracaso de tales intentos tradicionales provee, al mismo tiempo, una confirmación de la imposibilidad de dicho punto de partida. Por su parte, el esquema explicativo que Heidegger sigue en su análisis de la «sí-mismidad» del *Dasein* comienza por determinar cómo es posible la «impropiedad» («no propiedad») del existir, con arreglo a los elementos constitutivos de la estructura del «ser en el mundo», para pasar a dar cuenta, en un segundo momento, de la «propiedad», como posibilidad atestiguada *en y desde* la «impropiedad» («no propiedad») misma. Por cierto, tanto el «ser propio» como el «ser impropio» están fundados en el ser del *Dasein*, como «en cada caso mío», y ambos pertenecen con igual originalidad al *Dasein*, como posibilidades de ser. Sin embargo, no menos cierto es que la concreción óntica fundamental del «ser en el mundo», que provee la base para todo el análisis de sus diferentes momentos estructurales, incluido el «sí mismo», es la que corresponde a la «impropiedad» («no propiedad»). Y ello es así por cuanto existe un camino metódicamente transitable para dar cuenta a partir de ella también de la «propiedad», en términos del modelo de génesis ontológica del que Heidegger se vale para transparen-

---

diana [cf. *GA* 38, § 12 b), p. 53]. Para el problema de la autodonación del «yo», en conexión con la pregunta metódica por el correcto acceso al ámbito del «sí mismo» (*Selbst*), véanse también las atinadas explicaciones en Blust (1987), pp. 66 ss. Una discusión concisa de la hermenéutica del «sí mismo» elaborada en *ST* se encuentra en Rodríguez (2004), pp. 61-82.

tar las estructuras de ser del *Dasein*. Por el contrario, el punto de partida en la «propiedad» misma conduce, más bien, a no poder hacer accesible el fenómeno de la «impropiedad» («no propiedad»). Desde luego, no hay prueba apriorística alguna de la posibilidad del primer camino, ni tampoco de la imposibilidad del camino opuesto: ambas se «demuestran» simplemente a través del éxito o el fracaso del intento de transitar dichos caminos. Y, frente a lo que sería el notorio fracaso del intento tradicional por hacer justicia a la estructura del «sí mismo» a partir de una representación marcada de la «identidad» del «yo», Heidegger cree que el modelo alternativo que adopta el punto de partida en la «impropiedad» («no propiedad»), tal como es elaborado en la concepción de *ST*, puede reclamar para sí méritos más valederos. En definitiva, lo que se tiene aquí no es sino un caso particular de la aplicación de un principio metódico fundamental, dentro de la concepción heideggeriana de la fenomenología: el principio que enfatiza la importancia decisiva que, para bien o para mal, posee el punto de partida escogido en cada caso para el análisis de un determinado fenómeno, pues sólo cuando el análisis se orienta a partir del modo correcto de la «tenencia previa» (*Vorhabe*) del ente en cuestión puede alcanzar el objetivo de una reconstrucción adecuada de su estructura fenoménica. Obviamente, no hay un procedimiento reglado que garantice, en cada caso, la adopción del correcto punto de partida para el análisis. Ello explica también por qué razón Heidegger se rebeló desde muy temprano, ya en los tiempos de las primeras lecciones de Friburgo, contra toda interpretación de la fenomenología como una suerte de «técnica», cuyo dominio estuviera sustentado en el simple aprendizaje de un método dado de antemano. Por el contrario, Heidegger enfatiza ya en aquellos primeros años de actividad filosófica independiente que toda genuina filosofía constituye, más bien, una constante «lucha por el método» (*Ringen um die Methode*). En tal «lucha», todo método que está al alcance de la mano así como todo modo o ideal de conocimiento dado de antemano tiene que ser superado siempre de nuevo: lo más propio de todo genuino método filosófico reside, por tanto, en el hecho de que no puede ser convertido jamás en una mera técnica (cf. *GA* 58, pp. 135 s.).

5. PROPIEDAD, TRANSPARENCIA Y VERDAD DE LA EXISTENCIA

La necesidad temática y metódica del punto de partida en la «impropiedad» («no propiedad») explica por qué el tratamiento heideggeriano de la «propiedad», como posibilidad existenciaria, toma la forma de un intento de dar cuenta de la posible «recuperación de sí» por parte del *Dasein*, a partir de la previa «pérdida de sí» en el impersonal del «uno».

Ahora bien, tratándose en todos los casos de posibilidades de ser del *Dasein*, ni la «pérdida de sí» ni la «recuperación de sí» pueden tener ninguno de los sentidos que las nociones de pérdida o recuperación adquieren en su aplicación en el ámbito de la ontología de las «cosas». Sin embargo, tampoco se debe entender aquí la pérdida y la recuperación en el sentido antropológico-moral o teológico, que aludiría, respectivamente, a la «perdición» o la «salvación» del «alma», la «persona» o el «sujeto», pues, como se ha dicho ya al comienzo, la analítica existenciaria se sitúa, como tal, en una dimensión diferente de la que es propia de toda antropología y toda ética, y también de toda teología. En el caso de los fenómenos de la «pérdida de sí» y la «recuperación de sí» que la analítica existenciaria busca tematizar se trata, como no podría ser de otro modo, de fenómenos vinculados de modo directo con el carácter esencialmente *autocomprensivo* del *Dasein*, en tanto «existente». Dicho de otro modo: se trata, en ambos casos, de fenómenos vinculados con el modo en el cual el *Dasein* accede comprensivamente a sí mismo y a su propio ser. Se trata, pues, de fenómenos que poseen, por lo mismo, un carácter primariamente manifestativo, con la sustancial diferencia, sin embargo, de que en el caso de la «pérdida de sí» el acceso a sí mismo y al propio ser tiene lugar en el modo de la desfiguración, mientras que en el caso de la «recuperación de sí» debe tratarse, en cambio, de un acceso genuino y originario, que no encubre ni desfigura aquello a lo que facilita el acceso.

Dadas las tendencias al (auto)encubrimiento y la (auto)desfiguración que anidan en el propio ser del *Dasein*, lo que el fenómeno de la posible «recuperación de sí» pone en juego no es otra cosa que la posibilidad de una genuina «transparencia» (*Dursichtigkeit*) del *Dasein*, entendida esta como aquel modo peculiar del «ver» que se refiere primariamente a la «existencia» en su totalidad (cf. *ST*, § 31, p. 146). Como el propio Heidegger explica, la elección del término «transparencia», para designar lo que habitualmente se denomina «autoconocimiento» (*Selbsterkenntnis*), viene directamente motivada por la intención de evitar la errónea suposición de que se trataría aquí de un acceso perceptivo-contemplativo que intenta seguir el rastro de lo que sería una suerte de «punto-yo». Por el contrario, explica Heidegger, la «transparencia» del *Dasein* constituye un *modo esencialmente ejecutivo de comprensión*, en virtud del cual el *Dasein* se hace cargo de su «estado de abierto», del «ser en el mundo» como un todo, atravesando, por así decir, de un cabo al otro, todos los momentos constitutivos esenciales del «ser en el mundo», como tal. En y con tal modo esencialmente ejecutivo de hacerse cargo comprensivamente de sí, el *Dasein* no sólo «se avista» a sí mismo, sino que se hace transparente para sí, de modo igualmente originario, también en su «ser junto al mundo», y en su «ser con» otros como él, como momentos constitutivos de su propia existencia, pues, en rigor, tampoco habría otro modo en el cual el *Dasein* pudiera realmente «avistarse *a sí mismo*» (cf. p. 146). Inversamente, tampoco la «falta de transparencia» u «opacidad» del *Dasein* se enraíza única o primariamente en fenómenos de autoengaño que responden a motivaciones egocéntricas, sino también, y en la misma medida, en el desconocimiento del mundo (cf. p. 146).

Estas explicaciones ponen de manifiesto dos aspectos fundamentales, y estrechamente vinculados entre sí, en la concepción heideggeriana de la «transparencia» del *Dasein*. En primer lugar, la «transparencia» u «opacidad» del *Dasein* respecto de su propio ser total trae consigo consecuencias directas para el modo en que se le manifiestan al propio *Dasein* también la totalidad del ente intramundano y los otros que son como él. Dicho de otro modo: comprensión de sí, por un lado, y comprensión del mundo, el ente intramundano y los otros, por el otro, son aspectos inseparables de un único modo unitario de «ser en la verdad» y/o «en la no-verdad» por parte del *Dasein*. Pero, desde el punto de vista específico que concierne a la explicación genética de la posibilidad del «ser en la no-verdad», esto debe entenderse siempre en una doble dirección, a saber: *a*) no sólo una autointerpretación reveladora o desfiguradora de su propio ser por parte del *Dasein* acarrea una correspondiente interpretación reveladora o desfiguradora del ente intramundano en su significatividad y también del ser de los otros, sino que también, inversamente, *b*) la autointerpretación desfiguradora de su propio ser por parte del *Dasein* surge normalmente como una suerte de efecto de refracción o reflejamiento («relucencia») a partir del modo en que se presentan el ente intramundano y los otros, bajo el imperio de interpretaciones ya dadas y vigentes, que determinan desde fuera el modo en que el *Dasein* se relaciona consigo mismo y con su propio ser. Por otro lado, la «transparencia» del *Dasein* no tiene el carácter de un acceso contemplativo, tendencialmente objetivante, a sí mismo y su propio ser por parte del *Dasein*, sino que tiene el carácter esencialmente ejecutivo-proyectivo que caracteriza al «comprender», como un modo de ser del *Dasein* por referencia a sus propias posibilidades (cf. esp. pp. 144 ss.). Más aún: la tendencia a concebir el acceso del *Dasein* a sí mismo y su propio ser en términos de lo que sería un acceso de carácter contemplativo, tendencialmente objetivante, debe verse ella misma como un resultado de la vigencia imperante de determinadas interpretaciones falsificadoras (desfiguradoras) del ser del *Dasein*, vale decir, como un fenómeno que documenta una situación de falta de genuina «transparencia» del *Dasein* respecto de sí mismo y de su propio ser.

La fundamentalidad que posee, desde el punto de vista sistemático, el problema de la «transparencia» del *Dasein* se pone claramente de manifiesto en el tratamiento expreso de la noción de «verdad» que Heidegger lleva a cabo en el importantísimo § 44 de *ST*. Heidegger desarrolla allí una argumentación destinada a mostrar el carácter fundado y derivativo del fenómeno de la verdad del enunciado (o el juicio que el enunciado expresa), entendida como correspondencia con el «objeto» del enunciado (juicio). La verdad del enunciado (juicio), explica Heidegger, es un modo peculiar del «ser descubridor» (*Entdeckend-sein*), a través del cual el *Dasein* es por referencia al ente mentado en cada caso en la enunciación: en tanto (capaz de ser) verdadero, el enunciado es *apóphansis*, es decir, «deja ver» el ente «en su estado de descubierto» (*Entdecktheit*) [cf. § 44 *a*), p. 218]. Pero, por lo mismo, aunque posee su propia e irreductible especificidad, el «ser descubridor» propio del enunciado no puede considerarse como un modo autosustentado de «ser por referencia al ente», ya que no instaura por sí mismo la relación originaria con el ente mismo. Por el contrario, se trata de un modo del «ser descubridor» que aparece como *doblemente* fundado, en la medida en que su posibilidad presupone siempre ya el propio «estado de descubierto» del ente, el cual presupone, a su vez, un todavía más originario «ser descubridor» (*Entdeckend-sein*) del *Dasein*, que se funda en su «estado de abierto» (*Erschlossenheit*): en el «estado de abierto» del *Dasein* ha de buscarse, pues, concluye Heidegger, el fenómeno originario de la verdad [cf. § 44 *b*), pp. 220 s.].

Ahora bien, esta re(con)ducción del fenómeno de la verdad a sus raíces en el «estado de abierto» del *Dasein* no constituye una suerte de esquema lineal de derivación que debiera leerse sólo en dirección «objetiva», es decir, en dirección del ente intramundano. Más bien, el esquema derivativo esbozado por Heidegger implica asumir al mismo tiempo, y por las mismas razones estructurales que permiten hablar aquí de un esquema de derivación, que el *modo* en que el *Dasein* comparece en cada caso ante sí mismo, a través de su propio «estado de abierto», desempeña un papel fundante respecto del modo en que comparecen el ente intramundano y los otros, en todo modo de acceso a ellos, ya sea predicativo o ante-predicativo. Dicho de otra manera: el modo en que el *Dasein* se hace cargo ejecutivamente de sí, a través de la comprensión de sí mismo y de su propio ser, por referencia a sus propias posibilidades, constituye, al mismo tiempo, una condición determinante del modo en que el propio *Dasein* accede, en cada caso, al ente intramundano y a los otros que son como él. Ello no impide, por cierto, que el modo en que el *Dasein* se comprende en cada caso a sí mismo venga determinado, a su vez, desde fuera, por el ente intramundano y por el «estado de interpretado» impuesto por el impersonal «uno». Aquí hay que hacer lugar a un doble nivel de consideración, a saber: en primer lugar, *a*) el nivel ontológico, que remite al «estado de abierto», como estructura posibilitante de toda comparecencia del ente y toda autocomparecencia del *Dasein*; en segundo lugar, *b*) el nivel óntico-fáctico, que remite al modo en que, en cada caso, se concreta el «existir» y, con ello, a la función determinante que desempeñan los factores vinculados con la facticidad, vale decir, los factores que dan cuenta del modo óntico de concreción del «ser junto al ente intramundano» y del «ser unos con otros». Desde el punto de vista sistemático, la posición de Heidegger implica, sin duda, un claro primado del momento autorreferencial dentro de la estructura del «estado de abierto», tal como se verá más claramente luego, a la luz del papel que desempeña la noción de «verdad de la existencia», entendida en términos de «transparencia» ejecutiva del *Dasein* en y para sí mismo. Pero este primado del momento autorreferencial se sitúa, por así decir, en el plano de las condiciones *formales* de la posibilidad del acceso al ente intramundano y a sí mismo por parte del *Dasein*. Por lo mismo, no impide que, en el plano correspondiente a la *concreción óntica* de esas mismas estructuras existenciarias, es decir, en el plano que corresponde a la «existencia» individual misma, los modos concretos de referencia al ente intramundano desempeñen, de hecho, un papel determinante, que repercute decisivamente no sólo sobre el modo en que el *Dasein* se refiere a los otros, sino también, y en idéntica medida, sobre la comprensión que el *Dasein* tiene de sí mismo. Así, por ejemplo, el papel que cumple la estructura del «ser junto (al mundo / ente intramundano)», en su modo más habitual de concreción óntica, explica la insistencia de Heidegger, a la hora de abordar el problema del «sí mismo» en el marco de la consideración del «quién» del «ser en el mundo» (§§ 25-27), sobre el hecho de que en la «cotidianeidad de término medio» el *Dasein* se comprende a sí mismo y comprende a los otros *a partir de aquello de que se ocupa*. Este aspecto, como se sabe, aparece conectado de modo directo con el momento estructural de la «caída». Y algo análogo debe decirse respecto de la insistencia de Heidegger, ya señalada, sobre el papel determinante que cumplen la «dictadura» del «uno» y el momento del «estado de interpretado», a la hora de dar cuenta de la autocomprensión del *Dasein* que impera en la «cotidianeidad de término medio».

Comoquiera que sea, Heidegger dedica la mayor parte del apartado *b)* del § 44 a tematizar los aspectos que conciernen a lo que podría denominarse el *componente autorreferencial* de la concepción de la verdad elaborada en ST. Y es en este contexto donde Heidegger introduce la noción de «verdad de la existencia» (*Wahrheit der Existenz*), cuya crucial importancia sistemática no siempre es adecuadamente reconocida. Por medio de ella Heidegger intenta dar cuenta de la posibilidad y la estructura de la «transparencia» del *Dasein*, en tanto esencialmente caracterizado por el «estado de abierto». En efecto, lo que muestra el esquema de derivación elaborado en el § 44 es que, en último término, el «ser en la verdad» del *Dasein* tiene que ser explicado por referencia a la estructura de su «estado de abierto». Como se dijo ya, este último abarca la totalidad de la estructura de ser del *Dasein*, incluidos aquellos momentos estructurales que, como el «ser junto» (*Sein bei*) y el «ser con» (*Sein mit*), dan cuenta de la posibilidad del acceso por parte del *Dasein* al ente intramundano y a los otros como él, respectivamente. Ahora bien, en la medida en que la estructura del «ahí» (*Da*) contiene el momento del «estado de yecto» (*Geworfenheit*), el «estado de abierto» del *Dasein*, como «en cada caso mío», acontece siempre de un modo fácticamente determinado, vale decir: tiene lugar siempre ya en un mundo fácticamente determinado y en un determinado entorno del ente intramundano (cf. p. 221). Esto remite, a su vez, de modo directo, a las dos posibles maneras en que puede tener lugar el «proyectar» del *Dasein*: como un «ser por relación a su propio poder ser», en virtud del cual este resulta abierto como tal, el «proyectar» del *Dasein*, que es siempre, al mismo tiempo, un «proyectar yecto (arrojado)» (*geworfener Entwurf*), puede tener lugar ya desde el «mundo» y los otros, ya desde el más propio «poder ser» del *Dasein* mismo. En este último caso, el *Dasein* se abre para sí mismo *en* su ser más propio y *como* su más propio «poder ser». Es en esta modalidad propia del «estado de abierto», explica Heidegger, donde se muestra el «fenómeno de la verdad más originaria», en el modo de la «propiedad» (cf. p. 221).

Esta modalidad propia de concreción del «estado de abierto» es lo que Heidegger llama la «verdad de la existencia» (*Wahrheit der Existenz*)[14]. Y como el propio Heidegger aclara, su plena determinación ontológico-existenciaria sólo puede alcanzarse a través de un análisis de la propiedad del *Dasein*[15]. Pero, en cuanto caracterizado estructuralmente por la «caída» y el «estado de yecto», en su concreción óntico-fáctica el *Dasein* es siempre ya «en la no-verdad», y ello con igual originalidad que «en la verdad» (cf. p. 222). Se sigue entonces que tal análisis de la «propiedad», destinado a proveer su plena determinación ontológico-existenciaria a la «verdad de la existencia», deberá tomar necesariamente la forma de un intento por poner al descubierto una posible *atestiguación* (*Bezeugung*) del «poder ser propio» del *Dasein*, *en* y *desde* la «impropiedad» («no propiedad»), la cual tiene lugar, como se verá, a través del fenómeno de la «conciencia⁶» (cf. § 54). En efecto, como Heidegger recuerda también en el § 44, el *Dasein* existe, inmediata y regularmente, en el modo de la absorción

---

[14] Cf. *ST*, § 44 b), p. 221: «El más originario y, ciertamente, más propio estado de abierto (*die ursprüngliche und zwar eigentlichste Erschlossenheit*) en el cual el *Dasein* puede estar como poder ser (*als Seinkönnen*) es la *verdad de la existencia*» (trad. AGV; subrayado de Heidegger).

[15] A este respecto, Von Hermann (2008) pp. 262 s. enfatiza acertadamente la conexión de la noción de «verdad de la existencia» con el posterior análisis de la «propiedad» y su caracterización en términos del «estado de resuelto» (*Entschlossenheit*), y pone, además, de relieve que la introducción de esta peculiar noción de «verdad» no debe inducir a interpretaciones desviadas en clave existencialista: lo que está en juego en la conexión de la verdad con la existencia es, más bien, el hecho de que el «estado de abierto» («verdad», en el sentido originario), en su forma más propia de concreción, debe ser comprendido a partir de la ejecución misma de la existencia (*Existenzvollzug*), tal como tiene lugar en el empuñamiento de sí mismo, como «proyecto yecto (arrojado)» (*geworfener Entwurf*), por parte del *Dasein*.

en el «uno», con su correspondiente modo de desvelamiento de lo abierto en el «estado de abierto». Dicho modo de desvelamiento está caracterizado por el «estado de desfigurado» (*Verstelltheit*) y el «encerramiento» (*Verschlossenheit*) a través de la «habladuría», la «avidez de novedad» y la «ambivalencia». Pero, como se dijo ya, no hay aquí ocultamiento total, sino tan sólo «desfiguración», a través de la cual comparece todavía, en cierto modo, lo que resulta así desfigurado. En definitiva, sólo en tanto que esencialmente abierto puede el *Dasein* estar cerrado, en el modo del encubrimiento desfigurador [cf. § 44 b), p. 222]. Por lo mismo, y como se anticipó al comienzo, sólo en pugna contra las tendencias al ocultamiento que enraízan en el propio ser del *Dasein*, es decir, sólo en pugna con lo que, en su propia comparecencia del *Dasein* ante sí mismo, impera ya en el modo de la «apariencia» (*Schein*) y la «desfiguración» (*Verstellung*), resulta posible apropiarse de modo expreso y asegurar en su «estado de descubierto» lo que se muestra y, a la vez, se sustrae en tal modo de comparecencia. Dicho de otro modo: el «desocultamiento en el modo de lo meramente aparencial» (*Unverborgenheit im Modus des Scheins*) constituye aquí necesariamente el punto de partida para cualquier posible acceso al más propio «poder ser» del *Dasein* (cf. p. 222)[16].

REFERENCIAS

BLUST, Fr.-K. (1987): *Selbstheit und Zeitlichkeit. Heideggers neuer Denkansatz zur Seinsbestimmung des Ich*, Würzburg.
GETHMANN, C. Fr. (1974): *Verstehen und Auslegung. Das Methodenproblem in der Philosophie Martin Heideggers*, Bonn.
— (1991): «Phänomenologie, Lebensphilosophie und Konstruktive Wissenschaftstheorie. Eine historische Skizze zur Vorgeschichte der Erlanger Schule», en: C. Fr. Gethmann (ed.), *Lebenswelt und Wissenschaft. Studien zum Verhältnis von Phänomenologie und Wissenschaftstheorie*, Bonn, pp. 28-77.
— (1993): *Dasein: Erkennen und Handeln. Heidegger im phänomenologischen Kontext*, Berlín - Nueva York.

---

[16] En el pasaje citado del § 44, al hablar del punto de partida en lo que denomina el «estado de desvelado en el modo de la apariencia» (*Unverborgenheit im Modus des Scheins*), Heidegger se refiere, sobre todo, al descubrimiento del ente intramundano, como lo muestra el recurso a la noción de «estado de descubierto» (*Entdecktheit*): «La verdad (estado de descubierto) siempre debe serle primero arrebatada (*abgerungen*) al ente. El ente es arrancado al estado de oculto (*Verborgenheit*)» [cf. § 44 b), p. 222; trad. AGV], en virtud de lo cual Heidegger puede agregar: «El en cada caso fáctico estado de descubierto es siempre, por así decir, un *robo* (Raub)», donde la noción de «robo», puesta en cursiva por el propio Heidegger, alude al valor del *alpha privativum* en el término griego *alétheia* (cf. pp. 222 s., con la referencia a las dos vías de Parménides y la necesidad del *krinéin logo[i]*). No hay duda, sin embargo, de que, cambiando lo que hay que cambiar, lo mismo puede decirse del acceso a sí mismo por parte del *Dasein*.

HERMANN, W.-Fr. von (2008): *Hermeneutische Phänomenologie des Daseins. Ein Kommentar zu «Sein und Zeit»*, Bd. II: «*Erster Abschnitt: Die vorbereitende Fundamentalanalyse des Daseins» §28 - §44*, Frankfurt a. M.

LARA, F. de (2008): *Phänomenologie der Möglichkeit. Grundzüge der Philosophie Heideggers 1919-1923*, Freiburg - München.

MERKER, B. (1988): *Selbsttäuschung und Selbsterkenntnis. Zu Heideggers Transformation der Phänomenologie Husserls*, Frankfurt a. M.

RODRÍGUEZ, R. (1997): *La transformación hermenéutica de la fenomenología. Una interpretación de la obra temprana de Heidegger*, Madrid.

— (2004): *Del sujeto y la verdad*, Madrid.

SEGURA PERAITA, C. (2002): *Hermenéutica de la vida humana. En torno al Informe Natorp de Martin Heidegger*, Madrid.

STEINMANN, M. (2004): «Der frühe Heidegger und sein Verhältnis zum Neukantianismus», en: A. Denker, H. Gander y H. Zaborowski (eds.), *Heidegger und die Anfänge seines Denkens, Heidegger-Jahrbuch* 1, Freiburg i. Br. - München, pp. 259-293.

VIGO, A. G. (2014): *Arqueología y aleteiología. Estudios heideggerianos*, Berlín, ²2014.

XOLOCOTZI YÁÑEZ, A. (2004): *Fenomenología de la vida fáctica. Heidegger y su camino a «Ser y tiempo»*, México.

10
EL POSIBLE «SER TOTAL» DEL *DASEIN* Y EL «SER PARA (VUELTO HACIA) LA MUERTE» (§§ 45-53)

Alejandro G. Vigo

1. EL «SER TOTAL» DEL *DASEIN* COMO PROBLEMA ONTOLÓGICO (§§ 45-46)

En el § 45, que abre la Segunda Sección de *ST*, Heidegger ofrece un breve resumen de los resultados alcanzados en el análisis desarrollado en la Primera Sección (§§ 1-44), con el fin de poner de relieve su insuficiencia y de hacer ver, así, la necesidad de una ulterior profundización. Tal profundización es lo que se pretende llevar a cabo a través de la interpretación temporal del ser del *Dasein*, que constituye el programa a desarrollar en la Segunda Sección, titulada «*Dasein* y temporalidad (*Zeitlichkeit*)» (§§ 45-83). El análisis ontológico del *Dasein* llevado a cabo en la Primera Sección de *ST* (esp. §§ 9-44) puso al descubierto, explica Heidegger, su constitución fundamental que, en su totalidad, fue caracterizada como «cura» o «cuidado» (cf. §§ 41-43). El peculiar modo de ser que corresponde al ente que posee dicha constitución fundamental es lo que se dio en llamar, ya en el comienzo mismo del análisis, la «existencia» (cf. § 9). En su carácter de «indicación formal», dicho título quiere decir que el *Dasein es* como un «poder ser» de carácter comprensor, al que, en su ser, le va ese mismo ser, precisamente, como su propio ser (cf. § 45, p. 231). Sin embargo, la pregunta que se pretende responder por medio de la analítica existenciaria no es meramente la pregunta por el ser del *Dasein*, sino, más bien, la pregunta por el *sentido* (*Sinn*) de dicho ser, una pregunta cuya respuesta constituye un requerimiento previo para todo posible abordaje de la pregunta por el sentido del ser, en general (cf. §§ 2-4): la puesta en libertad del horizonte en el cual resulta comprensible el ser, en general, por un lado, y la aclaración de la posibilidad de la comprensión del ser, en general, en tanto perteneciente a la constitución del *Dasein*, por el otro, constituyen, pues, el anverso y el reverso de una y la misma tarea de elucidación ontológica (cf. § 45, p. 231).

Ahora bien, la elucidación de la comprensión del ser que se pretende llevar a cabo, explica Heidegger, debe ser *radical*, lo cual exige, a su vez, que la interpretación del ser del *Dasein* sea *originaria* (p. 231). Con el fin de mostrar que tal objetivo no ha sido aún logrado, Heidegger ofrece una breve reconstrucción criteriológica de la noción de «originariedad» (*Ursprünglichkeit*) aquí empleada. Dicho de modo sumario, el logro de la pretendida originariedad de la interpretación ontológica del *Dasein* supone la satisfacción de dos exigencias complementarias de *totalización*. Por una parte, la interpretación, allí donde adquiere la forma de una tarea expresa, debe hacerse cargo, de modo suficientemente transparente para ella misma, de la totalidad de los «presupuestos» que configuran la «situación hermenéutica» que provee su propio punto de partida. Vale decir: de acuerdo con el análisis de la estructura de la interpretación y el sentido llevado a cabo anteriormente (cf. § 32), toda interpretación expresa debe, en general, hacerse cargo, de uno u otro modo, del «tener previo» (*Vorhabe*), el «ver previo» (*Vorsicht*) y el «concebir previo» (*Vorgriff*) del «objeto» tematizado en cada caso[1]. En el caso específico de una interpretación ontológica, que, como tal, aspira a poner en libertad un determinado ente en su constitución de ser, se hace necesario, como paso inicial, traer el ente tematizado al «tener previo», a través de una primera caracterización fenoménica, que provee la medida a la que deben ajustarse todos los posteriores pasos del análisis, llevados a cabo bajo la guía de un posible «ver previo», que apunta en este caso, dado el carácter específicamente ontológico de la elucidación, al modo de ser del ente en cuestión[2]. El aparato conceptual del que echa mano el análisis, para poner de relieve las correspondientes estructuras ontológicas, viene prescripto, como concreción del «concebir previo», por el modo correspondiente del «tener previo» y el «ver previo» del ente tematizado con vistas a su ser (cf. § 45, p. 232). Por

---

[1] Para la totalidad del «sentido», en tanto constituida por la unidad estructural de «tener previo», «ver previo» y «concebir previo», véase *ST*, § 32, pp. 151 s. El empleo de la noción de «situación hermenéutica» (*hermeneutische Lage, hermeneutische Situation*) remonta, en su origen, hasta el llamado «Natorp Bericht» de 1992. Tratándose específicamente de un intento de interpretación de Aristóteles, el énfasis en el empleo de la noción cae en dicho texto, sobre todo, en el aspecto que concierne a la apropiación comprensiva del pasado (*die verstehende Aneignung des Vergangenen*), la cual sólo puede tener lugar en y desde el presente vivido (cf. *GA* 62, pp. 346 ss.). Para este punto, véase la buena discusión en Segura Peraita (2002), pp. 39 ss.

[2] Para el papel de la así llamada «tenencia previa» en la concepción heideggeriana del método fenomenológico, y en conexión con el modelo de génesis ontológica empleado en *ST*, véase la discusión en Vigo (2014), pp. 363-402.

otra parte, y aquí reside la segunda exigencia de totalización antes mencionada, la originariedad de una interpretación ontológica reclama, además del debido ajuste a la situación hermenéutica, como un todo, también el aseguramiento expreso de haber traído al «tener previo» *la totalidad* del ente tematizado, de modo tal que el «ver previo» pueda apuntar no sólo a la multiplicidad de las correspondientes estructuras ontológicas, sino también, y primariamente, a su unidad, como momentos de la constitución de ser de dicho ente (cf. p. 232).

Ahora bien, Heidegger explica que, en el análisis realizado hasta aquí, la segunda exigencia está lejos de haber sido satisfecha, de modo que la interpretación ontológica del *Dasein* ofrecida carece todavía de la debida originariedad y, con ello, también de la debida radicalidad. En primer lugar, el «ver previo» que guió la interpretación no poseía la debida originariedad, puesto que dejaba fuera de consideración nada menos que la «propiedad» (*Eigentlichkeit*) del «existir». En efecto, el punto de partida metódico la «cotidianeidad de término medio» implica necesariamente que el análisis queda limitado al modo de ser de la «impropiedad» (*Uneigentlichkeit*) del «existir» o bien, según sea el caso, a aquello que, en el «existir» fáctico, puede revestir el carácter de la indiferencia modal (*modale Indifferenz*) entre la «propiedad» y la «impropiedad»[3]. En cualquier caso, el análisis que toma como punto de partida la «cotidianeidad de término medio» no logra hacer fenomenológicamente accesible la «propiedad» del «existir», como tal: el «ver previo» que guía la interpretación carece, pues, de la debida originariedad, mientras la «propiedad» del «existir», como un peculiar modo del «poder ser» del *Dasein*, no sea recogida en la idea misma de la «existencia» (cf. pp. 232 s.). En segundo lugar, tampoco el «tener previo» del *Dasein*, como ente tematizado en el análisis, posee todavía la debida originariedad, puesto que, bajo exclusión de la consideración de la «propiedad», la interpretación ontológica no está en condiciones de hacer accesible el *Dasein* como *totalidad*. En tal sentido, explica Heidegger, la caracterización formal de la totalidad de la estructura total del *Dasein* en términos de la noción de «cura» (o «cuidado»), tal como fue llevada a cabo hacia el final de la «Primera Sección» (cf. § 41), resulta por sí sola insuficiente, mientras la interpretación permanezca orientada a partir de la «cotidianeidad de término medio». En efecto, esta no parece traer consigo ninguna posibilidad genuina de totalización, puesto que constituye, más bien, un modo de ser «entre» («*zwischen*») los extremos del nacimiento y la muerte: mientras existe, el *Dasein*, como «poder ser», nunca es *ya* todo lo que puede ser y ha de ser. Por lo mismo, todo

---

[3] Para el esquema tripartito «propiedad» / «impropiedad» / «indiferencia modal», véase arriba la nota 11 en el comentario introductorio a la Segunda Sección (§§ 45-83).

intento de llevar a cabo una interpretación ontológica de dicho ente que se pretenda *originaria*, en el sentido antes indicado, parecería tener que fracasar necesariamente, en razón del propio modo de ser del *Dasein* (cf. § 45, p. 233).

El modo en el que Heidegger plantea el problema metódico que presenta la tarea de hacer fenomenológicamente accesible el *Dasein* como totalidad combina una serie de aspectos que deben ser claramente distinguidos, pues, a primera vista, podría dar la impresión de tratarse de un problema puramente construido y carente, como tal, de genuina relevancia fenomenológica. En efecto, si el *Dasein*, mientras existe, no está nunca acabado o completo, y si, viceversa, una vez que lo está, ya no existe, no se ve entonces, al menos, a primera vista, por qué se debería someter la interpretación ontológica de dicho ente a una exigencia de originariedad que, en la medida en que hace referencia a la necesidad de totalización, parecía poseer un carácter puramente extrínseco y, como tal, arbitrario. ¿No debería orientarse el análisis ontológico, más bien, a partir de la austera constatación del carácter esencialmente incompleto e inacabado, es decir, *infectivo*, del «existir», si es que realmente espera poder hacer justicia a los fenómenos básicos vinculados con la estructura de dicho «existir»? Dicho de otro modo: si, en su «existir», el *Dasein* es siempre únicamente en el modo del *infectum*, ¿de dónde surge aquí la exigencia de superar el punto de partida metódico en la «cotidianeidad de término medio», caracterizada ahora como un modo insuficiente del «tener previo», precisamente, sobre la base de una exigencia de originariedad que, definida en términos de totalización, no parecería brotar ella misma del modo en el que «existe» y comparece el ente tematizado? La pregunta es legítima, pues, si dicha exigencia no encontrara fundamento en el acceso que el propio *Dasein* tiene a sí mismo y a su propio ser en la «actitud natural» o «pre-fenomenológica» y la experiencia pre-reflexiva, tampoco podría tener entonces ninguna fuerza vinculante para la interpretación ontológica de dicho ente. En efecto, como ontología fundamental, la analítica del *Dasein* posee un carácter estrictamente fenomenológico y, como tal, hermenéutico (cf. § 7), lo cual implica que no tiene ningún otro posible punto de partida más que el *factum* de la comprensión del ser, como rasgo distintivo del *Dasein* mismo, en tanto ente (pre-)ontológico (cf. § 4).

Para dar cuenta integralmente del modo en que Heidegger afronta el problema así planteado, habría que poner en conexión la exposición del § 45 con toda una amplia gama de otros elementos provistos tanto en las discusiones precedentes como en el desarrollo posterior del análisis. Baste aquí, sin embargo, con unas pocas indicaciones fundamentales, destinadas también a evitar posibles malentendidos. En primer lugar, en el plano correspondiente a la «actitud natural» o «pre-fenomenológica» y la experiencia pre-reflexiva, el *Dasein* posee ya efectivamente, a juicio de Heidegger, un cierto acceso comprensivo a sí mismo *como totalidad*. Pero se trata, como es obvio, de una comprensión de carácter meramente pre-ontológico, que, además, en su modalidad habitual de concreción, correspondiente al modo de ser de la «cotidianeidad de término medio», constituye un «ver» («comprender») temeroso, que toma la forma de un «no querer ver» (o «desentenderse de») precisamente aquello por referencia a lo cual resulta posible ese mismo acceso comprensivo a la totalidad del «existir». El posterior análisis del modo en el que se realiza el «ser para (vuelto hacia) la muerte» en el contexto de la «cotidianeidad de término medio» (cf. § 51) apunta, justamente, a esclarecer la estructura del peculiar tipo de acceso comprensivo del *Dasein* a sí mismo como totalidad, que tiene lugar sobre la base de dicho «no querer ver» (o «desentenderse de»). Hay, pues, cierta comprensión pre-ontológica de lo que más adelante (cf. § 46) Heidegger denomina el posible «ser total» del *Dasein* (*das mögliche Ganzsein*), aunque se trate de una forma deficitaria de comprensión, en virtud de la cual el fenómeno en cuestión sólo puede comparecer de un modo fuertemente desperfilado o, si se prefiere, nivelado. Sin embargo, como ocurre también con otros fenómenos vinculados con el ser del *Dasein*, en general, y con su peculiar modo de ser su «sí mismo» (*Selbst*), en particular, la analítica existenciaria no tiene aquí otra posibilidad, en su intento por hacer posible un acceso temático a las correspondientes estructuras ontológicas, que la de intentar abrirse paso a través de las desfiguraciones y nivelaciones que lastran la comprensión pre-ontológica, entre otras cosas, también para poder dar cuenta del origen de esas mismas desfiguraciones y nivelaciones, a partir de aquello que las posibilita o bien incluso las induce[4].

Por otro lado, hay que tener presente que, como existenciarios que son, tanto el «ser para (vuelto hacia) la muerte» como el «ser total» del *Dasein* no designan sino posibilidades de ser del *Dasein* mismo. Como tales, estas no pueden ser degradadas al rango de propiedades o determinaciones de lo que es meramente «ante los ojos», ya por la sencilla razón de que el *Dasein* mantiene con ellas, en tanto posibilidades, una cierta relación de ser: en tanto «existente», el *Dasein es* sus propias posibilidades, las cuales son, en cada caso, suyas (cf. § 9). Así, cuando Heidegger se refiere al *posible* «ser total» del *Dasein*, la expresión debe tomarse en el sentido específico que corresponde a la analítica existenciaria: mostrar la posibilidad del «ser total» del *Dasein* no consiste sino en poner de manifiesto el «ser total» *como una posibilidad* del *Dasein* mismo. Y lo mismo vale, cambian-

---

[4] Para algunos de los problemas específicos que plantea la analítica del «sí mismo», en conexión con las tendencias al ocultamiento y la desfiguración que anidan en el propio ser del *Dasein*, me permito remitir a la discusión en Vigo (2014), pp. 301-322. Para la hermenéutica del «sí mismo» de *ST*, en general, véase la lúcida presentación en Rodríguez (2004), pp. 61-82.

do lo que hay que cambiar, para el caso del «ser para (vuelto hacia) la muerte»: si la muerte constituye el «fin» o, tal vez mejor aquí, el «final» (*das Ende*) del «ser en el mundo», entonces sólo puede quedar incluida ella misma en el ámbito de la «existencia» entendida como «poder ser», a través de un cierto modo de ser (comportarse) el *Dasein* por referencia a ella. Tal modo de ser (comportarse) el *Dasein* por referencia a su propia muerte es lo que Heidegger denomina terminológicamente el «ser para (vuelto hacia) la muerte», el cual, como se echa de ver, debe ser nítidamente distinguido de la muerte misma, entendida como el fin(al) del «ser en el mundo». Pero si no hay otro modo de ingreso de la muerte, así entendida, en el espacio de (auto)comprensión que constituye la «existencia» del *Dasein*, entonces Heidegger puede concluir que, en términos del *Dasein* mismo (*daseinsmäßig*), la muerte sólo *es* en un cierto modo del «ser para (vuelto hacia) la muerte», el cual estará en cada caso existencialmente determinado (*in einem existenziellen Sein zum Tode*) (cf. § 45, p. 234). Desde el punto de vista estructural, que es el único que aquí interesa, esto último quiere decir que se tratará, en cada caso, ya de un modo de ser «propio», ya de uno «no propio» o bien «impropio».

Pues bien, según lo dicho, tanto el «ser total» como el «ser para (vuelto hacia) la muerte» designan posibilidades de ser del *Dasein*. Sin embargo, hay entre ellos, a juicio de Heidegger, una relación asimétrica: es el «ser para (vuelto hacia) la muerte» el que da cuenta de la posibilidad del «ser total» del *Dasein*, y no viceversa. La muerte, como fin(al) del «ser en el mundo», provee aquella instancia por referencia a la cual únicamente resulta posible la totalización del *Dasein* mismo, en el sentido de específicamente existenciario que remite a su posible «ser total», entendido como un posible modo de *ser* del *Dasein* mismo (*das mögliche Ganz*sein). Sólo allí donde queda él mismo integrado en el ámbito del «poder ser» del *Dasein*, es decir, sólo en la medida en que queda incluido en la «existencia» misma, como perteneciente a ella, puede el fin(al) del «ser en el mundo», que es la muerte, cumplir una función de delimitación y determinación de la totalidad del *Dasein*, tal como esta es (existencialmente) posible en cada caso (cf. p. 234), vale decir, ya sea de modo «propio» o «impropio». En la medida en que se funda él mismo no en el mero fin(al) del «ser en el mundo», considerado como un hecho bruto, sino, más bien, en la relación existenciaria que el *Dasein* mantiene con él, es decir, en su «ser para (vuelto hacia) la muerte», el posible «ser total» del *Dasein* no podría tener jamás él mismo la forma de una totalidad cósica. Por el contrario, la totalidad de la que aquí se trata tiene ella misma la forma del ser del *Dasein*. Justamente por ello, y a diferencia de lo que ocurre con las cosas y los procesos intramundanos, el carácter esencialmente infectivo del «existir» no excluye, en modo alguno, la posibilidad de totalización. Más bien, es en virtud del peculiar tipo de totalización que hace posible el «ser para (vuelto hacia) la muerte» como el carácter infectivo del «existir» se hace más nítidamente experimentable, justamente en lo que tiene de inacabamiento y carencia o falta: en el *Dasein*, mientras es, hay siempre algo que este puede ser y será, pero que todavía le falta ser, y ese aspecto de falta, en el sentido de lo que al *Dasein* aún le falta ser, hace referencia necesariamente también al fin(al) del «ser en el mundo» (cf. pp. 233 s.).

Sobre la base de lo dicho, en el § 46 Heidegger elabora, de modo más específico, lo que sería la aparente imposibilidad de capturar y determinar ontológicamente el «ser total» que corresponde al modo de ser del *Dasein*. Partiendo de la caracterización del ser del *Dasein* como «cura» (*Sorge*) ofrecida en los §§ 41-43, el problema puede plantearse por medio de la referencia a lo que Heidegger denomina terminológicamente el «pre-serse» o bien el «anticiparse a sí» (*das Sich-vorweg-sein*) (cf. § 41), que representa el primer momento constitutivo en la estructura de la «cura». Mientras «existe», el *Dasein* se caracteriza, como se dijo ya, por mantener una relación de ser con sus propias posibilidades: existe, en cada caso, por mor de sí mismo (*umwillen seiner selbst*) y, por lo mismo, nunca, hasta el momento mismo en que cesa de «existir», deja de comportarse respecto de su propio «poder ser», en el sentido preciso de mantener una relación de ser con dicho «poder ser». Aquí reside un momento estructural de carácter irreductiblemente proyectivo-anticipativo, que, como tal, no puede ser cancelado por ninguna decisión ni por ninguna actitud que se pueda pretender adoptar, ni tampoco por ninguna disposición de ánimo en la que el *Dasein* del caso pudiera ocasionalmente encontrarse: ni la más completa desesperanza ni el más descreído «estar preparado para todo» desactivan, sin más, la relación de ser que el *Dasein* mantiene con su propio «poder ser», sino que constituyen, más bien, modos peculiares, existencialmente determinados, de comportarse por referencia a este. El momento del «pre-serse» o «anticiparse a sí» (*das «Sichvorweg»*) está presente, pues, de una u otra forma, en toda la amplia variedad de modos de comportamiento existencialmente determinados que pueda adoptar el *Dasein*. Pero ello quiere decir, como se señaló ya, que en el *Dasein* hay siempre un momento de carencia o falta: algo que todavía falta, algo que aún no se ha hecho efectivo, entre todo aquello que el *Dasein* mismo puede ser. En tal sentido, mientras existe, el *Dasein* está siempre inacabado, no clausurado. Por lo mismo, su constitución fundamental incluye, de modo esencial, el momento o, si se prefiere, el estado de «constante falta de clausura» (*ständige Unabgeschlossenheit*). Y tal ausencia de totalización representa, como tal, una «falta» o un «faltante» (*Ausstand*) de «poder ser» (cf. § 46, p. 236), pero no, como es obvio, en el sentido de que el *Dasein* carezca en algún momento de «poder ser», sino, más bien, en el sentido preciso de que no puede no estar inacabado o falto de clausura. El *Dasein* mismo no tiene la posibilidad de «existir» de modo acabado o clausurado. La supresión de la «falta de ser» (*Seinsausstand*) que lo caracteriza estructuralmente sólo puede tener lugar a través de la supresión del propio «ser en el mundo» e implica, por tanto, la aniquilación del ser del *Dasein*, como tal: mientras «existe» como el ente que es, el *Dasein* no ha alcanzado jamás la totalidad de sí mismo (*seine «Gänze»*) (cf. p. 236). La consecuencia de esto parece obvia: la imposibilidad de experimentar ónticamente el *Dasein* como un ente que constituye una totalidad y, derivadamente, de determinar ontológicamente su «ser total» no se funda en la mera imperfección de nuestras capacidades de conocimiento, sino, más bien, en el propio ser del *Dasein* (cf. p. 236).

Ahora bien, como lo sugiere ya el propio título del § 46, lo que Heidegger construye a través de la anterior argumentación es un problema que el posterior análisis fenomenológico deberá revelar como meramente *aparente*, y ello, justamente, en la medida en que está planteado en términos que no hacen debida justicia a la peculiaridad ontológica del *Dasein*. Dicho de modo más preciso: el problema que presenta la imposibilidad de una experiencia del *Dasein* como totalidad y de la determinación ontológica de su «ser total», tal como se lo acaba de plantear, se queda, por así decir, a medio camino entre el modo de consideración propio de la analítica existenciaria, como ontología fundamental, y el propio de la ontología de las cosas, como ontología de lo que es meramente «ante los ojos» (*vorhanden*). En efecto, en la construcción del problema se hizo referencia, en primer lugar, al «pre-serse» o «anticiparse a sí», como momento estructural de la «cura». Pero posteriormente, a la hora de caracterizar el modo en el cual el *Dasein* existe, con especial atención a su esencial inacabamiento y carencia de clausura, la explicación no logró retener un sentido genuinamente existenciario de las nociones del «todavía-no-ser» (*das Noch-nicht-sein*), el «anticiparse» (*das «Vorweg»*) y, con ello, tampoco de las nociones de fin(al) («*Ende*») y «totalidad» («*Ganzheit*»), sino que se deslizó, más bien, hacia una (re)interpretación de corte categorial de dichas nociones, vale decir: (re)tradujo el sentido de las correspondientes expresiones en los términos que son propios, más bien, de una ontología de lo que es meramente «ante los ojos». Por lo mismo, el empleo de la noción de «muerte» osciló entre un sentido meramente categorial (biológico) y un sentido propiamente existenciario (cf. pp. 236 s.). El análisis a desarrollar en el resto del tratamiento debe, pues, restituir el sentido genuinamente existenciario de las nociones mencionadas, haciendo justicia a las correspondientes estructuras fenoménicas. En su aspecto central, dicha tarea no consiste sino en la caracterización ontológica del peculiar modo en el que el *Dasein* es por referencia a su fin(al) y, con ello, en la obtención de un concepto existenciario de la muerte (cf. p. 237).

Para fijar adecuadamente el alcance de la posición metódica que Heidegger elabora en la intrincada argumentación de los §§ 45-46 conviene hacer algunas precisiones adicionales. Contra lo que en ocasiones se asume erróneamente, la tesis heideggeriana según la cual la muerte, considerada desde la perspectiva que abre la referencia al ser del *Dasein*, sólo es lo que es en y a través del «ser para (vuelto) hacia la muerte», nada tiene que ver con lo que sería la pretensión, poco menos que absurda, de establecer la dependencia de la muerte, considerada como hecho bruto, respecto del modo de comportarse respecto de ella por parte del *Dasein*. Como se dijo ya, lo que Heidegger quiere explicar es algo completamente diferente, a saber: el modo en el que la muerte, como hecho bruto, ingresa y queda incluida en el espacio de (auto)comprensión que constituye la «existencia» del *Dasein*. A través de dicha inclusión, la muerte queda, por así decir, elevada al ámbito de significación característico de la existenciariedad, vale decir, queda en condiciones de desplegar, por primera vez, su potencial como punto focal de referencia del modo en el cual el *Dasein* se hace cargo ejecutivamente de sí, empuñándose a sí mismo en un cierto esbozo proyectivo de sus propias posibilidades. El «ser para (vuelto hacia) la muerte», como posibilidad existenciaria, se constituye, así, en fundamento de diversos modos existencialmente determinados en los que el *Dasein* se hace cargo de sí, como «existente», es decir, como un ente al que, en su ser, le va ese mismo ser. Al *Dasein* le es entregado su ser como su «tener que ser» (*Zusein*) (cf. *ST*, § 9, pp. 41 s.). Y dicho «tener que ser» incluye también la relación de ser que el *Dasein* mantiene con su propia muerte: también el «ser para (vuelto hacia) la muerte», que es siempre primeramente la suya propia, constituye una posibilidad de ser, de la cual el *Dasein* tiene que hacerse cargo necesariamente, de una u otra manera, en su «existir» fácticamente determinado.

Un segundo punto importante para comprender la centralidad que adquiere en la concepción de Heidegger la relación de ser que el *Dasein* mantiene con su propia muerte se vincula con el peculiar carácter de posibilidad que posee la muerte misma, considerada como hecho bruto, y no sólo el «ser para (vuelto hacia) la muerte», como posibilidad genuinamente existenciaria. En el sentido categorial (biológico), la muerte constituye, como se ha dicho ya, un «hecho bruto». Sin embargo, desde el punto de vista interno a la propia «existencia» individual, se trata, por lo pronto, de un hecho todavía no acaecido, sino meramente posible, que puede ocurrir en cualquier momento, pero que, por lo pronto, no ha ocurrido aún. En tal sentido, vista desde la perspectiva de la propia «existencia» individual, la muerte, incluso tomada como mero hecho bruto, tiene siempre el carácter de la (mera) posibilidad. Ahora bien, la noción de posibilidad está tomada aquí en un sentido peculiar, que se sitúa, por así decir, en un lugar intermedio entre el sentido meramente categorial, por un lado, y el sentido más propiamente existenciario, por el otro. En efecto, como Heidegger enfatizará posteriormente, ni siquiera cuando se la considera como mero hecho bruto, desde una perspectiva predominantemente biológica y tendencialmente externalizada, la muerte puede ser despojada completamente, en el caso del *Dasein*, de su referencia a la existenciaridad. En efecto, el modo en que el *Dasein*, en tanto «existente», «tiene» su propia muerte biológica no resulta, sin más, analogable con el modo en que «fina» o «fenece» ningún otro ser viviente (cf. § 49, p. 247). Ello no impide, sin embargo, que lo que aparece en el primer plano, en este nivel de consideración, sea el carácter de posibilidad que reviste aquello que se presenta primariamente como un hecho, más precisamente, como un hecho que *puede* sobrevenir al *Dasein* fácticamente «existente», en tanto *fácticamente* «existente». En cambio, en el caso del «ser para (vuelto hacia) la muerte», a través del cual la muerte adquiere su genuino significado existenciario, lo que se tiene es una posibilidad de ser del *Dasein* mismo, es decir, una posibilidad en el sentido propiamente existenciario del término. Se presenta aquí, pues, una estructura fenoménica compleja que involucra dos niveles o estratos diferentes de posibilidad, a saber: por un lado, una posibilidad (cuasi-)categorial, vinculada con lo que el «ser en el mundo» del *Dasein* tiene de «efectividad» o «factualidad» (*Tatsächlichkeit*), que es aquello a lo que Heidegger designa terminológicamente con el nombre de «facticidad» (*Faktizität*) (cf. § 12, pp. 55 s.); por el otro, una posibilidad existenciaria, en el sentido más propio del término, que corresponde a la relación de ser que el *Dasein* mantiene, en virtud de su mismo «existir», con el aspecto de facticidad al que se refiere la mencionada posibilidad (cuasi-)categorial. El «ser para (vuelto hacia) la muerte» constituye, desde este punto de vista, la posibilidad existenciaria del *Dasein* en virtud de la cual este puede entrar en una relación de ser, vale decir, comprensiva, con la posibilidad (cuasi-)categorial de la muerte, como fin(al) del «ser en el mundo». Y es, justamente, dicho carácter de la muerte, como un tipo peculiarísimo de posibilidad (cuasi-)categorial que compromete el ser del *Dasein*, como un todo, lo que explica el hecho de que, en la concepción heideggeriana, la relación de ser que el *Dasein* mantiene con ella pueda ocupar un lugar central, cuando se trata de dar cuenta de fenómenos vinculados con la «propiedad» de la «existencia».

La objeción, recurrente en diversas modulaciones desde H. Arendt[5], según la cual el análisis heideggeriano de la «existencia» daría una indebida preeminencia a la problemática de la muerte, relegando al trasfondo los aspectos vinculados con el nacimiento y la natalidad, ignora por com-

---

[5] Véase Arendt (1958), esp. pp. 17 ss. Para el esbozo de una filosofía del nacimiento y la natalidad, que, partiendo de la concepción de Arendt, pretende oponerse a lo que sería la orientación primaria a partir de la muerte en la filosofía occidental, véase ahora Lütkehaus (2006). Una presentación sucinta, de orientación fenomenológica, del problema de la muerte, tal como fue abordado en la historia de la filosofía, se encuentra en Scherer (1988).

pleto, como se echa de ver, la peculiaridad del encuadre metódico de la posición elaborada en *ST*. Como es obvio, Heidegger no pasa en modo alguno por alto el hecho elemental del que el *Dasein* posee una relación de ser también con su propio nacimiento, el cual, considerado en su sentido propiamente existenciario, no es, pues, algo meramente pasado, sino algo que, al igual que la muerte, pertenece a la estructura de la «existencia» misma. En tal sentido, Heidegger explica que el *Dasein* fáctico no sólo es mortal, sino que, además, «existe» como nacido (*existiert gebürtig*) y muere también como nacido (*gebürtig stirbt*), en el sentido propio del «ser para (vuelto hacia) la muerte» (cf. § 72, p. 374). Sin embargo, a diferencia de lo que ocurre con el caso de la muerte, el nacimiento mismo, considerado como hecho bruto, no tiene el carácter de la posibilidad, sino que forma parte del ámbito de lo ya sido. La relación de ser que el *Dasein* mantiene con su propio nacimiento, aunque constituye ella misma una posibilidad de ser del *Dasein*, no puede verse como un modo de ser respecto de una posibilidad, en el sentido (cuasi-)categorial del término. Esta constatación fenomenológica elemental da cuenta de uno de los motivos fundamentales por los cuales Heidegger cree poder ratificar la orientación dominante en la filosofía tradicional a partir de la muerte, a la hora de dar cuenta de la posibilidad de la «propiedad» de la «existencia», y no a partir del nacimiento, aunque para ello deba reformular la intuición nuclear subyacente en la posición tradicional, en los términos específicos que prescribe el punto de partida, metódico y temático, de la analítica existenciaria[6].

---

[6] No pocas de las críticas más severas dirigidas contra la caracterización heideggeriana de la muerte como posibilidad se basan en un sorprendente desconocimiento no sólo del peculiar encuadramiento metódico del análisis llevado a cabo por Heidegger, sino también de rasgos elementales que dan cuenta del particular modo en el que se vale de la noción de posibilidad en el contexto de dicho análisis. Un ejemplo particularmente ilustrativo del tipo de radical incomprensión al que puede conducir la falta de consideración de las premisas básicas, desde el punto de vista metódico y temático, del análisis desarrollado por Heidegger lo provee la pretendida «evaluación crítica» llevada a cabo por Edwards (1979). Edwards malinterpreta radicalmente el sentido de la noción heideggeriana del «ser para (vuelto hacia) la muerte» (cf. pp. 16 ss.) y, con ello, también la correspondiente caracterización de la muerte en términos de posibilidad (cf. pp. 26 ss.). Reproches tan notablemente descaminados como el que imputa a Heidegger haber ignorado supuestamente el hecho elemental de que el *Dasein* no siempre muere solo, al acentuar la intransferibilidad de la muerte (cf. pp. 9 s., p. 59), y algunos otros no menos sorprendentes, como el de que Heidegger superpone indebidamente presente y futuro al asumir que el *Dasein* «vive muriendo» (cf. pp. 19 s., 60) bien o el de que Heidegger defendería la tesis de que el que ha muerto es ontológicamente una «completa nada» (cf. pp. 21 s., 60), aunque admitiría, a la vez, que podría haber algo así como una supervivencia óntica (cf. pp. 40 ss., 60 s.), etc., pueden dar, con su sola mención, una idea del irremontable grado de confusión e incomprensión que afecta a interpretaciones de este tipo, que, además de construir erróneamente buena parte de los argumentos examinados, creen poder prescindir, sin más, a la hora de enjuiciar las tesis de *ST*, del marco general de referencia, metódico y temático, al que remiten los análisis llevados a cabo en la obra.

2. CONSIDERACIONES PRELIMINARES (§§ 47-49)

Una vez presentado en los §§ 45-46 el problema ontológico vinculado con el «ser total» y el «ser para (vuelto hacia) la muerte» del *Dasein*, Heidegger desarrolla en los §§ 47-49 un conjunto de consideraciones preliminares, destinadas a esbozar el camino que debe transitar el análisis llevado a cabo en los §§ 50-53, descartando, además, otros caminos inconducentes y poniendo de manifiesto un conjunto de posibles malentendidos[7]. Característico del modo en que Heidegger aborda los problemas aquí discutidos es el hecho de que las diversas posibilidades teóricas evaluadas, aun allí donde son descartadas, proveen elementos positivos que contribuyen, de diversos modos, a una mejor comprensión del punto de partida del análisis a desarrollar.

2.1. La muerte de los otros y el «ser para (vuelto hacia) la muerte» (§ 47)

En el § 47 Heidegger discute la cuestión de si la experiencia de la muerte de los otros puede o no proveer el punto de partida adecuado para el análisis del «ser para (vuelto hacia) la muerte». La respuesta, como se verá, es negativa, pero arroja también un saldo positivo, desde el punto de vista temático, en la medida en que permite poner de relieve el hecho de que el análisis del «ser para (vuelto) hacia la muerte» debe poner en el centro de la mira el «ser en cada caso mío» (*Jemeinigkeit*), como rasgo estructural de la «existencia» (cf. § 9). La argumentación de Heidegger se articula en tres momentos.

En primer lugar, Heidegger enfatiza que a través de la muerte de los otros el fin(al) del «ser en el mundo» se hace, en cierto modo, experimentable. El *Dasein* sólo puede alcanzar la totalidad de su «existir» en la

---

[7] Que el análisis heideggeriano parte aquí conscientemente de lo que, a juicio del propio Heidegger, es un modo inadecuado de acceso a los fenómenos que se pretende tematizar es una constatación poco menos que obvia. Sin embargo, su decisiva importancia para la adecuada comprensión de la estrategia metódica puesta a prueba por Heidegger ha sido pasada por alto con demasiada frecuencia. Una valiosa lectura que hace justicia a este aspecto y saca partido de algunas de sus consecuencias más importantes se encuentra ahora en White (2005), esp. cap. 2. En esta lúcida monografía, largamente elaborada y publicada póstumamente en 2005, con prólogo de H. L. Dreyfuss, la autora, fallecida en 2000, logra ofrecer, además, una adecuada contextualización de la interpretación heideggeriana de la muerte, tanto por referencia a su contexto externo como también, y sobre todo, por referencia al tratamiento de la temporalidad y al desarrollo del pensamiento de Heidegger en sus obras posteriores. En rigor, como explica Dreyfuss, buena parte de los méritos de la obra deriva, justamente, de la decisión hermenéutica de leer la concepción de *ST* desde la perspectiva que abre el posterior desarrollo del pensamiento heideggeriano.

muerte, que trae consigo la pérdida del ser de su «ahí» (*das Sein des Da*). Ello le impide experimentar de modo directo el tránsito a su propio «no ser ya ahí», de modo tal que tampoco puede comprenderlo como experimentado. Por lo mismo, tanto más incisivamente se le hace presente la muerte de los otros, por cuanto le proporciona una suerte de «acceso objetivo» a la «finalización» (*Beendigung*) del *Dasein* (cf. § 47, p. 237). Hay, pues, una especie de «donación objetiva» («*objektive Gegebenheit*») de la muerte, en tanto experimentable indirectamente, a través de la muerte de los otros. Por otro lado, se añade el hecho de que, en el tránsito al «no ser más en el mundo», el muerto no queda reducido, sin más, al estatuto de una mera cosa, presente en el modo del puro «ser ante los ojos». Los restos mortales nunca son vistos como un mero cuerpo que «existe» al modo de una cosa. El cadáver ni siquiera es visto como una mera cosa material, allí donde la anatomía patológica lo considera, en perspectiva teórica, como mero cadáver «ante los ojos», pues incluso esta forma radicalizada de objetivación mantiene su orientación básica a partir de la idea de vida. Como tales, los restos mortales, en general, y los del *Dasein*, en particular, son siempre «más» que una mera cosa material *carente de vida*: lo que con ellos hace frente es algo *no viviente*, que ha perdido la vida (cf. p. 238). Por lo demás, hay un peculiar modo del «ser con» del *Dasein* en virtud del cual los deudos y sobrevivientes *son con* el difunto, que les ha sido arrebatado. En la medida en que el fallecido no representa nunca un útil que es «a la mano» dentro del mundo, como mero «objeto» de la «ocupación», el trato para con él toma habitualmente la forma de un peculiar modo del «procurar por», a través del cual se le concede la debida honra (*die ehrende Fürsorge*). Las fiestas de difuntos y los diversos ritos funerarios dan cuenta de este peculiar modo de «ser con» el que ha muerto. La relación de ser para con este no puede, por tanto, reducirse jamás al tipo de «ocupación» que corresponde a lo que es meramente «a la mano». En tal modo de trato, por cierto, el difunto fácticamente «ya no está ahí», porque ha abandonado ya el «mundo» compartido. Pero los que quedan vivos, por caso, los deudos, amigos, etc., todavía pueden *ser* en cierto modo *con* el difunto, justamente a partir de ese mismo «mundo» que habían compartido con él (cf. p. 238).

Ahora bien, el énfasis puesto en la peculiaridad irreductible del difunto y del modo de conducirse respecto de él podría llevar a pensar que la muerte de los otros provee un punto de partida adecuado para la tematización del «ser total» y el «ser para (vuelto hacia) la muerte» del *Dasein*. Pero tal conclusión sería errónea, y Heidegger la rechaza expresamente: la pérdida que experimentan los deudos y sobrevivientes no puede ser, en modo alguno, equiparada con la pérdida de ser que «padece» o «sufre» el mismo que muere. Esta última pérdida de ser no resulta propiamente accesible a través de la muerte de otros, por la sencilla razón de que, en sentido genuino, no experimentamos el morir de los otros, sino que, a lo sumo, podemos tan sólo asistir a él, esto es, presenciarlo (cf. pp. 238 s.). La imposibilidad que aquí se pone de manifiesto, explica Heidegger, no es de carácter psicológico. No se trata simplemente de la imposibilidad de imaginarse o representarse la experiencia del morir, pues incluso si ello fuera en cierta medida posible, a través de algún tipo de procedimiento psicológico de figuración, el acceso sustitutivo así obtenido no alcanzaría jamás el modo de ser que corresponde al morir mismo, en su carácter de «llegar al fin(al)» (*als Zu-Ende-kommen*). El punto de partida en la muerte de los otros resulta, pues, inadecuado, pues no es capaz de proporcionar lo que, a primera vista, parecería prometer, ni en el plano óntico ni, mucho menos aún, en el plano ontológico (cf. p. 239). La vana ilusión de querer encontrar aquí el punto de partida del análisis viene motivada, explica Heidegger, por una errónea asunción tácita, a saber: la creencia de que el *Dasein* individual puede ser sustituido o reemplazado por cualquier otro, de modo tal que lo que resulta inexperimentable en el propio *Dasein* podría ser hecho accesible en y a través del *Dasein* ajeno (cf. p. 239). La sustituibilidad, reemplazabilidad o representabilidad (*Vertretbarkeit*) de un *Dasein* por otro pertenece, sin duda, a las posibilidades de ser más caracterísitcas del «ser unos con otros en el mundo» (*das Miteineindersein in der Welt*). De hecho, diversas formas de la sustitución, el reemplazo y la representación tienen lugar, de diversos modos, en innumerables formas de la «ocupación» con el ente intramundano. Que el *Dasein* mismo se comprenda como sustituible, reemplazable o representable no puede, por lo mismo, sorprender, si se tiene en cuenta que, inmediata y regularmente, el *Dasein* se comprende a sí mismo a partir de aquello de lo que se ocupa[8]. En tal sentido, se puede decir que «se (uno) *es*» («*man* ist») aquello de lo que uno se ocupa (cf. pp. 239 s.). Sin embargo, la posibilidad de sustitución, reemplazo o representación se topa con un límite infranqueable, justamente, allí donde se trata de aquella peculiarísima posibilidad de ser del *Dasein* que constituye su llegar al fin(al). Nadie puede morir la muerte de otro, ni siquiera allí donde alguien decide morir por otro. Cada *Dasein* individual debe morir *su* propia muerte, que nadie puede asumir en su lugar. En tal sentido, la muerte es siempre, y esencialmente, «en cada caso la mía». La muerte representa una peculiar posibilidad de ser, en la cual se trata del ser de cada *Dasein* individual, sin más, y lo que se muestra en el morir no es otra cosa sino que la muerte está estructuralmente caracterizada por el rasgo del «ser en cada caso mío» (*Jemeinigkeit*), en

---

[8] Se trata del fenómeno que Heidegger denomina la «refracción ontológica» o, si se prefiere, el «reflejamiento ontológico» (*ontologische Rückstrahlung*). Véase *ST*, § 5, pp. 15 s.: «En el *Dasein* mismo y, con ello, en su comprensión del ser reside lo que vamos a poner de manifiesto como el reflejo ontológico de la comprensión del mundo sobre la interpretación del *Dasein*».

razón de su pertenencia a la «existencia» misma (cf. p. 240). En el «finalizar» (*das Enden*) que es el morir (*das Sterben*), y en el «ser total» del *Dasein* constituido por referencia a él, no hay, pues, por razones esenciales, ningún tipo posible de sustitución, reemplazo o representación. Pero, si esto es así, se advierte de inmediato que todo intento de acceso temático al «ser para (vuelto hacia) la muerte» que no se haga cargo, desde el comienzo mismo, de la esencial indelegabilidad que caracteriza a la muerte, como en cada caso la mía, no sólo no permite superar los prejuicios y las tendencias encubridoras que operan ya en la propia «actitud natural» o «pre-fenomenológica», sino que, en rigor, las continúa y las potencia, al trasponerlas al ámbito de la reflexión filosófica. Desde este punto de vista, el intento de tematización del «ser para (vuelto hacia) la muerte» que busca su punto de partida en la muerte de los otros documenta, al mismo tiempo, el influjo distorsivo que la interpretación dominante en la «cotidianeidad de término medio» tiene sobre la propia reflexión filosófica, allí donde esta no logra alcanzar la necesaria transparencia respecto de las consecuencias que trae o puede traer consigo su propio enraizamiento en la «actitud natural» o «pre-fenomenológica»[9].

Por último, el resultado que arroja la crítica al punto de partida en la muerte de los otros no es meramente negativo. Las consideraciones realizadas proveen una cierta indicación inicial acerca del modo en que debe concebirse la muerte, considerada como un fenómeno existenciario. En particular, han puesto de manifiesto la decisiva importancia que posee la orientación a partir del «ser en cada caso mío», en tanto rasgo constitutivo de la «existencia», como modo de ser del *Dasein*. Por lo mismo, la única posibilidad de lograr una genuina comprensión ontológica del morir, como posibilidad de ser del *Dasein*, consiste en la elaboración de un concepto puramente existenciario de la muerte (cf. p. 240). En tal sentido, el análisis debe hacer justicia también a la diferencia irreductible que me-

---

[9] En este punto, y no sólo en él, resulta muy instructiva la comparación con la posición elaborada por K. Jaspers en su tratamiento de la muerte como una de las «situaciones límite» (*Grenzsituationen*) que caracterizan estructuralmente a la «existencia» humana. El análisis de Jaspers no posee la misma pretensión de alcance ontológico ni supone un encuadre metódico comparable, pero pone de relieve una serie de aspectos que el propio Heidegger incorpora conscientemente en su concepción (véase la referencia a la concepción de Jaspers en la nota al pie de *ST*, § 49, p. 249, con especial énfasis en el potencial explicativo de la noción de «situación límite»). Jaspers enfatiza que la muerte, tomada como hecho objetivo, no se identifica aún con la correspondiente «situación límite», la cual no puede ser abierta en su sentido por ninguna forma de conocimiento objetivo. Jaspers enfatiza la importancia del fenómeno de la muerte del otro, especialmente, la de aquel que nos es más cercano, pero también recalca el hecho de que la experiencia de la muerte del otro, por muy relevante que pueda ser existencialmente, no puede ser analogada al modo en que el individuo se relaciona con su propia muerte [cf. Jaspers (1919), pp. 259 ss.; véase también (1932), pp. 220 ss.]. Para una comparación del tratamiento de la muerte en Heidegger y Jaspers, puede verse todavía con provecho, a pesar del tiempo transcurrido, la investigación de Lehmann (1938).

dia entre el «morir» (*das Sterben*) del *Dasein* y el «finalizar» (*das Enden*) de aquello que meramente vive, para el cual Heidegger reserva el término «finar» o «fenecer» (*Verenden*). Incluso allí donde el morir del *Dasein* se concibe de modo fisiológico-biológico, como ocurre en el caso de la medicina, no se lleva a cabo jamás una reducción completa al ámbito del mero «finar» o «fenecer». Heidegger pone como ejemplo de esto el empleo médico de la noción de *exitus* (pp. 240 s.)[10]. Para designar de modo específico el «fenómeno intermedio» (*Zwischenphänomen*) que corresponde al modo peculiar en el que el *Dasein* «tiene» su propia muerte biológica, Heidegger introduce posteriormente el término «fallecer» o bien «dejar de vivir» (*Ableben*) (§ 49, p. 247). Desde el punto de vista estrictamente metódico, la lección es clara: el análisis a llevar a cabo debe mantenerse aferrado a la orientación básica a partir del modo de ser del *Dasein*, evitando el deslizamiento inadvertido hacia los modos de ser característicos de otros tipos de ente, ya sea el ente dado meramente «ante los ojos» o bien el viviente que no tiene el modo de ser del *Dasein*. El desafío que debe enfrentar el análisis consiste, pues, en buena medida, en conservar sin distorsiones la adecuada donación previa del fenómeno obtenida ya en el comienzo mismo (cf. § 47, p. 241).

2.2. EL SENTIDO EXISTENCIARIO DE «FALTA», «FIN(AL)» Y «TOTALIDAD» (§ 48)

Un paso preparatorio importante, a la hora de evitar el deslizamiento inadvertido en dirección de entes que no tienen el modo de ser del *Dasein*, viene dado por la fijación del sentido propiamente existenciario de nociones que desempeñan un papel clave en el análisis a desarrollar. A tal efecto, en el § 48 Heidegger considera las nociones de «fin(al)» y «totalidad», para lo cual debe considerar también nociones vinculadas como la de «falta» o «faltante». Heidegger no pretende ofrecer aquí una caracterización ontológica precisa y definitiva de los fenómenos a los que remiten los diferentes sentidos de las nociones tematizadas. Más bien, intenta elaborar una caracterización provisional, que resulte suficiente para los fines de la analítica existenciaria, la cual, a pesar de su rango de ontología fundamental, tiene, tal como es desarrollada en *ST*, un carácter meramente preparatorio, pues apunta al objetivo de hacer posible una repetición expresa de la pregunta por el (sentido del) ser, en general (cf. §§ 1-2).

---

[10] La expresión *exitus* o bien *exitus letalis* se emplea en la medicina alemana como término técnico, para referir a la muerte como resultado de una enfermedad o, más precisamente, al hecho de que el desarrollo de una determinada enfermedad termina en la muerte del paciente.

Desde el punto de vista sistemático, una caracterización ontológica definitiva de los diversos fenómenos a los que apuntan los diferentes sentidos de las nociones de «fin(al)» y «totalidad» presupone ya no sólo la previa elaboración de una adecuada interpretación del sentido de ser, en general, sino también la puesta de manifiesto de la estrutura formal por referencia a la cual las diversas variantes de «fin(al)» y «totalidad», tal como estas se dan en el ámbito de las diferentes ontologías regionales, puedan comprenderse como correspondientes «deformalizaciones», que quedan referidas, en cada caso, a un determinado contenido entitativo[11]. Desde el punto de vista que atiende a la situación hermenéutica que ofrece el punto de partida para el análisis, ocurre, sin embargo, que la satisfacción de esos mismos presupuestos sólo puede lograrse al cabo del correspondiente proceso de elucidación de las estructuras fenoménicas relevantes. No hay aquí, pues, algo así como un punto cero en la tarea de interpretación, sino que también en el caso de los fenómenos señalizados por las nociones de «fin(al)» y «totalidad» se tiene el mismo tipo de círculo hermenéutico que caracteriza a la analítica existenciaria, como un todo. Esto explica la necesidad del recurso a un análisis de carácter provisional y preparatorio, como paso inicial del trabajo de elucidación que debe conducir finalmente a la comprensión temática de los fenómenos tematizados. En la medida en que lo que se va a ofrecer en el § 48 es un análisis meramente preparatorio, su objetivo inmediato consiste, sobre todo, en mostrar que, tomadas en sentido categorial, que es su sentido más habitual, las nociones tematizadas no pueden aplicarse adecuadamente para describir estructuras ontológicas del *Dasein* (cf. pp. 241 s.).

En primer lugar, Heidegger considera la noción de «falta» o «faltante» (*Ausstand*). En su sentido más habitual, dicha noción remite al hecho de no estar aún reunido aquello que se copertenece, tal como ocurre en el caso de las partes o elementos de una determinada totalidad, por caso, el resto de una deuda que todavía falta pagar. En este sentido, la noción se aplica a aquello que es «a la mano», tanto lo que falta como aquello a lo

---

[11] La noción de «deformalización» (*Entformalisierung*), asociada estrechamente con la distinción básica entre «generalización» (*Generalisierung*) y «formalización» (*Formalisierung*), desempeña un papel clave en la recepción heideggeriana de la concepción del método fenomenológico elaborada por Husserl, y da cuenta de algunos de los más importantes aspectos de continuidad que ambas concepciones mantienen en el plano metódico. De hecho, el contraste entre «formalización» y «deformalización» está presupuesto ya en la caracterización del concepto fenomenológico de fenómeno que Heidegger ofrece en el § 7 C de *ST*, el cual es presentado como una peculiar «deformalización» del correspondiente concepto puramente formal (cf. *ST*, § 7 C, p. 35). Para una amplia presentación del problema metódico vinculado con la noción de «deformalización» en el tránsito que lleva de Husserl a Heidegger, véase Von Herrmann (2000), pp. 122-148. Para una discusión de la noción de «deformalización» que pone la mira en algunas de las principales dificultades que plantea el proyecto metódico husserliano y heideggeriano, véase también Hopkins (2012).

que lo todavía faltante se debe agregar tienen el mismo modo de ser, a saber: el de lo que es «a la mano», y, por lo mismo, el añadido de lo faltante a lo que ya estaba disponible no modifica el ser de esto último. La totalidad correspondiente a lo que así se añade, sea la totalidad ya reunida o la que aún falta reunir, tiene el carácter de una «suma» (*Summe*) (cf. p. 242). Este tipo de «falta» o «faltante» no sirve para caracterizar ontológicamente el «todavía no» que, como su posible muerte, pertenece al *Dasein*. La muerte no se añade al *Dasein* para completarlo, sino que este deja de ser cuando muere. Sin embargo, no menos cierto es que, en cada caso, el *Dasein* «existe» siempre de modo tal, que le pertenece este peculiar tipo de «todavía no» (cf. p. 243). Por otro lado, tampoco se puede recurrir en el análisis ontológico del *Dasein* a la noción de «falta» o «faltante» que se aplica para dar cuenta de diversos fenómenos de movimiento y cambio vinculados con los entes intramundanos. Heidegger menciona dos tipos de ejemplos. El primero se refiere a la percepción de cambios graduales en un objeto, como ocurre, por ejemplo, con el corrimiento de la sombra que cubre la luna durante un eclipse. Se trata de un contexto perceptivo en el cual el momento del «todavía no» no queda referido al objeto percibido mismo, sino, más bien, a su aprehensión perceptiva, puesto que, a lo largo del proceso de progresiva desaparición de la sombra que lo cubre, el objeto mismo está ya completo. Como es obvio, este tipo de «devenir» o «llegar a ser» (*Werden*) no puede servir de modelo para dar cuenta del modo en el cual el *Dasein* llega a ser lo que «todavía no» es, pues no permite dar cuenta del «todavía no» en términos que remitan específicamente al ser del *Dasein* (cf. p. 243). El segundo tipo de ejemplo se refiere a casos en los cuales el cambio o movimiento pertenece al objeto mismo, y no meramente a su aprehensión perceptiva. Para ejemplificar de modo más específico el tipo de «falta» que se da en el ámbito del movimiento natural, Heidegger toma el caso de la maduración de un fruto. La «inmadurez» (*Unreife*) representa una forma del «todavía no» que no puede ser analogada a ninguno de los casos anteriores, puesto que aparece ligada intrínsecamente al ser mismo de la cosa: mientras madura, el fruto que no alcanza todavía su madurez *es*, como tal, su propia inmadurez. En este punto parece haber una cierta correspondencia con el caso del *Dasein*, en razón del carácter esencialmente infectivo de su «existir»: mientras es, el *Dasein* es siempre ya, en cada caso, su «todavía no» (cf. pp. 243 s.). Sin embargo, las diferencias no son menos evidentes. En el caso del *Dasein*, la muerte no se identifica, sin más, con el «acabamiento» o la «consumación» (*Vollendung*), pues el *Dasein* muy bien puede morir inacabado o imperfecto e, inversamente, el *Dasein* puede llegar también a su madurez antes de la muerte e incluso haberla sobrepasado antes de morir. De hecho, en la mayor parte de los casos, el *Dasein* muere en estado de inacabamiento o falta de consumación, o bien en estado de decaimiento y desgaste (cf. p. 244). Naturalmente, también el fruto «muere» o bien caduca y se corrompe. La pregunta obvia es entonces por qué razón Heidegger prefiere comparar la muerte del *Dasein* con la madurez del fruto, y no con su caducidad y corrupción. El texto no da indicaciones de cuál pudiera ser la respuesta. Pero, en todo caso, la explicación puede tener que ver con el hecho, enfatizado al comienzo, de que la madurez pertenece al ser del fruto de un modo, en alguna medida, comparable al modo en el que la muerte pertenece al ser del *Dasein*. Dado que, en ocasiones, se entiende la muerte como un tipo de «acabamiento» o «consumación», Heidegger enfatiza el hecho de que, desde el punto de vista propiamente existenciario, no hay modo de avalar tal tipo de interpretación, ya que no toda forma de «finalizar» (*Enden*) representa un modo de «acabarse» o «consumarse» (*Sich-vollenden*) (cf. p. 244)[12].

En segundo lugar, Heidegger considera los diferentes significados de la noción de «finalizar» (*Enden*). En un primer sentido, «finalizar» significa «cesar» o «terminar(se)» (*Aufhören*), ya sea al modo en que lo hace aquello que desaparece al cesar (p. ej., la lluvia, el pan que ha sido consumido), o bien al modo en que lo hace aquello que, al cesar o terminar(se), no deja de estar presente (p. ej., un camino). En este último caso, lo que cesa puede ser algo que queda terminado (*fertig*) o no terminado (*unfertig*). Pero el «finalizar» no implica «acabamiento» o «consumación» por el simple hecho de traer consigo la «terminación» (*Fertigkeit*) de algo. Más bien, ocurre que lo que está «acabado» o «consumado» tiene que haber alcanzado su posible «terminación». El «acabamiento» o la «consumación» (*Vollendung*) debe verse, pues, como un modo fundado de la «terminación» (*Fertigkeit*), la cual constituye una determinación de algo que es «ante los ojos» o bien «a la mano» (cf. pp. 244 s.). Ahora bien, ninguno de estos modos del «finalizar» permite dar una caracterización adecuada de la muerte como fin(al) del *Dasein*, sino que su aplicación al caso del *Dasein* haría que este fuera concebido como algo que es meramente «ante los ojos» o bien meramente «a la mano»: en la muerte el *Dasein* ni está «acabado» o «consumado» (*vollendet*), ni ha simplemente desaparecido (*verschwunden*), ni está «terminado» (*fertig geworden*) o «completamente disponible» (*ganz verfügbar*), como algo «a la mano». Mientras existe, el

---

[12] En cualquier caso, ya Aristóteles llamó la atención sobre el hecho de que tampoco desde el punto de vista de la filosofía natural y la biología, la muerte puede ser vista propiamente como un fenómeno de «acabamiento» o «consumación», como si fuera un «fin» al que naturalmente tiende el desarrollo del ser viviente, sino que constituye, más bien, un mero «final», pero no un «fin», en el sentido más propio del término (cf. *Física* II 2, 194a27-33). En cierto sentido, puede decirse que, para Aristóteles, la muerte del viviente compuesto de forma y materia sólo es «natural», según la materia, es decir, en razón del hecho mismo de la composición hylemórfica, pero no según la forma. Para la elaboración de este punto, véase Clark (1975), pp. 164 ss.; véase también King (2001), pp. 58 ss.

Dasein no sólo *es* su «todavía no», sino que, a la vez, *es* siempre también su fin(al). El «finalizar» al que remite la muerte no debe verse, pues, como un «ser en el fin(al)» o «estar terminado» (*Zu-Ende-sein*) del *Dasein*, sino, más bien, como su «ser para (vuelto hacia) el fin(al)», vale decir, como una peculiar relación de ser que el *Dasein* mantiene con su propio fin(al). En tal sentido, la muerte es un modo de ser que el *Dasein* asume tan pronto como existe. Para ilustrar el punto, Heidegger cita la notable sentencia de Johannes von Tepl (ca. 1350-1414) en su obra titulada *El campesino de Bohemia* (1401), según la cual «no bien un ser humano llega a la vida, ya es suficientemente viejo para morir» (cf. p. 245)[13]. La consecuencia es clara: el «finalizar», tomado en el sentido específico del «ser para (vuelto hacia) el fin(al)», sólo puede ser ontológicamente esclarecido a partir del modo de ser del *Dasein*. En cambio, el punto de partida en un sentido indiferenciado, meramente categorial, del «todavía no», para llegar a una comprensión de la peculiar forma «totalidad» que corresponde al *Dasein*, a través de una caracterización de la noción de «finalizar», no conduce al objetivo deseado, sino que, a lo sumo, permite establecer, de modo puramente negativo, que el «todavía no» que corresponde al *Dasein* no puede ser comprendido en términos de mera «falta» (*Ausstand*) (cf. pp. 245 s.). Una caracterización positiva de las estructuras fenoménicas relevantes (*vgr.* las señalizadas por nociones como «todavía no», «finalizar» y «totalidad») no puede lograrse aquí más que por medio de una orientación unívoca a partir de la constitución de ser del *Dasein*. El punto de partida para una interpretación de la muerte que haga justicia a los requerimientos de la analítica existenciaria debe buscarse, pues, en el fenómeno de la «cura», como constitución fundamental del *Dasein* (cf. p. 246).

2.3. La especificidad y el alcance del análisis existenciario de la muerte (§ 49)

Aclaradas las dificultades fundamentales que debe enfrentar el análisis existenciario de la muerte, Heidegger lleva a cabo una expresa delimitación de la problemática que se pretende abordar. Las precisiones metódicas introducidas en el § 49 cumplen una función comparable a la que se había realizado en los §§ 10-11, para dar cuenta de la especificidad de la analítica existenciaria, frente al tratamiento de la «existencia» y la realidad humanas que llevan a cabo disciplinas como la antropología filosófica, la

---

[13] Heidegger cita el texto según la versión en alemán moderno editada por A. Bernt y K. Burdach (1917): «Sobald ein Mensch zum Leben kommt, sogleich ist er alt genug zu sterben». La versión original, en alemán antiguo, reza: «als schier ein mensche lebendig wirt, als schier ist er alt genug zu sterben» [véase Kiening (2000), p. 42].

psicología, la biología o la antropología cultural. Se trata, pues, de asegurar el campo temático específico de la interpretación ontológico-existenciaria de la muerte, señalando los límites que le están trazados de antemano a tal tipo de interpretación, vale decir, indicando qué es lo que *no* pretende preguntar y sobre qué no puede proporcionar información alguna (cf. § 49, p. 246).

La primera precisión concierne a la diferencia que separa al análisis existenciario de la muerte de toda forma de consideración biológico-fisiológica y toda posible ontología de la vida, concebida como una ontología regional específica que tematiza los presupuestos de las diversas formas de estudio óntico-empírico del fenómeno de la vida, en sus diferentes posibles variantes. Más aún: Heidegger asume que, además de la diferencia señalada, hay aquí una relación de fundamentación, que comprende dos niveles escalonados, a saber: por una parte, la investigación biológico-fisiológica de la vida y la muerte trae consigo siempre ya determinados presupuestos ontológicos que dicha investigación no puede tematizar con sus propios recursos explicativos, de modo tal que debe delegar tal tarea en una ontología de la vida, que dé cuenta también del modo en que la muerte misma se determina a partir de su pertenencia a la vida (cf. pp. 246 s.); por otra parte, toda ontología de la vida, como ontología regional referida a un determinado ámbito ontológico (cf. p. 246), presupone siempre ya la ontología del *Dasein*, como ontología fundamental (cf. p. 247).

En segundo lugar, la interpretación existenciaria tiene un primado metódico también frente a toda posible investigación biográfico-histórica o bien etnológico-psicológica de la muerte: en todos esos casos se presupone siempre ya, de modo inexpreso, un concepto de la muerte, que no puede ser, en último término, sino un concepto de carácter ontológico-existenciario. El estudio de los diversos modos en los que se «vive» o «experimenta» («*erlebt*» *wird*) el «fallecer» o «dejar de vivir» (*Ableben*) provee, sin duda, valiosa información también sobre la vida de los que van a morir. Pero ello no constituye más que un reflejo del hecho, ya señalado, de que el *Dasein* no «muere» recién cuando hace una determinada experiencia del «fallecer» o «dejar de vivir», sino que su muerte, en el sentido propiamente existenciario del «ser para (vuelto hacia) la muerte», pertenece estructuralmente a su «vida», en tanto «existente» (cf. p. 247).

En tercer lugar, el análisis existenciario de la muerte no anticipa ninguna toma de posición de carácter existencial respecto de la muerte, como tal. Más precisamente, no decide sobre ninguna cuestión escatológica ni provee normas o reglas a las que debiera atenerse el comportamiento frente a la muerte. El análisis se sitúa, de hecho, en la perspectiva del «más acá» (*das* «*Diesseits*»), y no en la del «más allá» (*das* «*Jenseits*»), pero ello obedece a razones de carácter estrictamente metódico, a saber: por una parte, el análisis existenciario debe enfocar el fenómeno de la muerte necesariamente desde el punto de vista que atiende a su inserción en la estructura de la «existencia», es decir, como una posibilidad de ser del *Dasein*; por otra, la pregunta por lo que pudiera haber «después de la muerte» sólo podría plantearse de un modo metódicamente asegurado y controlable, una vez que la muerte ha quedado conceptualmente determinada, en la plenitud de su esencia ontológica (cf. pp. 247 s.). Tampoco se decide de antemano si la pregunta escatológica puede ser teóricamente abordable o no, pues basta con establecer que la interpretación ontológica de la muerte, situada en la perspectiva del «más acá» que implica la referencia a la estructura de la «existencia» misma, precede, como tal, metódicamente a toda posible especulación óntica referida al «más allá» (cf. p. 248). Por lo mismo, la interpretación existenciaria tampoco puede fijar posición respecto de cuestiones propias de lo que sería una «metafísica de la muerte», tales como las que se refieren al «origen» y el «sentido» de la presencia de la muerte y, en general, del mal y la negatividad en el «mundo» (cf. p. 248)[14].

El precio que trae consigo la precedencia metódica del análisis existenciario frente a toda posible biología, psicología, teodicea o teología de la muerte reside, explica Heidegger, en el carácter puramente «formal» y «vacío» de sus resultados, como ocurre, por lo demás, con toda genuina caracterización ontológica. Sin embargo, esto en nada aminora la enmarañada complejidad del fenómeno tematizado, pues dicha complejidad se funda en la estructura de la «existencia» misma, a la cual la muerte, como tal, pertenece (cf. p. 248). El análisis existenciario de la muerte apunta, pues, a poner de manifiesto una estructura existenciaria de carácter formal, que posibilita diversos modos de concreción óntica y subyace a todos ellos. Pero, como es obvio, no puede obtener acceso a dicha estructura formal más que partiendo de alguno de tales modos de concreción óntica en los que aquella aparece necesariamente realizada. Se hace necesario, por tanto, evitar aquí toda posible arbitrariedad en la fijación del punto de partida. En virtud de las premisas metódicas básicas a partir de las cuales se orienta, desde el comienzo, la analítica existenciaria, el punto de partida del análisis del «ser para (vuelto hacia) la muerte» no puede ser otro, explica Heidegger, que el modo en el cual el fin(al) del «ser en el mundo» queda incluido en el modo de ser el «sí mismo» del *Dasein* que corresponde a la «cotidianeidad de término medio» (cf. pp. 248 s.). Dicho de otro modo: el punto de partida del análisis lo proporciona la modalidad

---

[14] Para un intento reciente de poner en diálogo el análisis heideggeriano de la muerte con el abordaje propio de la teología, véase Pattison (2013), quien, además de marcar las diferencias, pone de relieve también algunos de los aportes positivos a la teología que se podrían derivar de la concepción heideggeriana. Especial atención dedica Pattison al modo en el que Heidegger trata el problema de la experiencia de la muerte de los otros (cf. cap. 5).

«impropia» («no propia») del «ser para (vuelto hacia) la muerte». También en este caso queda, pues, ratificada la prioridad metódica de la «impropiedad» («no propiedad») del «existir», con la peculiaridad de que, en el caso del «ser para (vuelto hacia) la muerte», el análisis debe contribuir, siguiendo la propia tendencia de apertura del fenómeno tematizado, a explicar cómo se atestigua la posibilidad del «ser propio» del *Dasein*, en y desde la misma «impropiedad» («no propiedad»).

3. EL ANÁLISIS ONTOLÓGICO-EXISTENCIARIO DE LA MUERTE (§§ 50-53)

Sobre la base de lo establecido, el análisis a desarrollar procede en cuatro pasos, dentro de una secuencia que debe verse como unitaria, a saber: primero (3.1), se pone de manifiesto de qué modo el posible «ser total» del *Dasein*, tal como este tiene lugar a través del «ser para (vuelto hacia) la muerte», se conecta con la estructura de la «cura», a los efectos de ofrecer una primera caracterización de la estructura ontológico-existenciaria de la muerte (§ 50); luego (3.2), se caracteriza el modo en el que el «ser para (vuelto hacia) la muerte» adquiere su concreción en el marco de la «cotidianeidad de término medio» (§ 51); a continuación (3.3), se completa la caracterización del concepto existenciario de la muerte, considerando las notas de certeza e indeterminación, a partir del modo cotidiano del «ser para (vuelto hacia) el fin(al)» (§ 52); por último (3.4), se ofrece un esbozo existenciario del «ser para (vuelto hacia) la muerte», en su modalidad «propia» (§ 53).

3.1. EL «SER PARA (VUELTO HACIA) LA MUERTE Y LA CURA» (§ 50)

La tesis central que Heidegger desarrolla en este parágrafo ha sido anunciada ya en la discusión precedente, a saber: si es verdad que el «ser para (vuelto hacia) la muerte» o, lo que es lo mismo, el «ser para (vuelto hacia) el fin(al)» pertenece, en un sentido especialmente señalado, al ser del *Dasein*, se sigue entonces que su estructura debe poder ser caracterizada por referencia a la constitución de ser del *Dasein* mismo, vale decir, por referencia a la «cura» (cf. § 50, pp. 249 s.). Al referirse a los momentos constitutivos de la «cura» Heidegger menciona *a*) el «pre-serse» o «anticiparse a sí» (*das Sich-vorweg*) o bien la «existencia» (*Existenz*), *b*) el «ser ya en...» (*das Schon-sein in...*) o bien la «facticidad» (*Faktizität*), y *c*) el «ser cabe...» («ser junto a...») (*das Sein bei...*) o bien la «caída» (*das Verfallen*) (cf. pp. 249 s.). La lisa y llana identificación del «ser cabe» («ser junto a») con la «caída» sugerida aquí puede llevar a engaño, si se tiene en cuenta que la estructura formal del «ser cabe» («ser junto a») debe poder dar cuenta, en principio, tanto del modo «propio» como del modo «impropio» del estar en medio del ente intramundano[15]. A todas luces, la simplificación —que está presente o, al menos, implícitamente sugerida también en otros pasajes— viene motivada aquí por el hecho de que, como se señaló ya, el análisis de la estructura formal del «ser para (vuelto hacia) la muerte» debe partir de aquella, entre sus posibles formas de concreción óntica, que corresponde al modo en el que el «ser para (vuelto hacia) el fin(al)» se realiza en el marco de la «cotidianeidad de término medio». Sobre esta base, Heidegger muestra la conexión del «ser para (vuelto hacia) la muerte» con cada uno de los tres momentos constitutivos de la «cura».

En primer lugar, *a*) en lo que toca al momento del «pre-serse» o «anticiparse a sí», Heidegger recalca la imposibilidad, ya puesta de manifiesto, de comprender el «todavía no» constitutivo de la «existencia» en términos de «falta» o «faltante», sin recaer en una interpretación cosificante del ser del *Dasein*, como algo «ante los ojos». El «ser en el fin(al)» o «estar terminado» (*das Zu-Ende-sein*), en su sentido propiamente existenciario, no quiere decir otra cosa que «ser para (vuelto hacia) el fin(al)» (*Sein zum Ende*). El «todavía no» más extremo, que es la propia muerte, tiene el carácter de algo respecto de lo cual el *Dasein* mismo *se comporta* de cierta manera. El fin(al) que es la muerte es algo que el *Dasein* tiene siempre por delante, en el sentido preciso de lo que es siempre inminente, lo que amenaza llegar en cualquier momento (*bevorstehen, Bevorstand*), y no en el sentido de aquello que, no siendo todavía algo dado efectivamente «ante los ojos», puede considerarse de ocurrencia cercana. Ahora bien, el aspecto clave de esta caracterización, sobre el cual Heidegger insiste expresamente, es el que se relaciona con el peculiarísimo tipo de «algo» que es la muerte, y no tanto con la noción misma de inminencia, que puede ser aplicada, como tal, a toda una gama de «cosas», vale decir, de «eventos» o «acontecimientos» de carácter intramundano (p. ej., una tormenta, la reforma de una casa, la llegada de un amigo, etc.) (cf. p. 250). El punto de Heidegger es que, en el caso de la muerte, el particular tipo de inminencia que le pertenece se relaciona, ante todo, con su carácter de posibilidad de ser del *Dasein* mismo, más precisamente, con el peculiarísimo tipo de posibilidad de ser del *Dasein* que ella misma, la muerte, es. En efecto, Heidegger explica que también otras muchas y diversas posibilidades de ser del *Dasein* pueden revestir ocasionalmente un determinado carácter de inminencia: un viaje que nos disponemos a hacer, una con-

---

[15] Para este punto, véase Von Hermann (2004), pp. 207 ss., quien discute y corrige en este punto la errónea interpretación de Pöggeler, en su libro aparecido originalmente en 1963 [véase Pöggeler (1990), pp. 210 s.].

frontación o discusión con los otros y muchas otras posibilidades de ser del *Dasein*, que se fundan en su «ser con» (*Mitsein*) los otros. Lo que distingue a la muerte es, sin embargo, el hecho de que se trata de una posibilidad de ser de la que el *Dasein*, en cada caso, *tiene* que hacerse cargo, y con la cual el *Dasein* se hace inminente para sí mismo, en su *más propio* «poder ser», puesto que, en dicha posibilidad, se trata para el *Dasein* mismo de su propio «ser en el mundo», sin más (cf. p. 250). Al hacerse inminente para sí mismo en la posibilidad de «no poder ser más ahí», es decir, de ya no poder «existir», el *Dasein* queda *completamente* remitido a su más propio «poder ser», de modo tal que, en dicha inminencia, el *Dasein mismo* queda, por así decir, «suelto» de todas las referencias que lo vinculan a otros. Además de ser la más propia (*eigenst*) e irreferible (*unbezüglich*), en cuanto suelta o disuelve todas las referencias que vinculan a otros, la muerte es para el *Dasein* también su posibilidad más extrema (*äußerst*), por cuanto el *Dasein* como «poder ser» no puede superarla (*überholen*), yendo más allá de ella: en cuanto constituye» la posibilidad de la lisa y llana imposibilidad de la existencia» (*die Möglichkeit der schlechthinnigen Daseinsunmöglichkeit*), la muerte se revela, pues, como «la posibilidad más propia, irreferible e insuperable» del *Dasein* (cf. p. 250). En tal sentido, representa un tipo especialmente señalado de inminencia, cuya posibilidad existenciaria se funda en el «estado de abierto» (*Erschlossenheit*) del *Dasein*, en tanto constituido por el momento estructural del «pre-serse» o «anticiparse a sí». Más aún: el «ser para (vuelto hacia) la muerte» provee «la concreción más originaria» de dicho momento estructural de la «cura». El «ser para (vuelto hacia) el fin(al)» del *Dasein* adquiere, pues, mayor nitidez fenoménica, allí donde se lo considera como un «ser para (vuelto hacia) la posibilidad más propia, irreferible e insuperable» del *Dasein* (cf. pp. 250 s.).

En segundo lugar, *b*) en lo que respecta al momento del «ser ya en...», Heidegger enfatiza el hecho de que la peculiarísima posibilidad de ser que constituye la muerte no es algo que el *Dasein* adquiera adicionalmente a lo largo de su «existir», sino que pertenece, como tal, a su mismo «estado de yecto» (*Geworfenheit*): el *Dasein* está siempre ya «arrojado» en ella, «entregado» en su mismo ser a su propia muerte, de modo tal que esta pertenece a su «ser en el mundo», como tal. El modo en el que el *Dasein* mismo tiene acceso a su «estado de yecto en la muerte» no tiene la forma de ningún tipo de «saber», ni expreso ni teórico, sino que remite a la función originaria de apertura que desempeña el «encontrarse» o la «disposicionalidad afectiva» (*Befindlichkeit*). Más precisamente, es en y a través de la disposición afectiva fundamental de la angustia (*Angst*) como se le revela al *Dasein*, de modo más originario y más penetrante, su «estado de yecto en la muerte» (cf. p. 251). El análisis de la función de apertura de la angustia llevado a cabo en el § 40 de *ST*, al cual Heidegger remite en el presente contexto, había mostrado que lo que se abre a través de ella, a diferencia de lo que ocurre con el miedo (*Furcht*), no es un tipo particular o una región particular de entes intramundanos (v. gr., lo peligroso o amenazante, en el caso del miedo), sino el «ser en el mundo», como tal. Heidegger retoma aquí este resultado: la angustia ante la muerte es la angustia «ante» el más propio, irreferible e insuperable «poder ser» del *Dasein*, vale decir, ante el «ser en el mundo mismo», si se tiene en cuenta que la muerte, como posibilidad de la lisa y llana imposibilidad del «existir», concierne, de modo directo, al «ser en el mundo» del *Dasein*, como tal (cf. § 50, p. 251). En tanto referida al «ser en el mundo», como tal, la «angustia ante la muerte» no debe ser confundida con el mero «miedo ante el dejar de vivir». La angustia ante la muerte no constituye una reacción afectiva arbitraria o casual, que pone de manifiesto una debilidad del *Dasein* individual, sino que, en tanto disposición afectiva fundamental del *Dasein*, cumple la función de abrir originariamente el hecho irreductible de que el *Dasein*, en tanto constituido en su ser por el «estado de yecto», «existe» *para (vuelto hacia)* (*zu*) su fin(al) (cf. pp. 250 s.). Dicho de otro modo: lo que la angustia abre de modo originario no es simplemente el hecho bruto de la muerte, como el mero «dejar de vivir», sino, más bien, la relación existenciaria que el *Dasein* mantiene con su propia muerte, en tanto «existente», vale decir, el «ser para (vuelto hacia) la muerte» del *Dasein*. Naturalmente, dicho «ser para (vuelto hacia) la muerte» se realizará, en cada caso, en la forma que corresponde a algunos de sus posibles modos de concreción óntica. Pero en todos ellos comparece, de uno u otro modo, ya sea de modo más nítido o bien más nivelado y desperfilado, una y la misma estructura ontológica posibilitante, que no es otra que la del «ser para (vuelto hacia) la muerte», como posibilidad de ser del *Dasein* mismo.

Este punto es de fundamental importancia, tanto en el plano metódico como en el plano temático, para comprender adecuadamente la posición elaborada por Heidegger, entre otras cosas, porque permite poner de relieve que, tal como ocurre también con las demás estructuras pertenecientes a la constitución de ser del *Dasein*, hay, a juicio de Heidegger, un acceso comprensivo, de carácter pre-ontológico, al «ser para (vuelto hacia) la muerte», *como existenciario*. Dicho de otro modo: no sólo «sabe» el *Dasein*, ya en el plano de la «actitud natural» o «pre-fenomenológica» de su propia muerte, en el sentido de que cuenta, de una u otra manera, con ella, por ejemplo, allí donde la teme y huye de la confrontación con ella, sino que «sabe» también, aunque de otra manera, de la relación de ser que él mismo mantiene con su propia muerte. Aunque todo acceso al ente intramundano y también a sí mismo por parte del *Dasein* comporta siempre tanto un componente comprensivo como uno de carácter disposicional afectivo, que cooperan articuladamente en toda posible apertura de sentido, Heidegger enfatiza el hecho de que, en el caso del «ser para (vuelto hacia) la muerte», el componente vinculado con la disposición afectiva, más precisamente, con la disposición fundamental de la angustia es el que desempeña el papel protagónico, allí donde se trata de dar cuenta del modo en el cual se le abre originariamente al propio *Dasein*, ya en el plano de la «actitud natural» o «pre-fenomenológica», la relación de ser que él mismo mantiene con su muerte, esto es, su propio «ser para (vuelto hacia) la muerte». Como ocurre con todas las estructuras tematizadas por la analítica del *Dasein* como ontología fundamental, también aquí la indagación ontológica que apunta a poner de manifiesto la estructura existenciaria del «ser para (vuelto hacia) la muerte» sólo resulta posible, como tal, sobre la base de lo abierto ya de modo originario en el ámbito de la «actitud natural» o «pre-fenomenológica». También en este caso es, pues, la comprensión ontológica la que resulta, por lo pronto, deudora de la comprensión pre-ontológica, y no viceversa, aun cuando aquella pueda luego retroactuar, a veces incluso de modo decisivo, sobre esta, por la vía del esclarecimiento conceptual que le facilita al *Dasein* el acceso a una nueva forma o, si se quiere, a un nuevo nivel de su posible (auto)transparencia. En tal sentido, la función originaria de apertura que cumple la angustia respecto del «ser para (vuelto hacia) la muerte» constituye un presupuesto irrenunciable también de todo posible intento de hacer fenomenológicamente accesible el «ser para (vuelto hacia) la muerte» y, con ello, también de toda posible «filosofía de la muerte», que merezca realmente el nombre de tal. Como se dijo, el «ser para (vuelto hacia) la muerte» constituye un peculiar fenómeno de acceso del *Dasein*, en este caso concreto, el acceso comprensivo y afectivamente dispuesto que el *Dasein* posee, como su posibilidad de ser (v. gr., la muerte en sentido propiamente existenciario), a la posibilidad (cuasi-)categorial de su propia muerte, como hecho bruto. Por lo tanto, el análisis ontológico-existenciario no puede hacer, como tal, otra cosa que procurar, a su vez, un nuevo modo de acceso, esta vez de carácter temático y conceptual, a través del cual aquel primer modo de acceso y, con ello, también aquello a lo que se accede a través de él se exhiban como lo que precisamente son.

Por último, *c)* en lo que concierne al momento del «ser cabe...» («junto a...»), en la modalidad «impropia» de concreción que corresponde a la «caída», el modo «impropio» de comportarse respecto de la muerte, que toma la forma de un aparente no saber ni querer saber de ella, debe verse él mismo como un fenómeno positivo, vale decir, como una peculiar concreción existencial del «ser para (vuelto hacia) la muerte», como posibilidad existenciaria. Mientras «existe», el *Dasein* muere fácticamente, pero ello, «inmediata y regularmente», en el modo de la «caída». En el «ser cabe...» («junto a...») al ente intramundano, en el modo de la «caída» que se sumerge y se absorbe en el «mundo» de la ocupación, se anuncia la huida de (ante) aquello que resulta inquietante (*aus der Unheimlichkeit*), que no es aquí sino el más propio «ser para (vuelto hacia) la muerte» (*das eigenste Sein zum Tode*) (cf. pp. 251 s.).

El examen de los tres momentos muestra que el morir, en el sentido propiamente existenciario, funda su posibilidad ontológica en la estructura de la «cura» (cf. p. 252), como no podría ser de otra manera, si es verdad que esta designa la constitución ontológica fundamental del *Dasein* y que la muerte pertenece, como tal, a la estructura misma de la «existencia». A su vez, si esto es así, entonces el «ser para (vuelto hacia) la muerte» debe poder ser acreditable también en el ámbito de la «cotidianeidad de término medio», aunque se presente allí, por lo pronto, en el modo de la «impropiedad» («no propiedad»). Con el «ser para (vuelto hacia) la muerte» se tiene, pues, la posibilidad del tipo peculiar de totalización que pertenece y debe pertenecer al *Dasein*, en tanto «existente». La tesis ontológica que afirma que la «cura» es el título para la totalidad de la estructura del *Dasein*, en su conjunto, quedaría, pues, justificada. Pero para ello es necesario todavía mostrar de qué modo el «ser para (vuelto hacia) el fin(al)» adquiere su concreción inmediata en el ámbito de la «cotidianeidad de término medio» (cf. p. 252). Se trata, pues, de caracterizar de modo más preciso la modalidad «impropia» («no propia») de concreción del «ser para (vuelto hacia) la muerte».

3.2. Muerte y cotidianeidad (§ 51)

El tratamiento del modo «impropio» del «ser para (vuelto hacia) la muerte» se orienta a partir del análisis de la «cotidianeidad de término medio» llevado a cabo en el § 27, el cual se llevó a cabo una caracterización del «uno» (*das Man*) como modo «impropio» del «sí mismo», que se mantiene inmerso en el «estado de interpretado» (*Ausgelegtheit*) dominante, tal como adquiere expresión en la «habladuría» (*das Gerede*). Lo que la «habladuría» documenta no es, pues, otra cosa que el particular modo de comprensión afectivamente dispuesta en el cual se abre el «ser para (vuelto hacia) la muerte» en el ámbito de la «cotidianeidad de término medio». Se trata, en definitiva, de caracterizar el modo en el cual el «uno» se comporta respecto de la muerte, como posibilidad más propia, irreferible e insuperable del *Dasein*, y ello, con especial atención al modo del encontrarse, es decir, a la «disposición afectiva» que le abre al «uno» su «estar entregado a la muerte» (cf. § 51, p. 252).

El primer rasgo estructural de la interpretación cotidiana viene dado por la degradación de la muerte al estatuto de un mero evento intramundano que se tiene por conocido, en la medida en que ocurre una y otra vez: la muerte aparece así como mero «caso de muerte» (*als* «*Todesfall*»).

De este modo, el fenómeno queda reducido a la «no llamatividad» (*Unauffälligkeit*) propia de todo aquello que queda inserto en el marco del trato práctico-operativo, libre de impedimento, con lo que es «a la mano» (cf. § 16, pp. 72 ss.). Ahora bien, tal nivelación cumple, a la vez, una peculiar función de descarga. Comprendida como mero evento intramundano, vale decir, como «caso de muerte», la muerte no revela inmediatamente su irreductible indelegabilidad, fundada en su pertenencia a la «existencia», en tanto caracterizada por el «en cada caso mío» (cf. § 9). Por el contrario, comprendida como evento intramundano, la muerte se presenta siempre como algo que, por lo pronto, no lo concierne a uno mismo: «uno se muere», pero, por lo pronto, todavía no. Tal parece como si la muerte concerniera exclusivamente al «uno», que, por lo pronto, no es nadie en particular, y no, en cada caso, precisamente yo mismo. Aquí se muestra el componente de «ambivalencia» (*Zweideutigkeit*) que caracteriza a la «habladuría» propia del «uno». Por una parte, el modo habitual de hablar, que articula la comprensión nivelada de la muerte como mero evento intramundano, tiende a presentar como algo que no concierne, por lo pronto, a nadie en particular, justamente, aquello que es, en un sentido especialmente señalado, «en cada caso mío», es decir, aquello que se caracteriza por su esencial indelegabilidad. Por otra parte, la interpretación de la muerte como algo que será «efectivo» (*wirklich*), pero que, por lo pronto, aún no acaece, encubre el carácter irreductible de posibilidad de la muerte, en su sentido propiamente existenciario, y con ello también su esencial irreferibilidad e insuperabilidad. Por lo mismo, la ambivalencia imperante en el modo habitual de hablar sirve, por así decir, de coartada, en la medida en que fortalece la tentación del *Dasein* a perderse en el «uno» (cf. § 38, pp. 177 ss.), y ello, justamente, en lo que concierne a un modo especialmente señalado de su «poder ser» que pertenece a su más propio «sí mismo»: a través de tal modo de hablar, el «uno» se da la razón a sí mismo y aumenta la tentación a ocultar el más propio «ser para (vuelto hacia) la muerte» (cf. § 51, p. 253).

Las mismas tendencias al ocultamiento determinan también el modo cotidiano del trato con la muerte en el «ser unos con otros»: los más cercanos intentan convencer al que está muriendo de que podrá escapar a la muerte y volver a la tranquilidad de su «ocupación» cotidiana. En este modo del «procurar por» (*Fürsorge*), se pretende «dar consuelo» al que muere, precisamente, a través del ocultamiento de aquello que constituye su más propia e irreferible posibilidad de ser: el «uno» procura de este modo un constante apaciguamiento respecto de la muerte, que, en rigor, no se dirige tanto al mismo que muere como a aquellos que le dan consuelo. La publicidad, en efecto, no debe ser molestada e inquietada por la muerte. El «dejar de vivir» del que muere, a menudo, tiene incluso algo de acontecimiento socialmente desagradable, como si fuera una especie de «falta de tacto», a la que el público no debería quedar expuesto (cf. pp. 253 s.)[16].

Ahora bien, el reverso de la función de descarga que cumple la interpretación de la muerte dictada por el «uno» viene dado por su «silente función reguladora» (*die stillschweigende Regelung*), a través de la cual el «uno» hace valer su derecho y su prestigio. Se impone así un determinado modo de comportarse, según el cual ya el mero «pensar en la muerte» es sancionado públicamente como un miedo cobarde, como una falta de seguridad del *Dasein* o bien como una sombría huida del mundo. De este modo, se reprime, en su mismo origen, el «valor para la angustia ante la muerte». Vale decir: el «estado de interpretado» público, determinado por el «uno», prescribe incluso el modo del «encontrarse», esto es, el tipo de «disposición afectiva» a partir de la cual se ha de determinar la posición que se adopta frente a la muerte. Se logra producir así una completa «inversión» en el modo de asumir el «ser para (vuelto hacia) la muerte», como posibilidad de ser del *Dasein*: la «angustia ante la muerte», en la cual el *Dasein* se pone ante sí mismo como entregado a una posibilidad insuperable de su propio ser, queda transformada en un mero «miedo ante un acontecimiento venidero», el cual, además, es sancionado como una debilidad que un *Dasein* seguro de sí mismo no debería experimentar. Lo que el decreto silencioso del «uno» prescribe es la «calma indiferente» frente al hecho de la muerte. Pero, vista desde el reverso, esa pretendida superioridad e indiferencia, allí donde se ha desarrollado y consolidado, no constituye más que un extrañamiento o alienación (*entfremdet, Entfremdung*) del *Dasein* respecto de su más propio e irreferible «poder ser» (cf. p. 254).

Los rasgos de la tentación, el apaciguamiento y el extrañamiento o la alienación caracterizan el modo de ser de la «caída». El modo cotidiano del «ser para (vuelto hacia) la muerte», en tanto cadente, no es, pues, sino una «constante huida ante la muerte». Esto quiere decir que el modo cotidiano del «ser para (vuelto hacia) el fin(al)» constituye una elusión o una evasión de carácter ocultante, que tiene lugar por vía de una reinterpretación fundada en una comprensión «impropia» (cf. p. 254). Sin embargo, en y con la cadente huida ante la muerte, la «cotidianeidad de término medio» atestigua que también el «uno» está él mismo determinado ya, en cada caso, como «ser para (vuelto hacia) la muerte». Vale decir: incluso en la «cotidianeidad de término medio» se trata para el *Dasein* siempre también de su más propio, irreferible e insuperable «poder ser»,

---

[16] Heidegger remite aquí al tratamiento del tema que lleva a cabo L. N. Tolstoi en el relato titulato «La muerte de Iván Ilich» (1886), en especial, con referencia al tópico de la inconveniencia social y la falta de tacto que representaría el morir, desde el punto de vista de la opinión pública, representativa de la «cotidianeidad de término medio».

y ello, justamente, en la medida en que este se comporta frente a la posibilidad más extrema de su «existencia» en el modo de la calma indiferencia (cf. pp. 254 s.).

3.3. Certeza e indeterminación: del «ser para (vuelto hacia) el fin(al)» cotidiano al concepto existenciario completo de la muerte (§ 52)

Heidegger atiende aquí a otros aspectos del «ser para (vuelto hacia) la muerte» cotidiano, que permiten añadir rasgos todavía faltantes en la caracterización de la muerte en términos de posibilidad ofrecida anteriormente. El examen desarrollado en el § 52 puede verse, en líneas generales, como un intento de reconstrucción del tópico tradicional *«mors certa, hora incerta»*, desde la perspectiva propia de la analítica existenciaria. Lo que dicho tópico pone de manifiesto es una peculiar tensión entre certidumbre e incertidumbre que determina esencialmente la relación que el *Dasein* mantiene con su propia muerte: esta aparece *a)* como «cierta», en su ocurrencia, y, a la vez, *b)* como «indeterminada», en su hora. Se trata, pues, de dar una interpretación genuinamente existenciaria de ambas características, partiendo de su atestiguación impropia en el «ser para (vuelto hacia) la muerte» de la «cotidianeidad de término medio». La consideración de las características mencionadas, explica Heidegger, resulta necesaria para obtener el concepto «pleno» o «completo» de la muerte, en su sentido existenciario. A tal fin, se debe llevar a cabo una interpretación más penetrante del carácter de «aquello ante lo cual» (*Wovor*) tiene lugar la peculiar «huida» que representa la modalidad cotidiana del «ser para (vuelto hacia) la muerte» (cf. § 51, p. 255).

A) *La muerte es cierta*

En primer lugar, hay que explicar el sentido preciso en el cual la muerte es *cierta* (*gewiß*). Ni siquiera en el modo «impropio» del «ser para (vuelto hacia) la muerte» cabe duda de que «uno (se) muere». Ello no impide que la «certeza de la muerte» refleje aquí la misma ambivalencia que caracteriza, como tal, al «ser para (vuelto hacia) la muerte» en su modalidad «impropia». Por lo mismo, el tipo de «certeza de la muerte» que acompaña al modo cotidiano de «ser para (vuelto hacia) el fin(al)» no necesita albergar en sí todavía el peculiar modo de «estar cierto» correspondiente al carácter de posibilidad señalada del *Dasein* que es propio de la muerte, en tanto pertenece a la «existencia» (cf. § 52, p. 255). En rigor, la «ocultante evasión ante (elusión de) la muerte» (*das verdeckende Auswei-*

chen vor dem Tode) que caracteriza el modo cotidiano del «ser para (vuelto hacia) el fin(al)» no puede estar *propiamente cierta* de la muerte, aunque lo está, sin embargo, de cierto modo (cf. p. 256).

Pero ¿cuál es, de modo más preciso, el alcance de esta peculiar forma de «certeza»? Heidegger explica que toda «certeza», en cuanto constituye un modo del «tener por verdadero» presupone ya la verdad, en el sentido del «estado de descubierto» (*Entdecktheit*) del ente, que, a su vez, sólo resulta posible, como se vio en el tratamiento de la verdad del § 44, sobre la base del «ser descubridor» (*Entdeckendsein*) del *Dasein*, fundado en su «estado de abierto» (*Erschlossenheit*). En sentido originario, «verdad» remite, pues, al «estado de abierto» del *Dasein*, que presta fundamento a los diversos posibles modos de su «ser descubridor». Por lo mismo, la noción de certeza, al igual que la de verdad, posee también un doble alcance: en sentido originario, remite al «estar cierto», como modo de ser del *Dasein* y, en sentido derivado, al ente del cual el *Dasein* puede estar cierto en cada caso, es decir, a aquel ente que puede ser denominado como algo «cierto», como una cosa «cierta». Naturalmente, cuando Heidegger afirma la dependencia de la certeza respecto de la verdad, en modo alguno pretende sostener que todo aquello que es tenido por cierto tiene que ser también verdadero, justamente, en la medida en que es tenido por cierto. Como muestra el análisis posterior, la tesis de la dependencia de la certeza respecto de la verdad no excluye, en modo alguno, la posibilidad de casos de la certeza que deben verse como modos inadecuados del «tener por verdadero». La «verdad» de la que se trata en la formulación de la tesis no es la que remite a la «corrección» o «adecuación» de determinados contenidos proposicionales, sino la que remite al «estado de descubierto» del ente y, de modo mediato, al «ser descubridor» del *Dasein*, como condición de posibilidad de toda posible «corrección» o «adecuación». El punto central de la tesis de Heidegger consiste, pues, en llamar la atención sobre el hecho estructural de que incluso los modos inadecuados del «tener por verdadero», tales como, por ejemplo, las creencias falsas, constituyen modos de ser y comportarse del *Dasein* por referencia a aquello que es mentado en cada caso en y a través de ellos, y ello de tal manera que dichos modos de ser o comportarse presuponen ya en su misma posibilidad, de una u otra manera, la venida a la presencia, vale decir, la apertura a la comprensión de aquello a lo cual el *Dasein* se refiere y se vincula a través de ellos[17].

---

[17] La tesis heideggeriana de la dependencia de la verdad y la falsedad, en el sentido más habitual que remite a una propiedad de las creencias y los enunciados, respecto del «estado de descubierto» (*Entdecktheit*) del ente intramundano y el «ser descubridor» (*Entdeckend-sein*) del *Dasein*, los cuales se fundan, a su vez, en el «estado de abierto» (*Erschlossenheit*) del *Dasein* mismo, trae consigo, como es sabido, consecuencias relativas también al carácter de la falsedad y el error, en

Para ilustrar el alcance general de la tesis de la dependencia, Heidegger menciona el caso de la «convicción». Se trata de un modo del «tener por verdadero» en el cual el *Dasein* sólo se deja determinar, en su modo de ser comprensor por referencia a una determinada cosa, por el testimonio que procede de la cosa misma, en tanto «descubierta» o «verdadera». La suficiencia del «tener por verdadero» se mide aquí, explica Heidegger, según el correspondiente tipo de pretensión de verdad, el cual, a su vez, se legitima a partir del modo de ser del ente que debe ser hecho accesible y de la dirección del modo de acceso, de suerte que con la variación del ente, y según la tendencia y el alcance del modo de acceso, varía también el tipo de verdad y, con ello, la certeza. En el presente contexto, el análisis apunta exclusivamente al modo de «estar cierto» de la muerte, en tanto este constituye un modo especialmente señalado de la certeza propia del *Dasein*, como «existente» (cf. § 52, p. 256).

Pues bien, en su «existir» cotidiano, el *Dasein* se oculta a sí mismo, regularmente, la «posibilidad más propia, irreferible e insuperable» de su propio ser. En razón de tal «tendencia fáctica» al ocultamiento, se confirma la tesis, establecida ya en el tratamiento de la verdad del § 44, según la cual el *Dasein* «existe» fácticamente en la «no verdad» (*Unwahrheit*), con igual originalidad que en la verdad. La certeza perteneciente a este ocultamiento del «ser para (vuelto hacia) la muerte» tiene que ser, por tanto, un modo inadecuado del «tener por verdadero», pero no en el sentido de la falta de certeza que es propia de la duda, sino en el sentido preciso de un tipo de certeza que mantiene en el ocultamiento aquello de lo cual ella misma está cierta. Más precisamente: lo característico del modo cotidiano del «ser para (vuelto hacia) la muerte» consiste en el hecho de que el momento de la certeza queda, por así decir, focalizado en la muerte, en lo que tiene de acontecimiento intramundano, sin alcanzar al «ser para (vuelto hacia) la muerte», como tal (cf. pp. 256 s.). La focalización en el «hecho» de la muerte relega, así, al trasfondo la relación de ser que el *Dasein* mantiene con su propia muerte, como posibilidad existenciaria, de modo tal que esta última queda tendencialmente oculta. El modo habitual de hablar sobre la muerte delata esta focalización en el «hecho», olvidada del

---

el sentido habitual que refiere a una propiedad de las creencias y los enunciados. Como ocurre en la tradición que va de Kant, con su tesis relativa a la imposibilidad del error total [cf. p. ej., Kant (1800), p. 54], a Husserl, con su énfasis en el carácter esencialmente parcial y parasitario de fenómenos como la decepción (*Enttäuschung*) vinculada con la falsedad del juicio [cf. p. ej., Husserl (1900-1901), VI § 11], también Heidegger se ve llevado a enfatizar la dependencia estructural de fenómenos defectivos como la falsedad, el error y la apariencia, respecto de una dimensión más básica de venida a la presencia, vale decir, de apertura a la comprensión del ente al que quedan referidos, en cada caso, la falsedad, el error o la apariencia. Para el caso concreto de la apariencia, véanse, por ejemplo, las indicaciones contenidas en el tratamiento de la noción de fenómeno llevado a cabo en el § 7 de *ST* (cf. esp. *ST*, § 7 A, pp. 28 ss.).

modo de ser que hace posible su ingreso en el espacio de (auto)comprensión constitutivo del «existir»: *se (man)* dice que «la» muerte viene, sin caer en la cuenta de que, para estar cierto de la muerte como hecho, el *Dasein* debe primero estar cierto de su más propio e irreferible «poder ser». En cambio, el modo habitual de hablar desplaza inadvertidamente el momento de certeza aquí presente en dirección de la muerte, como «hecho» intramundano: la muerte aparece así, primariamente, como un «hecho de experiencia», «innegable», al cual se tendría acceso, de modo indirecto, a través de la muerte de los otros. Si, sobre esta base, se intenta ir un poco más allá, a fin de elaborar «críticamente» un pensamiento más «cuidadoso», todo lo que se llega a constatar habitualmente es que el hecho de la muerte tiene una certeza de carácter «meramente» *empírico*, que, como tal, queda por detrás del grado máximo de certeza, la certeza apodíctica, propia de determinados ámbitos del conocimiento teórico (cf. p. 257). Este modo, supuestamente crítico, de enfocar la cuestión no hace sino continuar y reforzar el mismo tipo de desconocimiento del modo de ser del *Dasein* y de su «ser para (vuelto hacia) la muerte» que impera ya en la «cotidianeidad de término medio». No se advierte, de este modo, que el carácter meramente empírico de la certeza del «fallecer» o «dejar de vivir» (*Ableben*) no determina el carácter de la certeza de la muerte, en el sentido existenciario del término. Los «casos de muerte» pueden, por cierto, proveer la ocasión para que el *Dasein* repare en la muerte y fije su atención en ella. Pero, en la medida en que quedara aferrado a ellos, vistos como meros hechos empíricamente ciertos, no podría jamás llegar a estar cierto de la muerte, en lo que ella misma «es», vale decir, como su más propia, irreferible e insuperable posibilidad de ser (cf. p. 257).

Sin embargo, aunque el habla cotidiana del *Dasein*, en el ámbito de la publicidad (*Öffentlichkeit*) propia del «uno», no parece referirse a otra cosa que a la certeza «empírica» del hecho de la muerte, no menos cierto es que incluso aquí el *Dasein* no se atiene exclusiva y primariamente a los «casos de muerte» que tienen lugar intramundanamente. En efecto, *en la huida ante su propia muerte* también el modo cotidiano de «ser para (vuelto hacia) el fin(al)» está cierto de la muerte de un modo diferente del que él mismo quiere dar por cierto cuando reflexiona teóricamente. La diferencia aquí imperante se le oculta regularmente a la propia «cotidianeidad de término medio», que no se atreve a hacerse transparente para sí misma en tal diferencia. Con el modo de disposición afectiva que la caracteriza, esto es, la (aparente) «superioridad» ante el «hecho» cierto de la muerte, que, ocupándose «temerosamente» de ella, se pretende a la vez libre de miedos, la «cotidianeidad de término medio» concede ya, de hecho, una certeza «más elevada» que la certeza meramente empírica. En el peculiar contexto de ocultamiento y develación que corresponde a la modalidad cotidiana y cadente del «ser para (vuelto hacia) el fin(al)», se tienen, pues, tres aspectos estructuralmente conectados, a saber: i) impera aquí un cierto «saber» referido a la muerte en su carácter de cierta; ii) dicho saber, en la medida en que queda referido al «hecho» de la muerte, tal como acaece intramundanamente, no permite alcanzar el genuino modo de «estar cierto» de la muerte, en su carácter propiamente existenciario, sino que facilita más bien una huida ante él; y iii) esta huida provee ella misma, a partir de aquello ante lo cual huye, una atestiguación fenoménica del hecho de que la muerte debe ser concebida como la posibilidad más propia, irreferible, insuperable y *cierta* de ser del *Dasein* (cf. p. 258)[18].

B) *La hora de la muerte es incierta (*ungewiß*)*

En el modo cotidiano de hablar, *se* dice que la muerte viene con certeza, pero, por lo pronto, todavía no. De este modo, se le sustrae a la muerte su certeza. El «por lo pronto, todavía no» no es una mera constatación negativa, sino que articula, más bien, una autointerpretación propia del «uno», por medio de la cual este se remite a sí mismo a aquello que todavía permanece inmediatamente accesible para el *Dasein*, como objeto de su ocupación. La urgencia de la ocupación, que hace dejar de lado el «inactivo pensar en la muerte», libera de sus cadenas a la «cotidianeidad de término medio»: la muerte queda así relegada a «algún momento más adelante», de acuerdo con el «cálculo general». Lo que se oculta de este modo es el hecho, perteneciente estructuralmente a la certeza de la muerte, de que esta es posible en cualquier instante. La indeterminación del momento preciso de la muerte pertenece a su peculiar modo de ser cierta. En su huida frente a la muerte, la «cotidianeidad de término medio» le confiere cierta determinación, pero no en el sentido de que pudiera fijar por medio del cálculo el momento de la ocurrencia del «fallecer» o «dejar de vivir». Por el contrario, el *Dasein* huye de tal tipo de determinación. Por lo mismo, el modo en el que la «ocupación» cotidiana logra conferir cierta determinación a la indeterminación de la muerte, en cuanto a su momento preciso de ocurrencia, posee un carácter, por así decir, pospositivo y, a la vez, sustitutivo: consiste

---

[18] En este punto, la posición elaborada por M. Scheler puede verse, más allá de las muchas e importantes diferencias, como una suerte de anticipación, cuando menos parcial, de la tesis heideggeriana referida al carácter peculiar e irreductible de la certeza de la muerte. En efecto, Scheler establece un fuerte contraste con los otros tipos de certeza e intenta elaborar un argumento destinado a mostrar la presencia de una «conciencia instintiva» de la propia mortalidad en todo viviente, en la medida en que pertenece a la esencia misma de toda vida el hecho de estar dirigida hacia la muerte [cf. Scheler (1911-1914), pp. 17 ss.]. Para una buena discusión crítica de la posición de Scheler, véase Schumacher (2011), cap. 2. Schumacher, que discute también la posición de Heidegger (cf. cap. 3) y la de J. P. Sartre (cf. cap. 5), entre otros, defiende la importancia de la experiencia de la muerte ajena, como fuente originaria de la experiencia de la mortalidad (cf. caps. 6-7).

en (hacer como si se pudiera) anteponer a la muerte todo un conjunto inabarcable de asuntos urgentes y posibilidades del día a día más inmediato. El ocultamiento de la indeterminación de la muerte así resultante afecta, desde luego, también a su certeza, y ello de modo tal que lo que queda velado no es otra cosa que el más propio carácter de posibilidad de la muerte misma, en tanto cierta y, a la vez, indeterminada, es decir, posible en cualquier instante (cf. § 52, p. 258).

Sobre la base de la interpretación del modo cotidiano de hablar de la muerte e incluirla en la «existencia» se puede proporcionar ya, explica Heidegger, una «caracterización delimitadora» del concepto pleno o completo de la muerte, en su sentido ontológico-existenciario, a saber: como fin del *Dasein*, la muerte es la posibilidad más propia, irreferible, cierta y, como tal, indeterminada e insuperable del *Dasein*. Como fin del *Dasein*, la muerte *es* en el ser de dicho ente «*para (vuelto hacia)* su fin(al)» (cf. pp. 258 s.). La caracterización ofrecida, que delimita la estructura del «ser para (vuelto hacia) el fin(al)», pone de manifiesto el modo peculiar en el cual el *Dasein* puede ser «total» o «completo», en cuanto *Dasein*: el *Dasein* no llega a dicho fin(al), que es su propia muerte, sólo cuando deja de vivir, sino que mantiene constantemente una relación de ser con él, también allí donde, como ocurre en el caso del *Dasein* cotidiano, la confrontación con la propia muerte adquiere un carácter «fugitivo», vale decir, tiene lugar en el modo de la huida ante la muerte (cf. p. 259). En el *Dasein* mismo, cuyo ser, la «cura», contiene el momento estructural del «pre-serse» o «anticiparse a sí», está siempre ya incluido «el más extremo todavía no» (*das äußerste Noch-nicht*) de sí mismo, al que todo lo demás le queda por delante. En tanto fundado en la estructura de la «cura» misma, el fenómeno del «todavía no» derivado del «pre-serse» o «anticiparse a sí», lejos de ser incompatible con un posible «ser total» en el modo del «existir», da, más bien, testimonio de él, puesto que es justamente el momento estructural del «pre-serse» o «anticiparse a sí» el que posibilita el «ser para (vuelto hacia) el fin(al)» propio del *Dasein*, en virtud del cual este obtiene, por vez primera, su posible totalización (cf. p. 259).

3.4. El «ser para (vuelto hacia) la muerte», en el modo de la «propiedad» (§ 53)

Como se vio, el punto de partida en el «ser para (vuelto hacia) el fin(al)» de la «cotidianeidad de término medio», que constituye él mismo una modalidad «impropia» del «ser para (vuelto hacia) la muerte», permite, sin embargo, obtener una caracterización del concepto existenciario pleno o completo de la muerte. La razón de esta circunstancia, a primera vista contraintuitiva, reside en el hecho ya destacado en el análisis precedente, a saber: la muerte, en su sentido originario de posibilidad existenciaria, ha sido siempre ya comprendida y se hace accesible, aunque de modo sólo indirecto, también en aquel modo de comportarse frente a ella que adquiere el carácter de una huida del *Dasein* ante su posibilidad de ser más propia, irreferible e insuperable. La focalización en el «fallecer» o «dejar de vivir» que trae consigo el modo cotidiano e «impropio» de «ser para (vuelto hacia) el fin(al)» comporta, sin duda, una tendencial degradación de la muerte al estatuto de un mero «hecho» intramundano. Sin embargo, el encubrimiento resultante no elimina sin residuo la comprensión del carácter originario e irreductible de posibilidad que posee la muerte, en tanto pertenece a la estructura misma de la «existencia». En efecto, también allí donde se comporta respecto de su propia muerte en el modo de la huida, el *Dasein* se da a entender a sí mismo, al mismo tiempo, el carácter irreductible de posibilidad de aquello ante lo cual huye en tal huida, aunque tal comprensión posee un carácter tendencialmente desperfilado. Como ocurre también con todos los otros fenómenos y estructuras tematizados por la analítica existenciaria, también aquí la comprensión ontológica permanece deudora de lo abierto originariamente en la comprensión pre-ontológica, aunque deba abrirse paso trabajosamente a través de las tendencias al ocultamiento y la desfiguración que dominan a esta última, cuando intenta elevar al plano del concepto lo avistado ya, de modo no temático, en la actitud «natural» o «pre-fenomenológica». El análisis precedente, llevado a término en el § 52, mostró en concreto que, a pesar de sus dificultades intrínsecas, la tarea de obtener el concepto existenciario pleno o completo de la muerte, partiendo de la modalidad cotidiana del «ser para (vuelto hacia) el fin(al)», puede ser llevada a cabo con éxito, y de qué modo.

Ahora bien, obtener el concepto existenciario pleno o completo de la muerte, por un lado, y poner de manifiesto la posibilidad ontológica y la estructura de lo que sería un modo «propio» del «ser para (vuelto hacia) la muerte», por otro, son dos tareas diferentes. Tras dar por concluida la primera de ellas en el § 52, en el § 53, titulado «esbozo existenciario (*existenzialer Entwurf*) de un "ser para (vuelto hacia) la muerte" propio», Heidegger intenta llevar a cabo la segunda. La elección de los términos escogidos para designarla no es, en modo alguno, casual, sino que responde a una clara conciencia de la peculiaridad metódica del análisis que se va a realizar. En efecto, se trata de delinear, por así decir, de modo proyectivo-anticipativo, en el plano de consideración correspondiente a la analítica existenciaria, los rasgos estructurales definitorios que debería poseer un modo «propio» de comportarse por parte del *Dasein* respecto del fin(al) de su «existir». Para ello, se ha de partir de lo ya establecido tanto con referencia al correspondiente modo «impropio» del «ser para (vuelto hacia) el fin(al)», como también con referencia a aquello respecto de lo cual el *Dasein* se comporta en tal modo «impropio» de ser, esto es, la muerte misma, en su peculiarísimo carácter de posibilidad más propia, irreferible e insuperable, tal como este quedó fijado en el correspondiente concepto existenciario pleno o completo. Lo dicho hasta aquí provee, pues, explica Heidegger, un conjunto de indicaciones, tanto positivas como prohibitivas, a las que debe atenerse el análisis que se ha de llevar a cabo. Los aspectos positivos conciernen a la caracterización delimitadora de la muerte misma, en su sentido existenciario, tal como esta queda cristalizada en el correspondiente concepto pleno o completo; los aspectos prohibitivos conciernen, en cambio, al contraste con el correspondiente modo «impropio» del «ser para (vuelto hacia) el fin(al)», pues la caracterización de dicho modo «impropio» ofrece, al mismo tiempo, un cuadro de conjunto de lo que el modo «propio» del «ser para (vuelto hacia) el fin(al)» *no* puede ser (cf. § 53, p. 260).

Por otra parte, si se tiene en cuenta que lo esbozado de modo anticipativo-proyectivo en el tratamiento del § 53 no es otra cosa que un peculiar «poder ser» del *Dasein*, como es el «ser para (vuelto hacia) la muerte», resulta evidente entonces que el «esbozo existenciario» aquí elaborado se refiere él mismo a algo que, en tanto modo especialmente señalado del «comprender» (*Verstehen*) del *Dasein*, tiene también un carácter esencialmente proyectivo-anticipativo, y ello en un sentido incluso más originario de la expresión, que remite no ya al plano de lo avistado en la tematización fenomenológica, sino, más bien, al de lo abierto originariamente en la ejecución misma del «existir». Lo que se tiene en el § 53 no es, pues, otra cosa que el *proyecto/esbozo* (*Entwurf*) *de un proyecto/esbozo* (*Entwurf*), es decir: un «esbozo proyectivo-anticipativo», llevado a cabo en el plano de la tematización fenomenológica, de un «esbozo proyectivo-anticipativo» más originario, que, de tener efectivamente lugar, estaría situado, como tal, en el ámbito de la ejecución inmediata del «existir», vale decir, irrumpiría en el seno de la «existencia» misma, tal como esta acontece en el plano correspondiente a la actitud «natural» o «pre-fenomenológica». Se podría hablar, pues, en el caso del análisis llevado a cabo en el § 53, de un «esbozo proyectivo-anticipativo» de segundo orden, que remite, como tal, más allá de sí mismo, hacia una posibilidad de ser del *Dasein*, que el mencionado «esbozo» ya no podría contener en sí mismo, ni mucho menos sustituir.

En este mismo sentido, resulta importante señalar también que la referencia de Heidegger al carácter *meramente* proyectivo-anticipativo del análisis que se pretende realizar en el § 53 apunta a poner en guardia contra una confusión ilusoria que amenaza aquí, desde el comienzo, a la comprensión, a saber: la de asumir simplemente que la puesta de manifiesto de la posibilidad ontológica del modo «propio» de «ser para (vuelto hacia) el fin(al)» equivale ya, de suyo, a la acreditación de algún fenómeno que diera cuenta de la posibilidad del tránsito, en el plano óntico-existencial, *desde* la modalidad habitual de concreción del «ser para (vuelto hacia) el fin(al)», que no es otra que la modalidad «impropia» perteneciente a la «cotidianeidad de término medio», *hacia* una modalidad de concreción que reuniera los rasgos que, a título proyectivo-anticipativo, el análisis atribuye al modo «propio» de «ser para (vuelto hacia) el fin(al)». Mostrar cómo resulta posible dicho tránsito, en el plano correspondiente a la ejecución de la «existencia» misma, es, pues, una tercera tarea, diferente de las dos precedentes, sin la cual el esbozo proyectivo-anticipativo de la mera posibilidad ontológica de un modo «propio» del «ser para (vuelto hacia) el fin(al)» quedaría privado, como tal, de todo respaldo óntico-existencial, vale decir, de toda genuina concreción. Heidegger mismo alude a tal circunstancia, cuando anticipa expresamente posibles objeciones referidas al carácter «arbitrario-constructivo» o bien «fantasioso» que se podría atribuir, a primera vista, al análisis que piensa emprender (cf. p. 260). Ilusoria sería, en efecto, la pretensión según la cual el análisis ontológico de una posibilidad existenciaria bastaría por sí solo, para dar cuenta de las condiciones óntico-fácticas bajo las cuales dicha posibilidad puede obtener su genuina concreción existencial. En el caso del «ser para (vuelto hacia) la muerte», en su modalidad «propia», las condiciones bajo las cuales puede adquirir concreción existencial no vienen dadas, a juicio de Heidegger, por ningún concepto, por mucho que posea un carácter ontológico-existenciario, ni por ningún análisis fenomenológico referido a la estructura ontológica del modo de ser en cuestión, sino, más bien, por un *fenómeno* diferente e irreductible, a saber: un fenómeno cuya función sea, ni más ni menos, la de dar a entender una posibilidad de la «existencia» por vía de *atestiguación ejecutiva* de dicha posibilidad *como posibilidad*, vale decir, sin ningún tipo de mediación temática o reflexiva que apuntara a las condiciones formales que hacen posible tal atestiguación y el tránsito que ella facilita. Heidegger encuentra dicho fenómeno, como se verá, en la «conciencia», en el sentido práctico-moral (*Gewissen*, en adelante: «conciencia^G»), tal como es tematizada en su carácter, estructura y función en los §§ 54-60. En efecto, es el «llamado» (*Ruf*) de la «conciencia^G» el que atestigua para el *Dasein*, en y desde la «impropiedad» del «existir», la posibilidad de un «poder ser propio», en el cual el *Dasein* se hace cargo ejecutivamente de sí mismo, de modo (auto)transparente, en el sentido preciso en que lo exige la noción de «verdad de la existencia» (*Wahrheit der Existenz*), introducida en el tratamiento de la verdad del § 44, para caracterizar la modalidad «propia» del «estado de abierto» del *Dasein* [cf. *ST*, § 44 b), p. 221]. A la «verdad de la existencia», como modo «propio» del «estado de abierto», pertenece también, necesariamente, un modo (auto)transparente de relacionarse el *Dasein* con su indelegable individualidad y su radical finitud, que sólo puede tener lugar a través de la modalidad «propia» del «ser para (vuelto hacia) la muerte», como fin(al) del «existir». En tal sentido, Heidegger había advertido ya, en el marco del tratamiento de la verdad del § 44, que la idea de la «verdad de la existencia» sólo podía adquirir su plena determinación ontológico-existenciaria por medio de una atestiguación del «poder ser propio» del *Dasein en* y *desde* la «impropiedad» de la «existencia»

El tratamiento del «ser para (vuelto hacia) la muerte» en los §§ 46-53, y el de (el llamado de) la «conciencia^G» en los §§ 54-60 apuntan, pues, ambos, a proveer un análisis de la posibilidad y la estructura de tal atestiguación. Pero lo hacen desde ángulos diferentes y complementarios, y ello de modo tal que pueden y deben ser leídos como pasos sucesivos, dentro de una secuencia unitaria de argumentación. No puede llamar la atención, por tanto, que, al final del análisis desarrollado en el § 53, Heidegger constate expresamente que el esbozo existenciario de la modalidad «propia» del «ser para (vuelto hacia) la muerte», elaborado en el marco de la discusión del «poder ser total» del *Dasein*, requiere ser complementado por medio de un análisis que apunte a poner fenomenológicamente de manifiesto el tipo peculiar de atestiguación de la «propiedad» que tiene lugar a través del «llamado» de la «conciencia^G», tal como se lo analiza en los §§ 54-60. En suma: el análisis ontológico-existenciario apunta aquí a elevar, por así decir, al plano de la «verdad fenomenológica» las condiciones que, en el plano de la ejecución misma del «existir», tal como este tiene lugar en la actitud «natural» o «pre-fenomenológica», dan cuenta de la posibilidad de la «verdad de la existencia», entendida como la «propiedad» del *Dasein*, en tanto caracterizado por el «estado de abierto». La fenomenología de la «propiedad» debe verse, pues, como el intento de alcanzar la «verdad fenomenológica» sobre la «verdad de la existencia», como posibilidad del *Dasein*. Naturalmente, la propia fenomenología, considerada como una peculiar forma de vida, la que desde antiguo se ha llamado la «vida filosófica», puede verse también ella misma como un proyecto especialmente señalado de (auto)transparencia. En él, el *Dasein* pone en juego, de modo peculiar, la verdad misma de su «existir», a través del intento de traer al plano de la comprensión ontológica lo siempre ya visto y comprendido, aunque de modo no temático y tendencialmente desperfilado, en la «actitud natural» o «pre-fenomenológica», guiada por la comprensión pre-ontológica del (ser del) ente, del mundo y de sí mismo que distingue ónticamente al *Dasein*. Pero, también allí donde se considera a la filosofía misma como una peculiar forma de vida, sigue en pie, para Heidegger, el hecho elemental de que es la comprensión ontológica la que se nutre y depende de la comprensión pre-ontológica, y no viceversa, aun cuando, finalmente, aquella también pueda retroactuar, incluso de modo determinante, sobre esta, por la vía del (auto)esclarecimiento. De la tensión productiva que vincula a ambos aspectos mencionados da cuenta el famoso *dictum* heideggeriano según el cual la analítica existenciaria, en tanto ontología fundamental, no hace otra cosa que fijar el cabo de todo preguntar filosófico en aquel preciso lugar desde el cual *surge* y sobre el cual *repercute* (cf. § 7 C, p. 38).

Una vez caracterizado de este modo el peculiar alcance metódico que presenta la posición elaborada en el § 53, el análisis destinado a proveer el «esbozo existenciario» del modo «propio» del «ser para (vuelto hacia) la muerte» puede ser dividido en una secuencia de pasos sucesivos, destinados a poner de relieve las características estructurales de dicho modo del «ser para (vuelto hacia) el fin(al)» y el modo en el cual facilita el acceso a la muerte, como posibilidad.

A) *Carácter no-fugitivo y no-ocultante del «ser para (vuelto hacia) la muerte»*

Si el *Dasein* está caracterizado por el «estado de abierto», constituido por el «comprender afectivamente dispuesto» (*befindliches Verstehen*), entonces el modo «propio» del «ser para (vuelto hacia) la muerte» no puede poseer un carácter ocultante, que huye de aquello frente a lo cual se comporta y lo reinterpreta, en los términos niveladores que pertenecen al modo de comprensión propio del «uno». Por el contrario, debe tratarse de un modo de comportarse develador que, como tal, posea un carácter no-fugitivo y no-ocultante (cf. § 53, p. 260).

B) *Carácter precursor-liberador del «ser para (vuelto hacia) la muerte»*

El modo «propio» del «ser para (vuelto hacia) la muerte» debe poseer, además, un carácter esencialmente *precursor* (*vorlaufend*), en la medida en que constituye un modo peculiar de acceso comprensivo a una posibilidad (de ser) *como posibilidad (de ser)*. El «ser para (vuelto hacia) la muerte» constituye, en principio, un modo de «ser por referencia a una posibilidad». Pero, dado que se trata de una posibilidad de ser del *Dasein*, por lo demás, peculiarísima, la expresión «ser por referencia a una posibilidad» no puede estar tomada aquí en el sentido general que remite a las diferentes formas de acceso, sea teórico-constatativo o bien práctico-operativo, al ente intramundano. En el ámbito de lo «a la mano» y lo «ante los ojos» hay, explica Heidegger, toda una variedad de diversos modos de comportarse respecto de posibilidades, que se presentan, como tales, constantemente.

En el caso de lo «a la mano», el «estar dirigido a algo posible», tal como tiene lugar en el contexto de la «ocupación», apunta tendencialmente a la aniquilación de la *posibilidad* de lo posible, por vía de su puesta a disposición, como modo de «realización/efectivización». Heidegger menciona aquí actividades como producir o confeccionar (*Herstellen*), preparar o disponer (*Bereitstellen*), modificar o adaptar (*Umstellen*), etc. En la medida en que lo «a la mano» mantiene, en todos los casos, el modo de ser que corresponde a la «conformidad» (*Bewandtnis*), la «realización/ efectivización» tiene aquí, necesariamente, un carácter sólo parcial o relativo: lo producido (confeccionado), preparado (dispuesto), modificado (adaptado), etc. sigue siendo, en tanto «real/efectivo», algo *posible*, en el sentido preciso de lo que «puede servir o ser empleado para...., y ello justamente en la medida en que está caracterizado por la estructura del «para» (*Um-zu*). Orientado, en el sentido indicado, a la «realización/efectivización», el acceso a lo posible que caracteriza al trato práctico-operativo con lo «a la mano» no posee, pues, el carácter de una consideración temática, es decir, teórico-constatativa, de lo posible *como posible*, ni menos aún de lo posible *respecto de su posibilidad,* como tal. Por el contrario, el trato práctico-operativo accede a lo posible, a través de una modalidad peculiar del «ver en torno», a saber: apartando la mirada de lo posible mismo, atiende, por así decir, al «para qué» de su «ser posible», vale decir, al «para qué» de la empleabilidad, en sus diversos posibles modos y variedades (cf. § 53, p. 261).

En el caso de lo «ante los ojos», en cambio, el *Dasein* se comporta respecto de lo posible *en su posibilidad* y lo hace en el modo del estar a la «espera» o «expectativa». Más allá de la diferencia en el modo de ser de lo que es meramente «ante los ojos», y no «a la mano», también en este caso lo posible es tenido como posible, fundamentalmente, con vistas a su «realización/efectivización»: en el estar a la «espera/expectativa» se atiende, ante todo, a si, cuándo y cómo podría llegar lo esperado a estar «real/efectivamente» presente, como «ante los ojos». Aquí, el apartar la mirada de lo posible, en dirección de su «realización/efectivización», no es un componente ocasional o accesorio: el estar a la «espera/expectativa» es, esencialmente, un esperar la «realización/efectivización» de algo. También aquí tiene lugar, por tanto, el «salto» dejándose caer desde lo posible para «hacer pie» en el terreno de lo «real/efectivo». De conformidad con el estar a la «espera/expectativa», lo posible es arrastrado así hacia el ámbito de lo «real/efectivo», en la medida en que es considerado desde lo «real/efectivo» y con referencia a ello (cf. pp. 261 s.).

Por su parte, el «ser para (vuelto hacia) la muerte» no tiene, como tal, nada que ver con ninguno de estos modos de acceso a lo posible, y ello ya por la sencilla razón de que no apunta ni podría apuntar a ningún tipo de «realización/efectivización». La muerte no es, como tal, nada que sea posible, en el sentido categorial del término, es decir, en el sentido de lo que es «a la mano» o bien «ante los ojos», sino, más bien, una posibilidad de ser del *Dasein*. Si el «ser para (vuelto hacia) la muerte» tuviera la forma de un procurar la «realización/efectivización» de algo posible, en el sentido categorial del término, consistiría en provocar el «fallecer» o «dejar de vivir» y, con ello, le sustraería al *Dasein* toda posibilidad de un «ser para (vuelto hacia) la muerte», en el modo del «existir», en vez de hacerlo posible (cf. p. 261). Por lo mismo, el «ser para (vuelto hacia) la muerte» tampoco se identifica con ninguna forma de lo que habitualmente se llama el «pensar en la muerte», modo de comportamiento que, si bien no le arrebata a la muerte completamente su carácter de posibilidad, lo debilita fuertemente, en la medida en que trae consigo un cierto querer disponer sobre la muerte, de carácter calculador. Por el contrario, en el «ser para (vuelto hacia) la muerte», que ha de abrir comprensivamente la posibilidad como tal, esta, la posibilidad, debe ser comprendida, sin debilitamiento, *como posibilidad*, desplegada de modo configurador, vale decir, interpretada, *como posibilidad*[19], y mantenida, además, *como posibilidad*, en el comportarse respecto de ella (cf. p. 261). *Este* peculiar modo de comportamiento, que, como modo de ser por referencia a la posibilidad, la mantiene comprensivamente abierta *como posibilidad*, es el que Heidegger denomina terminológicamente como el «precursar la posibilidad» o «adelantarse hasta la posibilidad» (*Vorlaufen in die Möglichkeit*). Se trata en este caso, explica Heidegger, de un modo peculiar de «acercamiento» o «aproximación» que no apunta a un hacer disponible en y para la «ocupación» algo «real/efectivo». Por el contrario, en el acercamiento comprensor propio del «precursar», la posibilidad de lo posible, lejos de quedar reducida y tendencialmente nivelada a lo «real/efectivo», se hace «más grande», como posibilidad. La más estrecha cercanía del «ser para (vuelto hacia) la muerte», como posibilidad, supone la mayor lejanía posible respecto de algo que pudiera ser «real/efectivo». En el «precursar», el comprender penetra tanto más puramente en la posibilidad de la muerte como la «posibilidad de la imposibilidad de la "existencia" en general», cuanto más la libera de los velos que enmascaran su carácter de posibilidad. Como posibilidad, la muerte no le da al *Dasein* «nada que realizar/efectivizar», nada que, como tal, pudiera *ser* «real/efectivo», pues la muerte es ella misma la posibilidad de la imposibilidad de todo modo de «comportarse respecto de algo» y, con ello, de todo «existir». En el «precursar», tal posibilidad se hace cada vez «más grande», en el sentido de que se revela como aquella posibilidad que no conoce ya ninguna medida, ningún más y menos, es decir, como la «posibilidad de la desmesurada imposibilidad» de la «existencia». Esta no ofrece ninguna ocasión ni punto de

---

[19] Todo parece indicar que el empleo de la noción de «despliegue configurador» (*ausbilden*) en este pasaje quiere ser un eco de la caracterización de la «interpretación» (*Auslegung*) como «despliegue configurador» del «comprender» (*Ausbildung des Verstehens*), ofrecida en el § 32 (cf. *ST*, § 32, pp. 148 s.).

apoyo para estar tenso a la expectativa de algo e imaginarse cómo «realizarlo/efectivizarlo», de modo tal de encubrir en el olvido la posibilidad misma. Por el contrario, en el modo del «precursar la posibilidad», el «ser para (vuelto hacia) la muerte» *posibilita*, por vez primera, la posibilidad misma, la hace «libre», como posibilidad. En suma: el carácter *precursor* del «ser para (vuelto hacia) la muerte» tiene, desde el punto de vista que atiende a aquello a lo que el «precursar» queda referido, un carácter esencialmente *liberador*, en la medida en que pone en libertad, por vez primera, la posibilidad *como posibilidad* (cf. p. 262). Carácter precursor y carácter liberador deben verse, pues, como anverso y reverso de una misma moneda, si es verdad que el modo específico de acceso a la posibilidad como posibilidad viene dado aquí por el «precursar».

C) *La muerte, como posibilidad liberada y, con ello, liberadora*

El «ser para (vuelto hacia) la muerte» es un «precursar» referido, como tal, no a la posibilidad de algo intramundano, sino a un «poder ser» del ente mismo del cual el propio «precursar» es un modo de ser. Lo que queda desvelado para el *Dasein* mismo en dicho «precursar» no es otra cosa que su más extrema posibilidad. En su carácter esencialmente proyectivo-anticipativo, el «precursar» se muestra, por tanto, como posibilidad de la comprensión del más propio y extremo «poder ser» del *Dasein*, vale decir, como posibilidad de *una «existencia propia»* (cf. § 53, pp. 262 s.). Como tal, el «precursar» libera la muerte como posibilidad, en todos y cada uno de sus rasgos distintivos, pero no al modo de lo que sería algo así como la «contemplación atónita» de un sentido (*Begaffen eines Sinnes*), sino, más bien, al modo de un «comprenderse a sí mismo», en el peculiar «poder ser» que se desvela en el correspondiente «proyecto» (cf. p. 263). La muerte se muestra así en su carácter de posibilidad *más propia, irreferible, insuperable* y también *cierta pero, como tal, indeterminada*.

En primer lugar, la muerte es la posibilidad *más propia*, porque en el «ser para (vuelto hacia) la muerte» el *Dasein* se abre para sí mismo su *más propio* «poder ser», en el cual le va, sin más, su ser mismo. De este modo, el *Dasein* cae en la cuenta de que en el «precursar» puede desligarse, en cada caso, de las ataduras del «uno», y la comprensión de esta posibilidad le revela, vale decir, le da a entender, por vez primera, su fáctico «estado de perdido» en la «cotidianeidad» del «uno mismo» (cf. p. 263).

En segundo lugar, la muerte, como la posibilidad más propia, es *irreferible*. El «precursar» permite comprender que, en este peculiar «poder ser», al *Dasein* le va, sin más, su más propio ser, como un ser del cual únicamente puede hacerse cargo él mismo, a partir de sí mismo: la muerte no pertenece de modo indiferente al propio *Dasein*, sino que lo *reclama como individuo*, vale decir, *en su individualidad singular*. La irreferibilidad de la muerte, comprendida en el «precursar», trae consigo una «*individualización singularizante*» (*Vereinzelung*) del *Dasein hacia sí mismo,* que no es otra cosa que una manera peculiar de apertura del «ahí» para la «existencia». Ningún modo de la «ocupación» con el ente intramundano ni del «procurar por» los otros podría producir jamás, por así decir, desde fuera o por sí solo, este peculiar modo de hacerse cargo el *Dasein* de su propio ser, en el modo del «sí mismo» propio. Sin embargo, la radical «individualización singularizante» posibilitada por el «ser para (vuelto hacia) la muerte», en el modo del «precursar», nada tiene que ver, como Heidegger enfatiza expresamente, con lo que sería una suerte de aislamiento que estrangulara los vínculos (*Abschnürung*) que el *Dasein* mantiene con el ente intramundano y con los otros. El punto de Heidegger es completamente diferente. Se trata, más bien, de insistir sobre el hecho de que, en los diversos modos de la «ocupación» con el ente intramundano y el trato con los otros, el *Dasein* sólo puede ser *propiamente* él mismo, allí donde se proyecta hacia su más propio «poder ser», y no hacia la posibilidad del «uno mismo». Es el «precursar», en tanto apunta a la posibilidad *irreferible*, y no ningún impulso procedente de fuera del *Dasein* mismo, el que «obliga», por así decir, al *Dasein*, como el ente que es precursor, a la posibilidad de hacerse cargo de su propio ser, *a partir de sí mismo* (cf. pp. 263 s.).

En tercer lugar, la muerte, como posibilidad más propia e irreferible, es también *insuperable*. En el «ser para (vuelto hacia) la posibilidad más propia e irreferible», comprendida como insuperable, el *Dasein* se da a entender a sí mismo que lo que le queda por delante, como posibilidad más extrema de la «existencia» no es otra cosa que la entrega de sí mismo. A diferencia del modo «impropio» del «ser para (vuelto hacia) la muerte», el «precursar» no rehúye la insuperabilidad de la posibilidad más propia e irreferible, sino que, más bien, se deja libre para ella. El «llegar a ser libre para la propia muerte» en el modo del «precursar» es, como tal, «liberador», y ello en un doble sentido, a saber: por una parte, libera del «estado de perdido» (*Verlorenheit*) en las posibilidades que se amontonan azarosamente, de modo tal que hace posible, por primera vez, un modo «propio» de comprender y elegir las posibilidades antepuestas a la más extrema; por otra parte, le abre a la «existencia» la posibilidad de la entrega de sí (*Selbstaufgabe*) como la más extrema y quiebra así toda pretensión de aferrarse a la «existencia» ya alcanzada (cf. p. 264). Lo que tiene lugar de este modo es la disrupción y la puesta en crisis de toda posible estrategia de nivelación de carácter pospositivo-sustitutivo, que apunte a diluir la insuperabilidad de la muerte en la inabarcable dispersión de las urgencias cotidianas. En el «precursar», que pone en crisis toda nivelación pospositivo-sustitutiva de la posibilidad insuperable, el *Dasein* queda preservado de recaer por detrás de sí mismo, en la comprensión de su propio «poder ser» (cf. p. 264)[20]. Sólo sobre la base de la referencia al fin(al) del «existir», que trae consigo la supresión de todo «poder ser», adquieren las posibilidades del *Dasein* el tipo específico de determinación que permite comprenderlas como lo que propiamente son: posibilidades *finitas* de un «existente» individual. Y sólo en la libertad para su propia finitud, vale decir, sólo a partir de la propia comprensión finita de su «existencia», puede evitar el *Dasein* el peligro de desconocer las posibilidades de «existencia» de los otros que superan dicha comprensión o bien de querer forzar su reducción a las propias, por vía de malinterpretación (cf. p. 264). Ser libre para la propia finitud, sobre la base del modo «propio» del «ser para (vuelto hacia) la muerte», como posibilidad insuperable, en el «precursar», por un lado, y dejar en libertad a los otros para sus propias posibilidades, eventualmente superadoras, por el otro, configuran, pues, las dos caras de un mismo fenómeno unitario, en la entrega del *Dasein* a su más propia «existencia» fáctica. El carácter liberador del «precursar» no se limita, pues, a la relación que el *Dasein* mantiene con su propio «poder ser», sino que se extiende también a la comprensión del «poder ser» de los otros. En efecto, en cuanto posibilidad irreferible, la muerte da lugar a la «individualización singularizante» que le permite al *Dasein* hacerse cargo de su ser, como el suyo propio; pero, a la vez, en cuanto posibilidad insuperable, es la propia muerte la que pone al *Dasein*, como «ser con», en condiciones de ser «comprensivo» para con los otros, en su «poder ser». El «ser con» queda, pues, necesariamente incluido en lo que abre comprensivamente el «precursar», si es verdad que en el modo «propio» de «ser para (vuelto hacia) el fin(al)» está contenida la posibilidad de una «anticipación existencial» del *Dasein, como un todo*, vale decir, la posibilidad del «existir», como «poder ser» total (cf. p. 264). En el «precursar» se funda, pues, también la posibilidad de una modalidad «propia» del «procurar por» los otros (*Fürsorge*), la cual debe tener necesariamente un carácter «anticipativo-liberador» (*vorspringend-befreiend*), y no «intervencionista-dominante» (*einspringend-beherrschend*), para decirlo con el vocabulario de la distinción establecida en el tratamiento del «ser con» del § 26 (cf. p. 122). Como se echa de ver, y contra lo que suele esgrimirse, una y otra vez, como reproche a la posición elaborada en *ST*, el énfasis heideggeriano en el potencial de radical «individualización sin-

---

[20] Para ilustrar el caso opuesto, Heidegger remite a la famosa sentencia de Nietzsche según la cual «algunos llegan a ser demasiado viejos para sus victorias». Se trata de un pasaje contenido en el capítulo titulado «De la muerte libre» (*Vom freien Tode*), incluido en la Primera Parte de *Also sprach Zarathustra*. El texto de Nietzsche, que Heidegger cita sólo parcialmente, reza: «hay quien llega a ser demasiado viejo incluso para sus verdades y victorias; una boca sin dientes ya no tiene el derecho a ninguna verdad» («Mancher wird auch für seine Siege und Wahrheiten zu alt; ein zahnloser Mund hat nicht mehr das Recht zu jeder Wahrheit»). Véase Nietzsche (1883-1885), p. 94.

gularizante» propio de la muerte, en el sentido existenciario, nada tiene que ver con lo que sería la defensa de una interpretación tendencialmente solipsista del *Dasein*, como «existencia» finita.

Por último, la muerte, como la posibilidad más propia, irreferible e insuperable, es también *cierta*, aunque, como tal, *indeterminada*. El peculiar modo de certeza que le pertenece sólo puede determinarse a partir del correspondiente modo de verdad, en el sentido del «estado de abierto» (*Erschlossenheit*). La apertura de la posibilidad cierta de la muerte como posibilidad tiene lugar sobre la base del «precursar» mismo, a través del cual el *Dasein posibilita* para sí mismo tal posibilidad, como su más propio «poder ser». En tal sentido, explica Heidegger que el «estado de abierto» de la posibilidad se funda en la «posibilitación precursora» (*die vorlaufende Ermöglichung*). El mantenerse en tal verdad, como «estar cierto de lo abierto» (*Gewißsein des Erschlossenen*), es lo que más propiamente reclama el «precursar», como tal. Tratándose aquí del modo en el cual el *Dasein* se comporta respecto de sí mismo, en su más propio «poder ser», la certeza no podría ser «calculada» a partir de constataciones referidas a los casos de muerte que se presentan, pues no se trata aquí de ninguna verdad referida al «estado de descubierto» de lo que se presenta meramente «ante los ojos»: la certeza referida a lo que se presenta de este modo —tanto más cuando alcanza el grado de la apodicticidad, en su característica indiferencia valorativa—, supone, como su reverso estructural, que el *Dasein* haya apartado ya, por así decir, la mirada de sí mismo, para entregarse a lo que así se le ofrece, vale decir: presupone la pura «objetividad», en el sentido de la pura y exclusiva orientación hacia la cosa (*die reine Sachlichkeit*). La certeza propia de la muerte, como posibilidad, no tiene ese carácter, de modo que tampoco pertenece a la escala de los grados posibles de las evidencias referidas a lo que es «ante los ojos» (cf. § 53, pp. 264 s.).

El modo del «tener por verdadero» que pertenece a la muerte tiene, por tanto, un carácter diferente de cualquier certeza referida a entes intramundanos o incluso a objetos formales, pues representa un modo de estar cierto del «ser en el mundo», como tal. Como tal, reclama y pone en juego al *Dasein* mismo, en la completa «propiedad» de su «existencia». Heidegger remite, en tal sentido, al posterior análisis del «estado de resuelto» (*Entschlossenheit*), llevado a cabo en el § 62. De modo semejante, toda otra posible forma de certeza «subjetiva» referida a las propias «vivencias», al «yo» o la «conciencia» queda también, por muy estricto que pudiera ser el correspondiente modo de aprehensión, necesariamente por detrás de la certeza contenida en el «precursar» mismo, pues ninguna otra «certeza subjetiva» puede alcanzar realmente aquello que pretende tener dado como verdadero y mantener abierto, a saber: el *Dasein* que yo mismo soy y que sólo puedo llegar a ser propiamente, en el modo del «precursar» (cf. § 53, p. 265).

Ahora bien, en cuanto cierta, la posibilidad de la muerte es, a la vez, indeterminada. El «precursar» abre para sí tal carácter de indeterminación, en la medida en que la muerte se le presenta como una «constante *amenaza*», que surge, como tal, del mismo «ahí» del *Dasein*. Lejos de poder encubrir tal amenaza, el «ser para (vuelto hacia) el fin(al)» debe, más bien, desplegarla de modo configurador, vale decir, interpretativamente, como la «indeterminación propia de la certeza» (*die Unbestimmtheit der Gewißheit*). Aquí se pone de manifiesto el componente de carácter disposicional-afectivo presente, como en todo «comprender», también en el caso del «precursar». Como se mostró ya con ocasión del tratamiento del «encontrarse» o la «disposicionalidad afectiva» en el § 29, todo «comprender» es un «comprender» afectivamente dispuesto. En el caso de la muerte, que, cierta, se presenta en su indeterminación como «constante amenaza», el modo del «encontrarse» o la «disposicionalidad afectiva» que coopera en su apertura, al mantener abierta la constante amenaza que emerge del más propio ser del *Dasein*, en su radical «individualidad singular», no es sino el temple de la «angustia». Su peculiar función de apertura, analizada ya en el § 40, consiste en poner al *Dasein*, por así decir, *ante* la nada de la posible imposibilidad de su «existencia» (cf. § 53, pp. 265 s.). En la «angustia» el *Dasein* se angustia por su «poder ser», como tal, y abre de ese modo su más extrema posibilidad. En la medida en que el «precursar» trae consigo la «individualización singularizante» del *Dasein*, que en ella llega a estar cierto de la totalidad de su propio «poder ser», en esa misma medida pertenece a este peculiar modo de comprenderse el *Dasein* desde su propio fundamento el modo fundamental de la «disposición afectiva» que es «la angustia». En tal sentido, el «ser para (vuelto hacia) la muerte» *es* esencialmente «angustia». Así lo muestra infaliblemente también, aunque de modo sólo indirecto, el correspondiente modo «impropio» o degradado del «ser para (vuelto hacia) la muerte», en virtud del cual se modifica primero la «angustia» en mero «miedo cobarde» (*feige Furcht*) a la muerte, para luego poder superarlo, poniendo así de manifiesto, al mismo tiempo, el impulso que opera por detrás de todo este movimiento supuestamente superador, a saber: la cobardía ante la angustia misma (cf. § 53, p. 266).

D) *La libertad para la muerte*

El «precursar» que libera la muerte en su peculiar carácter —como la posibilidad más propia, irreferible, insuperable y cierta, aunque indeterminada— hace, por primera vez, posible que esta despliegue, a su vez, todo su potencial liberador, el cual, como se vio, compromete el «poder ser» del *Dasein*, en su totalidad, vale decir, no sólo en su individualidad singular, sino también, y por lo mismo, en su «ser con» los otros. En tal sentido, el «precursar» puede ser caracterizado, como un todo, en términos de libertad, entendida la noción en el sentido que remite al quedar en franquía para sí mismo, que hace posible el modo «propio» del «estado de abierto» del *Dasein*. En tal sentido, explica Heidegger, el «precursar», al develarle al *Dasein* su «estado de perdido» en el «uno mismo», lo pone ante la posibilidad de ser él mismo, sin buscar para ello el apoyo primariamente en el «procurar por» los otros asociado con la «ocupación» con el ente intramundano. Pero este modo de ser su «sí mismo» se funda, como tal, en la «libertad para la muerte», que, en su carácter apasionado y fáctico, está cierta de sí misma y se mantiene en la angustia, desligada de las ilusiones del «uno» (cf. § 53, p. 266)[21].

El análisis del «precursar», por medio de una caracterización delimitadora de sus rasgos estructurales, ha hecho visible, pues, la posibilidad *ontológica* de un modo «propio» del «ser para (vuelto hacia) la muerte», existencialmente determinado. De este modo, se ha hecho presente también la posibilidad de un modo «propio» del «poder ser» total del *Dasein*, pero tan sólo *como una posibilidad ontológica*. Dicho «posible» modo de «ser para (vuelto hacia) la muerte» no deja, sin embargo, de ser una mera pretensión fantasiosa, mientras no se acredite en el plano óntico el correspondiente «poder ser», a partir del *Dasein* mismo (cf. p. 266). Para ello, como se anticipó ya, se hace necesario mostrar en qué medida el *Dasein* puede dar testimonio, a partir de su más propio «poder ser», de la posible «propiedad» de su «existencia», y ello de modo tal que esta se anuncie no sólo como existencialmente posible (*als existenziell möglich*), sino también como una posibilidad existencial que el *Dasein* mismo *exige* (cf. p. 267). Dicha tarea queda reservada, como se dijo ya, para el análisis del fenómeno de la «conciencia[G]», tal como se lleva a cabo en los §§ 54-60.

---

[21] La caracterización del modo «propio» del «ser para (vuelto hacia) la muerte» en términos de la noción de «libertad» tiene una importancia que no podría exagerarse, dentro del planteo esencialmente aleteiológico desarrollado en *ST*. En tal sentido, resulta bastante sorprendente que no haya recibido ni remotamente la atención que merece. En su, por lo demás, muy valiosa interpretación de la concepción de *ST* como una «fenomenología de la libertad», G. Figal no repara especialmente en la noción de «libertad para la muerte», a la hora de discutir el tratamiento heideggeriano del «ser para (vuelto hacia) la muerte» [véase Figal (1988), pp. 221-233]. El motivo tampoco desempeña ningún papel relevante en la valiosa discusión de las diversas dimensiones de la noción de libertad que Figal incluye en su posterior propuesta para reconstrucción hermenéutica de la noción de objetividad [véase Figal (2006), esp. cap. 4].

REFERENCIAS

ARENDT, H. (1958): *Vita activa oder Vom tätigen Leben* (1960), München, 1981; original inglés: *The Human Condition*, Chicago, 1958.
CLARK, S. R. L. (1975): *Aristotle's Man. Speculations upon Aristotelian Anthropology*, Oxford.
EDWARDS, P. (1979): *Heidegger and Death. A Critical Evaluation*, La Salle (Illinois).
FIGAL, G. (1988): *Martin Heidegger. Phänomenologie der Freiheit*, Frankfurt a. M., 1991 (= 1998).
— (2006): *Gegenständlichkeit. Das Hermeneutische und die Philosophie*, Tübingen.
HERRMANN, Fr.-W. von (2000): *Hermenutik und Reflexion. Der Begriff der Phänomenologie bei Heidegger und Husserl*, Frankfurt a. M.
— (2004): *Subjekt und Dasein. Grundbegriffe von «Sein und Zeit»*, Frankfurt a. M., ³2004; antes publicado con el título: *Subjekt und Dasein. Interpretationen zu «Sein und Zeit»* (²1985, 1974).
HOPKINS, B. C. (2012): «Entformalisierung bei Husserl und Heidegger», en: R. Bernet, A. Denker y H. Zaborowski (eds.), *Heidegger und Husserl, Heidegger- Jahrbuch*, vol. 6, Freiburg - München, pp. 87-107.
HUSSERL, E. (1900-1901): *Logische Untersuchungen*, Bd. I-II/1-2, Husserliana XVIII-XIX/1-2, ed. por E. Holenstein (XVIII) y U. Panzer (XIX), Den Haag, 1975-1984.
JASPERS, K. (1919): *Psychologie der Weltanschauungen*, München, ⁶1994.
— (1932): *Philosophie*, Bd. II: *Existenzerhellung*, Berlín - Heidelberg - Nueva York, ⁴1973.
KANT, I. (1800): *Logik. Ein Handbuch zu Vorlesungen*, ed. G. B. Jäsche, *Akademie-Ausgabe* vol. IX, Berlín, 1923, pp. 1-150, 503-508.
KIENING, Chr. (2000): *Johannes von Tepl, Der Ackermann*, edición bilingüe, traducción y comentario, Stuttgart.
KING, R. A. HEIDEGGER (2001): *Aristotle on Life and Death*, Londres.
LEHMANN, K. (1938): *Der Tod bei Heidegger und Jaspers*, Heidelberg.
LÜTKEHAUS, L. (2006): *Natalität. Philosophie der Geburt*, Kusterdingen.
NIETZSCHE, F. (1883-1885): *Also sprach Zarathustra I-IV* (1883-1885), *Kritische Studienausgabe* Bd. 4, ed. G. Colli y M. Montinari, Múnich - Berlín - Nueva York, ²1988.
PATTISON, G. (2013): *Heidegger on Death. A Critical Theological Essay*, Farnham - Burlington.
PÖGGELER, O. (1990): *Der Denkweg Martin Heideggers*, Pfullingen, ³1990 (1963).
RODRÍGUEZ, R. (2004): *Del sujeto y la verdad*, Madrid.
SCHELER, M. (1911-1914): «Tod und Fortleben», *Gesammelte Werke*, Bd. 10: *Schriften aus dem Nachlaß*, Bd. 1: *Zur Ethik und Erkenntnislehre*, ed. Ma. Scheler, Bonn, ³1986.
SCHERER, G. (1988): *Das Problem des Todes in der Philosophie*, Darmstadt.
SCHUMACHER, B. N. (2011): *Death and Mortality in Contemporary Philosophy*, Cambridge.
SEGURA PERAITA, C. (2002): *Hermenéutica de la vida humana. En torno al Informe Natorp de Martin Heidegger*, Madrid.
VIGO, A. G. (2014): *Arqueología y aleteiología. Estudios heideggerianos*, Berlín, ²2014.
WHITE, C. J. (2005): *Time and Death. Heidegger's Analysis of Finitude*, Aldershot - Burlington.

11

LA ATESTIGUACIÓN, EN EL MODO DE SER DEL *DASEIN*, DE UN «PODER-SER» PROPIO Y EL «ESTADO DE RESUELTO» (§§ 54-60)

Alejandro G. Vigo

1. INTRODUCCIÓN

El tratamiento de la «conciencia», en su sentido práctico-moral (*Gewissen*, en adelante: «conciencia^G») aparece sistemáticamente conectado, a través de la noción de «propiedad», con el tratamiento de la verdad elaborado en el § 44, que cierra la Primera Sección de *ST* (§§ 1-44)[1]. En ella, la

---

[1] El término alemán *Gewissen* designa exclusivamente la «conciencia», en su sentido específicamente práctico-moral, más precisamente, aquella «conciencia» que nos «acusa» o «remuerde», con ocasión de acciones o intenciones particulares y concretas (= «conciencia^G»). La palabra española «conciencia» resulta, en cambio, ambivalente, pues puede traducir también el término alemán *Bewußtsein*, el cual remite, en su uso más extendido, a la «conciencia», en el sentido teórico-constatativo, o bien la «conciencia», en general, es decir, tomada como un género. Por cierto, Kant considera a la «conciencia^G» como una especie del género más amplio demarcado por la noción de «conciencia», más precisamente, como el peculiar tipo de «conciencia» que está vinculado a la presencia de un «foro interior» en nosotros [cf. Kant (1797), § 13, p. 438; véase también Kant (1793), IV § 4, pp. 184 ss.]. Pero ello no le impide reconocer el carácter esencialmente práctico-ejecutivo de la «conciencia^G», que involucra, además, su aspecto esencial y expresamente autorreferencial: mientras que la «conciencia^G» es siempre, de modo primario, una forma expresa de la conciencia *de sí*, no toda forma del *Bewußtsein* es una forma de *Selbstbewußtsein*, al menos, no lo es de modo primario y expreso, por más que, como el propio Kant muestra en el argumento desarrollado en el § 16 de DTB, toda forma de la conciencia de algo implica como su reverso, al menos, de modo potencial, un momento concomitante de conciencia de sí [cf. Kant (1787), B 131 ss.]. En cualquier caso, y más allá de lo que puedan ser las limitaciones de su concepción, Kant reconoce claramente que el tipo de acceso a sí mismo que facilita la «conciencia^G», como modo esencialmente práctico-ejecutivo de la conciencia de sí, no puede ser analogado, sin más, a ninguna otra forma de la autoconciencia, en el sentido puramente teórico-constatativo del término: la «conciencia^G» nos interpela y nos acusa, y no se limita meramente a tomar nota

[269]

analítica existenciaria parte de la «cotidianeidad del término medio» y la «impropiedad» («no propiedad»), para llegar a la puesta de manifiesto de la «verdad de la existencia», como núcleo posibilitante último de todo *genuino* «ser descubridor» del *Dasein* y de todo *genuino* «estado de descubierto» del ente. Aquí la noción de «genuino» debe entenderse en el sentido de «libre de encubrimiento», aunque, por supuesto, no de opacidad de primer orden, siempre que ésta sea consciente, en su carácter mismo de opacidad. El argumento general de la Segunda Sección de *ST* (§§ 45-83) sigue, como es sabido, el camino inverso al de la Primera Sección: parte del tratamiento de la «propiedad», para reobtener finalmente a partir de allí, por vía del tratamiento de la «temporalidad impropia» y su origen a partir de la «propia», la «impropiedad» («no propiedad») que había proporcionado el punto de partida para el análisis elaborado en la Primera Sección. No es irrelevante hacer notar, sin embargo, que la reobtención del punto de partida provisto por la «impropiedad» («no propiedad») tiene lugar, en la Segunda Sección, a través de la puesta de manifiesto de la «temporalidad originaria» (*Zeitlichkeit*) como sentido de la «cura», y no de modo directo, a partir de la «propiedad» del «existir». Dicho de otro modo: la vuelta al punto de partida tiene lugar a través de la referencia a la estructura formal de la «cura» misma, considerada en su sentido ontológico último, y no desde la «propiedad», como tal, ya que, como se ha dicho, no hay un camino metódico que lleve, de modo directo, de la «propiedad» a la «impropiedad» («no propiedad») del «existir». Como Heidegger señala de modo expreso, la repetición (*Wiederholung*) del análisis de la «impropiedad» («no propiedad») llevada a cabo en la Segunda Sección apunta, exclusivamente, a poner de manifiesto la «específica temporalidad» (*spezifische Zeitlichkeit*) de la «impropiedad» («no propiedad»). Se trata, pues, de poner de manifiesto el «sentido temporal» (*zeitlicher Sinn*) de la «cotidianeidad de término medio». Pero, como el propio Heidegger recalca, el análisis temporal de la «propiedad» y la «impropiedad» («no propiedad»), entendidas como la «independencia» del «sí mismo» (*Selbstständigkeit*) y su «falta de independencia», sólo resulta posible, como tal, una vez que se ha reconducido expresamente la «sí-mismidad» (*Selbstheit*), como tal, a su fundamento en la «cura» y en la «temporalidad» (cf. *ST*, § 66, pp. 331 s.). Esta mediación

---

de nuestro estado interior. Para una presentación concisa del concepto de «conciencia[G]» en la historia del pensamiento filosófico, véase Reiner (1974). Para el origen de la concepción moderna de la «conciencia[G]», desde la Biblia hasta Lutero, pasando por San Agustín, P. Lombardo, Tomas, Eckhart, etc., véase la colección de textos en Stormer-Caysa (1995). Una discusión del concepto de «conciencia[G]», a la luz de los desarrollos más actuales en el ámbito de la filosofía alemana (N. Luhmann, Heidegger Lenk, Heidegger D. Kittsteiner, etc.), se encuentra en Hübsch (1995), quien, además, pasa revista a algunas de las concepciones más representativas de la filosofía moderna (Kant, Hegel, Schleiermacher) y considera también la concepción de Heidegger, desde *ST* hasta la obra de vejez (cf. pp. 151-176).

explica, a la vez, por qué la vuelta al punto de partida tiene, en este caso, también la función de una fundamentación de dicho punto de partida, en el sentido preciso de una explicación que hace visible su génesis ontológica, a partir de la estructura formal que provee su condición última de posibilidad. Esta estructura circular no provee, en definitiva, sino un ejemplo concreto, situado en el plano correspondiente a la ontología fundamental, del círculo hermenéutico que, según Heidegger, es esencial a *toda* comprensión, como tal (cf. *ST*, § 32, pp. 152 s.).

Ahora bien, es importante atender a la peculiar manera en que Heidegger presenta la transición del tratamiento de la «impropiedad» («no propiedad») al de la «propiedad». Como se dijo, el tratamiento de la «impropiedad» («no propiedad») concluye con el análisis de la noción de verdad, que culmina, a su vez, con la introducción de la noción de la «verdad de la existencia». Ésta remite a la posible «transparencia» del *Dasein* respecto de sí mismo y su propio ser, en tanto «poder ser». Pero, como se vio, el propio Heidegger explica en el marco del § 44 que la plena determinación ontológico-existenciaria de la «verdad de la existencia» sólo puede obtenerse por medio de una atestiguación del «poder ser propio» del *Dasein*, y ello *en* y *desde* la «impropiedad» («no propiedad») de la existencia. A proveer un análisis de la posibilidad y la estructura de tal atestiguación apuntan, cada una a su modo, las dos primeras unidades temáticas de la Segunda Sección, a saber: el tratamiento del «ser para (vuelto hacia) la muerte» (§§ 46-53 = cap. 1), y el tratamiento de la «conciencia[G]» (§§ 54-60 = cap. 2). Ambos tratamientos abordan el problema de la posibilidad de un «ser propio» del *Dasein* desde diferentes ángulos. El tratamiento del «ser para (vuelto hacia) la muerte» lo hace desde la perspectiva que abre la pregunta por la posibilidad de un «ser total/completo» (*Ganzsein*) del *Dasein*. Pensado a partir del peculiar modo de ser que consiste en el ser por referencia a una posibilidad última, irrebasable e indelegable, tal «ser total/completo» da cuenta de la posibilidad de la individuación radical del *Dasein*, perdido, por lo pronto, en el anonimato impersonal del «uno». Por su parte, el tratamiento del fenómeno de la «conciencia[G]» considera el «ser propio» del *Dasein* desde la perspectiva que abre la pregunta por la posibilidad, ya en y desde la asunción ejecutiva de la propia mortalidad (finitud), de un hacerse cargo de sí, en el modo del «estado de resuelto» (*Entschlossenheit*), del «poder ser» propio del *Dasein*, como «en cada caso mío». Ambos análisis resultan, pues, temáticamente complementarios y constituyen, puede decirse, dos pasos sucesivos en una secuencia unitaria de argumentación[2].

---

[2] Para una buena discusión de conjunto del análisis heideggeriano de la «conciencia[G]», véase Figal (1988), pp. 233-258. Una discusión más sucinta y accesible de la concepción elaborada en

Por último, si se quiere comprender adecuadamente el alcance de los análisis que lleva a cabo Heidegger en estos difícilísimos y riquísimos textos, resulta imprescindible atender debidamente, desde el punto de vista metódico, a la irreductible diferencia de nivel de acceso en que se sitúa, por un lado, el fenómeno en cada caso tematizado y, por otra, el intento de hacerse cargo temáticamente de él por vía de su elucidación fenomenológica. Esta advertencia, aunque trivial en su primera apariencia, está muy lejos de ser ociosa, si se tiene en cuenta que, en este caso particular, la mencionada diferencia tiende a ser pasada, sin más, por alto, y ello en razón del simple hecho de que los propios fenómenos aquí tematizados son, a su vez, *fenómenos de acceso*, en los cuales el *Dasein* se hace transparente para sí mismo su propio ser, como «poder ser». Formulado en términos de las dos nociones de verdad correspondientes a cada uno de esos dos diferentes niveles de acceso: por un lado, la función de atestiguación que cumplen los fenómenos del «ser para (vuelto hacia) la muerte» y la «conciencia» se sitúa en el plano correspondiente a la posibilidad de la «verdad de la existencia», puesto que se trata en ambos casos de fenómenos situados en el nivel de la ejecución de la «vida fáctica» misma; por otro lado, la elucidación fenomenológica que intenta hacerse cargo temáticamente de la función que cumplen dichos fenómenos se mueve, en cambio, en el plano que corresponde a la «verdad fenomenológica», como aquel modo peculiar de la «verdad trascendental» que se halla correlacionado con el «conocimiento trascendental». En otro lugar, el propio Heidegger llama expresamente la atención sobre la diferencia de los planos correspondientes a la experiencia de la «conciencia^G» y a su interpretación ontológico-existenciaria, señalando, al mismo tiempo, su relación recíproca: por un lado, la función de apertura que la «conciencia^G» cumple ejecutivamente no tiene por qué resultar directamente perjudicada por una insuficiente interpretación ontológica, que no alcanza el nivel propiamente *existenciario*; por otro, una adecuada interpretación ontológico-*existenciaria* no garantiza por sí misma la adecuada comprensión *existencial* del «llamado». Seriedad (*Ernst*) y falta de seriedad (*Unernst*) pueden darse aquí tanto en uno como en otro plano. Pero ello no impide que una adecuada interpretación ontológico-*existenciaria* del fenómeno tenga ella misma el potencial de abrir nuevas posibilidades para una comprensión *existencial* originaria del «llamado» (cf. § 59, p. 295).

---

los §§ 54-60 de *ST* se encuentra en Lückner (2001). Sin embargo, el abordaje practicado por este autor, centrado en los motivos más afines al enfoque propiamente ético, tiende a hacer perder de vista el enmarcamiento esencialmente aleteiológico del análisis heideggeriano, al cual no hace debida justicia.

2. LA ATESTIGUACIÓN DEL «PODER SER PROPIO» (§ 54)

Tratándose de un fenómeno de acceso del *Dasein* a su propio ser, conectado, como tal, con el carácter (auto)comprensivo del propio *Dasein*, la atestiguación buscada debe «dar a entender» la posibilidad de un «sí mismo» que sea «propio», el cual, como «sí mismo», ha de dar respuesta a la pregunta existenciaria por el «quién» (*Wer*) del *Dasein* (cf. § 25), pero ello de modo tal que su «sí-mismidad» (*Selbstheit*) sea presentada como una «manera de existir» (*Weise zu existieren*), y no como «un modo cósico de ser» (*vorhandenes Sein*) (cf. *ST*, § 54, p. 267). Desde el punto de vista *existenciario*, el «sí mismo», en el modo de la «propiedad», debe determinarse como modificación *existencial* del «uno», de modo que el análisis debe establecer de qué tipo de modificación se trata y qué es lo que la hace posible (cf. p. 267). Se ha de partir, pues, de aquel modo de concreción del ser del *Dasein*, como «en cada caso mío», que se caracteriza justamente por el hecho de que en él es el «uno» el que siempre ya ha decidido y le ha arrebatado así al *Dasein* la «elección» (*Wahl*) sobre sus propias posibilidades de ser, y ello de un modo tanto más eficaz, cuanto más silente e inaparente es la función de descarga sustitutiva de la «elección» que cumple el impersonal, a punto tal que todo ocurre como si quedara completamente indeterminado quién es propiamente el que elige o ha elegido (cf. p. 268).

Este originario «involucramiento en la impropiedad» acontece o ha acontecido siempre ya en el modo de un «ser llevado (conducido) sin elección», que no es protagonizado «por nadie», en particular. De este modo tácito de la «pérdida de sí», el *Dasein* sólo puede emerger a través de determinados fenómenos disruptivos, que ponen en crisis la posibilidad de descarga sin residuo en el impersonal (cf. p. 268). Tal posible «recuperación de sí» adquiere entonces la forma, explica Heidegger, de la «recuperación de una elección» (*Nachholen einer Wahl*), previamente omitida. Por lo mismo, tiene primariamente el carácter de una «elección de tal elección» omitida (*Wählen dieser Wahl*), y no tanto el de una opción por determinados contenidos previamente no elegidos o bien descartados. Ahora bien, si es cierto que, inmediata y regularmente, el *Dasein* se ha perdido siempre ya a sí mismo, explica Heidegger, entonces parece claro que primero, es decir, antes de poder recuperarse genuinamente a sí mismo desde sí mismo, el *Dasein* necesita *encontrarse* a sí mismo. Tal «encontrarse a sí mismo» no tiene nada que ver con el resultado exitoso, de carácter constatativo, de una investigación temática de sí. Se trata, más bien, del hecho de que, en y desde la facticidad de su «existir», el propio *Dasein* necesita una cierta *atestiguación* de aquel «poder ser sí mismo» (*Selbstseinkönnen*) que, según su posibilidad, él mismo *ya es* (cf. p. 268). Esta atestiguación viene dada por lo que en la autointerpretación cotidiana del *Dasein* se conoce bajo el nombre de la «voz de la conciencia[G]» (*Stimme des Gewissens*), y este es el fenómeno que, reinterpretado en términos de lo que Heidegger denomina el «llamado», la propia analítica existenciaria toma, a su vez, como hilo conductor, cuando intenta hacer temáticamente accesible, en su posibilidad y su estructura, la «transparencia» del *Dasein* (cf. p. 268)[3].

Dado su carácter fenomenológico-existenciario, el análisis de la «conciencia[G]» debe evitar toda interpretación falsificadora del fenómeno, sea de corte naturalista (psicologista, biologista) o metafísico-teológico, y no debe intentar proveer ninguna «prueba» del fenómeno, como si se tratara de algo constatable desde fuera, en un ente intramundano que posee carácter cósico[4]. El análisis no debe ser, pues, ni reductivo ni inflacionario, sino que debe limitarse a retener y elevar al plano de la tematización lo

---

[3] Para el origen y el alcance de la caracterización heideggeriana de la «conciencia[G]» en términos de «llamado», véanse las buenas observaciones en Figal (1988), pp. 234 s. Figal pone de relieve que la reinterpretación del fenómeno vulgarmente conocido como «voz de la conciencia» (donde «conciencia» = «conciencia[G]»), por recurso a la noción de «llamado», va asociada a la intención de evitar la habitual atribución del origen de tal «voz» a alguna fuerza o poder exterior al *Dasein*, lo que conlleva necesariamente una degradación cosificante de un fenómeno que posee un carácter irreductiblemente existenciario.

[4] Naturalmente, esto no debe entenderse como una simple deslegitimación de todo posible tratamiento teológico del fenómeno de la «conciencia[G]». En inmediata conexión con este problema, Heidegger mismo enfatiza que al análisis fenomenológico-existenciario el «estado de yecto (arrojado)» (*Geworfenheit*) en el «existir» propio del *Dasein*, el nudo hecho de que fácticamente es y tiene que ser, le queda, como tal, oculto en su «por qué» (*Warum*), a pesar de que el «que» (*Daß*) mismo es originariamente abierto en y con el *Dasein* (cf. *ST*, § 57, p. 276). Dicho de otro modo: el carácter estrictamente aleteiológico de la problemática fenomenológica no puede conducir, sin más, a la negación de todo sentido a la problemática arqueológica señalizada por la pregunta «por qué», incluso allí donde ésta no debiera ni pudiera ser abordada fenomenológicamente. La tesis heideggeriana del primado metódico y temático de la problemática aleteiológica dentro del campo específico de la indagación filosófica, la cual no puede ser más que fenomenología, no va asociada, a diferencia de lo que ocurre en el positivismo lógico, a una acusación de sinsentido referida a aquellos ámbitos de problemas que se sustraen al tipo de acceso que facilita la fenomenología misma. Más bien, tiene el propósito inverso de una restricción de la fenomenología a su propia esfera de competencia, restricción que constituye, a la vez, una reafirmación de su propia autonomía. En el caso concreto del fenómeno de la «conciencia[G]», así lo muestra ya la crítica de Heidegger a la interpretación (pretendidamente) fenomenológica llevada a cabo por H. G. Stoker, en el entorno inmediato del personalismo de M. Scheler [cf. Stoker (1925)]: la crítica apunta justamente al hecho de que la indebida transgresión de la línea divisoria entre el análisis fenomenológico y el enfoque estrictamente teológico del problema, en rigor, sólo logra dañar por igual a ambas, la fenomenología y la teología (cf. *ST*, § 56, p. 272, nota 1). Una cuestión diferente, que no puede ser abordada aquí, es la de si Heidegger suscribe la suposición de que la problemática teológica sólo podría ser abordada adecuadamente dentro de un planteamiento general de corte arqueológico, en el sentido del modelo derivado de la tradición metafísica. De hecho, ya en la época de *ST* Heidegger apunta a una visión radicalmente diferente de la problemática teológica, en la línea de la intuición fundamental de Lutero, dentro de la cual el «ser del hombre por relación a Dios» (*Sein des Menschen zu Gott*), pensado a partir de la fe, provee el fundamento último de toda posible sistemática (cf. § 3, p. 10). Para una elaboración más amplia de las relaciones entre fenomenología y teología, véase la conferencia «Phänomenologie und Theologie» de 1927, recogida en *GA* 9, pp. 45-78.

que se muestra como esencial en la estructura del fenómeno (cf. pp. 268 s.). Interesante y revelador es el hecho de que Heidegger caracteriza aquí el fenómeno de la «conciencia^G» como un cierto *factum*, que se anuncia en y con la «existencia» concreta y fácticamente determinada del *Dasein*. Se trata de un fenómeno peculiar de autoexperiencia del *Dasein*, que posee su propia efectividad o factualidad, la cual nada tiene que ver con aquella que caracteriza lo que no tiene el modo de ser del *Dasein* (cf. p. 269). Es notoria aquí la semejanza con el modo en el que Kant apela a la noción de *factum*, a la hora de caracterizar el modo en que somos conscientes de nosotros mismos, como destinatarios de la exigencia proveniente de la ley moral. Y no debe perderse de vista el hecho fundamental de que, tanto en Kant como en el propio Heidegger, se trata de una peculiar forma de «conciencia de sí», que no tiene carácter teórico-constatativo, sino esencialmente práctico-ejecutivo. Con todo, hay dos puntos en los cuales Heidegger toma expresamente distancia del análisis kantiano del fenómeno de la «conciencia^G», a saber: en primer lugar, no hay aquí para Heidegger, al menos, en primera instancia, ningún recurso posible a pautas normativas de carácter universal, cuya suposición resultaría, más bien, de una falsificación interpretativa de lo que abre irreductiblemente el «llamado del conciencia^G», que es siempre *mi* «poder ser propio», como «en cada caso mío»[5]; en segundo lugar, la imagen del «foro interior» a la que apela Kant para explicar la estructura y la función de la «conciencia^G» debe verse, a juicio de Heidegger, como un resultado del punto de partida en la representación de la «ley moral», en lo que tiene de *ley*, y constituye, en tal sentido, una continuación de la interpretación vulgar, tendencialmente cosificante, del fenómeno, que no hace justicia a su carácter de «llamado» (*Ruf*) (cf. § 59, pp. 292 s.)[6]. Esto es justamente lo que no debe

---

[5] En consonancia con su crítica radical a toda interpretación cosificante-universalizante de la «conciencia^G» y su «llamado», Heidegger señala que no hay algo así como una «conciencia^G general» (*allgemeines Gewissen*), ni mucho menos algo así como una «conciencia^G del mundo» (*Weltgewissen*). La dudosa invención de estas construcciones universales sólo es posible, explica Heidegger, justamente en la medida en que, en su fundamento existenciario, la «conciencia^G» es siempre «en cada caso mía» (*je meines*): me llama siempre a *mi* «poder ser propio», y llama siempre *desde mí* (cf. *ST*, § 57, p. 278). En conexión con el rechazo de toda interpretación del «llamado» como procedente de fuerzas exteriores al *Dasein*, Heidegger enfatiza el hecho, sólo en apariencia paradójico, de que a la «objetividad» («*Objektivität*») del «llamado» sólo se puede hacerle justicia, si se le conserva al «llamado» mismo su esencial «subjetividad» («*Subjektivität*»), la cual, en tanto remite al «sí mismo» propio, es la misma que le rehúsa su señorío (*Herrschaft*) al «uno mismo» (*Man-selbst*) (cf. p. 278).

[6] Para la caracterización kantiana de la «conciencia^G» por medio de la representación del «foro» o «tribunal» interior, véase Kant (1797), pp. 193 ss. y, especialmente (1797), § 13, p. 78 ss. (= Ak. VI, pp. 437 ss.). En el caso de Kant, tal caracterización aparece vinculada, desde el punto de vista sistemático, con la identificación de la «conciencia^G» con una de las funciones que desempeña la «facultad del juicio» (*Urteilskraft*), la cual es siempre instancia de mera aplicación de la ley y no instancia

ocurrir, piensa Heidegger, en un análisis fenomenológicamente adecuado, que respete descriptiva e interpretativamente el carácter esencial de fenómeno de acceso que es propio de la «conciencia^G», como instancia o lugar de realización de la posible «transparencia» del *Dasein*: en tanto «da a entender» y así «abre» un acceso al propio ser del *Dasein*, la «conciencia^G» es un fenómeno que, en sus fundamentos existenciarios, debe ser reconducido al «estado de abierto» (*Erschlossenheit*) del *Dasein* (cf. § 54, p. 269). Y si se ha, respetar su carácter de «llamado», dicho fenómeno tendrá que ser puesto en conexión con el momento estructural del «habla» (*Rede*). Se trata, pues, de poner temáticamente de manifiesto el «llamado de la conciencia^G» en su carácter de «llamado a» (*Anruf*) su más propio «poder ser» por parte del *Dasein*, y como «llamamiento hacia» (*Aufruf*) su más propio «ser culpable/deudor» (*Schuldigsein*) (cf. § 54, p. 269). Por otra parte, en cuanto fenómeno que articula la comprensión (del «poder ser propio»), la «conciencia^G», en su carácter de «llamado», estará necesariamente correlacionada con un correspondiente fenómeno de apropiación del sentido así abierto, el cual tendrá lugar en el modo del «oír» (*Hören*). Se trata, en este caso, de lo que Heidegger denomina el «comprender el llamado» (*Anrufverstehen*), que se pondrá de manifiesto como un «querer tener conciencia^G» (*Gewissenhabenwollen*). Tal «querer tener conciencia^G» no es otra cosa, en definitiva, que aquel «elegir la elección» que subyace a todo genuino «ser sí mismo» (*Selbstsein*), y en el cual reside entonces la posible recuperación de sí del *Dasein*, a partir de la previa «pérdida de sí» en el «uno» (cf. pp. 269 s.).

Como es obvio, cuando denuncia el carácter fenomenológicamente inadecuado de la interpretación vulgar del fenómeno y de las concepciones filosóficas que la refrendan y consolidan, Heidegger no pretende negar que la «conciencia^G» reproche hechos, errores y omisiones concretos, ni tampoco que ello presupone, de una u otra manera, la referencia a patrones universales de enjuiciamiento, involucrados tanto en la descripción misma de tales hechos, errores u omisiones, como también en su correspondiente evaluación. El propio Heidegger llama la atención sobre el hecho de que la insistencia en la referencia al momento del «poder ser propio», tomado en su pureza, puede despertar la impresión de un alejamiento respecto del fenómeno de la «conciencia^G», tal como este parece

---

propiamente legislativa, en este caso concreto, instancia de aplicación de la ley moral, provista por la razón. Como explica Kant, en dicha aplicación en concreto de la ley moral, la «conciencia^G», como modo peculiar de operación de la facultad del juicio, no tiene en vista tan sólo, ni primariamente, las condiciones objetivas de la aplicación de la ley al caso (*i. e.* la acción particular, a través de su máxima, y la correspondiente situación de acción), sino también, y fundamentalmente, las condiciones subjetivas que posibilitan esa misma aplicación. Por tal razón, atendiendo al peculiar tipo de doble reflexividad que caracteriza a esta forma de despliegue de la facultad del juicio, Kant caracteriza la «conciencia^G» como una «facultad del juicio que se enjuicia (dirige, endereza) a sí misma» (*sich selbst richtende Urteilskraft*) [cf. Kant (1793), IV, § 4, pp. 251 s. (= Ak. VI, p. 186)].

darse en la «experiencia natural», pues la «conciencia^G» aparece aquí como una instancia que nos advierte y nos reprocha en concreto (cf. § 57, p. 279). Pero el objetivo del análisis no consiste en la eliminación definitiva de toda referencia a contenidos, los cuales quedan, en último término, reincorporados a través de la remisión a la concreción fáctica del *Dasein* del caso y de la situación con la que se ve confrontado. Se trata, más bien, en un primer paso, de aislar el momento de la referencia a la posibilidad del «sí mismo» propio, en el modo del hacerse cargo ejecutivamente de sí, para retenerlo así en su pureza, y ello con un objetivo doble y complementario, a saber: por una parte, para poner de relieve su función posibilitante, en la medida en que marca el punto de inserción para toda posible genuina identificación de sí bajo tales o cuales descripciones de contenido; por otra parte, para evitar la recaída en la interpretación tendencialmente cosificante del fenómeno, a la que conduce la orientación unilateral a partir de determinados contenidos, dados, por así decir, de antemano.

3. LA «CONCIENCIA^G» COMO «LLAMADO» Y SU FUNDAMENTO ONTOLÓGICO-EXISTENCIARIO (§§ 55-56)

El punto de partida del análisis del fenómeno de la «conciencia^G» viene dado por la constatación elemental, ya mencionada, de que la «conciencia^G» da a entender algo, lo cual significa que pertenece, como tal, al conjunto de los fenómenos existenciarios que constituyen el ser del «ahí» (*Da*), en su carácter de apertura. Por lo mismo, el análisis de la «conciencia^G» permite una profundización del análisis del «estado de abierto» mismo, desde la peculiar perspectiva que abre la referencia al «poder ser propio» del *Dasein* (cf. § 55, p. 270).

Dado que el fenómeno específico que está en el centro del interés es el del «llamado de la «conciencia^G», no puede sorprender que el análisis tenga lugar en términos predominantemente auditivos. Por otra parte, en la medida en que el análisis pretende poner de manifiesto la atestiguación del «poder ser propio» *en y a partir de* la «impropiedad» («no propiedad»), su *terminus a quo* viene dado necesariamente por el «sí mismo» en el modo del «uno», vale decir, por lo que Heidegger llama aquí el «uno mismo» (*Man-selbst*). El «uno mismo» es aquel a quien el *Dasein* «presta oídos», en su carácter indiferenciado de «uno», y, al hacerlo, se «desoye», a la vez, a sí mismo, en su «sí mismo» (cf. pp. 270 s.). Para que el *Dasein* pueda (re) encontrarse y recuperarse a sí mismo, el «prestar oídos al uno» tiene que quedar, de algún modo, «quebrado», y la posibilidad de tal «quiebre» (*Bruch*) reside en el «inmediato ser llamado» (cf. p. 271). Se advierte aquí la función positiva y posibilitante que Heidegger adjudica a este peculiar fenómeno disruptivo. El «llamado» (*Ruf*) *quiebra* el «prestar oídos al uno», pero lo hace despertando un «oír» diferente, que tiene las características opuestas a las del primero: el primero es un oír (auto)encubridor, por cuanto en él el *Dasein* se pasa por alto a sí mismo, en su sí mismo, mientras que el segundo abre, en cambio, la posibilidad de la «transparencia». El «llamado» de la «conciencia^G» es, explica Heidegger, silente, está libre de la «ambigüedad», propia de la «habladuría» cotidiana, y permanece lejano a toda «avidez de novedad» (cf. p. 271). Carece, pues, de todos los rasgos que caracterizan el modo en que, inmediata y regularmente, el *Dasein* existe, en tanto perdido en el «uno».

A diferencia de la desfiguradora metáfora del «tribunal de la conciencia» (Kant), hablar de «llamado» no constituye aquí una mera metáfora, en la medida en que la noción debe tomarse en un sentido específico que remite al existenciario del «habla». El «llamado», como modo del «habla», no presupone exteriorización fonética (*Verlautbarung*), pues tampoco el «habla» la presupone (cf. p. 271, bajo referencia a § 34, pp. 160 ss.). Constituye un fenómeno de acceso y apertura, que tiene la forma del «dar a entender». La «tendencia de apertura» del «llamado» no se concreta en el modo de una comunicación de determinados contenidos, sino, más bien, en el modo de un «impulsar» (*Stoß*) y un «sacudir» (*Aufrütteln*), que, al mismo tiempo, «sostiene» o «detiene»[7]. El llamado «sobreviene» al *Dasein*: este es llamado «desde la lejanía» y «hacia la lejanía» (cf. § 55, p. 271). Se trata, pues, de un fenómeno *disruptivo*, que cumple una función positiva, en la medida en que hace posible el autodistanciamiento que tiende a quebrar la instalación pasiva en una determinada forma de la «pérdida de sí», la cual tiene lugar en el modo de la autoenajenación. Y lo hace señalando hacia la posibilidad concreta de la «propiedad» de la «existencia». El «llamado» toca al *Dasein,* en la medida en que, extrañado y alejado de sí mismo[8], aspire al mismo tiempo a recuperarse a sí mismo: sólo es alcanzado por el llamado quien quiere ser traído de regreso a sí mismo (cf. § 55, p. 271). El «llamado» llama *desde* la lejanía y *hacia* la lejanía, pero ello sólo en la medida en que, extrañado de sí mismo, el *Dasein* se ha alejado siempre ya de sí, más precisamente, de su «sí mismo» propio.

En lo que concierne específicamente al carácter de «llamado» propio del fenómeno de la «conciencia^G» (cf. § 56), resulta importante enfatizar que, justamente como «llamado», la «conciencia^G» no puede producir nada desde sí misma, al modo en que haría una fuerza causal que operara sobre algo diferente y produjera así determinados efectos, en virtud de

---

[7] En tal sentido, véase la nota añadida a mano en el *Hüttenexemplar*: «pero también lo que sostiene (detiene) (*das anhaltende*)» (cf. *ST*, p. 444, nota «c» a p. 271).

[8] La nota añadida en el *Hüttenexemplar* explica con referencia a esta peculiar autoenajenación:«quien se ha alejado de su propio «sí mismo» (*vom eigenen Selbst*)» (cf. *ST*, p. 444, nota «d» a p. 271).

su eficacia. Por lo mismo, para cumplir su función, la «conciencia^G» reclama, como su correlato estructural, el momento del «querer tener conciencia^G» (cf. § 60, pp. 295 ss.). Dicho de otro modo: como un peculiar modo del «dar a entender», fundado en el «habla», la «conciencia^G» está estructuralmente correlacionada con un fenómeno complementario de «comprensión», referido a aquello que abre originariamente el «llamado». Este fenómeno es lo que Heidegger denomina el «comprender el llamado» (*Anrufverstehen*), el cual, como muestra el tratamiento del § 58, aparece inmediatamente vinculado al originario «ser culpable/deudor» (*Schuldigsein*) del *Dasein* (cf. p. 288). Como el propio Heidegger declara expresamente, el momento del «comprender el llamado» no constituye una especie de añadido exterior al fenómeno de la «conciencia^G», sino que este adquiere su plena concreción sólo en conexión con el momento positivo de la correspondencia a lo que abre interpelativamente el «llamado», *como «llamado»* (cf. § 57, p. 279). De hecho, no puede haber algo así como un «llamado flotante en el vacío», al cual nada siguiera, pues no se trata aquí de algo cósico cuya función consistiera en producir un efecto sobre otra cosa, y que, a veces, pudiera también fallar en la producción de dicho efecto. En el caso del «llamado», el que llama y el que es llamado son uno y el mismo, a saber: el *Dasein* del caso, de modo tal que todo «desoír» y todo «equivocar*se* al oír» deben verse aquí como fenómenos positivos, que tienen ellos mismos el modo de ser del *Dasein* (cf. p. 279).

Desde el punto de vista que aquí interesa, un aspecto central en el análisis heideggeriano reside en la insistencia sobre el hecho de que el «llamado» es un fenómeno *disruptivo*, que, como se anticipó ya, involucra al mismo tiempo tanto un aspecto de autoidentificación como uno de autodistanciamiento. Como Heidegger pone de relieve en el marco del análisis del carácter del «llamado» (§ 56), en y con el «llamado» de la «conciencia^G» se anuncia la posibilidad de un tránsito del «uno mismo» hacia el genuino «sí mismo». Dicho tránsito tiene lugar a partir de una recuperación del «sí mismo», que está contenido, como posibilidad, en el propio «uno mismo», pues este, como se vio al comienzo, no puede constituir un fenómeno de encubrimiento total, sino que representa, más bien, un fenómeno de encubrimiento parcial, por vía de desfiguración. En consecuencia, lo alcanzado por el «llamado» no es otra cosa que el «uno mismo», mientras que su «hacia dónde» (*Woraufhin*) es el «propio sí mismo». El «llamado» produce, pues, un quiebre de la delegación de sí en el «uno», pero no a través de una directa puesta en cuestión del «uno», en su concreción existencial, como si se tratara de una suerte de diálogo crítico con el «uno». Lo hace, más bien, pasando por alto, sin más, al «uno», para interpelar al «sí mismo» que se refugia, por así decir, en él. En este «pasar por alto», el «uno» se precipita, de inmediato, en la insignificancia (*Bedeutungslosigkeit*) (cf. § 56, p. 273). Pero esta caída de los enmascaramientos no es un mero fenómeno negativo, que deja privado al «sí mismo» de su refugio y escondite en el anonimato del «uno», sino que constituye, a la vez, también la condición positiva de la posibilidad de un «sí mismo propio»: a través de tal puesta fuera de juego del «uno», como «refugio» y «guarida», el «sí mismo» se convierte, en virtud del «llamado», en lo que propiamente *es*, a saber: un genuino «sí mismo» (cf. p. 273). Lo esencial del «llamado», que, como puede verse, nada tiene que ver en su estructura con fenómenos del tipo del autoanálisis o la introspección, reside, pues, justamente en el momento del «pasar por alto» el «uno», yendo, así, más allá de toda pretendida identificación del «sí mismo» con cualquier posible contenido existencial concreto, al llamar hacia un «sí mismo» que es, como tal, «ser en el mundo» (cf. p. 273). El momento del «ir más allá» de todo contenido, dejándolo de lado, para así poner de manifiesto la imposibilidad de reducir el «sí mismo» a ningún contenido concreto, se revela, como función primaria del «llamado», en el hecho de que el «llamado» mismo no dice *nada*, de modo que tampoco tiene nada que ver con una suerte de «diálogo consigo mismo» (cf. p. 273). El «llamado» es un mero «llamamiento hacia el más propio poder ser». Y, en la medida en que llama a una posibilidad de ser y posee, como tal, carácter proyectivo-anticipativo, constituye lo que Heidegger denomina un «pre-vocar (llamar anticipativamente) hacia adelante» [*Vor-(nach-«vorne»)-Rufen*] (cf. p. 273).

La falta de contenido del «llamado» no es mera indeterminación, sino que constituye, más bien, un dato positivo que muestra que el «objetivo», por así decir, del «llamado» nada tiene que ver con hacer que uno se aferre a la esperanza de una comunicación (cf. pp. 273 s.). Lo abierto a través del «llamado» es, sin embargo, algo unívoco, en la medida en que el «llamado» no tiene lugar en un vacío carente de concreción óntico-existencial, sino que irrumpe en el *Dasein* fáctico, confrontado de antemano con circunstancias fácticamente determinadas. Por cierto, el «llamado» puede y, a veces, debe ser hecho objeto de una interpretación, según las posibilidades de comprensión del *Dasein* concreto del caso (cf. p. 274). Pero su función propia de «llamado» reside, más bien, en la radical puesta fuera de juego de toda presunta identificación del «sí mismo», como posibilidad de ser, con cualquier contenido óntico-existencial concreto (cf. p. 274; véase también § 57, p. 274). Justamente, el intento de defensa del «uno mismo», frente a la irrupción del «llamado», consiste habitualmente en tratar de arrastrar al «llamado» a una suerte de «diálogo de negociación consigo mismo» (*verhandelndes Selbstgespräch*), lo cual, en caso de tener lugar, sólo sirve para desperfilar y confundir la «tendencia de apertura» del «llamado» (cf. § 56, p. 274). Como «llamado» al «uno mismo» en su «sí mismo», el «llamado» es, pues, a la vez, «llamamiento del sí mismo hacia su poder ser sí mismo», vale decir: «pre-vocación (llamado anticipativo) del *Dasein* hacia sus posibilidades» (cf. p. 274).

4. EL «LLAMADO» COMO PROCEDENTE DE LA «CURA» (§ 57)

El análisis de la estructura y la función del llamado pone de relieve el momento de autodistanciamiento que hace posible la apertura de un espacio de genuina comparecencia del *Dasein* ante sí, en el modo de la «transparencia». En cambio, el examen del «quién» del llamado (cf. § 57) apunta a poner de manifiesto el momento complementario de autoidentificación, que forma parte necesariamente de esa posible «transparencia». El que realiza el «llamado» aleja de sí, junto con toda identificación de contenido, también toda posibilidad de hacerse conocido, y no se deja llevar a ningún tipo de consideración ni conversación. Esta «indeterminación» e «indeterminabilidad» es un carácter positivo, que pone de manifiesto el hecho de que el que llama sólo llama y sólo pretende ser oído, y no ser seducido con palabras (*beschwatzt*) (cf. pp. 274 s.). Esta es la razón por la cual el «oír existencial», vale decir, el «oír», tal y como se da en la «existencia» concreta, puede e incluso debe omitir la pregunta por el «quién» del llamado, allí donde precisamente le presta oídos, mientras que el análisis existenciario, tal como lo lleva a cabo la fenomenología del *Dasein*, no puede hacer lo mismo, sino que debe explicar la «facticidad» del «llamado» y la «existenciariedad» del «oír» (cf. p. 275).

Pues bien, en el «llamado» de la «conciencia[G]» es el propio *Dasein* quien se llama a sí mismo (cf. p. 275). Fenomenológicamente, el «llamado» procede *de mí* y, sin embargo, no por ello es menos cierto que me acomete, me sobreviene, viene *sobre mí*, incluso contra toda voluntad y expectativa. Este hecho no debe ser malinterpretado, de modo cosificante, por recurso a ninguna teoría acerca de la procedencia del «llamado» «desde fuera» o bien acerca de su origen en algún poder extraño. Por el contrario, el hecho debe ser esclarecido a partir del enraizamiento del «llamado» en el propio ser del *Dasein* (cf. pp. 275 s.). Si el «llamado» tiene que ver con alguna «efectividad» o «factualidad» (*Tatsächlichkeit*), no es con la propia de lo que es meramente cósico, sino sólo con aquella que corresponde al *Dasein*, en tanto este está entregado (*überantwortet*) a la «existencia» y, por lo mismo, no constituye una suerte de «proyecto de sí flotante en el vacío»[9]. En su «estado de abierto», al *Dasein* le queda abierta también su propia facticidad, al menos, en su «qué», aunque su «por qué» le pueda estar oculto (cf. *ST*, p. 276). Ahora bien, el «estado de yecto» se abre en el «encontrarse» o la «disposición afectiva», pero, inmediata y regularmente, el «temple anímico» (*Stimmung*) tiende a cerrar el «estado de yecto», como «estado

---

[9] Para la distinción entre la «efectividad» o «factualidad» (*Tatsächlichkeit*) propia de los que es «ante los ojos» y la propia del *Dasein*, véase *ST*, § 12, pp. 55 s., donde el carácter «efectivo» o «factual» del que Heidegger denomina «*Faktum Dasein*» se explica en términos de la noción de «facticidad» (*Faktizität*), en el sentido específico que remite a un momento estructural del «ser en el mundo».

de yecto», en la medida en que el *Dasein* busca refugio en la pretendida libertad del «sí mismo» en el modo del «uno». De este modo, el *Dasein* se cierra la «inhospitalidad» (*Unheimlichkeit*) propia de su «existir» fáctico. Se da aquí una peculiar «huida ante la inhospitalidad», tal como esta determina el fundamento mismo del «ser en el mundo», en su concreción individual (cf. p. 276). Pero, como mostraron los análisis correspondientes, es en la «disposición afectiva fundamental» de la «angustia» donde se revela la «inhospitalidad», como tal: la «angustia» pone al *Dasein* ante la nada del mundo, ante la cual el *Dasein* se angustia por su propio «poder ser». Visto desde esta perspectiva, puede decirse entonces que el que llama, indeterminable mundanamente en su contenido, no es otro que el mismo *Dasein* en su «inhospitalidad», vale decir: «el "ser en el mundo", originariamente "yecto", en tanto "privado de hogar", el mero "hecho de que" en la nada del mundo» (*das ursprünglich geworfenes In-der-Welt-sein als Unzuhause, das nackte «daß» im Nichts der Welt*) (cf. pp. 276 s.). El hecho de que el llamado provenga de aquel «sí mismo» que no se identifica con ningún contenido óntico-mundano explica, por tanto, que al «uno mismo» el que llama se le aparezca, en principio, como extraño, por serle desconocido, y ello justamente porque representa lo extremamente opuesto a la habitual manera de estar perdido y absorbido en el mundo: el que llama no le susurra nada al oído al *Dasein*, curioso y ocupado del «mundo», sino que se limita a revelarle su «poder ser propio» (cf. p. 277).

En tanto llama sin decir nada, el «llamado» posee un carácter, a la vez que anticipativo o «pro-vocante», también retro-activo o «retro-vocante»: retro-voca (*zurückrufen*) hacia el «estado de silenciado» (*Verschwiegenheit*) del «poder ser», en el modo del «existir» (cf. p. 277). Y este carácter «retro-vocante» se funda en el hecho de que la «inhospitalidad» constituye el «modo fundamental del «ser en el mundo», cotidianamente ocultado» (cf. p. 277). Este «me llama» («*es ruft mich*»), como modo señalado del «habla», es el «llamado», que, vinculado a la angustia, le hace posible al *Dasein*, por primera vez, el proyectarse a sí mismo por referencia a su propio «poder ser», quebrando todos los enmascaramientos identificatorios del «sí mismo». Como puso de relieve el previo tratamiento de la «angustia» como «disposición afectiva fundamental» (cf. § 40, p. 189), la «inhospitalidad», al quebrar toda supuesta instalación en el mundo, remueve al *Dasein* y amenaza su «pérdida (de sí) olvidada de sí» (cf. § 57, p. 277): pone en crisis toda estrategia de descarga de sí, por vía de la identificación reductiva y niveladora del «sí mismo» con tal o cual contenido óntico-fácticamente determinado.

La «conciencia[G]» se revela, pues, como «llamado» de la «cura». El que llama es el *Dasein*, que se angustia por su propio «poder ser», en su «estado de yecto», como «ser ya en (el mundo)». El que es llamado (*Angerufener*) es el mismo *Dasein*, llamado, convocado, a su más propio «poder ser», a partir de la pérdida de sí en el «uno», como «ser ya junto al mundo del que se ocupa el procurar» (*Schon-sein-bei-der-besorgten-Welt*) (cf. § 57, p. 277). La posibilidad ontológica del «llamado» se encuentra, por tanto, en la propia «cura», como ser del *Dasein*. Y todo intento de explicar el acontecer del «llamado» por recurso a instancias extrínsecas que operan causalmente, lejos de dar cuenta de su posibilidad como hecho ontológico-existenciario, más bien, la aniquila (cf. p. 278). En último término, el «llamado» de la «conciencia^G» anuncia, como se verá, el «ser culpable/deudor» del *Dasein*, en cuanto su ser, que es «cura», constituye, al mismo tiempo, el fundamento de una «nulidad» (*Nichtigkeit*) (cf. § 58, p. 286). Tal «nulidad» es la que se revela en y con el «llamado» de la «conciencia^G», el cual llama al «ser culpable/deudor»: el «llamado» la arranca, por así decir, de la latencia en la que habitualmente se retrae, y la presenta, de modo no disfigurado, como «nulidad» (cf. p. 287). De hecho, todas las interpretaciones del fenómeno de la «conciencia^G», incluso las más vulgares, coinciden en señalar que este habla de una cierta «deuda/culpa» (*Schuld*), pero lo que hay que establecer es su preciso significado existenciario (cf. § 57, pp. 279 s.).

Como el propio Heidegger indica, la explicación dada hasta aquí se limita a dar cuenta de la posibilidad y la estructura del «llamado», a partir de sus fundamentos existenciarios. Pero se hace necesario también, a partir de allí, reobtener el fenómeno de la «conciencia^G», tal como este se presenta en la experiencia vulgar, según la cual la «conciencia^G» nos reprocha hechos concretos, errores y omisiones (cf. p. 279). Justamente, el análisis de la noción de «culpa/deuda» desarrollado en el § 58 y la posterior consideración de la concepción vulgar de la «conciencia^G» en el § 59 apuntan a mostrar cómo la concepción existenciaria desarrollada permite transparentar la estructura de tales fenómenos derivativos, a partir de la referencia a sus condiciones ontológicas de posibilidad. Uno de los aspectos más interesantes, desde el punto de vista sistemático, de la discusión desarrollada allí tiene que ver con el modo en que Heidegger deriva la secuencia habitual de consideración, según la cual en el fenómeno de la «conciencia^G» aparece en el primer plano la *referencia a lo ya sucedido*, a partir del carácter proyectivo («pro-vocante») del «llamado». Desde el punto de vista sistemático y estructural, hay aquí una analogía estrecha con la estrategia argumentativa que le permite a Heidegger en los §§ 78-81 reobtener la representación vulgar del tiempo, por referencia a su origen en la temporalidad originaria, con su peculiar estructura horizontal-extática.

5. LA COMPRENSIÓN DEL «LLAMADO» Y EL «SER CULPABLE/DEUDOR» DEL *DASEIN* (§ 58)

Desde el punto de vista del análisis existenciario, explica Heidegger, no se trata de detallar las posibilidades fácticamente determinadas a las que apunta el «llamado» en su concreción existencial, la cual es, por su propia índole, relativa al *Dasein* invidividual del caso. El análisis existenciario debe limitarse, más bien, a establecer lo que pertenece a la condición existenciaria de la posibilidad de tal «poder ser» fáctico (cf. § 58, p. 280). Desde este punto de vista, lo esencial en la función del «llamado» es, como se vio, su carácter esencialmente *disruptivo*, en la medida en que pone en crisis, por así decir, la delegación del sí mismo, en su radical individualidad, en el impersonal del «uno». Al hacer esto, el «llamado», que señaliza anticipativamente hacia un peculiar «poder ser», el correspondiente al «sí mismo» propio, le quita al *Dasein* su refugio y guarida en el impersonal y, con ello, lo retrotrae a la «inhospitalidad» de su radical individualidad singularizada, en tanto «yecto», arrojado, en el mundo. El «desde dónde» (*Woher*) del «llamado», que no es otro que tal «inhospitalidad» propia de la individualidad singularizada, de carácter «yecto», es co-abierto en y con el «llamado» mismo, pues se identifica, en definitiva, con el «hacia donde» (*Wohin*) del «llamado»: «el "desde dónde" del "llamado", en el "pre-vocar hacia..." (*Vorrufen auf...*), es el "hacia dónde" del "retro-vocar" (*Zurückrufen*)» (cf. p. 280). Lo que el «llamado» abre de este modo no es ningún «poder ser» de carácter ideal-universal, sino, más bien, el «poder ser» que es propio del *Dasein* invidividual del caso. Por lo mismo, se trata de un «poder ser» que no puede ser comprendido sino como fácticamente determinado, en virtud del carácter «yecto» del «proyectar». El «carácter de apertura» del «llamado», explica Heidegger, sólo queda plenamente determinado cuando el «llamado» es considerado en su dimensión a la vez «pre-vocante» y «retro-vocante» (*vorrufender Rückruf*) (cf. p. 280). El momento señalizado por el prefijo «pre-» (*vor*) apunta aquí a la posibilidad por parte del *Dasein* de hacerse cargo él mismo, en su «existencia», del ente «yecto», arrojado, que él mismo *es*. El momento señalizado por el prefijo «retro-» (*zurück*) remite, por su parte, al «estado de yecto» como aquel fundamento del que el *Dasein*, en su existir, debe hacerse cargo (cf. p. 287).

Esta misma caracterización formal provee, por último, también el punto de partida para una adecuada interpretación de lo que el «llamado», como tal, «da a entender». Como se dijo, todas las interpretaciones del fenómeno de la «conciencia[G]», incluso ya en el ámbito de la actitud «natural», enfatizan el hecho de que el «llamado» se dirige al *Dasein* en su calidad de «culpable» o «deudor» (*schuldig*). Heidegger retiene este aspecto, pero señala la necesidad de proveer una adecuada caracterización, desde el punto de vista existenciario, del «ser culpable/deudor» que se pone de manifiesto en y con el «llamado». Metódicamente, el problema que se plantea no es diferente del que se plantea en el caso de otros fenómenos semejantes vinculados con el ser del *Dasein*: la interpretación existenciaria no puede prescindir de la interpretación vulgar-cotidiana, que le provee su necesario punto de partida, pero tampoco puede dejarse guiar, sin más, por ella, sino que debe contrarrestar las tendencias al ocultamiento y la desfiguración imperantes en el modo habitual en el cual el *Dasein* comprende su ser y habla de sí. Se trata, pues, de lograr sacar partido adecuadamente, en la interpretación del fenómeno, de la «indicación» hacia la «idea» originaria de este que está contenida y co-develada (*mitenthüllt*) ya en su visión desperfilada y desfigurada (cf. p. 281). En este caso, el «criterio» que debe guiar tal intento lo encuentra Heidegger en el modo habitual de hablar de la «culpa» o «deuda», más precisamente, en el hecho elemental de que el predicado «culpable»/«deudor» aparece conectado con la expresión «yo soy»: aquí podría hallarse una documentación exterior de la conexión más profunda que vincula el «ser culpable/deudor» con el ser mismo del *Dasein*, en cuanto este «existe», en cada caso, de modo fácticamente determinado (cf. p. 281).

El punto de Heidegger se comprende mejor, si se parte de la contraposición de dos posibles direcciones de consideración del mismo fenómeno, tal como este queda articulado en el uso habitual del lenguaje: normalmente, nos valemos de expresiones del tipo «yo soy culpable/deudor *de* algo» o bien «yo soy culpable/deudor (de algo) *ante* alguien», que enfatizan, por un lado, el «objeto» o la «materia» de la culpa/deuda y, por otro, la persona afectada frente a la cual, en calidad de damnificado/acreedor, queda obligado, en cada caso, quien se hace culpable/deudor de algo[10]. Sobre esta base, la consideración habitual del fenómeno de la culpa/deuda sigue la línea que marca la referencia al «objeto» o la «materia» culpa/deuda, a la persona afectada o bien ambos, en la medida en que aparecen estructuralmente relacionados a través de la culpa/deuda, como tal. Y lo hace así, porque es en ellos donde se pueden identificar las instancias a partir de las cuales se da cuenta, en cada caso, del origen, la razón y el alcance de la culpa/deuda: es así como se determina de qué, por qué y ante quién se es, en cada caso, culpable/deudor. Si, adicionalmente, se toma tal tipo de consideración como hilo conductor para una interpretación ontológica del fenómeno, lo que se impone de modo casi natural, como ha ocurrido una y otra vez en la historia de la discusión filosófica del problema, es una concepción de orientación básicamente *causal* del fenómeno de la culpa/deuda, en la cual esta aparece concebida fundamentalmente como un tipo peculiar de *consecuencia* que puede eventualmente acarrear consigo el obrar de los agentes racionales. Lo que se deja completamente de lado en

---

[10] En atención a estos aspectos, Heidegger considera cuatro diferentes sentidos del «ser culpable/deudor», que pueden tener alcance moral o no (p. ej., el «tener deudas» o «deber algo», en el sentido económico de la expresión) (cf. *ST*, § 58, pp. 281 s.). Pero ninguno de estos significados, incluido el propiamente moral, ni tampoco su distinción expresa proveen, por sí solos, el necesario esclarecimiento del sentido ontológico del «ser culpable/deudor», tal como este debe ser comprendido a partir del ser del *Dasein* (cf. p. 282).

este tipo de abordaje del fenómeno es la dirección de consideración que apunta a aquellas condiciones vinculadas con el ser mismo del ente que puede hacerse, como tal, culpable/deudor, en cualquiera de los posibles sentidos ónticos del término. Dicho de otro modo: lo que se deja fuera de consideración es nada menos que la cuestión referida a las condiciones existenciarias de la posibilidad de la culpa/deuda, como tal.

Este último es precisamente el aspecto que Heidegger intenta poner en el centro de la atención en su análisis del fenómeno. Para ello, explica Heidegger, la idea del «ser culpable/deudor» debe ser comprendida a partir del modo de ser del *Dasein*, lo que implica, a su vez, tomarla en un sentido formalizado, que deje de lado la referencia tanto a las cosas y los otros como también a todo deber y toda ley. La razón es simple: la interpretación de la «carencia» (*Mangel*) propia de la culpa/deuda que deriva de la orientación a partir de tales instancias tendrá que pensar necesariamente dicha «carencia» en términos cósicos, es decir, en términos propios de la ontología de la *Vorhandenheit* (cf. p. 283). En sentido formal-existenciario, el «ser culpable/deudor» es caracterizado como un «ser fundamento de una nulidad» (*Grundsein einer Nichtigkeit*), donde la noción de «nulidad» remite a un «ser que queda determinado por un "no"» (cf. p. 283). La caracterización recoge tanto el aspecto del «fundar» o «dar lugar a...», que en la interpretación vulgar-cotidiana del fenómeno de la culpa/deuda queda normalmente reinterpretado en términos causales, como también el aspecto de carencia, falta o pérdida, que en la interpretación vulgar-cotidiana va asociado tanto con la culpa/deuda misma, como con aquello que el «ser culpable/deudor» produce en los otros. La interpretación causal del fenómeno de la culpa/deuda no puede, sin embargo, dar cuenta de su fundamento ontológico en el *Dasein* mismo, pues el «ser culpable/deudor» tiene que poder explicarse, como tal, a partir del propio ser del *Dasein*, y no como algo que se le añade simplemente desde fuera, a través de los nexos causales que lo unen con las cosas del mundo y con los otros como él. En tal sentido, explica Heidegger, el «ser culpable/deudor» del *Dasein* no resulta de un previo «hacerse culpable/deudor», sino que, inversamente, todo «hacerse culpable/deudor» sólo resulta, como tal, posible «sobre la base» de un originario «ser culpable/deudor» del *Dasein* (cf. p. 284). Tal «ser culpable/deudor» originario hunde sus raíces en la estructura misma de la «cura», como ser del *Dasein*. Por un lado, en cuanto caracterizado por el «estado de yecto», el *Dasein* es un fundamento que no puede fundarse a sí mismo ni remontarse por detrás de sí mismo, pero que, al mismo tiempo, debe hacerse cargo de sí, precisamente, en su «ser fundamento». Esto implica, como momento constitutivo de «nulidad», el no poder jamás apoderarse y disponer de su ser más propio, desde su fundamento mismo (cf. p. 284). El *Dasein* no es fundamento de su ser, como si este surgiera de su propio «proyectar», lo cual no impide que, como «sí mismo», el propio *Dasein* sea él mismo el «ser» del fundamento, pues esto último sólo puede serlo un ente cuyo ser es tal que debe hacerse cargo del «ser fundamento» (cf. p. 285). Por otro lado, en su carácter de «proyecto», el *Dasein* no sólo está determinado fácticamente en su «poder ser» por el carácter «yecto» de su «proyectar». A ello se añade también el hecho de que el propio «proyectar» posee su propio momento constitutivo de «nulidad», en la medida en que el «poder ser», al estar en una determinada posibilidad, por ello mismo no está, a la vez, en otra. Se trata aquí de un momento de «nulidad» que pertenece esencialmente al «ser libre» del *Dasein* para sus propias posibilidades existenciales: esta libertad sólo se realiza en la elección de una posibilidad, que comporta necesariamente, como su reverso, la necesidad de hacerse cargo de la imposibilidad de la elección de otra (cf. p. 285). Puesto que estos momentos de «nulidad» pertenecen constitutivamente a la «cura», como ser del *Dasein*, este debe ser caracterizado ontológicamente como «culpable/deudor», en el sentido preciso de «ser fundamento de una nulidad» (cf. p. 285)[11]. En tal sentido, Heidegger señala que el ente cuyo ser es «cura» no sólo puede cargar fácticamente con determinadas culpas/deudas, sino que es «culpable/deudor» en el fundamento mismo de su ser, el cual provee la condición ontológica de posibilidad de que el *Dasein*, en su «existencia» fáctica, pueda hacerse «culpable/deudor», en alguno de los sentidos habituales del término (cf. p. 286). También la moralidad orientada a partir de la distinción entre lo (moralmente) bueno y malo se funda en el originario «ser culpable/deudor», de modo tal que la determinación del sentido ontológico de este último no puede llevarse a cabo partiendo de la esfera de la moralidad (cf. p. 286).

Como «llamado» de la «cura», y en su articulación «pre-» y «retrovocante», el «llamado» de la «conciencia^G» da a entender al *Dasein* que él mismo —como fundamento, signado por la «nulidad», de su proyectar, igualmente signado por la «nulidad»— *debe* recuperarse a sí mismo, a partir de la «pérdida de sí» en el «uno», y que, por eso mismo, *es* «culpable/deudor» (cf. p. 287). Ahora bien, como se dijo ya, el «llamado», como modo de «dar a entender», debe encontrar su correlato en un determina-

---

[11] En este respecto, Heidegger enfatiza el hecho de que la «nulidad» que anida en el ser mismo del *Dasein* no puede ser interpretada, en su carácter y estructura, a partir de ninguno de los conceptos de negación y privación que tienen su ámbito de aplicación en la ontología de las cosas. En particular, dicha «nulidad» no puede definirse como una carencia respecto de un ideal dado de antemano que el *Dasein*, por las razones que fuera, no logra alcanzar (cf. *ST*, § 58, p. 285). Más aún: Heidegger piensa que tampoco la caracterización tradicional del mal como *privatio boni* puede proveer la orientación requerida para el análisis existenciario de la «culpa/deuda», con atención a su momento constitutivo de «nulidad», pues tampoco ella es una noción que haga justicia a los requerimientos que plantea la ontología del *Dasein*: se trata, en definitiva, de una noción que tiene su origen en la ontología de la *Vorhandenheit* (cf. p. 286).

do modo de comprensión del «llamado», como tal: al «llamado» debe corresponder un cierto modo del «oír». El modo recto de oír el llamado no consiste en otra cosa, explica Heidegger, que en comprenderse uno mismo a sí mismo en su más propio «poder ser», vale decir, en el «proyectarse» hacia el más propio y genuino «poder hacerse culpable/deudor». Tal modo comprensivo de acoger el «llamado» contiene en sí el momento del «llegar a ser libre» (*Freiwerden*) para el «llamado», en el sentido del estar presto o dispuesto a ser llamado, de suerte que en y con la propia recta comprensión del «llamado» el *Dasein* se hace «dócil» (*hörig*) frente a él, vale decir, le «presta oídos». Con ello, el *Dasein* se ha elegido ya a sí mismo (cf. p. 287). Esta elección hace posible el modo más propio del «ser culpable/deudor», el cual le queda cerrado al «uno» (cf. p. 288), pues lo propio de este es, como se vio, haber siempre ya omitido la genuina elección de sí mismo. En el «llamado», el «uno mismo» es llamado a su más propio «ser culpable/deudor», y la comprensión del «llamado» no es la elección de la «conciencia^G» misma, que, como tal, no se elige, sino el «*tener* conciencia^G», en el sentido del «ser libre» para el más propio «ser culpable/deudor» (cf. p. 288). Dicho de otro modo: la comprensión del «llamado» toma la forma de un «querer tener conciencia^G» (*Gewissenhaben-wollen*). Este provee la más propia condición existenciaria de posibilidad para todo modo fácticamente determinado de hacerse «culpable/deudor»: la comprensión del «llamado» deja en libertad al más propio «sí mismo» del *Dasein*, para que tal «sí mismo» pueda actuar en el propio *Dasein* a partir de su propio «poder ser», que, como tal, ha elegido (cf. p. 288). Aquí se halla, según Heidegger, la condición última de la posibilidad de toda forma de ser responsable (*verantwortlich*) (cf. p. 288)[12].

6. LA INTERPRETACIÓN EXISTENCIARIA DE LA «CONCIENCIA^G», FRENTE A LA INTERPRETACIÓN VULGAR (§ 59)

La interpretación existenciaria de la «conciencia^G» elaborada en los §§ 55-58 no parece cuadrar, en sus lineamientos generales, con la interpre-

---

[12] Como Heidegger mismo explica en el texto, esta conexión estructural de la genuina responsabilidad con el momento del «querer tener conciencia^G» no excluye sino que, más bien, presupone la necesidad de hacerse cargo del aspecto esencial e ineliminable de «falta de conciencia^G» (*Gewissenlosigkeit*) que acompaña a todo obrar fáctico, y ello no sólo porque el obrar fáctico no evite el hacerse moralmente «culpable/deudor», sino, de modo más radical aún, porque, en virtud de la «nulidad» que signa al «proyecto yecto (arrojado)», en el «ser con» los otros el *Dasein* se ha hecho siempre ya «culpable/deudor» frente a ellos: la única posibilidad existencial de ser moralmente «bueno» viene dada a través del hacerse cargo (*Übernahme*) de esa esencial «falta de conciencia», tal como dicho hacerse cargo es posibilitado por el «querer tener conciencia» (cf. *ST*, § 58, p. 288).

tación habitual o, como la denomina Heidegger, «vulgar» del fenómeno. «Vulgar» es esta interpretación en el sentido preciso de que se atiene a lo que determina el «uno», vale decir: a lo que *se* cree que es la «conciencia^G» y al modo en que *se* le presta seguimiento o no. Que el «uno» tienda a encubrir interpretativamente *este* peculiar modo de ser del *Dasein*, como «sí mismo», no resulta sino natural, si se tiene en cuenta que el «llamado» de la «conciencia^G» apunta precisamente a la posible recuperación de sí del *Dasein*, a partir de la «pérdida de sí» en el «uno» (cf. § 59, p. 289). A través de tal desfiguración ocultante, el «uno» tiende a mantener su propia vigencia, ante el riesgo que supone la irrupción del «llamado» de la «conciencia^G», el cual, si es correspondido a través del momento comprensivo del «querer tener conciencia^G», precipita de un solo golpe al «uno» en la más completa insignificancia. Ahora bien, dado el peculiar modo en el cual Heidegger piensa la relación entre la comprensión ontológica y la pre-ontológica, la notoria discrepancia entre la interpretación existenciaria y la interpretación «vulgar» de la «conciencia^G» no puede conducir al simple descarte de esta última, pues, como se dijo ya al comienzo, la propia comprensión ontológica permanece, en último término, deudora de la comprensión pre-ontológica, la cual, por su parte, alcanza de algún modo el fenómeno interpretado en cada caso, aunque lo haga de un modo tendencialmente desfigurado y encubridor. Por lo mismo, la interpretación ontológica, aunque no puede valerse de la «vulgar» como criterio último de «objetividad», tampoco puede desentenderse, sin más, de ella. Más bien, debe incorporarla de modo expreso en su propia reconstrucción del fenómeno, mostrando cómo la interpretación «vulgar» puede ser ella misma reconducida a los fundamentos existenciarios que la interpretación ontológica pone de manifiesto y explicada así en su génesis a partir de ellos. En efecto, este es el único modo de hacerla comprensible también, y particularmente, en lo que tiene de desfigurador y ocultante (cf. pp. 289 s.).

Desde luego, no es este el único caso en el cual Heidegger pretende dar cuenta de la interpretación «vulgar» de un fenómeno a partir de la correspondiente interpretación fenomenológica, de modo tal de poner de manifiesto, al mismo tiempo, tanto su carácter desfigurador y encubridor, como también su enraizamiento en las mismas estructuras ontológicas que la propia interpretación vulgar tiende a desfigurar y encubrir interpretativamente. En rigor, se trata de un procedimiento metódico habitual de derivación genética, dentro del modelo explicativo que Heidegger adopta en el marco de la concepción fenomenológica elaborada en *ST*. El caso más similar al presente se encuentra en el tratamiento del origen del concepto vulgar del tiempo (cf. §§ 78-81). Pero también la explicación genética del origen de la «cosa», que desempeña un papel dominante en la interpretación habitual del ser del ente intramundano, a partir del «útil» (cf. § 16), la del origen del espacio físico-natural a partir de la espacialidad del *Dasein* y del ente intramundano (cf. § 22), la de la interpretación cotidiana del «ser para (vuelto hacia) la muerte» (cf. §§ 51-52), etc. presentan una orientación metódica comparable en aspectos fundamentales. La peculiaridad en el caso del fenómeno de la «conciencia^G» viene dada, sin embargo, por el hecho de que la consideración de la interpretación «vulgar» apunta al mismo tiempo, y sobre todo, a desactivar las objeciones que podrían dirigirse a la caracterización ontológica ya elaborada, lo cual viene motivado, en buena medida, por la apariencia *prima facie* contraintuitiva que posee dicha caracterización.

Heidegger considera cuatro objeciones fundamentales. La primera y más importante, desde el punto de vista sistemático, alude al hecho de que la interpretación ofrecida no daría cuenta de fenómenos habitualmente reconocidos, tales como la «mala conciencia^G», la «conciencia^G que reprende» o bien «advierte» (*rügendes, warnendes Gewissen*), los cuales gozan de la primacía frente a la «buena conciencia^G», en todas las interpretaciones de la «conciencia^G» (cf. § 59, p. 290). Heidegger acepta el primado metódico del fenómeno de la «mala conciencia^G», en la medida en que deja advertir la conexión estructural con el momento del «ser culpable/deudor», mientras que el fenómeno de la «buena conciencia^G» tiende, más bien, a encubrirla (cf. p. 291)[13]. Sin embargo, la orientación a partir de la representación habitual de la «mala conciencia^G» no permite penetrar en la estructura existenciaria del fenómeno. La principal dificultad estriba aquí, al parecer, en el carácter esencialmente *retrospectivo* que la interpretación «vulgar» atribuye la anunciación del «ser culpable/deudor», a través del «llamado». En su función estrictamente acusatoria, la «conciencia^G» se anuncia *tras* la acción u omisión o, al menos, *tras* la decisión por la una o la otra: la «voz» *sigue* al acto reprochable y parece remitir así a un acto ya ejecutado (o decidido), a través del cual el *Dasein* se ha «cargado de culpa». Ello implicaría que el «llamado» no podría tomar la forma de un «llamamiento hacia», de carácter esencialmente

---

[13] En rigor, la crítica de Heidegger a la idea de la «buena conciencia^G» va todavía más lejos, al menos, allí donde esta se entendiera de modo paralelo al caso de la «mala conciencia^G». En tal caso, la «buena conciencia» sería expresión del «ser bueno», así como la mala lo es del «ser malo»: la «buena conciencia^G» me diría entonces que «soy bueno». Tal veredicto, lejos de confirmar lo que establece, testimoniaría, más bien, lo contrario, pues quien se dice tal cosa a sí mismo se ha hecho ya, con sólo decírselo, siervo del fariseísmo (*Knecht des Pharisäismus*). Nada más lejos del verdaderamente «bueno» (*der Gute*) que tal tipo de autoconfirmación de la propia bondad. El hecho de que, en razón de su propia estructura, no haya algo así como una «buena conciencia^G», en el sentido antes indicado, muestra por sí solo que lo propio de la «conciencia^G» es anunciar con su «llamado» el «ser culpable/deudor» (cf. *ST*, § 59, p. 291; para la referencia al fariseísmo, véase también p. 293). En un sentido comparable, también Kant enfatiza que la función de la «conciencia^G» se limita a acusar y, sobre esa base, a condenar o absolver, pero la absolución, allí donde tiene lugar, no adquiere jamás el carácter de un premio o recompensa (*belohnen, Belohnung*) [cf. Kant (1777), pp. 191 s.].

anticipativo, sino que tiene el carácter de una remisión rememorativa (*erinnerndes Verweisen*) a la culpa/deuda en la que se ha incurrido (cf. p. 290). Se trata, sin embargo, de una dificultad sólo aparente, derivada de una interpretación insuficiente y tendencialmente cosificante del fenómeno del «llamado»: se atiende tan sólo a la realidad psicológica del «llamado» como «vivencia», situada, como tal, dentro de la serie sucesiva de las diferentes vivencias, sin considerar el reverso estructural que remite al fundamento ontológico-existenciario que hace posible, como tal, dicha «vivencia». Vista desde su reverso estructural, la culpa/deuda en la que se incurre en cada caso provee tan sólo la «ocasión» para la aparición fáctica del «llamado», la cual sigue al acto concreto a través del cual se incurre en dicha culpa/deuda (cf. p. 290). Que el «llamado» siga a dicho acto no implica ni que su referencia retrospectiva se limite al acto mismo, ni tampoco que, como «llamado», carezca de toda referencia de carácter anticipativo. Por el contrario, en su carácter retro-vocante, el «llamado» sobrepasa el acto concreto que provee su ocasión, pues remite más allá de él, en último término, al «estado de yecto», en el que se funda, como se vio, el originario «ser culpable/deudor» del *Dasein*, en su irrevocable facticidad, el cual es, como tal, «anterior» a todo posible «hacerse culpable/deudor» concreto (cf. p. 291). Pero, al referir de modo retro-vocante al «estado de yecto» y al «ser culpable/deudor» fundado en él, el «llamado» no se limita a constatar tal «ser culpable/deudor», sino que llama *hacia* él de modo esencialmente anticipativo, vale decir, pre-vocante: llama *hacia* el «estado de yecto» como hacia una *posibilidad de ser*, que debe ser, como tal, empuñada ejecutivamente en el propio «existir» del *Dasein*. Puesto que el «ser culpable/deudor», en su sentido propiamente existencial, sólo puede tener lugar, como tal, sobre la base de una previa asunción ejecutiva, Heidegger puede entonces concluir que, desde el punto de vista ontológico-existenciario, el «ser culpable/deudor» sigue al «llamado», y no inversamente, como podría parecer, desde el punto de vista de la secuencia psicológica que da cuenta de la «ocasión» del «llamado» mismo. En este sentido, la «mala conciencia» no tiene un carácter meramente amonestador-retrospectivo, sino que, al llamar retrospectivamente al «estado de yecto», señala, a la vez, anticipativamente hacia el correspondiente «ser culpable/deudor», como posibilidad de ser[14]. La secuencia de las vivencias

---

[14] Algo análogo ocurre en el caso de la «conciencia^G que advierte» (*warnendes Gewissen*): tampoco en este caso su carácter anticipativo transparenta la estructura ontológica del «llamado», pues esta se pone de manifiesto tan sólo cuando se atiende al hecho de que el «llamado», sobrepasando toda advertencia referida a lo que se debe evitar hacer en concreto, señala de modo pre-vocante hacia el «ser culpable/deudor», como posibilidad de ser del *Dasein*. En efecto, sólo desde la referencia a tal «ser culpable/deudor» puede hacerse comprensible el hecho de que el propio *Dasein* se distancie de lo que él mismo quiere o pretende, al elegirse a sí mismo de cierta

no provee, por tanto, la clave de acceso a la estructura fenoménica del «existir», en el cual se funda el «llamado» (cf. p. 291).

Las restantes objeciones pueden ser tratadas de modo más conciso. La segunda objeción señala que la experiencia cotidiana de la «conciencia^G» no conoce algo así como un «llamado» al «ser culpable/deudor». Heidegger concede el punto, pero señala que ello no constituye un argumento contra la interpretación existenciaria ofrecida. El desconocimiento del «llamado» al «ser culpable/deudor» se conecta, más bien, con el hecho de que la interpretación «vulgar» se mantiene, en virtud de la «caída», en el horizonte de la ocupación con el ente intramundano, lo que conduce a una interpretación cosificante del fenómeno de la «conciencia^G». Ni las teorías psicológicas que se orientan a partir de la idea de la sucesión de las vivencias, ni las concepciones filosóficas que se orientan a partir de la representación del «foro interior» (v. gr., Kant) o de la idea de los «valores» (v. gr., la ética de los valores, sea formal o material) logran trascender realmente el horizonte en el que se mueve la propia interpretación «vulgar» (cf. p. 293). La tercera objeción señala que el «llamado» se refiere siempre a un hecho concreto que se ha llevado a cabo (o se ha decidido realizar), y nunca, de modo directo, al ser mismo del *Dasein*. Pero se trata de una objeción basada en una visión reductiva del fenómeno, en la medida en que queda aferrada a los elementos que dan cuenta de su concreción óntica, sin considerar su reverso estructural, que remite a las condiciones ontológico-existenciarias de su posibilidad (cf. p. 293). Por último, y en estrecha conexión con lo anterior, la cuarta objeción señala que la eliminación de la referencia a contenidos concretos en la consideración del «llamado» privaría a la «conciencia^G» del suelo sobre el cual únicamente puede ejercer su función eminentemente crítica. Lo que se echa de menos es la referencia a un conjunto de reglas generales a las que deba atenerse la «existencia», comprendida a partir de la ocupación con el ente intramundano, es decir, como «negocio» (*Geschäft*). Pero la «conciencia^G» no aconseja ni ordena nada concreto, pues la provisión de tales «indicaciones prácticas», lejos de garantizar la posibilidad del genuino obrar, más bien, la aniquilaría: lo que abre el «llamado» es la «existencia» misma, y no algo de lo que cabe ocuparse en el modo del trato con el ente intramundano. La concreción y la positividad del «llamado» vienen dadas, en cada caso, por su intrínseca vinculación con el «poder ser» fáctico del *Dasein* individual, y nunca por la mera referencia a determinadas reglas generales, dadas de antemano y consideradas, por así decir, en estado de flotación en el vacío (cf. p. 294).

---

manera: el mantenerse momentáneamente libre de todo «hacerse culpable/deudor» concreto, siguiendo la advertencia de la «conciencia^G», sólo puede explicarse, en su posibilidad, a partir del hacerse cargo ejecutivamente de su más propio «ser culpable/deudor» por parte del *Dasein* (cf. *ST*, § 59, p. 292).

7. EL «PODER SER PROPIO» ATESTIGUADO EN EL «LLAMADO» (§ 60)

El último paso del análisis del fenómeno de la «conciencia^G» consiste en la determinación de la estructura existenciaria del «poder ser propio» atestiguado en el «llamado». Ello implica poner a dicho «poder ser propio», retomando lo ya establecido en el análisis, en la requerida conexión con los correspondientes momentos constitutivos del «estado de abierto» del *Dasein*, más precisamente: *a*) el «comprender» (*Verstehen*), *b*) el «encontrarse» o la «disposicionalidad afectiva» (*Befindlichkeit*) y *c*) el «habla» (*Rede*)[15]. *a*) La comprensión del «llamado», en el sentido preciso del «querer tener conciencia», constituye un «dejar actuar en sí el «más propio sí mismo», a partir de sí mismo, en su «ser culpable/deudor»». Tal «actuación» del «más propio sí mismo» en el seno del *Dasein* representa fenoménicamente el «poder ser propio» atestiguado en el *Dasein*. El «querer tener conciencia», como un modo de autocomprensión (*Sich-verstehen*) por referencia al más propio «poder ser» constituye un modo peculiar del «estado de abierto» del *Dasein*, que, en lo que tiene de autocomprensión, debe ser caracterizado como un proyectarse hacia la posibilidad fáctica del «ser en el mundo» en cada caso más propia (cf. § 60, p. 295). *b*) La comprensión del «llamado» abre el propio *Dasein*, como se vio, en la «inhospitalidad» de su singularidad individual. La «inhospitalidad» co-develada en el comprender es abierta propiamente por la disposición afectiva de la angustia. En tal sentido, el «querer tener conciencia» puede caracterziarse también en términos de un «estar dispuesto a la angustia» (cf. p. 296). Por último, *c*), en cuanto «da a entender», el «llamado» constituye, como se vio, un modo peculiar y originario del «habla», que tiene lugar en el modo del «callar», y que queda sustraído, como tal, a toda posibilidad de réplica. Lo peculiar de tal modo de «dar a entender» callando consiste en el hecho de que, sin decir nada, le quita la palabra, de un solo golpe, a la «habladuría» del «uno» y llama así al *Dasein*, desde la muda «inhospitalidad», al silencio y la calma (*Stille*) de sí mismo (cf. p. 296). En la unidad de sus tres momentos constitutivos, el modo peculiar y señalado del «estado de abierto» que reside en el «querer tener conciencia» puede ser caracterizado, en suma, como «el proyectarse, callado y presto a la angustia, hacia el más propio "ser culpable/deudor"» (*das verschwiegene, angstbereite Sichentwerfen auf das eigenste Schuldigsein*), y corresponde a lo que Heidegger denomina terminológicamente el «estado de resuelto» (*Entschlossenheit*) (cf. pp. 296 s.).

---

[15] Naturalmente, el momento de la «caída» no forma parte de la estructura existenciaria del «poder ser propio», como tal. La conexión con dicho momento viene dada por el hecho de que el «uno» constituye, como se vio, el *terminus a quo* del análisis de la atestiguación del «poder ser propio» a través del «llamado».

Se advierte aquí la estrecha conexión sistemática que vincula el fenómeno del «llamado» de la conciencia con los momentos del «ser en la verdad» y la «verdad de la existencia»: el «estado de resuelto», como la genuina verdad del *Dasein*, abre el «ahí» (*Da*) en total, es decir, la totalidad del «ser en el mundo». Esto involucra tanto la comprensión del ente intramundano y el plexo de la significatividad del mundo, como también comprensión del «co-existir» (la «co-existencia») de los otros, *pero todo ello a partir de la correspondiente modificación del «por mor de qué»* (*Worum-willen*), que remite al propio *Dasein*, en su concreción individual[16]. Dicho de otro modo: también aquí se advierte que hay un primado del aspecto autorreferencial del «estado de abierto», en la apertura total de la significatividad, en la medida en que el modo en que el *Dasein* comparece ante sí mismo, al hacerse cargo ejecutivamente de sí, co-determina el modo correspondiente de la comparecencia del ente intramundano y de los otros, dentro del mundo (cf. p. 297). Obviamente, esto no alude ni podría aludir a una modificación de los «contenidos descriptivos», por así decir, de lo que en cada caso comparece dentro del «mundo», sino que concierne, más bien, a su inserción en un marco más amplio de referencias significativas. Vale decir: se trata de una modificación del *horizonte de sentido* dentro del cual tiene lugar toda posible comparecencia, con la consiguiente modificación de referencias significativas, pautas de evaluación y criterios de relevancia. Como se echa de ver, aquí se perfila con nitidez, dentro de la concepción heideggeriana, un aspecto estructural vinculado con el tipo de consideración que apuntaría a dar cuenta del origen último de toda «normatividad»[17].

En cuanto constituye el modo propio del «ser sí mismo» del *Dasein*, el «estado de resuelto» no aísla al *Dasein* del mundo, ni lo convierte en un «yo» flotante en el vacío. Por el contrario, el «estado de resuelto» da lugar, en cada caso, a un genuino «ser junto» al ente «a la mano», en el modo de la ocupación, y a un genuino «ser con» los otros, en el modo del «procurar por» ellos. Dicho de otro modo: a partir del «por mor de qué» correspondiente al «poder ser» que es fruto de la elección de sí mismo, el *Dasein* «resuelto» deja en libertad para sí un mundo. Lejos de encerrarlo en sí o hacerlo ajeno a los que son como él, la resolución (*Entschluß*) a sí mismo es lo que concede al *Dasein* la posibilidad de dejar ser a los otros en su más propio «poder ser», pues abre el más propio «poder ser» de los

---

[16] Para la conexión entre el plexo referencial del mundo y el «por mor de quién», como «para qué» final, véase *ST*, §§ 14-18; cf. esp. § 18, p. 84.

[17] Para una excelente discusión del modo en que la temática de la «conciencia^G», en particular, a través del momento del «ser culpable/deudor» del *Dasein* y su referencia a la noción de fundamento (*Grund*), se conecta con el problema referido al origen de los patrones normativos involucrados en las prácticas habituales del dar (y recibir) razón, véase Crowell (2007).

otros en el modo «anticipativo-liberador» del «procurar por» (cf. p. 298)[18]. Por otra parte, el «estado de resuelto» es siempre el que corresponde al *Dasein* fáctico del caso. La respuesta a la pregunta por aquello a lo cual el *Dasein* debe en cada caso resolverse sólo puede provenir de la misma «resolución». Esta constituye la genuina apertura proyectiva de las correspondientes posibilidades fácticas, una apertura que no se reduce jamás a la mera adopción de posibilidades propuestas o recomendadas desde el exterior de la «resolución» misma: el «estado de resuelto» sólo «existe», pues, como «resolución autocomprensiva y autoproyectiva (*verstehend-sich-entwerfender Entschluß*) (cf. p. 298). Ahora bien, al «estado de resuelto» corresponde necesariamente la misma indeterminación que caracteriza a todo «poder ser» del *Dasein*, en cuanto signado por la facticidad y el «estado de yecto». En el plano existencial, tal indeterminación sólo puede quedar abolida en y a través del «estado de resuelto» mismo, lo cual no impide que, desde el punto de vista existenciario, esto mismo constituya un elemento determinante de la propia estructura ontológica de dicha indeterminación (cf. p. 298). En definitiva, el «a qué» (*Wozu*) del «estado de resuelto» está prefigurado, como tal, en la propia existencialidad del *Dasein*, como «poder ser», en el modo del «procurar por» en y a través de la ocupación (cf. pp. 298 s.).

Pues bien, lo que se abre al *Dasein* propio, transparente respecto de sí mismo, en el «estado de resuelto», es la «situación» (*Situation*), entendida aquí, en el sentido estrictamente existenciario, que se conecta con la espacialidad del *Dasein* y con la modalidad propia del presente (cf. pp. 299 s.). En la medida en que tiene su fundamento en el «estado de resuelto», la «situación», en su radical concreción individual, le queda, por principio, cerrada al «uno», que sólo conoce la «situación general» («*allgemeine Lage*») (cf. pp. 299 s.). Pero, una vez más, el énfasis puesto aquí

---

[18] El pasaje alude a la modalidad propia del ser por referencia a los otros, en el sentido del «procurar por» (*Fürsorge*). Desde el punto de vista del ser por referencia a los otros, la dictadura del «uno» se corresponde estructuralmente con la modalidad impropia del «procurar por». Estructuralmente considerado, este presenta dos posibilidades extremas de concreción, que admiten toda una gama de variantes intermedias. La forma impropia extrema es la que Heidegger denomina el «procurar por» de carácter «intervencionista y dominante» (*einspringend-beherrschende Fürsorge*). Tal modalidad del «procurar por» tiene la forma de un «intervenir por el otro» de carácter «sustitutivo» (*Einspringen für den Anderen*), y apunta, como tal, a una apropiación que le arrebata al otro lo que está propiamente a su cuidado (*Sorge-Abnahme*), esto es, en definitiva, su propio ser, en el modo del «existir». En virtud de este tipo de intervención sustitutiva, el otro se retira como otro. Por su parte, la modalidad más propia del «procupar por» el otro es lo que Heidegger denomina el «procurar por» de carácter «anticipativo y liberador» (*vorspringend-befreiende Fürsorge*), el cual tiene la forma de un salto anticipativo frente al otro (*Vorausspringen dem Anderen gegenüber*), que apunta a restituirle lo que está a su cuidado, precisamente, como lo que está a su cuidado, que no es otra cosa, en definitiva, que su propio ser como «existencia» (*Rückgabe der Sorge als Sorge*) (cf. *ST*, § 26, p. 122).

sobre la función crucial de apertura del momento de la *individuación radical* nada tiene que ver con una fuga hacia un «yo solipsista», entendido como una pura «conciencia» (*Bewußtsein*), privada de mundo. Por el contrario, es en el «estado de resuelto», y sólo en él, donde el «ser en el mundo» se le transparenta, como tal, al propio *Dasein*, y ello con la mayor radicalidad posible, en la ejecución misma del «existir». Dicho de otro modo: sólo desde el empuñamiento ejecutivo de su propio «poder ser», la «situación», que es siempre e indelegablemente *su* «situación», se le abre, como tal, al *Dasein* individual del caso, y sólo así puede este hacerse cargo de ella en su peculiar significatividad y su indelegable particularidad. En definitiva, lo que quita al *Dasein* determinadas «posibilidades» —no genuinas, sino flotantes en el vacío de la indiferencia fáctica— es, a juicio de Heidegger, lo mismo que le abre también *genuinas* posibilidades, en sentido existenciario y existencial del término. En efecto, éstas son siempre posibilidades *fácticamente determinadas*, y es el momento ineliminable de sustracción vinculado con la facticidad el que las abre justamente *como posibilidades*[19]. Al llamar al más propio «poder ser», el «llamado» de la «conciencia^G» no le pone, pues, por delante al *Dasein* ningún «ideal existencial» vacío, sino que lo llama anticipativamente hacia la situación, que es siempre la suya propia. Aquí radica la «positividad existenciaria» del «llamado de la conciencia^G», cuyo carácter de apertura, por lo mismo, no puede ser limitado a la mera referencia a determinadas culpas/deudas concretas en las que el *Dasein* pudiera haber incurrido (cf. p. 300). La interpretación existenciaria de la «comprensión del llamado» desvela a la «conciencia^G» como aquel modo de ser, albergado en el seno mismo del *Dasein*, en el cual este se posibilita a sí mismo su «existencia» fáctica, a través de la atestiguación de su más propio

---

[19] Este motivo referido a la función positiva y posibilitante del momento de sustracción, como aquello que concede una determinada apertura de sentido de carácter esencialmente finito, aparece en *ST* apenas perfilado en diversos contextos (p. ej., en la consideración del «no anunciarse» del mundo como condición de la venida a la presencia del ente intramundano como «a la mano», en § 16, p. 75). Pero tiene un papel cada vez más marcado en el desarrollo de la concepción heideggeriana de la verdad en los escritos posteriores a *ST*, y provee un importante elemento de continuidad con el pensamiento del período de la *Kehre*, en particular, en conexión con la temática de la «verdad del ser» y la «historia del ser». Ya en el escrito sobre la esencia de la verdad de 1930 (*Vom Wesen der Wahrheit*), el momento de la sustracción ocultante correspondiente a la «no-verdad» es pensado como parte de la esencia total de la verdad, y ello de modo tal que se le concede incluso cierta primacía respecto del momento correspondiente a la manifestación, como tal (cf. *GA* 9, pp. 191 ss.). En este sentido, Rosales señala que el factor decisivo en la determinación de la *Kehre* en dicho escrito viene dado justamente por la función que se asigna al ocultamiento, como fundamento de la esencia de la verdad. Rosales profundizó este punto en sucesivos tratamientos. Véase Rosales (1970), pp. 305-315; (1984), pp. 251 ss.; (1991), pp. 134 s. Para una discusión del motivo de la copertenencia de «verdad» (manifestación/desocultamiento) y «no-verdad» (sustracción/ocultamiento) en la esencia total de la verdad misma, véase Von Herrmann (2002), pp. 141-191.

«poder ser». Por lo mismo, el «estado de resuelto», que *es* el «ser en la verdad» posibiltado por la «comprensión del llamado», no se limita a tomar nota de la situación, sino que ha puesto ya al *Dasein* en ella, de modo tal que, en cierto sentido, puede decirse que, en cuanto «resuelto», el *Dasein* ya *actúa* (cf. p. 300)[20].

Por último, hay que decir que, como el propio Heidegger advierte, el tipo de «transparencia» que hace posible el «llamado de la conciencia[6]» al «poder ser propio» nada tiene que ver con lo que sería una ilusoria supresión de toda opacidad e indisponibilidad de primer orden, en la «existencia» fácticamente determinada del *Dasein*. Por el contrario, el tipo peculiar de «transparencia» que facilita la «resolución» (*Entschluß*) al «poder ser propio» no constituye una fuga de la realidad, ni facilita una suerte de eliminación de toda opacidad e indisponibilidad, porque estas son constitutivas del «proyectar yecto» (*geworfener Entwurf*), sino que, más bien, las deja venir, por primera vez, expresamente a la presencia *como tales*. Es en el «proyectar hacia el más propio poder ser» donde momentos constitutivos como el «estado de yecto», la «facticidad» y el «estado de perdido en el uno» quedan puestos propiamente al descubierto, al ser asumidos ejecutivamente como momentos del «existir» fáctico, del cual el *Dasein* tiene que hacerse cargo. En tal sentido, explica Heidegger:

> También la resolución (*Entschluß*) queda remitida al uno y su mundo. Comprender esto forma parte de lo que ella (*sc.* la resolución) abre, en la medida en que sólo el estado de resuelto (*Entschlossenheit*) concede al *Dasein* la genuina transparencia (*die eigentliche Durchsichtigkeit*) (cf. p. 299; trad. AGV).

Como se vio ya en el tratamiento de la verdad [cf. *ST*, § 44 *b*), p. 222], en su «estado de abierto», en su «ahí» (*Da*), el *Dasein* se mantiene, de modo igualmente originario, tanto en la verdad como en la no-verdad. Y esto vale de modo todavía más propio y genuino en el caso del «estado de resuelto», pues es este el que hace posible, por primera vez, una genuina apropiación de la no-verdad *como no-verdad* (cf. § 60, pp. 298 s.).

---

[20] Heidegger aclara que en tal caso la noción de «actuar» u «obrar» (*Handeln*) debería estar tomada en un sentido lo suficientemente amplio como para no distinguir ni entre «acción» y «resistencia», ni tampoco entre «comportamiento teórico» y «comportamiento práctico». El «estado de resuelto» no es un tipo de comportamiento propio de las capacidades prácticas, por oposición a las teóricas, sino que constituye un modo de hacerse cargo ejecutivamente de la «cura», en la medida en que esta constituye siempre, a la vez, un «procurar en el marco de la ocupación» (*besorgende Fürsorge*). Pero la «cura» designa el ser del *Dasein* en totalidad, antes de toda distinción entre los modos teóricos y prácticos del comportamiento: el «estado de resuelto» no es más que la posible «propiedad» de la «cura», de la cual cuida la propia «cura», en la «cura» y como «cura» (*die in der Sorge gesorgte und als Sorge mögliche Eigentlichkeit dieser selbst*) (cf. *ST*, § 60, pp. 300 s.).

8. A MODO DE CONCLUSIÓN

Dentro de la concepción que Heidegger elabora en *ST* el fenómeno de la verdad posee una innegable centralidad, desde el punto de vista sistemático, que se conecta de modo directo con el planteo metódico adoptado por Heidegger, en la medida en que este último debe ser caracterizado, en definitiva, como un planteo de corte esencialmente *aleteiológico*. Por lo mismo, el tratamiento específico de la noción de verdad que Heidegger lleva a cabo en el § 44 de *ST* adquiere una importancia crucial, para la adecuada comprensión de la concepción conjunta elaborada en la obra. Formulado el punto en términos muy esquemáticos, puede decirse que Heidegger reconoce expresamente en dicho texto una serie de niveles diferentes del fenómeno de la verdad, más precisamente: *a*) la verdad del enunciado, que consiste en su «ser descubridor» (*Entdeckend-sein*); *b*) la verdad del ente intramundano, que consiste en (los diferentes posibles modos de) su «estado de descubierto» (*Entdecktheit*), el cual precede y hace posible el «ser descubridor» del enunciado; y *c*) el «estado de abierto» (*Erschlossenheit*) del *Dasein*, el cual hace posible el «estado de descubierto» del ente intramundano, en todas sus posibles modalidades. Ahora bien, el «estado de abierto» del *Dasein* comporta necesariamente un componente autorreferencial, en virtud del cual, en toda forma de trato con el ente intramundano y con los otros que son como él, el *Dasein* comparece también ante sí mismo, se comprende a sí mismo de una determinada manera[21]. Por lo mismo, el «estado de abierto» admite tanto una modalidad «propia» como una «impropia» de concreción, pues el ser mismo del *Dasein*, la «existencia», en tanto caracterizado por el «tener que ser» y el «en cada caso mío», admite esas dos modalidades fundamentales de concreción. Para designar a la modalidad «propia» de concreción del «estado de abierto», Heidegger emplea la noción de *d*) «verdad de la existencia», que, en razón de su carácter intrísecamente autorreferencial, pone de relieve la primacía que posee el «por mor de qué» (*Worumwillen*) y, más precisamente, el «por mor de qué» en su modalidad propia de concreción, en la apertura comprensiva del «ser en el mundo», como un todo. En su carácter de «transparencia» (*Durchsichtigkeit*), la «verdad de la existencia»

---

[21] No me detengo aquí de modo específico en el caso peculiar que representa el descubrimiento de los otros, el cual no puede ser analogado, sin más, al descubrimiento del ente intramundano. Como se vio, Heidegger reconoce expresamente la existencia de modos del «ver» que dan cuenta del acceso comprensivo a los otros *como otros*. Aunque en el contexto del análisis del «ser con» no aparece de modo expreso en el centro de la atención la problemática de la verdad, no puede haber ninguna duda, desde el punto de vista sistemático, de que la venida a la presencia (apertura a la comprensión) de los otros como otros constituye un peculiar caso de desvelamiento, en el cual el carácter autorreferencial del «estado de abierto» del *Dasein* desempeña un papel tanto o más determinante que en el caso de los otros tipos de descubrimiento de aquello que «hace frente» dentro del mundo.

remite, a través de la conexión con la «propiedad» del «existir», a los existenciarios del «ser para (vuelto hacia) la muerte», en su modalidad «propia», y de (el «llamado» de la) «conciencia^G», en cuanto este hace posible el «estado de resuelto». Por último, a todos estos niveles de la verdad hay que añadir también el que corresponde a *e*) la «verdad fenomenológica», entendida como el tipo peculiar de «verdad trascendental» al que apunta la indagación fenomenológica, como tal. Se trata, en este último caso, de un tipo de «verdad trascendental» que posee necesariamente carácter expreso y temático, en la medida en que opera como correlato de la comprensión ontológica. Pero, por lo mismo, Heidegger admite que tal modalidad de la «verdad trascendental» posee, por así decir, su propia prehistoria en el plano correspondiente a la actitud «natural», en la medida en que esta está estructuralmente caracterizada por el *factum* de la comprensión pre-ontológica.

Los fenómenos de *atestiguación* del «poder ser propio» que Heidegger tematiza en el análisis de la «conciencia^G» desarrollado en los §§ 54-60 de *ST*, al igual que el fenómeno del «ser para (vuelto hacia) la muerte» y su modalidad propia de concreción, se sitúan en el plano correspondiente a la ejecución de la «existencia» misma. Pertenecen, por tanto, al ámbito de la actitud «natural» y la comprensión pre-ontológica. Por lo mismo, se plantea aquí la cuestión relativa al modo preciso en el que la «verdad fenomenológica» se relaciona con la «verdad de la existencia», que no es sino un aspecto, aunque central y decisivo, del problema más general concerniente a la relación que mantiene la filosofía con la actitud «natural». Y, en tal sentido, la posición de Heidegger parece unívoca: la «verdad de la existencia» es previa, más amplia y más fundamental que la «verdad fenomenológica». En efecto, la «propiedad» de la «existencia» no se identifica, sin más, con la «vida filosófica». Más bien, la alternativa entre «propiedad» e «impropiedad» («no propiedad») se replantea y se reproduce también en el propio ámbito de la filosofía, y en dicho ámbito, con peculiar radicalidad. Así lo muestra el hecho de que, en su realidad fáctica e histórica, esta, la filosofía, ha caído una y otra vez por debajo de su propia posibilidad, al contribuir, incluso decisivamente, a consolidar las tendencias desfiguradoras y ocultantes que imperan, inmediata y regularmente, en la actitud «natural». El predominio del «estado de interpretado», que traduce la dictadura del «uno», se extiende también, y con particular vigor, al campo de la actividad filosófica, justamente en la medida en que el proyecto mismo del filosofar trae necesariamente consigo exigencias radicalizadas de transparencia respecto de sí mismo[22]. La genuina

---

[22] Que la actitud filosófica puede y, de hecho, suele recaer rápidamente en la correspondiente forma específica de «impropiedad» («no propiedad») es algo que Heidegger da a entender o,

filosofía, que, en último término, es siempre fenomenología, es un tipo peculiar de proyecto de «transparencia», en la medida en que constituye un modo peculiar de hacerse cargo de la comprensión (pre)ontológica y de remontarse hasta sus raíces por vía, justamente, de radicalización. Pero, precisamente, como tal proyecto, su posibilidad está siempre, de un modo u otro, más alta que su propia realidad.

Visto esencialmente como un proyecto de transparencia, el proyecto de Heidegger entronca entonces con una larga tradición que, pasando no sólo por Husserl, sino también por Hegel y Kant, hunde sus raíces últimas en el pensamiento socrático orientado a partir del mandato del «¡conócete a ti mismo!». Lo distintivo en el caso de Heidegger, que radicaliza aquí tendencias claramente presentes ya en Kant y Hegel y que remontan incluso al propio Sócrates, es el hecho de que piensa la posible «transparencia» del *Dasein*, en definitiva, como un retorno de la finitud sobre sí misma, tanto en el plano correspondiente a la actitud «natural» como también en el correspondiente a la propia filosofía: retornando de modo transparente sobre sí misma, la finitud se hace cargo de sí misma *como finitud*. El tipo de posesión de sí mismo que dicho retorno sobre sí procura no puede, pues, ser otro que el de una posesión de sí que no elimina los factores de opacidad e indisponibilidad que signan el ser mismo del *Dasein*, sino que *sabe* de ellos y, así, los deja ser lo que propiamente son.

---

incluso, afirma de modo expreso, en diferentes contextos. El solo hecho de que, a su juicio, la historia de la ontología haya conducido, finalmente, a la sanción del dogma que afirma la necesidad metódica de omitir, como tal, la pregunta por el sentido del ser, apartándose así del ámbito de problemas que mantuvo en vilo a la actitud interrogante de filósofos como Platón y Aristóteles, es ya suficiente testimonio de ello (cf. *ST*, § 1). Una de las formas más habituales de decadencia en la nivelación que afecta a la actitud filosófica consiste en abandonar la orientación a partir de la cosa, para sumergirse meramente en lo dicho, que en este caso corresponde a las doctrinas de las escuelas y las opiniones de los colegas. En este sentido, véase, por ejemplo, la radical crítica de Heidegger a la filosofía neokantiana de los valores y a sus consecuencias para la problemática de la teología, en la importante lección sobre lógica de 1925/1926: «La religión tiene que ser alojada también en el sistema, y para ese fin se ha inventado el valor de lo sagrado (*der Wert des Heiligen*) [...] Dios es un valor, e incluso el valor supremo (*der höschte Wert*). Pero esta proposición (*Satz*) es una blasfemia, que no queda mitigada por el hecho de que los teólogos la proclamen como una verdad última. Todo esto sería cómico, si no fuera triste, porque muestra que ya no se filosofa a partir de las cosas, sino a partir de los libros de los colegas» (*GA* 21, § 9, p. 85). Con este último aspecto se conecta también el motivo de lo que en la lección del semestre de invierno de 1929/1930, publicada con el título «Die Grundbegriffe der Metaphysik», Heidegger denomina la «ambivalencia» (*Zweideutigkeit*) en la esencia de la filosofía, siempre amenazada por y siempre en lucha con su doblemente ilusoria autointerpretación como ciencia y como *Weltanschauung* (cf. *GA* 29/30, §§ 4-7). En el mismo sentido, véanse también las consideraciones sobre la ausencia de genuina necesidad filosófica en una filosofía orientada a partir de la concepción nivelada de la verdad, como mera corrección del representar, en la lección del semestre de invierno de 1937/1938, publicada con el título «Die Grundfragen der Philosophie» (cf. *GA* 45, § 39, pp. 181 ss.).

REFERENCIAS

CROWELL, S. G. (2007): «Conscience and Reason: Heidegger on the Grounds of Intentionality», en: S. G. Crowell y J. Malpas (eds.), *Transcendental Heidegger*, Stanford, pp. 63-73.
FIGAL, G. (1988): *Martin Heidegger. Phänomenologie der Freiheit*, Weinheim, ³2000 (= Frankfurt a. M., 1988).
HERMANN, W.-FR. VON (2002): *Wahrheit - Freiheit - Geschichte. Eine systematische Untersuchung zu Heideggers Schrift «Vom Wesen der Wahrheit»*, Frankfurt a. M.
HÜBSCH, S. (1995): *Philosophie und Gewissen. Beiträge zur Rehabilitierung des philosophischen Gewissensbegriffs*, Göttingen.
KANT, I., (1777): *Vorlesung zur Moralphilosopie (Vorlesung über allgemeine praktische Philosophie und Ethik, Nachschrift Kaehler)* (1777), ed. W. Stark, Berlín - Nueva York, 2004.
— (1787): *Kritik der reinen Vernunft* (²1787, 1781), ed. J. Timmermann y H. Klemme, Hamburg, 1998.
— (1793): *Die Religion innerhalb der Grenzen der bloßen Vernunft*, ed. B. Stangneth, Hamburg, 2003; citado según la paginación de *Akademie-Ausgabe*, vol. VI, Berlín, 1914, pp. 1-202 (ed. G. Wobbermin).
— (1797): *Metaphysische Anfangsgründe der Tugendlehre, Metaphysik der Sitten, Zweiter Teil*, ed. B. Ludwig, Hamburg, 1990; citado según la paginación de *Akademie-Ausgabe*, vol. VI, pp. 373-491, Berlín, 1914 (ed. P. Natorp).
LUCKNER, A. (2001): «Wie es ist, selbst zu sein. Zum Begriff der Eigentlichkeit (§§ 54-60)», en: Rentsch (2001), pp. 149-168.
REINER, H. (1974): «Gewissen», en: J. Ritter (ed.), *Historisches Wörterbuch der Philosophie*, Bd. 3: *G-H*, Basel - Stuttgart, col. 574-591.
RENTSCH, Th. (ed.) (2001): *Martin Heidegger, «Sein und Zeit»*, Berlín.
ROSALES, A. (1970): *Transzendenz und Differenz. Ein Beitrag zum Problem der ontologischen Differenz beim frühen Heidegger*, Den Haag.
— (1984): «Zum Problem der Kehre im Denken Heideggers», *Zeitschrift für Philosophische Forschung* 38, pp. 241-262.
— (1991): «Heideggers Kehre im Lichte ihrer Interpretationen», en: D. Papenfuss y O. Pöggeler (eds.), *Zur philosophischen Aktualität Heideggers. Symposium der Alexander von Humboldt-Stiftung vom 24.-28. April 1989 in Bonn –Bad Godesberg*, Bd. I: *Philosophie und Politik*, Frankfurt a. M., pp. 118-140.
STOKER, H. G. (1925): *Das Gewissen. Erscheinungsformen und Theorien*, Bonn.
STORMER-CAYSA, U. (ed.) (1995): *Über das Gewissen. Texte zur Begründung der neuzeitlichen Subjektivitat*, Weinheim.

12

EL PODER SER ENTERO DEL *DASEIN* Y LA TEMPORALIDAD COMO SENTIDO ONTOLÓGICO DEL CUIDADO (§§ 61-66)

Ramón Rodríguez

1. INTRODUCCIÓN

El capítulo 3 de la Segunda Sección de la Primera Parte de *ST* ocupa un lugar especial en la economía de la obra. Pues si recordamos brevemente cuál era el cometido encomendado a esta primera parte, «la interpretación del *Dasein* mirando a la temporalidad y la explicación del tiempo como horizonte trascendental de la pregunta por el ser», es el lugar en que culmina esa interpretación, el momento en que se establece, con todas las garantías metodológicas necesarias, que la temporalidad es, efectivamente, el *sentido* del ser del *Dasein*. Con ello, y con la relectura de todas las estructuras del *Dasein* a partir de la clave temporal que se logra en este capítulo, queda fundamentalmente preparado el terreno para abordar el otro gran núcleo de la obra, la tercera sección no publicada, «Tiempo y ser», en que se alcanzaría esa exposición del tiempo como horizonte trascendental y la consiguiente interpretación de la temporariedad (*Temporalität*) del ser[1]. Se trata, pues, del momento más decisivo en el plan previs-

---

[1] La traducción de los términos *Zeitlichkeit* y *Temporalität* es uno de los casos que más confusión causa en el lector de las versiones españolas de *ST*. J. Gaos traduce *Zeitlichkeit* por «temporalidad» y *Temporalität* por «temporariedad». J. E. Rivera, por el contrario, reserva «temporalidad» para *Temporalität* y traduce *Zeitlichkeit* por «temporeidad». Dado que *Zeitlichkeit* es, de lejos, el término más utilizado en *ST* y el más corriente en alemán, adopto la versión de Gaos (y de J. J. García Norro en la trad. esp. de *GA* 24), pues «temporalidad» es un término castellano perfectamente correcto (véase *supra* sección 6, donde se trata esta noción, al hilo del comentario al § 65 de *ST*).

to y quizá por eso el capítulo presenta una estructura compleja, no fácil de percibir a primera vista, por lo que es necesario un trabajo de explicitación. Pero con independencia de sus logros, *en su diseño* a partir de las necesidades internas del plan de trabajo, la estructura es bastante clara. Es lo que tenemos que ver en primer lugar.

2. LA ESTRUCTURA DEL CAPÍTULO (§ 61)

Siendo su objetivo básico la extracción de la temporalidad como sentido del cuidado, que, como sabemos por el § 41, es el ser del *Dasein*, el capítulo contiene sin embargo otros tres temas no menos fundamentales en la disposición de la analítica existencial: *a*) la vinculación posible entre los dos existenciales que constituyen la modalidad auténtica de existencia, la anticipación de la muerte (*Vorlaufen in den Tod*) y la resolución (*Entschlossenheit*), cuyo análisis separado trataba de cumplir la exigencia de que el ser del *Dasein* se mostrara en su integridad o totalidad (§ 45); *b*) la definitiva aclaración de en qué consiste el momento del sí mismo (*Selbst*) contenido en el por mor de sí (*umwillen seiner selbst*) de la existencia, cuyas primeras indicaciones abordó el capítulo 4 de la Primera Sección y cuya tematización abrió los parágrafos de la voz de la conciencia y la resolución; *c*) la, quizá, más importante reflexión metodológica contenida en el texto de *ST* sobre el proceder hermenéutico seguido por el análisis. Esta aparente disparidad temática da al capítulo, como ya señaló Gelven en su comentario[2], el aspecto de un agregado de temas, en el que la esencia del capítulo, la temporalidad, parece casi un apéndice.

Pero esta apariencia se disipa al mirar detenidamente las indicaciones contenidas en el primer parágrafo (§ 61) y las exigencias metodológicas que atraviesan todo el capítulo. Una breve recapitulación de lo conseguido hasta aquí por el análisis se hace imprescindible para pasar el umbral del nuevo y definitivo paso de la investigación. Si toda la Primera Sección había desvelado las estructuras fundamentales del ser del *Dasein*, recogidas todas ellas en la compleja fórmula del cuidado (*Sorge*)[3], la Segunda Sección comienza planteando dos dudas metodológicas decisivas precisamente sobre ese resultado: ¿se recoge en la interpretación expuesta el ser *entero* del *Dasein*?, ¿es la interpretación de dicho ser suficientemente *originaria*? La respuesta negativa a ambas cuestiones obliga a suplir las insuficiencias mediante el análisis del estar vuelto a la muerte (la única

---

[2] Cf. Gelven (1970), p. 174.
[3] En la traducción de Rivera: «Anticiparse-a-sí-estando-ya-en-(el-mundo)-en-medio-de (el-ente-que-comparece-dentro-del-mundo)».

forma posible de totalidad para un ser que consiste en la ex-sistencia, esto es, en la anticipación constante de posibilidades de sí mismo), y de la resolución como posibilidad asumida de existir auténticamente (la única forma de aparecer originariamente a sí mismo un ser que ex-siste). Estos dos nuevos momentos de la estructura ontológica del *Dasein*, que ocupan los dos capítulos precedentes, tienen el cometido de terminar la preparación para la interpretación de su sentido proporcionando la base metodológica necesaria: el ser *entero* del *Dasein* en su forma *originaria* de mostración. Ellos completan la «mirada previa adecuada a la constitución del objeto que ha de ser patentizado» (p. 303), la exigencia básica de la hermenéutica fenomenológica. De ahí que Heidegger subraye que «la interpretación del sentido ontológico del cuidado deberá llevarse a cabo teniendo fenomenológicamente presente en forma cabal y constante la constitución existencial del *Dasein* que ha sido anteriormente expuesta» (p. 303), y que sólo los dos últimos existenciales garantizaban.

Pero el análisis de ambos momentos por separado no ha puesto de relieve su interna conexión: la anticipación de la muerte no ha señalado explícitamente hacia la resolución como un ingrediente propio ni el querer-tener-conciencia y la resolución han mostrado la necesidad de referirse a la posibilidad última de la muerte. Ahora bien, el método fenomenológico adoptado desde el inicio por la investigación impide que ambas estructuras se conecten artificiosamente desde fuera en una construcción *ad hoc* y exige que *muestren* su conexión, si es el caso. Por eso la cuestión primera que en el texto se plantea *es la de una vinculación no arbitraria, no realizada en aras de la sistematicidad conceptual, sino por exigencias de la cosa misma*, entre el precursar o anticipar la muerte y la resolución. Y son, de nuevo, exigencias de la hermenéutica *fenomenológica* las que deciden el «único camino metodológicamente posible» para intentar ver su interna unidad:

> partir del fenómeno de la resolución atestiguado en su posibilidad existentiva y preguntar: la resolución misma, en la tendencia existentiva más propia de su ser, ¿no apunta acaso hacia la resolución precursora como hacia su más propia y auténtica posibilidad? (p. 302).

La razón de que sea la resolución la base fenoménica y no el precursar la muerte es que este fue «demostrado» como una posibilidad ontológica que encajaba perfectamente en las estructuras existenciales hasta entonces analizadas, incluso venía exigida por ellas, pero no constituía una posibilidad efectiva, asumida en comportamientos ónticos concretos; por ello, señalaba Heidegger, «el estar vuelto hacia la muerte existencialmente «posible» sigue siendo, desde el punto de vista existentivo, una exigencia fantástica» (p. 267). En cambio, la resolución es un acto existentivo concreto en el que precisamente la posibilidad fáctica buscada de un poder-ser propio de la existencia resulta fenoménicamente acreditada. Una vez expuesto el sentido ontológico de este acto, la cuestión citada de si la resolución no apunta desde sí misma hacia una vinculación con el precursar la muerte no hace más que retomar la pregunta con que finalizaba el análisis del estar vuelto a la muerte: «¿*Exige* el *Dasein*, desde el fondo de su ser más propio, un modo propio de poder ser que esté determinado por el adelantarse[4]?» (p. 267). Resulta entonces claro cuál es la primera tarea concreta que debe abordar el capítulo 3: poner de manifiesto, en un acto existentivo propio que Heidegger denominará, uniendo los dos elementos definitorios de ambos existenciales, «resolución precursora» (*vorlaufende Entschlossenheit*), la vinculación entre ambos momentos. Es lo que realiza el § 62. Sobre ella descansa la interpretación del ser del *Dasein* como temporalidad, como enfáticamente declara el texto: «La temporalidad es experimentada en forma fenoménicamente originaria en el modo propio del estar entero del *Dasein*, es decir, en el fenómeno de la resolución precursora» (p. 304).

Pero entre la resolución precursora (§ 62) y el análisis que extrae de ella la temporalidad (§§ 65, 66) se interponen dos parágrafos, dedicado el primero (§ 63) a un intermedio metodológico y el segundo a analizar la relación entre cuidado y sí-mismo (*Selbstheit*). Mientras el sentido del primero no ofrece problemas para la comprensión del progreso del análisis y la consiguiente disposición del texto, pues, como ya insinuaba, una recapitulación de lo logrado hasta el momento y del método seguido para ello es perfectamente lógica cuando se va a abordar la etapa definitiva de la investigación, el lugar del segundo, en cambio, no resulta tan claro. ¿Por qué, aquí y ahora, dedicar un largo parágrafo a la cuestión del sí mismo, un tema autónomo, que actúa como una digresión que dilata el esperado análisis de la temporalidad? El § 61, dedicado a exponer la estructura del capítulo, introduce el problema mediante una contraposición con la ontología de lo *vorhanden* y de la «realidad», subrayando la necesidad de un esclarecimiento existencial de la cuestión del sí mismo. Pero esto no justifica su inclusión *en este capítulo*, pues el hilo conductor existencial es permanente en toda la obra[5]. Pero esta cautela metodológica no decide sobre la inclusión de la temporalidad en el capítulo, sino que la supone. La razón de fondo para la inclusión del sí mismo hay que buscarla más bien en relación con el problema de la integridad y totalidad del *Dasein*. Obtenida esta en la resolución precursora, que une, como sabemos, la integridad con la originariedad del ser de *Dasein*, Heidegger plantea, al

---

[4] «Precursar», en la traducción de Gaos.

[5] Heidegger realiza, por ejemplo y sin salir del capítulo, la misma advertencia respecto de la temporalidad: que es necesario familiarizarse con ella en su originalidad antes de tratar el tiempo «vulgar», para no interpretarla a partir de este.

comienzo del § 64, que con ella —que recoge los momentos existenciales de la muerte, la culpa y la conciencia— la articulación de las partes estructurales del cuidado se ha vuelto más rica y compleja, por lo que se hace más apremiante «la pregunta existencial por la unidad de esa totalidad» (p. 317). A tal pregunta parece responder la «mismidad» (*Selbstheit*) del *Dasein* y por eso se introduce en el capítulo el tema del sí mismo, como el último eslabón en la exigencia de totalidad previa a la interpretación de su sentido. Pero esta razón requiere una cierta aclaración. Pues, en principio, los «existenciales» que constituyen el ser del *Dasein* no necesitan de una forma especial de unidad, de un sustento propio, sino que, en su co-originariedad, son partes abstractas, no-independientes, que se integran mutuamente, integración fáctica que es justamente el *Dasein*. Resulta, por ello, sorprendente que se plantee una pregunta específica sobre la unidad del todo estructural del *Dasein* y que sea el «sí mismo» la respuesta. El *Selbst* se había mostrado, ciertamente, como un ingrediente esencial del poder-ser, y la resolución, por su parte, había establecido la posibilidad fáctica de un sí mismo propio, pero era considerado siempre como un momento de la estructura existencial, algo que tiene sentido a partir de ella, nunca como lo que la mantiene como tal. Es ahora cuando cobra sentido la oposición con la ontología tradicional: es ella quien marca la obligación de ocuparse del sí mismo *en este lugar*, pues para ella es el «sujeto» el responsable último de la unidad del individuo existente. «El yo, dice Heidegger, pareciera ser lo que "mantiene unida" la totalidad del todo estructural» (p. 317). Justo para deshacer esa apariencia es necesario, para una analítica existencial que reconoce un lugar esencial al sí mismo, aclarar el papel estructural de este. El parágrafo sobre el sí mismo cumple, pues, una doble función: internamente, en la marcha del análisis, dejar definitivamente claro en qué consiste el ser sí mismo de la existencia, mostrar el sentido que tiene, en este contexto existencial, la *constancia* y la *autonomía* (*Selbst-Ständigkeit*) del *Dasein*; externamente, deslindar estos conceptos del papel tradicional del «sujeto». Y ello sólo puede hacerse cuando la totalidad originaria del *Dasein* ya se ha logrado, de ahí la necesidad de incluirlo *antes* de realizar el análisis del sentido de su ser, la temporalidad. Analíticia existencial y ontología tradicional coinciden, en cierto modo, en la relevancia estructural del sí mismo, aunque sea, precisamente, para separar radicalmente su función.

3. LA RESOLUCIÓN PRECURSORA (§ 62)

La primera tarea es, pues, indagar si en la resolución está implicado el anticipar la muerte. Dado que la resolución es un acto existentivo concreto, la posible inscripción en él de esa anticipación no podrá consistir en un nuevo acto, sino más bien en una determinada *modalización* suya, en una forma nueva de comprender *el mismo acto*. ¿Cómo se deja ver esa modalización?

El texto, que parece jugar con la cercanía verbal entre «pensar hasta el final» y el «ser hacia el fin» del estar vuelto a la muerte, no opera, desde luego, sobre este artificio retórico, pero tampoco mediante un nuevo análisis fenomenológico de la resolución en que aparezcan por sí mismos los nuevos caracteres buscados. Son más bien implicaciones conceptuales las que conducen a establecer la presencia de la anticipación de la muerte en el acto existentivo de la resolución. Veámoslo. En primer lugar, si la resolución fue caracterizada como aquel acto en que el *Dasein* asume explícitamente (es decir, proyectándose hacia) su más propio ser culpable, su ser fundamento de una nihilidad (§ 58, p. 283), entonces este «ser culpable» no es un carácter episódico y transitorio, sino constante y permanente. La transparencia de la resolución consiste precisamente en poner de manifiesto esta constancia de la finitud, asumiéndola ejecutivamente. Ahora bien, hacer transparente esta constancia en un ser que es poder-ser, significa necesariamente proyectarla hacia delante, extenderla a todo el movimiento de anticipación de sí mismo, hasta su fin posible. Pero el precursar la muerte es justamente aquel anticipar que ofrece su propio término, que lleva inscrito la posibilidad de su imposiblidad, su final intrínseco. Por tanto, «la resolución sólo llega a ser propiamente lo que ella puede ser, *cuando es un comprensor estar vuelto hacia el fin*, es decir, un adelantarse hacia la muerte» (§ 62, p. 305). En segundo lugar, esta conclusión se ve confirmada desde el punto de vista de la *originariedad* de la resolución. El poder ser culpable, como estructura permanente del *Dasein*, se encuentra tanto en el modo propio de existencia como en el impropio. Dado que no es una propiedad de una cosa, sino un carácter existencial, tiene, como acabamos de ver, que entenderse como afectando al propio poder ser y realizándose en una posibilidad existentiva concreta. La resolución es esta posibilidad, que se llama auténtica o propia porque asume, a diferencia del «uno», el ser culpable como un poder ser propio, como algo constitutivo de su estar volcado a posibilidades. El carácter originario de la resolución está, pues, en función de la originariedad del poder ser al que tiende. Ahora bien, «el modo originario del *Dasein* de estar referido a su poder-ser se reveló como un estar vuelto hacia la muerte», por ello la originariedad de la resolución, en cuanto volcada hacia su posibilidad más propia, sólo puede cumplirse en el anticipar la muerte, o dicho con más rigor: la anticipación de la muerte es una modalización que explicita el poder ser culpable revelado en la resolución. Por último, en tercer lugar, hay una clara implicación entre la nihilidad (el defecto, la falta) en que consiste el «ser culpable» y la muerte como posibilidad de la imposibilidad de la existencia: ambas aparecen como constitutivas del *factum* de la ex-sistencia, por lo que si en la resolución el ser culpable significaba que el ser del *Dasein* es el fundamento de su nihilidad, la anticipación de la muerte significa igualmente que la existencia es el fundamento de su propia muerte. De ahí que la resolución, al abrirse al precursar la muerte, no hace otra cosa que asumir la finitud constitutiva del *Dasein en su totalidad*, revelar hasta el fondo lo que ya en ella estaba contenido. «Sólo la resolución precursora comprende *en forma propia e íntegra*, es decir, originaria, el poder-ser-culpable» (p. 306).

Desarrolladas las implicaciones que apuntaban a la anticipación de la muerte contenidas en la resolución, que aparece *ahora* como *resolución precursora* (*vorlaufende Entschlossenheit*), Heidegger se esfuerza, movido por una voluntad excesiva de sistematismo, que da a alguno de estos párrafos un claro aire de artificiosidad, en mostrar las modalizaciones respectivas que producen cada uno de los caracteres ya conocidos de la muerte (ser la posibilidad más propia, irrespectiva, insuperable, cierta e indeterminada). De ellos es necesario detenerse en la certeza, pues supone el momento veritativo esencial de la resolución precursora, el hecho de que ella constituye «la verdad originaria de la existencia».

Esta verdad ha de entenderse en el doble sentido objetivo y subjetivo del genitivo. En efecto, en la resolución precursora el *Dasein* se pone ante sí mismo revelándosele por entero su propio poder-ser en su facticidad insuperable, pero, al mismo tiempo, esta revelación no es un movimiento exterior al que se vea sometido, sino que procede de él mismo, introducida por un acto que es una posibilidad constitutiva de la existencia: la resolución (*Entschlossenheit*) es el modo eminente del estar abierta la existencia para ella misma (*Erschlossenheit*). Resulta interesante comprobar, cosa que veremos con más claridad en el parágrafo sobre el sí mismo, cómo en el pensamiento de Heidegger está operando tácitamente el intento de reinterpretar, en clave existencial, los temas clásicos de la metafísica moderna de la subjetividad, un reconocimiento implícito de que la existencia, en su estructura concreta, puede entenderse como una retorsión del «sujeto». Y, así, el análisis recupera la idea de certeza al establecer que la verdad «objetiva» de la existencia tiene su propia forma de «estar cierta», una certeza, que, de acuerdo con el carácter de poder-ser de la existencia, no puede consistir en un estado mental subjetivo, sino en un poder mantenerse en aquello que resulta abierto por la resolución. Y lo que la resolución precursora abre es el poder ser siempre finito y siempre entregado a la concreción de la situación respectiva en que fácticamente acontece. Eso significa que la situación, en contra de la visión del «uno» que ve en ella un conjunto de rasgos fijos que constriñen desde fuera al *Dasein*, aparece como tal justamente a la luz del poder-ser finito, atravesada de parte a parte por la posibilidad. Lo cual supone que el «estar cierto» de la resolución no consiste en una seguridad acerca de la configuración objetiva de la situación, sino en un mantener abierta la posibilidad que anida siempre en ella y que la constituye. Heidegger emplea para describir este dejar siempre abierta la posibilidad fáctica de la situación la idea de «revocación» (*Zurücknahme*)[6]: «la certeza del acto resolutorio significa: mantenerse libre para su posible y acaso fácticamente necesaria revocación» (p. 308). Y es que, al sostener la situación como una posibilidad abierta, la resolución impide que el estar en situación del *Dasein*, su propia facticidad, aparezca como un encadenamiento «objetivo» de necesidades de cuyo engranaje es parte y al que sólo le cabría «aferrarse» (*versteifen*); por el contrario, lo que se muestra es la posibilidad permanente de *retomarse* a sí mismo (*Wiederholung ihrer selbst*), de mantener la forma de encaje en la situación o de rehacerla en mayor o menor medida. Esta libertad para el propio poder-ser, que permite el retomarse a sí mismo frente al estar fijado a una situación solidificada, propia de la actitud del «uno», pende del precursar la muerte. Esta, como posibilidad de la imposibilidad de la existencia, es quien revela el carácter de pura posibilidad finita del ser en situación del *Dasein*, su contingencia insuprimible, y, dado que se muestra en esa peculiar certeza no empírica ni objetiva (recuérdese § 53, pp. 264 s.), la anticipación de la muerte transmite su «certeza» a la resolución: ella es el acto en el que, resolviéndose a mantener ejecutivamente su puro poder-ser, la existencia «está cierta» de sí misma, «sabe» inobjetivamente de su propio ser. Un momento esencial de ese saber, que en tanto existencial no recae sobre hechos objetivos, sino sobre posibilidades, es que la modalidad impropia de existencia, el «uno», forma parte del ser del *Dasein*, está ahí siempre abierta como posibilidad fácticamente asumible. *En la resolución se «ve» también eso*, el uno comparece como la posibilidad efectiva que es. Por eso puede decir Heidegger que

> precursoramente resuelto, el *Dasein* se mantiene abierto para la posible pérdida en la irresolución del uno, que constantemente amenaza desde el fondo de su propio ser. La irresolución, en cuanto posibilidad permanente del *Dasein*, es *concomitantemente cierta* (*mitgewiss*) (§ 62, p. 308).

La revocación o repetición de sí mismo que es introducida por la resolución abarca también la posibilidad de la existencia impropia. La certeza de la resolución no es una garantía contra la impropiedad, sino que, precisamente porque abre y mantiene la posibilidad radical de la existencia fáctica, la muestra como un modo posible de ser.

La detenida exposición de las implicaciones entre resolución y anticipación de la muerte que modalizan aquella y la convierten en resolu-

---

[6] La idea esencial que expresa *Zurücknahme* es la de retomar, de volver sobre la situación, vuelta que implica la posibilidad constitutiva de esta. Una idea que resuena mejor en «revocación» (Rivera) que en «retirada» (Gaos).

ción *precursora* (*vorlaufend*) arroja un resultado fundamental para la economía de *ST*: la cuestión de lograr una «visión» de la totalidad del ser del *Dasein*, que en un principio aparecía como un problema de carácter teorético, como un paso metodológico necesario para alcanzar la base suficiente para la interpretación de su sentido, se encuentra ahora acreditada por un acto existentivo concreto de cuyo sentido forma ineludiblemente parte:

> El adelantarse (o precursar) no «es» un comportamiento que flota en el vacío, sino que debe ser concebido como la *posibilidad, escondida en la resolución existentivamente atestiguada, del modo propio de esa resolución, posibilidad que de esta manera queda coatestiguada también ella misma* (p. 309).

La «visión» de la integridad del *Dasein* exigida por el método no se cumple en una experiencia preparada *ad hoc*, como si de un laboratorio se tratara, sino que se encuentra en un comportamiento óntico determinado, en una posibilidad de la existencia fáctica real, que ofrece esa totalidad en su única forma posible *de darse*, como la anticipación de la muerte implícita en la resolución. Se realiza así la exigencia hermenéutico-fenomenológica de una *Ausweisung*, de una acreditación en los fenómenos, para lo que se requiere que el fenómeno provenga de la vida fáctica y no sea un comportamiento artificialmente preparado.

Pero precisamente el cumplimiento de esta exigencia plantea nuevos problemas métodicos. Pues, con esta solución al problema del modo de darse la totalidad del ser del *Dasein*, la neta distinción entre lo ontológico-existencial (*existenzial*) y lo óntico-existentivo (*existenziell*), que presidía todo el análisis efectuado hasta ahora, resulta conmovida. El texto es en esto tajante: «la cuestión del poder ser total es fáctico-existentiva. El *Dasein* la responde en tanto resuelto» (p. 309). Sin embargo, la cuestión del poder ser total y de la unidad de sus caracteres es un problema planteado por la interpretación ontológico-existencial del *Dasein*, es una cuestión interna del análisis. Así lo declaraba explícitamente el § 45 (cf. p. 232) y lo repite en este parágrafo («discutida al comienzo sólo desde el punto de vista métodico-ontológico», § 62, p. 309). El existir óntico concreto, la faena personal de existir, no necesita de semejantes dilucidaciones teóricas para llevar adelante su existencia. La separación plena entre ambos niveles había sido el pivote metódico esencial sobre el que giraba el análisis ontológico. Cuando, en el § 42, Heidegger declaraba el carácter ontológico-apriórico del cuidado y los existenciales que lo componen, se preocupaba especialmente de subrayar que esa aprioridad no era el resultado de una generalización de las propiedades ónticas de los comportamientos, que no era, por así decir, una elevación a categoría de la autocomprensión inmanente en nuestro trato cotidiano con el mundo, algo así como la visión del mundo implícita en la cotidianidad, sino que, en tanto condición ontológica de posibilidad, requería un análisis específico, netamente distinguido de lo que «rezuma» ese nivel óntico. Y en el inicio del análisis de la muerte (§ 49) nos precavía de que, precisamente porque la interpretación ontológica se realiza sobre comportamientos determinados, «tanto más expresamente deberá la conceptualización ontológico-existencial ir acompañada de una desvinculación existentiva» (p. 248). *Lo específicamente novedoso que representa la resolución precursora para el curso de la investigación es que, en cierto modo, altera la relación entre lo óntico y lo ontológico*. Heidegger señala que la citada cuestión de la totalidad del *Dasein* planteada por el análisis es legítima, «pero sólo porque su fundamento remite a una posibilidad óntica del *Dasein*» (§ 62, p. 309). Si, en general, el análisis ontológico se funda en el plano óntico, en la medida en que es la base fenoménica imprescindible para la interpretación, que su *legitimidad* se funde en él significa algo muy distinto, significa que un comportamiento determinado es lo que otorga la verificación que garantiza lo que el análisis revela. O mejor aún, no es que el análisis lance una hipótesis ontológica que la resolución verifica, es más bien que *se da* un comportamiento fáctico, la resolución precursora[7], que, por su especial y única transparencia ontológica, muestra al análisis ontológico en qué consiste en último extremo el ser del *Dasein*. El análisis no puede decidir de antemano lo que resulta manifiesto por la resolución ni hacer hipótesis imaginativas sobre ella: «¿a qué se resuelve el *Dasein* en la resolución? La respuesta *sólo* puede ser dada por el acto resolutorio (*Entschluss*) mismo» (§ 60, p. 298). La claridad última de la interpretación ontológica no sólo se funda, sino que es suministrada por el efectivo darse de un comportamiento óntico. Con ello la relación entre lo existencial y lo existentivo resulta, en un momento clave, invertida. Es lo que, entre otras razones, obliga a Heidegger a emprender una detenida reflexión metodológica, que ocupa todo el § 63, como enseguida veremos, pero también a reconocer que la interpretación ontológica de la existencia del *Dasein* se basa en una determinada concepción óntica de la existencia auténtica, «en un ideal fáctico del *Dasein*» (§ 62, p. 310)[8].

---

[7] Aunque la resolución es un rasgo estructural, un estar resuelto que afecta al ser del *Dasein* y no es, por tanto, un acto episódico, tal «estado de resuelto», para decirlo en los términos de Gaos, «sólo «existe» como acto de resolverse (*Entschluss*) que se proyecta a sí mismo en comprensión» (p. 298), un acto que, aun siendo concreto y abierto a posibilidades determinadas, es al hecho mismo de la *posibilidad* a lo que abre.

[8] Esta expresión requiere una aclaración, pues no se trata de un ideal en el sentido de una constelación de valores o un modelo objetivo que se imponga a la existencia; ya antes había declarado el § 53 que la interpretación ontológica no propone ningún ideal determinado de existencia («*inhaltliches*» *Existenzideal*), es decir, ningún ideal de vida; el ideal «fáctico» que supone la reso-

4. RECAPITULACIÓN METODOLÓGICA (§ 63)

Las reflexiones metodológicas de *ST* son en su conjunto bastante parcas y de escaso volumen frente al contenido abrumador de los análisis concretos que desarrollan los «existenciales». Probablemente esta parquedad casa bien con la oposición de Heidegger a la primacía del método en la ciencia y la filosofía modernas y con su actitud fenomenológica de que todo método descansa en el trato con su objeto, en la donación de la cosa misma. Sabemos, sin embargo, de las preocupaciones metodológicas que embargan la hermenéutica fenomenológica de la facticidad[9], centradas en la necesidad de lograr un recto acceso a la vida fáctica, preocupación que sigue bien presente, respecto del ser del *Dasein*, en numerosos pasajes de *ST*. Ciertamente, en el famoso § 7 de la Introducción, Heidegger dedica varias páginas al «método fenomenológico de la investigación», pero, sin minusvalorar en modo alguno su importancia, la presentación de dicho método resulta demasiado abstracta y poco ilustrativa del modo concreto como luego, en el desarrollo de los análisis, se ejerce el método fenomenológico-hermenéutico. El gran interés de este § 63 estriba en la reflexión, casi única en el texto de *ST*, sobre la forma metódica precisa en que se han llevado a cabo los análisis conducentes a establecer el modo *originario* de darse el ser del *Dasein* en su integridad, justo el objetivo esencial de la hermenéutica de la facticidad. Podríamos decir que completa el § 7 en dos sentidos: 1) en que, frente a la presentación *preliminar* y obligadamente abstracta del método que realiza aquel, el § 63 que comentamos es una reflexión *ex post* que tiene como base *lo ya efectivamente realizado*; 2) en que el § 7 subraya, a través de una dilucidación de los conceptos de fenómeno y logos, la actitud fenomenológica general, pero deja muy en la penumbra el momento ineludiblemente hermenéutico del método, que es, precisamente, lo que patentiza y aclara el § 63.

«El concepto preliminar de fenomenología» del § 7 daba las dos indicaciones esenciales para abordar «el carácter metódico de la analítica existencial» que explica el § 63. Allí quedaba perfectamente claro que el concepto *fenomenológico* de fenómeno, frente al formal general y el vulgar, lo constituye «aquello que de un modo inmediato y regular precisamente *no* se muestra, aquello que queda oculto en lo que inmediata y regularmente se muestra, pero que al mismo tiempo es algo que pertenece a lo que inmediata y regularmente se muestra, hasta el punto de constituir su sentido y fundamento» (§ 7, p. 35). Y eso es justamente el ser, que se en-

---

lución es una modalidad del poder-ser, un modo de asumir la propia existencia, que nada especifica de los valores o ideales de conducta que se asumen.

[9] Me permito remitirme para este tema al tratamiento ofrecido en Rodríguez (1997).

cuentra en los entes que se muestran (en los comportamientos ónticos, en el caso del *Dasein*), pero que no se reduce a los rasgos de estos. Y, a su vez, el texto subrayaba que, de las formas de estar oculto el ser en los entes que inmediatamente se muestran, «el "disimulo" (*Verstellung*) es el más frecuente y peligroso, porque las posibilidades de engaño y desviación son aquí particularmente tenaces» (p. 36). Con ello Heidegger sentaba las bases, de manera general, de las relaciones entre lo óntico-existentivo y lo ontológico-existencial: lo que la analítica existencial persigue es sacar a relucir el ser del *Dasein* a partir de la base fenoménica de los comportamientos ónticos —«lo que inmediata y regularmente se muestra»—, ser que se encuentra esencialmente disimulado, desfigurado en el sentido *inmediato* de esos comportamientos. De ahí que las estructuras ontológicas tengan que ser *arrancadas* a los fenómenos, lo que exige asegurar «el punto de partida, el modo de acceso y el tránsito a través de las ocultaciones dominantes» (p. 36). Pero poco más adelante, cuando se trata de precisar el cometido de la ontología fundamental que es la analítica existencial, Heidegger señala enigmáticamente que «de la investigación misma se desprenderá que el sentido metódico de la descripción fenomenológica es interpretación (*Auslegung*)» (p. 37). La afirmación resulta enigmática porque, abruptamente enunciada, no se sabe si afecta a todo el tratamiento de los fenómenos o sólo al tránsito, a través de las ocultaciones, desde la base fenoménica ya dada al ser «disimulado». La remisión al concepto griego de *hermeneuein* como anunciar o dar a conocer nada explicita del sentido que hay que atribuir propiamente a «interpretación». Se diría que Heidegger renuncia a explicar de modo teórico y preliminar en qué consiste el momento específicamente hermenéutico del método hasta que el análisis fenomenológico saque a relucir la estructura del «comprender» (§ 32), sin la que difícilmente puede hacerse, y, sobre todo, para dejar que sea su ejercicio efectivo quien lo ponga de manifiesto. Por eso, el texto dice claramente «de la investigación misma se desprenderá...» (y no de una previa disquisición teórica). Pues bien, esa reflexión metodológica que ya tiene un conocimiento previo del ser del *Dasein* y que tiene ante sí el proceder concreto del análisis realizado es lo que ofrece el § 63.

Ya al comienzo del capítulo Heidegger había justificado la necesidad de una «parada» en la marcha del análisis dedicada a la reflexión metodológica en el hecho de que con la resolución precursora «la interpretación existencial da a conocer su carácter metódico más propio». Hasta entonces, reconoce, se había pospuesto toda discusión metodológica explícita porque urgía «abrirse paso hacia los fenómenos». En efecto, el grueso de la obra había consistido, hasta ahora, en una descripción directa de comportamientos para extraer de ellos su estructura ontológica y exponerla en los diversos «existenciales». Ahora, antes de dar el salto definitivo hasta su sentido unitario, es el momento de volver sobre el proceder seguido y explicitar esa calificación que el método recibe de la función de la resolución precursora.

Lo que esta proporciona es la apropiación plena de la «situación hermenéutica» en la que se encuentra el análisis que busca el sentido de ser del cuidado. Pues el esclarecimiento del sentido de la resolución precursora representa el cumplimiento de la exigencia metódica básica que el § 32 exponía como la manera correcta de entrar en el círculo del comprender: «asegurarse el carácter científico del tema mediante la elaboración de la estructura de prioridad (*Vorstruktur*) a partir de las cosas mismas» (p. 153). Por una parte, el haber previo (*Vorhabe*) demanda tener en consideración el ser íntegro del *Dasein*, cosa conseguida con el anticipar la muerte, y que este se muestre en su forma originaria, lo que resulta garantizado por la atestiguación de la resolución. A su vez, la idea de ex-sistencia, que funciona como directriz del análisis desde las indicaciones formales iniciales del § 9 y que representa el «ver previo» (*Vorsicht*), está definitivamente aclarada por la visión original que de ella da la resolución precursora. Con ambas aclaraciones, que separan por completo el ser de *Dasein* de la ontología de lo «ante los ojos» (*Vorhanden*), queda el terreno despejado para la adecuada conceptuación (*Vorgriff*) de los existenciales.

Lo que llama la atención en la reflexión metodológica que Heidegger ahora inicia es que está toda ella dominada por el intento de hacerse cargo de la *dificultad fenomenológica* que representa el *momento necesariamente hermenéutico*, interpretativo, a que obliga la propia estructura ontológica del *Dasein*. Por «momento hermenéutico» entiendo aquí la necesidad que tiene el análisis de no aceptar la comprensión de sí mismo que «inmediata y regularmente» acompaña los fenómenos ónticos del *Dasein* (los comportamientos) y de llevar a cabo una interpretación de ellos, es decir, un considerarlos como conteniendo un sentido que va más allá de lo que aparece en la comprensión inmediata y que requiere un trabajo específico de revelación, la tarea interpretativa. Tal momento hermenéutico es la versión metódica de la tesis ontológica que Heidegger enunció en la Introducción y que ahora estima consagrada por la analítica existencial: «el ente que somos nosotros mismos es ontológicamente el más lejano». La cercanía de la autocomprensión que rezuma el trato habitual con el mundo nos aleja de la comprensión de nuestro ser más propio. El cometido del análisis existencial es, entonces, acercar lo lejano mediante una interpretación de lo cercano que pase a través de sus encubrimientos y deformaciones. Tal paso no es una forma «imaginativa» o «creativa» de hermenéutica, sino algo exigido por la propia estructura del *Dasein*: 1) porque el cuidado, en tanto que volcado por completo hacia los entes intramundanos, tiene la tendencia inevitable a interpretarse desde el modo de ser de ellos («caída»), interpretación que en modo alguno es algo obvio; 2) porque en tanto que proyecto, el cuidado afronta siempre lo dado desde un horizonte de proyección, que nunca es explícito y sobre el que es esencial asegurar su sentido y adecuación. «La cosa misma» de que se trata, el ser del *Dasein*, obliga al momento hermenéutico del método. Tal paso hermenéutico presenta varios problemas encadenados frente a los que no cabe mirar hacia otro lado.

Ante todo, es preciso reconocer el carácter *violento* de la interpretación ontológica, que tiene que serle arrebatada a los fenómenos yendo en contra de la «suficiencia y de la tranquilizadora obviedad» de la cotidianidad. La violencia de la interpretación es un rasgo ineludible, si la comprensión cotidiana del *Dasein* se oculta efectivamente a sí misma su propio ser y si el punto de partida no puede ser otro que ella. Pero ¿cómo llega a concluir la interpretación ontológica que la comprensión cotidiana es radicalmente ocultadora? ¿Basta la violencia de la interpretación, el ir sistemáticamente en contra de aquella, para garantizar lo acertado de sus aserciones? A la primera cuestión el texto no responde directamente, aunque algunos de los anteriores análisis, particularmente del miedo como huida ante sí mismo y de la voz de la conciencia, habían mostrado que ciertos fenómenos cotidianos, desde el seno del estar en el mundo habitual, ponían en cuestión la obviedad de su autointerpretación. La segunda pregunta es la que abre lo más interesante de las consideraciones metódicas del parágrafo.

La interpretación ontológica opera «proyectando el ente que le está ya dado (*vorgegebene*) hacia el ser que le es propio, para llevar su estructura a concepto» (§ 63, p. 312), o diciéndolo de manera más llana, toda interpretación ontológica intenta tematizar y apresar conceptualmente el ser, a cuya implícita luz está siendo comprendido el ente concreto. Esto, que es propio del comprender filosófico, de la analítica existencial, vale igualmente del comprender vulgar; también la autointerpretación corriente de la cotidianidad comprende su ser proyectando sus posibilidades fáctico-existentivas hacia él, aunque no lo haga de manera explícita: «expresa o tácitamente, adecuada o inadecuadamente, de alguna manera la existencia queda concomitantemente comprendida» (p. 312). Sabemos, a través de los análisis anteriores, que esa comprensión pre-ontológica de la cotidianidad es a la vez reveladora y disimuladora, que el ser del *Dasein* aparece deformado, por lo que una indicación segura para la interpretación es marchar contracorriente de ella, desconfiar de lo que inmediatamente propone. Pero entonces la pregunta surge inevitable: ¿es suficiente esta indicación para que la interpretación ontológica alcance la originariedad buscada? Es evidente que no: el simple *ir contra* la autocomprensión del uno puede insinuar muchas posibilidades diversas a la interpretación, por lo que esta carecerá de dirección precisa mientras no cuente con un fenómeno *positivo*, es decir, con una posibilidad existentiva concreta que sea lo suficientemente transparente para apuntar sin tapujos hacia su ser. «¿De dónde hay que sacar lo que constituye la existencia propia del *Dasein*? Pues sin un comprender existentivo todo análisis de la existencialidad carece de base» (p. 312). *Este es justamente el papel de la resolución precursora*, un comportamiento concreto que en su darse, es decir, al ser asumido por el *Dasein como su posibilidad fáctica*, hace visible el ser del que es una realización. En ella la concreción óntica no disimula el ser, sino que lo patentiza. Pero entonces, una nueva cuestión surge con no menos fuerza: ¿hasta qué punto la base existentiva que la interpretación toma como experiencia privilegiada puede considerarse característica de *toda* existencia, hasta qué punto ese otorgar significación ontológica a un cierto comportamiento no es una elección arbitraria del filósofo que opta por la «autenticidad», que posee «un ideal fáctico de existencia»? La justificación de la «elección» de la resolución precursora como *la* forma señalada de comprensión óntico-ontológica a la vez se convierte en la cuestión fundamental de estas páginas: «¿no deberá justificarse a sí misma (la interpretación existencial) respecto de las posibilidades existentivas con las cuales ella le da a la interpretación ontológica su fundamento óntico?» (p. 312).

Esta y las diversas preguntas que la acompañan y que atañen a la arbitrariedad posible del análisis (pp. 312 s.) no pueden ser respondidas mediante nuevas cautelas metódicas, mediante, por ejemplo, la garantía de una nueva serie de experiencias que certifiquen la peculiaridad de la resolución. *La respuesta sólo puede ser fenomenológica*, es decir, que sea la resolución precursora misma en su presentarse concreto la que da a entender a la interpretación cuál es su propia estructura. A mi parecer, hay que leer los párrafos que siguen como el *intento* de Heidegger de arraigar en el fenómeno mismo de la resolución la justificación de su posición óntica privilegiada, o más exactamente, el intento de trasladar al lector la convicción de que dicha posición se funda en su misma estructura, que no ha sido arbitrariamente leída. A ello sirven dos argumentos: en primer lugar, la enfatización de la muerte como contenido esencial del sentido de la resolución: «¿Es la manera de ser en la que el poder-ser del *Dasein* se comporta en relación a su posibilidad eminente, la muerte, una manera de ser de la que se ha echado mano casualmente? ¿Tiene el estar en el mundo una instancia de su poder-ser más alta que su muerte?» (p. 313). Heidegger juega aquí con un doble efecto: desde la perspectiva de la concepción habitual de la existencia propia del uno, nadie dudará de la universalidad y de la certeza de la muerte, que tiene, por tanto, una importancia única, un rango especial en la «condición humana»; pero desde la perspectiva ex-sistencial que expone el *Dasein* como poder-ser, la muerte no es una posibilidad fáctica más, sino la posibilidad de la imposibilidad de la existencia, una posibilidad literalmente única, que delimita el poder ser en general. La pregunta retórica citada «¿tiene el estar en el mundo una instancia de su poder-ser más alta que su muerte?» no tiene el sentido de una exaltación existencial del riesgo y de la muerte, como si de un *vivere pericolose* se tratara, sino de una constatación de su función ontológica. No obstante lo cual, resulta extraño que Heidegger acuda sólo al precursar la muerte y no a la angustia o a la voz de la conciencia, fenómenos que podrían servir tanto o más que él para ahuyentar la posible arbitrariedad del privilegio óntico acordado a la resolución. Para este fin, aducir la muerte como razón única resulta claramente insuficiente.

En segundo lugar, incluso si la «solución» arbitrada al problema de la justificación de la resolución fuera del todo convincente, otra cuestión no menos radical afecta a la interpretación ontológica: ¿cómo sabe la interpretación existencial del fenómeno de la resolución que responde a lo esencial de ella? Preguntarse por la justificación de una interpretación significa, ante todo, preguntarse por la adecuación al fenómeno interpretado de la visión previa (*Vorsicht*) que dirige el análisis, que en nuestro caso, como sabemos, es la idea de existencia:

> ¿No está todo, se pregunta Heidegger, iluminado, si bien crepuscularmente, por la luz de una idea «previamente supuesta» de existencia? ¿De dónde recibe ella su justificación? (p. 313).

Heidegger no responde a esta cuestión en términos absolutos, tomándola en sí misma, sino que la deriva 1) hacia el intento de garantizar la validez de los análisis de la primera sección, *anteriores a la resolución precursora*, es decir, a la comprensión auténtica de la existencia; 2) hacia la cuestión general del «suponer» una idea directriz, es decir, hacia el problema, ya conocido, del círculo hermenéutico (§ 2, § 32).

Respecto del primer punto, es preciso mostrar que el no poseer desde el principio una idea neta y precisa de la existencia (o quizá, más prudentemente, el no hacer uso explícito de ella) no le quitaba valor alguno como «visión previa» del ser del *Dasein*. En efecto, las indicaciones formales del § 9, precisamente por su formalidad, estaban abiertas a ser realizadas por una diversidad de comportamientos existentivos concretos, sin prejuzgar ninguno y sin vincularse a ninguno. Esa idea formal de existencia como un poder ser en el que está en juego su propio ser y que es en cada caso mío está siempre más o menos explícitamente «vista» en la comprensión de sí misma que la forma corriente de existir tiene. Es por tanto adecuada a la cosa misma, aunque todavía no con una precisión completa del alcance del poder-ser y de la mismidad del *Dasein* que supone. Pero es ya suficiente para llevar a cabo la esencial distinción ontológica entre existencia y realidad, entre el tipo de ser del *Dasein* y el de las cosas, que domina todo *ST* y que recibe su formulación más clásica al final de la primera sección: «la sustancia del hombre es la existencia» (§ 43). La comprensión de lo que esta tesis significa hasta el fondo se logra con la resolución precursora, pero es perfectamente comprensible en su sentido básico a partir de la idea formal de existencia, que «es el bosquejo existentivamente no vinculante de la estructura formal de la comprensión del *Dasein* en general» (§ 63, p. 313). Cuando el análisis ontológico, llegado un cierto momento, se vincula a la resolución precursora y se abre la comprensión del modo propio de existencia, no desmiente los análisis anteriores, sino que los confirma radicalizándolos en la misma dirección.

La suposición de la existencia da lugar a replantear, por última vez, los problemas en torno al «círculo de la comprensión». La reflexión metodológica no puede evitarlo, pues, al volver la mirada al procedimiento seguido hasta ahora por la interpretación ontológica, se hace manifiesta su circularidad: se supone la idea de existencia, con ella como directriz se analizan los comportamientos del *Dasein* y el análisis determina que el ser de este está constituido por lo ya supuesto, la existencia. Un círculo que afecta igualmente a la relación entre lo óntico y lo ontológico: se supone una idea de ser (existencia), se lee el nivel óntico con ella, y este, en la resolución, revela la existencia supuesta. Lo óntico supone lo ontológico y lo ontológico lo óntico. A Heidegger no le resulta difícil ahora, tras el desarrollo completo del análisis del ser del *Dasein*, remachar lo ya dicho en el § 32: que el círculo no es *in probando*, pues no se trata de ninguna demostración, sino de una explicitación, en la que lo mostrado al final del proceso no se «deduce» de lo mismo supuesto al principio, sino que lo supuesto resulta aclarado y llevado a un nivel de comprensión superior al del inicio; que la estructura circular de la investigación es un trasunto inevitable de la estructura proyectiva del *Dasein*, el cual «siendo, ya se ha proyectado siempre hacia determinadas posibilidades de su existencia, y en esos proyectos existentivos ha co-proyectado preontológicamente eso que llamamos existencia y ser» (§ 63, p. 315).

Lo que aporta de nuevo ahora la explicación heideggeriana es la vinculación de la objeción del círculo no sólo a la instancia teorético-epistémica de la «lógica», sino a una dimensión existencial del *Dasein*, la «caída» en la mentalidad del uno, incapaz de abrirse al poder-ser en cuanto tal, al pro-yecto, para fijarse sólo en lo dado alrededor, en los hechos efectivos. La tendencia a entender el supuesto de la existencia como algo dado antes del comprender y la existencia esclarecida como el hecho resultante del proceso es una malcomprensión del comprender existencial. Pero en eso no consiste la circularidad del análisis, que es epistemológicamente productivo precisamente porque no ignora su raíz ontológica y se plantea asumirla y apoyarse en ella, «saltar» al interior del círculo «para asegurarse, desde el comienzo del análisis del *Dasein*, la plena visión del carácter circular de este» (p. 315).

Aunque, como decía antes, Heidegger no responde directamente a la cuestión acerca de la justificación última de la idea directriz de la existencia, las consideraciones anteriores sobre su función en el análisis y el carácter circular de este permiten ensayar una respuesta posible. La preocupación fenomenológica por que sea la «cosa misma», el ser del *Dasein*, quien marque el modo de acceder adecuadamente a él, domina toda la comprensión del momento hermenéutico del método. Este no puede tener la forma de un ver algo dado que está ante la visión, como si la facticidad de la existencia fuera un hecho «objetivo» que está ahí puesto, sino que ha de plegarse a la estructura de proyecto de la existencia, por lo que tiene, como ella, que anticipar un horizonte desde el que ver lo dado (los entes y sus propios comportamientos ónticos). La exigencia fenomenológica en este punto no puede ser otra que la de asegurar que esa idea que se anticipa, la existencia, no sea una «ocurrencia» del intérprete, sino que surja de la propia autocomprensión del existir, aunque sea en el grado obligadamente pre-ontológico e indefinido del inicio. *A esta exigencia responde el carácter indicativo-formal de la idea anticipada de existencia*, que intenta recoger, sin el peligro de malentendidos o deformaciones, dada su vaciedad formal, una estructura muy básica cuya comprensión precisa demanda ser plenificada por el análisis pormenorizado de comportamientos concretos. Si se comprende con suficiente claridad que la anticipación de una indicación formal no comporta una suposición trascendental que configura y limita *a priori* lo dado, sino que abre la posibilidad de que algo se dé como lo que ello es, se está en situación de entender que los análisis dirigidos por la idea anticipada no son un corsé que impone condiciones al aparecer, sino que dejan que los comportamientos analizados marquen la pauta y reafirmen progresivamente o desmientan la idea inicial. En este contexto Heidegger expresa, de manera más clara que nunca, la impronta fenomenológica de su hermenéutica:

> ¿No tiene esta presuposición más bien el carácter de un proyectar comprensor, de tal manera que la interpretación en la que dicho comprender se desarrolla *empieza por ceder la palabra precisamente a aquello mismo que ha de ser interpretado, a fin de que este decida desde sí mismo si él proporciona, en cuanto tal ente, la constitución de ser con vistas a la cual él ha sido abierto en el proyecto formalmente indicativo?* (pp. 314 s.).

La violencia de la interpretación que quiebra las representaciones del uno —el momento hermenéutico— no es, a su vez, ajeno a dicha preocupación fenomenológica: los esfuerzos de Heidegger por mostrar que la resolución no es un acto o un «estado» arbitrariamente elegido, y que, aunque no obligue a todo individuo existente, surge de la propia existencia como un movimiento que emerge desde su fondo contra las deformaciones, indican la misma necesidad fenomenológica de mantener el análisis alejado de todo constructivismo. Por eso, en último extremo, el análisis ontológico tiene que vincularse a una posibilidad existentiva concreta, sin la que no podría garantizar la donación efectiva de los fenómenos que plenifiquen la idea directriz de la existencia: «el modo propio del poder ser sí mismo garantiza la manera previa de ver en dirección a la existencialidad originaria» (p. 316).

5. EL LUGAR EXISTENCIAL DEL «SÍ MISMO» (*SELBST*) (§ 64)

Ya hicimos notar, en el primer apartado, a qué responde, en la estructura del capítulo y en la marcha del análisis, una dilucidación específica del sí mismo. Se trata ahora de ver en qué consiste la «mismidad», ese carácter de «ser sí mismo»[10], que la analítica ontológica reconoce al *Dasein*. Heidegger lo aborda, ya lo sabemos, como respuesta última al problema de la unidad de esa totalidad articulada que es el cuidado, de ahí que el parágrafo se denomine «cuidado y ser sí mismo».

Como todos los análisis de *ST*, la investigación particular de la «mismidad» necesita precisar dos cosas: el hilo conductor o «visión previa» que guía la interpretación y la base fenoménica a donde hay que dirigir la mirada, el terreno en el que aparece algo como el «sí mismo». Ambas cosas ya las conocemos a estas alturas de la obra. El hilo conductor, constantemente reiterado, es la «ex-sistencia», el irle al *Dasein* su ser como poder-ser; la base fenoménica no puede ser otra que la forma corriente y constante de referirse el *Dasein* existente a sí mismo diciendo «yo», en la que se manifiesta una implícita comprensión de sí. En el capítulo cuarto de la primera sección aparecieron claramente referencias explícitas a ambos momentos, que ahora, abreviadamente, Heidegger recoge. La visión previa de la existencia significa que el «dato del yo» tiene que ser entendido como *un momento* de la estructura del cuidado, lo que comporta dos cautelas básicas: que no es el dato primario o fundante de ella y que no puede ser caracterizado a partir de conceptos provenientes de la ontología de lo *vorhanden*, de la «realidad» cósica. En cuanto a la «autointerpretación cotidiana del *Dasein* como punto de partida "natural"» ya se nos había avisado en el § 25 de que el decir «yo» de la vida cotidiana es un mero «índice formal» que no

---

[10] El término *Selbstheit* es otro de los casos en que las traducciones inducen a confusión al lector que no puede confrontar con el texto alemán. *Selbstheit* indica la calidad de ser sí mismo, propia del *Dasein*, que Gaos traduce como «ser sí mismo» y Rivera como «mismidad», justamente la palabra que Gaos elige para traducir el término contrapuesto *Selbigkeit*, que Heidegger refiere sólo a la identidad sustancial de las cosas, no del *Dasein*, y que Rivera vierte por «identidad». Para aumentar la confusión, P. Ricoeur ha puesto en juego los términos «ipseidad» (*ipseité*), que significa aproximadamente la *Selbstheit* de Heidegger, distinguiéndola de la «mismidad» [*mêmeté*, la identidad sustancial; cf. Ricoeur (1990), pp. 11, 140]. «Ipseidad» y «mismidad» caracterizan respectivamente la identidad de las personas y la identidad de las cosas, que tienen modos muy diversos de ser. Yo preferiría este par de conceptos, pero en un comentario de *ST* hay que atenerse a las traducciones existentes de su texto.

comporta una determinación ontológica precisa acerca del tipo de ser del yo (p. 116); más bien lo que esas primeras aproximaciones al «sujeto» de la cotidianidad mostraban era que en el decir «yo» no transparecía un yo mismo propio, sino un «uno mismo», un sujeto anónimo indeterminado. Una vez más, el plano óntico en el que el *Dasein* se comprende a sí mismo no lleva consigo una transparencia ontológica.

Heidegger emprende la dilucidación del sí mismo mediante una confrontación con la doctrina kantiana de la apercepción trascendental. Probablemente, si Heidegger hubiera escrito sobre este problema en el último tercio del siglo XX, en vez de en el primero, la aproximación habría partido del análisis lógico-lingüístico del uso del pronombre personal, tan habitual hoy. Tomar a Kant como referencia no se funda sólo en el peso de la tradición académica, sino en el hecho objetivo de que la comprensión kantiana del «yo pienso» pone de relieve las aporías principales encerradas en el intento de apresar el sentido ontológico del «yo», a la vez que deja ver la base fenoménico-empírica de que parte, los dos ámbitos que Heidegger necesita precisar. En primer lugar, hay que subrayar que Kant es perfectamente fiel a los fenómenos, cuando recoge que en la experiencia habitual el yo no se da aislado, como si tuviéramos una conciencia directa del yo y sólo de él, sino que el yo es siempre un «yo pienso», una conciencia que acompaña a las representaciones, sean estas del tipo que sean. El yo no es una representación, no es un algo o una cosa representada. Esta correcta comprensión de la diferente posición o rango del yo frente a la representación Kant la expresa en la idea de que el «yo pienso» es la *forma* de la representación, lo que hace que una representación sea tal: que el «yo pienso» acompañe a la representación es lo que hace posible que esta represente, que sea noticia o conocimiento. El acompañar que enlaza las representaciones es la función del «yo pienso», de ahí que Kant hable de un *sujeto* lógico, lo que no quiere decir, en modo alguno que sea un marco conceptual, sino más bien un *hypokéimenon*, aquello que está a la base porque reúne y relaciona. Lo positivo de este análisis, señala Heidegger, es que Kant ve que de la experiencia óntica del yo no se puede concluir su sustancialidad, como hace la ontología tradicional. El yo como sustancia es una mala interpretación de la función del yo, que no se da como un elemento autónomo, como un ser en sí, sino como una conciencia concomitante, como un «yo pienso».

Sin embargo, la tesis fundamental de Heidegger es que, a pesar de esta adecuada visión del «contenido fenoménico del yo», Kant recae en el modo tradicional de conceptuarlo ontológicamente al entenderlo como sujeto. El peso del «sujeto» impide pensar el sentido ontológico genuino del «yo pienso», «porque el concepto ontológico del sujeto *no* caracteriza la *mismidad (Selbstheit) del yo en tanto que sí-mismo, sino la identidad (Selbigkeit) y permanencia de algo que ya está siempre ahí*» (§ 64, p. 320). La distinción entre *Selbstheit* y *Selbigkeit*, entre ser sí mismo e identidad ontológica, se convierte en la clave para interpretar *existencialmente* la experiencia del yo pienso y separarla de la ontología de la sustancia, de lo que está ahí dado (*vorhanden*). ¿A qué se debe, se pregunta Heidegger, que Kant no saque provecho de su acierto en la visión de la base fenoménica y recaiga en el sujeto, «es decir, en lo sustancial»? La respuesta sólo puede estar en el sentido del «acompañar» que define la presencia del yo. Interpretar ese sentido requiere determinar más precisamente lo que contiene el yo-pienso. ¿Qué significa «yo pienso»? Sin duda, yo pienso *algo*. Kant, acertadamente, se niega a disociar el yo del pensar, pero sin entrar en una determinación del algo, al que se refiere de forma indiferenciada con el concepto general de representación. Pero, apunta Heidegger, si bajo el «algo» se piensa, como implícitamente hace Kant, en los «entes intramundanos» (los fenómenos en sentido kantiano), en las cosas que nos rodean, entonces «allí se encuentra en forma tácita el supuesto del mundo». El yo que acompaña a las representaciones no es una conciencia vacía, una forma lógica que enlaza, sino el estar en el mundo del *Dasein*, un «yo» del que forma parte integrante el estar referido al mundo como a su horizonte de posibilidad insuprimible. El ser-en-el-mundo es la forma genuina y primaria del «acompañar», lo que hace posible que las representaciones de las cosas vengan a la conciencia. El mundo no es una representación, pero es aquello a partir de lo cual las representaciones de todo lo que aparece *en* el mundo pueden emerger. Por eso tiene el mismo estatuto que el «yo» y por eso está coimplicado en él. «Kant no vio el fenómeno del mundo» y, al negarse, de manera consecuente, a dar a las representaciones el mismo rango *a priori* del yo pienso, se vio forzado a reducir al yo «a la condición de sujeto aislado que acompaña a las representaciones de una manera ontológica enteramente indeterminada» (p. 321). Esa indeterminación no es, en el fondo, tal, y dado el peso de la ontología sustancialista, el acompañar es subterráneamente entendido de manera cósica como un «constante estar ahí conjuntamente dados el yo y sus representaciones».

La confrontación con Kant ha permitido al análisis localizar dónde está y en qué estriba el «problema del yo», remitiéndolo al ser en el mundo del *Dasein*: «En el decir yo se expresa el *Dasein* como ser-en-el-mundo». Pero esa expresión, ya lo sabemos, es primordialmente la del uno, que lleva consigo la tendencia a interpretar el sí mismo desde el mundo en torno, desde las cosas de que se ocupa. Con ello la estructura misma del ser-en-el-mundo como poder ser queda velada, y el ser-sí-mismo aparece como lo que justamente no es, como algo indeterminado pero idéntico que permanece constante en la diversidad de ocupaciones con las cosas y asuntos del mundo, pues al fin y al cabo «uno es lo que a uno le ocupa» y el uno expresa aquí la indeterminada identidad del «yo» del decir yo cotidiano. Pero el análisis ontológico no puede adoptar esta inmediatez del decir yo como criterio, sino que debe tomar su carácter tornadizo y efímero (*flüchtig*) como una huida tácita ante la posibilidad de ser un sí mismo propio. La huida de sí mismo es la pista para entender la mismidad del yo desde la propiedad del *Dasein* y no al revés: «la mismidad (*Selbstheit*) hay que leerla existencialmente en el modo propio de poder ser sí mismo, es decir, en la propiedad del ser del *Dasein* como cuidado» (p. 322). ¿Y qué podemos entender que es el sí mismo en ella? Desde luego, no que fuera algo así como el «fundamento constantemente presente del cuidado», un algo invariante que, de acuerdo con la idea sustancial del fundamentar, sostuviera, en su permanecer idéntico, toda la estructura. La forma *existencial* de ser fundamento que puede atribuirse al *Dasein* Heidegger ya la había explicado al hablar de la deuda o culpa en el § 58:

> ¿Y cómo es el *Dasein* este fundamento arrojado? Únicamente proyectándose en posibilidades en las que está arrojado. El sí-mismo que, como tal, tiene que poner el fundamento de sí mismo, *nunca* puede adueñarse de este y, sin embargo, tiene que asumir, existiendo, el ser fundamento (p. 284).

Heidegger acepta, pues, la idea clásica de las filosofías del sujeto de que éste es su propio fundamento (del que la autonomía, el darse a sí mismo la ley, es la versión ética), pero transformando radicalmente la manera de entender el fundamentar. Para un ser que ex-siste ser fundamento no puede significar el poner (*setzen*) de la subjetividad trascendental, que sienta las condiciones de toda objetividad y pone todo lo que puede aparecer a su disposición, sino asumir la propia condición, ejercer el poder-ser en que su ser consiste adoptando la libre posibilidad de *apropiarse* de él, de asumirlo sin trabas y sin ocultaciones. Este asumir que se apropia, afirma enfáticamente Heidegger, es la resolución precursora: «La estabilidad del sí mismo (*Selbst-Ständigkeit*) no significa existencialmente otra cosa que la resolución precursora» (§ 64, p. 322). En esta radica la autonomía y la estabilidad o constancia del sí mismo[11], que la filosofía ha visto siempre en el sujeto y que, naturalmente, hay que entenderla ahora de otra manera. El texto es muy parco sobre esta otra manera existencial de entenderla, pero da una indicación importante: «en el sentido de haber alcanzado un cierto estado (*Standgewonnenhaben*)». Y es que, en efecto, el sí mismo, en la medida en que consiste en la realización fáctica de una posibilidad de ser, en un asumir y hacer propio, es una situación que se logra o se gana, no una dotación con la que se cuenta de entrada. Al sí mismo se llega, no se posee. Por eso su posibilidad contraria es vista como *pérdida o caída* (en el uno),

---

[11] Heidegger juega con el significado habitual de *Selbständigkeit* (autonomía, independencia, soberanía) y con el que resulta de su descomposición etimológica (*Selbst-Ständigkeit*), estabilidad o constancia, una forma de aludir a la tradicional permanencia de la sustancia.

como la no realización de la posibilidad de ser un sí mismo propio. La constancia del sí mismo hay que entenderla, entonces, como un mantenerse o sostenerse en el estado o actitud abierto por la resolución, como un asumirse y reasumirse, acorde con la estructura temporal de repetición propia del cuidado. Este sostenimiento de sí mismo dota de unidad definitiva al «engranaje» del cuidado y representa el contrapunto de la dispersión, de la volatilidad y de la inquietud del uno[12].

6. LA TEMPORALIDAD COMO SENTIDO DE SER DEL CUIDADO (§ 65)

Tras haber logrado con la forma propia de ser sí mismo que representa la resolución precursora el modo como el ser del *Dasein* se da originariamente, la analítica ontológica no puede ya dilatar más la tarea de extraer de esta base fenoménica segura su sentido propio, que, como tantas veces *ST* ha anunciado, es la temporalidad.

6.1. ¿QUÉ SIGNIFICA SENTIDO ONTOLÓGICO DEL CUIDADO?

Lo primero que el texto realiza, antes de retomar la estructura del cuidado con vistas a buscar su sentido, es recordar la definición de sentido del § 32, que ahora con leves modificaciones Heidegger recoge: «sentido significa el fondo sobre el cual (*Woraufhin*) se lleva a cabo el proyecto primario, desde el que puede concebirse la posibilidad de que algo sea lo que es» (§ 65, p. 324). Comprender algo plenamente, había ya mostrado el citado parágrafo, significa siempre ir más allá de su simple presencia, del hecho nudo y abstracto de que está ahí, ante los ojos del cuerpo o del espíritu; requiere verlo en su situación real de donación, en la estructura anticipativa de un horizonte de sentido en el cual es lo que es. Por eso comprender es siempre comprender lo que hace posible, las condiciones de la posibilidad de algo, que Heidegger recoge en la idea de «el fondo sobre el cual» (*Woraufhin*). Este fondo no requiere ser visto temática y expresamente en el comprender, por el contrario, normalmente actúa de manera implícita; la comprensión de un útil o de una cosa «ante los ojos», por ejemplo, se realiza siempre bajo la tácita pre-comprensión de su tipo de ser, que no es avistada *in modo recto*. La analítica ontológica, como empresa reflexiva de comprensión, necesita justamente tematizar el senti-

---

[12] Para una más extensa evaluación de la problemática del *Selbst* en *ST*, me remito a la discusión en Rodríguez (2004).

do, es decir, el fondo de proyección desde el cual ella comprende el ser del *Dasein*: este es lo proyectado en ella y «el fondo sobre el cual este ser así constituido es proyectado, abierto, es lo que hace posible esta constitución ontológica del cuidado» (p. 324). La pregunta por el sentido del cuidado apunta, pues, hacia ese fondo que posibilita.

Pero para hacerse cabalmente cargo del alcance de esta cuestión, es menester dejar en claro que «sentido de ser», como fondo que posibilita, envuelve dos momentos fundamentales:

a) en primer lugar, en tanto que hace el ser del *Dasein* comprensible, el sentido se limita a permitir acceder plenamente a la constitución ontológica del cuidado, a volverlo manifiesto, transparente. No es una instancia ideal exterior, un entramado de significado que «proyectara» desde fuera al *Dasein* su «sentido», y mucho menos algo que la interpretación pusiera por su cuenta y riesgo, sino el cuidado mismo, en lo que él propiamente es, que se ha hecho plenamente comprensible: «cuando decimos que un ente "tiene sentido", esto significa que se ha hecho accesible *en su ser*» (p. 324). Sentido hace, pues, referencia al modo de comprensión, a la forma como el ente se abre a la interpretación;

b) pero, en segundo lugar, sería erróneo entender este hacer accesible como una posibilitación *del conocimiento*; lo que hace posible la comprensión del cuidado es lo que hace posible el cuidado mismo, el sentido es lo que hace *ontológicamente* posible la estructura del cuidado, lo que lo constituye internamente: «El sentido de este ser, es decir del cuidado, que lo hace posible en su constitución, constituye originariamente el ser del poder-ser» (p. 325). La interpretación se esfuerza sólo en tematizarlo, en hacerlo explícito a partir de la resolución precursora, que lo vive ejecutivamente, pero que no lo expone. La interpretación ontológica es ella misma una forma concreta, óntica, de cuidado que, retomando la resolución, toma como objeto su propia estructura y trata de verlo revelando a la vez su fondo de proyección inmanente, su sentido.

6.2. La desvelación de la temporalidad y su estructura

La pregunta «qué es lo que hace posible el ser del *Dasein* y con él su existencia fáctica» la aborda Heidegger mediante la repetición de los momentos esenciales de la resolución precursora, tratando de ver qué es lo que hace posible que se encajen, en un movimiento articulado, sus dos rasgos básicos: el precursar la muerte y el hacerse cargo de su ser culpable. Todo ello manteniendo firmemente el hilo conductor del poder-ser de la ex-sistencia que obliga a alejar por completo las representaciones de lo *vorhanden*.

Respecto al primero, Heidegger muestra que, considerado en términos generales, el precursar la muerte consiste en «ser respecto al más propio y eminente poder-ser», es decir, en existir estando vuelto hacia la posibilidad más propia de la existencia. Heidegger añade:

> Tal cosa sólo es posible, si el *Dasein puede, en general,* venir hacia sí mismo en su posibilidad más propia y en este dejar-se-venir-hacia-sí-mismo mantiene la posibilidad como posibilidad, es decir, existe. El dejar-se-venir-hacia-sí-mismo en la posibilidad más propia, manteniéndola, es el fenómeno originario del *futuro (Zukunft)* (p. 325).

Al estar referido a la muerte, que, mientras se está existiendo, es posibilidad pura, pero no posibilidad abstracta, sino posibilidad en cada caso *mía*, el *Dasein*, en cuanto que está pudiendo ser esa su posibilidad —siéndola en el modo de no serla, como diría Sartre—, está distendiéndose hacia sí mismo, yendo de sí a sí. Ese distender*se* hacia sí es el futuro, pero naturalmente no en el sentido de un trecho de tiempo que todavía no ha llegado, sino en el de *ser* «futurizo» (*zukünftig*), que expresa el hecho de que el *Dasein es*, en general, proyectándose en posibilidades de sí mismo, yendo constantemente hacia sí. El «en general» (*überhaupt*), que Heidegger repite tres veces en tan breve contexto, indica que el ser futurizo[13] es un rasgo estructural que subyace en el precursar la muerte haciéndolo posible: porque el *Dasein* es, en general, futurizo, puede venir a sí en su posibilidad más propia.

Lo mismo acontece con el ser culpable. La resolución estribaba esencialmente en *asumir* (*übernehmen*) la condición de arrojado, en hacerse cargo de la nihilidad que *se es*. Asumir algo que ya se está siendo significa que el *Dasein* es en cada caso lo que ya era y esto no como una continuidad mecánica o como un flujo constante, sino siéndolo ejecutivamente, realizándolo. Asumir significa, entonces, no haber sido algo, sino serlo en el sentido que Heidegger extrae de la utilización en alemán del verbo ser como auxiliar en la formación del pretérito perfecto: *ich bin gewesen*, «yo soy sido»: soy *siendo* lo que era. Pero, a su vez, el asumir de la resolución implica que el *Dasein hace suya* su propia condición finita y eso sólo es posible si puede acogerla como su posibilidad, si la proyecta como una posibilidad de sí mismo, es decir, si la introduce en el movimiento de futurición: va hacia sí *retomando* lo que ya es. «Sólo en cuanto el *Dasein* es, en general, en el sentido de "yo soy sido", puede ir futurientemente al encuentro de sí mismo en un retorno» (p. 326). Los momentos de la resolución son posibles porque el *Dasein*, desde su ir hacia sí en la posibilidad, puede retornar a lo que está siendo y acogerlo como su ser más propio.

---

[13] Rivera traduce *zukünftig* por «venidero» y Gaos por «advenidero».

Este *ir hacia sí que retorna* es lo que hace posible el «ser sido», el ser lo que se era, pues el *Dasein*, no lo olvidemos, no está ahí dado como una cosa sino que ex-siste. El *Dasein* sólo puede *ser* lo ya sido si lo acoge en su poder-ser y eso es justamente lo que expresa el retorno del asumir y lo que hace que, en la estructura de la existencia, el movimiento de futurición tenga una primacía sobre el «ser sido»: «El *Dasein* sólo puede haber (ser) sido en forma propia en la medida en que es futurizo. El haber sido surge, en cierta medida, del futuro» (p. 326). El retomarse a sí mismo (*Wiederholung ihrer selbst*) de que hablaba el § 62 es la expresión perfecta de este inscribirse el «ser sido» en el ir hacia sí del poder ser.

Por último, la resolución precursora permitía *hacerse cargo* de la situación en el sentido de que las cosas del mundo en torno, la circunstancia en su conjunto, no están determinadas por el mero hecho de su estar ahí presentes, sino que son los términos de un poder-ser ocupado en ellas. Por ello el *Dasein* está referido a su entorno, lo trata y toma posición en él. El ser-cabe la circunstancia tiene el sentido de un hacer presentes las cosas a partir del proyecto arrojado que es el *Dasein*. Pues bien, ese presentificar las cosas es posible por la peculiar integración de futurición y ser sido, por el ir hacia sí que retorna a lo que ya se es y en ese movimiento es como se hacen presentes las cosas, que forman entonces una *situación*: «Volviendo venideramente a sí, la resolución se pone en situación, presentándola» (§ 65, p. 326). La situación comparece como tal en el hacer presente de la futurición que retorna:

> Este fenómeno que de esta manera es unitario, es decir, como futuro que está siendo sido y que presenta, es lo que nosotros llamamos *temporalidad*. Sólo en la medida en que el *Dasein* está determinado por la temporalidad, hace posible para sí mismo el modo propio del poder-estar-entero que hemos caracterizado como resolución precursora. *La temporalidad se revela como el sentido del cuidado propio* (p. 326).

Este texto, que ofrece la conclusión de los análisis anteriores, necesita ser desarrollado mediante explicaciones suficientes que precisen su sentido y que fijen su papel en la estructura del ser del *Dasein*.

La primera de ellas, que es ya casi obvia, es que la temporalidad no puede entenderse con los conceptos habituales del tiempo, aunque, en una segunda instancia, pueda hacer referencia a ellos. Futurición, ser sido y hacer presente no son *en sí mismos* asimilables al futuro, pasado y presente, los momentos normales del tiempo. La razón es doble: de un lado, el tiempo objetivo (la «comprensión vulgar del tiempo») es representado siempre mediante la idea de una sucesión de momentos homogéneos e indiferenciados: un instante que pasa y al que sigue otro y otro; el ahora presente se hunde en el pasado y le seguirá otro que ahora es futuro. Pero la temporalidad no es sucesiva ni sus momentos son cualitativamente indiferenciados: sus tres momentos están implicados de manera propia y peculiar —no otra cosa pretende decir la insólita y torturante expresión «volviendo venideramente a sí, la resolución se pone en situación, presentándola»—, y cada uno de ellos significa un tipo de movimiento que no caracteriza a los otros. Por otra parte, la universalidad del tiempo consiste en que *todo* se da *en* él de manera indiferenciada; si pensamos, desde el tiempo, la temporalidad, inevitablemente habríamos de pensar que el futuro es lo que le acontecerá al *Dasein*, como a cualquier otro ente, en un momento posterior del decurso temporal, pero el futuro como futurición no es lo que le sucederá al *Dasein*, sino lo que este está siendo como poder-ser que se proyecta a sí mismo. En una palabra, la temporalidad responde a la pregunta ¿cómo es el *ser* temporal del hombre en cuanto que es ex-sistencia? No es, por tanto una explicación del «tiempo». Ahora bien, si en cuanto sentido del ser del *Dasein*, la temporalidad no tiene nada en común con el tiempo, ¿por qué llamarla «temporalidad»? Al elegir esta denominación, ¿no está el tiempo funcionando como horizonte implícito de ella? Sin duda, y ello porque la temporalidad, en principio y de manera intuitiva, guarda *alguna* relación, que la analítica ontológica habrá de precisar, con el tiempo: el ir hacia sí «dice» tiempo futuro y retomar lo que se era «suena» a pasado. Esta comprensión «intuitiva», espontánea, que liga la estructura del cuidado propio al tiempo, aunque en modo alguno comporte una identificación de sus momentos con los del tiempo —justamente los deslinda—, no queda esclarecida por el modo como Heidegger piensa la relación entre ambos, pues esta tiene una única dirección, la que va de lo originario (temporalidad) a lo derivado (tiempo), de ahí que su desarrollo implique mostrar cómo el tiempo surge de la temporalidad, pero no si el tiempo actúa, en algún sentido, en la comprensión de la estructura del cuidado propio como temporalidad. Sobre la tesis fundamental de Heidegger, que el concepto vulgar de tiempo deriva de la temporalidad, volveremos más adelante.

Que la temporalidad «es la unidad originaria de la estructura del cuidado» es otra de las tesis básicas del texto. Todos los momentos que definen el cuidado se fundan en ella: «El anticiparse a sí se funda en el futuro. El ser-ya-en acusa en sí el ser sido. El ser-cabe se hace posible en el presentar» (p. 327). El deslinde de la temporalidad respecto de la comprensión habitual del tiempo obliga a una lectura de esos momentos que aleje por completo el horizonte de esta: el antes o el pre- del anticiparse a sí mismo no indica ninguna anterioridad temporal, un ser antes de algo que viene después, sino el estar siendo en las posibilidades de sí mismo a las que el *Dasein* siempre está referido. Como este estar referido al propio poder-ser define el rasgo fundamental del ex-sistir —aquel «irle en su ser el propio ser» que desde el principio guía la interpretación—, *el futuro goza de una primacía en la estructura de la ex-sistencia*. La misma cautela hay que tener con el ser-*ya*-en, que no mienta ningún hecho acontecido en el pasado y que ya no es, sino por el contrario el *factum* de que, existiendo, el *Dasein* es lo que era; lo ya sido, que, desde el punto de vista del tiempo habitual, es pasado, algo que no es, el ser-ya-en indica justamente que lo está siendo, que lo mantiene en tanto que existe: «en la disposición afectiva (*Befindlichkeit*) el *Dasein* se sorprende a sí mismo como aquel ente que, mientras es, ya era, es decir, constantemente es sido» (p. 328). Que falte en la expresión del tercer momento del cuidado, el cadente ser-cabe (*das verfallende Sein-bei*...), un adverbio que aluda al tiempo no quiere decir que no se funde en la temporalidad, sino que, como ya hicimos ver, el hacerse presente las cosas del entorno es posible porque el presentar que se hace cargo (el instante que las ve presentes, *Augenblick*) está imbricado en el movimiento de futurición y de ser sido. Es esta mutua imbricación, este estar coimplicados futurición, ser sido y presentación, de tal manera que cualquiera de ellos sólo es comprensible en cuanto apunta a los otros, es lo que funda el cuidado *como estructura*, una estructura que el análisis había desmembrado, pero que ahora puede ver en su unidad.

Y es también la peculiaridad de esa implicación lo que permite a Heidegger calificar a la temporalidad como *extática*:

> Futuro, ser-sido, presente muestran los caracteres fenoménicos del «hacia sí» (*auf sich zu*), del «de vuelta a» (*zurück zu*) y del «hacer comparecer algo» (*Begegnenlassen von*). Los fenómenos del «hacia...», del «a...» y del «cabe...» manifiestan la temporalidad como lo ekstatikón por excelencia. *Temporalidad es el originario «fuera de sí» en y por sí mismo*. Por eso a los fenómenos de futuro, ser-sido y presente ya caracterizados los llamamos éxtasis de la temporalidad (p. 329).

La idea de éxtasis, que, junto con la de horizonte que aparecerá más tarde [§ 69 c)], proporcionará la denominación definitoria de la temporalidad («la estructura extático-horizóntica de la temporalidad»), surge, como se ve en el texto, como término descriptivo del movimiento específico de los tres momentos de la temporalidad: cada uno de ellos es un movimiento de salida hacia, de apuntar a algo fuera. Ninguno podría ser descrito como un reposar en sí o un permanecer en lo que se es. La mutua implicación de los tres es obra precisamente de ese salir de sí, *que define entonces la temporalidad entera* y que constituye la forma específica de verterse hacia el mundo que es el cuidado. Un ser caracterizado por la temporalidad del cuidado es extático en su propio centro: cada comportamiento es una forma concreta de distenderse hacia sí mismo en el poder ser y de retomar lo ya sido afrontando la situación. Por eso la «mismidad» del sí mismo no puede consistir en una identidad consigo mismo, sino en un *movimiento de apropiación* del propio ser, fundado en ese ineludible carácter extático.

El desarrollo del análisis estructural de la temporalidad concluye con la afirmación de su *finitud*. Esta tesis, que Heidegger coloca provocativamente frente a la visión habitual de la infinitud de la corriente del tiempo, es la lógica consecuencia de la comprensión de la temporalidad a partir de la resolución precursora. Si en ella el adelantarse hacia sí mismo en la posibilidad aparece esencialmente ligado a la peculiaridad de la muerte (la posibilidad cierta *de la nihilidad del propio movimiento hacia delante*), entonces el *Dasein existe finitamente*; el poder-ser de la existencia tiene un fin, que no es un suceso que le adviene desde fuera, sino algo inscrito en la misma estructura del ir hacia sí, que lleva «desde dentro», por así decir, su propia clausura. Y si, además, en la temporalidad originaria este movimiento de futurición tiene la primacía, entonces la temporalidad entera que se constituye desde él, está afectada por la finitud:

> El futuro originario y propio es el hacia sí, hacia *sí,* existiendo en la posibilidad insuperable de no ser. El carácter extático del futuro originario consiste precisamente en que él clausura el poder ser, es decir, que él mismo esta clausurado y, en cuanto tal, hace posible el comprender existentivo resuelto de la nihilidad (p. 330).

Naturalmente Heidegger se apresura a separar la finitud del *ser temporal* del *Dasein* de la infinitud del tiempo y de la persistencia de su fluir tras la muerte. Estos rasgos del tiempo objetivo «no implican ninguna objeción contra la finitud de la temporalidad originaria, porque no tratan en absoluto de ella» (p. 330). La finitud es un predicado ontológico del «dejar ir hacia sí en cuanto tal», de este se trata y no del tiempo. El interés de Heidegger, en este momento del desarrollo del análisis, se dirige sólo a inhabilitar la objeción inmediata que surge de la comprensión habitual del tiempo, desde la que parece absurda la idea misma de una temporalidad finita, de ahí el énfasis puesto en su radical distinción. Pero Heidegger no se limita a establecer la neta separación, sino a enunciar, sin demostrarla aún, la tesis de la derivación: «tan sólo porque el tiempo originario es finito puede el tiempo "derivado" temporalizarse como infinito» (p. 331). El cuestionamiento de la finitud desde el tiempo vulgar es dado la vuelta y se torna en el cuestionamiento de la ilimitación del tiempo desde la temporalidad finita *originaria*: sólo a partir de la comprensión de la estructura de la temporalidad puede esclarecerse en qué sentido el tiempo es infinito. La cuestión de la originariedad de la temporalidad se convierte así en el tema clave del texto. No obstante, la tesis de la finitud de la temporalidad, si ha de ser discutida y debe serlo, ha de hacerse no en función de la relación con el tiempo —este es, más bien, el problema de la derivación—, sino en referencia al papel de la muerte como posibilidad que afecta por entero al movimiento de futurición y lo define. Pero esto es un carácter que viene arrastrado desde los análisis del capítulo primero y la finitud de la temporalidad es su clara consecuencia.

6.3. La temporalidad originaria y sus formas de temporalización

El problema fundamental que plantea el análisis que ha extraído la temporalidad de la resolución precursora es el carácter originario de esa temporalidad, es decir, su ser condición última de posibilidad del ser del *Dasein*, y su relación con las formas de temporalidad de la existencia propia e impropia.

El modo como Heidegger ha hecho emerger la temporalidad mediante una repetición de la estructura de la resolución precursora plantea, como primer problema, la duda de si la lectura temporal de dicho fenómeno es una *nueva descripción* del mismo o si con ella se alcanza un *nuevo nivel* de profundidad que quepa denominarlo condición de posibilidad del fenómeno. Naturalmente la temporalidad no se añade como algo nuevo a la resolución precursora, sino que, si es su sentido, ha de ser ella misma en cuanto comprendida hasta el final en su estructura, en la «esencia» que la hace ser como es. Al ser la resolución el modo en que el ser del *Dasein* se da —y esto significa siempre se realiza, *vollzieht sich*— de manera fenomenológicamente originaria, la comprensión de su estructura equivale a desvelar el sentido del ser del *Dasein*, *por lo que ella ha de subyacer a todas las formas en que la existencia se realiza*. El carácter originario de la temporalidad se muestra en el hecho de que, en cierto modo, se desgaja de su realización concreta en la resolución. Recordemos el «en general» (*überhaupt*) que Heidegger utiliza en diversos momentos: la resolución es posible porque *en general* el *Dasein* puede advenir a sí en la posibilidad, o porque es *en general* ser-sido. La temporalidad parece mostrarse como una estructura no independiente, pero sí indiferente al modo propio o impropio de existencia, realizándose a su manera en ambos. Es esta indiferencia lo que hace que la temporalidad no sea una mera redescripción de la resolución precursora, sino que constituya su estructura profunda, que sólo en ella puede ser leída. El nuevo análisis que retoma la resolución no vuelve a describir con otras palabras lo mismo; lo que hace es extraer de ella la *forma del movimiento* (el hacia sí que retorna presentando), forma supuesta en el precursar la muerte que se hace cargo del ser culpable.

La denominación de la temporalidad como *originaria*, que atraviesa todo el texto, expresa ese ser condición de posibilidad del ser del *Dasein*. Es el cuidado y los diversos momentos de su estructura lo que es posibilitado por la temporalidad. *Esta es la relación primaria de fundamentación.*

Sin embargo, el marco de la relación entre lo originario y lo derivado se hace extraordinariamente más complejo al cruzarse en él las ambiguas relaciones entre temporalidad originaria y temporalidad propia e impropia, es decir, la temporalidad ejercida en los modos propio e impropio de existencia. Para aclarar estas relaciones, complicadas en sí mismas y confusas en el texto, hay que tener en cuenta, ante todo, que la temporalidad propia (y, respectivamente, la impropia) se encuentra en el nivel existentivo, óntico, es, por tanto, la realización concreta en un comportamiento de la temporalidad originaria. Esta es, desde luego, su condición de posibilidad, pero en la medida en que lo es de toda forma de cuidado. Pero en tanto que formas específicas del movimiento que caracterizan a la existencia propia e impropia, ambas formas de temporalidad no pueden entenderse como fundadas en la temporalidad originaria, sino como *modalizaciones* de ella, como variaciones de una misma estructura:

> La temporalidad temporaliza y temporaliza diversas formas de ella misma. Estas hacen posible los diversos modos de ser del *Dasein*, ante todo la posibilidad fundamental de la existencia propia e impropia (p. 328).

Heidegger usará constantemente, como término técnico para designar la realización de la temporalidad originaria en sus modalizaciones, la expresión «temporalizar» (*zeitigen*): la temporalidad originaria se temporaliza en esta o aquella forma de temporalidad. «La temporalidad no es, en general, un *ente*. No es sino que se temporaliza» (p. 328). La idea de temporalización muestra claramente que la temporalidad originaria no es una cosa o una estructura independiente de sus concreciones, sino que se da en ellas y sólo en ellas comparece. La temporalización es, pues, el acaecer concreto en la existencia de la temporalidad, el cual se produce de diversas maneras, «y la diferencia consiste en el hecho de que la temporalización se puede determinar primariamente desde los distintos éxtasis» (p. 329). Sabemos ya que en la temporalidad originaria y propia la primacía la tiene el futuro, de forma que la temporalización acontece a partir del ir hacia sí mismo. Pero el modo de jugar el futuro en la implicación de los éxtasis puede variar, que es justamente lo que ocurre en la temporalidad impropia.

El verdadero problema de interpretación surge con la igualación, repetida varias veces en el texto, entre temporalidad originaria y temporalidad propia. Heidegger las utiliza como sinónimas, formando una unidad indiferenciada de sentido[14]. El sintagma «temporalidad originaria y propia» aparece en varias ocasiones, tanto para decir que la impropia se origina de

---

[14] Para un tratamiento detenido de esta problemática, ligada a la «ambivalencia» del texto heideggeriano, véase Fleischer (1991), pp. 19 ss., así como su discusión en Corti (2006), pp. 152 ss.

ellas como para mostrar que en ambas el éxtasis primario es el futuro. Y en general, cabe decir que hay un intercambio constante entre ellas, sin diferenciación alguna. ¿A qué se debe esta igualación? ¿Qué significa, qué alcance tiene? Es claro que el intercambio funcional entre ambas es una expresión de lo que antes llamábamos alteración de las relaciones entre lo óntico y lo ontológico, producida por la resolución precursora. Esta, siendo un comportamiento existentivo determinado, deja transparecer el ser entero del *Dasein*, de tal manera que este «se da» originariamente en ella. En el mismo sentido, la temporalidad que está obrando en ella, que está siendo realmente ejercida, la temporalidad propia, deja transparecer la temporalidad *tout court*, la temporalidad que es el sentido ontológico del cuidado. *La temporalidad propia es, entonces, una concreción de la originaria que no la modifica, que la modaliza sólo en cuanto que la concreta, pero que se identifica estructuralmente con ella.* Por eso puede Heidegger decir que la primacía del futuro que caracteriza a la temporalidad originaria se da también en la propia[15]. No tendría, por tanto, sentido decir que *se deriva* de la originaria. Tan sólo la realiza y, al realizarla, la revela.

En cambio, es tesis clara y constante de Heidegger que la temporalidad impropia se origina de la «originaria y propia». En ella la modalización o temporalización es una *derivación*: la temporalidad impropia es un fenómeno derivado (*abkünftig*), hasta el punto de que el análisis se plantea la tarea de «mostrar sin fisuras (*lückenlos*) el origen de la temporalidad impropia a partir de la originaria y propia». Sin embargo, en puridad, esa originación no es una derivación, como si la temporalidad impropia fuera un fenómeno que estuviera implicado en la originaria y que se siguiera «naturalmente» de ella. De hecho, Heidegger utiliza la «derivación» primordialmente para el concepto de tiempo, no tanto de temporalidad. La temporalización de la temporalidad originaria en la impropia puede entenderse como *originación* porque, a diferencia de la propia, supone una *transformación* de la estructura de la temporalidad, como antes veíamos. La primacía del futuro queda velada a favor del presente, una situación que Heidegger no abordará hasta más adelante [§ 68 *c*)], pero que ahora justifica que se plantee la cuestión: si la resolución precursora ha puesto de relieve la temporalidad originaria y la temporalidad del modo impropio de existencia sólo puede ser una modificación de aquella, ¿cómo surge entonces y en virtud de qué transformaciones la temporalidad impropia de la originaria? Hacer inteligible ese hecho requiere algo así como la reconstrucción del proceso genético que lleva desde la una a la otra, lo que equivale a mostrar la peculiar estructura que

---

[15] Sin embargo, *stricto sensu*, el texto en que Heidegger enuncia esta identidad («la temporalidad originaria y propia se temporaliza a partir del futuro propio») es incongruente: la temporalidad originaria se temporaliza en la propia, pero ella misma no se temporaliza a partir del futuro *propio*.

adquiere el cuidado en el modo impropio de existencia, tarea que queda reservada a los capítulos posteriores.

Pero hay un último campo de aplicación del juego originario/derivado. Se trata del surgimiento de los conceptos de *tiempo*. La «concepción vulgar del tiempo», que rige, para Heidegger, en la ontología de lo ahí dado (*vorhanden*) y contra la que el análisis de la temporalidad ha procurado precaverse, es el objeto por excelencia de la *derivación* a partir de la temporalidad originaria:

> en la medida en que el *Dasein* inmediata y regularmente se comprende a sí mismo en forma impropia, es de suponer que el «tiempo» de la comprensión vulgar, pese a ser un fenómeno auténtico, sea, empero, un fenómeno derivado. Este surge de la temporalidad impropia, la cual tiene también su propio origen (p. 326).

La *escala de «originaciones»* aparece aquí con toda claridad: el concepto habitual de tiempo se deriva de la temporalidad impropia, la cual, a su vez, «tiene también su propio origen», a saber, la originaria y propia. Que la relación entre temporalidad impropia y tiempo vulgar es auténtica derivación se muestra en el hecho de que Heidegger usa el término fundamentar (*gründen*): la temporalización en que consiste la temporalidad impropia *funda* una comprensión del tiempo que nivela los éxtasis en la uniformidad de «una pura secuencia de ahoras sin comienzo ni fin». Es aquí donde la derivación cobra su sentido propio. El conjunto de esta escala de originaciones le permite a Heidegger establecer que

> si se demostrara que el tiempo accesible a la comprensión común del *Dasein* *no* es originario, sino que se deriva de la temporalidad propia, quedaría justificado que, conforme al principio *a potiori fit denominatio*, llamemos tiempo originario a la temporalidad ahora puesta al descubierto (p. 329).

De esta forma la temporalidad «originaria y propia» se convierte en el concepto originario de tiempo. Como el condicional pone claramente de relieve, la tesis fundamental de Heidegger acerca de la temporalidad como sentido de ser del *Dasein* depende de que se demuestren dos cosas: que la temporalidad originaria pueda comprenderse sin suponer en ningún sentido el concepto «vulgar» de tiempo y que la derivación de este a partir de aquella sea plenamente satisfactoria. Ambas condiciones distan mucho de darse con evidencia y no en vano constituyen el núcleo de las amplias discusiones suscitadas en torno a la concepción heideggeriana de la temporalidad[16].

---

[16] Para la exposición de la problemática de la temporalidad en *ST*, además de los comentarios de *ST* de Gelven (1970), Pasqua (1993), Greisch (1994) y Rentsch (2001), puede verse con prove-

7. LAS TAREAS PENDIENTES (§ 66)

Al llegar a la temporalidad como sentido de ser del *Dasein*, el análisis preparatorio ha alcanzado su cima, pues en ella se encuentra el estrato último en el orden de las condiciones de posibilidad: el «irle su propio ser» ha quedado revelado en su estructura esencial. Pero, de acuerdo con la forma hermenéutica de proceder, trasunto a su vez de la circularidad ontológica del *Dasein*, la aclaración, mediante la temporalidad, de la estructura de la ex-sistencia requiere de un retorno sobre su base fenoménica (el inmediato estar en el mundo de la cotidianidad media, objeto de la primera sección de la obra) para comprobar que lo que fue interpretado en ausencia de toda clave temporal se deja entender a partir de ella. Es la tarea de *repetición* (*Wiederholung*), que retoma lo ya visto y lo expone a la nueva luz de su temporalidad. El texto la denomina *interpretación temporal*. La repetición verifica (*bewähren*) la temporalidad en la medida en que los comportamientos ya analizados se dejan reinterpretar desde ella sin forzamientos, pero a la vez, si la temporalidad es su estructura profunda, los comprende mejor al mostrar su interna unidad y su coherencia, deshaciendo las sombras de arbitrariedad de los análisis iniciales (p. 332).

La primera tarea es, pues, la repetición temporal del análisis de la cotidianidad. Dado que en ésta rige habitualmente la comprensión impropia de la existencia, su interpretación temporal pone de manifiesto cuál es su modo de temporalización, es decir, mediante qué transformaciones de la temporalidad originaria se configura la temporalidad impropia (p. 332). Con ella comienza la tarea, tantas veces anunciada, de mostrar cómo surge el tiempo habitual del tiempo originario, la temporalidad. Esta parte de la repetición responde a la primera etapa de lo que hemos llamado la escala de originaciones: de la temporalidad originaria a la temporalidad impropia. Es el contenido del capítulo cuarto.

La segunda tarea corresponde a la repetición temporal de la estabilidad del sí mismo, que había sido establecida, contra la interpretación sustancial de la mismidad, como un alcanzar un cierto estado. Pero esta caracterización responde tan sólo al hilo conductor del poder-ser de la ex-sistencia y formaba parte, como se recordará, de la tarea hermenéutica de tener la integridad del ser del *Dasein* en el «haber previo». Ahora, alcanzada la temporalidad, se hace necesario retomar la estabilidad para descubrir su estructura temporal y distinguirla de la del «uno mismo». La repetición sacará a relucir la *historicidad* (*Geschichtlichkeit*) como la pecu-

---

cho en español Másmela (2000). Como exponente de algunas de las críticas en ambas direcciones véanse los trabajos de Tugendhat, E. (1992), Rosales, A. (1978), Fleischer, M. (1991), González, J. (2008), Blattner, W. (1999), Dastur (1990).

liar forma de temporización con arreglo a la cual se gesta el sí mismo y su estabilidad (p. 332). Desde ella se abordarán los conceptos propios de las ciencias históricas, fundados en ella. Esta tarea da contenido al capítulo quinto.

La última y decisiva tarea corresponde a la mostración del origen del concepto habitual de tiempo a partir de la temporalidad impropia, la segunda fase de la aludida escala de originacion. Para ello habrá que abordar el surgimiento de lo que Heidegger llama la *intratemporalidad* (*Innerzeitigkeit*) —el tiempo como la dimensión *en* que acontecen los «entes intramundanos», las cosas de nuestro entorno— a partir del ocuparse en el mundo que usa y calcula el tiempo (pp. 332 s.). Esta tarea, como ya hemos dicho, es una de las faenas capitales de las que depende la verosimilitud de la tesis heideggeriana sobre la temporalidad como tiempo originario y ocupará el capítulo último de la obra.

REFERENCIAS

BLATTNER, W. (1999): *Heidegger's temporal Idealism*, Cambridge.
CORTI, A. (2006): *Zeitproblematik bei M. Heidegger und Augustinus*, Würzburg.
DASTUR, F. (1990): *Heidegger et la question du temps*, París.
FLEISCHER, M. (1991): *Die Zeitanalysen in Heideggers «Sein und Zeit»*, Würzburg.
GELVEN, M. (1970): *A Commentary on Heidegger's «Being and Time»*, Nueva York - Evanston - Londres.
GONZÁLEZ, J. (2008): *Heidegger y los relojes*, Madrid.
GREISCH, J. (1994): *Ontologie et temporalité*, París.
MÁSMELA, C. (2000): *Martin Heidegger: El tiempo del ser*, Madrid.
PASQUA, H. (1993): *Introduction à la lecture de Être et temps de M. Heidgger*, Lausanne.
RENTSCH, Th. (ed.) (2001): *Martin Heidegger Sein, und Zeit*, Berlín.
RICOEUR, P. (1990): *Soi même comme un autre*, París.
RODRÍGUEZ, R. (1997): *La transformación hermenéutica de la fenomenología. Una interpretación de la obra temprana de Heidegger*, Madrid.
— (2004): *Del sujeto y la verdad*, Madrid.
ROSALES, A. (1978): «Observaciones críticas a la idea de temporalidad propia en *Ser y tiempo* de Heidegger», *Revista Venezolana de Filosofía*, 8, pp. 83-96.
TUGENDHAT, E. (1992): «Heideggers Seinsfrage», en: *Philosophische Aufsätze*, Frankfurt a. M., pp. 108-135.

13

TEMPOREIDAD Y COTIDIANIDAD. LA REPETICIÓN TEMPÓREA DEL ANÁLISIS EXISTENCIAL (§§ 67-71)

Carlos Di Silvestre

1. INTRODUCCIÓN

La Segunda Sección de *ST* está dedicada a la interpretación existencial del tiempo como temporeidad (*Zeitlichkeit*) del *Dasein*. Esta interpretación comienza en el capítulo tercero de dicha sección, donde Heidegger, partiendo del análisis de la resolución precursante como modo propio y originario de existencia, determina la temporeidad como *sentido* del ser del *Dasein*. Ahora bien, esta determinación constituye sólo una «puesta al descubierto (*Freilegung*) de la temporeidad» (§ 61, p. 301), es decir, una primera presentación del fenómeno, usualmente encubierto o desfigurado por la comprensión usual del «tiempo». Por ello, la tesis de que la temporeidad es el sentido del ser del *Dasein* tiene que «comprobarse en la interpretación repetitiva (*wiederholten Interpretation*) de las estructuras del *Dasein*, mostradas provisionalmente, como modos de la temporeidad» (§ 5, p. 17; trad. CDS)[1]. Esta tarea constituye el objetivo principal del capítulo cuarto (§§ 67-71) de la segunda sección, que aquí examinamos. Además, la repetición tempórea del análisis existencial tiene como objetivo «volver a la vez más transparente (*durchsichtiger*) el fenómeno mismo de la temporeidad» (§ 45, p. 234). De manera que, desde el punto de vista *metódico*, es decir, fenomenológico, el capítulo cuarto tiene la doble función de comprobar y de esclarecer la determinación inicial de la temporeidad como sentido del cuidado (*Sorge*) presentada en el capítulo ante-

---

[1] Para la traducción al castellano de las citas literales de *ST* seguimos la versión de J. E. Rivera, salvo indicación en contrario, como en este caso.

rior, mediante una interpretación que sea capaz de mostrar las estructuras existenciales descubiertas en el marco del análisis preparatorio como modos de temporización de la temporeidad[2].

Por otro lado, en la medida en que la temporeidad fue descubierta y analizada inicialmente sobre la base fenoménica de la resolución precursante en cuanto modo *propio* de existencia, la interpretación tempórea tiene que ser capaz de mostrar la temporeidad también como sentido ontológico de la existencia *impropia*, del modo cotidiano de ser del *Dasein*.

La tesis general de que la temporeidad es el sentido del ser del *Dasein* se articula en dos tesis básicas, que los análisis del capítulo cuarto procuran esclarecer y acreditar:

1) la tesis de la *fundación*, que sostiene que la temporeidad es el fundamento ontológico de la unidad de la estructura del cuidado, es decir, que es la condición existencial de posibilidad del ser del *Dasein*. En esta tesis queda explicitado el estatuto filosófico-trascendental de los análisis existenciales. Estos análisis no son ónticos sino ontológicos, en la medida en que procuran explicitar las condiciones de posibilidad de la comprensión existentiva que el *Dasein* tiene de sí mismo y del mundo. En este sentido, los análisis *tempóreo*-existenciales deben mostrar las condiciones últimas de posibilidad de la constitución del ser del *Dasein*. Por ello, refiriéndose a estos análisis, Heidegger señala que «la analítica preparatoria del *Dasein* exige su repetición sobre una base más alta y propiamente ontológica» (§ 5, p. 17);

2) la tesis de la *co-originariedad*, según la cual la estructura de la temporeidad está conformada por tres éxtasis —futuro, haber-sido, presente—, que se abren o temporizan no sucesiva sino co-originariamente. Esta co-originariedad implica que la estructura de la temporeidad no es fija e invariable, sino que es siempre modificable de acuerdo con la prioridad o primacía que tienen los diversos éxtasis en la estructura tempórea de los fenómenos concretos.

Nuestro examen del capítulo cuarto procurará destacar la acreditación de estas dos tesis en los diversos estadios de los análisis tempóreos. Heidegger advierte que el análisis tempóreo «no implica una repetición superficial y esquemática de los análisis hechos, en el mismo orden en que fueron expuestos» (§ 66, p. 332). Antes bien, el curso de la repetición

---

[2] La comprobación de los enunciados ontológicos en los fenómenos y el progresivo esclarecimiento de los mismos a través del análisis son dos exigencias metódicas que pertenecen al núcleo del método fenomenológico tal como lo comprende Heidegger. En este sentido, en el § 7 de *ST* Heidegger define la fenomenología de la siguiente manera: «Ciencia «de» los fenómenos quiere decir: un modo *tal* de captar los objetos que todo lo que se discuta sobre ellos debe ser tratado en directa mostración (*Aufweisung*) y justificación (*Ausweisung*)» (p. 35).

tempórea sigue una dirección inversa a la secuencia del análisis preparatorio, pues cada paso de la repetición se apoya en los resultados alcanzados precedentemente. Así, la estructura del capítulo presenta una secuencia de cuatro momentos: 1) la temporeidad de la aperturidad, donde se reinterpretan tempóreamente cada uno de los momentos de tal estructura (comprender, disposición afectiva, caída y habla), 2) la temporeidad del ser-en-el-mundo, donde se reinterpretan dos modos de ser-en-el-mundo, el ocuparse circunspectivo y el comportamiento científico, y se plantea el problema tempóreo de la trascendencia del mundo, 3) la temporeidad de la espacialidad existencial, 4) la temporeidad de la cotidianidad, fenómeno que constituye el punto de partida de la analítica existencial.

2. LA TEMPOREIDAD DE LA APERTURIDAD (§ 68)

El § 68 contiene la interpretación tempórea de la aperturidad en cuanto momento de la estructura ser-en-el-mundo (cf. §§ 28-38). Aquí Heidegger analiza la estructura tempórea del comprender y de la disposición afectiva, que son los modos co-originarios de apertura del *Dasein*, y del habla, que, en cuanto «articulación de la comprensibilidad» (§ 34, p. 161), determina originariamente ambos modos de apertura. Puesto que la repetición tempórea procura mostrar la específica temporeidad de la existencia impropia, el § 68 incluye también un análisis del sentido tempóreo de la caída en cuanto modo cotidiano e impropio de la aperturidad del *Dasein* (cf. § 38).

2.1. LA TEMPOREIDAD DEL COMPRENDER [§ 68 *a*)]

Heidegger aclara que con el concepto existencial de comprender (*Verstehen*) no se refiere al «conocer en el sentido de aprehensión temática» (§ 68, p. 336) de un ente, ni tampoco al comprender en cuanto modo de conocimiento, característico de las llamadas «ciencias del espíritu», que se distingue del explicar (*Erklären*) propio de las ciencias naturales. En cuanto modo originario de apertura del *Dasein*, «el comprender es *el ser-proyectante respecto de un poder-ser, por mor del que el Dasein existe cada vez*» (p. 336; trad. CDS). Es decir, el comprender es un proyectar que abre originaria, ejecutiva y atemáticamente el propio ser del *Dasein* como posibilidad. En cambio, la aprehensión temática de un ente es sólo un posible desarrollo del comprender primario, desarrollo que, como veremos, también es analizado desde el punto de vista tempóreo-existencial[3].

---

[3] Véase *infra* sección 3.2.

De acuerdo con la tesis de la co-originariedad, el sentido tempóreo del comprender en cuanto proyección en una posibilidad de existencia está determinado por los tres éxtasis de la temporeidad. Pero puesto que los éxtasis no se temporizan siempre en el mismo orden, es preciso ante todo aclarar qué éxtasis tiene la primacía en el caso del comprender. Al respecto, señala Heidegger: «En la base del proyectante comprenderse en una posibilidad existentiva se encuentra el futuro en cuanto venir-a-sí (*Auf-sich-zukommen*) desde la respectiva posibilidad, siendo la cual el *Dasein* existe cada vez» (p. 336; trad. CDS). El sentido tempóreo primario del comprender es entonces el futuro (*Zukunft*), pues al proyectarse en una posibilidad de existencia el *Dasein* viene a sí mismo, es venidero (*zukünftig*), en el sentido de que se comprende a sí mismo desde tal posibilidad y así llega a ser él mismo.

Heidegger distingue dos modos fundamentales del comprender, que se diferencian de acuerdo con el punto de partida desde el que surge la autocomprensión existentiva (cf. § 31, p. 146). En cuanto modo originario de apertura, el comprender abre el ser-en-el-mundo en su totalidad. Esto implica que el *Dasein* puede proyectarse primariamente *a partir de su mundo*, es decir, puede comprenderse desde posibilidades bosquejadas por el uno y disponibles en el mundo público (cf. § 27, p. 129). O puede proyectarse primariamente *a partir de sí mismo*, en el sentido de que puede comprenderse desde posibilidades que han sido expresamente elegidas y configuradas por él. «El comprender o bien es propio, un comprender que surge del propio sí-mismo en cuanto tal, o bien es impropio» (§ 31, p. 146). Esta distinción es relevante para nuestro análisis, pues la repetición tempórea del comprender, y en general de la aperturidad, toma como hilo conductor la diferencia entre el comprender propio y el impropio.

> La temporeidad temporiza y temporiza modos posibles de sí misma. Estos posibilitan la diversidad de los modos de ser del *Dasein*, ante todo la posibilidad fundamental de la existencia propia e impropia (§ 65, p. 328).

La estructura de la temporeidad se modifica no sólo porque cambia el orden de los éxtasis, sino también porque el sentido general de cada éxtasis se puede especificar de modos diversos. El futuro en cuanto venir a sí desde una posibilidad de existencia es el éxtasis primario de la temporeidad del comprender. Pero esta determinación del futuro es formal y neutra en relación con la distinción entre comprender propio e impropio. Heidegger denomina al futuro formalmente considerado *anticiparse* (*Sich-vorweg-sein*), término con el que se refiere también al primer momento estructural del cuidado. Pero, ¿cómo se especifica el anticiparse en cuanto futuro propio y en cuanto futuro impropio?

El futuro impropio es el sentido tempóreo del «comprender cotidiano, ocupado e impropio» (§ 68, p. 337). Heidegger llama *circunspección* a la comprensión que orienta el ocuparse (*Besorgen*) cotidiano del ente a la mano (cf. § 15, p. 69). La comprensión circunspectiva es impropia porque en ella el *Dasein* se comprende a sí mismo, pero no primariamente desde sí mismo. En efecto, a pesar de estar absorto en el «mundo», en el trato ocupado con los útiles el *Dasein* no se pierde completamente de vista sino que se comprende *mediatamente*, a través de lo que es objeto de ocupación. En este sentido, Heidegger ha mostrado que un útil sólo puede comparecer como objeto de uso en la medida en que el *Dasein* se ha remitido a él desde una posibilidad de sí mismo en la que ya se ha proyectado (cf. § 18, p. 86). En este remitirse ocupado el *Dasein* se comprende a partir de posibilidades que están determinadas por la factibilidad, la necesidad, la urgencia, el éxito o el fracaso de su trato con lo a la mano. Esta comprensión mediada de sí implica, desde el punto de vista tempóreo-existencial, que el ser venidero del comprender cotidiano se caracteriza por el hecho de que el *Dasein* «*está a la espera de sí mismo desde lo que el objeto de ocupación (das Besorgte) da de sí o rehúsa*» (§ 68, p. 337). De acuerdo con ello, el futuro del comprender *impropio* se modaliza como un *estar a la espera (Gewärtigen)* de sí mismo a partir del ente a la mano.

«*Esperar algo es un modo del futuro fundado en el estar a la espera*» (p. 337). Este enunciado ontológico distingue entre el estar a la espera como estructura existencial y el «esperar algo» en sentido óntico, distinción que permite entender mejor aquella estructura. En cuanto está a la espera, el *Dasein* está referido a una *posibilidad* de sí mismo determinada por el objeto de ocupación, mientras que en cuanto espera algo el *Dasein* se comporta respecto de un *ente* que «por ahora» no está a la mano, pero que se presume que lo estará próximamente. El comportamiento óntico-existentivo de la espera se funda en la estructura existencial del estar a la espera, pues el ocupado estar a la espera de una posibilidad a partir de lo a la mano abre previamente el *horizonte de sentido* desde el cual el ente aún no disponible pero requerido puede ser esperado.

En cuanto al futuro propio, en el texto que analizamos Heidegger señala brevemente que se trata del fenómeno que anteriormente ha llamado *precursar (Vorlaufen)* (cf. § 53, p. 262; § 65, p. 325) y que «esta expresión indica que el *Dasein* [...] tiene que ganar para sí el futuro no desde un presente, sino desde el futuro impropio» (§ 68, pp. 336 s.). ¿Qué significa esta observación? En cuanto modo del futuro, el precursar es un venir a sí mismo desde el poder-ser más propio y eminente del *Dasein*, la posibilidad insuperable de la muerte. Pero este modo del anticiparse extático no es el inmediato y regular, sino que tiene que ganarse desde el futuro impropio. Es decir, el precursar la muerte es sólo una modificación existentiva del modo como el *Dasein* viene cotidianamente a sí desde las múltiples posibilidades del ocuparse, bosquejadas en el mundo público circundante. En esta modificación, el *Dasein* gana para sí el futuro *en cuanto tal*, porque el precursar es un modo óntico-existentivamente derivado pero ontológicamente originario y propio de ser venidero. «El *dejarse venir* hacia sí mismo soportando la posibilidad eminente es el fenómeno originario del *futuro*» (§ 65, p. 325; trad. CDS). Esto se debe a que el *Dasein*, al comprender la muerte como la posibilidad de *no poder existir más* y al mantenerse («soportando») en *esta* comprensión, viene a sí mismo no ya desde esta o aquella posibilidad disponible en el mundo circundante sino desde su ser-posible *en cuanto tal*. Precursando, el *Dasein* abre existentivamente el futuro en cuanto tal y, por ello, el precursar es la concreción fenoménica más originaria del futuro.

A continuación Heidegger se refiere al modo como los éxtasis de haber-sido (*Gewesenheit*) y de presente (*Gegenwart*) determinan la estructura temporal del comprender. Con respecto al haber-sido inherente al comprender *propio*, sostiene lo siguiente:

> El venir-a-sí propio de la resolución precursante es ante todo un volver al más propio sí-mismo, arrojado en su singularización. Este éxtasis posibilita que el *Dasein* pueda asumir resueltamente el ente que él ya es. En el precursar el *Dasein* se *re-toma* (*wieder-holt*) *de manera anticipada* en su más propio poder-ser. Al *haber* sido propio lo llamamos *repetición* (*Wiederholung*) (p. 339; trad. CDS).

En este texto encontramos dos tesis relevantes acerca de la temporeidad, vinculadas estructuralmente. La primera afirma que el futuro extático, el venir a sí mismo desde una posibilidad, es co-originariamente un *volver a sí mismo* en cuanto arrojado. Pues en la medida en que el *Dasein*, proyectándose, se relaciona siempre, de un modo más o menos expreso, con una determinada posibilidad de sí mismo, con ello vuelve también a lo que él ha sido, a aquella posibilidad en la que ya está arrojado. Esta unidad en la temporización de futuro y haber-sido es la expresión, desde el punto de vista tempóreo, de la unidad del ser del *Dasein* en cuanto proyecto arrojado (cf. § 31, p. 144; § 41, p. 192). En virtud de esta unidad, lo que el *Dasein* ha sido nunca es algo cerrado, que haya quedado definitivamente atrás, que haya «pasado», sino que está siempre abierto, de un modo expreso o tácito, de manera que el *Dasein* puede siempre retomar o repetir lo sido, proyectándose en ello. En la unidad de haber-sido y futuro, el futuro es el éxtasis primario: «esta es nuestra tesis: este haber-sido se temporiza sólo a partir de y en el futuro» (*GA 26*, p. 266; trad. CDS). Puesto que el futuro extático implica siempre un retorno a lo sido, Heidegger habla de la «regresividad (*Rückläufigkeit*) del *Dasein*» (p. 273).

El fenómeno de la regresividad del *Dasein* o, más exactamente, del futuro extático, adquiere diversas formas de concreción, de acuerdo con el modo de temporización del futuro. En este sentido, la segunda tesis del texto citado afirma que el futuro propio, el precursar, posibilita la temporización de un modo propio del haber-sido, la repetición. La unidad de la temporización de futuro y haber-sido tiene lugar originaria y propiamente en la resolución *en cuanto precursante*, pues el anticiparse en cuanto venir a sí desde la posibilidad insuperable de la muerte implica a la vez una repetición en el sentido de un volver a sí mismo que abre y asume el propio estar arrojado, la *facticidad* de la existencia, *en cuanto tal*. «El adelantarse hasta la más propia y extrema posibilidad es el volver que comprende el más propio (haber) sido» (*ST*, § 65, p. 326; trad. CDS).

También al comprender *impropio* del ocuparse cotidiano le es inherente una modalidad del haber-sido. Al respecto Heidegger piensa que para poder absorberse y «perderse» en el mundo circundante y compartido, para poder estar auténticamente ocupado, «el sí-mismo tiene que olvidarse de sí» (§ 69, p. 354). Esto significa que, al proyectarse en posibilidades extraídas a partir de lo a la mano, el *Dasein* se cierra en cierto modo a sí mismo, en el sentido de que deja tras de sí aquellas posibilidades más propias en las que está arrojado. «Lo que somos, y esto implica siempre lo que hemos sido, se encuentra en cierto modo detrás de nosotros, *olvidado*» (*GA* 24, p. 411; trad. CDS). El olvido no es aquí un estado psíquico, sino un modo de apertura extática de la facticidad que tiende a *huir* ante ella: «el éxtasis ("salida fuera", *Entrückung*) del olvido tiene el carácter de un escapar (*Ausrücken*), cerrado a sí mismo, *ante* el más propio haber-sido...» (*ST*, § 68, p. 339). Este olvido fugitivo es el sentido tempóreo de la aversión o huida que caracteriza a la apertura inmediata de la facticidad como carga en la disposición afectiva (cf. § 29, p. 135).

El olvido en cuanto modo impropio del haber-sido es una estructura tempóreo-existencial y se distingue del «olvido de algo», de la falta de recuerdo en sentido óntico. El olvido de sí constituye la condición de posibilidad para que la ocupación que está a la espera pueda «*retener* (*behalten*)» (§ 68, p. 339) lo a la mano como posible objeto de uso. Sólo a esta posible retención del ente a la mano inherente al olvido de sí le corresponde una no-retención del ente, que es el «olvido» en un sentido derivado, en cuanto comportamiento óntico-existentivo. Y así como la espera de algo está fundada en el éxtasis del estar a la espera, también el *recuerdo* (*Erinnerung*), en cuanto comportamiento respecto del ente, es un modo del haber-sido que sólo es posible sobre la base de la estructura existencial del olvido, en la medida en que este «abre primariamente el horizonte dentro del cual el *Dasein*, perdido en la "exterioridad" de lo que lo ocupa, puede recordar» (p. 339).

En lo que respecta al presente de la temporeidad del comprender, en el § 68 *a*) Heidegger analiza sólo el presente propio, mientras que el presente impropio es analizado posteriormente[4]. El presente extático es el

---

[4] Véase *infra* secciones 2.3 y 3.1.

sentido tempóreo del ser-cabe el ente intramundano, que es uno de los momentos de la estructura del cuidado (cf. § 41, p. 192). Entendido de un modo formalmente neutro, este éxtasis tiene el sentido de un hacer presente o presentación: «El hacer comparecer (*Begegnenlassen*), actuando, lo *presente* del mundo circundante, sólo es posible en una *presentación* (*Gegenwärtigen*) de este ente» (§ 65, p. 326). El presente propio es entonces el modo de presentación de lo intramundano que tiene lugar en la autocomprensión inherente a la existencia propia, entendida como resolución precursante. Al respecto, señala Heidegger:

> En la resolución, el presente no sólo es traído de vuelta desde la dispersión en lo que es inmediatamente objeto de ocupación, sino que es retenido en el futuro y haber-sido. Al presente retenido en la temporeidad propia, que por ende es un *presente propio*, lo llamamos el *instante* (*Augenblick*) (§ 68, p. 338).

El presente propio, que se temporiza en unidad con el precursar y la repetición, es el *instante*. Heidegger se apropia aquí de un antiguo concepto filosófico referido al tiempo[5]. Pero en este contexto el instante es un fenómeno tempóreo-existencial que se distingue del «instante» entendido en el sentido habitual de «porción brevísima de tiempo», es decir, como un ahora efímero, y que por principio no puede ser aclarado a partir del tiempo-ahora[6]. Heidegger comprende el fenómeno existencial del instante en conexión con el sentido literal de la palabra alemana para «instante», *Augenblick*. En efecto, el presente instantáneo no consiste en la mera presentación de un ente intramundano determinado, sino en una apertura extática en la cual el *Dasein* resuelto «tiene una mirada (*Blick*) para lo que constituye la situación del obrar» (*GA* 24, p. 407; trad. CDS). El instante es una mirada existentiva que comprende «sin distorsiones», sin

---

[5] Heidegger reconoce dos antecedentes principales del concepto *existencial* de instante. Por una parte, el análisis de la prudencia que ofrece Aristóteles en *Ética Nicomaquea* VI, 5, 8-13, donde ha quedado entrevisto, según Heidegger, el fenómeno del instante. Cf. *GA* 62, pp. 383 ss. (trad. esp. p. 35 ss.); *GA* 24, p. 409. En *GA* 18, pp. 188-191, Heidegger remite a pasajes de *Ética Nicomaquea* II, 1, 3, 6, 9, para mostrar el vínculo entre acción, virtud, decisión e instante (*kairós*). Por otra parte, los análisis de Kierkegaard acerca del instante en Kierkegaard (1844), cap. 3 (cf. *ST*, § 68, p. 338, nota 1; *GA* 24, p. 408). En ambos casos, Heidegger subraya los límites de esos análisis: Kierkegaard vio con gran penetración el fenómeno *existentivo* del instante, pero no logró su correspondiente interpretación existencial. Esto se debe a que no pudo explicitar el carácter tempóreo específico del instante, sino que lo identifica con el ahora de la concepción usual del tiempo y, sobre esta base, construye la relación paradójica del «instante» con la eternidad. También Aristóteles comprendió el fenómeno del instante, pero no logró poner en conexión el específico carácter tempóreo del *kairós* con lo que entiende como tiempo, es decir, con el ahora (*nyn*). Para un examen de la concepción heideggeriana del *kairós* y el instante en textos anteriores a *ST* como así también en *ST* y *GA* 24, véase Haar (1996).

[6] Para la aclaración de la noción de tiempo-ahora (*Jetzt-Zeit*), véase *ST*, § 81.

encubrimiento, lo que comparece dentro del mundo en la forma de sucesos, circunstancias, empresas que ocupan al *Dasein* y que, a la vez, comprende el comportamiento respecto de lo intramundano y con otros *Dasein* que la situación del obrar exige en cada caso. En la estructura de la temporeidad propia, el presente no tiene la primacía, sino que el instante queda «retenido» en el futuro y haber-sido propios y surge a partir de ellos. Esto significa que, en cuanto instante, el presente no está librado a sí mismo, sino que, en su relación con lo intramundano, el *Dasein* se atiene ante todo a las propias posibilidades proyectadas desde sí mismo y, por ende, a lo sido, a lo que fácticamente es y puede ser. Por ello, en el presente instantáneo el *Dasein* se ha recuperado de la «dispersión»: no se deja absorber por lo que se presenta inmediatamente ni está perdido en el mundo público, sino que a partir de su aperturidad resuelta «tiene y mantiene su mundo bajo la mirada» (*GA* 24, p. 408; trad. CDS).

En síntesis, Heidegger define la unidad extática de la temporeidad del comprender *impropio* como un «*estar a la espera olvidante-presentante*» (*ST*, § 68, p. 339), mientras que la estructura temporal de la existencia propia es definida como un «*instante precursante-repitente*» (§ 75, p. 391). Pero si consideramos la primacía que, según hemos visto, corresponde a los diversos éxtasis constitutivos del comprender propio, podemos reformular esa estructura temporal como un *precursar repitente-instantáneo*.

El siguiente cuadro presenta esquemáticamente los éxtasis tempóreos y su correspondiente modalización en la temporeidad del comprender propio y del impropio:

Éxtasis tempóreos	*Comprender propio*	*Comprender impropio*
Futuro	Precursar	Estar a la espera
Haber-sido	Repetición	Olvido de sí/ Retención
Presente	Instante	Presentación

2.2. La temporeidad de la disposición afectiva [§ 68 *b*)]

El comprender y la disposición afectiva son los modos co-originarios de apertura del ser del *Dasein*. Pero mientras que el comprender proyectante abre al *Dasein* en sus posibilidades, en el respectivo estado de ánimo el *Dasein* queda abierto en su *condición de arrojado* (*Geworfenheit*) (§ 29, pp. 134 s.). La disposición afectiva lleva en cada caso al *Dasein* ante el *factum* de que está ya arrojado en determinadas posibilidades y en un determinado mundo. Esto implica que, cualquiera que sea el estado de ánimo en el que se encuentre, la disposición afectiva revela al *Dasein* como un ente que *ha sido*. Por ello, el sentido tempóreo primario de la disposición afectiva es el haber-sido. Al respecto, señala Heidegger:

> La tesis de que «la disposición afectiva se funda primariamente en el haber-sido» sostiene que el carácter existencial fundamental del estado de ánimo es un *retrotraer hacia... (zurückbringen auf)* (§ 68, p. 340).

Aquí encontramos nuevamente expresada la tesis de la regresividad extática del ser del *Dasein*, pero ahora desde la perspectiva de la disposición afectiva: existir no sólo implica venir compresivamente a sí desde posibilidades, sino también ser retrotraído por los estados de ánimo, es decir, volver afectivamente a sí en cuanto arrojado en posibilidades.

Como en el caso del comprender, también el retorno anímico del *Dasein* a sí mismo admite las posibilidades fundamentales de la propiedad y la impropiedad. La condición de arrojado está siempre afectivamente abierta, pero el *Dasein* puede volver existentivamente a ella de un modo propio o impropio, puede mantenerla abierta o cerrarla. Tempóreamente interpretados, los estados de ánimo son modos diversos como tiene lugar el retorno existentivo a sí mismo. Por ello, en el § 68 *b*) Heidegger examina la estructura tempórea de la disposición afectiva mediante el análisis del miedo como ejemplo del modo impropio del haber-sido y de la angustia como ejemplo del modo propio.

En cuanto al *miedo*, en el § 30 de *ST* Heidegger describe su estructura existencial de acuerdo con tres momentos: el ante-qué, el por-qué y el temer en cuanto tal. El ante-qué del miedo, lo temible, es en cada caso algo que se muestra dentro del mundo como amenazante, como algo perjudicial que se aproxima desde una zona cercana y que puede alcanzarnos o no. «El *temer mismo* es el liberar que se deja afectar por lo amenazante así caracterizado» (p. 141). Según esto, el temer no es un constatar un mal venidero que luego se teme, sino un dejarse afectar por el ente que comparece *primariamente* como temible. Puesto que la disposición afectiva abre siempre el ser-en-el-mundo en totalidad (cf. § 29, p. 137), aquello *por lo que* se teme es el *propio ser* del *Dasein*. Y esto es así aun cuando lo temible no amenace la propia existencia, sino ciertos bienes o la existencia del otro. En este último caso, se teme por el propio ser-con el otro amenazado, «que podría serle arrebatado a uno» (cf. § 30, p. 142), y en el primer caso se teme por el propio ser-cabe ciertos bienes.

En el § 68 *b*) Heidegger procura comprobar la tesis de que el miedo se funda ontológicamente en el haber-sido impropio, en el *olvido de sí*. Esta tesis parece contradecir la interpretación usual, según la cual el miedo es la espera de un mal venidero. Heidegger reconoce que esta interpretación es correcta y no sólo porque el miedo suponga la espera de *algo* amenazante, sino también porque supone la espera de *sí mismo* a partir de lo amenazante. Pero esto sólo implica que a la estructura tempórea del miedo pertenece el estar a la espera, aunque no como éxtasis primario, pues en tal estructura lo primario es el haber-sido. En efecto, el miedo no sólo abre el futuro, no es sólo ni principalmente la espera de algo amenazante que se aproxima, ya que también el que no teme, el temerario, está a la espera de e incluso busca lo amenazante. Lo específico del miedo consiste en abrir afectivamente la propia facticidad como lo amenazado, es decir, consiste en *retrotraer* lo amenazante hacia el poder-ser que el *Dasein ya es*, que de algún modo peligra y por el que se teme. «El carácter anímico y *afectivo* del miedo radica en que el estar a la espera que teme "se" atemoriza, es decir, que el temer ante... es en cada caso un temer *por*...» (§ 68, p. 341).

En su interpretación Heidegger destaca la definición aristotélica del miedo como *lýpe tis ē taraché*, «cierto abatimiento o confusión»[7]. Presa del miedo, el *Dasein* intenta escapar de lo amenazante buscando confusamente las posibilidades de salvación o de evasión que se ofrecen en lo intramundano. Este confuso saltar de una posibilidad a otra sin detenerse en ninguna implica un olvido de sí, pues en su abatimiento el *Dasein* temeroso no es capaz de asumir ninguna posibilidad determinada y cierra por ello su condición de arrojado. A partir del olvido de sí inherente al miedo, el impropio venir a sí del ocuparse cotidiano se convierte en un abatido estar a la espera y el presente adquiere el sentido de una presentación confusa de lo que inmediatamente se tiene a la mano. De acuerdo con ello, la estructura tempórea del miedo se temporiza como «un olvido que estando a la espera hace presente» (p. 342).

La estructura existencial de la *angustia* también está determinada por los momentos ante-qué y por-qué (cf. § 40). Pero, a diferencia del miedo, el ante-qué de la angustia no es un ente que se muestra dentro del mundo sino el mundo mismo. Lo que angustia al *Dasein* no es un ente determinado. Antes bien, para el *Dasein* angustiado los entes han perdido importancia, se tornan irrelevantes, de manera que la significatividad del mundo «adquiere el carácter de una total insignificancia» (§ 40, p. 186). En la pérdida del carácter habitualmente vinculante de lo intramundano para el *Dasein* ocupado, se revela «la nada del mundo» (§ 68, p. 343), se muestra el mundo mismo en su insignificancia. Y puesto que lo intramundano pierde relevancia, el *Dasein* angustiado ya no se comprende a sí mismo a partir de ello, ya no puede proyectarse en posibilidades surgidas del mundo circundante. Esto implica que la angustia lleva al *Dasein* a sí mismo de tal manera, que lo abre afectivamente en su pura facticidad, es decir, revela su estar arrojado en el mundo *en cuanto tal*. El propio ser que así se revela es aquello *por lo que* se angustia el *Dasein*. Heidegger concluye

---

[7] *Retórica* II 5, 1382a21.

entonces que en el caso de la angustia el ante-qué y el por-qué coinciden: es el propio *Dasein* como arrojado ser-en-el-mundo.

> Ella (la angustia) lleva al *Dasein* ante su más propio estar arrojado y desvela la inhospitalidad (*Unheimlichkeit*) del ser-en-el-mundo cotidianamente familiar (p. 342; trad. CDS)[8].

En el marco de la repetición tempórea, Heidegger procura acreditar la tesis de que el sentido tempóreo de la angustia es el haber-sido propio, la repetición, y que este modo extático determina el futuro y el presente de la angustia. Como todo estado de ánimo, la angustia retrotrae al *Dasein* hacia sí mismo en cuanto arrojado. Pero puesto que el *Dasein* angustiado ya no puede proyectarse en las posibilidades mundanas habituales, la angustia retrotrae no hacia esta o aquella posibilidad arrojada, sino hacia el *estar arrojado* en la existencia en cuanto tal:

> La angustia se angustia por la nuda existencia en cuanto arrojada en la inhospitalidad. Ella retrotrae hacia el puro que (*pure Daß*) de la más propia y singularizada condición de arrojado (p. 343; trad. CDS).

En cuanto propio, este retorno afectivo no cierra lo que revela, la facticidad, sino que la abre de un modo destacado. Por ende, la angustia no tiene el sentido tempóreo de un olvido de sí, pero tampoco el de una plena repetición, donde la facticidad queda abierta *y resueltamente asumida*[9]. En cuanto modo de apertura destacado del arrojado ser-en-el-mundo, la angustia crea las condiciones existentivas para la posibilidad de la repetición de la facticidad.

> *Llevar ante la posibilidad de la repetición es el modo extático específico del haber-sido que constituye la disposición afectiva de la angustia* (p. 343; trad. CDS).

El futuro de la angustia es un venir a sí donde el *Dasein* se comprende no ya desde lo intramundano, que ha perdido su relevancia significativa, sino desde sí mismo:

---

[8] J. Gaos traduce el término *Unheimlichkeit* como «inhospitalidad» y J. E. Rivera como «desazón». Preferimos la versión de Gaos, pues expresa adecuadamente el estado existencial de desamparo e inquietud al que conduce la angustia, radicalmente opuesto a la *familiaridad* con la significatividad característica del cotidiano ser-en-el-mundo.

[9] En este sentido, Heidegger define la asunción de la facticidad en la resolución como «*el callado proyectarse en disposición de angustia hacia el más propio ser-culpable*» (§ 60, p. 297; trad. CDS). Para la interpretación de la resolución como asunción expresa de la facticidad, véase *ST* §§ 58-60. Para el análisis detallado de la repetición como sentido tempóreo de la resolución, véase *ST*, §§ 65, 74.

En ella (la angustia) el *Dasein* es completamente retrotraído hacia su nuda inhospitalidad y absorbido por ella. Pero esta absorción no sólo retro-*trae* al *Dasein* desde las posibilidades «*mundanas*», sino que le *da* a la vez la posibilidad de un poder-ser *propio* (p. 344; trad. CDS).

Esto significa que la angustia, al retrotraer al *Dasein* hacia su estar arrojado en la existencia, donde experimenta el desamparo existencial, le abre un nuevo horizonte de autocomprensión. Pues el *Dasein* angustiado ya no puede comprenderse primariamente desde posibilidades disponibles en el mundo público, sino sólo desde su «ser y tener que ser» (cf. § 29, pp. 134 s.), desde su estar arrojado en y ser fundamento de la propia existencia (cf. § 58, pp. 283-286). Este horizonte de autocomprensión, abierto en la angustia, ofrece al *Dasein* la *posibilidad* de proyectar propiamente, desde sí mismo, la propia existencia.

El presente de la angustia es también un *posible* presente propio. A diferencia de la presentación confusa y no contenida del miedo, el presente de la angustia está *retenido* en el peculiar haber-sido que determina su estructura tempórea. Esto implica que, por un lado, el *Dasein* angustiado no se deja absorber ya por lo a la mano y los asuntos mundanos y, por otro lado, que en semejante estado de ánimo queda abierta la posibilidad de un presente que abra instantáneamente la situación del obrar: «Su presente (el de la angustia) mantiene al instante, que es el modo como ese presente, y sólo él, es posible, *a punto de producirse*» (§ 68, p. 344; trad. CDS).

La descripción de la angustia a través de expresiones como «inhospitalidad», «nada del mundo», «nuda existencia», y su vinculación con la posibilidad de la existencia propia, pueden sugerir una lectura «existencialista» que interprete los correspondientes pasajes como la presentación de cierto ideal de existencia por parte de Heidegger. Para evitar este tipo de lectura, que supone una comprensión inadecuada de la arquitectura metódica de la ontología existencial, es conveniente tener presente los distintos planos de discurso que operan en *ST* y que Th. Rentsch ha diferenciado claramente: 1) el plano de la explicación paradigmática, óntico-existentiva, que corresponde a los análisis particulares de fenómenos vitales como, por ejemplo, el miedo y la angustia; 2) el plano de la reconstrucción conceptual, ontológico-existencial, de la explicación paradigmática, que destaca la estructura ontológica de los fenómenos existentivos con conceptos como, por ejemplo, ser-en-el-mundo, aperturidad, cuidado, temporeidad; 3) el plano de la formación de la terminología para la tematización del plano 2), con términos como «existencial», «categoría», «éxtasis», «esquema», «momento estructural», 4) el plano de la reflexión metódica sobre la relación de los planos 1), 2) y 3), con expresiones como «co-originariedad», «está fundada en», «constituye», «trascendental»[10]. Desde esta perspectiva, la explicación de la angustia es paradigmática, en el sentido de la presentación de un ejemplo que permite a Heidegger destacar la estructura existencial de la disposición afectiva y del haber-sido propios. Y a la vez es una explicación *metódicamente* ejemplar, pues la angustia es una «disposición afectiva eminente» (§ 40, p. 184), en la medida en que permite acceder existentivamente a estructuras que, en el plano ontológico, se muestran como constitutivas de la existencia.

2.3. LA TEMPOREIDAD DE LA CAÍDA [§ 68 c)]

La inclusión del fenómeno de la caída en la repetición tempórea no sólo se debe a que es el modo cotidiano e impropio de la aperturidad del *Dasein*, sino también a que constituye el tercer momento del cuidado, cuya estructura sirvió como hilo conductor para la presentación inicial de la temporeidad (cf. § 65). En el § 68 c) Heidegger se propone comprobar la tesis de que la caída, a diferencia de los otros dos momentos del cuidado —comprender y disposición afectiva—, se funda primariamente en el presente y que este éxtasis modifica el futuro y el haber-sido. En el análisis preparatorio, la caída fue presentada mediante la explicación de la habladuría, la curiosidad y la ambigüedad. En cambio, en el análisis tempóreo, es tematizada sólo a partir del fenómeno paradigmático de la curiosidad, pues en ella «resulta más fácil ver la específica temporeidad de la caída» (p. 346).

Heidegger concibe el comprender existencial como *visión (Sicht)*, en el sentido amplio de «acceso al ente y al ser» (cf. § 31, p. 147). La curiosidad es un modo peculiar de la visión que se caracteriza por «la tendencia al "ver"» (cf. § 36, p. 170). Heidegger describe esta tendencia en contraste con la circunspección (*Umsicht*), que es el modo de visión inherente al ocuparse cotidiano. La circunspección dirige el trato del *Dasein* con los útiles y supone habitualmente una comprensión tal de su ser a la mano (*Zuhandenheit*), que le permite moverse con familiaridad y «eficiencia» en el mundo del obrar. Cuando el trato ocupado con los útiles cesa, la circunspección no desaparece sino que queda libre, desligada del mundo y de las posibilidades del obrar. La circunspección puede entonces alterar su sentido y convertirse en una visión que sólo procura «ver» el ente. «Pero la curiosidad que queda libre se preocupa de ver no para comprender lo visto [...], sino *sólo* para ver. Ella busca lo nuevo sólo para saltar nuevamente desde ello a algo nuevo» (p. 172; trad. CDS). En este sentido, la

---

[10] Cf. Th. Rentsch (2001), p. 205.

curiosidad se caracteriza por un no poder permanecer en lo próximo, por la constante dispersión y la falta de paradero, es decir, por estar «en todas partes y en ninguna» (pp. 172 s.).

En cuanto ser-cabe el ente intramundano, la curiosidad se funda primariamente en el presente, más exactamente, en el presente *impropio* o presentación. También la circunspección que orienta el trato ocupado tiene el sentido tempóreo de una presentación. Pero, en la medida en que la circunspección deja comparecer el objeto de uso para llevar a cabo un determinado comportamiento práctico, la presentación está contenida en la espera de una posibilidad del *Dasein*. En cambio, la presentación curiosa es «una presentación incontenida (*ungehalten*) que, no haciendo otra cosa que presentar, trata constantemente de evadirse del estar a la espera» (§ 68, p. 347). Es decir, en la medida en que el *Dasein* curioso presenta el ente sólo para verlo y abandonarlo por uno nuevo y no para comprenderlo en vista de una *determinada* posibilidad de sí mismo, la presentación se independiza en cierto modo del estar a la espera, «salta fuera (*entspringt*)» (p. 347) de ella. Esto implica que, en la estructura tempórea de la curiosidad, el presente se convierte en el éxtasis primario, de manera que modifica la espera de sí en el sentido de un estar a la espera que salta detrás de la presentación. Esta modificación extática del estar a la espera constituye el sentido tempóreo de la dispersión. La presentación curiosa que se independiza y «presenta por mor del presente» posibilita la falta de paradero, fenómeno que Heidegger considera como el contrario existencial del instante. «En *aquel* el *Dasein* está en todas partes y en ninguna. En cambio, el *instante* pone a la existencia en la situación y abre el propio "ahí"» (p. 347). Mientras más incontenida es la presentación curiosa, menos puede el *Dasein* venir a sí en determinadas posibilidades y, por ende, menos puede retornar a sí en cuanto arrojado en ellas. Esto implica que a la estructura tempórea de la curiosidad pertenece como modo del haber-sido «un creciente olvido» de sí (p. 347).

2.4. LA TEMPOREIDAD DEL HABLA [§ 68 *d*)]

El existencial habla no es interpretado tempóreamente de modo concreto y detallado como los anteriores existenciales. En el § 68 *d*) Heidegger ofrece sólo algunas indicaciones generales acerca de la temporeidad del habla[11]. Mientras que el comprender, la disposición afectiva y la caída, en

---

[11] Heidegger utiliza el término *Rede*, que J. Gaos traduce como «habla» y J. E. Rivera como «discurso». Preferimos el uso de «habla», pues «discurso» se refiere específicamente a lo dicho, a la cadena hablada o escrita de palabras, mientras que el fenómeno existencial que *Rede* nombra es más amplio que este fenómeno lingüístico.

cuanto momentos estructurales del cuidado, se fundan de modo primario en el futuro, el haber-sido y el presente respectivamente, «el habla no se temporiza primariamente en un éxtasis determinado» (§ 68, p. 349). Esto se debe a que la apertura extática que tiene lugar a través de aquellos tres existenciales está en cada caso *mediada* por el habla en cuanto «articulación significativa de la comprensibilidad afectivamente dispuesta del ser-en-el-mundo» (§ 34, p. 162), de manera que al habla no puede corresponderle un éxtasis primario específico. En este sentido, F.-W. v. Herrmann destaca que si bien el habla es un modo co-originario de apertura junto con la disposición afectiva y el comprender, no es un modo de apertura independiente de ellos. La apertura del habla tiene lugar *en* el comprender y la disposición afectiva, en la articulación del comprender afectivo y no fuera de ellos. De lo contrario, habría que suponer que el comprender y la disposición afectiva son en sí mismos modos de apertura aún no articulados significativamente y que el habla podría darse de algún modo al margen de ellos[12].

El habla, entendida en el sentido amplio de articulación del sentido, *se expresa*, es decir, se anuncia en el mundo de diversos modos. Fácticamente, el modo más habitual de expresión del habla es el lenguaje (*Sprache*), el decir, la locución verbal. En el uso inmediato del lenguaje, el *Dasein* se refiere a las cosas del mundo circundante, de manera que en lo dicho las cosas se hacen presente de un modo determinado. Por ello, Heidegger indica que en el habla «la *presentación* tiene una función constitutiva *preferencial*» (§ 68, p. 349).

Los fenómenos lingüísticos vinculados con el tiempo como, por ejemplo, los tiempos y modos verbales y las subordinaciones temporales no se deben, observa Heidegger, a que el *Dasein* hable acerca de procesos que transcurren «en el tiempo», ni a que el hablar mismo transcurra en un «tiempo psíquico». Tales fenómenos se deben más bien a que «el habla es tempórea *en sí misma*, ya que todo hablar sobre..., de... y a... se funda en la unidad extática de la temporeidad» (p. 349). Pero en el texto que examinamos Heidegger no aclara ni acredita esta tesis y tampoco explica los mencionados fenómenos lingüísticos desde la perspectiva tempóreo-existencial. Se limita a indicar que esta temática sólo puede ser analizada «cuando el problema de la conexión fundamental de ser y verdad haya sido desarrollado desde la problemática de la temporeidad» (p. 349)[13].

---

[12] Cf. Von Herrmann (1985), pp. 111-114.
[13] En el § 4 de la lección *Die Grundbegriffe der Phänomenologie* (*GA* 24) de 1927, Heidegger se refiere nuevamente al problema de la conexión de ser y verdad como uno de los cuatro problemas fundamentales de la ontología fenomenológica, que debía ser elaborado sobre la base de la interpretación del tiempo como horizonte de la comprensión del ser en general. Por ende, el problema *tempóreo* de la conexión de ser y verdad y la aclaración de la temporeidad del habla hubieran

3. LA TEMPOREIDAD DEL SER-EN-EL-MUNDO (§ 69)

En el § 69 de *ST* la repetición tempórea del análisis existencial tematiza la estructura ser-en-el-mundo, que al comienzo del análisis fue presentada como la estructura fundamental del ser del *Dasein* (cf. § 12). En este caso, la interpretación tempórea procura mostrar que la temporeidad extática es «el *fundamento que hace posible la unidad* de esta estructura *articulada*» (§ 69, p. 351). En el marco del análisis preparatorio, Heidegger examinó dos modos concretos de ser-en-el-mundo: el cotidiano ocuparse circunspectivo del ente a la mano (cf. §§ 12, 15-18) y el conocimiento del ente que está-ahí (*vorhanden*), que implica una modificación existencial del ocuparse cotidiano (§ 13). La repetición del § 69 recorre un camino similar: analiza primero la estructura temporal del ocuparse circunspectivo, luego examina el sentido tempóreo de su modificación mediante el comportamiento teorético y, finalmente, muestra en qué sentido la temporeidad funda la *unidad* del ser-en-el-mundo y, por ello, es el origen de la *trascendencia* del *Dasein*.

3.1. LA TEMPOREIDAD DEL OCUPARSE CIRCUNSPECTIVO [§ 69 *a*)]

En el § 69 *a*) Heidegger procura delimitar la estructura existencial del ocuparse, a fin de aclarar sobre su base el modo de temporización de la temporeidad en que se funda dicha estructura. Para ello examina el ocuparse *cotidiano*, es decir, el trato (*Umgang*) con los útiles del mundo circundante, el uso, manejo y producción de útiles vinculado con los quehaceres cotidianos. Siguiendo un enfoque metódico típicamente fenomenológico, Heidegger analiza la estructura ontológica del trato en conexión con la caracterización de su peculiar correlato fenoménico, el con-qué (*Womit*) del trato. Este con-qué nunca es un útil aislado, sino un «entramado de útiles (*Zeugzusammenhang*)» (p. 352). La comprensión que orienta el trato ha abierto siempre ya un entramado pragmático a partir del cual el *Dasein* vuelve hacia el útil singular que es usado en cada caso. Cada útil *en cuanto útil* tiene la estructura que Heidegger llama *condición respectiva* (*Bewandtnis*), según la cual el ser del útil consiste en un estar vuelto hacia un para-qué (*Wozu*) determinado. Por ejemplo, el martillo es un útil que está vuelto hacia el martillar como su específico para-qué. A su vez este para-qué vincula al martillo con una serie de útiles con los que conforma un

---

tenido su lugar sistemático en la proyectada pero no publicada tercera sección de la primera parte de *ST*, «Tiempo y ser». Para un análisis detallado de *GA* 24 como desarrollo efectivo de la proyectada temática de «Tiempo y ser», véase Von Herrmann (1991).

entramado pragmático: clavos, cola, serrucho, etc. Esto implica que en el uso cotidiano de los útiles está siempre supuesta una comprensión previa de la condición respectiva, que permite que cada útil se muestre en su específico para-qué y quede vinculado con otros útiles en el entramado pragmático. Independientemente del tipo de trato que el *Dasein* lleve a cabo en cada caso, la previa comprensión de la condición respectiva constituye la estructura ontológico-existencial del ocuparse:

> El descubridor y circunspectivo ser-cabe... del ocuparse es un dejar en respectividad (*Bewendenlassen*), es decir, un proyectar que comprende la condición respectiva (p. 351; trad. CDS).

En la interpretación tempórea de la estructura existencial del ocuparse reaparece la conceptualidad elaborada en el examen de la temporeidad del comprender impropio. El dejar en respectividad, es decir, la comprensión circunspectiva del para-qué del útil, tiene el sentido tempóreo de un estar a la espera de un posible modo de comportamiento práctico predelineado a partir del para-qué. Pero, en la medida en que el futuro extático es siempre regresivo, la apertura del para-qué (martillar) implica un retorno al útil (martillo) con el que el para-qué está vinculado y es realizable. «Sólo estando a la espera del para-qué, la ocupación puede a la vez retornar a aquello con lo que está en condición respectiva» (p. 353). Como indicamos anteriormente, Heidegger denomina *retención* a este retorno del ocuparse, que es un modo impropio del haber-sido y que se temporiza en unidad con el estar a la espera.

En el trato con los útiles, la comprensión previa de su condición respectiva no tiene el carácter de una aprehensión temática. Antes bien, la circunspección se subordina atemáticamente al para-qué del útil del caso (cf. § 15, p. 69). Del mismo modo, el estar a la espera del para-qué no consiste en una consideración expresa de la «finalidad» del útil, ni la retención del con-qué implica su retención temática, pues en el trato lo propio de los útiles es más bien retirarse a su ser a la mano. En este sentido, el *Dasein* ocupado, absorto en el mundo, no se comporta ni exclusivamente respecto del para-qué, ni respecto del con-qué, pero tampoco respecto de ambos a la vez. El previo dejar en respectividad, en cuanto fundado en la unidad de la temporeidad, ya ha instituido la unidad de los respectos para-qué y con-qué, de manera que no necesitan ser considerados expresamente en la circunspección.

A partir de la unidad extática de la espera del para-qué y la retención del con-qué, *emerge* la presentación del entramado pragmático, que posibilita la característica absorción del *Dasein* en el mundo circundante. Como hemos visto, la presentación cotidiana del entramado pragmático es un presente impropio, que se diferencia del instante. De acuerdo con ello, Heidegger concluye que el dejar estar en respectividad, cualesquiera sean los entramados pragmáticos que él hace accesible en el trato, debe estar fundado en cuanto tal en la unidad extática de la presentación que reteniendo está a la espera (§ 69, p. 355).

Pero a esta estructura tempórea que funda el ocuparse cotidiano pertenece también el olvido de sí. Esto se debe a que «para poder ponerse "efectivamente" a la obra y operar "perdiéndose" en el mundo de los útiles, el sí mismo tiene que olvidarse de sí» (p. 354). Esto implica que el modo de temporización del haber-sido del ocuparse está doblemente determinado: la retención del ente a la mano con el que se vincula el comportamiento práctico supone un cierto «darse la espalda a sí mismo», en el sentido de un cierre extático del propio ser en el que el *Dasein* está arrojado como horizonte primario de autocomprensión.

Con el fin de esclarecer la tesis de que la presentación que reteniendo está a la espera funda el trato con los útiles, Heidegger examina el sentido tempóreo de ciertos modos deficientes del trato en los que, a diferencia de lo que ocurre regularmente, la comprensión de la condición respectiva se hace expresa (cf. § 16). En un primer caso, el trato es interrumpido porque falla una herramienta, de manera que ya no puede ser usada normalmente. Mientras que en el uso habitual la herramienta pasa desapercibida, cuando falla y se torna inservible llama la atención. Desde la perspectiva tempórea, esto implica que la presentación queda detenida en el útil y el para-qué se hace explícito, salta a la vista como problemático o inviable. Al respecto, Heidegger destaca que la presentación sólo puede quedar detenida de ese modo porque se temporiza en unidad con el estar a la espera del para-qué. Así, ante el desperfecto y la inviabilidad del para-qué, la presentación modifica su sentido: ya no se absorbe como habitualmente en el entramado pragmático, sino que «se establece aún más en sí misma, posibilitando así la "revisión", el examen y la eliminación del impedimento» (§ 69, p. 355).

En el segundo caso el trato es interrumpido porque falta el útil que se necesita para realizar el respectivo comportamiento práctico. La circunspección adquiere el sentido de un constatar que algo falta, de un «echar de menos (*Vermissen*)» (p. 355), que no implica un mero no presentar sino un modo deficiente del presente: la no presentación de algo esperado y regularmente disponible. El constatar que algo falta es entonces posible porque el presente, que tiene ahora el sentido de una no presentación, se temporiza en unidad con un estar a la espera del ente a la mano. En el tercer caso el trato es interrumpido porque se encuentra con un obstáculo insuperable, con algo que no puede dominar y que paraliza la respectiva operación. En este caso, el ocuparse adquiere el sentido de un resignarse a... cuya estructura tempórea consiste en «un *no retener* que presenta estando a la espera» (p. 356). Es decir, el resignarse a... es una presentación que queda detenida porque aparece en el entramado pragmático un ente que es circunspectivamente retenido «*en su carácter de inapropiado*» (p. 356), que es abierto como aquello que opone resistencia a la realización de un comportamiento práctico. El resignarse a... es entonces ontológicamente posible porque la presentación se temporiza en unidad con la retención del con-qué.

Heidegger concluye que si bien el ocuparse cotidiano es un ser-cabe el ente intramundano que se absorbe en el mundo, «no es jamás una pura presentación, sino que brota de un retener que está a la espera, sobre cuyo fundamento o siendo tal "fundamento", el *Dasein* existe en un mundo» (p. 356; trad. CDS). En la ocupación cotidiana existe pues también una tendencia a la caída y, por ello, su estructura tempórea es impropia. Sin embargo, en ella la alienación del sí mismo no es equiparable a la de la curiosidad, donde la presentación queda librada a sí misma y salta fuera del estar a la espera. En este sentido, se puede considerar la curiosidad como un fenómeno extremo de la caída, con el cual Heidegger ejemplifica la temporeidad de esta movilidad de la existencia impropia.

3.2. La génesis ontológica del comportamiento teorético [§ 69 b)]

En el § 69 b) Heidegger procura aclarar la «*génesis ontológica* del comportamiento teorético» (p. 357), problemática que se vincula con la elaboración de un concepto *existencial* de ciencia. Mientras que el concepto existencial comprende la ciencia «como una forma de existencia y, por consiguiente, como un modo de ser-en-el-mundo», el concepto *lógico* comprende la ciencia desde el punto de vista de su contenido, como un «conjunto de proposiciones verdaderas, es decir, válidas, en el que unas proposiciones se fundan en otras» (p. 357). Como señala C. F. Gethmann, la pregunta por la génesis ontológica de la ciencia implica, por un lado, que Heidegger plantea, como Husserl, el problema de la constitución trascendental del comportamiento científico y lo distingue expresamente del problema de la evolución histórico-sociológica, es decir, óntica, de la ciencia. Y, por otro lado, implica que la reconstrucción de la génesis de la ciencia no puede ser realizada, como en Husserl, mediante un análisis de los modos de la conciencia pura. Pues en la medida en que lo constituyente es para Heidegger el *Dasein* que existe como ser-en-el-mundo, los análisis constitutivos se refieren a los diversos modos de ser del *Dasein*. Por ello, Heidegger reduce el fenómeno de la ciencia a un modo de ser-en-el-mundo que denomina «descubrimiento teorético de lo que está-ahí dentro del mundo» (p. 356)[14].

---

[14] Cf. Gethmann (1993), p. 183.

El análisis de la génesis ontológica de la ciencia consiste concretamente en el examen de la «modificación» o «vuelco (*Umschlag*)» (p. 357) por el que el ocuparse circunspectivo de lo a la mano se convierte en descubrimiento teórico de lo que está-ahí. Al comienzo de su exposición, Heidegger se refiere críticamente a aquella interpretación usual que sostiene que el comportamiento científico se origina en la abstención del trato «práctico» con los útiles, que deja como residuo la mera visión «teórica» del ente. Heidegger rechaza esta interpretación de la ciencia, que se basa en la tradicional oposición entre teoría y praxis:

> Y así como a la praxis le corresponde su específica visión («teoría»), así también a la investigación teorética, su propia praxis (p. 358).

El montaje técnico de un proyecto experimental, la excavación arqueológica o la elaboración de sustancias químicas en un laboratorio, son ejemplos de que la investigación científica implica siempre una determinada praxis. En cuanto modo de ser-en-el-mundo, la ciencia no prescinde de la praxis, sino que ella misma es una *forma de praxis*, que sin embargo se distingue del ocuparse circunspectivo. Por ello, Heidegger habla de *comportamiento* (*Verhaltung*) científico o teorético. Por otro lado, el ocuparse cotidiano, que se despliega en una diversidad de comportamientos práctico-operativos, tampoco es mera praxis, sino que le es inherente un determinado tipo de visión, un momento cognitivo específico, la circunspección. La tesis de Heidegger afirma entonces que la génesis de la praxis científica a partir de la praxis pre-científica tiene que ser buscada en una peculiar modificación de la circunspección, que da lugar a una nueva forma de visión, el descubrimiento teorético. Para acreditar esta tesis lleva a cabo un renovado análisis de la circunspección y de su estructura tempórea y una aclaración del sentido de su conversión en descubrimiento teorético.

En cuanto visión que orienta la ocupación cotidiana, la circunspección contiene una «visión de conjunto (*Übersicht*) más o menos explícita del todo de útiles que conforman el respectivo mundo pragmático» (p. 359) y en la que queda abierto el entramado pragmático como una totalidad respeccional. A partir de esta visión de conjunto, la circunspección *acerca* los útiles que han de ser usados en cada caso. Este acercamiento circunspectivo de lo a la mano implica una determinada interpretación de lo previamente abierto en la visión de conjunto, que Heidegger llama *deliberación* (*Überlegung*). La deliberación se realiza de acuerdo con el esquema interpretativo «si... entonces»: «si esto o aquello debe ser, por ejemplo, producido, usado o evitado, entonces son necesarios tales o cuales medios, vías, circunstancias, ocasiones» (p. 359). Esta deliberación ilumina la correspondiente situación fáctica del obrar del *Dasein* y tiene el sentido tempóreo-existencial de una presentación. Cuando lo acercado mediante la deliberación no está a la mano en forma inmediata y palpable, la presentación adquiere el sentido de una representación (*Vergegenwärtigung*). Tanto la presentación como la representación surgen, como hemos visto, de una estructura tempórea a la que también pertenecen la retención del entramado pragmático y la espera de una posibilidad del *Dasein* a partir de un para-qué. «Lo ya abierto en la retención que está a la espera, lo acerca la presentación deliberante o la representación» (p. 359). Esto implica que la deliberación supone la comprensión previa de lo a la mano en su condición respectiva, en su estar remitido a un para-qué, que se realiza de acuerdo con el esquema interpretativo «algo como algo». En este sentido, el acercamiento deliberativo no flota en el vacío sino que sólo hace explícitas las relaciones pragmáticas implícitamente comprendidas en la visión de conjunto.

La deliberación circunspectiva ofrece el contexto existencial que permite a Heidegger aclarar el origen del comportamiento científico. Para ello, lleva a cabo un análisis de los supuestos ontológicos de la frase «el martillo es demasiado pesado». Esta frase puede ser expresión de una deliberación circunspectiva y, en este contexto, significa que el martillo no es liviano y requiere de cierto esfuerzo físico para su uso. Pero la frase puede significar también que el martillo tiene la propiedad de la pesantez, es decir, que ejerce una presión sobre aquello en lo que se apoya. En este caso, el martillo ya no es visto «como útil de trabajo, sino como cosa corpórea sujeta a la ley de la gravedad» (p. 361). Esto implica que la comprensión del ser que dirige el trato con el ente se ha transformado de tal manera que el martillo ya no es abierto en su ser a la mano sino descubierto en su estar-ahí (*Vorhandenheit*). En este segundo sentido, la frase ya no expresa una deliberación circunspectiva sino una «captación teorética (*theorestische Erfassung*)» (p. 361) del martillo, que constata en él la presencia de una determinada propiedad o atributo. Ahora bien, en esta captación teorética «no sólo se *prescinde* del carácter de útil del ente que comparece, sino también de aquello que pertenece a todo útil a la mano: su lugar propio (*Platz*)» (p. 361). Es decir, mientras que para la circunspección todo ente a la mano ocupa un lugar propio en una zona determinada del mundo circundante, para la captación teorética el ente aprehendido sólo ocupa una posición en el espacio y en el tiempo, que en principio no se distingue de las demás.

El análisis precedente aclara las modificaciones existenciales de la circunspección que están implicadas en el comportamiento teorético respecto del ente. Sin embargo, en el texto que examinamos Heidegger no explica por qué se producen esas modificaciones, por qué el martillo —para seguir con el ejemplo— deja de ser considerado como «útil de trabajo» y pasa a ser una «cosa corpórea». La interpretación de la génesis ontológica de la ciencia debería poder aclarar también los *motivos existenciales* por los que el ocuparse circunspectivo se convierte en descubrimiento teorético. Al respecto, Gethmann ofrece una explicación a partir de las propias premisas heideggerianas[15]. Según este intérprete, el ocuparse circunspectivo es habitualmente un proceso continuo de trabajo cooperativo basado en la comunicación. Este modo de ser-en-el-mundo está determinado por la relación medio-fin, por la racionalidad instrumental, que Heidegger analiza mediante los conceptos de útil, trato, condición respectiva y deliberación. Si el comportamiento teorético, en cuanto forma de praxis, no surge como consecuencia de un abandono de la esfera instrumental, entonces su origen motivacional debe ser buscado en este ámbito. Pero el ocuparse cotidiano es un proceso continuo que, en principio, no ofrece ningún motivo para seleccionar determinados entes como objetos de captación teorética. Por ello, Gethmann sostiene que sólo ciertas interrupciones (*Störungen*) del trato ocupado pueden conducir al surgimiento de comportamientos cognitivos específicos referidos a entes determinados. En este sentido, Heidegger ha analizado en *ST* tres casos de experiencias disruptivas de la ocupación cotidiana, que dan lugar al vuelco en la comprensión del ser del ente intramundano y que posibilitan su captación teorética como algo que está-ahí [cf. §§ 16, 69 a)][16]. De manera que, de acuerdo con esta concepción, las ciencias pueden ser consideradas como «*instrumentos cognitivos y operativos de dominio (es decir, de evitación o allanamiento) de interrupciones*»[17] del proceso práctico-operativo en el que se mantiene habitualmente la existencia cotidiana.

La explicitación de la génesis ontológica de la ciencia ha identificado los momentos constitutivos del comportamiento teorético. Pero el surgimiento de una ciencia no sólo implica el establecimiento de una actitud teorética, sino también la elaboración de una región óntica como ámbito *objetivo* específico de la investigación. Por ello, en el § 69 b) Heidegger analiza también la constitución de tal ámbito como fundamento ontológico de las ciencias y denomina *tematización* (*Thematisierung*) a este momento genético. Sobre la base de la comprensión del ser como estar-ahí, la tematización consiste en la proyección de la estructura de ser de la región óntica del caso y la elaboración de los conceptos fundamentales que delimitan *a priori* el respectivo dominio objetivo. Esto implica que la tematización es un modo de descubrimiento que convierte el ente en *objeto*:

---

[15] Cf. Gethmann (1993), pp. 186-191.
[16] En la sección 3.1 hemos examinado brevemente las mencionadas experiencias disruptivas. Al respecto, señala Heidegger: «Los modos de la llamatividad, apremiosidad y rebeldía tienen la función de hacer aparecer en lo a la mano el carácter del estar-ahí» (§ 16, p. 74).
[17] Gethmann (1993), p. 189, subrayado del autor.

La tematización busca dejar en libertad al ente que comparece dentro del mundo, de tal manera que este pueda «arrojarse al encuentro» (*entgegenwerfen*) de un puro descubrir, es decir, pueda volverse objeto (p. 363).

Para ilustrar la función de la tematización en el marco de la génesis ontológica de la ciencia, Heidegger toma como ejemplo el nacimiento de la física moderna. Esta ciencia se constituyó mediante una forma específica de tematización que Heidegger llama *proyecto matemático de la naturaleza*[18]. Este proyecto no consiste en el mero uso de las matemáticas para una determinación más exacta de los procesos naturales, sino en la previa apertura de un dominio homogéneo de objetos a través de la proyección de la estructura de ser *a priori* de la naturaleza:

> Este proyecto descubre de antemano algo que constantemente está-ahí (la materia) y abre el horizonte para una mirada conductora que considera los momentos constitutivos cuantitativamente determinables de eso que está-ahí (movimiento, fuerza, lugar y tiempo) (p. 363).

Sólo a partir de este previo proyecto ontológico se establece la física como un tipo de investigación que descubre «hechos» naturales y utiliza las matemáticas como instrumento para su determinación científica.

En relación con la temporeidad del comportamiento teorético, en el § 69 *b*) encontramos sólo breves indicaciones. Según Heidegger, la tematización objetivante «tiene el carácter de una *destacada* (*ausgezeichnete*) *presentación*» (p. 362). Esta presentación se destaca o distingue del presente de la ocupación por el hecho de que no surge como este del «horizonte del retener que, estando a la espera, retiene un todo de útiles y sus relaciones de respectividad» (p. 361). Es decir, la estructura tempórea a partir de la cual emerge la «intuición» o captación teorética no está ya determinada por la espera de un para-qué y la retención del respectivo con-qué, sino que «se halla únicamente a la espera del descubrimiento de lo que está-ahí» (p. 363). Esto implica que el vuelco en la comprensión del ser del ente intramundano que caracteriza al comportamiento teorético se origina en una modificación de la autocomprensión del ser del propio *Dasein*, por la cuál este se proyecta en la posibilidad del «descubrimiento de lo que está-ahí». En este sentido, Heidegger indica que la asunción de la existencia científica como posibilidad se funda en un «estar-resuelto del *Dasein*, por el que se proyecta hacia el poder-ser en la verdad» (p. 363)[19].

---

[18] En la lección *Die Frage nach dem Ding. Zu Kants Lehre von den transzendentalen Grundsätzen* de 1935/1936, Heidegger analiza nuevamente y de un modo detallado el contexto histórico de surgimiento y el proyecto ontológico que funda la física moderna, al que en este texto denomina *matematización*. Véase *GA* 41, § 18.

[19] Para el análisis de los conceptos existenciales de descubrimiento y de ser en la verdad y en la no-verdad, véase *ST*, § 44 *b*).

Pero el posible origen de la ciencia a partir de la existencia propia es una temática que en este contexto sólo queda indicada.

3.3. Temporeidad y trascendencia del Dasein [§ 69 c)]

Tanto el ocuparse circunspectivo como el descubrimiento teorético son modos de comportamiento respecto de lo intramundano que suponen la previa apertura de un mundo, a partir del cual se muestran o «comparecen» los entes. Esto implica que el *Dasein*, en cuanto existe como ser-en-el-mundo, *trasciende* el ente respecto del cual se comporta en cada caso. En este sentido, Heidegger habla de «trascendencia del *Dasein*» o de «trascendencia del mundo» (§ 69, p. 364). La noción de trascendencia no tiene aquí el sentido usual en teoría del conocimiento según el cual «un sujeto sale hacia un objeto» (p. 366), de manera que surge el «problema» de explicar cómo el sujeto cognoscente «trasciende» su esfera interna y alcanza el objeto «externo». Que el *Dasein* trasciende, significa en principio que va más allá o *sobrepasa* el ente con el que en cada caso se encuentra, en la medida en que lo comprende a partir de sí mismo y del mundo[20]:

> El *Dasein* fáctico, comprendiéndose extáticamente a sí mismo y a su mundo en la unidad del ahí, vuelve desde estos horizontes al ente que comparece en ellos (p. 366; CDS).

En el § 69 c) Heidegger procura mostrar que la temporeidad es el *fundamento* ontológico de la trascendencia del *Dasein*[21]. La exposición está guiada por la pregunta «¿cómo es ontológicamente posible algo así como un mundo en su unidad con el *Dasein*?» (*ST*, p. 364). Lo que aquí está en cuestión no es *un modo* determinado de ser-en-el-mundo, sino el fundamento que posibilita la unidad de la estructura ser-en-el-mundo *en cuanto tal*, es decir, la unidad del ser-en o aperturidad con el mundo entendido como significatividad. Concretamente, la pregunta interroga por la unidad del ser-en-el-mundo en el sentido de «la conexión originaria de los respectos-para (*Um-zu-Bezüge*) con el por-mor-de» (p. 365)[22]. El fundamento

---

[20] La noción de trascendencia como sobrepasamiento (*Überstieg*) es introducida por Heidegger en el importante escrito *De la esencia del fundamento* de 1929. Véase *GA* 9, pp. 123-175. Para un excelente análisis del desarrollo de la concepción heideggeriana de la trascendencia del *Dasein* en conexión con las nociones de verdad y libertad en los escritos de 1929-1930, véase Vigo (2014).

[21] Para un análisis detallado de la concepción de la temporeidad como origen de la trascendencia del *Dasein*, véase Di Silvestre (2010).

[22] Para el análisis de los conceptos de totalidad respeccional, por-mor-de y significatividad, véase *ST*, § 18.

ontológico de esta conexión originaria no puede ser otro que la temporeidad, pero vista ahora desde una nueva perspectiva:

> La condición tempóreo-existencial de posibilidad del mundo reside en que la temporeidad en cuanto unidad extática tiene algo así como un horizonte (*Horizont*). Los éxtasis no son simplemente salidas hacia... (*Entrückungen zu...*). Más bien pertenece al éxtasis un «hacia qué» (*Wohin*) de la salida. A este hacia qué del éxtasis lo llamamos esquema horizontal (p. 365).

Este texto introduce una nueva e importante determinación en la estructura de la temporeidad: a ella pertenece un *horizonte*, de manera que se temporiza como *unidad extático-horizontal*. La tesis de Heidegger dice entonces que la unidad extática de la temporeidad es la condición de posibilidad de la apertura del mundo *en la medida en que a tal unidad extática le es constitutivo un horizonte*. A su vez, la unidad extática de la temporeidad tiene carácter horizontal porque a *cada éxtasis*, en cuanto salida hacia..., le pertenece un hacia qué de la salida, que es un *esquema horizontal*. Heidegger explicita también el específico esquema horizontal que corresponde a cada éxtasis:

> El horizonte extático es diferente en cada uno de los tres éxtasis. El esquema en el que el *Dasein* viene *venideramente* hacia sí, de un modo propio o impropio, es el *por-mor-de sí*. El esquema en el que en la disposición afectiva el *Dasein* está abierto para sí mismo como arrojado, lo concebimos como el *ante-qué* de la condición de arrojado o, correlativamente, como el a-qué del estar entregado. Caracteriza la estructura horizontal del *haber-sido*. Existiendo por mor de sí en el estar entregado a sí mismo como arrojado, el *Dasein*, en cuanto ser-cabe..., es también presentante. El esquema horizontal del *presente* se determina por medio del *para-algo* (p. 365).

Pero, ¿en qué sentido estas estructuras ontológicas —por-mor-de sí, condición de arrojado, para-algo— pueden ser consideradas como horizontes de los éxtasis? ¿Qué significa la tesis de que ellas constituyen un *esquema horizontal*? Si bien en el texto que examinamos Heidegger no lo aclara, en *GA* 26 ofrece algunas indicaciones al respecto (cf. pp. 269-275). Tal como es comprendida habitualmente, la noción de horizonte mienta el límite o la periferia del campo de visión que un «observador» tiene desde una determinada posición. Frente a este concepto, Heidegger señala que la noción de horizonte, término que procede del griego *horizein*, no está referida primariamente al ver o al intuir, sino que significa simplemente «lo que delimita, lo que rodea, el *cerco* (*Umschluß*)» (*GA* 26, p. 269; trad. CDS). De acuerdo con ello, la noción existencial de horizonte no es determinada a partir de la intuición o, en general, a partir de la relación sujeto-objeto, sino a partir del ser del *Dasein* como cuidado. En este sentido, Heidegger observa que los éxtasis tempóreos no son «ningún saber algo, ninguna conciencia, y menos aún un ver» (p. 269; trad. CDS).

Los esquemas horizontales *pertenecen* a la estructura de los éxtasis en la medida en que están *ahí*, abiertos con la respectiva apertura extática. Por ello, la relación de los éxtasis y sus horizontes no debe ser comprendida como un modo de la relación intencional *intentio-intentum*[23]. Pues, por un lado, la apertura extática no tiene el sentido de una conciencia-de y, por otro lado, los horizontes no son correlatos objetivos de los éxtasis, no son algo determinado que se presenta y se opone a ellos. En y con la apertura de los éxtasis, los horizontes están abiertos como aquello que los *delimita*. «Todo éxtasis se circunscribe (*umschließt*) a sí mismo y, por cierto, precisamente como ékstasis» (p. 269). El horizonte que circunscribe el respectivo éxtasis constituye una suerte de figura abarcante, que en sí misma es indeterminada en cuanto a su contenido, que es en cierto modo «vacía», pero que determina de antemano el ámbito de lo que puede ser abierto o descubierto a partir de ella. Al respecto, sostiene Heidegger:

> Ciertamente, en el estar a la espera mismo no se encuentra en sí nada determinado, por sí mismo nunca podría decidir inequívocamente lo que sobre su base se puede esperar y el modo como se lo puede esperar. Sin embargo, la salida como tal predona algo: lo futuro (*das Künftige*) en cuanto tal, la futuridad en general, es decir, la posibilidad pura y simple. El éxtasis no produce a partir de sí algo posible determinado, sino más bien el horizonte de posibilidad en general, dentro del cual se puede esperar algo posible determinado (*GA* 26, p. 269; trad. CDS).

Y así como el éxtasis del futuro en cuanto estar a la espera predona o prefigura la posibilidad en general (el por-mor-de sí) como su horizonte, también el haber-sido y el presente prefiguran en cada caso un esquema horizontal. Como Heidegger señala, el éxtasis del haber-sido abre en general la facticidad, la *condición de arrojado*, como su horizonte, sólo *ante* el cual el *Dasein* puede asumirse como el ente que ya es o cerrando el cual se olvida radicalmente a sí mismo (cf. *ST*, § 69, p. 365). Del mismo modo, el éxtasis de la presentación (circunspectiva) abre de antemano la estructura de la *remisión* (para-algo) como su horizonte, sólo dentro del cual el *Dasein* puede descubrir el ente intramundano como útil. Así, mediante el respectivo esquema horizontal queda delimitada y prefigurada la apertura de cada éxtasis en una dirección específica, que la distingue de la apertura de los restantes éxtasis.

---

[23] Para la interpretación heideggeriana de la intencionalidad y la determinación de sus momentos estructurales como *intentio* e *intentum*, véase *GA* 20, § 5, *GA* 24, §§ 9, 15; *GA* 26, § 9.

En el existir fáctico la indeterminación o vaciedad de los horizontes está siempre determinada por lo que en cada caso queda abierto o descubierto en ellos:

> Con el *Da-sein* fáctico queda siempre proyectado en el horizonte del futuro un poder-ser, en el horizonte del haber-sido queda abierto el ser-ya y en el horizonte del presente queda descubierto el objeto de ocupación (p. 365).

Sin embargo, en cuanto circunscriben los éxtasis, los esquemas se distinguen de todo lo que puede ser abierto o descubierto fácticamente a partir de ellos, de todo lo que puede mostrarse «a su luz». Así, en la medida en que se distinguen de todo ente, los esquemas horizontales son *espacios abiertos de sentido*, de manifestación significativa, de comprensibilidad para todo ente. Pero en el espacio abierto de manifestación lo que se manifiesta es el ente respectivo, no el horizonte mismo. En este sentido, en el ocuparse circunspectivo el para-algo, si bien ha sido comprendido, permanece inmediatamente atemático y es el útil respectivo o la obra lo que se muestra en un primer plano (cf. § 15, pp. 69 s.). Lo mismo ocurre en la autocomprensión inmediata del *Dasein*: si bien el *Dasein* se proyecta constantemente en posibilidades, el ser-posible *en cuanto tal* permanece oculto, de modo que el *Dasein* tiende a interpretarse a partir del ente intramundano en cuanto ente real. Entonces, el horizonte permite «ver», en el sentido más amplio, lo que se muestra en él, pero él mismo «no puede justamente ser, en tanto que directa y unívocamente mentado, tema de un aprehender. El horizonte tiene que ser no-temático (*untematisch*), pero no obstante ser visto. Sólo así puede convertirse en tema lo que comparece en él como tal» (*GA* 3, p. 123; trad. CDS). El que permanezcan *inmediatamente* atemáticos, su carácter de no temáticos, constituye un rasgo distintivo de los esquemas horizontales.

Futuro, haber-sido y presente se temporizan como una unidad extática. En esta unidad extática se funda la unidad de los esquemas horizontales: la temporeidad se temporiza como una unidad extático-horizontal. Por ello, Heidegger habla de «el horizonte de la temporeidad total» (*ST*, § 69, p. 365). Este horizonte de la temporeidad, constituido a partir de la unidad de los esquemas, es el horizonte de toda posible apertura del ser y descubrimiento del ente, «determina aquello *hacia lo cual* (*Woraufhin*) el ente que existe fácticamente está esencialmente *abierto*» (p. 365). En este sentido, el horizonte de la temporeidad comprende y posibilita la co-originaria apertura del propio ser del *Dasein* como ser-posible en el horizonte del futuro y como estar arrojado en el horizonte del haber-sido y la apertura del ser del ente que comparece dentro del mundo en el horizonte del presente.

La unidad del ser-en-el-mundo en cuanto conexión originaria de los respectos-para con el por-mor-de sí tiene entonces su origen ontológico en la unidad de los esquemas horizontales, que posibilita la conexión de los respectos-para (esquema del presente) con el por-mor-de arrojado (esquemas del futuro y del haber-sido). Por ello, Heidegger sostiene que la unidad de la temporeidad extático-horizontal es el fundamento de la estructura articulada ser-en-el-mundo y, por ende, de la trascendencia del *Dasein*:

> La unidad esquemática del horizonte de la temporeidad no es otra cosa que la condición tempórea de la posibilidad del *mundo* y de su pertenencia esencial a la *trascendencia* (*GA* 26, pp. 269 s.; trad. CDS).

A partir de la aclaración de la fundación ontológica del mundo en la temporeidad, se comprende plenamente el sentido de la tesis heideggeriana acerca de la pertenencia del mundo a la estructura de ser del *Dasein*. En efecto, puesto que la apertura del mundo se funda en la temporización extático-horizontal del ser del *Dasein*, no es posible afirmar que el mundo *es* en los diversos sentidos de ser de lo intramundano, es decir, no es algo a la mano ni tampoco algo que está-ahí. Antes bien, desde el punto de vista ontológico, sólo puede decirse que el mundo *existe* en el sentido de que *está ahí*, abierto extático-horizontalmente:

> En la medida en que el *Dasein* se temporiza, *es* también un mundo [...] Él «está ahí» (*ist da*) con el fuera-de-sí (*Außer-sich*) de los éxtasis. Si ningún *Dasein* existiera, tampoco estaría «ahí» un mundo (*ST*, § 69, p. 365; trad. CDS).

4. LA TEMPOREIDAD DE LA ESPACIALIDAD DEL *DASEIN* (§ 70)

Así como la temporeidad en cuanto sentido del ser del *Dasein* se distingue de lo que usualmente se entiende por «tiempo», la espacialidad (*Raumlichkeit*) en cuanto estructura de ser del *Dasein* se distingue de lo que en un sentido pre-ontológico habitual se entiende por «espacio»[24]. Por ende, la relación ontológica entre temporeidad y espacialidad no puede ser equiparada con el vínculo que pre-ontológicamente se pueda establecer entre «espacio y tiempo». En este sentido, Heidegger observa incluso que aquella relación ontológica «es asimismo diferente de la primacía del tiem-

---

[24] Para el análisis existencial de la espacialidad del *Dasein* y su distinción respecto del concepto usual de espacio, véase *ST*, §§ 23-24.

po sobre el espacio en el pensamiento de Kant» (§ 70, p. 367), donde espacio y tiempo son concebidos como formas puras de la intuición subjetiva. Como en el caso de las estructuras existenciales examinadas anteriormente, en el § 70 de *ST* Heidegger intenta mostrar que «también la específica espacialidad del *Dasein* tiene que fundarse en la temporeidad» (p. 367)[25].

En cuanto existencial, la espacialidad no significa que el *Dasein* esté-ahí en el «espacio cósmico», que su cuerpo ocupe una parte del espacio, ni que, como los útiles, ocupe un lugar en una zona del mundo circundante[26]. La espacialidad del *Dasein* es un carácter del ser-en-el-mundo cotidiano, del ocuparse circunspectivo, que consiste en «dar espacio (*Raumgeben*)» en el sentido de «dejar en libertad lo a la mano mirando a su espacialidad» (§ 24, p. 111). Este dar espacio está constituido por los caracteres de la *des-alejación* (*Ent-fernung*) y la *orientación* (*Ausrichtung*)[27]. Si el estar lejos es una determinación categorial del ente intramundano, la des-alejación es un modo de ser del *Dasein* por el que descubre la lejanía de lo intramundano y procura hacerla desaparecer. Cotidianamente, el des-alejar consiste en un acercamiento circunspectivo de lo a la mano, que procura tener *inmediatamente* a la mano lo requerido para los quehaceres habituales. Pero lo cercano no es necesariamente lo que está a la menor distancia posible del cuerpo del *Dasein*, sino lo que está en el ámbito de lo inmediatamente accesible para la circunspección. Desde la circunspección el *Dasein* ocupado determina los respectivos lugares de lo a la mano, los siempre relativos allí o acá de lo intramundano e incluso el aquí del propio *Dasein*. «El *Dasein* comprende su aquí desde el allí del mundo circundante» (§ 23, p. 107). Todo acercamiento de lo intramundano supone que el *Dasein* está orientado en su mundo circundante. Pues la circunspección no sólo descubre la relativa lejanía del ente que procura acercar, sino también la zona en la cual lo acercado tiene su lugar propio. El estar orientado del *Dasein* descubre y establece en cada caso las direcciones relativas dentro del mundo: izquierda y derecha, arriba y abajo, atrás y adelante, oriente y poniente, etc. Des-alejación y orientación son pues los modos como el *Dasein* existe espacialmente.

---

[25] En la conferencia *Tiempo y ser* de 1962 Heidegger se retracta: «El intento de *ST*, § 70 de reconducir (*zurückführen*) la espacialidad del *Dasein* a la temporeidad, no se puede mantener» (*GA* 14, p. 29; trad. CDS). Esta retractación se hace en el marco de una renovada meditación acerca del tiempo originario que lo concibe como espacio-tiempo (*Zeit-Raum*), de manera que sólo puede ser evaluada en su sentido y alcance a partir de tal concepción. En el mismo texto Heidegger remite a la conferencia *Construir, habitar, pensar* de 1951, donde la «procedencia del espacio» es pensada a partir de la «peculiaridad del lugar (*Ort*)» (p. 29).

[26] Para el análisis de la espacialidad del ente a la mano, véase *ST*, § 22.

[27] Rivera traduce *Ausrichtung* como «direccionalidad» y Gaos como «dirección». Hemos preferido el término «orientación», pues en castellano es usual decir que el *Dasein* está dirigido u orientado, y no que está «direccionado».

En el texto que analizamos Heidegger ofrece sólo breves indicaciones acerca del modo como la temporeidad funda la espacialidad. Por un lado, «el descubrir, orientándose, una zona se funda en un estar a la espera, que retiene extáticamente, del posible aquí y allí» (§ 70, p. 368). Por otro lado, «desde la zona previamente descubierta, el ocuparse retorna, des-alejando, hacia lo más cercano» (p. 369). El presente que emerge de la espera del allí de lo a la mano y del aquí del propio *Dasein* y del retorno hacia lo cercano es una presentación cadente que «se pierde en sí misma olvidando el allí» (p. 369). Este olvido del allí, que pasa por alto el lugar propio y la zona que ocupa lo intramundano, es la razón de que «surja la apariencia de que lo "inmediato" sea sólo una cosa que está-ahí, ciertamente aquí, pero indeterminadamente en un espacio en general» (p. 369).

5. EL SENTIDO TEMPÓREO DE LA COTIDIANIDAD (§ 71)

Al comienzo de la analítica existencial, Heidegger introdujo la noción de cotidianidad para indicar que la interpretación del ser del *Dasein* no se realizaría a partir de una forma determinada y destacada de existencia sino a partir de «la forma inadvertida y mediana del existir» (§ 71, p. 370). En el § 71 de *ST*, con el que se cierra la repetición tempórea, Heidegger plantea el problema del sentido tempóreo de la cotidianidad. El término «cotidianidad» (*Alltäglichkeit*) tiene un significado tempóreo ostensible: la existencia de «todos los días» (*alle Tage*). En un sentido existencial, el «todos los días» no significa la suma de los días que el *Dasein* vive de hecho durante su vida, sino que mienta «un determinado *cómo* de la existencia: el que domina al *Dasein* durante toda su vida» (p. 370). Este modo de existencia es indicado constantemente en *ST* mediante la expresión «inmediata y regularmente», cuyo sentido preciso es ahora explicitado:

> «Inmediatamente» significa la forma como el *Dasein* se manifiesta en el convivir (*Miteinander*) de la publicidad... «Regularmente» significa la forma como el *Dasein* se muestra «por regla general», aunque no siempre, a cualquiera (p. 370).

Según esto, la cotidianidad es la forma como la existencia se muestra habitualmente a cada *Dasein* en cuanto determinada y dirigida por la convivencia pública en el mundo circundante y compartido. El carácter público, manifiesto a todos, de la cotidianidad no excluye que este cómo de la existencia sea singularmente experimentado por cada *Dasein* «por medio de la disposición afectiva de la descolorida indeterminación anímica» (p. 371).

Podría pensarse que el sentido tempóreo de la cotidianidad fue explicitado ya mediante la interpretación tempórea del ocuparse circunspectivo, cotidiano y cadente. Sin embargo, Heidegger observa que este tipo de análisis pierde de vista lo específico del fenómeno de la cotidianidad, es decir, «el hecho de que el *Dasein*, al ir viviendo simplemente sus días, se *extiende* "temporalmente" a lo largo de su vida» (p. 371). Heidegger considera incluso que la situación hermenéutica alcanzada por la interpretación de la temporeidad realizada hasta aquí es insuficiente para comprender este fenómeno. «Este turbio fenómeno, ¿no pone precisamente de manifiesto la insuficiencia de la precedente explicación de la temporeidad?» (p. 371). Por ello, plantea la tarea de llevar a cabo una interpretación tempóreo-existencial del fenómeno del «*extenderse* (*Erstreckung*) del *Dasein entre* el nacimiento y la muerte» (p. 373), tarea que es abordada en el capítulo siguiente de *ST*, referido a la historicidad del *Dasein*.

REFERENCIAS

DI SILVESTRE, C. (2010): «La temporeidad extático-horizontal como origen de la trascendencia del *Dasein*», *Discusiones filosóficas*, II/17, pp. 255-273.

GETHMANN, C. F. (1993): «Der existenciale Begriff der Wissenschaft. Zu *Sein und Zeit* § 69 b», en *Dasein: Erkennen und Handeln. Heidegger im phänomenologischen Kontext*, Berlín - Nueva York, pp. 169-206.

HAAR, M. (1996): «Le moment (*kairós*), l'instant (*Augenblick*) et le temps-du-monde (*Weltzeit*) (1920-1927)», en: J.-F. Maquet y J.-F. Courtine (eds.), *Heidegger 1919-1929. De l'hermeneutique de la facticité à la métaphysique du Dasein*, París, pp. 67-90.

HERRMANN, Fr.-W. v. (1985): *Subjekt und Dasein. Interpretationen zu Sein und Zeit*, Frankfurt a. M., [2]1985.

— (1991): *Heideggers Grundprobleme der Phänomenologie. Zur «Zweite Hälfte» von Sein und Zeit*, Frankfurt a. M.; trad. esp. de I. Borges-Duarte: *La segunda mitad de Ser y tiempo. Sobre Los problemas fundamentales de la fenomenología de Heidegger*, Madrid, 1997.

KIERKEGAARD, S. (1844): *El concepto de la angustia. Una sencilla investigación psicológica orientada hacia el problema dogmático del pecado original*, Buenos Aires, [6]1963.

RENTSCH, Th. (2001): «Zeitlichkeit und Alltäglichkeit (§§ 67-71)», en: Th. Rentsch (ed.), *Martin Heidegger. Sein und Zeit*, Berlín, pp. 229-251.

VIGO, A. G. (2014): «Verdad, libertad y trascendencia. La radicalización de un motivo central de *Sein und Zeit* en los escritos de 1929-1930», en: *Arqueología y aleteiología. Estudios heideggerianos*, Berlín, [2]2014, pp. 159-205.

14

TEMPOREIDAD E HISTORICIDAD
(§§ 72-77)

Roberto J. Walton

1. INTRODUCCIÓN

En el § 6 de la Introducción a *ST*, Heidegger ya ha anunciado que la temporeidad es «la condición que hace posible la historicidad (*Geschichtlichkeit*) como un modo de ser tempóreo del *Dasein* mismo» (p. 19), y este capítulo ofrece un análisis de la cuestión al mostrar cómo el *Dasein* «*solo existe y puede existir históricamente porque es tempóreo en el fondo de su ser*» (§ 72, p. 376). El capítulo contiene «una construcción fenomenológica» (p. 375) o «construcción existencial de la historicidad» (§ 73, p. 378). Se debe recordar que, para Heidegger, los tres momentos del método fenomenológico son la reducción, la construcción y la destrucción. Mientras que la reducción implica reconducir la mirada desde la captación del ente a la comprensión de su ser, la construcción es la correspondiente proyección del ser del ente. En este caso se trata de la construcción ontológica de la historicidad mediante una proyección que, orientada hacia el futuro, comprende al *Dasein* que ha existido asumiendo su modo de estar-en-el-mundo, es decir, mediante una transmisión de posibilidades de existencia que ya han sido. Por último, la destrucción es la desconstrucción de nociones transmitidas a fin de poner de manifiesto las fuentes de las que han surgido (cf. *GA* 24, pp. 28-32). En este capítulo se dirige contra la comprensión vulgar de la historia y del saber histórico, y procura poner de relieve la fundamentación de la historiografía en una ontología de la historicidad. Este condicionamiento del saber histórico, la fundamentación previa de la historicidad en la temporeidad y la determinación de un modo propio de historicidad son rasgos distintivos del análisis para los cuales se pueden discernir paralelos en otras visiones de la fenomenología.

2. EXPOSICIÓN ONTOLÓGICO-EXISTENCIAL DEL PROBLEMA DE LA HISTORIA (§ 72)

Heidegger recuerda que la analítica existencial tiene como única meta responder a la pregunta por el sentido del ser en general, y recapitula el alcance de la cuestión. La meta requiere circunscribir el fenómeno en que se vuelve accesible lo que llamamos ser. Este fenómeno es la comprensión del ser que es inherente a la constitución del ser del *Dasein*. La meta es, pues, obtener una interpretación originaria del *Dasein*, y de su comprensión del ser como vía hacia una respuesta para la pregunta por el sentido del ser en general. Una nueva referencia a este problema aparecerá al final del § 77. Hasta aquí Heidegger ha mostrado sucesivamente que las estructuras esenciales del *Dasein* convergen en una unidad gracias al cuidado, y que la temporeidad es la condición de posibilidad del cuidado. Esta consideración de la temporeidad se ha basado en el análisis del modo propio del poder-ser-entero del *Dasein*. Un hito en el análisis del sentido del ser se encuentra en la exégesis de la co-pertenencia entre la temporeidad extática como sentido del *Dasein* y el tiempo horizónticamente abierto en esa temporeidad como sentido de los modos de ser de los entes que no son *Dasein*.

Heidegger se pregunta si, con el análisis previo de su estar-entero propio, se ha alcanzado el todo del *Dasein*. El problema se suscita en razón de que el análisis se ha centrado en el estar vuelto hacia el fin (*Sein zum Ende*), y la muerte es sólo uno de los términos que encierran la totalidad del *Dasein*. El otro término es el comienzo o nacimiento: «El todo que buscamos no es otra cosa que el ente que se despliega "entre" nacimiento y muerte» (§ 72, p. 373). Puesto que el *Dasein* ha sido tematizado con un desmedro del haber-sido, la analítica existencial resulta unilateral. Ha quedado fuera de consideración el estar vuelto hacia el comienzo (*Sein zum Anfang*) y el extenderse (*Erstreckung*) entre el nacimiento y la muerte. Se ha pasado por alto el nexo en que el *Dasein* está envuelto constantemente, es decir, lo que Dilthey denominaba la «trama de la vida» (*Zusammenhang des Lebens*)[1]. Heidegger critica la caracterización de la trama como una secuencia de vivencias que transcurren en lo que en el capítulo siguiente denominará concepción vulgar del tiempo. Además, procura mostrar cómo se ha llegado a la noción de esta secuencia (§ 75).

Ante la oscuridad en que se encuentra la trama entre el nacimiento y la muerte, se abren dos caminos. Se puede abandonar la afirmación de que la temporeidad es el sentido de ser de la integridad del *Dasein* (*Daseinsganzheit*). O bien se puede considerar que la temporeidad proporciona precisamente la base (*Boden*) para orientar la pregunta por la trama. El

---

[1] Cf. Dilthey (1910), pp. 196 ss.; trad. esp. pp. 221 s.

análisis establece que, siguiendo el segundo camino, es necesaria una «elaboración más concreta de la temporeidad» (§ 74, p. 382).

Heidegger critica caracterizaciones previas de la trama que presentan dos rasgos fundamentales. En primer lugar, se trataría de una secuencia de vivencias en que sólo es real la vivencia presente, es decir, la vivencia en el ahora, mientras que las vivencias pasadas o las que han de venir ya no son o aún no son reales. Así, el *Dasein* recorre el lapso de tiempo entre el nacimiento y la muerte de tal modo que sólo es real en el ahora. Esto significa que recorre a saltos la sucesión de los ahoras. Un segundo rasgo de la trama reside en que, en el constante cambio de las vivencias, el sí-mismo (*Selbst*) se mantiene en una cierta identidad o mismidad (*Selbigkeit*) como algo persistente que guarda una relación con el cambio de vivencias. De este modo no se llega a determinar el ser de lo que permanece y de su posible relación con el cambio de las vivencias. Si la trama queda caracterizada como algo que está ahí delante «en el tiempo», es decir, como algo que ocupa un lugar en una sucesión de ahoras, no se puede realizar, y ni siquiera plantear, un genuino análisis ontológico del extenderse del *Dasein* entre el nacimiento y la muerte. Considerar al *Dasein* como una secuencia de vivencias es tratarlo como una suma de realidades momentáneas, es decir, de vivencias que se presentan unas tras otras y desaparecen, de modo que sólo está ahí delante la vivencia momentánea.

En contraste con las caracterizaciones previas, Heidegger sostiene que ya está incluido en el ser mismo del *Dasein* el «entre» (*Zwischen*) que se relaciona con el nacimiento y la muerte. No es que el *Dasein* sea real en un punto de tiempo, y esté rodeado por la no-realidad de su nacimiento y su muerte. El entre-el-nacimiento-y-la-muerte no es un intervalo que separa dos extremos inexistentes. El *Dasein* no va llenando un trayecto sino que se extiende o prolonga, y este extenderse envuelve su propio comienzo y su propio fin. Nunca es real en un punto del tiempo como si quedara rodeado por la irrealidad del nacimiento y la muerte. Ni el nacimiento es algo pasado en el sentido de lo que ya no está ahí delante ni la muerte es lo que falta porque aún no está ahí delante. El *Dasein* se extiende, y, si su propio ser se constituye como una prolongación, no está rodeado por irrealidades. Al igual que la muerte, el nacimiento tiene un sentido existencial. Nacimiento y muerte se conectan en el «entre» que el *Dasein* es en virtud de la unidad entre la condición de arrojado y el estar vuelto hacia la muerte inherente al cuidado.

Heidegger aclara la trama de la vida en el horizonte de la constitución tempórea del *Dasein* mediante la noción de «acontecer» (*Geschehen*)[2]. Este existencial es caracterizado de la siguiente manera:

---

[2] El término, que ha sido traducido por J. Gaos como «gestarse histórico», se relaciona con *Geschichte*, «historia».

A esa específica movilidad (*Bewegtheit*) del *extenderse extendido* la llamamos nosotros el *acontecer* del *Dasein*. La pregunta por la «trama» del *Dasein* es el problema ontológico de su acontecer. Poner al descubierto la *estructura del acontecer* y sus condiciones de posibilidad tempóreo-existenciales significa alcanzar una comprensión *ontológica* de la *historicidad* (§ 72, p. 375)[3].

La descripción fenomenológica del acontecer añade a la extensión las notas de la movilidad y la persistencia (*Beharrlichkeit*). Así como el extenderse se opone al llenar con realidades momentáneas un trayecto, la movilidad se contrapone, puesto que se determina a partir del extenderse del *Dasein*, al movimiento (*Bewegung*) como cambio de lugar de los entes que no tienen la condición del *Dasein*. Por su parte, la persistencia tampoco debe ser entendida como la perduración (*Beständigkeit*) de lo que está ahí delante sino como la estabilidad del sí-mismo (*Selbstständigkeit*).

Este análisis permite retomar el problema del mantenimiento o constancia del sí-mismo, que fue tratado en el § 64, y que se presenta en relación con el problema de la determinación del «quién», considerado en el § 25. La estabilidad del sí-mismo ha determinado este quién, y Heidegger afirma que «se funda en una específica temporización de la temporeidad» (§ 72, p. 375). La estabilidad del *Dasein* concierne a la posibilidad de escapar a la dispersión en los entes, y nos remite a la temporeidad propia. El presente propio o instante consiste en ocuparse de los entes a la luz de una existencia que toma sobre sí la condición de arrojada en el proyectarse a la muerte de modo que el precursar converge con la reiteración del haber-sido. A la inestabilidad o dependencia inherente a la absorción en los entes o en los otros se contrapone, en el modo de la propiedad, la estabilidad del sí-mismo alcanzada en la resolución (*Entschlossenheit*) que se vuelve hacia la propia muerte para anticiparla y asumirla como la más privativa posibilidad de la existencia.

En el presente impropio, al asimilarse a los entes, el *Dasein* modifica sus propias posibilidades en función de las circunstancias que lo rodean. No presenta los entes para comprenderlos permaneciendo junto a ellos, sino que trata de ver sólo por ver de modo que al ver una cosa ya aparta la vista hacia otra. Por eso no se mantiene o queda junto a los entes sino que se caracteriza por un no-demorarse o imposibilidad de quedarse en virtud

---

[3] Husserl también deriva la historicidad a partir de la temporalidad y se opone a la idea de una secuencia objetiva de vivencias. Reconstruye una génesis de sentido como construcción escalonada de operaciones subjetivas, de modo que, en un nivel superior, se encuentran fenómenos que ya emergen en niveles inferiores de la arquitectura de sentidos: «La conciencia es un incesante devenir. Pero no es una mera sucesión (*Aufeinanderfolge*) de vivencias, un flujo, como uno se representa un flujo objetivo. [...] La historia en el sentido habitual de su relación con la cultura humana, es sólo un nivel más elevado, [...]» [cf. Husserl (1918-1926), pp. 218 s.].

del cual está en todas partes y en ninguna. Así, el modo de ser que configura habitualmente la estabilidad del sí-mismo es la pérdida de sí mismo en una dependencia o no-estabilidad del sí-mismo (*Unselbstständigkeit*). El *Dasein* se caracteriza por una dispersión en el uno y tiene que llegar a encontrarse, es decir, a hacerse cargo de su propia existencia como tarea que le ha sido entregada sin delegarla en los dictados del término medio.

Con el análisis del acontecer, Heidegger considera que ha determinado «el *lugar* (*Ort*) en que se sitúa el problema de la historia» (p. 375). Este lugar nos coloca en una dimensión ontológica y no en el terreno del saber histórico o historiografía (*Historie*) como ciencia de la historia. Un esclarecimiento epistemológico del saber histórico a la manera de Simmel o Rickert no nos proporciona el modo de ser de lo histórico porque el fenómeno fundamental de la historia subyace siempre a una posible tematización por medio del saber. Sólo a partir de la historicidad, y de su sostén en la temporeidad, se puede entender cómo esta estructura ontológica se convierte en objeto del saber histórico o historiografía. Alcanzar la constitución ontológico-existencial de la historicidad frente a las tendencias encubridoras inherentes a la objetivación de la historiografía requiere la mencionada construcción existencial de la historicidad. El saber histórico es posible porque el *Dasein* ya es histórico[4].

La historiografía como ciencia tiene una «procedencia (*Herkunft*) ontológica» que remite a la historicidad del *Dasein*. Esto significa que la apertura y captación explícita de la historia es una «posibilidad existentiva» (*existenzielle Möglichkeit*) del *Dasein* que existe históricamente, y que, puesto que le es inherente la apertura y la interpretación, tiene esta posibilidad de una tematización historiográfica. Aquí se encuentra el presupuesto para toda «construcción del mundo histórico en las ciencias del espíritu», según la expresión de Dilthey.

El *Dasein* también debe ser llamado «tempóreo» en razón de estar «en el tiempo». Usa el calendario y el reloj, y experimenta lo que le sucede como si aconteciera en el tiempo. Los procesos de la naturaleza inanimada y viviente le salen al encuentro en el tiempo. Estos sucesos y procesos son «intratempóreos» (*innerzeitig*), y tienen lugar antes del desarrollo de un saber histórico. Por tanto, Heidegger anuncia que en el capítulo siguiente ha de analizar el origen del tiempo de la intratemporeidad a partir de la temporeidad. Sin embargo, para evitar la obviedad de las caracterizaciones vulgares de la historia, que se apoyan en la intratemporeidad,

---

[4] Con referencia a Rickert, Husserl defiende una análoga fundamentación de la historiografía en la historicidad. Señala que la exposición neokantiana de formas metodológicas no tiene relación con las configuraciones del mundo de la vida, y subraya que «*toda teoría y ciencia imaginable surge de la vida y se relaciona con el mundo preteórico, con el mundo de la pura experiencia, con el mundo dentro del cual vivimos como hombres prácticos*» [cf. Husserl (1927), p. 241].

es necesario previamente derivar la historicidad de la temporeidad originaria del *Dasein*.

Heidegger subraya su intención de llevar el problema de la historia a su «enraizamiento originario» (p. 377) y de indicar el lugar ontológico del problema de la historicidad. El análisis pretende abrir caminos para la apropiación de las investigaciones de Dilthey como una tarea aún pendiente. Heidegger se refiere en detalle a esta apropiación en el § 77.

3. LA COMPRENSIÓN VULGAR DE LA HISTORIA Y EL ACONTECER DEL *DASEIN* (§ 73)

El término «historia» (*Geschichte*) es ambiguo porque se refiere tanto a la «realidad histórica» (*geschichtliche Wirklichkeit*) como a la «ciencia histórica» (*Geschichtswissenschaft*)» o «historiografía» (*Historie*) como posible ciencia acerca de esa realidad. Heidegger deja a un lado provisoriamente el segundo aspecto, y se ocupa de la comprensión vulgar de la realidad histórica como una base a partir de la cual es posible intentar la construcción existencial de la historicidad. La analiza en términos de cuatro significados —lo pasado, un encadenamiento de sucesos y efectos que proceden del pasado y se extienden a lo largo del presente y el futuro, la región de los entes espirituales y culturales, y lo transmitido en cuanto tal—, a las que resume en esta caracterización:

> Historia es el específico acontecer en el tiempo del *Dasein* existente, de tal manera que se considera como historia en sentido eminente el acontecer «ya pasado» y a la vez «transmitido» y siempre actuante en el convivir (§ 73, p. 379).

Los cuatro significados se vinculan porque ven al «hombre como "sujeto" de los acontecimientos» y ponen de relieve una «curiosa primacía que tiene el pasado en el concepto de la historia» (p. 379). Heidegger inicia una transición desde su análisis de la comprensión vulgar de la historia a su exposición de la constitución fundamental de la historicidad. Esto plantea la opción de si el *Dasein* se convierte en histórico por su entrelazamiento con circunstancias o sucesos, o bien estas vicisitudes sólo son posibles porque el *Dasein* es histórico en su ser. Heidegger niega que el *Dasein* sólo ingrese ocasionalmente en una historia de modo que llega a ser histórico por un entrelazamiento casual que convertiría el acontecer en una secuencia de eventos que emergen y desaparecen.

Para esclarecer la primacía del pasado, Heidegger realiza un análisis de aquellos útiles que son históricos a pesar de estar ahí en el presente como piezas de museo. Se pregunta por qué llamamos histórico a un ente aun cuando no es pasado porque se trata de una antigüedad que se conserva en un museo. El problema es el de la específica condición de pasado que hace de un ente, por ejemplo, un útil, algo histórico cuando aún es manipulable o dado en el presente. Las antigüedades que se muestran en los museos no son históricas meramente por ser objeto de un interés historiográfico, sino que, por el contrario, son objeto de saber histórico porque ya son históricos en sí mismos. Su condición de históricos no reside tampoco en su condición de perecederos. Si todavía estuvieran en uso, no dejarían de ser históricos. Lo pasado en ciertos entes que nos salen al encuentro —se hayan deteriorado o no, se encuentren o no en uso— es el mundo en que, al formar parte de un nexo de útiles, salían al encuentro como algo a la mano y eran utilizados por un *Dasein* que, en cuanto estar-en-el-mundo, se ocupaba de ellos. Si bien los entes están a la mano o ahí delante, el mundo del que proceden ya no es. Los útiles tienen carácter pasado o histórico porque «pertenecen *a* y proceden *de* un mundo ya sido de un *Dasein* que ha ex-sistido (*aus einer gewesenen Welt eines da-gewesenen Daseins*). Lo primariamente histórico es el *Dasein*» (pp. 380 s.).

Ahora bien, el *Dasein* no puede ser pasado. Un pasado sólo lo tienen los entes que ya no están a la mano o ahí delante, es decir, los entes que tienen una forma de ser distinta de la del *Dasein*. La determinación tempórea del pasado (*Vergangenheit*) se debe distinguir del haber-sido (*Gewesenheit*) que es un constitutivo de la unidad extática de la temporeidad del *Dasein* según lo establecido por los análisis previos. Se debe tener en cuenta que los éxtasis del tiempo nada tienen que ver con un uno-tras-otro que convierte al futuro en algo posterior al haber-sido y al haber-sido en algo anterior al presentar: «La temporeidad se temporiza como futuro que está-siendo-sido y presentante» (§ 68, p. 350). La unidad de los éxtasis protagoniza la temporeidad y exige, en lugar de un pasado que ha quedado atrás, un haber-sido que no es distinto de mí, esto es, algo que he sido y a la vez soy. Asimismo, en lugar de un estar a la espera de lo que no soy todavía, exige un futuro que ya soy y que seré. Por otra parte, no sólo la condición de *Dasein* existente sino también la condición de *Dasein* no-existente o que «ha-sido-ahí» (*da-gewesen*) se contrapone a la condición pasada de los útiles o cosas que pertenecieron a un plexo de útiles manipulado por él. El parágrafo siguiente explicitará que no se debe pensar que el *Dasein* que ha existido es tan pasado como los entes que pertenecían a su mundo porque el haber-sido de un *Dasein* incluye el haber-sido de otros *Dasein* y de otras generaciones. En suma: el *Dasein* no se convierte en un ente que ha sido y se hace histórico cuando ya no existe sino que es histórico en cuanto existe precisamente porque el haber-sido que lo caracteriza es un componente de la temporización de la temporeidad.

Heidegger explicita la tesis de que el *Dasein* es lo primariamente histórico. Por tanto, es secundariamente histórico el ente intramundano que nos sale al encuentro, esto es, los útiles y, además, la naturaleza considerada como «suelo de la historia». El ente que no tiene el modo de ser del *Dasein* es histórico en virtud de su pertenencia a un mundo que es un momento de la estructura existencial estar-en-el-mundo inherente al *Dasein*. Por eso su carácter histórico no depende de su distancia respecto del ahora. Con otras palabras: no llega a ser más histórico en la medida en que se aleja en el pasado[5]. Lo secundariamente histórico recibe la denominación de «lo mundi-histórico» (*das Weltgeschichtliche*) (p. 381). A partir de lo secundariamente histórico, surge el concepto vulgar de historia del mundo o historia universal (*Weltgeschichte*). Por tanto, la historicidad es una determinación ontológica del acontecer del *Dasein* previa a lo que se denomina historia (*Geschichte*) como acontecer mundi-histórico (*weltgeschichtliches Geschehen*). La historia del mundo sólo es posible sobre la base de la historicidad como constitución ontológica del acontecer del *Dasein*. En la Introducción Heidegger había escrito: «La historicidad es la constitución de ser del "acontecer" del *Dasein* en cuanto tal, acontecer que es el único fundamento posible para eso que llamamos "historia universal" y para la pertenencia histórica a la historia universal» (§ 6, pp. 19 s.).

Ahora bien, afirmar que el *Dasein* sea histórico no significa solamente, desde el punto de vista óntico, que el hombre está a merced de las circunstancias y acontecimientos en los avatares de la historia universal, y que puede adquirir una mayor o menor importancia frente a ellos. La tesis tiene un alcance mayor que se trata a continuación a fin de poner de manifiesto que esas vicisitudes sólo son posibles porque el *Dasein* es histórico en su ser.

4. LA CONSTITUCIÓN FUNDAMENTAL DE LA HISTORICIDAD (§ 74)

El parágrafo se ocupa de «el problema ontológico de la historia, en cuanto problema existencial», y para ello busca «un acontecer que determina a la existencia como histórica» (§ 74, p. 382). Puesto que la interpretación de la historicidad del *Dasein* es una elaboración concreta de la temporeidad, y, puesto que la temporeidad fue examinada de acuerdo con la forma propia del existir que es la resolución, Heidegger indaga el modo

---

[5] Se ha argumentado que el carácter histórico de un útil no se puede asociar sólo con su servicialidad porque esta no permite establecer la diferencia, por ejemplo, entre un escritorio de más de doscientos años que utilizo en el hogar y otro de treinta años que empleo en la universidad. La significatividad para mí del primer útil en un análisis sincrónico está atravesada por la diacronía de una perdida significatividad para otros. Por eso el útil tiene un estrato de latencia que permite la experiencia histórica de la sustracción de un mundo. Cf. Gander (2001), pp. 235 s.

en que la resolución precursora constituye el modo propio del acontecer del *Dasein*. La resolución fue caracterizada, en tanto modo propio del cuidado, como «un callado proyectarse, en disposición de angustia, hacia el propio ser-culpable» (§ 64, p. 318; cf. § 43, pp. 206 s.). Además, ella accede a la propiedad, porque no se proyecta hacia posibilidades inmediatas cualesquiera, sino hacia la posibilidad extrema que «antecede a todo poder-ser fáctico del *Dasein*» (§ 61, p. 302). La resolución precursora es un adelantarse que se proyecta hacia la muerte como posibilidad insuperable de la existencia. Ahora bien, las posibilidades en las que el *Dasein* se proyecta fácticamente, y que de ese modo le son abiertas, no pueden ser tomadas de la muerte. Esto significa que «el análisis existencial» (*die existenziale Analyse*) (§ 74, p. 383) no puede esclarecer aquello a lo que se proyecta el *Dasein* en cada caso, es decir, no puede determinar el «poder ser existentivo (*das existenzielle Seinkönnen*) en el que se proyecta» (p. 385). Por otro lado, sabemos ya que la resolución no se sustrae al trato con los entes en el mundo, sino que, manteniéndose en esta ocupación y solicitud, implica un determinado modo de ser que no se pierde en las oportunidades más cercanas y en el cálculo de las contingencias (cf. § 62). Sobre este trasfondo se plantea la pregunta «de dónde pueden ser extraídas, *en general*, las posibilidades en las que el *Dasein* se proyecta fácticamente» (§ 74, p. 383). La respuesta tiene en cuenta que el *Dasein* no posee un pasado como una propiedad que está ahí delante y que ocasionalmente obra sobre él, sino que es su haber-sido (§§ 6 y 68). Y contempla dos aspectos del precursar. Por un lado, no ofrece posibilidades determinadas sino sólo una perspectiva para hacer frente a ellas. Por el otro, está co-originariamente determinado por el haber-sido de modo que retorna a su condición de arrojado. Por tanto, el precursar sólo puede extraer las posibilidades de la condición de arrojado. Y entonces se plantea la cuestión del modo propio de elección de estas posibilidades a la luz de la resolución precursora.

Retornar (*zurückkommen*) a la condición de arrojado equivale a acoger o recibir (*überkommen*) posibilidades. Implica transmitirse (*sich überliefern*) posibilidades en el sentido de asumir o hacerse cargo (*übernehmen*) de ellas. Al hacerse cargo de estas posibilidades mediante esta transmisión o tradición (*Überlieferung*), el *Dasein* asume un legado (*Erbe*) que recibe en su facticidad y del que extrae sus posibilidades. En esta proyección del *Dasein* hacia sus posibilidades se manifiesta la antes señalada construcción fenomenológica como el reflejo de la constitución en la fenomenología de Husserl. La proyección construye la historicidad al recoger y empuñar las posibilidades heredadas que abre fácticamente y remitirlas a un futuro realizable. El análisis exhibe una analogía con el que ofrece la fenomenología genética de Husserl en términos de la reinstitución y transformación de sentidos previamente instituidos y sedimentados. La reinstitución constituye la historicidad al retomar y reactivar sentidos.

En la impropiedad, el *Dasein* se comprende a partir de las posibilidades de existencia que encuentra en la interpretación de término medio que se transmite y circula como algo sobreentendido. Lo recibido no es asumido como una posibilidad transmitida por el *Dasein* sino como una posibilidad que corresponde a lo mundi-histórico. Por el contrario, la historicidad propia es la que se relaciona con el acontecer del *Dasein* a la luz de la resolución anticipadora. Al precursar la muerte y retornar hacia sí mismo, el *Dasein* se hace cargo del sí-mismo que ya es en tanto arrojado en medio de los entes, en una dependencia referencial respecto de ellos, y en medio de nexos de significatividad según los cuales se comprende a sí mismo y el mundo. No puede existir propiamente si no se reconoce heredero de su haber-sido a la luz de la resolución:

> La resolución, en que el *Dasein* retorna a sí mismo, abre las posibilidades fácticas del existir propio *a partir del legado* que ese existir *asume* en cuanto arrojado. El retorno resuelto a la condición de arrojado encierra en sí una *entrega* de posibilidades recibidas por tradición, aunque no necesariamente *en cuanto* tales (§ 74, p. 383).

Que las posibilidades no sean transmitidas necesariamente como legadas significa que no es necesaria una transmisión expresa o explícita de las posibilidades recibidas. Hacerse cargo o asumir posibilidades transmitidas a la luz de la resolución significa sustraerse a las primeras posibilidades que se ofrecen. En la impropiedad, la elección de posibles caminos se dispersa en las posibilidades contingentes en las que nos desenvolvemos. En la propiedad, en cambio, si bien no se sustrae a las posibilidades, el *Dasein* abandona la interpretación característica de la medianía del uno. Elige sus posibilidades en contra de esa interpretación y a la luz de la resolución precursora vuelta hacia la muerte. Si el *Dasein* se comprende a partir de la posibilidad más eminente de precursar la muerte, «tanto más certera y menos fortuita será la elección y hallazgo de la posibilidad de su existencia» (p. 384). Captar la finitud de la existencia, y elegir existir de acuerdo con ella, arranca al *Dasein* de la interminable multiplicidad de las más cercanas o primeras posibilidades que se le ofrecen, es decir, las posibilidades del darse por satisfecho, del tomar a la ligera y del rehuir los compromisos. Al eliminar las posibilidades fortuitas y banales del bienestar, la facilidad y la huida de las responsabilidades, el precursar la muerte «lleva al *Dasein* a la simplicidad de su destino (*Schicksal*)» (p. 384). Un destino individual no surge, pues, por una conjunción de circunstancias sino en un acontecer «en que el *Dasein*, libre para la muerte, hace *entrega* de sí mismo a sí mismo en una posibilidad que ha heredado, pero que también ha elegido» (p. 384).

Introducido el existencial del destino como rasgo distintivo de la historicidad propia, Heidegger ofrece una descripción fenomenológica de sus principales rasgos. El *Dasein* carece de destino si se entrega a la contingencia de las circunstancias. En cambio, en la medida en que tiene un destino, puede hacer frente a los sucesos felices o infelices de su existencia. Adquiere la clarividencia necesaria para no ver, en los así llamados golpes del destino, el imperio del azar. La impotencia (*Ohnmacht*) del estar abandonado a sí mismo tiene como reverso, en el asumir el estar entregado al propio poder ser, la superioridad de poder (*Übermacht*) de su libertad finita que advierte el carácter accesorio de las contingencias del estar en el mundo.

Puesto que el *Dasein* existe en el estar-con-los-otros, su acontecer es un co-acontecer (*Mitgeschehen*), y se determina como destino común (*Geschick*). El destino colectivo tiene lugar con los otros *Dasein* como una comunidad, y su poder se pone de manifiesto en la coparticipación y la lucha. Heidegger alude al concepto de generación introducido por Dilthey: «El destinal destino común (*das schicksalhafte Geschick*) del *Dasein* en y con su "generación" es lo que constituye el acontecer pleno y propio del *Dasein*» (pp. 384 s.). Con otras palabras, la herencia que el *Dasein* asume no es simplemente su historia individual sino la herencia de toda la comunidad en la que existe. Con la herencia se amplía el haber-sido abierto respecto del análisis de la temporeidad para incluir el haber-sido de otros *Dasein* y otras generaciones. El otro *Dasein* que ya ha-sido ahí está abierto en mi haber-sido en el modo de posibilidades de existencia heredadas.

Heidegger analiza la transmisión del legado. Aclara que no es necesario que el *Dasein* en la resolución tenga una comprensión expresa de la procedencia de las posibilidades sobre las que se proyecta. La comprensión podría permanecer implícita sin comprometer su propiedad, pero el *Dasein* tiene siempre «la posibilidad de extraer *explícitamente*, desde la comprensión tradicional del *Dasein*, el poder-ser existentivo en el que el *Dasein* se proyecta» (p. 385). Entonces el *Dasein* retrocede de tal modo al haber-sido que repite o retoma (*wiederholt*) la posibilidad heredada que se transmite: «*La repetición* (*Wiederholung*) *es la tradición explícita* (*ausdrückliche Überlieferung*), es decir, el retorno a posibilidades del *Dasein* que ha existido» (p. 385). Se debe tener en cuenta que esta reiteración o recapitulación, que hace patente la herencia, no es aún un modo de comportamiento historiográfico o científico respecto de la historia. Además, se distingue del matiz muy general de repetición en el sentido del tomar sobre sí o hacerse cargo el *Dasein* del ente que él es según los análisis de la temporeidad en los que ya Heidegger había vinculado la repetición con la resolución: «La resolución se temporiza como el repitente retrovenir-a-sí a partir de una posibilidad acogida en la que el *Dasein*, volviendo a sí, ha precursado» (*GA* 24, p. 407; cf. *ST*, § 68, p. 339).

La historicidad propia implica la fidelidad a las posibilidades reiterables de la existencia. Además, en virtud del destino común, la repetición incluye la recapitulación de posibilidades que conciernen a otros *Dasein*. Por eso implica que «el *Dasein* escoja su héroe» (§ 74, p. 385). Esta alusión al héroe significa la repetición de las posibilidades de un *Dasein* que ha existido, esto es, una reiteración de las raíces en la comunidad. Sugiere que ser en el modo de la propiedad consiste, a la luz de la resolución anticipadora, en tomar como guía ejemplos tomados de la historia, entre ellos, los relatos acerca de héroes que podemos encontrar en nuestra tradición cultural[6]. La repetición se apropia de posibilidades heredadas, pero no se trata de una restauración de lo pasado ni de un vínculo con lo que ha caído en desuso. No equivale a una reiteración mecánica ni pretende haber realizado un progreso sobre lo que la ha inspirado. Implica realizar una elección de acuerdo con una herencia en una respuesta (*Erwiderung*) a una posibilidad de la existencia que ha existido y que no se vuelve a comprender de la misma manera. La réplica tiene el carácter de una reasunción creadora o innovadora. Y a la vez implica la revocación o abrogación (*Widerruf*) de «lo que en el hoy sigue actuando como "pasado"» (p. 386).

Heidegger caracteriza la repetición como «el modo de la resolución que se entrega a sí misma y mediante el cual el *Dasein* existe explícitamente como destino» (p. 386). Esto significa que la resolución, además de transmitirse posibilidades heredadas, se hereda a sí misma convirtiendo la anticipación de la muerte en una tradición. La descripción del destino explícito conduce a nuevas referencias a los otros *Dasein* y a la temporeidad. Subraya que el haber-sido concierne también a los otros *Dasein*: «En el destino se funda también el destino común [...]» (p. 386)[7]. El acontecer del *Dasein* sucede con los otros, y el destino común puede ser expresamente abierto en la repetición. Así se abre el legado común que es transmitido: «La repetición le revela al *Dasein* por primera vez su propia historia» (p. 386). Además, Heidegger caracteriza el destino como «precursante entregarse al Ahí del instante, ínsito en la resolución» (p. 386). Recordemos que el instante se sustenta en el futuro y el haber-sido propios y se abre al mundo desde esta perspectiva. Consiste en no dispersar la existen-

---

[6] G. Figal señala la inspiración nietzscheana del tema del héroe, pero también pone de relieve una diferencia. Recuerda la afirmación: «[...] lo grande que alguna vez existió fue *posible* en todo caso alguna vez; y por eso también será posible alguna vez de nuevo [...]» [cf. Nietzsche (1873-1876), p. 221]. Pero señala que Nietzsche ha visto también que la historia monumental, de la que Heidegger se ocupa en el § 76, «engaña mediante analogías: estimula, con seductoras semejanzas, a los valientes a la temeridad, a los entusiastas al fanatismo [...]» (cf. p. 223). Cf. Figal (2000), pp. 322 s.

[7] Al comentar esta afirmación, H. Hüni observa que, si bien opera con y en el destino individual, el destino común no está sujeto a esta limitación. El subsiguiente análisis de la historia del mundo se ocupa de un acontecer que se extiende más allá de la existencia tempórea y se muestra como el primer paso hacia ulteriores puntos de vista heideggerianos. Por consiguiente, «la fenomenología practicada marcha en contra de la intención de una fundamentación unilateral, esto es, de que sólo la temporeidad haga posible la historicidad» [cf. Hüni (1998), p. 135]. Cf. Ricoeur (1985), p. 109.

cia en los entes de los que nos ocupamos sino en mirar el mundo a la luz de una existencia vuelta hacia la muerte como futuro propio y retrotraída hacia la condición de arrojada en el mundo como haber-sido originario. Por eso está «retenido en el futuro y en el haber-sido» (§ 68, p. 338). La unidad de los éxtasis temporales vuelve a afirmarse en el nivel de la historicidad mediante el nexo que se establece en el instante entre la transmisión del legado y la anticipación de la muerte. El «peso esencial» del futuro se une a una «peculiar primacía» del pasado (§ 74, p. 387) porque el proyectarse inherente a la resolución precursante abre posibilidades heredadas en el haber-sido. Por tanto, la repetición concierne a un haber-sido que está intrínsecamente ligado al futuro. Es ajeno a un pasado que, en el terreno de los entes manipulables o dados, se opone extrínsecamente como algo clausurado al futuro en tanto abierto. Mientras que lo pasado es lo perimido en el orden de lo que está a la mano o ahí delante, el haber-sido no tiene este carácter. Así se explica la raíz del privilegio que la concepción vulgar de la historia asigna a lo que ha sido[8].

Si bien se ha puesto de manifiesto el modo propio de la historicidad del *Dasein*, la constitución de la trama de vida del *Dasein* desde el nacimiento hasta la muerte no ha recibido aún una respuesta satisfactoria. Sin embargo, hay también una historicidad impropia del *Dasein*, y Heidegger plantea la posibilidad de que esta historicidad impropia abra un camino hacia el esclarecimiento de esa trama.

5. LA HISTORICIDAD DEL *DASEIN* Y LA HISTORIA DEL MUNDO (§ 75)

Heidegger se ocupa de la historia del mundo y de su modo impropio. El *Dasein* se comprende inmediata y regularmente a partir de lo que le sale al encuentro en el mundo circundante, es decir, los útiles y las obras, y lo que le sucede con ellos. Esto sugiere determinar la trama de la vida a partir de aquello de lo que nos ocupamos. Pero así nos mantenemos dentro de la relación sujeto-objeto. Heidegger señala que «la historia no es ni la textura dinámica de las variaciones de los objetos ni el fluir, suspenso en el vacío, de las vivencias de los "sujetos"» (§ 75, p. 388). Si se asigna el acontecer de la historia a la relación sujeto-objeto, entonces se debe preguntar por el modo de ser de esta conexión entre el sujeto y el objeto en

---

[8] La fenomenología hermenéutica de P. Ricoeur ha desarrollado esta idea de que el futuro no se opone como lo abierto, contingente e indeterminado al pasado entendido como lo clausurado, necesario y determinado. Por el contrario, esperas determinadas pueden tener un efecto retroactivo sobre un pasado indeterminado al descubrir en él posibilidades no-realizadas o impedidas y revelar de ese modo una tradición viviente. Cf. Ricoeur (1985), pp. 107-119, 301-313.

razón de que ella es lo que en el fondo acontece[9]. Ahora bien, lo histórico no es un sujeto sin mundo sino el *Dasein* como ente que existe en tanto estar-en-el-mundo:

> El acontecer de la historia es el acontecer del estar-en-el-mundo. [...] Con la existencia del estar-en-el-mundo histórico, lo a la mano y lo que está-ahí se encuentran incorporados desde siempre a la historia del mundo (p. 388).

Los útiles, las obras y las instituciones tienen su historia, y también la naturaleza en cuanto paisaje, terreno de asentamiento, ámbito de explotación, campo de batalla o lugar de culto. Pero estos entes intramundanos son históricos no en el sentido de una historia externa que acompaña una historia interna de vivencias. Son entes que configuran lo mundi-histórico. Heidegger aclara que la expresión «historia del mundo» (*Welt-Geschichte*) tiene un doble significado. Por un lado, nombra el acontecer del mundo en su unidad con el *Dasein*. Por el otro, puesto que el mundo sólo es como mundo del ente intramundano, nombra el acontecer intramundano de lo que está a la mano o ahí delante. En este segundo significado, la historia universal es un acontecer intratempóreo. Su estar-en-el-tiempo —tema del capítulo siguiente— tiene su condición de posibilidad en el primer significado, es decir, en la historicidad existencial que se funda en la temporeidad.

El *Dasein* comprende en primer lugar su historia de un modo mundi-histórico porque, en su caída, se absorbe en aquello de lo que se ocupa. Cuando se pierde en sus ocupaciones, permanece a la espera de lo eventual y circunstancial que le proporciona una simulación de «destino». La elección de posibilidades heredadas no está guiada por la anticipación de la muerte de manera que el precursar haga retroceder todas las posibilidades contingentes. El *Dasein* ya no se aprehende como origen de la historia sino que es arrastrado por la historia del mundo y comprende su propia historicidad según el modo de esta. En la impropiedad sólo se advierten entes que han sido pero ya no son, entes que son, y entes que serán pero que aún no son. Se desvanece el vínculo entre los tres éxtasis tempóreos, y, cuando se produce esta dispersión, surge la pregunta por la unidad de la vida. Esta cuestión es el resultado de la interpretación impropia de la existencia y su historicidad.

Así se aclara el origen de la pregunta por una trama del *Dasein* en el sentido de la unidad de la concatenación de las vivencias entre el nacimien-

---

[9] Merleau-Ponty ha subrayado que la historia transforma el problema de las relaciones del sujeto con el objeto. El objeto está dado por las huellas dejadas por otros sujetos, y el sujeto, así incluido en la trama de la historia, desarrolla su iniciativa retomando esos datos dispersos. No es posible escapar ni a un condicionamiento ni a un punto de vista en medio de interminables intercambios entre el sujeto y el objeto. Cf. Merleau-Ponty (1955), pp. 30 ss., 49 ss.

to y la muerte. En virtud del querer llegar a sí mismo en medio de la dispersión surge la pregunta por la conexión de la vida del *Dasein* en el sentido de un nexo que abarca a las vivencias del sujeto comprendidas como vivencias que están ahí delante al igual que los entes históricos que sobrevienen, están presentes y desaparecen. Sólo en el horizonte de la comprensión inherente a la historicidad impropia puede plantearse la pregunta por la conexión o cohesión del *Dasein* como una unidad en el encadenamiento de las vivencias entre el nacimiento y la muerte. Es la pregunta acerca de cómo el *Dasein* obtiene la unidad de la trama para el encadenamiento posterior de la sucesión de las vivencias. Heidegger sostiene que, por el contrario, se debe preguntar por el modo de ser en que el *Dasein* se pierde en la dispersión de tal modo que luego, como consecuencia de esta pérdida, debe imaginar una unidad abarcadora para el conjunto de esas vivencias. No es necesaria una concatenación o trama si la historicidad propia se despliega como extenderse originario de la existencia: «[...] el *Dasein* en cuanto destino mantiene "incorporados", dentro de su existencia, tanto el nacimiento y la muerte, como su "entre" [...]» (pp. 390 s.). Sólo cuando se produce la dispersión surge la pregunta por una conexión de las vivencias a través de un polo de unidad, y la cuestión se presenta en virtud de un querer llegar a sí mismo en medio de esa dispersión.

Nos encontramos ante un tercer momento fundamental de la estabilidad del sí-mismo. Este tercer momento hace converger el abandono de la dispersión en los entes (§§ 64, 68) con el rechazo de una secuencia de vivencias (§ 72), es decir, une la temporeidad propia de la resolución con el acontecer en tanto extensión a través de las nociones de legado y destino. La resolución no es algo que sea mientras dure el «"acto" de resolverse» («*Akt*» *der Entschließung*), sino que implica una «estabilidad existentiva» (*existenzielle Ständigkeit*) que se ha anticipado ya a todo instante que surge de él. Y sobre su base es posible el abandono de cualquier «decisión» (*Entschluss*) que sea exigida por una situación. Este abandono no interrumpe la estabilidad de la existencia, sino que la confirma en el instante. De manera que los instantes «brotan de la temporeidad *ya extensa* de la repetición que veniceramente está-siendo-sida» (§ 75, p. 391).

En la historicidad impropia permanece oculto el extenderse originario del destino. Heidegger recuerda que el trato con los entes se realiza de dos maneras. O bien el *Dasein* se deja arrastrar de modo que queda absorbido en ellos. Esta caída es la estructura existencial en virtud de la cual el *Dasein* comprende su propio ser a partir de lo intramundano. O bien el *Dasein* se realiza a la luz de la resolución de modo que «el futuro que ha sido (o mejor, que está siendo sido) hace brotar de sí el presente» (§ 65, p. 326). En un caso estamos junto a los entes de acuerdo con lo que nos imponen los entes, y en el otro estamos junto a ellos en vista tanto de la posibilidad más extrema y propia como del retroceso a la condición de arrojado. La inclusión o mantenimiento del presente en este futuro y haber-sido, o, inversamente, el hacer brotar el presente desde el futuro y el haber-sido propios, significa también para Heidegger una despresentación de lo actual en el sentido de un alejarse del uno:

> [...] la temporeidad de la historicidad propia es, en cuanto instante precursor y repitente, una *des-presentación* (*Entgegenwärtigung*) de hoy y un desacostumbramiento de las conductas usuales del uno (§ 75, p. 391).

En virtud del entrelazamiento del haber-sido con el futuro, y de la implicación del presente en ellos, la propiedad, y sólo ella, permite describir la historicidad como transmisión y repetición de un legado de posibilidades.

La cooriginariedad del venir-a-sí y el haber-sido tiene su paralelo husserliano en el movimiento de avance y retroceso por el que se congregan en el presente —como portador del acontecer histórico— la toma de conciencia retrospectiva del motivo originario de la tradición y la reinstitución de la intencionalidad interior que rige su despliegue. Lo que permite a la tradición —intrasubjetiva o intersubjetiva— la estabilidad o mantenimiento de sí, es decir, un sustraerse a la dispersión de sus momentos, es el acceso a las fuentes de la tradición originaria que aún conservan su eficacia. Esto cumple para Husserl la función del «extenderse originario, sin pérdida, innecesitado de concatenación, de la existencia entera» (p. 390)[10].

6. EL ORIGEN EXISTENCIAL DEL SABER HISTÓRICO EN LA HISTORICIDAD DEL *DASEIN* (§ 76)

El tema central de los dos parágrafos finales del capítulo es el modo en que una epistemología de la historiografía (*Historie*) se funda en una

---

[10] La visión de Heidegger se centra en la oposición propiedad-impropiedad, y, en un segundo paso, dentro de la transmisión de posibilidades, introduce una nueva oposición entre el modo implícito y el modo explícito de entregarse a sí mismo la herencia. Por su parte, Husserl utiliza la oposición propiedad-impropiedad para caracterizar dos tipos de repetición o reactivación: la impropia que simplemente comprende, y la propia que, además, adopta los sentidos transmitidos. En un segundo paso, dentro de la reactivación propia, Husserl introduce una oposición entre la adopción pasiva y la adopción activa de lo transmitido que muestra una analogía con el contraste entre transmisión implícita y explícita en Heidegger. Además, se refiere a una tercera oposición entre la autenticidad (*Echtheit*) y la inautenticidad de la conducta humana según proceda o no de acuerdo con la teleología de la razón y el imperativo ético de alcanzar lo mejor posible en una reconfiguración de la historicidad en una segunda historicidad guiada por ese motivo racional. Si la historicidad impropia conduce a la dispersión en posibilidades contingentes dentro de una comunidad impersonal, se puede vincular la historicidad propia a la herencia no tanto de la propia decisión cuanto de modos privilegiados de ser-uno-con-otro. Como lo expresa P. Ricoeur: «La conquista de sí se lleva a cabo siempre sobre el fondo del "uno" sin considerar las formas auténticas de comunión o ayuda mutua» [Ricoeur (1985), p. 112]. Cf. Husserl (1934-1937), pp. 29-43.

ontología de la historicidad. En términos generales, es necesario preguntar por la posibilidad ontológica del origen de las ciencias en la constitución del ser del *Dasein*. En el caso particular del saber histórico, es necesario esbozar su origen existencial aclarando la historicidad del *Dasein* y la fundamentación de esta en la temporeidad. No basta considerar que la historiografía en tanto ciencia supone como su posible objeto un ente histórico, y que, además, el conocimiento histórico, como toda ciencia fáctica, está envuelto en el acontecer histórico. El saber histórico presupone la historicidad del *Dasein* «de un modo propio y especial» porque

> la *apertura del acontecer histórico llevada a cabo por la historiografía está enraizada, en sí misma y por su propia estructura ontológica* —se realice o no fácticamente—, *en la historicidad del Dasein* (§ 76, p. 392).

Sólo porque el *Dasein* acontece, tiene sentido la investigación histórica. Hay un fenómeno fundamental de la historia que antecede a y se encuentra en la raíz de toda tematización por la historiografía:

> El modo como pueda la historia convertirse en *objeto* del saber histórico sólo puede ser inferido a partir del modo de ser de lo histórico, a partir de la historicidad y de su enraizamiento en la temporeidad (§ 72, p. 375).

Heidegger muestra que el «objeto» no tiene una índole distinta de la que caracteriza a quien practica el saber histórico, y pone de manifiesto las consecuencias de ello.

El concepto de saber histórico no debe extraerse de la práctica fáctica del saber histórico porque este saber presupone la apertura de aquello que es de modo histórico. Toda ciencia se constituye por una tematización de su propia región de ser, y este ámbito tematizado para la investigación es ya conocido de un modo precientífico en virtud de la aperturidad. Para el saber histórico, esto significa que su tematización del pasado sólo es posible «si, de alguna manera, el "pasado" ya está abierto» (§ 76, p. 393). Que el pasado deba ser ya accesible para que haya saber histórico quiere decir que el concepto de saber histórico presupone la delimitación de una región del ente mediante la proyección de su ser específico. Sobre la relación entre este proyecto y el saber histórico, Heidegger escribe:

> Las vías de acceso a este ente reciben «dirección» metodológica; la estructura conceptual de la interpretación comienza a bosquejarse (p. 393).

Lo que la tematización historiográfica presenta como un posible objeto de investigación tiene que tener «el modo de ser de un *Dasein que ha existido* (*die Seinsart von dagewesenem Dasein*)» (p. 393). Los vestigios del pasado (ruinas, monumentos, documentos) pueden convertirse en material para el saber histórico porque tienen un carácter mundi-histórico, esto es, han sido entes intramundanos que han pertenecido al mundo de un *Dasein* que ya no existe. Todas las actividades que se sustentan en ese material «presuponen el *histórico estar-vuelto hacia* el haber-existido del *Dasein*, es decir, presuponen la historicidad de la existencia del historiador» (p. 394). La historia del mundo tiene su fundamento ontológico en la historicidad existencial y su acontecer como transmitirse o repetir posibilidades del *Dasein* que han existido. El objeto de la historiografía es el poder ser que ha existido, esto es, el *Dasein* que ha existido en sus posibilidades que han sido, y, más precisamente, el *Dasein* que ha existido en tanto proyectado sobre su más propia posibilidad de existencia.

El saber histórico es una modificación de la repetición por la cual esta deja de ser ajena y previa a la ciencia. Por tanto, Heidegger distingue tres modos de la repetición de posibilidades que han sido: el acontecer como transmitirse tácitamente esas posibilidades heredadas, el transmitirse expreso con un conocimiento de la procedencia que es previo al saber historiográfico, y la tematización historiográfico-científica. La historiografía en tanto propia ha de prolongar como actividad metódica lo que constituye la historicidad propia del *Dasein*, es decir, la repetición de posibilidades de la existencia:

> El «nacimiento» del saber histórico desde la historicidad propia significa entonces lo siguiente: la tematización primaria del objeto del saber histórico proyecta al *Dasein* que ha-existido en su posibilidad propia ya existida (p. 394)[11].

De manera que objeto del saber histórico no son primariamente los hechos en su positividad fáctica sino posibilidades del *Dasein* que ha existido. No hay algo que esté-ahí delante para ser comprobado sino algo que tiene el modo de ser del *Dasein*. En la repetición se ponen de manifiesto proyectándolas posibilidades en el pasado. Si se sostiene que el saber histórico se ocupa de los hechos, se debe tener en cuenta que esos hechos se constituyen en el proyectarse hacia un poder-ser. El tema de la historiografía es, pues, la posibilidad que ha existido:

---

[11] En relación con el tercer sentido de repetición, Heidegger ha afirmado que «un proyecto de génesis ontológica de la historia como ciencia» es una «preparación para aclarar, en su momento, la tarea de una destrucción historiográfica de la historia de la filosofía» (§ 76, p. 392). La reiteración es siempre una reelaboración y se ilustra en el modo en que Heidegger se ocupa de la historia de la filosofía: «Entendemos por repetición de un problema fundamental la apertura de sus posibilidades originarias, hasta entonces ocultas. La elaboración de estas lo transforma y así lo conserva por primera vez en su contenido problemático. Conservar un problema, sin embargo, significa librar y salvaguardar aquellas fuerzas internas que lo hacen posible como problema según el fundamento de su esencia» (*GA* 3, p. 204).

> Pero entonces el verdadero y «efectivo» haber-sido será la posibilidad existentiva en la que fácticamente se ha determinado el destino individual, el destino colectivo y la historia del mundo (p. 394).

Sólo si advenimos proyectándonos hacia posibilidades podemos escoger lo que en la historia que ha existido es susceptible de repetición. Así como no hay comprensión de la posibilidad sin repetición, no hay repetición sin proyección de la posibilidad. El historiador debe comprender y exponer el haber-sido-en-el-mundo (*In-der-Welt-gewesen sein*) a partir de su posibilidad, y cuanto más concretamente lo haga tanto más profundamente pondrá de manifiesto «la callada fuerza de lo posible» (p. 394)[12].

Sobre esta base, se introducen a continuación nuevas precisiones sobre el saber histórico. Ante todo, Heidegger señala que la historiografía no se ocupa ni de acontecimientos individuales ni de leyes universales. Que no se ocupe de un universal que flota sobre los acontecimientos significa un rechazo del positivismo. No se han de establecer para la historia leyes generales análogas a las de las ciencias naturales. Y que no se ocupe de lo que sucede una sola vez implica una oposición al neokantismo de Windelband y Rickert. Tampoco se ha de asignar la historiografía, en contraste con el método generalizador de las ciencias de la naturaleza, un método individualizador que se ocupa del dato histórico como un dato individual que se selecciona por su relación con valores. Al margen de estas dos vías, el saber histórico tiene como tema central «la posibilidad que ha sido fácticamente existente» (p. 395), y, al reiterar esa posibilidad singular, revela «lo "universal" en lo singular» (*im Einmaligen das «Allgemeine»*) (p. 395), es decir, una conjunción de algo único y algo que se reitera. No es posible repetir una posibilidad a la luz de un modelo supratemporal, y, por tanto, la historiografía propia es la disciplina en la que menos rige la aspiración a la universalidad que caracterizan la comprensibilidad característica del uno:

> Tan sólo la fáctica historicidad propia en cuanto destino resuelto puede abrir la historia que ya existió de tal manera que en la repetición la «fuerza» de lo posible irrumpa en la existencia fáctica, es decir, que venga a ella en su futuridad (p. 395).

La selección (*Auswahl*) de un posible objeto para el saber histórico depende de una elección (*Wahl*) existentiva del *Dasein*. El *Dasein* puede optar por la historicidad impropia o la historicidad propia. La primera opción deja atada la historiografía a lo mundi-histórico con la exclusión

---

[12] H.-G. Gadamer subraya que esto no significa que el conocimiento histórico dependa de planes, metas o deseos arbitrarios sino que es también adecuación al asunto, «sólo que este asunto no es un *factum brutum*, no es algo que meramente está ahí delante, algo meramente comprobable y medible, sino que es en definitiva algo del modo de ser del *Dasein*» [cf. Gadamer (1960), p. 247; trad. esp. p. 327].

de toda consideración sobre las posibilidades del *Dasein* que ha existido. Como sabemos, lo mundi-histórico es el ente que tiene una forma de ser distinta del *Dasein* y que sale al encuentro en el mundo del *Dasein*. En cambio, la segunda opción coloca en el centro de la consideración el poder-ser heredado. Y comprender o aprehender historiográficamente la posibilidad que ha existido es reiterarla. Sólo por medio de esta repetición puede el saber histórico ponerla al descubierto proyectándola. Esto significa que el historiador debe venir-a-sí a fin de repetir la posibilidad en cuestión. Por eso la historiografía no tiene su punto de partida en un presente, a partir del cual retrocede a lo que ha sido, sino en el futuro.

Otras aclaraciones sobre el saber histórico conciernen a su objetividad, su ramificación, su vínculo con una tradición interpretativa y la posibilidad de prescindir de él. Heidegger observa que un saber histórico basado en la repetición de posibilidades no es algo «subjetivo» sino que la «objetividad» de la historiografía depende precisamente de «su capacidad de *presentar* a la comprensión, al descubierto y en la originariedad de su ser, el ente temático que le es propio» (p. 395). Si la objetividad de una ciencia reside en el acceso a su ente temático, esto sólo es posible en el caso de la historiografía por medio de la repetición. El ente temático es la posibilidad que ha existido, y esta posibilidad sólo puede ser abierta en la proyección de posibilidades inherente a la repetición. Además, solamente porque tiene como tema las posibilidades de la existencia que ya ha existido, y porque esta existencia ha existido siempre fácticamente en forma mundi-histórica, el saber histórico puede ocuparse de los hechos si se entiende por estos lo mundi-histórico. Y sólo sobre esta base puede ramificarse en dirección a un determinado tipo de hechos y convertirse en historia de los útiles, de las obras, de la cultura, del espíritu y de las ideas.

Al saber histórico es inherente una interpretación que genera su propia historia, de modo que esta tradición interpretativa mediatiza su acceso a lo que ha existido. De ahí que la investigación histórica concreta tenga, según la transmisión de este estado interpretativo, una variable cercanía con aquello que estudia[13]. Por último, Heidegger observa que una época podría no ser histórica aun cuando se interesara por el más variado conocimiento histórico. El así llamado historicismo, a pesar de su interés por el saber histórico, no logró una comprensión de la historicidad. Inversamente, una época sin interés por el saber histórico no deja por esta razón de ser histórica. Esto conduce al problema de las ventajas e inconvenientes del saber histórico.

---

[13] El tema es desarrollado por Gadamer con la tesis de que la hermenéutica debe tener en cuenta, respecto de la comprensión, una eficacia o productividad de la historia, una historia efectuante (*Wirkungsgeschichte*). Cf. Gadamer (1960), pp. 283-290; trad. esp. pp. 370-377.

Heidegger alude a la distinción trazada por Nietzsche, en la segunda de sus *Consideraciones intempestivas*, entre tres formas de historiografía. La historiografía monumental procura encontrar una inspiración para el porvenir mediante la búsqueda de maestros y ejemplos históricos en el pasado. La historiografía anticuaria responde al amor que se profesa al lugar de procedencia en el que nos hemos formado y procura acumular vestigios de ese pasado. La historiografía crítica se convierte en juez de la situación presente poniendo de relieve desvíos que remiten a causas en el pasado. Según Heidegger, la historicidad propia es el fundamento de la posible unidad —que ha escapado a Nietzsche— de los tres modos de historiografía. El *Dasein* en cuanto venidero está abierto a las grandes posibilidades de la existencia humana, y de ello surge la historiografía monumental. Además, el *Dasein* en cuanto está-siendo-sido se orienta hacia la conservación respetuosa de la existencia que ha existido, y de ello surge la historiografía anticuaria. Por último, el *Dasein* en tanto presente lleva a cabo en el instante una despresentación del hoy, esto es, un desligarse de su carácter público y caído, y de ello surge la historiografía crítica.

Heidegger recapitula su análisis indicando que los conceptos de la ciencia histórica, y de ese modo también los de toda teoría de las ciencias del espíritu, tienen como presupuesto la apertura y la historicidad del *Dasein*. Sólo así puede haber una verdad del saber histórico, es decir, de proposiciones acerca de la historia (§ 44). Más precisamente, esos conceptos remiten a la situación hermenéutica que se instala cuando el *Dasein* se resuelve a la «apertura repitente de la existencia que ya existió» (§ 76, p. 397).

7. CONEXIÓN DE LA PRECEDENTE EXPOSICIÓN DEL PROBLEMA DE LA HISTORICIDAD CON LAS INVESTIGACIONES DE W. DILTHEY Y LAS IDEAS DEL CONDE YORCK (§ 77)

Heidegger declara que su análisis del problema de la historia es una «apropiación» (*Aneignung*) del trabajo de Dilthey y del Conde Yorck von Wartenburg. En la conclusión del parágrafo, respecto de las consideraciones efectuadas, afirma:

> De esta manera se aclara el sentido en que la analítica tempóreo-existencial y preparatoria del *Dasein* está resuelta a cultivar el espíritu del Conde Yorck, a fin de servir a la obra de Dilthey (§ 77, pp. 403 s.).

Heidegger destaca que la labor investigadora de Dilthey se desarrolla en tres dominios que se compenetran y entrecruzan: 1) la teoría de la ciencia con el estudio de las ciencias del espíritu y su delimitación frente a las ciencias de la naturaleza; 2) las investigaciones acerca de la historia de las ciencias del hombre, de la sociedad y del estado; y 3) la elaboración de una psicología hermenéutica. Lo importante es que Dilthey procura lograr una comprensión filosófica de la vida con un fundamento hermenéutico a partir de la vida misma. Según Heidegger, Dilthey ha procurado comprender la vida a partir de ella misma, es decir, a partir de la experiencia que la vida psíquica hace de sí misma, y, además, ha puesto de relieve que su carácter fundamental es ser histórica, pero no ha aprovechado su propia intención porque no ha indagado en qué consiste el ser histórico[14].

Tras la mención de estas cuestiones tratadas por Dilthey, Heidegger procede a una exposición de las ideas centrales de Yorck porque considera fundamental el tema de la historicidad en el intercambio epistolar entre ambos. Esta correspondencia pone de relieve que el hombre existe en un nexo histórico de desarrollo y eficacia que es a la vez objeto de las ciencias del espíritu y raíz de estas ciencias.

Yorck denomina al ente no-histórico lo «óntico» a secas, y subraya la necesidad de desentrañar la diversidad de estructura categorial del ente que es naturaleza y del ente que es historia, es decir, del *Dasein*. Conside-

---

[14] Cf. Heidegger, *Dilthey*. Al señalar que la vida, la experiencia de la vida y las ciencias del espíritu se encuentran en una conexión recíproca, Dilthey afirma: «No es el método conceptual el que constituye el fundamento de las ciencias del espíritu, sino el percatarse (*Innewerden*) de un estado psíquico en su totalidad y el reencontrarlo en la revivencia (*Nacherleben*). Aquí la vida capta a la vida, [...]» [cf. Dilthey (1910), p. 136; trad. esp. pp. 158 s.]. La comprensión histórica implica un revivenciar, es decir, «una transposición a partir de la plenitud de las propias vivencias», de modo que «el presupuesto último de la transferencia está configurado siempre por los nexos que el historiador ha vivido en sí mismo» (cf. p. 118, 161; trad. esp. pp. 139 s., 185). Así se abren nuevas posibilidades: «[...] es inherente a la naturaleza del comprender y de la vida que esta vida nos muestre aspectos del todo diferentes desde los diversos puntos de vista en que es captado su curso temporal» (cf. p. 236; trad. esp. p. 261). Dilthey también señala la prioridad de la condición histórica respecto del saber histórico: «Somos en primer lugar seres históricos antes de ser contempladores de la historia, y sólo porque somos lo primero podemos ser lo segundo [...] la primera condición para la posibilidad de la ciencia histórica reside en que yo mismo soy un ser histórico, y que el que investiga la historia es el mismo que la hace» (cf. p. 278; trad. esp. 304 s.). Sin embargo, con la homogeneidad entre el que hace la historia y la contempla no se alcanza todavía la condición de posibilidad del saber histórico. Gadamer señala una dualidad en el pensamiento de Dilthey, porque, si bien reconoce una dependencia histórica de la comprensión, se atiene a una idea de objetividad para las ciencias del espíritu. Esta dualidad sólo puede ser resuelta abandonando la relación sujeto/objeto y con ello la idea de una ciencia que avanza hacia el conocimiento total del objeto. Se debe establecer un nexo entre la interioridad de las vivencias y las realidades históricas que las condicionan. Para ello es necesario considerar la «pertenencia» (*Zugehörigkeit*) a una tradición y la consiguiente «peculiaridad» (*Besonderheit*) de ese modo de ser común [cf. Gadamer (1960), pp. 227 s., 247; trad. esp. pp. 302 ss., 327; véase también Kaufmann (1928), pp. 50-56]. Respecto de las semejanzas entre Dilthey y Heidegger, Misch ha relacionado la determinación diltheyana de la filosofía como una acción que debe elevar la vida a la conciencia con la afirmación heideggeriana de que la analítica ontológica es «la radicalización de una esencial tendencia de ser que pertenece al *Dasein* mismo, vale decir, de la comprensión preontológica del ser» (§ 4, p. 15). Cf. Misch (1967), pp. 27 s., 56 s.

ra que las investigaciones de Dilthey «*acentúan demasiado poco la diferencia genérica entre lo óntico y lo histórico*» (p. 399). Además, Yorck critica el saber histórico de su época por estar atado al método de la comparación y al concepto de forma (*Gestalt*). El saber histórico se convierte en una serie de imágenes singulares que se ponen de manifiesto en una consideración puramente estética sin seguir los nexos históricos de modo que la historiografía termina asemejándose a la botánica. Yorck advierte que la investigación tradicional de la historia está atada a determinaciones oculares que sólo dan cuenta de los aspectos exteriores. Pero lo principal de la historia no es lo espectacular que salta a la vista, sino el nervio invisible o la fuente oculta. Para acceder a ello el ser humano debe percatarse de sí mismo y escapar al culto de las formas externas. Cuando no es vivido, lo efectivamente real se convierte en espectro. En pasajes citados por Heidegger, Yorck se refiere a un saber histórico del desarrollo de los dogmas religiosos que no tiene en cuenta, para comprender configuraciones de pensamiento, la figura de Pablo como motivo viviente al que hay que retroceder y en el que hay que ingresar. Además, la actitud ha de ser crítica porque la mera descripción se asemeja a la información sobre transformaciones naturales. Esto sucede cuando la falta de una valoración ética no pone de relieve, por ejemplo, la incompatibilidad entre el ejercicio del comercio y la conducción del estado[15].

Yorck no se ocupa del carácter fundamental de la historia a partir de una determinación del objeto del conocimiento histórico en una teoría del conocimiento, sino que indaga ese carácter fundamental a partir del análisis del carácter de ser del existir humano como «virtualidad». Para Yorck, la clave de la historicidad reside en que lo que nos está psicofísicamente dado no es sino que vive. Esto significa que no es en el sentido del estar ahí delante de la naturaleza. Comportamiento humano e historicidad se relacionan entre sí del mismo modo que el respirar y la presión atmosférica. A fin de no caer en un resto de metafísica, no deberá haber en adelante ningún filosofar efectivo que no sea histórico. Con otras palabras: no se puede separar la filosofía sistemática de la histórica porque la filosofía es una manifestación de la vida.

Yorck ha iniciado un camino hacia la captación categorial de lo histórico frente a lo óntico entendido como lo ocular y hacia una comprensión científica adecuada de la vida. Y esta clase de investigaciones encierra dificultades porque su análisis retrocede detrás de la intuición y penetra en el fondo de la vida. Esto la diferencia de la manera estético-mecanicista de pensar que se expresa con mayor facilidad en razón de que las palabras que emplea se asocian con el ámbito de lo visual.

---

[15] Cf. Rothacker (1923), pp. 19, 26, 109.

Heidegger pone de relieve la necesidad de una radicalización del análisis a fin de que los dos términos del contraste —lo óntico y lo histórico— sean llevados a una unidad más originaria que posibilite la comparación y la diferenciación. Cuestiona el carácter originario de la diferencia entre naturaleza e historia tal como fue formulada por Windelband y Rickert en términos del método generalizante de las ciencias de la naturaleza y el método individualizante de las ciencias del espíritu, o por Dilthey en términos de la explicación de la naturaleza que nos es exterior y la comprensión de la realidad que nosotros mismos somos. Estos planteos no advierten que una tipología de los modos de conocer presupone que el conocimiento es un comportamiento en relación con el ente, y que a todo comportamiento de esta índole —ya sea en relación con la naturaleza o la historia, ya sea práctico o teórico— subyace una comprensión del ser. Por eso es necesario «un concepto suficientemente originario de comprensión» (cf. *GA* 24, p. 390) a partir del cual se pueda concebir todo tipo de conocimiento o de comportamiento respecto del ente. Lo que importa es la diferencia entre la constitución del ser del *Dasein* como ente primariamente histórico, y ente que tiene una comprensión originaria del ser, y la constitución del ser del ente, ya sea natural o secundariamente histórico, que no tiene el modo de ser del *Dasein*. En suma: la radicalización heideggeriana tiene en cuenta que es prioritaria la comprensión del ser, que esta es constitutiva del ser del *Dasein*, y que la noción de ser «abarca lo "óntico" y lo "histórico"» y que «debe dejarse "diferenciar genéricamente"» (cf. *ST*, § 77, p. 403). El problema de la diferencia entre lo óntico y lo histórico requiere, pues, un previo hilo conductor proporcionado por la aclaración ontológico-fundamental de la pregunta por el sentido del ser en general.

REFERENCIAS

BOEDER, H. (1984): «Dilthey "und" Heidegger. Zur Geschichtlichkeit des Menschen», *Phänomenologische Forschungen*, 16, pp. 161-177.
DILTHEY, W. (1910): *Der Aufbau der geschichtlichen Welt in den Geisteswissenschaften*, Gesammelte Schriften VII, Stuttgart - Göttingen, ⁷1979; trad. esp. de Imaz, E., *El mundo histórico*, México, 1944.
FIGAL, G. (2000): *Martin Heidegger. Phänomenologie der Freiheit*, Weinheim.
GADAMER, H.-G. (1960): *Wahrheit und Methode. Grundzüge einer philosophischen Hermeneutik*, Tübingen, ³1972 (= 1960); trad. esp. A. A. Aparicio y R. de Agapito, *Verdad y método. Fundamentos de una hermenéutica filosófica*, Salamanca, 1977.
GANDER, H.-H. (2001): «Existentialontologie und Geschichtlichkeit (§§ 72-83)», en Th. Rentsch (ed.), *Sein und Zeit*, Berlín.
HEIDEGGER, M.: «Wilhelm Diltheys Forschungsarbeit und der gegenwärtige Kampf um eine historische Weltanschauung», ed. F. Rodi, *Dilthey-Jahrbuch*, vol. 9, 1992-1993, pp. 143-177 (= *Dilthey*).

HERRMANN, F.-W. von (1987): *Hermeneutische Phänomenologie des Daseins. Eine Erläuterung von «Sein und Zeit». Band I. Einleitung: Die Exposition der Frage nach dem Sinn von Sein*, Frankfurt a. M.
HÜNI, H. (1998): «Welt-Geschichte als Grenze der Daseinsanalyse in *Sein und Zeit*», *Heidegger Studies* 14, pp. 131-136.
HUSSERL, E. (1918-1926): *Analysen zur passiven Synthesis (1918-1926)*, ed. M. Fleischer, *Husserliana* XI, Den Haag, 1966.
— (1927): *Natur und Geist. Vorlesungen Sommersemester 1927*, ed. M. Weiler, *Husserliana* XXXII, Dordrecht - Boston - Londres, 2001.
— (1934-1937): *Die Krisis der europäischen Wissenschaften und die transzendentale Phänomenologie. Ergänzungsband aus dem Nachlass 1934-1937*, ed. R. N. Smid, *Husserliana* XXIX, Dordrecht - Boston - Londres, 1993.
KAUFMANN, F. (1928): «Die Philosophie der Grafen Paul Yorck von Wartenburg», *Jahrbuch für Philosophie und phänomenologische Forschung*, vol. XI, Halle.
MERLEAU-PONTY, M. (1955): *Les aventures de la dialectique*, París.
MISCH, G. (1967): *Lebensphilosophie und Phänomenologie. Eine Auseinandersetzung der Diltheyschen Richtung mit Heidegger und Husserl*, Darmstadt.
NIETZSCHE, F. (1873-1876): *Unzeitgemäße Betrachtungen*, en: *Werke*, Bd. I, Múnich, 1969.
RICOEUR, P. (1985): *Temps et récit. III. Le temps raconté*, París.
ROTHACKER, E. (ed.) (1923): *Briefwechsel zwischen Wilhelm Dilthey und dem Grafen Paul Yorck von Wartenburg 1877-1897*, Halle; reedición: Bremen, 2011.

15

TEMPOREIDAD E INTRATEMPOREIDAD COMO ORIGEN DEL CONCEPTO VULGAR DE TIEMPO
(§§ 78-83)

Roberto J. Walton

1. INTRODUCCIÓN

La temporización de la temporeidad del *Dasein* acontece como la unidad extática de un futuro que ya soy, un haber-sido que todavía soy y un presentar. Estos éxtasis «muestran los caracteres fenoménicos del "hacia-sí" (*"Auf-sich-zu"*), del "de-vuelta-a" (*"Zurück auf"*) y del "hacer-comparecer-algo" (*"Begegnenlassen von"*)» (§ 65, pp. 328 s.). Se trata de una unidad que se unifica a sí misma en la temporización de tal manera que los éxtasis tempóreos son ajenos a una secuencia o un uno-tras-otro. Este es el «tiempo originario», y Heidegger procura justificar en este capítulo tal caracterización mostrando a partir de él la derivación de otros niveles. Esto conduce a un esclarecimiento de la concepción vulgar del tiempo que lo comprende como una secuencia de ahoras que están ahí delante. De este modo Heidegger procura dar cuenta de «todas las dimensiones del fenómeno» (§ 78, p. 405). La cuestión del origen del tiempo, y de los niveles derivados, es un problema central de la fenomenología. En las *Lecciones de fenomenología de la conciencia interna del tiempo*[1], Husserl se ha ocupado del tema, y Heidegger se refiere a estas investigaciones en los siguientes términos:

> [...] el mérito de Husserl es haber visto, por primera vez, con la ayuda de la estructura intencional, este fenómeno. Basta una mirada a la psicología o

---
[1] Cf. Husserl (1893-1917).

teoría del conocimiento contemporáneas para apreciar el paso esencial que se ha dado aquí (*GA* 26, pp. 263 s.)[2].

Al final del análisis del § 80 de *ST* se podrán señalar analogías con Husserl.

2. LO INCOMPLETO DEL PRECEDENTE ANÁLISIS TEMPÓREO DEL *DASEIN* (§ 78)

Las consideraciones previas de Heidegger sobre el carácter tempóreo de la historia no han tenido en cuenta que todo acontecer transcurre «en el tiempo». No han contemplado la comprensión cotidiana del *Dasein* en la que *sólo* se conoce la historia de esta manera. Por tanto, es necesario reconocer el derecho que tiene esta interpretación. Al respecto, en el capítulo anterior, Heidegger ya ha señalado que lo que le acontece al *Dasein* es experimentado como algo que se produce «en el tiempo», y que todo lo que comparece dentro del mundo —es decir, lo mundi-histórico— a la vez se manifiesta «en el tiempo». Esto significa que el *Dasein* no sólo es «tempóreo» (*zeitlich*) en virtud de su temporeidad intrínseca, sino también por existir «en el tiempo», y que los entes que no tienen el modo de ser del *Dasein* son «intratempóreos» (*innerzeitig*) por comparecer «en el tiempo». Heidegger observa que «historicidad e intratemporeidad se muestran como igualmente originarias» (§ 72, p. 377), pero deja para este capítulo el examen de la intratemporeidad (*Innerzeitigkeit*) a fin de no empañar el análisis de la historicidad con la caracterización vulgar de la historia que sólo se ocupa de lo que comparece «en el tiempo». Ahora pone de relieve que «inmediata y regularmente también la *historia* es comprendida *en forma pública* como acontecer *intratempóreo*» (§ 81, p. 426).

A fin de comprender lo que significa que un ente esté en el tiempo, es necesario aclarar cómo el *Dasein*, en el trato con lo a la mano en la ocupación —y sin disponer de una concepción existencial de la temporeidad como la presentada en el capítulo cuarto de la segunda sección—, tiene o no tiene tiempo, se toma tiempo, pierde el tiempo o no logra darse tiempo:

> Será necesario mostrar cómo el *Dasein*, *en cuanto* temporeidad, temporiza un comportamiento que se las ha con el tiempo de *esa* manera que consiste en tomarlo en cuenta (§ 78, p. 405).

---

[2] Heidegger se ocupa del problema del tiempo, de un modo que converge con *ST*, en el curso del verano de 1927, «Die Grundprobleme der Phänomenologie» (*GA* 24, §§ 19-22), y en el curso del verano de 1928, «Metaphysische Anfangsgründe der Logik im Ausgang von Leibniz» (*GA* 26, §§ 12-13).

La aclaración de este «contar con el tiempo» (*Rechnen mit der Zeit*) permite elucidar lo que significa que un ente está «en el tiempo», esto es, su intratemporeidad, porque muestra cómo el *Dasein* encuentra primariamente el tiempo. Contar con el tiempo no tiene el significado de «numerar» sino que es la condición de posibilidad de todo uso de un instrumento de medida destinado a determinar el tiempo.

La caracterización de la temporeidad no *sólo* ha sido «incompleta» porque no ha tenido en cuenta la intratemporeidad sino que ha sido «inacabada» en razón de que no ha mostrado todavía que la temporeidad implica un tiempo del mundo, en el sentido del concepto existencial de mundo, como necesario complemento de sí misma.

Heidegger anticipa tres cuestiones que ha de explicitar en el capítulo. En primer lugar, se refiere al problema del tiempo originario y su nivelación:

> El *Dasein* cotidiano que se toma su tiempo encuentra el tiempo primeramente en lo a la mano y en lo que está-ahí, en cuanto entes que comparecen dentro del mundo (p. 405).

Por eso el tiempo llega a ser comprendido también como algo que está ahí delante mediante una nivelación de su condición originaria. A partir de este encuentro primario con el tiempo en la ocupación es necesario poner de manifiesto tanto su procedencia desde la temporeidad originaria como su nivelación que da lugar a la concepción vulgar. En segundo lugar, Heidegger alude al problema del carácter «subjetivo» u «objetivo» del tiempo, esto es, a la cuestión de la atribución del tiempo al alma o a la consideración del tiempo como un fenómeno en las cosas. Las dos posibilidades son superadas en la interpretación hegeliana del tiempo, y Heidegger adelanta que ha de mostrar que su análisis se diferencia del planteo de Hegel. Por último, el análisis se ha de orientar a mostrar que la temporeidad posibilita la comprensión del ser y la referencia a los entes.

3. LA TEMPOREIDAD DEL *DASEIN* Y EL OCUPARSE DEL TIEMPO (§ 79)

Al considerar la temporeidad del estar-en-el-mundo en el § 69 *a*), Heidegger observa que, en el trato con los útiles, la comprensión del para-qué (*Wozu*) o hacia-qué (*Wobei*) —la obra que se ha de producir— tiene la estructura tempórea del estar a la espera, y que la comprensión del con-qué (*Womit*) —el contexto de útiles— tiene la estructura tempórea de la retención. La presentación del útil se funda en una retención del complejo de útiles y en el estar a la espera de una obra como posibilidad del *Dasein*:

> El *estar a la espera* (*Gewärtigen*) del hacia-qué, a una con la retención (*Behalten*) de lo que está en condición respectiva, posibilita, en su unidad extática, la específica presentación (*Gegenwärtigen*) del útil mediante su manejo (§ 69, p. 353).

Por tanto, la ocupación del *Dasein* con los entes, con su circunspección, se funda en la temporeidad en tanto presentación que está a la espera y retiene. Además, como modo de estar-en-el-mundo, la ocupación está abierta a sí misma y se articula en el discurso (*Rede*) que la interpreta o explicita en términos de «luego», «entonces» y «ahora»:

> En cuanto ocupación que calcula, planifica, previene y precave, ella dice siempre, audiblemente o no: *«luego»* («*dann*») —deberá ocurrir tal cosa; «*antes*» (*zuvor*) —deberá terminarse aquella otra; «ahora» («*jetzt*») —debe recuperarse lo que «*entonces*» («*damals*») fracasó y se perdió (§ 78, p. 406).

Articulado en el discurso, el tiempo de la ocupación puede o no acceder al lenguaje. En ambos casos, Heidegger habla de un tiempo expresado (*ausgesprochene Zeit*).

El presentar se interpreta a sí mismo y se expresa en el «ahora». Tiene en la ocupación una primacía —que se contrapone a la del futuro en la temporeidad propia (§ 68)— porque los restantes modos del tiempo se comprenden a partir del «ahora». El estar a la espera se interpreta y se expresa en el «luego». Y trata al ente en el modo del «enseguida» (*Sogleich*) o del «ahora todavía no». A su vez, el retener se interpreta y se expresa en el «entonces». Y trata al ente en el modo del «recién» (*Soeben*) o del «ahora ya no más». Las tres determinaciones del «ahora», el «luego» y el «entonces» constituyen la articulación discursiva de los comportamientos que caracterizamos como presentar, estar a la espera y retener, y, por tanto, la temporeidad que se temporiza en estos comportamientos es más originaria que el tiempo de las expresiones temporales: «[...] el ahora, el luego y el entonces no son otra cosa que la temporeidad que se expresa» (*GA* 24, p. 380).

Heidegger inicia una descripción fenomenológica de los rasgos estructurales del tiempo de la ocupación. Tres se analizan en este parágrafo: databilidad, tensidad y publicidad. Para el parágrafo siguiente —en el que se mostrará también como tiempo del mundo— queda el examen de la significatividad.

La databilidad (*Datierbarkeit*) se basa en que el *Dasein*, en la unidad extática de su temporeidad, está abierto a sí mismo como un estar-en-el-mundo en el que se descubren a la vez los entes intramundanos. Por ejemplo, el «ahora» es un «ahora, que se golpea la puerta»; el «luego» es un «luego, cuando el sol se ponga»; y, el «entonces» es un «entonces, cuando la luz se apagó». Cada «ahora», cada «entonces» y cada «luego» está referido a un ente —la puerta, el sol, la luz— a partir del cual es datado de un modo más o menos determinado. Por tanto, la databilidad es esta estructura de referencia (*Bezugstruktur*) por la cual «ahora», «entonces» y «luego» se despliegan como una secuencia de momentos del tiempo que se enlazan con entes que comparecen. No es necesario que la referencia sea precisa y unívoca sino que puede ser indeterminada o insegura. La falta de precisión no significa ausencia de databilidad. Esto significa que la databilidad es anterior a todo uso del calendario, cuyas fechas, por tanto, resultan ser una modalidad de las dataciones cotidianas. Aun en ausencia de las fechas del calendario, el «ahora», el «luego» y el «entonces» quedan datados por las expresiones complementarias que se refieren a entes. De modo que toda ocupación se inserta entre otras y es ordenable según un «antes», un «ahora» y un «después». Se debe tener en cuenta que la separación de los momentos y su ordenación no proviene de los entes sino del trato con ellos. El tiempo de las fechas es lo que la ocupación proyecta sobre los entes. La datación no se descubre en los entes sino que resulta de la ocupación que se vuelve hacia ellos.

La articulación e interpretación de la temporeidad de la ocupación es lo que ante todo recibe el nombre de tiempo:

> Esto significa simplemente que la temporeidad, conocible en cuanto extáticamente abierta, sólo es conocida inmediata y regularmente en el estado interpretativo que guía la ocupación (*ST*, § 79, p. 408).

Puesto que interpretan una presentación, una retención y un estar a la espera, el «ahora-que...», el «entonces-cuando...» y el «luego-cuando...» reflejan la constitución extática de la temporeidad y constituyen la más inmediata indicación del tiempo. Si bien está abierta a sí misma, la temporeidad extática originaria es conocida ante todo según la interpretación que se asocia con la ocupación. Siempre es atemáticamente comprendida, pero puede permanecer incognoscible. Su apertura puede coexistir con un desconocimiento de la dimensión originaria y, por tanto, del origen del tiempo interpretado y expresado.

El segundo rasgo estructural del tiempo de la ocupación es la tensidad (*Gespanntheit*). Que todo presente implique un estar a la espera significa que el tiempo está «tendido» o «tenso» (*gespannt*). Ningún momento temporal puede ser reducido a un mero punto desligado de los demás. El estar a la espera está referido a un «luego» —«luego, cuando la puerta se abre»—, y lo comprende como un «ahora todavía no» a partir del «ahora» —«ahora, que se golpea la puerta»—. En el extenderse del «ahora» al «luego» se refleja el «extenderse extendido» como característica del acontecer del *Dasein* (§ 72). El tiempo se extiende «hasta entonces» (*bis dahin*) y se articula como un «entre tanto» (*Inzwischen*). El «hasta entonces» puede ser dividido en un cierto número de «desde tal momento —hasta tal momento», que son abarcados por el estar a la espera del «luego» primario. En esto está implicado un «mientras que...» (*während dessen*...) —«mientras que la puerta se abre»—. Con la comprensión del «mientras» (*während*) se articula la comprensión de la «duración» (*Währen, Dauern*) y del «lapso (de tiempo)» (*Spanne*): «Lo que es articulado de esta manera en estos caracteres del entre tanto, del mientras y del hasta entonces, lo designamos como la *tensidad* del tiempo» (*GA* 24, p. 372). El fenómeno del transcurrir del tiempo no se puede aclarar a partir de la representación de una sucesión continua de ahoras porque el *Dasein* no se comprende como si estuviera corriendo a la par de un flujo de esa índole. Por el contrario, el *Dasein* «se da» un tiempo que queda datado a partir de aquello de lo que se ocupa en un modo de temporeidad extáticamente extendida. Ahora bien, puesto que el *Dasein* se absorbe en aquello que lo ocupa y se olvida de sí mismo, también el tiempo que el *Dasein* «se da» queda encubierto. Y en virtud de este encubrimiento, el tiempo tiene «agujeros» de modo que no podemos reconstituir el haber sido a lo largo de un día. Esto no debe entenderse como una fragmentación sino como un modo deficiente en la comprensión de la movilidad del extenderse extendido del *Dasein*.

Al comprenderse a partir de los sucesos y entes que hacen frente en la presentación, el *Dasein* pierde su tiempo en esta dispersión. De ahí la afirmación de que no hay tiempo para nada. Aquí Heidegger relaciona el análisis del tiempo con la propiedad y la impropiedad. Mientras que en la impropiedad el *Dasein* carece de tiempo, en la propiedad nunca pierde el tiempo sino que siempre lo tiene. En el instante (§ 68), como característica de la existencia propia, «la presentación está *mantenida* (*gehalten*) en el futuro que está siendo sido» (*ST*, § 79, p. 410). La existencia se caracteriza por la estabilidad del sí mismo (*Selbstständigkeit*) (§§ 64, 75), y por eso el *Dasein* tiene «en forma estable» (*ständig*) su tiempo para lo que le es exigido. Heidegger pone de relieve el papel de la temporeidad en la base de estos fenómenos:

> El *Dasein* fácticamente arrojado puede «tomarse» tiempo y perderlo tan sólo porque a él en cuanto temporeidad extáticamente extendida, con la aperturidad del Ahí fundada en esa temporeidad le ha sido asignado un «tiempo» (§ 79, p. 410).

A la databilidad y la tensidad se añade la publicidad (*Öffentlichkeit*) como un nuevo momento estructural del tiempo de la ocupación. El *Dasein* está con los otros y se mantiene en una comprensibilidad pública de término medio. Cuando alguien dice «ahora», todos comprenden el ahora aunque cada uno efectúe la datación a partir de una cosa o un suceso distinto; por ejemplo, «ahora que repica la campana», «ahora que parte el tren», etc. No es necesario coincidir en el modo de datar para comprender el ahora como ahora:

> La accesibilidad del ahora para cada uno, a pesar de las diferentes dataciones, caracteriza al tiempo como público. El ahora es accesible a todos y por eso no pertenece a nadie (*GA* 24, p. 373).

Por tanto, el «ahora, que...», el «luego, cuando...» y el «entonces, cuando...», interpretados y expresados por cada uno en el cotidiano estar-uno-con-otro, se hacen públicos, aunque sólo quedan unívocamente datados dentro de ciertos límites.

Que el ahora no pertenezca a nadie posibilita asignarle al tiempo el carácter de algo que está de algún modo ahí delante. Si se comprende a partir de aquello con lo que trata, la ocupación cotidiana no comprende el tiempo que se toma como el suyo, sino que «al ocuparse *aprovecha* el tiempo que "hay", con el que *se* cuenta» (*ST*, § 79, p. 411). Hacia el análisis de esta derivación se orientan las consideraciones ulteriores.

4. EL TIEMPO DE QUE NOS OCUPAMOS Y LA INTRATEMPOREIDAD (§ 80)

Heidegger indica que solamente ha considerado hasta ahora el modo en que el *Dasein* se ocupa del tiempo y el modo en que este se hace público mediante la interpretación y la expresión del ocuparse. Para avanzar en el análisis anuncia que ha de esclarecer «el carácter fenoménico del tiempo público» (§ 80, p. 411), y esto significará pasar del examen del modo en que el *Dasein* se ocupa del tiempo a la explicitación del tiempo de la ocupación como tiempo del mundo mediante la introducción del cuarto rasgo estructural: la significatividad que se asocia con la mundaneidad. El análisis se orienta a determinar si el tiempo del mundo es «subjetivo», «objetivo», o ninguna de las dos cosas.

Heidegger pone de relieve tres rasgos fundamentales del tiempo público. En primer lugar, responde a una necesidad ontológico-existencial. La razón por la cual el *Dasein* interpreta el tiempo de esta manera reside en su condición de arrojado, de caído en el mundo de la ocupación. No se trata de algo ocasional sino que el tiempo siempre se ha hecho público en la ocupación. Además, el hacerse público del tiempo se manifiesta en la forma de un «cómputo del tiempo» (*Zeitrechnung*) que ha de comprenderse a partir del «contar con el tiempo» (*Rechnen mit der Zeit*) en la ocupación. Lo decisivo en el cómputo es este origen y no la cuantificación del tiempo. Por último, el tiempo público es el tiempo «en el que» comparecen en el mundo los entes que no tienen el modo de ser del *Dasein* y que se caracterizan como intratempóreos.

Es posible realizar una datación en función del sol y sus posiciones en el cielo. El sol es un ente que sale al encuentro del *Dasein* en una condición respectiva (*Bewandtnis*) muy especial. Para poder tratar en la ocupación con lo a la mano, el estar-en-el-mundo necesita de la posibilidad de ver. Esto significa que el *Dasein* está entregado, en su condición de arrojado, a la alternancia del día que da claridad y de la noche que quita claridad. Con la llegada de la claridad se asocia la salida del sol. Así, al tiempo con el que se cuenta para la tarea del día es inherente un «luego, cuando amanezca». El «luego» es datado en relación con aquello que, en el mundo circundante, está en una conexión inmediata con el aclarar: «El ocuparse recurre al "estar a la mano" del sol, dispensador de luz y calor. El sol sirve para datar el tiempo interpretado en el ocuparse. De esta datación surge la medida "más natural" del tiempo: el día» (pp. 412 s.). En relación con el movimiento del sol, y los lugares más destacados que ocupa en el cielo —es decir, salida, mediodía y puesta—, se lleva a cabo una división del día.

La convivencia bajo el mismo cielo permite que cualquiera pueda en cualquier momento realizar esa datación en forma concordante. Si el *Dasein* es ser-con, es posible datar un suceso a partir de entes que salen al encuentro de todos los *Dasein* como el sol que sale todas las mañanas y se mueve regularmente en el cielo ocupando distintas posiciones. El sol en tanto ente que posibilita la datación está disponible dentro del mundo circundante, es decir, no está limitado a los útiles de los que nos ocupamos en cada caso particular. Puesto que el tiempo público puede periodizarse según las posiciones del sol, surge la posibilidad de una medida de la que se puede disponer públicamente. Heidegger subraya que la temporeidad es el fundamento de esta datación:

> [...] con la temporeidad del Dasein arrojado, abandonado al mundo y que se da tiempo, ya está descubierto algo así como un «reloj», es decir, un ente a la mano que, en su regular periodicidad, se ha hecho accesible en la presentación que está a la espera (p. 413).

La temporeidad está implicada porque lo que posibilita la datación en este caso es la presentación a la espera y retinente del curso del sol.

El sol como reloj natural es lo que hace posible la producción de relojes artificiales más manejables. El reloj artificial se regula por el reloj natural, pero abre nuevas posibilidades de medición del tiempo independientemente de la observación expresa del cielo. Hace accesible de un modo más fácil, en un hacer público más pronunciado, el tiempo que se descubre primariamente en virtud del reloj natural. Puesto que la medición acentúa el carácter público del tiempo, a fin de que este carácter resulte «fenoménicamente accesible en forma clara» (p. 414), Heidegger analiza un nuevo rasgo estructural del tiempo de la ocupación poniendo de relieve el modo en que se muestra lo datado en la datación, es decir, el modo en que se manifiesta dentro de un contexto.

El restante momento estructural del tiempo de la ocupación es la significatividad (*Bedeutsamkeit*). El tiempo interpretado y expresado con el cual cuenta el *Dasein* en su trato con los útiles, es un «tiempo-para...» (*Zeit zu...*), esto es, «tiempo para hacer esto o aquello». También puede ser un «no-tiempo-para» (*Unzeit für...*) en el sentido de un tiempo inapropiado para la tarea. Al expresar las determinaciones «luego», «entonces» y «ahora», el *Dasein* coexpresa su estar junto a lo a la mano, y, por tanto, su estar en medio de un conjunto de referencias significativas que en última instancia remiten a un por-mor-de (§ 18). Dentro de estas referencias se muestra lo datado. Puesto que la presentación que está a la espera y retiene se articula con la conexión de respectos (*Bezüge*) —para-qué (*Wozu*), para-algo (*Um-zu*), para-eso (*Dazu*) y por-mor-de (*Um-willen*)—, el tiempo de la ocupación pone de manifiesto la significatividad que caracteriza a la mundaneidad del mundo.

El nexo entre el tiempo de la ocupación y la significatividad se establece porque la temporeidad no sólo es extática sino extático-horizontal [§ 69 c)]. Los éxtasis implican una salida-fuera-de-sí (*Entrückung*), y este movimiento de trascendencia tiene su «hacia qué» («*Wohin*»). No se dirige hacia un ente dado ni hacia una nada sino hacia un horizonte o esquema horizontal que difiere para cada uno de los tres éxtasis. Al éxtasis del «hacia-sí», en que el *Dasein* está a la espera de una posibilidad de sí mismo desde aquello que lo ocupa, corresponde, como horizonte de presente, el «por-mor-de» en tanto para-qué primario al que remite todo para-qué u obra que se procure alcanzar. Con el éxtasis del «de-vuelta-a», en que el *Dasein* retiene los recursos necesarios para la producción de aquello que tiene en vista, se relaciona, como horizonte del haber-sido, el «ante qué (*Wovor*) de la condición de arrojado», es decir, posibilidades dadas que incluyen el «para-eso» como complejo de útiles disponibles para ese logro. Y el éxtasis del «hacer-comparecer-algo» tiene, como horizonte de presente, el «para-algo» que se revela en una deliberación que presenta esos recursos según su capacidad de contribuir a la obra. Heidegger resume esta descripción de la siguiente manera:

> La unidad de los esquemas horizontales de futuro y haber-sido y presente se funda en la unidad extática de la temporeidad [...] La unidad horizontal de los esquemas de los éxtasis hace posible la conexión originaria de los respectos-para con el por-mor-de (§ 69, p. 365).

Esta conexión originaria es la estructura del mundo, y, por tanto, el mundo pertenece al *Dasein*. La unidad del horizonte de la temporeidad extática es la condición de posibilidad del mundo. Además, puesto que se trata de un «horizonte temporizado» (cf. *GA* 26, p. 276), al mundo le es inherente el tiempo:

> El tiempo hecho público en cuanto tiempo para... tiene esencialmente carácter múndico (*Weltcharakter*). Por eso, llamamos al tiempo que se hace público en la temporización de la temporeidad *tiempo del mundo* (*Weltzeit*) (*ST*, § 80, p. 414; cf. *GA* 24, p. 383).

Heidegger aclara que esto no significa que el tiempo esté ahí delante como un ente intramundano sino que es inherente al mundo en sentido ontológico-existencial. Por tanto, la unidad extático-horizontal de la temporeidad no sólo subyace al estar-en-el-mundo como constitución fundamental del *Dasein*, sino que da lugar al tiempo del mundo que es inherente a la esquematización correlativa de los éxtasis temporales. En suma: el tiempo del que nos ocupamos en tanto datable, tenso y público se estructura de tal manera que pertenece al mundo mismo: «A la estructura del ahora le pertenece la *significatividad*. Por eso hemos llamado al tiempo de la ocupación tiempo *del mundo*» (*ST*, § 81, p. 422)³. El *Dasein* se independiza de la lectura del tiempo en el cielo mediante nuevas posibilidades de medición del tiempo. Recurre al reloj de sol en el que mide la sombra proyectada por un ente del que puede disponer siempre o al reloj en que importa la posición de manecillas que giran en un circuito graduado. La presencia de la luz solar ya no posee una posición privilegiada para el *Dasein* que ha alcanzado un cierto nivel de progreso y que no necesita observar explícitamente la posición del sol para determinar el tiempo. Cuando se perfecciona el cómputo del tiempo y se refina el uso del reloj, el hacerse público del tiempo se acrecienta y consolida.

Es necesario establecer dónde está el tiempo que se nos muestra en los relojes. La lectura mensurante del tiempo en el reloj no es la mera observación de variaciones en un útil, sino que se funda en un «tomar-para-sí-tiempo» (*Sich-Zeit-nehmen*). Aunque sólo sea tácitamente, el *Dasein* se dice «*ahora* es tiempo para...» o «desde *ahora* hasta... (todavía hay tiempo para...)». Orientarse por el tiempo al mirar el reloj significa «un *decir-ahora*», y Heidegger subraya que el «ahora» siempre es comprendido en su estructura de databilidad, publicidad, tensidad y significatividad. Nos tomamos tiempo o nos dejamos tiempo al ocuparnos de los entes, y esta es la razón por la cual aseguramos y regulamos expresamente el modo en que utilizamos el tiempo por medio de una determinada medición del tiempo. El tiempo no reside en el reloj sino que nosotros proporcionamos previamente el tiempo al reloj.

---

[3] En los párrafos finales del parágrafo, Heidegger retoma el tema del tiempo del mundo y su conexión intrínseca con el carácter extático de la temporeidad.

TEMPOREIDAD E INTRATEMPOREIDAD COMO ORIGEN DEL CONCEPTO...

Desde un punto de vista ontológico-existencial, lo que importa es preguntar por el modo de la temporización de la temporeidad del *Dasein* y por el modo en que esta temporeidad se manifiesta en el cómputo del tiempo y el uso del reloj. La medición del tiempo —como explícito hacerse público del tiempo de la ocupación— se funda en una determinada temporización de la temporeidad del *Dasein*:

> Aunque para la lectura del tiempo que tiene lugar en cada caso no sea ello evidente, también el uso del útil-reloj se funda en la temporeidad del *Dasein*, la que hace posible, en virtud de la aperturidad del Ahí, una datación del tiempo del que nos ocupamos (§ 80, p. 415).

La lectura del reloj implica la comprensión de una unidad de medida y de la frecuencia de la presencia de esta unidad en el tiempo que se mide. Una unidad de medida se reitera y posibilita la medición; por ejemplo, una posición del sol, una longitud de la sombra o un giro de las manecillas. Tanto lo medido como la unidad de medida están ahí delante en una presentación, y, por tanto, la lectura pone énfasis en el ahora. De modo que el tiempo de los relojes se revela como una multiplicidad de ahoras:

> En la *medición del tiempo*, el tiempo *se hace público* de tal manera que en cada caso y en todo momento y para cada cual comparece como un «ahora y ahora y ahora» (p. 417).

Heidegger examina características de la medición del tiempo. Ante todo, trata la relación del tiempo con el espacio. Desde un punto de vista ontológico-existencial, lo esencial de la medición del tiempo no reside en la determinación numérica del tiempo en función de trayectos espaciales y del cambio de lugar de una cosa espacial como las manecillas o la sombra en un reloj. Lo que hace posible la medición es la presentación del ente que está ahí delante. Esto es lo esencial que no debe ser encubierto por la consideración de trayectos espaciales y números. De la determinación de cada ahora dada por la presencia del sol en un determinado lugar del cielo, se pasa a la indicación por la sombra en el reloj de sol, por el nivel de agua en la clepsidra, por la ubicación de las agujas en el reloj, etc. A través de estas derivaciones se encubre el origen en el presentar un ente en la ocupación, y la captación del tiempo se reduce a medir el espacio comprendido entre las divisiones numéricas.

La mayor exactitud en la medición del tiempo es exigida cuando no se quiere perder tiempo. Además, la determinación del tiempo debe requerir el menor tiempo posible y ser concordante con la medición de los otros. Heidegger señala como problemas para una investigación más precisa el análisis existencial del conocimiento de la naturaleza como presupuesto del cómputo astronómico del tiempo y del conocimiento histórico como condición de la cronología histórica.

Heidegger retorna al tema del tiempo del mundo en tanto tiempo «en el que» comparecen los entes intramundanos. Ha mostrado que el *Dasein* cuenta con el tiempo y desarrolla un cómputo del tiempo. Contando con el tiempo, el *Dasein* hace que los entes que no tienen su modo de ser comparezcan en el tiempo. Así, la ocupación asigna al ente intramundano su tiempo dentro del tiempo del mundo. En razón de que «todo tiempo pertenece esencialmente al *Dasein*» (cf. *GA* 24, p. 370), los entes intramundanos no son «tempóreos» sino «intratempóreos». Por contraste con la condición del *Dasein*, se los califica también de «intempóreos» (*unzeitlich*). Este término se aplica, pues, no sólo a los entes ideales —habitualmente caracterizados como ajenos al tiempo— sino también a los entes reales. Heidegger recuerda que «la temporeidad, en cuanto extático-horizontal, temporiza algo así como el tiempo *del mundo* que constituye la intratemporeidad de lo a la mano y de lo que está-ahí» (*ST*, § 80, p. 420). En virtud de esta derivación, la intratemporeidad es «un auténtico fenómeno de tiempo» (§ 66, p. 333).

Como consecuencia de sus consideraciones sobre el carácter extático-horizontal de la temporeidad, Heidegger puede afirmar que el tiempo del mundo no es «objetivo» ni «subjetivo». Es más objetivo que todo posible objeto porque es la condición de posibilidad del ente intramundano y ya ha sido abierto con la aperturidad del mundo. Por otro lado, es más subjetivo que todo posible sujeto porque hace posible el cuidado. Por tanto, el tiempo es anterior a toda subjetividad y objetividad. Estas consideraciones sobre el carácter «objetivo» o «subjetivo» del tiempo proporcionan la ocasión para retomar la referencia a Husserl efectuada al comienzo. En un avance desde lo originario a lo derivado, aunque no haya una convergencia estricta, se pueden consignar las siguientes analogías relacionadas con la respectiva descripción fenomenológica de los sucesivos niveles de análisis:

a) Heidegger ve el origen del tiempo en una temporeidad originaria cuyos tres éxtasis, a los que denomina futuro, haber-sido y presente, se copertenecen de un modo igualmente originario y se temporizan a la vez en una unidad que se unifica a sí misma (§ 65). Paralelamente, Husserl asigna ese origen al flujo de una conciencia absoluta, o conciencia interna del tiempo, cuya intencionalidad longitudinal se dirige a sí misma en un uno-en-otro (*Ineinander*) de impresiones, retenciones y protensiones. La noción de una secuencia está ausente en ambas visiones de la instancia originaria.

b) La temporeidad extática en el modo de temporización como presentación que espera y retiene fundamenta la ocupación con los entes. De igual modo, además de orientarse hacia sí misma mediante su intencionalidad longitudinal, la conciencia originaria se dirige a los actos constituyendo sus momentos temporales mediante su intencionalidad transversal. Así, el acto que intenciona un objeto se constituye como acto en la conciencia interna del tiempo mediante fases que experimentan constantemente una modificación, del mismo modo que la ocupación presentante se funda en un modo de la temporeidad extática. Comienza a esbozarse aquí el fenómeno de la secuencia.

c) Según Heidegger, la presentación a la espera y retinente «*se interpreta a sí misma*» diciendo un «ahora, que...», un «luego, cuando...» y un «entonces, cuando...». En consecuencia, «lo interpretado» mediante el «ahora», «luego» y «entonces» —es decir, el tiempo interpretado en la temporeidad de la ocupación— tiene una datación que, si bien se relaciona con los entes que comparecen, proviene de esa ocupación del *Dasein* con ellos. Según Husserl, el tiempo de los objetos del mundo refleja el tiempo de los actos constituyentes de modo que «el tiempo de la percepción y el tiempo de lo percibido son idénticamente el mismo» en una coincidencia «punto por punto»[4]. La secuencia de objetos refleja la secuencia de los actos que los intencionan, del mismo modo que la secuencia de los entes de los que nos ocupamos refleja la secuencia inherente a la ocupación.

d) Así como la temporeidad extático-horizontal temporiza el tiempo del mundo en el cual comparecen los entes intratempóreos, la conciencia del tiempo constituye una forma del tiempo en la que se manifiestan los objetos. En el fluir de la conciencia absoluta se conserva un estilo de darse que correlativamente se convierte en un sistema de formas del ahora, el pasado y el futuro. La superposición y homogeneización de los campos temporales evocados por la reproducción de los objetos temporales y sus horizontes permite la constitución de un tiempo no-fluyente, unitario y objetivo en el que cada objeto tiene su lugar temporal y exhibe relaciones de coexistencia y sucesión. Husserl afirma que «este mundo es mantenido en conjunto por medio de la forma del tiempo que es inherente a él mismo, esto es, la forma *objetiva* del tiempo»[5].

---

[4] Cf. Husserl (1893-1917), pp. 72, 93; trad. esp. 92, 112. Lo mismo podría afirmarse de todo acto en un horizonte práctico.

[5] Husserl (1910-1934), pp. 306 s. R. Bernet extrae la siguiente conclusión del hecho de que la unidad extático-horizontal de la temporeidad sea el fundamento tanto del tiempo del mundo en el que comparecen los entes intramundanos como del estar-en-el-mundo en tanto constitución fundamental del *Dasein*: «Para Heidegger, el tiempo del mundo está, pues, lejos de ser el resultado objetivo y derivado de una temporalidad originaria, subjetiva y constitutiva como quería Husserl [...] sin duda, por el empleo de este concepto, Heidegger ha tomado, del modo más radical, sus distancias respecto de la fenomenología husserliana del tiempo» [cf. Bernet (1994), p. 214]. Sin embargo, en el terreno de la fenomenología genética se puede mostrar también una analogía con la afirmación de que el tiempo es «más objetivo» que todo objeto y «más subjetivo» que todo

e) Según Heidegger, el tiempo del mundo se puede computar sin relojes. Para Husserl, modalidades imprecisas de medición aparecen respecto de la forma del tiempo en el mundo de la vida. La forma es anterior, nada tiene que ver con una idealización teórica que conciba el tiempo como una continuidad de puntos ideales. Por otro lado, el cómputo a través de relojes converge con la medición de acuerdo con formas ideales que, según Husserl, constituyen el polo hacia el cual convergen las modalidades imprecisas de medición. Con ello se llega, como se verá de inmediato, a la idea de una secuencia continua de ahoras que se basa en el olvido de sí.

5. LA INTRATEMPOREIDAD Y LA GÉNESIS DEL CONCEPTO VULGAR DE TIEMPO (§ 81)

Heidegger examina cómo, a partir del tiempo del mundo o tiempo de la ocupación con su intratemporeidad, se deriva, por medio de una interpretación, la comprensión vulgar del tiempo en tanto mera secuencia de ahoras en una serie que se despliega, pasando por el «ahora», desde el «ahora-todavía-no» hacia el «ahora-ya-no-más». Para ello analiza el uso del reloj porque en este manejo se manifiesta explícitamente esa comprensión vulgar. El uso se funda en la presentación de las manecillas del reloj, o de la sombra del reloj solar, que se encuentran en movimiento. Tal presentación se une a un retener y un estar a la espera de modo que está abierto no sólo el «ahora» sino también el «luego» y el «entonces». Sin embargo, en el uso del reloj se pasa por alto la estructura unitaria del presentar, y se tiene en cuenta solamente la ubicación de las manecillas o el espacio recorrido por la sombra proyectada. Ante la presentación de algo que se mueve, se dice «ahora aquí, ahora aquí, etc.» Por eso el movimiento señala una multiplicidad de ahoras que están ahí delante. Seguimos el movimiento numerándolo de modo que el tiempo se patentiza en el numerar como una secuencia de ahoras. En consecuencia, el tiempo que se ve en el uso del reloj recibe la denominación de «tiempo del ahora» (*Jetzt-Zeit*) y aparece como «*lo numerado*» (§ 81, p. 422) que se nos muestra al seguir el movimiento de las manecillas o de la sombra.

Esta caracterización es una interpretación ontológico-existencial de la definición del tiempo proporcionada por Aristóteles en términos de «lo

---

sujeto. El fenómeno fundamental es la correlación entre el sujeto y el mundo. Ambos polos se disgregan desde una originaria unidad dentro de un devenir constituyente que tiene en el primero su desde-dónde y en el segundo su hacia-dónde. En ese devenir, los polos subjetivo y objetivo se constituyen a través de una correlativa sedimentación de las experiencias y están siempre atravesados por el tiempo que es a la vez forma de la intencionalidad constituyente del tiempo y forma del mundo.

numerado en el movimiento que comparece en el horizonte de lo anterior y posterior» (*Física* IV 11, 220a25). Heidegger subraya que esta definición expresa la concepción vulgar del tiempo y que la determinación del concepto de tiempo en la tradición filosófica se ajusta a ella.

Heidegger analiza las consecuencias de la sustitución de la comprensión del tiempo inherente a la ocupación, en la que a la vez comparecen los entes y los ahoras, por la comprensión vulgar que sólo repara en los ahoras. Esta alteración conduce a la pérdida de la databilidad y la significatividad. Para el tiempo del mundo, el ahora es un ahora datable que, además, puede ser apropiado o inapropiado para algo y por eso le es inherente la significatividad. Estas dos estructuras quedan encubiertas cuando se caracteriza al tiempo como una mera secuencia de ahoras que se alinean unos tras otros:

> La interpretación vulgar del tiempo del mundo como tiempo del ahora no dispone en absoluto de un horizonte para hacer accesible eso que llamamos mundo, la significatividad y la databilidad (p. 422).

El «ahora», el «luego» y el «entonces» del tiempo del mundo tienen siempre una referencia a entes del mundo que permiten una datación. En la ocupación, en virtud de que se olvida a sí mismo en ellos, el *Dasein* considera el tiempo como algo que se da en los entes mismos. Así, la datación queda definida por los entes que se salen al encuentro en la ocupación. En un nuevo paso en la ocultación, que corresponde a la concepción vulgar, el vínculo entre «ahora», «luego» y «entonces» con los entes se oscurece de modo que se termina por considerar que un ahora subsiste aunque no aparezca ningún ente. Y subsiste dentro de una secuencia abstracta de ahoras que se interpreta como un medio exterior a los entes. Independizados de su relación con la ocupación, los ahoras se alinean uno junto a otro para constituir un uno-tras-otro: «El tiempo en la comprensión vulgar es en sí una secuencia de ahoras que flota libremente en el aire (*eine freischwebende Folge der Jetzt*)» (*GA* 24, p. 378). Así, el presentar que está a la espera y retiene queda encubierto por el instrumento de medida. Pero el movimiento del sol, de su sombra o del reloj es un momento derivado que reemplaza el hacerse presente de los entes con los que trata la ocupación. Es un momento secundario en que se presta atención a la división numérica del espacio recorrido y a la medición[6].

---

[6] R. Bernet compara el olvido del origen subjetivo de las mediciones exactas en Husserl con lo que Heidegger dice sobre la medición del tiempo, y señala que «"el tiempo vulgar" corresponde exactamente al "tiempo objetivo" de Husserl, "determinado y determinable por cronómetros"» [cf. Bernet (1994), p. 210]. Pero se debe tener en cuenta que el tiempo objetivo husserliano es también el tiempo del mundo de la vida, y, por tanto, anterior a toda medición exacta. La sucesión

Heidegger describe la constante presencia, la continuidad y la infinitud de los ahoras como rasgos distintivos de la interpretación vulgar del tiempo. Ante todo, la secuencia es concebida como algo que de algún modo está ahí delante. En la secuencia, los ahoras nacen y perecen, pero el ahora está «constantemente presente como el mismo» (*ständig als Selbiges anwesend*) de modo que cambia en el sentido de que llega y se desvanece y sin embargo muestra «la constante presencia de sí mismo» (*die ständige Anwesenheit seiner selbst*) (*ST*, § 81, p. 423). Por eso Platón, en vista de que el ahora está permanentemente presente, llama al tiempo la imagen de la eternidad.

Además, la secuencia se caracteriza por una continuidad carente de interrupciones. Respecto de la aporía de la continuidad, que surge de la posibilidad de una infinita división del ahora, Heidegger señala que, tanto en la solución del problema como en su subsistencia como aporía, queda encubierto el carácter tenso del tiempo:

> La tensidad del tiempo no queda comprendida desde la *extensión* horizontal de la unidad extática de la temporeidad, que se ha hecho pública en el ocuparse del tiempo (p. 423).

Por último, la secuencia es considerada como una sucesión infinita. Atenerse exclusivamente a la secuencia equivale a no encontrar un principio ni un fin. Por un lado, cada último ahora es en tanto ahora un enseguida-ya-no-más, por lo cual tiene que ser sustituido por otro ahora. Por el otro, cada primer ahora es un recién-aún-no, y por eso ha de ser precedido por otro ahora. El tiempo carece de fin por los dos lados, y, por tanto, se infiere que es infinito en las dos direcciones. Respecto de la infinitud del tiempo, Heidegger observa que

> el fenómeno plenario del ahora queda encubierto en su databilidad, mundaneidad, tensidad y publicidad existencial (*daseinsmäßige Öffentlichkeit*), y reducido a la condición de un fragmento irreconocible (p. 424).

El tiempo vulgar tiene un carácter público, pero ya no se trata de la publicidad existencial porque está escindido de su raíz en el tiempo del que nos ocupamos y de los otros rasgos estructurales.

Heidegger se ocupa de los fundamentos de la concepción vulgar del tiempo. Ella emerge sobre la base de un ocultamiento de los momentos

---

inexacta o morfológica que caracteriza en la forma del tiempo a los objetos percibidos se compara con el «antes», el «ahora» y el «luego» en el tiempo de la ocupación o tiempo del mundo heideggeriano. Además, Bernet considera que Husserl no habla de vulgaridad y de nivelación en relación con el tiempo objetivo porque procura constituir las ciencias de la naturaleza a partir de la estructura esencial de la conciencia. Sin embargo, Husserl describe un proceso de homogeneización y de idealización del tiempo que guarda relación con la nivelación.

estructurales específicos del tiempo del mundo y del origen de este tiempo a partir de una temporeidad caracterizada por la imbricación de sus éxtasis y su finitud. El tiempo vulgar implica un encubrimiento y una nivelación tanto de la intratemporeidad como de la temporeidad. Tales ocultamientos tienen su raíz en la caída por la que el *Dasein* se interpreta a partir de los entes que no son *Dasein*, y, por tanto, agota todo modo de ser en el modo de ser de ellos. La temporeidad impropia del *Dasein* caído desconoce el futuro propio, es decir, el estar vuelto hacia el fin, y con ello la temporeidad en general. La comprensión vulgar del tiempo está guiada por el uno que no puede morir, y este olvido de la finitud refuerza la representación de la infinitud del tiempo. Por eso Heidegger sostiene que

> esta misma nivelación se funda, en virtud de su sentido existencial, en una determinada temporización posible, a través de la cual la temporeidad, en cuanto impropia, temporiza dicho «tiempo» (§ 65, p. 329).

La referencia a la temporización impropia permite introducir otro rasgo distintivo de la concepción vulgar: el carácter pasajero e irreversible de la secuencia de los ahoras. El carácter pasajero pone de relieve que la temporeidad del *Dasein* no queda totalmente encubierta, y que el *Dasein*, en la experiencia vulgar, comprende más de lo que admite. Hablar del paso del tiempo significa tener la experiencia de que el tiempo no se deja detener. Y esta experiencia sólo es posible porque se quiere detener el tiempo en un estar a la espera impropio que olvida, pero refleja, en esta ocultación, la futuridad finita del *Dasein*: «*El Dasein conoce el tiempo fugitivo desde el "fugitivo" saber de su muerte*» (§ 81, p. 425). Además, según la interpretación vulgar, la secuencia es irreversible. Pero la consideración de la secuencia de ahoras no permite advertir por qué ella no podría reorientarse en forma inversa. La imposibilidad de la inversión se fundamenta en la temporeidad cuya temporización es primariamente venidera. Por tanto, el tiempo originario todavía se manifiesta a través de la nivelación y el encubrimiento. Sus rasgos persisten a pesar de no ser explícitamente advertidos.

Heidegger añade precisiones a la afirmación de que la caracterización vulgar del tiempo tiene su origen en la temporeidad del *Dasein* caído. Recuerda que el tiempo del mundo pertenece a la temporización de la temporeidad del *Dasein*, y que la estructura del tiempo del mundo

> proporciona el hilo conductor para llegar a «ver» el encubrimiento que tiene lugar en el concepto vulgar del tiempo y para apreciar la nivelación de la estructura extático-horizontal de la temporeidad (p. 426).

Tener en cuenta la temporeidad del *Dasein* permite mostrar la procedencia del encubrimiento y la nivelación, y de ese modo proporciona una justificación a la representación vulgar del tiempo. Si se tienen en cuenta estas derivaciones, se justifica también dar a la temporeidad el nombre de «tiempo originario». Por otro lado, no es posible acceder a la temporeidad desde la comprensión vulgar del tiempo.

Mientras que la temporeidad extático-horizontal se temporiza primariamente desde el futuro, la comprensión vulgar del tiempo asigna la primacía al ahora, y a un ahora desprovisto de su plena estructura. A este ahora se lo llama «presente» (*Gegenwart*). Es imposible derivar el fenómeno del instante a partir de ese ahora. No coinciden el instante, el ahora datable del tiempo de la ocupación, y el concepto vulgar de presente. Paralelamente, tampoco coinciden el futuro del tiempo originario, el «luego» datable del tiempo de la ocupación, y el concepto vulgar de futuro como los ahoras que están por venir. Lo mismo es válido para haber-sido, el «entonces» datable y el concepto vulgar de pasado como los ahoras que han pasado.

Heidegger señala que el concepto vulgar de tiempo no es ajeno a la interpretación del *Dasein* como temporeidad. Esta relación aparece en la historia de la filosofía en la forma de una referencia al «alma» o al «espíritu». Así, Aristóteles afirma que no habría tiempo si no hubiera alma (cf. *Física* IV 14, 223a25) y San Agustín sostiene que el tiempo es una distensión del alma (cf. *Confesiones* XI, 26). Además, Heidegger observa que Hegel intenta conectar la comprensión vulgar del tiempo con el espíritu. De este modo anticipa su análisis del siguiente parágrafo.

6. *DASEIN* Y TIEMPO DEL MUNDO EN HEIDEGGER
   VS. TIEMPO Y ESPÍRITU EN HEGEL (§ 82)

La comprensión vulgar del tiempo encuentra su más elaborada formulación en el concepto hegeliano de tiempo. Por vía de un contraste, Heidegger señala el rasgo distintivo de su interpretación de la temporeidad del *Dasein*. Ante la afirmación hegeliana de que «el desarrollo de la historia cae dentro del tiempo», procura esclarecer esta intratemporeidad del espíritu procediendo en dos pasos que conciernen a la determinación hegeliana de la esencia del tiempo y a la dilucidación de lo que en la esencia del espíritu hace posible que caiga dentro del tiempo.

La primera sección del parágrafo analiza la determinación hegeliana de la esencia del tiempo. La física de Aristóteles es, en el contexto de una ontología de la naturaleza, la primera interpretación detallada de la concepción vulgar del tiempo. Siguiendo esta tradición, Hegel analiza el tiempo en el marco de su Filosofía de la Naturaleza. Caracterizada como el ser-fuera-de-sí de la Idea, la naturaleza tiene como determinación primera una indiferencia o carencia de mediación entre momentos. Se trata del espacio en tanto exterioridad indiferenciada de puntos que sólo se diferencian potencialmente. El espacio se caracteriza por el uno-junto-a-otro y el ser-fuera-de-sí de puntos que no tienen entre sí ninguna diferencia determinada. En virtud de la carencia de diferencia, el espacio es sólo la posibilidad del ser-fuera-de-sí. El aquí no es aún un lugar sino sólo la posibilidad del lugar porque es completamente idéntico con todo otro aquí. Hay puntos potencialmente diferenciables, pero el espacio permanece indiferenciado en tanto una multiplicidad de lugares posibles puramente exteriores unos a otros. Esta unidad en el ser-uno-fuera-de-otro implica una continuidad. Por tanto, el espacio es la unidad de continuidad y discreción. Sin embargo, en la medida en que están unos-fuera-de-otros, los puntos implican una negación de la continuidad. Es una negación del espacio que no se destaca fuera de él como algo diferente sino que sigue estando dentro de su ámbito. Así, el espacio implica una negación, pero en la forma de una diferenciación completamente vacía que se mantiene en una indiferencia.

La contradicción entre el ser-uno-fuera-de-otro y la continuidad de los puntos conduce a una superación de la indiferencia. Se trata de una negación de la negación de la primera negación implicada en la situación de los puntos respecto de la continuidad. Con este pasaje, el punto se pone para sí y de ese modo se diferencia de los otros puntos, es decir, resalta frente a ellos. Se produce la superación de la quieta parálisis del espacio porque el ponerse-para-sí de cada punto da lugar a un ahora-aquí, a otro ahora-aquí, y así sucesivamente. El ahora es precisamente aquello en virtud de lo cual el punto puede ponerse para sí como un «esto aquí». El espacio se disgrega en distintos puntos en virtud de que el tiempo se asocia sucesivamente con ellos. Heidegger escribe:

> Esta negación de la negación como puntualidad es para Hegel el tiempo (§ 82, p. 430).

El ser del tiempo es el ahora, pero, en tanto ahora-aquí, el tiempo puede ser pensado también como no-ser porque ese ahora se encuentra en una secuencia de ahoras que todavía no son y que ya no son. Heidegger cita a Hegel:

> Es el ser que, siendo, no es, y que, no siendo, es: el devenir intuido [...] (*Enciclopedia*, § 258).

Según Heidegger, hablar de «devenir intuido» significa que el llegar a ser y el dejar de ser equivalen al pasaje en una secuencia de ahoras que están ahí delante y son intuidos. Ni el llegar a ser ni el dejar de ser tienen primacía en el tiempo sino que el tiempo es primariamente comprendido desde el ahora como algo que se puede encontrar ahí delante:

> En el sentido positivo del tiempo se puede decir, pues: sólo el presente es, el antes y el después no son [...] (*Enciclopedia*, § 259, adición).

En suma: la interpretación hegeliana del tiempo determina el tiempo como negación de la negación y se ajusta a la concepción vulgar del tiempo porque lo nivela en una secuencia de ahoras. Hegel tenía la pista de una verdad fundamental, pero le faltó la pregunta más radical por lo que hace posible la copertenencia radical de ser y nada (cf. *GA* 24, p. 445).

Determinada la esencia del tiempo, Heidegger se ocupa de lo que hace posible que el espíritu caiga dentro de él. Así como la Idea se exterioriza en el espacio como naturaleza, el espíritu —como retorno de la Idea a sí misma— se realiza en el tiempo como historia. Se ha de tener en cuenta que la esencia del espíritu es el concepto, es decir, un pensamiento infinito que se piensa a sí mismo objetivándose de una manera finita no sólo en los hechos que configuran la naturaleza sino en los espíritus finitos que componen el dominio de la historia. Cada exteriorización, por ser finita, es la negación de la infinitud del pensamiento. Por eso toda automanifestación del concepto lleva en sí su propia negación. El pensamiento se diferencia o se niega en lo otro de sí a fin de negar ulteriormente esta alteridad y retornar de este modo a sí mismo pasando a una forma más elevada de actualización.

El espíritu puede caer o aparecer dentro del tiempo porque él mismo, al igual que el tiempo, es negación de la negación. Lo que posibilita la afinidad de tiempo y espíritu es esta estructura formal común. En virtud de ello es posible la realización histórica del espíritu «en el tiempo». Pero el tiempo tiene para Hegel el sentido del tiempo vulgar, y por eso se presenta al espíritu como algo que está ahí delante y que es externo al espíritu. De ahí que el espíritu pueda caer dentro del tiempo.

La conexión aventurada por Hegel entre tiempo y espíritu constituye el indicio de una originaria afinidad. Pero Hegel no ha dilucidado la concreción del espíritu porque no ha advertido que la temporeidad temporiza el tiempo del mundo dentro del cual puede aparecer la historia como un acontecer intratempóreo. Lejos de caer dentro del tiempo, el espíritu constituye la temporización originaria de la temporeidad. Lo que cae es la existencia fáctica en un movimiento que se realiza desde la temporeidad originaria y propia. Esta caída del *Dasein* tiene su condición de posibilidad en un modo de temporización de la temporeidad.

7. LA ANALÍTICA TEMPÓREO-EXISTENCIAL DEL *DASEIN* Y LA PREGUNTA ONTOLÓGICO-FUNDAMENTAL POR EL SENTIDO DEL SER EN GENERAL (§ 83)

Heidegger resume lo alcanzado y proyecta la investigación futura. Recuerda que la finalidad de sus consideraciones ha sido «interpretar de un modo ontológico-existencial, y *desde su fundamento* (*Grund*), el *todo originario* del *Dasein* fáctico respecto de las posibilidades del existir propio e impropio» (§ 83, p. 436). Ese fundamento es la temporeidad que se ha revelado como el sentido de ser del cuidado. Una etapa preparatoria de la analítica existencial ha mostrado estructuras que, en un segundo paso, reciben una fundamentación (*Begründung*) de acuerdo con las posibilidades de temporización del tiempo originario. Ahora bien, esta revelación de la constitución del ser del *Dasein* es sólo un camino cuya meta es la elaboración de la pregunta por el ser en general porque la analítica de la existencia requiere una aclaración de la idea del ser en general.

La primera sección de *Ser y tiempo* muestra las estructuras esenciales del *Dasein* y su unidad en el cuidado, y la segunda pone de manifiesto que ellas son modos de la temporeidad. Por tanto, la temporeidad es el sentido de ser del *Dasein*[7]. Pero esta interpretación del *Dasein* como temporeidad no responde aún a la pregunta por el sentido del ser en general, aunque «queda preparado el terreno para llegar a esa respuesta» (§ 5, p. 17). La respuesta se alcanza a través de una exposición de la temporariedad (*Temporalität*) del ser. Esto significa que una cosa es la temporeidad como el sentido de ser del *Dasein* y otra cosa es la temporariedad como el sentido del ser en general. En el § 5, al señalar que la analítica del *Dasein* tiene como propósito la elaboración de la pregunta por el ser, Heidegger añade:

> En la exposición de la problemática de la temporariedad se dará recién la respuesta a la pregunta por el sentido del ser (p. 19).

La distinción entre el ser del *Dasein* y el ser de los entes que no son *Dasein* es sólo el punto de partida de la problemática ontológica. La temporeidad se ha mostrado como sentido de ser del ente que llamamos *Dasein*, y como condición de posibilidad de la comprensión del ser de los entes que no tienen el modo de ser del *Dasein*. Así, la compresión del ser como estar a la mano es posibilitada por el presentar que retiene un todo de útiles y está a la espera de una obra. Y la comprensión del ser como estar ahí delante es posibilitada por una «muy particular presentación» (§ 69, p. 363) que se diferencia de la del ocuparse circunspectivo porque está a la espera no de una obra sino del descubrimiento de lo que está ahí

---

[7] De acuerdo con el «Plan del tratado» presentado en el § 8, la obra tendría una Primera Parte dedicada a la interpretación del *Dasein* por la temporeidad y a la explicitación del tiempo como el horizonte trascendental de la pregunta por el ser, y una Segunda Parte que se ocuparía de los rasgos fundamentales de la destrucción fenomenológica de la historia de la ontología de acuerdo con el hilo conductor proporcionado por la explicitación del tiempo. La Primera Parte se dividiría en tres secciones dedicadas a los siguientes temas: «1. El análisis fundamental preparatorio del *Dasein*. 2. *Dasein* y temporeidad. 3. Tiempo y ser» (p. 39). Sólo las dos primeras secciones fueron incluidas.

delante. Heidegger subraya que quedan pendientes una serie de preguntas que conciernen a las razones por las cuales se concibe el ser primariamente a partir de lo que está ahí delante y no a partir de lo a la mano, a la condición del ser de la conciencia en vista de la inadecuación de la cosificación, a la suficiencia de la distinción entre conciencia y cosa para desarrollar la problemática ontológica, y a la posibilidad de dar una respuesta a estos interrogantes sin haber planteado y aclarado previamente la pregunta por el sentido del ser en general.

Es necesario contar con un horizonte seguro tanto para la pregunta por el origen y la posibilidad de la «idea» del ser en general como para la posible respuesta. Esto significa buscar y recorrer un camino para la aclaración de la pregunta ontológica fundamental. Sólo después de esta marcha se podrá saber si es el único camino o un camino correcto. Heidegger subraya que esta investigación sobre el ser no se puede realizar con los medios de la abstracción lógico-formal como si el ser fuera un concepto general.

Lo que llamamos ser está abierto a la comprensión del ser que es inherente al *Dasein*. En la Introducción a la obra se ha indicado que la pregunta explícita por el sentido del ser tiene como base una comprensión del sentido del ser que no es temática y que está de alguna manera a nuestra disposición antes de la pregunta. En la respuesta, esa comprensión es llevada paso a paso a una interpretación y de ese modo accede a un concepto explícito del sentido del ser. La previa aperturidad del ser, que no tiene un carácter conceptual, hace posible que el *Dasein* pueda, en su estar-en-el-mundo, tener un trato con los entes y con él mismo como existente. El sentido del ser es comprendido desde el ámbito del proyecto del *Dasein* que se despliega a partir de la comprensión del ser que lo caracteriza. Puesto que la comprensión del ser es inherente al *Dasein*, y la constitución ontológico-existencial de la totalidad del *Dasein* se funda en la temporeidad, el proyecto del ser en general se funda en un modo originario de temporización de la temporeidad extática. En la Introducción, Heidegger ha señalado también que el tiempo ha sido el criterio para diferenciar regiones del ente. Tanto el *Dasein* prefilosófico como el filosófico diferencian los modos de ser del ente por medio de una referencia al tiempo; por ejemplo, distinguen los entes que carecen de tiempo (los números), los entes supratemporales (lo eterno) y los entes que se alteran en el tiempo: «No puede ser una casualidad que, en la caracterización del ser, la comprensión prefilosófica y filosófica se oriente ya hacia el tiempo» (*GA* 24, p. 430; cf. *ST*, § 5, pp. 18 s.).

Heidegger cierra la obra con preguntas referidas a la manera en que se debe interpretar el modo de temporización de la temporeidad en tanto condición de posibilidad del proyecto del ser en general, y a la existencia de un camino que lleve del tiempo originario al sentido del ser de modo que el tiempo se revele como el horizonte del ser. En el curso «Los problemas fundamentales de la fenomenología», dictado en el semestre de verano de 1927 —el mismo año de la publicación de *ST*—, Heidegger se refiere a la distinción entre el tiempo del *Dasein* y el tiempo del ser en estos términos:

> En la medida en que funciona como condición de posibilidad de la comprensión preontológica y de la comprensión ontológica del ser llamamos a la temporeidad la *temporariedad* (*GA* 24, p. 388).

Con ello se inicia el desvelamiento de la temporariedad como «la temporización más originaria de la temporeidad en cuanto tal» (*GA* 24, p. 429) por un camino que pasa por la consideración de la unidad de los esquemas horizónticos inherentes a la temporeidad:

> Según esto comprendemos el ser a partir del originario esquema horizóntico de los éxtasis de la temporeidad (*GA* 24, p. 436).

Sin embargo, como señala Heidegger en el «Seminario en Le Thor 1969», el significado de la noción de «sentido del ser» en *Ser y tiempo* se torna insuficiente, porque es comprendida desde el ámbito del proyecto del *Dasein* (cf. *GA* 15, p. 335). El inconveniente de este punto de partida reside en que sugiere entender el proyecto como operación humana. Con posterioridad, Heidegger sustituye la expresión «sentido del ser» por la expresión «verdad del ser» para expresar el viraje desde el enfoque trascendental a la perspectiva de la historia del Ser (*Seyn*) en que el *Dasein* responde al «llamado» (*Zuruf*) del Ser.

De acuerdo con los *Beiträge zur Philosophie (Vom Ereignis)*, redactados en el período 1936/1938, el *Dasein* se ensambla, en un movimiento de correspondencia que responde a un llamado, con el Ser que contribuye a poner de manifiesto, pero que no está a su disposición. La proyección del Da-sein arrojador o proyectante (*Werfer*) resulta ser a la vez la experiencia de la condición-de-arrojado (*Geworfenheit*) desde una yección o arrojamiento-a (*Wurf, Zuwurf*). Así, la proyección arrojada tiene su reverso en la pertenencia (*Zugehörigkeit*) al Ser (cf. *GA* 65, p. 239). El hombre pertenece al Ser y corresponde a la interpelación en un viraje (*Kehre*), y el Ser necesita del hombre y lo interpela en un contra-viraje (*Wider-Kehre*). La yección aconteciente y apropiante del Ser tiene su reverso en una proyección acontecida y llevada a lo propio del hombre. La yección da lugar a la proyección, y la proyección complementa la yección[8]. En el medio de ambos, un acontecimiento apropiante o Ereignis —que los lleva a lo que tienen de propio— se despliega como «la apropiación aconteciente

---

[8] Cf. Von Herrmann (1994), pp. 30 ss., 92 ss., 240 s., 384 s.

(*Er-eignung*) del *Dasein* por medio del Ser y la fundación (*Gründung*) de la verdad del Ser en el *Da-sein*» (*GA* 65, p. 202). El Ereignis se despliega como una recíproca oscilación o contrabalanceamiento (*Gegenschwingung*) «entre el llamado-a (al perteneciente) y la pertenencia (de lo que es llamado)» (*GA* 65, p. 407). Se trata de «el medio que se establece y se mediatiza a sí mismo y al que todo esenciar de la verdad del ser debe ser retrotraído en el pensar» (*GA* 65, p. 73).

Heidegger señala que el Ser se despliega como abismo no sólo porque carece de fundamento sino también porque se sustrae como fundamento del ente. Mientras el *Dasein* no proyecte el Ser de tal modo que el Ser pueda desplegarse como el fundamento del ente, el Ser acaece como abismo y no como fundamento pleno, o, con otras palabras, acaece como fundamento incipiente o «protofundamento» (*Urgrund*) (*GA* 65, pp. 379 s.). Por tanto, en el abismo, el fundamento «aún funda y sin embargo no funda propiamente» (*GA* 65, p. 380). El Ser sólo esencia como fundamento cuando el *Dasein* puede responder a la yección, es decir:

> tomar al vuelo la contraoscilación de la apropiación-aconteciente, ingresar en esta contraoscilación, y tan sólo así llegar a ser sí mismo él mismo: el guardián de la proyección arrojada, *el fundador fundado del fundamento* (*GA* 65, p. 239).

En virtud del contrabalanceo de Ser y *Dasein*, la temporariedad (*Temporalität*) inherente a la verdad del Ser coloca la temporeidad extática del *Dasein* bajo su despliegue. Para nombrar el modo en que desde el abismo acaece «la disgregación de espacio y tiempo» (*GA* 65, p. 373), Heidegger se refiere a «transplazamientos (*Verrückungen*)» (*GA* 65, p. 381) que revisten dos modalidades. Mientras que el «emplazamiento» (*Berückung*) es el acontecer por el cual el espacio-tiempo del abismo converge con la espaciación del *Dasein*, el «desplazamiento» o «salida-fuera-de-sí» (*Entrückung*) es el acontecer que se disgrega en modos que son recogidos y asumidos por los éxtasis tempóreos del *Dasein*. Heidegger caracteriza la temporariedad como

> el acaecimiento del desplazamiento que salvaguarda lo sido y anticipa lo venidero (*das Geschehnis der Gewesend-bewahrenden und der Künftigen-vorausnehmenden Entrückung*), y esto quiere decir apertura y fundación del ahí (*Da*) y con ello del esenciar de la verdad» (*GA* 65, p. 74).

Y añade:

> «Tiempo» es en *Ser y tiempo* la *indicación* y la *resonancia* de aquello que acaece como la verdad de la esenciación del Ser en la unicidad de la apropiación-aconteciente (*Er-eignung*) (*GA* 65, p. 74).

REFERENCIAS

BERNET, R. (1994): «Origine du temps et temps originaire (Husserl et Heidegger)», en: *La vie du sujet. Recherches sur l'interprétation de Husserl dans la phénoménologie*, París, pp. 189-214.

BLATTNER, W. D. (1999): *Heidegger's Temporal Idealism*, Cambridge.

HERRMANN, F.-W. (1991): *Heideggers «Grundprobleme der Phänomenologie». Zur «Zweiten Hälfte» von «Sein und Zeit»*, Frankfurt a. M.

— (1994): *Wege ins Ereignis. Zu Heideggers Beiträge zur Philosophie*, Frankfurt a. M.

HUSSERL, E. (1893-1917): *Zur Phänomenologie des inneren Zeitbewusstseins (1893-1917)*, ed. R. Boehm, *Husserliana* X, Den Haag, 1966; trad. esp. de A. Serrano de Haro, *Lecciones de fenomenología de la conciencia interna del tiempo*, Madrid, 2002.

— (1910-1934): *Erfahrung und Urteil. Untersuchungen zur Genealogie der Logik*, ed. Ludwig Landgrebe, Hamburg, 1964.

RICOEUR, P. (1985): *Temps et récit. III. Le temps raconté*, París.

REFERENCES

BIBLIOGRAFÍA
HEIDEGGER EN ESPAÑOL

A) OBRAS DE HEIDEGGER

Obras completas (*Gesamtausgabe GA*)

La edición de la obra completa de Martin Heidegger, que constará de ciento dos volúmenes, se viene publicando desde 1975 en la editorial Vittorio Klostermann de Frankfurt. A continuación se detalla el plan completo de la edición, con la indicación del estado actual de la publicación y con las traducciones españolas disponibles. Hay que señalar que muchas de ellas fueron realizadas sobre los textos de Heidegger publicados antes de su inserción en las obras completas. Pese a ello, a efectos de su mejor ordenación, están clasificadas de acuerdo con el volumen correspondiente de dichas obras.

I. Escritos publicados 1910-1976

Tomo 1
Frühe Schriften (1912-1916)
Traducción parcial de J. Adrián Escudero, «El concepto de tiempo en la ciencia histórica», en *Tiempo e historia*, Trotta, Madrid, 2009.

Tomo 2
Sein und Zeit (1927)
Traducción de José Gaos, *El ser y el tiempo*, FCE, México, 1951. Traducción de J. E. Rivera, *Ser y tiempo*, Trotta, Madrid, 2003.

Tomo 3
Kant und das Problem der Metaphysik (1929)
Traducción de G. I. Roth, *Kant y el problema de la metafísica*, FCE, México, 1954.

Tomo 4
Erläuterungen zu Hölderlins Dichtung (1936-1968)
Traducción de J. M.ª Valverde, *Interpretaciones sobre la poesía de Hölderlin*, Ariel, Barcelona, 1983. Traducción de H. Cortés y A. Leyte, *Aclaraciones a la poesía de Hölderlin*, Alianza, Madrid, 2005. Traducción parcial de S. Ramos, *Arte y poesía*, FCE, México, 1958.

Tomo 5
Holzwege (1935-1946)
Traducción de J. Rovira, *Sendas perdidas*, Losada, Buenos Aires, 1960. Traducción de H. Cortés y A. Leyte, *Caminos de bosque*, Alianza, Madrid, 1995. Traducción parcial de S. Ramos, *Arte y poesía*, FCE, México, 1958. Traducción parcial de J. D. García Bacca, *Hölderlin y la esencia de la poesía*, Anthropos, Barcelona, 1989.

Tomo 6.1
Nietzsche I (1936-1939)
Traducción de J. L. Vermal, *Nietzsche*, Destino, 2000.

Tomo 6.2
Nietzsche II (1939-1946)
Traducción de J. L. Vermal, *Nietzsche*, Destino, 2000.

Tomo 7
Vorträge und Aufsätze (1936-1953)
Traducción de E. Barjau, *Conferencias y artículos*. Ediciones del Serbal, Barcelona, 1994. Traducción parcial de F. Soler y J. Acevedo en *Filosofía, ciencia y técnica*, Editorial Universitaria, Santiago de Chile, 2003.

Tomo 8
Was heißt Denken? (1951-1952)
Traducción de H. Kahnemann, *¿Qué significa pensar?*, Nova, Buenos Aires, 1978.
Traducción de R. Gabás, *¿Qué significa pensar?*, Trotta, Madrid, 2005

Tomo 9
Wegmarken (1919-1961)
Traducción de H. Cortés y A. Leyte, *Hitos*, Alianza, Madrid, 2000. Traducciones parciales: de D. García Bacca y A. Wagner de Reyna en *Doctrina de la verdad según Platón y Carta sobre el Humanismo*, Santiago de Chile, 1958; de X. Zubiri y E. García Belsunce en *¿Qué es metafísica? y otros ensayos*, Fausto, Buenos Aires, 1996; de J. L. Molinuevo en *Hacia la pregunta por el ser*, Paidós, Barcelona, 1994.

Tomo 10
Der Satz vom Grund (1955-1956)
Traducción de F. Duque y J. Pérez de Tudela, *La proposición del fundamento*, Ediciones del Serbal, Barcelona, 1991.

Tomo 11
Identität und Differenz (1955-1957)
Traducción de H. Cortés y A. Leyte, *Identidad y diferencia*, Anthropos, Barcelona, 1988. Traducción parcial de J. L. Molinuevo *¿Qué es filosofía?*, Narcea, Madrid, 1978 y de J. A. Escudero, *¿Qué es filosofía?* Editorial Herder, Barcelona, 2004. Traducción parcial de M. C. Ponce Ruiz, *Die Kehre*, Alción, Buenos Aires, 1991.

Tomo 12
Unterwegs zur Sprache (1950-1959)
Traducción de Y. Zimmermann, *De camino al habla*, Ediciones del Serbal, Barcelona, 1987.

Tomo 13
Aus der Erfahrung des Denkens (1910-1976)
Traducción de J. B. Linares, *Desde la experiencia del pensar*, Península, Barcelona, 1986. Traducción parcial de C. Rubies, *Camino de campo*, Herder, Barcelona, 2003. Traducción parcial de A. García Astrada, *La experiencia del pensar; Hebel, el amigo de la casa*, Ediciones del Copista, Córdoba, 2007. Traducción parcial de F. Duque, *Desde la experiencia del pensar*, Abada, Madrid, 2005. Traducción parcial de J. Adrián Escudero, *El arte y el espacio*, Herder, Barcelona, 2009. Traducción parcial de R. Barce, «De la experiencia del pensar», en: *Palos de la crítica*, 41/2 (abril-septiembre 1981).

Tomo 14
Zur Sache des Denkens (1962-1964)
Traducción de M. Garrido, J. L. Molinuevo y F. Duque, *Tiempo y ser*, Tecnos, Madrid, 1999. Traducción parcial de J. L. Molinuevo *¿Qué es filosofía?*, Narcea, Madrid, 1978.

Tomo 15
Seminare (1951-1973)
Traducción parcial de J. Muñoz y S. Mas *Heráclito*, Ariel, Barcelona, 1986; y de Diego Tatián, *Seminario de Le Thor (1969)*, Alción, Córdoba (Argentina), 1995. Carlos V. Di Silvestre, *Seminario en Zähringen 1973*, en: *Alea. Revista internacional de fenomenología y hermenéutica*, n.º 4 (2006).

Tomo 16
Reden und andere Zeugnisse eines Lebensweges (1910-1976)
Traducción parcial de R. Rodríguez en *La autoafirmación de la Universidad alemana*, Tecnos, Madrid, 1989.

II. Cursos 1919-1944

a) *Cursos de Marburgo 1923-1928*

Tomo 17
Einführung in die phänomenologische Forschung (Semestre de invierno 1923/24)
Traducción de J. J. García Norro como *Introducción a la investigación fenomenológica*, Síntesis, Madrid, 2008.

Tomo 18
Grundbegriffe der aristotelischen Philosophie (Semestre de verano 1924)

Tomo 19
Platon: Sophistes (Semestre de invierno 1924/1925)

Tomo 20
Prolegomena zur Geschichte des Zeitbegriffs (Semestre de verano 1925)
Traducción de J. Aspiunza, *Prolegómenos para la historia del concepto de tiempo*, Alianza, Madrid, 2006.

Tomo 21
Logik. Die Frage nach der Wahrheit (Semestre de invierno 1925/1926)
Traducción de J. A. Ciria, *Lógica. La pregunta por la verdad*. Alianza, Madrid, 2004.

Tomo 22
Die Grundbegriffe der antiken Philosophie (Semestre de verano 1926)
Traducción de G. Jiménez González, *Conceptos fundamentales de la filosofía antigua*, Waldhuter editores, Buenos Aires, 2014.

Tomo 23 (sin publicar)
Geschichte der Philosophie von Thomas von Aquin bis Kant (Semestre de invierno 1926/1927)

Tomo 24
Die Grundprobleme der Phänomenologie (Semestre de verano 1927)
Traducción J. J. García Norro, *Los problemas fundamentales de la fenomenología*, Trotta, Madrid, 2000.

Tomo 25
Phänomenologische Interpretation von Kants Kritik der reinen Vernunft (Semestre de invierno 1927/1928)

Tomo 26
Metaphysische Anfangsgründe der Logik im Ausgang von Leibniz (Semestre de verano 1928)
Traducción de J. J. García Norro, *Principios metafísicos de la lógica*, Síntesis, Madrid, 2009.

b) *Cursos de Friburgo 1928-1944*

Tomo 27
Einleitung in die Philosophie (Semestre de invierno 1928/1929)
Traducción de M. Jiménez Redondo, *Introducción a la filosofía*, Cátedra, Madrid, 1999.

Tomo 28
Der deutsche Idealismus (Fichte, Schelling, Hegel) und die philosophische Problemlage der Gegenwart (Semestre de verano 1929)

Tomo 29/30
Die Grundbegriffe der Metaphysik. Welt - Endlichkeit - Einsamkeit (Semestre de invierno 1929/1930)
Está anunciada su traducción en Alianza por J. A. Ciria, *Los conceptos fundamentales de la metafísica. Mundo, finitud, soledad.*

Tomo 31
Vom Wesen der menschlichen Freiheit. Einleitung in die Philosophie (Semestre de verano 1930)

Tomo 32
Hegels Phänomenologie des Geistes (Semestre de invierno 1930/1931)
Traducción de M. E. Vázquez, *La fenomenología del espíritu de Hegel*, Alianza, Madrid, 1992.

Tomo 33
Aristoteles, Metaphysik Theta 1-3. Von Wesen und Wirklichkeit der Kraft (Semestre de verano 1931)

Tomo 34
Vom Wesen der Wahrheit. Zu Platons Höhlengleichnis und Theätet (Semestre de invierno 1931/1932)
Traducción de A. de Ciria, *De la esencia de la verdad. Sobre la parábola de la caverna y el Teeteto de Platón*, Herder, Barcelona, 2007.

Tomo 35
Der Anfang der abendländischen Philosophie (Anaximander und Parmenides) (Semestre de verano 1932)

Tomo 36/37
Sein und Wahrheit
1. *Die Grundfrage der Philosophie (Semestre de verano 1933)*
2. *Vom Wesen der Wahrheit (Semestre de invierno 1933/1934)*

Tomo 38
Logik als die Frage nach dem Wesen der Sprache (Semestre de verano 1934)
Traducción a partir el legado de Helene Weiss por V. Farías, *Lógica*, Anthropos, Barcelona, 1991.

Tomo 39
Hölderlins Hymnen «Germanien» und «Der Rhein» (Semestre de invierno 1934/1935)
Traducción de A. C. Merino Riofrío, *Los himnos de Hölderlin «Germania» y «El Rin»*, Biblos, Buenos Aires, 2010.

Tomo 40
Einführung in die Metaphysik (Semestre de verano 1935)
Traducción de E. Estiu, *Introducción a la metafísica*, Nova, 1972. Traducción de A. Ackermann, *Introducción a la metafísica*, Gedisa, Barcelona, 1993.

Tomo 41
Die Frage nach dem Ding. Zu Kants Lehre von den transzendentalen Grundsätzen (Semestre de invierno 1935/1936)
Traducción de E. García Belsunce y Z. Szankay, *La pregunta por la cosa*, Alfa, Buenos Aires, 1975. Traducción de J. M. García Gómez del Valle, *La pregunta por la cosa. Sobre la doctrina de los principios trascendentales de Kant*, Palamedes, Gerona, 2009.

Tomo 42
Schelling: Vom Wesen der menschlichen Freiheit (1809) (Semestre de verano 1936)
Traducción de A. Rosales, *Schelling y la libertad humana*, Monte Ávila, Caracas, 1990.

Tomo 43
Nietzsche: Der Wille zur Macht als Kunst (Semestre de invierno 1936/1937)

Tomo 44
Nietzsches metaphysische Grundstellung im abendländischen Denken: Die ewige Wiederkehr des Gleichen (Semestre de verano 1937)

Tomo 45
Grundfragen der Philosophie. Ausgewählte «Probleme» der «Logik» (Semestre de invierno 1937/1938)
Traducción de A. Xolocotzi, *Preguntas fundamentales de la filosofía: «problemas» selectos de la «lógica»*, Comares, Granada, 2008.

Tomo 46
Zur Auslegung von Nietzsches II. Unzeitgemäßer Betrachtung «Vom Nutzen und Nachteil der Historie für das Leben» (Semestre de invierno 1938/1939)

Tomo 47
Nietzsches Lehre vom Willen zur Macht als Erkenntnis (Semestre de verano 1939)

Tomo 48
Nietzsche: Der europäische Nihilismus (Segundo trimestre 1940)

Tomo 49
Die Metaphysik des deutschen Idealismus. Zur erneuten Auslegung von Schelling: Philosophische Untersuchungen über das Wesen der menschlichen Freiheit und die damit zusammenhängenden Gegenstände (1809)

Tomo 50
Nietzsches Metaphysik.
Einleitung in die Philosophie - Denken und Dichten (Semestre de invierno 1944/1945)

Tomo 51
Grundbegriffe (Semestre de verano 1941)
Traducción de M. E. Vázquez, *Conceptos fundamentales*, Alianza, Madrid, 1989.

Tomo 52
Hölderlins Hymne «Andenken» (Semestre de invierno 1941/1942)

Tomo 53
Hölderlins Hymne «Der Ister» (Semestre de verano 1942)

Tomo 54
Parmenides (Semestre de invierno 1942/1943)
Traducción de Carlos Másmela, *Parménides*, Akal, Madrid, 2005.

Tomo 55
Heraklit
1. Der Anfang des abendländischen Denkens (Semestre de verano 1943)
2. Logik. Heraklits Lehre vom Logos (Semestre de verano 1944)
Traducción de C. Másmela, *Heráclito*, El Hilo de Ariadna, Buenos Aires, 2011.

c) *Primeros Cursos de Friburgo 1919-1923*

Tomo 56/57
Zur Bestimmung der Philosophie
1. Die Idee der Philosophie und das Weltanschauungsproblem (Kriegsnotsemester 1919)
Traducción de J. A. Escudero, *La idea de filosofía y el problema de la concepción del mundo*, Herder, Barcelona, 2005.
2. Phänomenologie und transzendentale Wertphilosophie (Semestre de verano 1919)
3. Apéndice: Über das Wesen der Universität und des akademischen Studiums (Semestre de verano 1919)

Tomo 58
Grundprobleme der Phänomenologie (Semestre de invierno 1919/1920)
Traducción de F. de Lara, *Problemas fundamentales de la fenomenología: (1919-1920)*, Alianza, Madrid, 2013.

Tomo 59
Phänomenologie der Anschauung und des Ausdrucks. Theorie der philosophischen Begriffsbildung (Semestre de verano 1920)

Tomo 60
Phänomenologie des religiösen Lebens
1. Einleitung in die Phänomenologie der Religion (Semestre de invierno 1920/1921)
Traducción de J. Uscatescu, *Introducción a la fenomenología de la religión*, Siruela, Madrid, 2005.
2. Augustinus und der Neuplatonismus (Semestre de verano 1921)
3. Die philosophischen Grundlagen der mittelalterlichen Mystik
Traducción de J. Muñoz: *Estudios sobre mística medieval*, Siruela, Madrid, 1997.

Tomo 61
Phänomenologische Interpretationen zu Aristoteles.
Einführung in die phänomenologische Forschung (Semestre de invierno 1921/1922)

Tomo 62
Phänomenologische Interpretationen ausgewählter Abhandlungen des Aristoteles zu Ontologie und Logik (Semestre de verano 1922)
Apéndice: Phänomenologische Interpretationen zu Aristoteles (Anzeige der hermeneutischen Situation) («Informe Natorp», 1922)
Traducción de J. A. Escudero, *Interpretaciones fenomenológicas sobre Aristóteles. Indicación de la situación hermenéutica*, Trotta, Madrid, 2002.

Tomo 63
Ontologie. Hermeneutik der Faktizität (Semestre de verano 1923)
Traducción de J. Aspiunza, *Ontología. Hermenéutica de la facticidad*, Alianza, Madrid, 1999.

III.   Escritos no publicados. Conferencias-pensamientos

Tomo 64
Der Begriff der Zeit (1924)
Traducción parcial de R. Gabás y J. Adrián Escudero en *El concepto de tiempo*, Trotta, Madrid, 1999. Traducción completa de J. Adrián Escudero, *El concepto de tiempo (Tratado de 1924)*, Herder, Barcelona, 2009.

Tomo 65
Beiträge zur Philosophie (Vom Ereignis) (1936-1938)
Traducción de D. V. Picotti, *Aportes a la filosofía. Acerca del evento*, Biblos, Buenos Aires, 2003. Hay una traducción privada de Breno Onetto, *Contribuciones a la filosofía*, Santiago de Chile.

Tomo 66
Besinnung (1938/1939)
Traducción de D. V. Picotti, *Meditación*, Biblos, Buenos Aires, 2006.

Tomo 67
Metaphysik und Nihilismus
1. Die Überwindung der Metaphysik (1938/1939)
2. Das Wesen des Nihilismus (1946-1948)

Tomo 68
Hegel
Traducción de D. V. Picotti, *Hegel*, Almagesto, Buenos Aires, 2000.

Tomo 69
Die Geschichte des Seyns
1. Die Geschichte des Seyns (1938/40)
2. Koinón. Aus der Geschichte des Seyns (1939)
Traducción de D. V. Picotti, *La historia del ser*, El hilo de Ariadna, Buenos Aires, 2011.

Tomo 70
Über den Anfang (1941)
Traducción de Dina V. Picotti, *Sobre el comienzo*, Biblos, Buenos Aires, 2008.

Tomo 71
Das Ereignis (1941/1942)

Tomo 72 (sin publicar)
Die Stege des Anfangs (1944)

Tomo 73/1 y 73/2 (1935/1945)
Zum Ereignis-Denken

Tomo 74
Zum Wesen der Sprache Zur Frage nach der Kunst (1939/1959)

Tomo 75
Zu Hölderlin - Griechenlandreisen (1939/1970)
Traducción parcial de I. Reguera, *Estancias*, Pre-Textos, Valencia, 2008.

Tomo 76
Leitgedanken zur Entstehung der Metaphysik, der neuzeitlichen Wissenschaft und der modernen Technik

Tomo 77
Feldweg-Gespräche (1944/1945)

Tomo 78
Der Spruch des Anaximander (1946)

Tomo 79
Bremer und Freiburger Vorträge
1. Einblick in das was ist. Bremer Vorträge 1949: Das Ding - Das Ge-stell - Die Gefahr - Die Kehre
2. Grundsätze des Denkens. Freiburger Vorträge 1957
Traducción parcial de M. C. Ponce Ruiz, *Die Kehre*, Alción, Buenos Aires, 1991.

Tomo 80 (sin publicar)
Vorträge
Traducción parcial de J. Adrián Escudero, *Tiempo e historia*, Trotta, Madrid, 2009.
Traducción parcial de B. Onetto, «Para abordar la pregunta por la determinación del asunto del pensar», en: *Mapocho. Revista de Humanidades y Ciencias Sociales*, 45, 1999.

Tomo 81
Gedachtes (1910/1975)
Traducción parcial de A. de Ciria, *Pensamientos poéticos*, Herder, Barcelona, 2010.

IV. Notas y apuntes

Tomo 82 (sin publicar)
Zu eigenen Veröffentlichungen

Tomo 83
Seminare: Platon - Aristoteles - Augustinus (1928/1952)

Tomo 84.1 y 84.2
Seminare: Leibniz - Kant - Schiller (1931/1936)

Tomo 85
Seminar: Vom Wesen der Sprache
Die Metaphysik der Sprache und die Wesung des Wortes
Zu Herders Abhandlung «Über den Ursprung der Sprache»

Tomo 86
Seminare: Hegel - Schelling (1927/1957)

Tomo 87
Nietzsche: Seminare 1937 und 1944
1. *Nietzsches metaphysische Grundstellung (Sein und Schein)*
2. *Skizzen zu Grundbegriffe des Denkens*

Tomo 88
Seminare:
1. *Die metaphysischen Grundstellungen des abendländischen Denkens (1937/1938)*
Traducción de A. de Cira, *Posiciones metafísicas fundamentales del pensamiento occidental: ejercicios en el semestre de invierno de 1937-1938*, Herder, Barcelona, 2012.
2. *Einübung in das philosophische Denken (1941/1942)*
Traducción de A. de Ciria, *Ejercitación en el pensamiento filosófico: ejercicios en el semestre de invierno de 1941-1942*, Herder, Barcelona, 2011.

Tomo 89 (sin publicar)
Zollikoner Seminare
Traducción de la versión publicada fuera de la *Gesamtausgabe* de A. Xolocotzi, *Seminarios de Zollikon*, Jitanjáfora, Morelia, 2007 y segunda edición en Herder, Barcelona, 2013.

Tomo 90
Zu Ernst Jünger (1934/1954)

Tomo 91 (sin publicar)
Ergänzungen und Denksplitter

Tomo 92 (sin publicar)
Ausgewählte Briefe I

Tomo 93 (sin publicar)
Ausgewählte Briefe II

Tomo 94
Überlegungen II-VI (Schwarze Hefte 1931/1938)

Tomo 95
Überlegungen VII-XI (Schwarze Hefte 1938/1939)

Tomo 96
Überlegungen XII-XV (Schwarze Hefte 1939/1941)

Tomo 97
Anmerkungen I-V (Schwarze Hefte 1942/1948)

Tomo 98 (sin publicar)
Anmerkungen VI-IX

Tomo 99 (sin publicar)
Vier Hefte I - Der Feldweg
Vier Hefte II - Durch Ereignis zu Ding und Welt

Tomo 100 (sin publicar)
Vigilae I, II

Tomo 101 (sin publicar)
Winke I, II

Tomo 102 (sin publicar)
Vorläufiges

No están incluidas en el catálogo de las obras completas:

Gelassenheit, Klett-Cotta, Stuttgart, 2001 (12.ª ed.).
Traducción de Y. Zimmermann, *Serenidad*, Ediciones del Serbal, Barcelona, 1989.

M. Heidegger y H. Arendt, *Briefwechsel 1925-1975 und andere Zeugnisse*.
Traducción de A. Kovacsics, *Correspondencia 1925-1975*, Herder, Barcelona, 2000.

M. Heidegger y R. Bultmann, *Briefwechsel 1925-1975*.
Traducción de R. Gabás, *Correspondencia: 1925-1975*, Herder, Barcelona, 2011.

M. Heidegger y K. Jaspers, *Briefwechsel 1920-1963*, V. Klostermann, Frankfurt, 1990.
Traducción de J. J. García Norro, *Correspondencia 1920-1963*, Síntesis, Madrid, 2003.

M. Heidegger y L. von Ficker, *Briefwechsel 1952-1967*, Klett-Cotta, Stuttgart, 2004.

M. Heidegger y B. Welte, *Briefe und Begegnungen*, Klett-Cotta, Stuttgart, 2003.

M. Heidegger y I. von Bodmershof, *Briefwechsel 1959-1976*, Klett-Cotta, Stuttgart, 2000.

M. Heidegger, «*Mein liebes Seelchen!*»*Briefe Martin Heideggers an seine Frau Elfriede, 1915-1970*, Deutsche Verlag-Anstalt, Múnich, 2005. Traducción de S. Sfriso, *¡Alma mía! Cartas de Martin Heidegger a su mujer Elfride. 1915-1970*, Manantial, Buenos Aires, 2008.

M. Heidegger y K. Löwith, *Briefwechsel 1919-1973*, K. Alber, Freiburg - München, 2015.

B) OBRAS SOBRE HEIDEGGER

ACEVEDO, J.: *En torno a Heidegger*, Ed. Universitaria, Santiago de Chile, 1990.
— *Heidegger y la época de la técnica*, Ed. Universitaria, Santiago de Chile, 1999.
ADRIÁN ESCUDERO, J.: *El lenguaje de Heidegger: diccionario filosófico 1912-1927*, Herder, Barcelona, 2009.
— *Heidegger y la genealogía de la pregunta por el ser: una articulación temática y metodológica de su obra temprana*, Herder, Barcelona, 2010.
AGUILAR-ÁLVAREZ BAY, T.: *El lenguaje en el primer Heidegger*, FCE, México, 1998.
ALEMÁN, J. y LARRIERA, S.: *Lacan: Heidegger, un decir menos tonto*, Ed. Miguel Gómez, Granada, 1998.
ALLEMAN, B.: *Hölderlin y Heidegger*, Mirasol, Buenos Aires, 1965.
ALVANO, S.: *Heidegger, Hölderlin y el budismo Zen*, Quadrata, Buenos Aires, 2007.
AMENGUAL, G., CABOT, M. y VERMAL, J. L.: *Rupturas de la tradición. Estudios sobre Walter Benjamin y Martin Heidegger*, Trotta, Madrid, 2008.
ARAGÜES ESTRAGUÉS, J. M. y EZQUERRA GÓMEZ, J. (coord.): *De Heidegger al postestructuralismo: panorama de la ontología y la antropología contemporáneas*, Universidad de Zaragoza, Zaragoza, 2014.
ASTRADA, C.: *Idealismo fenomenológico y metafísica existencial*, Facultad de Filososofía y Letras, Buenos Aires, 1936.
— *Martin Heidegger. De la analítica ontológica a la dimensión dialéctica*, Juárez, Buenos Aires, 1970.
AXELOS, K.: *Introducción a un pensar futuro. Sobre Marx y Heidegger*, Amorrortu, Buenos Aires, 1973.
BADIOU, A. y CASSIN, B.: *Heidegger: el nazismo, las mujeres, la filosofía*, Amorrortu, Buenos Aires, 2011.
BARAÑANO LETAMENDIA, K.: *Chillida, Heidegger, Husserl: el concepto del espacio en la filosofía y la plástica del siglo XX*, Universidad del País Vasco, 1992.
BEAUFRET, J.: *Al encuentro de Heidegger. Conversaciones con F. de Towarnicki*, Monte Ávila, Caracas, 1993.
BECH, J. M.: *De Husserl a Heidegger*, Universidad de Barcelona, Barcelona, 2001.
BEISTEGUI, M.: *Heidegger y lo político: distopías*, Prometeo Libros, Buenos Aires, 2013.
BEJARANO CANTERA, R.: *Habitación del vacío. Heidegger y el problema del espacio después del humanismo*, Thémata - Plaza y Valdés, Sevilla - Madrid, 2010.
BENEDITO, M. F.: *Heidegger en su lenguaje*, Tecnos, Madrid, 1992.

BENGOA RUIZ DE AZUA, J.: *De Heidegger a Habermas: hermenéutica y fundamentación última de la filosofía contemporánea*, Herder, Barcelona, 1992.
BERCIANO, M.: *La crítica de Heidegger al pensar Occidental*, Universidad Pontificia de Salamanca, Salamanca, 1990.
— *Superación de la metafísica en Martin Heidegger*, Universidad de Oviedo, Oviedo, 1990.
— *La revolución filosófica de Heidegger*, Biblioteca Nueva, Madrid, 2001.
BERTORELLO, A.: *El abismo del espejo. La estructura narrativa de la filosofía de M. Heidegger*, Universidad de La Plata, La Plata, 2013.
BIEMEL, W.: *La interpretación del arte en Heidegger*, Centro de Semiótica y Teoría del Espectáculo, Universidad de Valencia, 1994.
BOEDER, H.: *El límite de la modernidad y el legado de Heidegger*, Quadrata, México, 2003.
BORGES-CAAMAL, V.: *Heidegger: ¿a cuenta de qué?*, Universidad Veracruzana - Instituto Veracruzano de la Cultura, Veracruz, 2013.
BOURDIEU, P.: *La ontología política de Martin Heidegger*, Paidós, Barcelona, 1991.
BULO VARGAS, V.: *El temblor del ser. Cuerpo y afectividad en el pensamiento tardío de Heidegger*, Biblos, Buenos Aires, 2012.
BULTMANN, R.: *Correspondencia 1925-1975. Rudolf Bultmann/Martin Heidegger*, Herder, Barcelona, 2011.
CAPELLE-DUMONT, P.: *Filosofía y teología en el pensamiento de Martin Heidegger*, FCE, México, 2012.
CARDONA, L. F.: *Heidegger: el testimonio del pensar*, Pontificia Universitaria Javeriana, Bogotá, 2007.
CARRASCO PIRARD, E.: *Heidegger y la historia del ser: interpretación del último capítulo del libro «Nietzsche» de M. Heidegger*, Editorial Universitaria, Santiago de Chile, 2007.
CEREZO GALÁN, P.: *Arte, verdad y ser en Heidegger*, Fundación Universitaria Española, Madrid, 1952.
COHN, P.: *Heidegger. Su filosofía a través de la nada*, Guadarrama, Madrid, 1974.
COLONNELLO, P.: *Martin Heidegger y Hannah Arendt: la carta jamás escrita*, Del signo, Buenos Aires, 2010.
CONCHE, M.: *Heidegger en la tormenta*, Melusina, Barcelona, 2006.
CONSTANTE, A.: *El retorno al fundamento del pensar: Martin Heidegger*, UNAM, México, 1986.
CORDUA, C.: *Filosofía a destiempo. Seis ensayos sobre Heidegger*, ed. RIL, Santiago de Chile, 1999.
CORVEZ, M.: *La filosofía de Heidegger*, FCE, México, 1970.
CRUZ VÉLEZ, D.: *Filosofía sin supuestos*, Sudamericana, Buenos Aires, 1970.
DERISI, O.: *El último Heidegger*, Eudeba, Buenos Aires, 1968.
DERRIDA, J.: *Del Espíritu. Heidegger y la pregunta*, Pre-Textos, Valencia, 1989.
DREYFUS, H.: *Ser-en-el-mundo: comentario a la división I de Ser y tiempo de Martin Heidegger*, Cuatro Vientos, Santiago de Chile, 1996.
DUQUE, F.: *Heidegger: la voz de tiempos sombríos*, Serbal, Barcelona, 1991.
— *En torno al humanismo. Heidegger, Gadamer, Sloterdijk*, Tecnos, Madrid, 2002.
DUQUE, F. y otros: *Los confines de la modernidad. Diez años después de Heidegger*, Granica, Barcelona, 1988.
DUQUE, F. (ed.): *Heidegger. Sendas que vienen*, 2 vols., Círculo de Bellas Artes, Madrid, 2008.
ECHARRI, J.: *Fenómeno y verdad en Heidegger*, Universidad de Deusto, Bilbao, 1997.
ECHAURI, R.: *Heidegger y la metafísica tomista*, Eudeba, Buenos Aires, 1970.

ERRO, C.: *El diálogo existencial. Exposición y análisis de la filosofía de Heidegger*, Buenos Aires, 1938.
ESCALANTE, E.: *Heidegger*, Universidad Autónoma Metropolitana - Casa Juan Pablos, México, 2007.
ESCUDERO PÉREZ, A.: *El tiempo del sujeto*, Arena, Madrid, 2010.
ETTINGER, E.: *H. Arendt y M. Heidegger*, Tusquets, Barcelona, 1996.
FARIAS, V.: *Heidegger y el nazismo*, Muchnik, Barcelona, 1989.
— *Heidegger y su herencia. Los neonazis, el neofascismo europeo y el fundamentalismo islámico*, Tecnos, Madrid, 2010.
FAYE, E.: *Heidegger, la introducción del nazismo en torno a los seminarios inéditos*, Akal, Madrid, 2009.
FIGAL, G.: *Indiferenciación vital y distanciamiento. La actitud hacia sí en relación con Heidegger, Kierkegaard y Hegel*, Biblos, Buenos Aires, 2010.
FERNÁNDEZ COUTO, R. (comp.): *Conmemorando a Heidegger*, Letra Viva, Buenos Aires, 2002.
FERRY, L. y RENAUD, A.: *Heidegger y los modernos*, Paidós, Buenos Aires, 2001.
GADAMER, H.-G.: *Los caminos de Heidegger*, Herder, Barcelona, 2002.
GAOS, J.: *Introducción a El ser y el Tiempo de M. Heidegger*, FCE, México, 1951.
GARCÍA BACCA, J. D.: *Nueve grandes filósofos contemporáneos y sus temas*, Anthropos, Barcelona, 1990.
GARCÍA GAINZA: *Heidegger y la cuestión del valor. Estudio de los escritos de juventud (1912-1927)*, Newbook, Pamplona, 1997.
GIL VILLEGAS, F. B.: *Los profetas y el Mesías: Lukacs y Ortega como precursores de Heidegger en el Zeitgeist de la modernidad*, Centro de Estudios Internacionales, México, 1996.
GOLDMANN, L.: *Lukacs y Heidegger*, Amorrortu, Buenos Aires, 1957.
GONZÁLEZ, J.: *Heidegger y los relojes. Fenomenología genética de la medición del tiempo*, Encuentro, Madrid, 2008.
GREISCH, J.: *La invención de la diferencia ontológica: Heidegger después de Ser y tiempo*, Las cuarenta, Buenos Aires, 2010.
GUERRA TEJADA, R. y YÁNEZ VILALTA, A. (coord.): *Martin Heidegger: Caminos*, Centro Regional de Investigaciones Multidisciplinares (UNAM), México, 2009.
GUILEAD, R.: *Ser y libertad. Un estudio sobre el último Heidegger*, ed. G. del Toro, Madrid, 1969.
GUTIÉRREZ, C. B.: *La crítica del concepto de valor en Heidegger*, Ediciones Uniandes, Bogotá, 2009.
HERRMANN, F.-W. VON: *La segunda mitad de Ser y tiempo*, Trotta, Madrid, 1997.
JASPERS, K.: *Notas sobre Heidegger*, Grijalbo - Mondadori, Barcelona, 1990.
LACOUE-LABARTHE, P.: *La ficción de lo político. Heidegger, el arte y la política*, Arena, Madrid, 2002.
— *Heidegger, la política del poema*, Trotta, Madrid, 2007.
LAFONT, C.: *Lenguaje y apertura del mundo. El giro lingüístico de la hermenéutica de Heidegger*, Alianza, Madrid, 1997.
LEVINAS, E.: *Descubriendo la existencia con Husserl y Heidegger*, Síntesis, Madrid, 2005.
LEYTE COELLO, A.: *Ensaios sobre Heidegger*, Galaxia, Vigo, 1995.
— *Heidegger*, Alianza, Madrid, 2005.
LOSURDO, D.: *La comunidad, la muerte, Occidente. Heidegger y la «ideología de la guerra»*, Losada, Barcelona, 2003.
LÖWITH, K.: *Heidegger, pensador de un tiempo indigente*, Rialp, Madrid, 1956.
LYOTARD, J. F.: *Heidegger y los judíos*, ed. La Marca, Buenos Aires, 1995.

MARION, J. L.: *Reducción y donación: investigaciones acerca de Husserl, Heidegger y la fenomenología*, Prometeo Libros, Buenos Aires, 2011.
MARTÍNEZ CRISTERNA, G., QUESADA, J. y FAYE, E., *Adiós a Heidegger*, Hombre y Mundo, México, 2009.
MARTÍNEZ MARZOA, F.: *Heidegger y su tiempo*, Akal, Madrid, 1999.
MÁSMELA, C.: *Martin Heidegger: el tiempo del ser*, Trotta, Madrid, 2000.
MATE, R.: *Heidegger y el judaísmo*, Anthropos, Barcelona, 1998.
MEIRA, O.: *Heidegger, Lacan, Heidegger*, Letra Viva, Buenos Aires, 2009.
MESCHONNIC, H.: *Heidegger o El nacional-esencialismo*, Arena Libros, Madrid, 2009.
MOLINUEVO, J. L.: *La ambigüedad de lo originario en Heidegger*, Novo Século, Iria Flavia, 1994.
— *El espacio político del arte. Arte e historia en Heidegger*, Tecnos, Madrid, 1998.
MORENO CLARÓS, L. F.: *Heidegger*, Edad, Madrid, 2002.
MÜLLER, M.: *Crisis de la metafísica*, Sur, Buenos Aires, 1961.
MUÑOZ MARTÍNEZ, R.: *Resonancias y silencios de la palabra: la significación ontológica de la palabra en Heidegger*, Grupo Nacional de Editores, Sevilla, 2011.
NAVARRO CORDÓN, J. M. y RODRÍGUEZ GARCÍA, R.: *Heidegger o el final de la filosofía*, Universidad Complutense, Madrid, 1993.
NOLTE, E.: *Heidegger. Política e historia en su vida y pensamiento*, Tecnos, Madrid, 1998.
OLASAGASTI, M.: *Introducción a Heidegger*, Revista de Occidente, Madrid, 1967.
ORTIZ-OSÉS, A.: *Heidegger y el ser-sentido*, Universidad de Deusto, Bilbao, 2009.
OTT, H.: *Heidegger, en camino hacia su biografía*, Alianza, Madrid, 1992.
OYARZÚN, P.: *Entre Celan y Heidegger*, Metales Pesados, Santiago de Chile, 2013.
PEÑALVER, P.: *Del espíritu al tiempo. Lecturas de el Ser y el tiempo de Heidegger*, Anthropos, Barcelona, 1989.
PETZET, H. W.: *Encuentros y diálogos con Martin Heidegger. 1929-1976*, Katz, Madrid, 2007.
PÖGGELER, O.: *Filosofía y política en Heidegger*, Alfa, Barcelona, 1984.
— *El camino del pensar de Martin Heidegger*, Alianza, Madrid, 1986.
POTESTÁ, A.: *El origen del sentido: Husserl, Heidegger, Derrida*, Metales Pesados, Santiago de Chile, 2013.
PECELLÍN, M. y REGUERA, I. (eds.): *Wittgenstein-Heidegger*, Universidad de Badajoz, Badajoz, 1990.
QUESADA, J.: *Heidegger de camino al holocausto*, Biblioteca Nueva, Madrid, 2008.
QUILES, I.: *Heidegger. El existencialismo de la angustia*. Espasa Calpe, Buenos Aires, 1948.
REDONDO SÁNCHEZ, P.: *Filosofar desde el temple de ánimo*, Universidad de Salamanca, Salamanca, 2005.
REGALADO GARCÍA, A.: *El laberinto de la razón: Ortega y Heidegger*, Alianza, Madrid, 1990.
REY SALAMANCA, S.: *A las significaciones les brotan las palabras: el lenguaje en la filosofía del joven Heidegger*, Universidad de los Andes - CESO, Bogotá, 2009.
RIU, F.: *Ensayos sobre la técnica en Ortega, Heidegger, García Bacca, Mayz*, Anthropos, Barcelona, 2010.
RIVERA, J. E.: *Heidegger y Zubiri*, Pontificia Universidad Católica de Chile, Santiago de Chile, 2001.
RIVERA, J. E. y STUVEN, M. T.: *Comentario a «Ser y tiempo» de Martin Heidegger*, vol. 1: *Introducción*, Pontificia Universidad Católica de Chile, Santiago de Chile, 2008.
— *Comentario a «Ser y tiempo» de Martin Heidegger*, vol. 2: *Primera Sección*, Pontificia Universidad Católica de Chile, Santiago de Chile, 2010.
RIVERO WEBER, P.: *Alétheia. Encubrimiento y desencubrimiento del ser*, UNAM, México, 2004.

ROCHA DE LA TORRE, A. (ed.): *Heidegger hoy. Estudios y perspectivas*, Grama, Buenos Aires, 2011.
RODRÍGUEZ, J. C.: *Para una lectura de Heidegger. Algunas claves de la escritura actual*, Universidad de Granada, Granada, 2011.
RODRÍGUEZ, R.: *Heidegger y la crisis de la época moderna*, Síntesis, Madrid, 2006.
— *Hermenéutica y subjetividad. Ensayos sobre Heidegger*, Trotta, Madrid, 2010 (=1993).
— *La transformación hermenéutica de la fenomenología*, Tecnos, Madrid, 1997.
— *Del sujeto y la verdad*, Síntesis, Madrid, 2004.
RODRÍGUEZ HIDALGO, J.: *¿Sólo un dios puede aún salvarnos?: Heidegger y la técnica*, El Salmón, Alicante, 2013.
RODRÍGUEZ FRANCIA, A. M.: *Recensión de El ser y el tiempo de Martin Heidegger. Guía para estudiantes*, Corregidor, Buenos Aires, 2008.
RODRÍGUEZ SUÁREZ, L. P.: *Sentido y ser en Heidegger*, Universidad de Zaragoza, Zaragoza, 2004.
ROJAS JIMÉNEZ, A.: *La cuadratura. La última palabra del pensamiento ontológico de Heidegger*, Universidad de Málaga, Málaga, 2009.
— *La deuda inconfesada de Heidegger. De la presencia de Schelling en la obra de Heidegger después de 1941*, Universidad de Málaga, Málaga, 2014.
RORTY, R.: *Ensayos sobre Heidegger y otros pensadores contemporáneos*, Paidós, Barcelona, 1993.
SABROVSKY, E. (ed.): *La técnica en Heidegger*, 2 vols., Universidad Diego Portales, Santiago de Chile, 2006.
SACRISTÁN LUZÓN, M.: *Las ideas gnoseológicas de Heidegger*, CSIC, Barcelona, 1959; segunda edición: Crítica, Barcelona, 1995.
SADZIK, J.: *La estética de Heidegger*, Miracle, Barcelona, 1970.
SAFRANSKI, R.: *Un maestro de Alemania. M. Heidegger y su tiempo*, Tusquets, Barcelona, 1997.
SÁNCHEZ ÁLVAREZ-INSÚA, A.: *De Heidegger a Sartre. Apólogos de Martín-Santos. Una lectura existencial*, Abada Editores, Madrid, 2009.
SANTIESTEBAN, L. C.: *Heidegger y la ética*, Aldus - Universidad Autónoma de Chihuahua, México, 2009.
SAVIANI, C.: *El oriente de Heidegger*, Herder, Barcelona, 2013.
SCHÈRER, R.: *Heidegger o la experiencia del pensamiento*, Edaf, Madrid, 1975.
SEGURA, A.: *Heidegger en el contexto del pensamiento «debole» de Vattimo*, Universidad de Granada, Granada, 1996.
SEGURA PERAITA, C.: *Hermenéutica de la vida humana. En torno al informe Natorp de Martin Heidegger*, Trotta, Madrid, 2002.
SEPICH, J. R.: *La filosofía de Ser y tiempo de Heidegger*, Nuestro Tiempo, Buenos Aires, 1954.
SLOTERDIJK, P.: *Sin salvación. Tras las huellas de Heidegger*, Akal, Madrid, 2011.
SOLER, F.: *Apuntes acerca del pensar de Heidegger*, A. Bello, Santiago de Chile, 1983.
SPANOS, W. V.: *Heidegger y la crisis del humanismo contemporáneo: el caso de la academia norteamericana*, Ediciones Escaparate, Santiago de Chile, 2009.
STEIN, E.: *La filosofía existencial de Martin Heidegger*, Trotta, Madrid, 2010.
STEINER, G.: *Heidegger*, FCE, México, 1983.
TUGENDHAT, E.: *Autoconciencia y autodeterminación*, FCE, México, 1993.
— *Ser, verdad, acción*, Gedisa, Barcelona, 2000.
VATTIMO, G.: *Introducción a Heidegger*, Gedisa, Barcelona, 1996.
VIDA CALATAYUD, J.: *Nietzsche contra Heidegger*, Dykinson, Madrid, 2008.
VIGO, A. G.: *Arqueología y aleteiología y otros estudios heideggerianos*, Biblos, Buenos Aires, 2008; segunda edición ampliada: *Arqueología y aleteiología. Estudios heideggerianos*, Logos, Berlín, 2014.

VOLPI, F.: *Martin Heidegger. Aportes de filosofía*, Maia Ediciones, Madrid, 2010.
— *Heidegger y Aristóteles*, FCE, México, 2012.
WAELHENS, A.: *La filosofía de Martin Heidegger*, CSIC, Madrid, 1952.
— *Heidegger*, Losange, Buenos Aires, 1954.
VVAA: *Dos centenarios filosóficos: Martin Heidegger - Gabriel Marcel*, Ed. Complutense, Madrid, 1989.
WAGNER DE REYNA, A.: *La ontología fundamental de Heidegger, su motivo y su significación*, Losada, Buenos Aires, 1939.
WOLIN, R.: *Los hijos de Heidegger. Arendt, Löwith, Jonas, Marcuse*, Cátedra, Madrid, 2003.
XOLOCOTZI, A.: *Fenomenología de la vida fáctica. Heidegger y su camino a Ser y tiempo*, Plaza y Valdés, México, 2004.
— *Facetas heideggerianas*, Los Libros de Homero, Puebla, 2009.
— *Fundamento y abismo: aproximaciones al Heidegger tardío*, Porrúa, México, 2011.
— *Una crónica de «Ser y tiempo» de Martin Heidegger*, Itaca, México, 2011.
— *Heidegger y el nacionalsocialismo: una crónica*, E. Plaza y Valdés, México, 2013.
XOLOCOTZI, A. y GIBU SHIMABUKURO, R.: *Heidegger: del sentido a la historia*, E. Plaza y Valdés, México, 2014.
XOLOCOTZI, A. y TAMAYO, L.: *Los demonios de Heidegger. Eros y manía en el maestro de la Selva Negra*, Trotta, Madrid, 2012.
ZHANG, X. L.: *Biografía de Heidegger*, Universidad de Beijing, Beijing, 2007.
ZIMMERMAN, H. D.: *Martin y Fritz Heidegger*, Herder, Barcelona, 2007.

LOS AUTORES

FRANCISCO DE LARA, Doctor en Filosofía por la Universidad de Friburgo (Alemania) y la Universidad Autónoma de Madrid, es Profesor de Filosofía en la Pontificia Universidad Católica de Chile, Santiago de Chile. Su tesis doctoral sobre la filosofía del joven Heidegger fue galardonada con el premio Max Müller de la Universidad de Friburgo. Fundó y edita la *Revista Internacional de Fenomenología y Hermenéutica ALEA* y es director de la colección Filosofía UC (Plaza y Valdés). Autor del libro *Phänomenologie der Möglichkeit. Grundzüge der Philosophie Heideggers 1919-1923* (Karl Alber, 2008) y editor de *Entre fenomenología y hermenéutica. Franco Volpi in memoriam* (Plaza y Valdés, 2011) y de *Heidegger: Lógos-Lógica-Lenguaje* (Teseo, 2012). Es autor de diversos artículos, capítulos de libros y entradas de diccionario sobre Heidegger así como traductor de *Problemas fundamentales de la fenomenología* (Alianza, 2014) y *Experiencias del pensar* (Abada, 2014). Es miembro fundador de la Sociedad Iberoamericana de Estudios Heideggerianos.

JUAN JOSÉ GARCÍA NORRO es Profesor de Metafísica en la Universidad Complutense de Madrid. Entre otras contribuciones, ha traducido, prologado y anotado cuatro obras de Heidegger: *Los problemas fundamentales de la fenomenología* (Madrid, 2000), *Los principios metafísicos de la lógica* (Madrid, 2009), *Introducción a la investigación fenomenológica* (Madrid, 2008) y *Correspondencia entre M. Heidegger y K. Jaspers* (Madrid, 2003).

JEAN GRONDIN, Doctor en Filosofía por la Universidad de Tubinga (1982), es profesor titular de la Universidad de Montreal desde 1991. Sus trabajos se centran en la filosofía alemana, la historia de la metafísica, la fenomenología, la hermenéutica, la filosofía de la religión y la del sentido de la vida. Es autor de una veintena de obras que han sido traducidas a una docena de lenguas. Es miembro de la Academia de las letras y de las ciencias humanas de la Sociedad Real de Canadá. Laureado de los premios Killam, Léon-Gérin, André-Laurendeau y Konrad Adenauer. Titular de la Cátedra de metafísica Étienne Gilson en mayo de 2013 en París y Premio Molson en 2014.

FRANÇOIS JARAN, Doctor por la Universidad de Montreal (Canadá) y becario de la Alexander von Humboldt-Stiftung (Alemania), es profesor en la Universidad de Valencia (España). Autor de numerosos artículos sobre Heidegger, ha publicado en los últimos años *Phénoménologies de l'histoire* (Peeters, 2013), *Heidegger inédit 1929-1930* (Vrin, 2012) y *La métaphysique du Dasein* (Zeta Books, 2010). También ha publicado con Christophe Perrin una concordancia en tres volúmenes de la obra completa de Heidegger (*The Heidegger Concordance*, Bloomsburry Academics, 2013).

RAMÓN RODRÍGUEZ es Catedrático de Filosofía en la Facultad de Filosofía de la Universidad Complutense de Madrid. Es autor de *Hermenéutica y subjetividad* (Madrid, 2010), *Heidegger y la crisis de la época moderna* (Madrid, 1987, 2006), *La transformación hermenéutica de la fenomenología. Una interpretación de la obra temprana de Heidegger* (Madrid, 1997), *Del sujeto y la verdad* (Madrid, 2004) y editor de *Métodos del pensamiento ontológico* (Madrid, 2002). Ha publicado igualmente numerosos artículos y colaborado en diversos volúmenes colectivos en el ámbito de la fenomenología y la hermenéutica. Premio Internacional Franco Volpi de la Sociedad Iberoamericana de Estudios Heideggerianos (2013).

ROBERTO GUSTAVO RUBIO es Licenciado en Filosofía por la Universidad Nacional de Salta (Argentina) y Doctor en Filosofía por la Universidad de Friburgo (Alemania). Actualmente es profesor de la Universidad Alberto Hurtado (Chile). Allí dirige el área de posgrado en Filosofía. Sus líneas de investigación son fenomenología, hermenéutica y filosofía de la imagen. Algunas publicaciones: *Zur Möglichkeit einer Philosophie des Verstehens. Das produktive Scheitern Heideggers* (Tubinga, 2006); «La concepción ontológica de Heidegger sobre la producción. El descubrimiento de la plasticidad» (*Gregorianum*, 2010); «Heideggers Destruktion des Bildes», en: M. Hiller (ed). *Kunst, Erkenntnis, Wissenschaft* (Heidelberg, en prensa).

CARLOS DI SILVESTRE, Doctor en Filosofía por la Universidad Nacional de Cuyo, Argentina. Ha sido becario del CONICET (Argentina) y del DAAD en la Universidad de Friburgo, Alemania. Actualmente es Profesor Titular en el Departamento de Filosofía de la Universidad Nacional de Cuyo. Sus áreas de investigación son la fenomenología, la hermenéutica y la filosofía del lenguaje contemporánea, sobre las que ha publicado recensiones, traducciones y artículos en volúmenes colectivos y revistas especializadas de Argentina, Chile, Colombia y España. Entre sus publicaciones sobre Heidegger figuran: «Seminario en Zähringen, 1973» (*Alea*, 2006), «La temporeidad extático-horizontal como origen de la trascendencia del Dasein» (*Discusiones filosóficas*, 2010), «Ser como vestigio. Acerca del origen ontológico de lo histórico-mundano en Heidegger» (*Endoxa*, 2011).

ALEJANDRO G. VIGO es Licenciado en Filosofía (Universidad de Buenos Aires) y Doctor en Filosofía (Universidad de Heidelberg). Ha sido becario del Conicet (Argentina), y del DAAD y la Fundación Alexander von Humboldt (Alemania). Actualmente es Profesor Ordinario del Departamento de Filosofía de la Universidad de Navarra, e Investigador Principal del Instituto Cultura y Sociedad. Es Miembro Titular del Institut International de Philosophie (París) desde 2006, y en 2010 recibió el Premio Friedrich Wilhelm Bessel (Fundación Alexander von Humboldt). Ha sido Presidente de la Sociedad Iberoamericana de Estudios Heideggerianos (2011-2013). Es autor de *Arqueología y aleteiología. Estudios heideggerianos* (2.ª ed. ampliada, Berlín, 2014; 1.ª ed. Buenos Aires, 2008).

ROBERTO J. WALTON, Doctor en Filosofía por la Universidad de Buenos Aires, es Investigador Superior del Consejo Nacional de Investigaciones Científicas y Técnicas de Argentina, y Profesor en la Universidad de Buenos Aires y en la Universidad Católica de Santa Fe. Además de numerosos artículos sobre diversos aspectos y autores del pensamiento fenomenológico, es autor de los libros *Mundo, conciencia, temporalidad* (Buenos Aires, 1993), *El fenómeno y sus configuraciones* (Buenos Aires, 1993), *Introducción al pensamiento fenomenológico* (en colaboración con Angela Ales Bello, Buenos Aires, 2013), e *Intencionalidad y horizonticidad* (Bogotá, 2015). Es co-director de la revista *Escritos de Filosofía*, publicada por la Academia Nacional de Ciencias de Buenos Aires.